中国农村统计年鉴

RURAL STATISTICAL YEARBOOK OF CHINA

1996

国家统计局农村社会经济调查总队 编

中国统计出版社

(京)新登字 041号

图书在版编目(CIP)数据

中国农村统计年鉴 1996/国家统计局农村社会经济调查总队编。-北京：中国统计出版社，1996
ISBN 7-5037-2310-6

Ⅰ. 中…
Ⅱ. 国…
Ⅲ. 农村经济-经济统计-统计资料-中国-1996-年鉴
Ⅳ. F322-66

中国统计出版社出版
(北京复外三里河月坛南街 75 号 100826)
新华书店经销
北京友谊印刷经营公司印刷
*
787×1092 毫米 16 开本 34 印张 83 万字
1996 年 11 月第 1 版 1996 年 11 月北京第 1 次印刷
印数:1 - 1500 册
*
定价:110.00 元

《中国农村统计年鉴》编辑委员会和编辑人员名单

主　　编：张新民

副 主 编：戚志礼　鲜祖德　庄文武　郝安民

编委委员：（以姓氏笔划为序）

王跃新　范小玉　张淑英　唐　平　黄秉信

总 编 辑：郝安民

副总编辑：赵建华

编辑人员：（以姓氏笔划为序）

王明华　毛寒松　关　冰　李　平　吕昱晨

阳俊雄　胡永清　黄加才

编 者 说 明

一、《中国农村统计年鉴—— 1996》是一部全面反映中华人民共和国农村经济和社会发展情况的资料性年刊。本书收录了全国和各省，自治区、直辖市 1995 年农村经济和社会主要方面大量的统计资料以及建国以后各关键历史年份全国主要统计数据。

二、全书内容分为 16 个部分，即：1. 农村经济专文；2. 综合与概要；3. 农村基本情况与生产条件；4. 农村资金；5. 农林牧渔业增加值、总产值与非农行业产值；6. 农林牧渔业主要产品种植面积与产量；7. 农村市场和价格；8. 农业经济效益与农产品成本；9. 农民家庭收入与生活消费；10. 农村教育、卫生、文化、社会福利及其他事业；11. 乡镇企业；12. 国营农场；13. 各地区农村经济主要指标排序；14. 国外主要农业指标；15. 区域农村经济；16. 县（市）农村经济。另附《主要指标解释》，对主要指标的含义、统计范围和统计方法作了简要说明。

三、本年鉴中资料大部分来自国家统计局本年度统计报表，一部分来自抽样调查，其中农村教育、文化、卫生和广播、农村资金、工商、水利建设、乡镇企业、农产品成本等资料均来自各有关业务部门，国外主要农业统计指标资料来源于联合国粮农组织生产年鉴。

四、本年鉴中所涉及的全国性统计数据，均未包括台湾省和港澳地区。

五、本年鉴中的符号：“……”表示数据不足本表最小单位数；“空格”表示缺或无该项数据；“#”表示其中主要项，未标年份的数据均为 1995 年数据。

六、《中国农村统计年鉴——1996》备有数据盘，需要者可与编者联系。

目　录

一、农村经济专文

"八五"时期农村经济发展成就与"九五"发展展望…… 3
种植业—— 稳定发展 …… 10
林业生产—— 成绩显著 …… 13
畜牧业—— 发展势头强劲 …… 16
渔业生产 —— 又上新台阶 …… 19
农村劳动力转移情况 …… 22
乡镇企业稳步发展 …… 26
农村居民收入增加，生活消费提高，生产投投入大幅增长 …… 29

二、综合与概要

2-1　农村经济主要指标…… 35
2-2　农村经济在国民经济中的地位 …… 37
2-3　各地区农村经济在国民经济中的地位 …… 38
2-4　国家财政农业收入与税收…… 39
2-5　按人口平均的主要农产品产量…… 40
2-6　各地区按人口平均的主要农产品产量 …… 42

三、农村基本情况与农业生产条件

3-1　农村基本情况和农村劳动力…… 45
3-2　各地区农村基层组织情况 …… 46
3-3　各地区乡村户数和乡村人口…… 47
3-4　各地区农村劳动力 …… 48
3-5　农民家庭劳动力情况…… 51
3-6　农民家庭劳动力文化程度状况…… 51
3-7　各地区农民家庭劳动力文化程度状况 …… 52
3-8　各地区农民家庭劳动力文化程度按人均纯收入分组…… 53
3-9　耕地面积…… 54
3-10　各地区耕地面积 …… 55
3-11　各地区农民家庭平均每人经营耕地情况…… 58
3-12　主要农业机械年末拥有量 …… 60
3-13　主要农业机械年末拥有量增长情况 … 61
3-14　各地区主要农业机械年末拥有量…… 62
3-15　农村电力、灌溉面积、化肥施用量…… 72
3-16　乡村水电站和农田水利建设情况 …… 73
3-17　农用化肥、农膜、柴油和农药使用量… 73
3-18　各地区农村电力和农田水利建设情况 …… 74
3-19　各地区农用化肥施用量 …… 76
3-20　各地区农用塑料薄膜使用量 …… 78
3-21　各地区农用柴油和农药使用量 …… 79
3-22　农民家庭平均每户生产性固定资产原值…… 80
3-23　农民家庭平均每百户拥有主要生产性固定资产数量 …… 80
3-24　各地区农民家庭平均每户生产性固定资产原值 …… 81
3-25　各地区农民家庭平均每百户拥有主要生产性固定资产数量 …… 83
3-26　灌溉、水库和除涝、治水、治碱情况 … 86
3-27　各地区水利设施和除涝、治碱情况 … 87
3-28　受灾和成灾面积 …… 88
3-29　受灾和成灾面积增减情况 …… 89
3-30　各地区受灾和成灾面积 …… 90

四、农村资金

4-1　国家财政用于农业支出 …… 95
4-2　国家财政用于农业基本建设支出 …… 96
4-3　农业基本建设投资和新增固定资产 … 97
4-4　农村集体单位和农村居民个人固定资产投资 …… 98
4-5　农民家庭生产费用现金支出 …… 99
4-6　各地区农民家庭生产费用现金支出… 100

4-7 各地区农民家庭总支出构成按人均纯收入分组 …………………………… 101

五、农林牧渔业增加值、总产值

5-1 农林牧渔业增加值和指数 …………… 105
5-2 农林牧渔业总产值、增加值、中间消耗及其构成 ………………………………… 106
5-3 各地区农林牧渔业总产值、增加值和中间消耗 ………………………………… 107
5-4 各地区分部门农林牧渔业增加值 …… 108
5-5 各地区农林牧渔业增加值分部门构成 ……………………………………………… 109
5-6 各地区分部门农林牧渔业增加值比重 ……………………………………………… 110
5-7 各地区分部门农林牧渔业中间消耗 … 111
5-8 各地区农林牧渔业中间消耗分部门构成………………………………………… 112
5-9 各地区分部门农林牧渔业中间消耗比重………………………………………… 113
5-10 分项农林牧渔业中间消耗 …………… 114
5-11 各地区农林牧渔业增加值、中间消耗占农林牧渔业总产值比重 …………… 115
5-12 农林牧渔业总产值(按当年价格计算)… 116
5-13 农林牧渔业产值构成 ………………… 117
5-14 分项农林牧渔业总产值及构成 ……… 118
5-15 各地区农林牧渔业总产值 …………… 119
5-16 各地区分项种植业产值 ……………… 121
5-17 各地区分项其他农业产值 …………… 124
5-18 各地区分项林业产值 ………………… 125
5-19 各地区分项畜牧业产值 ……………… 126
5-20 各地区分项渔业产值 ………………… 128
5-21 各经济地带农林牧渔业总产值及构成 ……………………………………………… 129
5-22 农林牧渔业总产值(按不变价格计算) ……………………………………………… 130
5-23 农林牧渔业总产值指数(以1952年为100) …………………… 131
5-24 各地区农林牧渔业总产值指数(以上年为100)………………………… 132
5-25 分项农林牧渔业总产值(按1990年不变价格计算)…………… 133
5-26 各地区农林牧渔业总产值增减情况及占全国比重 ……………………………… 134
5-27 各地区农林牧渔业总产值 …………… 135
5-28 各地区分项种植业产值 ……………… 137
5-29 各地区分项其他农业产值 …………… 139
5-30 各地区分项林业产值 ………………… 140
5-31 各地区分项畜牧业产值 ……………… 141
5-32 各地区分项渔业产值 ………………… 143

六、农林牧渔业主要产品种植面积及产量

6-1 主要农作物播种面积 ………………… 147
6-2 主要农作物播种面积增减情况 ……… 149
6-3 主要农作物播种面积构成 …………… 150
6-4 各地区农作物总播种面积 …………… 151
6-5 各地区粮食播种面积及增减情况 …… 152
6-6 各地区粮食播种面积(按季节分) …… 153
6-7 各地区粮食播种面积(按品种分) …… 154
6-8 各地区油料播种面积 ………………… 157
6-9 各地区棉花和麻类播种面积 ………… 159
6-10 各地区糖料播种面积 ………………… 161
6-11 各地区烟叶和药材播种面积 ………… 162
6-12 各地区蔬菜、瓜类和青饲料播种面积 ……………………………………………… 163
6-13 各地区主要农作物播种面积构成 …… 164
6-14 主要农作物产品产量 ………………… 165
6-15 主要农作物产品产量增减情况 ……… 167
6-16 各地区粮食总产量 …………………… 168
6-17 各地区分季粮食作物产量 …………… 169
6-18 各地区分品种粮食作物产量 ………… 170
6-19 各地区油料产量 ……………………… 173
6-20 各地区棉花和麻类产量 ……………… 175
6-21 各地区糖料产量 ……………………… 177
6-22 各地区烟叶产量 ……………………… 178
6-23 主要农作物单位面积产早 …………… 179
6-24 各地区分季粮食作物单位面积产量 … 180
6-25 各地区分品种粮食作物单位面积产量 ……………………………………………… 181

6－26 各地区油料作物单位面积产量 ········ 184
6－27 各地区棉花和麻类作物单位面积产量 ·· 186
6－28 各地区糖料单位面积产量 ················ 188
6－29 茶叶、水果产量 ···························· 189
6－30 茶叶、水果面积和产量增减情况 ······ 190
6－31 各地区茶园面积和茶叶产量 ············ 191
6－32 各地区果园面积 ···························· 193
6－33 各地区水果产量 ···························· 195
6－34 主要林产品产量 ···························· 198
6－35 营林面积和主要林产品产量增减情况 ·· 199
6－36 各地区营林面积 ···························· 200
6－37 各地区主要林产品产量 ·················· 204
6－38 各地区竹木采伐量 ························ 207
6－39 牲畜年末存栏头数 ························ 208
6－40 主要畜产品产量 ···························· 210
6－41 主要牲畜出栏量和畜产品产量增减情况 ·· 211
6－42 各地区主要牲畜出栏量 ·················· 212
6－43 各地区肉类产品产量 ····················· 213
6－44 各地区其它畜产品产量 ·················· 215
6－45 牲畜年末存栏头数增减情况 ············ 217
6－46 各地区牲畜年末存栏头数 ··············· 218
6－47 水产品产量和养殖面积 ·················· 222
6－48 水产品产量和养殖面积增减情况 ······ 223
6－49 海水产品和淡水产品产量 ··············· 224
6－50 各地区水产品产量(按来源分) ········· 225
6－51 各地区水产品产量(按类别分) ········· 226
6－52 各地区海水产品产量(按来源分) ······ 227
6－53 各地区海水产品产量(按类别分) ······ 228
6－54 各地区淡水产品产量(按来源分) ······ 229
6－55 各地区淡水产品产量(按类别分) ······ 230
6－56 各地区水产养殖面积 ····················· 231
6－57 亚热带作物面积和产量 ·················· 233

七、农村市场和价格

7－1 批发零售贸易业农副产品购进总额 ·· 237
7－2 海关出口农副产品及加工品数量 ······ 238
7－3 综合集贸市场及农副产品专业市场主要商品成交量 ························ 239
7－4 城乡集市贸易情况 ························ 240
7－5 农村各种物价总指数 ····················· 240
7－6 各地区农村商品零售价格分类指数(以上年价格为100) ··················· 241
7－7 各地区农村居民消费价格分类指数(以上年价格为100) ··················· 250
7－8 各地区农村服务项目价格分类指数(以上年价格为100) ··················· 262
7－9 各地区农业生产资料价格分类指数(以上年价格为100) ··················· 263
7－10 农副产品收购价格分类指数(以上年价格为100) ··················· 265

八、农业经济效益与农产品成本

8－1 平均每一农业劳动力生产的主要农产品 ·· 271
8－2 各地区每一农业劳动力生产的主要农产品 ·· 272
8－3 农产品成本、收益与劳动生产率 ······ 273

九、农民家庭收入与生活消费

9－1 农村调查户基本情况 ····················· 279
9－2 农民家庭总收入与纯收入 ··············· 280
9－3 各地区农民家庭纯收入增长情况 ······ 281
9－4 各地区农民家庭纯收入 (按收入来源分) ·· 282
9－5 农民家庭生活消费支出及构成 ········· 283
9－6 农民家庭生活消费现金支出及构成 ··· 284
9－7 各地区农民家庭生活消费支出 ········· 285
9－8 各地区农民家庭生活消费支出构成 ··· 287
9－9 各地区农民家庭生活现金消费支出 ··· 288
9－10 农民家庭年末拥有的主要耐用消费品 ·· 290
9－11 农民家庭建筑房屋和居住情况 ········· 290
9－12 各地区农民家庭年末拥有的主要耐用消费品 ·· 291

9-13 各地区农民家庭建筑房屋情况 ……… 295
9-14 各地区农民家庭居住情况 ………… 296
9-15 农民家庭主要实物消费品消费量…… 297
9-16 各地区农民家庭主要实物消费品消费量 ………… 298
9-17 各地区农民家庭纯收入构成按人均纯收入分组 ………… 304
9-18 农村调查户按三个经济地带分组主要指标 ………… 305

十、农村教育、卫生、文化、社会福利及其他事业

10-1 农村普通中学和小学的学生与教师数 ………… 309
10-2 农民成人教育基本情况 ………… 310
10-3 农业职业中学基本情况 ………… 311
10-4 乡卫生院、床位和卫生人员数……… 312
10-5 农村集体所有制乡卫生院、床位和卫生人员数 ………… 312
10-6 乡卫生院人员分类 ………… 313
10-7 农村个体开业卫生技术人员 ………… 314
10-8 各地区乡卫生院、床位和卫生人员数 ………… 315
10-9 各地区农村村级医疗组织形式……… 316
10-10 各地区乡村医生和卫生员、接生员人数 ………… 317
10-11 农村文化机构 ………… 318
10-12 农村集体办敬老院情况 ………… 318
10-13 各地区农村文化机构 ………… 319
10-14 各地区农村集体办敬老院情况…… 320
10-15 农村有线广播普及情况………… 321
10-16 各地区农村有线广播普及情况 …… 322
10-17 农村社会救济费和自然灾害救济费 ………… 323
10-18 各地区农村社会救济费和自然灾害救济费 ………… 324

十一、乡镇企业

11-1 乡镇企业单位数 ………… 327
11-2 各地区乡镇企业单位数 ………… 328
11-3 乡镇企业职工人数 ………… 329
11-4 各地区乡镇企业职工人数 ………… 330
11-5 乡村工业企业基本情况 ………… 331
11-6 各地区乡村工业企业主要产品产量 ………… 332
11-7 乡镇企业出口产品交货额 ………… 335
11-8 乡村企业股份合作制基本情况……… 336
11-9 乡村企业职工素质情况 ………… 337
11-10 乡村企业固定资产投资情况 ……… 338
11-11 乡镇“三资企业”基本情况 ………… 339
11-12 乡村企业主要财务指标 ………… 340
11-13 各地区乡镇企业增加值 ………… 344

十二、国营农场

12-1 农垦系统国营农场基本情况 ………… 347
12-2 各地区农垦系统国营农场基本情况… 348
12-3 农垦系统国营农场种植业生产情况 … 351
12-4 各地区农垦系统国营农场农作物主要产品产量 ………… 352
12-5 农垦系统国营农场茶叶、蚕茧、水果、橡胶和林业生产情况 ………… 353
12-6 各地区农垦系统国营农场茶叶、水果、干胶产量和造林面积 ………… 354
12-7 农垦系统国营农场畜牧业和渔业生产情况 ………… 355
12-8 各地区农垦系统国营农场畜牧业和渔业生产情况 ………… 356

十三、各地区主要农村经济指标排序

13-1 粮食总产量和人均占有量 ………… 359
13-2 棉花总产量和人均占有量 ………… 360
13-3 油料总产量和人均占有量 ………… 361
13-4 糖料总产量和人均占有量 ………… 362
13-5 肉类总产量和人均占有量 ………… 363
13-6 水产品总产量和人均占有量………… 364
13-7 水果总产量和人均占有量 ………… 365
13-8 奶类总产量和人均占有量 ………… 366
13-9 禽蛋总产量和人均占有量 ………… 367

13－10　有效灌溉面积和农作物复种指数 ………………………………………… 368
13－11　农民人均纯收入 ………………… 369

十四、国外主要农业指标

14－1 总人口和农业人口 ………………… 373
14－2 谷物面积、总产量与每公顷产量…… 374
14－3 棉花面积、总产量与每公顷产量…… 375
14－4 油菜籽面积、总产量与每公顷产量… 376
14－5 花生面积、总产量与每公顷产量…… 377
14－6 猪的头数与胴体重 ………………… 378
14－7 羊的只数与胴体重 ………………… 379
14－8 肉类产量 ………………………… 380
14－9 鸡蛋和牛奶产量 ………………… 382
14－10　农业生产指数 ………………… 383
14－11　按人口平均的主要农产品产量…… 384

十五、区域农村经济

15－1 黄淮海地区农村经济情况 ………… 389
15－2 长江中下游地区农村经济情况 ……… 390
15－3 黄土高原地区农村经济情况 ……… 391
15－4 民族地区农村经济情况 ……………… 392
15－5 贫困地区农村经济情况 ……………… 393
15－6 平原地区农村经济情况 ……………… 394
15－7 陆地边境县农村经济情况 …………… 395
15－8 沿海开放县农村经济情况 …………… 396
15－9 国家商品粮基地县农村经济情况…… 397

十六、县（市）农村经济

16－1 农业增加值最高的100个县 ………… 401
16－2 粮食总产量最高的100个县 ………… 402
16－3 棉花产量最高的100个县 ………… 403
16－4 油料产量最高的100个县 ………… 404
16－5 糖料产量最高的100个县 ………… 405
16－6 猪牛羊肉产量最高的100个县 ……… 406
16－7 水产品产量最高的100个县 ………… 407
16－8 水果产量最高的100个县 ………… 408
16－9 县(市)农村经济主要指标 ………… 409

附　录:

主要指标解释 …………………………………… 529

一、农村经济专文

“八五”时期农村经济发展成就与“九五”展望

1991——1995年，中国农村经济在稳定家庭联产承包责任制、深化农村改革中持续健康发展，各项主要经济指标都完成或超额完成了“八五”计划目标。主要农产品有效供给增加，畜牧、水产养殖业保持高速增长，城乡市场农产品货源充足；乡镇企业由超常规高速增长转向效益型较高速度的增长，非农行业在农村经济中的比重进一步提高；农民收入进一步增长，生活水平逐步提高，扶贫工作取得阶段性成果。农业和农村经济的较快发展，有力地支撑了快速发展的国民经济。但是，农村经济发展过程中仍然存在一些突出的问题：农民收入增长缓慢，2000年农村实现小康目标难度加大；农业生产资料价格过快增长的势头得不到抑制；农业的可持续发展能力提高不快，农业发展的相对滞后仍然制约着国民经济的协调发展；东西部地区差距进一步扩大。为保证“九五”计划的实现，国家应在宏观政策上针对存在的问题进行相应的调整，农业和农村自身要通过制度变革和组织创新来建立适应市场经济规律的生产经营机制，进一步促进农村经济的发展，为21世纪我国经济的腾飞奠定良好的基础。

“八五”时期农村经济发展的主要成就

一、农村经济全面发展，产业结构进一步优化。

随着社会主义市场经济体制逐步建立和完善，我国农村经济适应新的市场经济规律的要求，在改革中不断发展，产业结构进一步优化。农村经济总量增加，占国民经济的比重不断上升；农、林、牧、渔业全面发展，种植业结构逐步调整；农村非农产业发展迅速，产品质量和经济效益进一步提高。

第一、农村经济全面发展。1995年，农林牧渔业总产值20341亿元，按可比价格计算（下同），比1990年增长42.7%，年平均增长速度达7.3%。其中，农业产值达到11885亿元，增长23.3%；林业产值710亿元，增长43.5%，牧业产值6045亿元，增长75.6%；渔业产值1701亿元，增长1.1倍。“八五”时期，我国乡镇企业继续高速增长。1995年全国乡镇企业完成增加值14595亿元，比1994年增长33.6%，占全国国内生产总值的25.3%，乡镇工业完成增加值10804亿元，占全国工业增加值总量的30.8%；乡镇企业完成出口交货值5395亿元，占全国出口总额的33.7%。通过实施乡镇企业西进战略，我国中西部地区乡镇企业已经开始起步，吸纳了大量农村剩余劳动力，为农村经济发展做出了重要贡献。

第二、农村产业结构进一步优化。在农村产业结构中，农业比重进一步下降，农村工业、建筑业、运输业和商业比重持续上升。初步测算，1995年，在农村各业总产值中，农林牧渔业的比重为25%，比1990年下降21.1个百分点，非农行业的比重为75%，相应地上升21.1个百分点。在农林牧渔业总产值中，农业和林业比重不断下降，牧业和渔业比重大幅度上升。从1990年到1995年，农业的比重由64.7%下降到58.4%；林业比重由4.3%下降到3.5%；牧业比重由25.6%上升到29.7%，渔业比重由5.4%上升到8.4%。在非农行业中，工业比重占到75%以上。

第三、农村产业结构的优化为全国产业

结构的合理化创造了条件。首先是农业的丰收，为以农业产品为原料的工业生产部门的发展打下了基础，为丰富人民生活做出了贡献。其次农村工业的发展，是对国有和集体工业的补充，同时在一定程度上促进了国有和集体工业的发展。1990年农村工业占全国工业的比重为28.1%，1994年已经达到40%以上，农村工业已经成为城市工业的基础层次。最后是农村其它非农行业的发展也促进了我国经济结构的合理化，加速了我国城乡经济一体化进程。

第四、农村产业结构的调整带来了农村就业结构的变化。九十年代以来，随着我国农村产业结构的调整，农村就业结构也发生了很大变化。1995年，我国农村劳动力总数已达44950万人，比1990年增加了2940万人，增长7%。分行业来看，农业劳动力32248万人，比1990年减少1089万人，下降3.3%，非农行业劳动力12702万人，增加4029万人，增长46.5%，其中工业劳动力3970万人，增加741万人，增长23%。特别值得提出的是，农业劳动力在1992年出现了历史性转折，绝对数开始逐年下降。从比重上看，1995年我国农村一二三产业劳动力就业比重为1:0.19:0.20，而1990年相应为1:0.14:0.12。因此，“八五”时期，我国农村劳动力出现了一产业下降，二三产业增加，而三产业增长速度又快于二产业的趋势。

二、主要农产品有效供给增加，除棉花基本完成计划外，其它都超额完成“八五”计划。

1995年，粮食总产量4.67亿吨，创历史最高纪录，比1990年增加2038万吨，增长4.6%，年均增长0.9%。“八五”时期粮食总产出为22.46亿吨，比“七五”时期增产2.04亿吨，增长10%；年均粮食产量4.49亿吨，高出“七五”时期年均产量4076万吨，超额完成“八五”计划。

1995年棉花产量476.8万吨，比1990年增加26万吨，增长5.8%，年均增长1.1%。“八五”时期棉花总产量为2303万吨，比“七五”时期多产棉花280万吨，增长13.8%。“八五”时期年均产棉461万吨，比“七五”时期增加56万吨，略低于“八五”计划年均产棉464万吨的目标。

1995年油料总产量为2250万吨，比1990年增加637万吨，增长39.5%，年均增长6.9%，是三大农作物中增长最快的。“八五”时期，油料生产连年增产，累计产量达9323万吨，比“七五”时期增加2093万吨，增长28.9%；年均产量1865万吨，高出“七五”时期年均产量420万吨，提前两年超额完成计划。

1995年糖料产量为7940万吨，“八五”总产量超过4亿吨，达4.01亿吨，比“七五”时期增加9828万吨，增长31%，超额完成计划。

三、畜牧、水产养殖业持续高速发展。

“八五”时期，各级政府十分重视城乡居民“菜篮子”工程建设，畜牧、水产养殖业保持了强劲的增长势头，生产连年上台阶，创纪录，为丰富城乡人民的生活做出卓越的贡献，改善了我国人民的食物结构。

1995年，肉类总产量达到5260万吨，比1990年增加2403万吨，增长84.1%，年平均增长速度达到13%，超过了“七五”时期年均增长8.2%的速度，同时也超额完成了国家计划。按人口平均的肉类总产量达到约43.7公斤，比1990年增加18.5公斤。由于畜牧业生产注重调整产品结构，优化品质，使畜禽的投入产出率有很大提高，特别是养牛业和家禽饲养业获得了较快的发展。畜产品结构进一步改善，1995年猪肉在肉类总产量中的比重第一次降到70%以下，为69.4%，比1990年下降10.6个百分点，牛肉、禽肉及其它肉类在总产量中的比重由1990年的20%上升到30.6%。蛋奶等其它畜产品产量也获得了长足发展。

1995年，水产品产量为2517万吨，比1990年增加1272万吨，增长1.03倍，年均增长15.2%，高于“七五”时期年均增长11.9%的速度。“八五”时期累计生产水产品9391万吨，比“七五”时期增加4162万吨。海水、淡水产品均衡发展，养殖技术水平提高，单产增加，为水产品超额完成计划做出重要贡献。1995年人均占有的水产品产量达到20.9公斤，比1990年增加10公斤。

四、农民收入增加，生活水平明显提高。

1995年，农民人均纯收入为1578元，比1990年增长1.3倍，扣除物价因素影响，实际增长23.4%，年平均递增4.3%。走出了“七五”时期低速甚至负增长的徘徊局面。随着农村产业结构的调整，农民增加收入的渠道开始呈多元化趋势，在生产性收入中，非农产业收入占纯收入的比重上升到32.6%，比1990年提高8.2个百分点。

农民收入的增加，促进了农民生活消费水平的提高，改善了生活质量。1995年，农民人均生活消费支出达1310元，比1990年增加725元，增长1.2倍，扣除价格因素，实际增长23%，年均增长4.2%。农村居民消费结构序列在“七五”末期的温饱型的基础上，进入九十年代进一步优化，更加注重消费的质量和方式。农村居民消费结构中，恩格尔系数在1994年首次降到60%以下，1995年农民人均食物消费支出占生活消费总支出的比重为58.6%；居住占13.9%，衣着占6.9%，用品、服务性支出及其它占20.6%。农民生活已经进入由温饱到小康的过渡阶段。农民生活消费质量提高，主要表现：从1990年到1995年，在食物消费中，细粮每人消费量由165公斤增加到211公斤，粗粮则由97公斤减少到45公斤;肉禽类增长54.9%,蛋类增长33.2%,鱼虾增长43.7%；在衣着消费中，1995年每人购买的成衣比1990年多近1件，且呢绒、绸缎、化纤服装增长57.6%；人均住房面积由17.8平方米增加到21平方米，且砖木结构和钢筋混凝土结构住房面积达71.4%；1995年农村每百户居民拥有电视机80.3台，比1990年增加35.9台，其中彩电16.8台，增加12.2台；洗衣机16.8台，增加7.7台，电冰箱、录像机、空调器等许多高档耐用品也进入了寻常农家。

“八五”时期，我国共减少贫困人口2000万人，使贫困人口从“七五”末期的8500万人降到现在的6500万人，农村贫困发生率由1990年的9.4%下降到1995年的7.2%。目前，我国农村92.8%的人口已经摆脱贫困步入温饱有余的生活，部分地区农民已经提前实现小康。

五、农村物质装备和现代化水平又有新的提高

1995年，全国农业机械总动力达到36060万千瓦，比1990年增长25.6%，其中，各种小型农用拖拉机863.3万台，增长23.7%；农用载重汽车80万辆，增长28.2%；农产品加工动力机械4637万千瓦，增长7%；联合收割机7.53万台，增长93.1%。在农业生产中，现代化农业物质技术投入大量增加，促进了农业的丰产丰收。1995年，农用化肥施用量(折纯)3592万吨，比1990年增长38.7%；农用塑料薄膜使用量91.5万吨，增长33.6%；农村用电量1656亿千瓦小时，增长96%；农田有效排灌面积49119千公顷，增长3.6%。

“八五”时期农村经济发展的经验与问题

“八五”时期，中国农村经济取得了辉煌

的成就，其中有许多值得我们在以后工作中可资借鉴的经验，特别是一些农村经济政策在今天仍有重要的意义。同时，在农村经济活动中许多深层次问题仍然没有得到解决，而且还出现了一些新问题。

一、“八五”时期农村经济工作的经验与启示

1.保障我国农产品的有效供给必须紧紧依靠政府的宏观调控，同时辅之于必要的市场调节手段。进入九十年代以来，我国主要农产品中除油料保持稳定增长以外，粮食、棉花、糖料都出现了比较大的波动，导致了这些农产品供求紧张的局面。在“八五”时期前四年中，粮食产量两年增产两年减产，而且有三年的产量低于1990年，特别是1994年减产1139万吨，而此间粮食的社会消费量却增加了2670万吨，以致国家不得不在1995年大量进口粮食，进口量为历年之最。而棉花产量在1992、1993两年连续大幅度减产，产量分别下降20.3%和17%，致使1994年出现了16万吨的缺口，直到1995年仍末达到1991年的水平，导致了棉花进口量的增加；糖料产量1993、1994年欠收，食糖进口量也有所增加。为了扭转这种情况，国家在1994年大幅度提高了粮棉收购价格，使当年的农产品收购价格指数达到139.9%，比1993年上升26.4个百分点，其中粮食收购价格指数达146.6%，棉花达160.4%。这些提价措施大大激发了农民的生产积极性。为了使1995年主要农产品取得好收成，中央进一步实施了“米袋子省长负责制，菜篮子市长负责制”，同时对棉花除新疆由中央统一调拨外，也要求各地自求平衡。适当提高收购价格和省长负责制的实行，促进了1995年农业生产创纪录的丰收。因此，对于中国这样一个人口大国来说，农业生产不能完全依靠市场来调节，政府必须实施强有力的宏观调控措施，保证对农业生产有效的领导作用，以确保主要农产品能基本满足需求。

2.国家要把促进中西部地区的经济较快发展作为实现“九五”计划的战略措施。在九十年代以前，广大中西部地区的乡镇企业发展远远落后于东部地区，为了使中西部农村经济尽快发展起来，国家在“八五”时期实施了乡镇企业西进战略，每年用100亿元贷款扶持中西部地区乡镇企业发展，中西部地区乡镇企业发展速度明显加快，1994年的发展速度高于东部地区20个百分点，推动了全国乡镇企业的发展步伐。同时，在国家农业发展银行的支持下，对产粮大县、产棉大县以及成片的中低产田改造进行了重点扶持，取得了明显的经济效益。从1990年到1995年，在国家的重点扶持下，全国农村有2000万贫困人口脱贫，为实现“八七”扶贫攻坚计划打下了一定基础。因此，在“九五”计划期间，国家仍需在上述三个方面加大工作力度，争取缩小我国东西部间发展的差距，逐步实现共同富余的目标。

3.科技和物质技术投入的增加是农村经济发展的有力保证。“八五”时期，我国农村加大了科技工作力度，农民应用科技知识致富的意识普遍增强，一大批先进技术在农村经济中得到运用，加上农村物质技术装备水平继续提高，这些对农村生产力水平的提高起到了举足轻重的作用。但技术进步在农村经济中的贡献率仍然大大落后于先进国家，比如农业还处在由传统农业向现代农业的转变过程之中，农业增长中科技贡献率仍处在很低的水平；农村工业特别是中西部地区仍处在简单的规模扩张阶段，因而大多是经济效益低下，难以在市场竞争中取胜。

二、“八五”时期农村经济工作中的主要问题

1.国民收入再分配仍在向城市和工业倾斜，农村和城市仍然存在着不等价交换。依照国际经验，我国已经处在工业化中期阶段，即工业应该通过自身积累寻求发展，而在一些发达地方工业应该“反哺”农业。而事实并非如此，根据中国社会科学院农村发展研究所研究人员的测算，“八五”时期，我国农村资金净流出达6156亿元，平均每年达1231亿元。其中通过金融渠道净流出2557亿元，通过财政渠道流出3599亿元，这是导致农业和农村经济发展滞后和农民收入实际增长缓慢的重要原因。国民经济现存的分配格局一方面导致农业投入减少和高素质农村劳动力向城市流动；另一方面导致了工农业两大门类资金投入比例失调。

2.农业基础地位脆弱，可持续发展能力不强。这主要表现在：(1)“八五”时期全国耕地减少了约1100万亩，人均耕地面积仅有1.2亩，仅为世界平均水平的三分之一，粮食播种面积已经跌破16.5亿亩的警戒线；(2)高素质的农业劳动力向非农行业转移，使农业生产的技术水平难以提高；(3)农业基础建设投入总量严重不足，“八五”时期，国家用于农业基本建设的投资占全国基本建设投资的比重已经不足3%，比“七五”时期降低0.6个百分点，1995年已经降到1.8%；同时，地方对农业的投入也在不断下降，全国省级预算内农业基建投资占预算内基建总投资的比重1990年至1995年依次为12.7%、10.6%、8.6%、7.2%、6.9%，五年间比重几乎下降一半。

3.农业生产资料价格过快增长的势头得不到抑制，严重阻碍了农业投入的增加。从1990年到1995年，全国农业生产资料价格上涨了88.6%，而同期农副产品收购价格上升了87.7%。由于生产资料价格上涨带动了生产成本的上升，给完成国家农产品定购计划增加了难度，同时也影响了农民的生产积极性，迫使国家不得不提高农副产品的收购价格，但这在很大程度上又加大了通货膨胀的压力。我国许多农产品的价格已经高于国际价格，在国际市场上已经失去了竞争优势。不仅如此，高价格的农业生产资料还造成了农业比较利益低下，收益下降。

4.农民收入增长缓慢，“八七”扶贫攻坚计划任务艰巨。按照本世纪末农村实现小康的要求，农民人均纯收入按1990年不变价格要达到1200元，即要求从1991年到2000年农民人均纯收入年均增长5.7%，而前五年的实际增长率只有4.3%，增长速度低于目标要求1.4个百分点。如果2000年计划的目标不变，则要求后五年的年均增长速度达到7.2%，即比“八五”期间快近3个百分点，这是十分艰巨的任务，如果没有特殊措施的实施，我国农民实现小康将推迟到2000年以后，按“八五”时期的速度，可能会推迟到2004年。与此同时，全国农村还有6500万贫困人口，实现到本世纪末基本消除贫困的目标，这同样是一个需要付出艰苦努力才能完成的目标。

5.东中西三大经济地带农村经济发展水平差距进一步扩大。1995年，东中西部地区农民人均纯收入分别为2127元、1403元和1061元，比1990年分别增长1.51倍、1.22倍和99%，以西部地区农民人均纯收入为100，从1991年到1995年，东部、中部与西部的差距分别扩大41.4%和13.5%，东部与中部的差距扩大了27.9%。同时，农村居民生活消费水平的差距也在扩大，1990年东中西三个地带农村居民生活消费之比为150:107:100，而1995年则扩大为170:121:100。

“九五”时期农村经济展望及政策建议

“九五”时期，农村经济发展需要实现三个重要目标，这就是到2000年，粮食产量要达到5亿吨，满足人民生活的需要；农民人均纯收入按1990年不变价格达到1200元，绝大多数农民生活实现小康；促使现有的6500万贫困人口脱贫，在我国消灭绝对贫困。分解到每一年，即从1996年到2000年，每年需要增产粮食670万吨，农民人均纯收入的年均增长速度达到7.2%，每年要有1300万贫困人口脱贫。从“八五”的发展情况来看，除了粮食产量外，实现其余两个目标的难度是非常大的，但只要我们有信心，措施得力，实现目标也是可能的。

一、实现“九五”计划的有利条件和不利因素

1.有利条件

首先，“八五”时期农村经济发展为“九五”目标的实现打下了良好基础。“八五”期间，我国农业生产除了棉花基本完成计划外，各项指标都完成或超额完成了国家计划，农业综合生产能力有了很大增强，特别是1995年农业的大丰收为农村经济和国民经济的发展打下良好的基础。同时，中西部地区乡镇企业的初具规模为加快农民收入的增长速度提供了有力的保证。

其次，有比较有利的农村经济政策。一是各级政府对农业的高度重视，比如“米袋子”、“菜篮子”省（市）长负责制的实行，确保了对农业的坚强领导；适当提高粮棉收购价格、延长土地承包期等保护了农民的生产积极性；建立基本农田保护区、支持对中低产田进行改造、扶持粮棉大县生产是农业生产增长的基础；支持中西部地区乡镇企业发展、扶持贫困县发展经济是我国大多数农民实现小康的希望。这些政策的实行必将对农村经济的发展产生重要的作用。

最后，国民经济的持续发展为农业和农村经济的发展提供了广阔的市场前景。国民经济的发展，居民收入水平的提高，对农产品的需求必定增加，对我国相对短缺的农产品市场将产生巨大的推动力，从而刺激农民增加投入，提高产品产量。因此，国民经济的发展对农业来说既是压力又是机遇。同时宏观经济的发展，不光是要求农业提供充足的初级产品，对以农产品为原料的加工品需求量也会大大增加，这也为农村拓宽就业渠道提供了有效途径。

2.不利因素

“九五”时期我国农村经济发展虽然有许多有利因素，但确实也存在着许多不利因素，对此我们必须要有清醒的认识。

首先是实现目标的难度比“八五”时期更大。在三大任务中，除粮食产量任务相对比较好完成外，其它两项是非常艰巨的。粮食产量只要每年平均能增产670万吨就可完成任务，而“八五”时期比“七五”时期年均增产粮食1400多万吨，因此只要农业的有效投入能有所增加，完成计划是不成问题的。而到2000年农民实现小康和消灭绝对贫困目标的实现则很困难，因为它要求“九五”时期农民人均纯收入的实际增长率要达到7.2%，要比“八五”时期实际增长率高2.9个百分点；每年脱贫的人口1300万人，比“八五”时期年均脱贫人数多900万人。

其次是“八五”时期农村经济存在的诸多问题将影响到“九五”时期农村经济的发展。除了以前提到的主要问题外，还有经济的发展，人口的增加与耕地减少的矛盾在加剧；农业的综合生产能力虽然有所提高，但随着全球气候的变化自然灾害对农业的危害可能会进一步加深，而我们抗御自然灾害的能力依然很低；国家和农户对农业生产基础投入都严重不足，农业生产后劲乏力，特别是土地肥力的下降将阻碍农业的持续发展。

二、未来五年农村经济发展的政策建议

对于“九五”时期农村经济的发展，必须围绕增加农产品有效供给和增加农民收入两大主题，扎扎实实地开展工作，为21世纪我国经济的腾飞打下坚实的基础。从宏观政策上讲，第一、国家要利用这五年时间，逐步理顺工农关系和城乡关系。要力争改变工农产品的不等价交换，消除工业发展对农业的依赖，使工业和农业在平等的条件下自求发展，在经济发达的地方，要推动工业对农业“反哺”；要允许城乡间生产要素的自由流动，创造城乡间平等竞争的环境，从而实现整个国民经济的优化重组，促进国民经济的健康发展。第二、国家有必要重新调整利益分配格局，使农业这一基础产业获得更多的发展资金，并为农村其它产业的发展提供必要的资金和其它支持。第三、国家在继续支援农业发展的同时，还必须注重宏观调控，努力使工农业的增长速度之比保持在3:1的水平。

服从于“九五”发展目标，农村经济的发展具体政策有以下几点:

1.切实增加农业投入，提高农业综合生产能力。首先，要认真执行《农业法》，各级财政用于农业的支出必须按法律规定的比例执行，任何人不得擅自更改，以扭转财政支农支出比重和农业基本建设投资比重不断下降的局面，争取在“九五”期间国家基本建设投资中农业的比重达到7%。其次，要发挥国家投入在整体投入中的资金和政策导向作用，带动地方，引导集体和农民增加农业投入。第三，要积极在农业领域引进国际资金和外资，同时在政策上给予一定的优惠。第四，增加农业基础建设的信贷资金投入，确保农业投入有足够的资金来源。

2.国家牵头开展农业重点工程建设，培养农业的新增长点。这些重点工程包括以黄淮海平原为主的中低产田改造；继续执行对粮棉大县的专项贷款扶持发展政策；国家投资适当垦荒，扩大商品粮棉生产基地。另外，要加强以水利为重点的农业基础设施建设，增强农业的抗灾能力，减少灾害造成的损失以达到增产的目的。同时根据我国的实际情况，要积极研究和推广旱作农业和节水农业。还要加强农业科技的推广工作，在本世纪末使科技进步在我国农业增产中的贡献率达到50%。

3.调整农业生产模式，促进农业增长方式的变革。在完善家庭联产承包责任制的前提下，积极探索农业生产的新模式。公司+农户是近年来涌现出来的一种农业经营模式，它克服了一家一户生产的许多缺点，使农业生产的市场目的性更加明确，有利于生产水平的提高。要促进我国农业由传统农业向现代农业的转变，提高农业的装备水平，在有条件的地区，推广适度规模经营，提高农产品质量，做到增产增收。此外，国家要通过适当的优惠政策，引导外资和国内经济实体进入农业领域，加速农业产业化进程。

4.从扶持中西部地区二三产业发展入手来加速农民收入增长方式的转变。依靠增加农产品供给来增加农民收入几乎已经直走到极限，农民收入的增长必须向稳定发展农业，积极发展二三产业的方式转变。从目前我国农村的情况来看，农村发展非农产业的重点在东部地区是控制第二产业数量、提高质量和大力发展第三产业，中西部地区则是要在国家的扶持下，大力进行规模扩张，力争在本世纪末达到相当的规模。只有当中西部地区农村非农产业发展起来了，那么我国农民实现小康也就有了希望。

5.继续减轻农民负担，使农业和农民得以修养生自。减轻农民负担要从两个方面入手，一是减轻生产费用负担，也就是说国家必须严格控制农业生产资料价格，降低农业生产成本，为农产品价格与生产资料价格确定一个合理的比价；二是规范农业税费制度，坚决杜绝各种不合理的摊派。

撰写人：黄加才

种植业——稳定发展

种植业是农业生产的基础,“八五”时期一直受到中央和各级政府的高度重视。1995年全国种植业产值达11885亿元，按可比价格计算比1990年增长42.7%，年均递增7.3%。主要农产品除棉花没完成计划外，粮、油、糖等都已超额完成“八五”计划。

一、粮食生产

“八五”期间，我国粮食生产在波动中增长，自1990年我国粮食产量达到4.46亿吨历史较高水平以后，出现徘徊局面，1991年减少到4.35亿吨，1993年又回升到4.56亿吨，1994年粮食再度减产到4.45亿吨，1995受诸多因素的影响，粮食产量才又恢复到历史最好水平。1995年我国粮食总产量达4.67亿吨。

但就整个“八五”期间粮食总产出量来看，已超额完成计划,“八五”期间我国粮食累计产出22.46亿吨，年平均生产粮食4.49亿吨，比“七五”期间增长10%。

从粮食分品种看,“八五”期间，稻谷累计产出9.1亿吨，年均产量18174万吨，比“七五”时期增长2.5%；小麦累计产出5.05亿吨，年均产量10109万吨，比“七五”时期增长12.2%;“八五”期间，随着玉米良种的推广,栽培技术的进一步提高及畜牧业生产需求的拉动，玉米产量有了大幅度增加，累计生产玉米5.08亿吨，年均产量10162万吨，比“七五”时期增长26%，玉米占粮食总产量比重也由“七五”期间的19.7%上升到22.6%。“八五”期间全国累计生产大豆6901万吨，年均产量1380万吨，比“七五”时期增长21.2%；累计产出薯类15029万吨，比“七五”时期增长11.1%。

二、棉花生产

1995年全国棉花产量476.8万吨，比上年增产43万吨，增长9.8%，属恢复性增产。从“八五”期间看，由于种棉的比较效益相对下降，加之部分地区棉铃虫的危害，棉花生产出现波动局面，棉花产量自1991年达到568万吨较高值后，开始下滑，1992年只有451万吨，到1993年达到近年来最低点374万吨，因而造成国内棉花市场短缺，1994年为了扭转这种局面，国家多次提高棉花的收购价格，棉花生产才开始出现恢复性增长。“八五”期间累计生产棉花2303万吨，比“七五”期间增长13.8%，距计划还有一定差距。

三、油料生产

“八五”期间，随着城乡居民生活水平的提高，油料需求迅速增加，市场价格看好，刺激了油料生产的发展。1995年，全国油料产量达2250万吨，比上年增长13.1%，再创历史最好水平，连续五年保持高速度增长。“八五”期间全国油料累计产量达9323万吨，年均产量达1865万吨，比“七五”期间增长28.9%。分品种看，油菜籽累计产量3930万吨，增长31.4%；花生产量达4059万吨，增长37.7%；胡麻籽、向日葵籽和芝麻产量都有不同程度增长。超额完成“八五”计划。

四、糖料、麻类和烤烟生产

“八五”期间，全国累计生产糖料4.01亿吨，年均8027万吨，比“七五”期间增长31.1%，其中甘蔗累计产量3.31亿吨，年均6616万吨，增长30.7%；甜菜累计产量6992万吨，年均1398万吨，增长31.6%。麻类累计产量443万吨，年均产量由“七五”时期150万吨减少到89万吨。黄红麻累计产量253万吨，年均产量由“七五”时期64万吨减少到51万吨。“八五”期间累计生产烤烟1283万吨，年均256万吨。

“八五”期间我国种植业之所以取得较好收成，主要原因：一是各级领导重视，保证了农作物播种面积的稳定扩大，据统计，“八五”期间我国农作物总播种面积年平均保持在1.49亿公顷，比“七五”时期扩大3100千公顷；二是科技含量明显提高，良种覆盖面进一步扩大，使农作物单产得以提高。据统计，“八五”期间我国粮食平均每公顷产量4062公斤，比“七五”期间提高402公斤；其中小麦3380公斤，提高333公斤，玉米4738公斤，提高738公斤；油料中油菜籽每公顷产量达到1306公斤，比“七五”时期提高139公斤；糖料中的甜菜提高了2600多公斤。

表1：粮食、油料、糖料、麻类和棉花产量“八五”与“七五”时期对比

单位：万吨

年份	粮食产量	油料产量	糖料产量	麻类产量	棉花
“七五”期间					
1986	39 151.0	1 473.8	5 852.5	192.6	354.0
1987	40 298.0	1 527.8	5 550.3	208.4	424.5
1988	39 408.0	1 320.3	6 187.4	127.0	414.9
1989	40 755.0	1 295.2	5 803.5	112.4	378.8
1990	44 624.0	1 613.2	7 214.5	109.7	450.8
累计	204 236.0	7 230.3	30 608.2	750.1	2 023.0
年平均	40 847.2	1 446.1	6 121.6	150.0	404.6
“八五”期间					
1991	43 529.0	1 638.3	8 418.7	88.4	567.5
1992	44 265.8	1 641.2	8 808.0	93.8	450.8
1993	45 648.8	1 803.9	7 624.2	96.0	373.9
1994	44 510.1	1 989.6	7 345.3	74.7	434.1
1995	46 662.0	2 250.0	7 940.0	89.7	476.8
累计	224 615.7	9 323.0	40 136.2	442.6	2 303.1
年平均	44 923.1	1 864.6	8 027.2	88.5	460.6

五、种植业产销中存在的问题

1.生产投入不足。尽管近年来我国农业生产发展较快，但是由于长期性生产投入不足，使得农业生产基础地位不稳，抗御自然灾害能力弱，生产波动性大。“八五”期间国家用于农业基本建设投资虽然有所增加，但由于增加量不大，不能从根本上解决问题。这几年各地搞了一些水利项目，实际上，为城市服务的多，为工业服务的多，真正为农业服务的较少。农业生产本身效益低，国家投入不足，地方投入有限，农民无力投入，长此以往，改善生产条件，增强农业生产后劲，就成为一句空话。

2.农业生产资料价格上涨较猛，生产成本加大。“八五”期间农业生产资料价格上涨幅度逐年加快，尽管1994年国家对粮棉油的收购价格进行了调整，但其价格提高幅度仍低于生产资料价格上涨幅度。据测算，以1990年为基期，1994年农民出售的粮食价格上涨幅度仍低于农业生产资料价格上涨幅度13个百分点左右，种植业生产成本的加大，并没有完全从农民出售农产品价格中得以补尝，生产效益仍偏低。

3.耕地面积逐年减少。“民以食为天，食以地为源”，土地是人类社会生存的基础，更是种植业生产的保障，近年来不仅开发区乱占耕地，毁坏良田，而且在农业内部结构调整过程中，占用了大量耕地。“八五”期间，我国耕地面积减少3289千公顷，平均每年减少658千公顷，虽然在“八五”期间由于新开荒等原因增加近2600千公顷耕地，但远不及这一时期耕地减少的数量，“八五”期间全国净减少耕地689千公顷，目前，全国人均耕地面积只有1.2亩，相当于世界平均水平的三分之一，粮食播种面积1994年曾跌到16.5亿亩警戒线以下，这无疑加大了实现我国种植生产目标的难度。分析耕地减少的原因：一是基建用地增加；二是无节制兴办各类开发区圈占耕地；三是比较利益驱动，大量改种林果及鱼塘占用了大量优质良田。

撰稿人：王明华

林业生产——成绩显著

“八五”期间，我国林业生产又取得了可喜的成绩。1995 年全国林业总产值达 710 亿元，按可比价格计算比 1990 年增长 43.5%。

一、造林面积扩大，消灭宜林荒山步伐加快

“八五”期间，我国造林绿化工作认真贯彻落实中央、国务院的有关方针、政策，在坚持“一五一”工程建设的同时，以造林灭荒特别是山区造林和防沙为重点，各项造林绿化事业进展迅速，实现了“八五”期间森林资源总生长量大于总消耗量的奋斗目标。据统计，“八五”期间，全国完成造林面积 2874 万公顷（超额完成“八五”计划的 40%），比“七五”期间增长 8.6%，年平均增长 1.7%，在全部造林面积中，人工造林完成 2032 万公顷，占全部造林面积的 70.7%，飞播造林共完成 842 万公顷，占全部造林面积 29.3%。

由于采用良种壮苗，加上技术指导和严格检查，造林质量有很大提高。1990 年全国造林合格率只有 75%，目前已达到 90% 以上。

消灭宜林荒山步伐加快。目前已有广东、福建、湖南、安徽、浙江、江西、山东、湖北和广西 9 个省消灭了宜林荒山，进一步改善了华东、中南地区的生态环境，有力地保障和促进了这些地区经济的发展。

二、林业生产结构进一步调整，以林果为主的经济林迅速发展

“八五”期间，在加大造林绿化力度的同时，注重调整林种结构，特别是以林果为主的经济林迅速发展。据统计，“八五”期间，共营造经济林 724 万公顷，比“七五”期间增长 87.3%，占总造林面积比重由“七五”时期的 14.6%提高到 25.2%。

“八五”期间，由于几项大的防护林工程相继启动并实施，使防护林建设进展迅速，“八五”期间共营造防护林 649 万公顷，比“七五”期间增长 55.5%。

用材林建设在“八五”期间速度相对放慢，据统计，“八五”期间共营造用材林 1386 万公顷，比“七五”期间减少 228 万公顷，下降 14.1%。用材林占全部造林面积的比重比“七五”期间下降 12.8 个百分点。

表 2:　林业各主要指标“八五”与“七五”时期对比

年　份	当年造林 (千公顷)	飞播造林 (千公顷)	用 材 林 (千公顷)	经 济 林 (千公顷)	防 护 林 (千公顷)	零星植树 (亿株)
“七五”期间						
1986	5 274.0	1 115.8	3 326.7	689.2	768.9	57.9
1987	5 414.2	1 206.9	3 338.5	865.3	752.5	44.9
1988	5 533.3	958.5	3 302.9	913.7	823.3	37.6
1989	5 023.3	913.8	3 015.3	752.2	817.1	35.1
1990	5 208.5	855.1	3 156.5	644.5	1 036.4	33.8
累计	26 453.3	5 050.1	16 139.9	3 864.9	4 198.2	209.3
年平均	5 290.7	1 010.0	3 228.0	773.0	839.6	41.9

表 2: 续

年　份	当年造林（千公顷）	飞播造林（千公顷）	用 材 林（千公顷）	经 济 林（千公顷）	防 护 林（千公顷）	零星植树（亿株）
“八五”期间						
1991	5 594.5	842.7	3 343.7	669.5	1 243.7	36.2
1992	6 030.4	946.7	3 355.1	973.2	1 442.1	34.7
1993	5 903.4	859.0	2 812.5	1 563.6	1 314.6	34.1
1994	5 992.7	802.4	2 504.5	2 063.9	1 253.3	34.7
1995	5 214.6	585.3	1 844.3	1 969.9	1 240.4	34.5
累计	28 735.6	8 423.9	13 860.1	7 240.1	6 494.1	174.2
年平均	5 747.1	1 684.8	2 772.0	1 448.0	1 298.8	34.8

三、重点防护林工程建设取得显著进展

1.为期十年（1986–1995）的“三北”防护林体系建设二期工程提前一年基本完成规划任务。到 1995 年底，其完成人工造林超过 900 万公顷，其中“八五”期间完成 605 万公顷，封山封沙造林育林 433 万公顷，零星植树近 40 亿株。这一生态工程的建设实施，使 3 亿多亩农田和牧场得到保护。

2.长江中上游防护林体系工程建设自 1989 年试点、1990 年正式启动以来，在“八五”期间有了较大的发展，“八五”期间累计完成造林面积 270 万公顷，从而使 200 多个县的水土流失得到初步控制。

3.“八五”期间开始启动并实施的沿海防护林建设工程进展迅速，据统计，“八五”期间已累计完成造林 98 万公顷，在 1.8 万公里的海岸线上建起了 1.4 万公里的海岸基干林带。

4.“八五”期间启动的治沙工程到 1995 年底已完成 376 万公顷，占治沙工程总规模的 53%。

5.平原绿化工程，到目前全国已有 724 个县达到平原绿化标准，占全国 918 个平原县、半平原县的 78%。

这些大规模的生态工程建设，使我国相当部分地区的生态环境得以改善，特别是对农业的稳产、高产起到了积极的促进作用，取得了明显生态效益、社会效益和经济效益。

四、营林生产管理进一步加强，迹地更新建设稳步发展

“八五”期间，为了进一步缓解木材供应的紧张局面，全面提高林地生产力，各级林业部门非常重视幼林、成林的抚育管理工作。“八五”期间，全国共完成幼林抚育面积 4840 万公顷，成林抚育面积 2450 万公顷，分别比“七五”期间增长 18%和 37%，“八五”期间平均年增长 5.7%和 3.2%。全国共完成低产林改造面积 356 万公顷，比“七五”期间增长 67.4%。

五、大力发展名特优新经济林，主要林产品产量均有增加

“八五”期间，全国各地进一步以造林绿化为基础，以调整林种、树种结构为重点，以市场为导向，以经济效益为中心，主要林产品产量比“七五”期间均有较大幅度的增长。据统计，“八五”期间，全国油桐籽产量达 202 万吨，油茶籽产量 299 万吨，核桃产量 95 万吨，板栗 91 万吨，分别比“七五”期间增长 16.7%、14.7%、23.1%和 70.4%，年平均增长分别为 3. 1%、2.8%、4.2%和 11.2%。

六、发展林业，绿化祖国任重道远

虽然"八五"期间我国造林绿化工作取得很大成绩，森林资源的发展在数量上开始走出"低谷"，全国有林地面积逆转情况有所好转，实现了森林面积和森林蓄积量"双增长"的目标，但从长远看，目前我国现有森林面积占我国林业用地面积 50.49%，森林面积比重不大，同时，目前由于不合理人为采伐，乱砍滥伐，森林灾害等原因使有林地逆转为无林地、疏林地和灌木林地面积每年仍达 2400 多万亩，逆转数量仍然很大。这说明我们的植树造林任务还相当艰巨。

"九五"期间，我国林业生产应立足于资源、环境和产业三个轮子一齐转的原则，首先应保证森林资源的稳定增长，进一步提高全社会办林业、全民搞绿化的自觉性。坚持各级领导干部任期造林绿化规划目标责任制，大力推进全民义务植树和部门造林，加大科技含量，提高造林质量，促进林业向高产、优质、高效方向发展。其次加强对现有森林的科学经营，改善生态环境。要加强新造林地经营管护，加强中幼林抚育，建立森林经营管理责任制的检查监督制度，以发挥森林的生态效益。三是坚持森林资源采伐限额制度，实行限额采伐，控制资源消耗。四是提高法制观念，坚持以法治林，努力把森林资源保护管理置于法规制度的约束中。

撰稿人：王明华

畜牧业——发展势头强劲

1995年，畜牧业生产在饲料价格居高不下，畜产品价格较低的情况下继续呈现发展势头，这是我国畜牧业自改革开放以来第17个丰收年。以出色的成绩告别“八五”，以崭新的姿态步入“九五”新时期。回顾“八五”我们欣喜地看到我国畜牧业生产在此期间已发生了深刻变化。

一、畜产品持续高速发展，人均占有量达到新水平

1995年我国肉、蛋、奶产量分别达到5260万吨、1677万吨和673万吨，分别比1990年增长84.1 %、1.1倍和41.7%。“八五”时期肉蛋奶累计产量分别达到2.02亿吨、6277万吨和2934万吨，分别比“七五”期间增长64.1%、87.1%和43.7%；年均生产肉、蛋、奶分别为4035万吨、1256万吨和587万吨，均超额完成计划。

人均占有畜产品产量达到新水平，肉类人均产量从1994年起就超世界平均水平，1995年达到43.7公斤，比1990年增加18.3公斤；蛋人均占有量从1991年就已超过世界平均水平，目前达到发达国家水平，1995年达到13.9公斤，比1990年增加6.9公斤；奶人均占有量1995年已达到5.6公斤，比1990年增加1.4公斤。

二、牲畜饲养量和出栏量连年增加

纵观“八五”时期，我国畜牧业生产出现猪牛羊禽全面发展势头。1995年底全国大牲畜存栏达1.59亿头，比“七五”末的1990年增长22%。

1.生猪生产稳定发展。1995年底，全国生猪存栏达4.42亿头，比1990年增长21.8%。“八五”期间累计出栏生猪19.6亿头，比“七五”期间增长40.6%。生猪出栏增加，猪肉产量增长也较快，“八五”期间猪肉产量累计1.48亿吨，年均2959万吨，比“七五”期间增长47.2%。

2.养牛业获得快速发展。1995年底全国牛存栏达1.32亿头，比“七五”末的1990年增长28.3%，其中，黄牛达9930万头，增长26.5%。“八五”期间肉牛累计出栏达1.03亿头，年均2056万头，比“七五”期间增长73.2%。累计牛肉产量达1310吨，增长1倍以上。

3.养羊业稳定发展。1995年底全国羊存栏达2.77亿只，比1990年增长31.9%，其中山羊存栏1.5亿只，增长53.9%，绵羊存栏1.27亿只，增长12.8%。“八五”期间全国累计出栏肉羊6.09亿只，年均1.22亿只，比“七五”期间增长73.1 %，生产羊肉746万吨，增长78.9%；绵羊毛产量达125万吨，增长14.7%。

三、畜禽规模饲养程度进一步提高畜禽结构进一步趋向合理

畜牧业规模发展迅速，生产水平提高较快。目前养禽业规模化饲养已达60%以上，养猪业、养牛业和养羊业规模化生产也发展很快。到1995年底全国有各类畜牧生产专业户近621万户，比1990增加387万户，增长1.65倍。其中养猪户、养牛户、养羊户、养禽户分别达到205万户、104万户、91万户、179万户，分别比1990年增长3.4倍、2.9倍、2.0倍、2.1倍。专业户出栏猪、牛、羊分别达7189万头、400万

头、2593 万只，分别比 1990 年增长 4.9 倍、4.6 倍和 4.3 倍。

畜禽结构趋向合理。随着城乡居民收入水平的提高，人们对肉类的消费从以猪肉为主向牛、羊、禽等多元化方向发展，市场对牛、羊、禽等畜产品的需求越来越大。“八五”期间，畜牧业生产继续向牛、羊、禽等品种倾斜，从肉类总产量看，猪肉比重进一步下降，牛羊肉、禽肉占的比重进一步提高，据测算，猪肉产量占肉类总产量比重由“七五”期间 81.77%下降到“八五”期间的 73.33%；牛羊肉占的比重由“七五”期间的 7.2%提高到 10.2%，禽肉由 10.46%提高到 15.43%。

表 3: 肉、蛋、奶产品产量“八五”与“七五”时期对比

单位：万吨

年 份	肉 类	猪 肉	牛羊肉	禽 肉	奶 类	禽 蛋
“七五”期间						
1986	2 112.4	1 796.0	121.1	187.9	332.9	555.0
1987	2 215.5	1 834.9	151.1	219.4	378.8	590.2
1988	2 479.5	2 017.6	176.0	274.4	418.9	695.5
1989	2 628.5	2 122.8	203.4	282.0	435.8	719.8
1990	2 857.0	2 281.1	232.4	322.9	475.1	794.6
累计	12 292.9	10 052.4	884.0	1 286.6	2 041.5	3355.1
年平均	2 458.6	2 010.5	176.8	257.3	408.3	671.0
“八五”期间						
1991	3 144.4	2 452.3	271.5	395.0	524.3	922.03
1992	3 430.7	2 635.3	305.3	454.2	563.9	1 019.9
1993	3 841.5	2 854.4	370.9	573.6	563.7	1 179.8
1994	4 499.3	3 204.8	487.9	755.2	608.9	1 479.0
1995	5 260.0	3 648.4	620.5	934.7	672.8	1 676.7
累计	20 175.9	14 795.2	2 056.1	3 112.7	2 933.6	6 277.4
年平均	4 035.2	2 959.0	411.2	622.5	586.7	1 255.5

畜牧业快速发展的主要原因：一是各级领导对畜牧业在国民经济中的地位和对增加农民收入、实现小康目标作用的认识进一步提高，把发展畜牧业生产做为农村经济工作的重点来抓，切实加强对畜牧业工作的领导，进一步明确发展思路，制定和采取了一系列有利于畜牧业发展的政策措施，促进了畜牧业的发展。二是畜牧科技含量进一步提高，“三高”牧业进一步发展。“八五”期间，发展畜牧业，提高农民收入在许多地区已成为奋斗的目标，为实现这一目标，各地都把增加科技投入，发展“三高”牧业当成主要手段，努力提高牲畜的良种比重。在养猪方面，大力推广品种改良、圈舍改造、浓缩饲料、仔猪补料、程序免疫、塑膜暖圈等科学管理配套技术，缩短了饲养周期，提高了出栏率。据统计，1995 年，全国生猪出栏率达 115%，比上年提高 8 个百分点，比 1990 年提高 24 个百分点。

在养牛工作中，强化饲料的开发利用，加强养牛基地县建设。秸秆养牛基地示范县，通过两年的建设，已取得了显著成效。目前，全国秸秆养牛示范县已达 119 个，年出栏牛 655 万头，占全国总出栏牛的 20%以上。

“八五”期间我国畜牧业生产主要面临三

个问题。一是饲料总量不足，价格上涨过猛，制约畜牧业的发展。1990年以来全国肉蛋奶产量分别增长84%、1.1倍和41%，而粮食产量仅增加4.6%，使得饲料原料紧缺日益明显，这是导致饲料粮价格居高不下的直接原因，1995年大豆面积减少，减产250万吨，使本来就十分贫乏的饲料蛋白更加吃紧。目前玉米价格仍居高位，而猪禽产品价格与去年底相近，而玉米价格仍上涨18%左右，生产效益明显下降。

二是动物疫病控制仍然是薄弱环节，通过两年的控制口蹄病战役，收到了一定成效，但从中也发现了些突出问题，主要表现在与国际上接轨并适合市场经济要求的正规完善防疫体系尚未建立起来，队伍素质低，手段落后，疫情监测网络尚未形成，报告制度不健全，这个问题不解决将影响我国畜产品进入国际市场。

三是宏观调控乏力，难以有效保护生产。畜产品市场不完善，饲料市场发育不全，流通渠道不畅，畜产品“买难”“卖难”时有发生。从而影响了我国畜牧生产健康发展。针对以上问题，各级政府应予以高度重视，积极采取措施。一是要加强粮食市场的宏观调控和吞吐平衡，平抑饲料价格；多方面、多渠道筹集资金，加快饲料工业发展，提高配合饲料生产能力。二要深化畜牧业流通体制改革，坚持以市场为导向，搞活畜产品流通，发展畜产品加工业，同时多方收集资金，收购畜产品，防止出现畜产品的“卖难”现象发生。三是建立健全畜禽生产服务体系，正确引导畜禽生产发展方向，减少盲目性，做到人、财、物合理配置。

撰稿人：王明华

渔业生产——又上新台阶

改革开放以来，水产品是首先实行了价格全面放开市场调节的一种农产品，随着市场经济的完善，渔业增长速度不断加快，“六五”期间年均增产51万吨，“七五”期间年均增产103万吨，“八五”期间年均增产已达200万吨以上。1995年全国水产品产量达2517万吨，比上年增加374万吨，增长17.5%，增长量为历史之最。“八五”期间全国累计水产品总产量达9391万吨，比“七五”增长79.6%。1995年渔业产值1701亿元，按可比价格计算，比1990年增长1.1倍，回顾“八五”，我国渔业发展主要表现在以下几个方面：

一、水产品总生产能力提高，发展速度加快。

“八五”期间，我国渔业生产规模进一步扩大，1995年全国水产养殖面积达到5385千公顷，比1990年扩大1127千公顷，增长25%以上，全行业新增固定资产速度平均每年达32%，比“七五”期间提高14.6个百分点，生产条件的改善，有力地促进了生产的发展。“八五”期间全国累计生产水产品9390万吨。年均生产1878万吨，比“七五”增长79.6%。全国海水产品累计达5491万吨，年均1098万吨，比“七五”期间增长82.7%。生产海水鱼类2935万吨，年均587万吨，增长60.4%；生产虾蟹类743万吨，增长55.8%；生产贝类369万吨，增长47.1%。全国淡水产品累计达3900万吨，年均780万吨，比“七五”期间增长75.3%。生产淡水鱼类3725万吨，年均745万吨，增长73.4%；生产虾蟹类84万吨，增长11倍以上；生产贝类21万吨，增长1.25倍。

1995年人均占有水产品产量达20.9公斤，比“七五”末期1990年提高10公斤。达到世界平均水平。

二、养殖渔业发展迅速，养殖单产提高

“八五”期间，水产品养殖面积继续扩大，1995年养殖产量在连续几年快速增长的基础上又上新台阶，实现了我国渔业由捕捞为主向养捞并举方向转变的历史重任。与此同时，结构进一步合理，单产水平继续提高，获得了很好的经济效益和社会效益。

1995年全国海、淡水养殖面积达5385千公顷，比“七五”末期的1990年扩大了1127千公顷。其中淡水养殖面积4669千公顷，比1990年扩大839千公顷；海水养殖面积716千公顷，扩大287千公顷。“八五”期间，水产品养殖累计产量达4862万吨，比“七五”期间增长90.5%。其中，海水养殖产量为1499万吨，淡水养殖产量为3991万吨，分别比“七五”增长1.3倍和75.3%。目前，我国水产品养殖产量占总产量比重已达到50%以上。实现了渔业由捕捞为主向捕养并举方向发展的奋斗目标。

“八五”期间，一批科研成果在生产中推广应用，使渔业生产水平有了新提高，淡、海水养殖单产不断提高。淡水养殖每亩产量由1990年的75公斤提高到155公斤；海水养殖单产由252公斤提高到384公斤。

三、捕捞渔业健康发展，远洋渔业成就显著

“八五”期间我国捕捞渔业累计产量达

4529万吨，比“七五”增长69.2%，其中海洋捕捞产量达3991万吨，增长70.7%；淡水捕捞产量达538万吨，增长62.5%。在捕捞中优质水产品产量增长速度较快。据统计，“八五”期间我国海洋优质产品捕捞量比“七五”增长67.7%，其中大小黄鱼增长分别达1.4倍和3.3倍。

远洋渔业形成规模。我国远洋渔业从1985年起步，到目前已有十年了，十年来大小远洋渔船发展到1000多艘，在海外形成了年捕捞70万吨的生产能力，迄今，全国16个省、自治区、直辖市和计划单列市共有48个远洋渔业企业，在38个国家和地区创办65个独资、合资或合作经营企业或代表处。成为我国新兴海洋跨国产业和外向型经济中的一支生力军，十年来我国远洋渔业已取得了较好的经济效益和社会效益。一是十年累计捕鱼250万吨，运回国内100余万吨，为丰富城乡居民“菜蓝子”平抑鱼价起到了调节作用；二是推动了我国渔业的生产进步，使企业的生产经营实现了内外结合协调发展；三是带动了我国渔船渔机工业的发展和产品出口；四是培育和造就了一支具有开拓精神和市场意识的企业家和技术骨干队伍。

表 4：水产品产量“八五”与“七五”时期对比

单位：万吨

年份	水产品总产量	#养殖	1.海水产品	#养殖	2.淡水产品	#养殖
“七五”期间						
1986	823.6	380.2	475.4	85.8	348.2	294.4
1987	955.3	457.1	548.2	110.0	407.1	347.2
1988	1 060.9	532.2	605.7	142.4	455.2	389.8
1989	1 151.7	574.6	661.2	157.6	490.5	417.0
1990	1 237.0	607.8	713.3	162.4	523.7	445.4
累计	5 228.5	2 551.9	3 003.8	658.2	2 224.7	1 893.8
年平均	1 045.7	510.4	600.8	131.6	444.9	378.8
“八五”期间						
1991	1 350.8	649.7	800.1	190.5	550.7	459.2
1992	1 557.1	775.8	933.7	242.4	623.4	533.3
1993	1 822.9	952.8	1 076.0	308.7	746.9	644.1
1994	2 143.1	1 130.7	1 241.5	345.7	901.6	785.0
1995	2 517.0	1 353.0	1 439.1	412.2	1 078.0	940.8
累计	9 390.9	4 861.9	5 490.4	1 499.5	3 900.6	3 362.4
年平均	1 878.2	972.4	1 098.2	299.9	780.0	672.5

四、存在的问题和对策

“八五”期间，我国渔业生产在继续高速发展的同时，也面临着一些亟待解决的问题。一是养殖病害仍较严重，名特优新苗种不足已成为制约养殖业持续健康发展的两大“瓶颈”；二是近海主要鱼类资源量下降，水域环境污染严重，捕捞强度仍未得到有效控制。三是渔用物质价格上涨过猛，生产成本加大，但鱼价增幅低于成本上涨幅度，国有水产企业效益不佳，亏损面逐年扩大，亏损额逐年增加，严重制约了渔业的发展。

“九五”期间，我国渔业应确立“依靠科教兴渔，强化法制管理，快速发展养殖，稳定近海捕捞，积极扩大远洋，狠抓流通加工的渔业方针。促进渔业生产持续快速协调发展，到2000年水产品总产量力争突破3000万吨。为此应着重作以下几方面工作:

一是加大改革力度，调整产业发展方向；由扩大发展规模转向主要依靠提高内涵生产水平方向发展，坚持走高产、优质、低耗高效的路子。虽然我国可利用发展水产养殖的荒水荒滩资源还有很大潜力，“九五”期应继续积极组织好重点开发，但从总体上讲，我们应该确立以提高内涵生产水平为主的指导思想，对那些渔业重点产区和养殖老区要把提高单产提高良种覆盖率，加强池塘改造和基础设施建设，改善生产条件作为主攻方向。二是增加科技投入，加强基础研究和技术推广的力度，增强防灾抗病的能力，提高渔业的效益，这是渔业发展的根本出路。三是深化渔业企业改革。对不适应市场经济和不利于渔业发展的生产体制、流通体制、分配体制进行改革，特别是因地制宜地对水产企业实行各种形式的改制，建立现代企业制度，从根本上扭转亏损的局面。这是渔业发展的迫切要求。四是建立饲料供给体系，重点抓好养殖。“九五”期间要充分利用资源条件统筹安排，增加养殖比重，争取养殖产量占水产总产量65%左右。五是广辟资金，增加渔业投入“九五”期间计划增加水产品 700 万吨，按此计算需投入资金500-600亿元，因此要多渠道集资，充分发挥中央、地方和群众等多方面积极性，并创造外商投资的良好条件，要调动生产者投资的积极性，使其占到总投入的60%左右。

撰稿人：王明华

1995年农村劳动力转移情况

我国是一个劳动力资源十分丰富的国家，如何发挥这一资源优势，使之成为我国经济发展的重要推动力，是关系到我国国民经济健康发展的重要课题。而发挥劳动力资源优势的关键在于合理利用农村劳动力，因为从劳动力资源的地域分布来看，分布在农村的劳动力要占到70%以上。而合理利用农村劳动力的关键又取决于农村剩余劳动力的有效安置，在农村劳动力中占到70%的农林牧渔业劳动力，随着农村劳动力资源的增加和农业劳动生产率的提高，每年大批地从原来从事农业生产中剩余出来。这批农村剩余劳动力既为我国非农产业的发展提供了非常丰富的人力资源，同时又给整个社会形成了巨大的就业压力。

为了掌握第一手资料，国家统计局农调总队对全国29个省份（缺西藏）、13.2万农户、27.8万农村劳动力进行了抽样调查，结果显示，1995年我国从事二、三产业的农业劳动力占农村劳动力总数的27.4%，当年农村剩余劳动力转移的人数占农村劳动力总数的6.8%，转移速度趋缓。

1995年农村劳动力转移的基本特征

1995年末，我国乡村劳动力已达到44950万人，比1994年增加295万人，增长0.7%。与上年相比，我国农村劳动力就业结构虽有变化，但变化不大。农林牧渔业劳动力所占比重为72%，农村二、三产业劳动力所占比重仍不足30%。

造成1995年农村剩余劳动力转移趋缓的原因，一方面是由于国家在1995年提高了粮棉等农副产品价格，从事农业生产有利可图，使得部分从事二、三产业的农村劳动力返回农业；另一方面是由于国家继续采取适度从紧的宏观经济政策，农村二、三产业发展速度减缓，城市的一些工矿企业也不景气，造成农村剩余劳动力转移的出路减少；另外，铁路等交通费用大幅度上扬，劳动力易地转移的成本有所增加。这些因素的综合影响，使得农业剩余劳动力向二、三产业快速转移的势头减缓，其基本特征如下：

1.从数量上看，农村剩余劳动力转移总量依然较多，但势头趋缓。1995年全国农村剩余劳动力转移到二、三产业的人数占农村劳动力总数的6.8 %，比上年下降0.5个百分点。当年从非农产业返回到农业的劳动力占农村劳动力总数的比重为1.4 %。净转移劳动力占农村劳动力总数的比重为5.4 %，比上年略有下降。

2.从性别上看，农村剩余劳动力转移仍以男劳动力为主，1995年男劳动力转移占当年农村剩余劳动力转移的比重为70.4%，比上年增加1.7个百分点；整劳动力转移所占比重仍高达93.9%，但比重下降了0.4个百分点。半劳动力转移数量略有增加。

3.从转移的行业上看，工业、建筑业、商业饮食业和服务业仍是农业剩余劳动力转移的主要行业。1995年剩余劳动力转移到上述行业的占当年农村剩余劳动力转移总数的79.9%。

4.从素质上看，转移的农村剩余劳动力文化素质和工作技能逐年提高。1995年转移的农村剩余劳动力中，初中文化程度占54.9%，比上年下降0.4个百分点；高中及高中以上文化程度的占14.9%，比上年提高0.9个百分点；受过专业技能培训的占

25%，增加 0.6 个百分点；小学及文盲、半文盲所占比重又有下降。

5.从转移的区域上看，剩余劳动力转移以本省内为主，但向省外转移继续增加。1995 年农村剩余劳动力在本省内转移的占 70.6%，比上年减少 4.1 个百分点；转向外省的占 29.1%，增加了 3.8 个百分点；转移到国外的为 0.3 %，也有增加。

6.从转移的走向来看，以向东部转移为主，转向中、西部地区的比重提高了 2.2 个百分点。1995 年农村剩余劳动力转移过程中，转向东部、中部和西部地区的比重分别为 72.3%、16%和 11.7%。

7.从东、中、西部转移的速度上看，中、西部地区农村剩余劳动力的转移速度继续加快。1995 年，中、西部地区农村转移劳动力占劳动力总数的比重分别为 7.6 %和 7%，均高于全国 6.8 %的平均水平。东部地区为 5.7 %。但中、西部地区二、三产业劳动力占其农村劳动力总数的比重仅为 20%左右，不仅远远低于东部地区 40%的水平，而且也低于全国平均水平 5--6 个百分点。

8.分地区看，1995 年转移劳动力占劳动力总数比重超过 10%的有江西和甘肃省，比重在 7-9%之间的省份还有辽宁、安徽、福建、河南、湖北、海南、四川、贵州、青海。当年转移比重较低的地区有上海、云南、新疆。

农村劳动力转移中存在的问题

从 1995 年以及近几年农业劳动力转移情况来看，大体上存在以下几个问题:

1.大量农民进城务工、经商，在一定程度上起到了拾遗补缺的效果，对促进城市经济的发展发挥了积极作用。但农民大批进城也给交通、治安、卫生以及城镇居民的生活和工作带来较大的困难，特别是与城镇待业人员大量增加存在着矛盾。一方面城镇每年新增约 1000 万劳动力，另一方面由于企业改革推进，国有企业中尚有 3000 多万富余职工等待分流或重新安置，使待业人员增加。据 1994 年全国人口变动情况抽样调查结果，全国城镇人口失业率为 3.54%，其中个别省份的城镇人口失业率高达 8%。1995 年城镇人口失业率继续提高为 4%。这就使得农民进城就业的机会相对减少。

2.农村剩余劳动力的转移，在方式上存在着相当程度的盲目性。虽然劳动力转移的有序性受到有关方面的重视，但由于劳动力市场中介组织不健全，信息传递渠道不畅，导致农村剩余劳动力转移带有较大的盲目性，以致形成众说纷云的“民工潮”，虽然近年来许多地方都在尝试组织好劳务输出，但成效不大，缺乏连续性和持久性。1995 年农村剩余劳动力通过有关部门有组织方式转移的占 10.3%，通过亲友介绍方式转移的占 33.4%，自发方式转移的占 56.3%。自发方式转移中的一些人，因种种原因很难找到合适工作，或徒劳往返，或滞留、滋事，既给农民自身造成经济损失，也给运输部门带来压力，给社会带来不安定因素。

3.农村剩余劳动力转移缺乏制度化保障。在改革开放中，城市出现对农民较为宽松的就业政策，允许农民进城务工和经商，但由于种种原因，进城务工经商的农民没有获得与城市居民平等的就业机会，一旦城市内部就业受到冲击，首先考虑的就是清退农村人口，以致已经转移出的农村剩余劳动力尽管土地收入在其总收入中所占比重很小，宁可负担土地的税费，而任其田地荒芜，也不愿放弃土地。另外，一些地方和单位劳动法规不完善，转移出的农村剩余劳动力的合法权益得不到保护，经常出现被拖欠工资、延长工作时间，甚至人身安全受侵犯的问题。

4.乡镇企业吸纳农村剩余劳动力减少。改革开放以来，乡镇企业发展迅猛，给农村经济发展注入了新的活力，同时也给农村剩余劳动力向非农产业转移提供了大量的就业机会。但近年来国家为了治理经济增长过热带来的问题，从宏观上采取了适度从紧的调控政策，企业特别是乡镇企业因此遇到资金紧张、原材料价格上涨等压力，使乡镇企业的高速发展事头有所减缓，吸纳农村剩余劳动力的能力下降。1995年，在本省内转移的农村剩余劳动力，只有30%被安置在本乡乡镇企业就业。有关研究成果表明，1978–1988年我国乡镇企业按可比价格计算的总产值增加额中，89.6%是依靠增加固定资产和劳动力来取得的。但随着我国乡镇企业由劳动密集型向资金和技术密集型方向发展，并且随着有机构成和吸纳劳动力的成本提高，乡镇企业吸纳就业人数的比率将趋于下降。

对农村劳动力转移的对策建议

从市场经济的角度看，农民流动是生产要素重新配置的一个因素，即市场机制对劳动力要素的再配置。政府部门应该通过采取加强农业的综合开发，发展乡镇企业和加快小城镇建设等多种措施，就地、就近消化和吸纳农业剩余劳动力。劳动力输出输入地区都要正确处理局部利益和全局利益，眼前利益和长远利益的关系，认真负责地开展工作，要充分发挥农村基层党组织和基层政权的作用，乡镇一级应该有负责劳务输出的管理服务组织，加强管理和指导，帮助农民解决好转移过程中的困难和问题，为此提出以下几点建议:

1.建立和完善农村劳动力流动机制，培育全国统一的劳动力大市场。进一步打破城乡二元经济结构，建立有利于劳动力自由流动的新的户籍制度，逐步把城乡居民二重身分的户籍制度变为只有公民一种身分的户籍制度，从而取消农民在居住、就业、文化教育等方面所受到的限制，使有条件、有能力、具有开拓性的农民进城就业。新的户籍制度，对农民在农村中的自由流动也大有益处。这种改革并不排斥某些大城市为缓解增容压力而采取相应措施。

2.大力发展乡镇企业。随着农村改革开放的不断深入，我国乡镇企业有了较大发展，成为吸纳农村剩余劳动力的主渠道。因此，要使乡镇企业保持适度的增长速度，继续发挥其吸纳农村剩余劳动力的主渠道作用。要在资金、原料、技术、设备上积极扶持乡镇企业的发展，使乡镇企业的产品逐步适应市场经济竞争机制的要求。在不断提高经济效益的前提下，增加乡镇企业就业人数，扩大乡镇企业的经营规模。要调动各方面的积极性扶持乡镇企业的发展，要重视外出务工经商返乡农民对发展乡镇企业的积极作用。农民外出务工、经商，造就了一大批农村人才，他们不仅为落后的家乡带回城市和经济发展地区的先进技术、市场意识、经营管理方法，还筹措了一定的投资资本，这是发展乡镇企业不可小视的力量。在有些地区，他们已成为部分乡村发展农村经济新的增长点和带领农民增收致富奔小康的“火车头”，促进了乡镇企业的发展。

3.加快小城镇建设，吸纳更多的农村剩余劳动力。农村城市化，一大批农民进入城市将是农村发展的必然趋势。我国现有小城镇平均人口2.8万人，如果增加一半，就可吸纳1.2亿人，非常可观。但是，现有的大中城市由于交通、治安等方面原因，又不能无限制地容纳农村剩余劳动力就业。所以可以考虑在充分利用农民的资金和农村剩余劳动力的前提下，在一些地区大力兴建乡镇企业城、农民商城、乡镇工业区，大胆招商引资，吸引大批农民前来务工、经商，在政策方面要给予农民自带资金办企业、经商以优惠和扶持。同时，还需要弱化传统的户籍制度和居住权制度，使小城镇成为农村剩余劳动力和乡镇企业聚集的中心，建立适应市场经济的管理体制，加快小城镇建设的步伐。

4.努力提高农村劳动力的文化素质。目前我国农村劳动力中具有小学以下文化程度的约占 60%以上，不能适应我国农村经济发展的需要。由于受到文化层次和劳动技能的影响，农村剩余劳动力的转移受到一定阻碍，使转移出去的劳动力大多只能从事简单繁重的体力劳动，而向更深层发展比较困难，在市场经济中缺乏竞争力。提高农村劳动力素质，需要全社会的高度重视。要大力发展农村文化教育事业，加强农民文化技术的培训，把普通教育和职业教育衔接起来，抓好"希望工程"，采取措施防止新的文盲出现。

5.要引导把农民将外出务工的收入投资于农村二三产业。按照资本有机构成的变动趋势，今后要发展农村二三产业，增加二三产业劳动力，必须加大二三产业的投资力度，以资金投入扩大二三产业的发展规模，从而推动农村劳动力转移。而资金投入的主体应当是农民。据抽样调查，平均每个外出务工农民每年寄回和带回的收入就有 4000多元，但目前农民多将这些资金用于建房等生活消费。有关部门应采取有效措施，引导农民将资金用于生产投入，特别是用于二三产业的投入，从而增强吸纳农村剩余劳动力的能力。

撰写人：范小玉

一九九五年我国乡镇企业稳步发展

1995 年我国乡镇企业努力转变企业增长方式，提高经济效益和企业素质，使乡镇企业的规模和效益同步增长，出口创汇能力不断增强，显现出稳定发展的良好态势。但资金紧张、负担加重、自主经营机制不健全等问题仍然困扰乡镇企业的发展，国家应加强对乡镇企业的规划与管理，促进乡镇企业逐步适应两个转变的要求，走上高效、持续、快速、健康发展的轨道。

一、1995 年我国乡镇企业发展的主要特点

1.乡镇企业个数减少企业规模扩大

1995 年全国乡镇企业个数为 2202.7 万个，比上年减少 291.8 万个，减少 11.7%。其中乡村两级集体企业 161.8 万个，比上年减少 3.3 万个，减少 2%；联户、个体企业 2040.9 万个，比上年减少 288.5 万个，减少 12.4%。但企业的规模有所扩大，1995 年末全国乡镇企业固定资产原值达 12841 亿元,比上年增加 3973 亿元，增长 44.8%，平均每个企业拥有的固定资产为 5.8 万元，比上年增加 2.2 万元，增加了 61.1%；平均每个企业拥有职工人数为 5.8 人，比上年平均每个企业增加 1 人，增加了 20.8%。

2.就业人数增加较快

1995 年我国乡镇企业在单位数有较大幅度减少的情况下仍保持了就业人数的较快增长。1995 年末全国乡镇企业职工人数为 12862.1 万人，比上年增加 844 万人，增长 7%，超过了近几年乡镇企业职工人数的增长比率。其中，在乡村两级集体企业就业的职工达 6060.5 万人，比上年增加 161.9 万人，增长 2.7%，占全部乡镇企业职工人数的 47.1%；联户个体企业职工 6801.6 万人，比上年增加 682.7 万人，增长 11.2%，占全部乡镇企业职工人数的 52.9%。

3.生产稳步增长在国民经济中发挥了显著作用

1995 年全国乡镇企业完成增加值 14595 亿元，比上年增长 33.6%。其中，第一产业为 279.8 亿元，占 1.9%；第二产业为 12085 亿元，占 82.8%；第三产业为 2230 亿元，占 15.3%。在乡镇企业完成的增加值中，乡村集体企业完成 9358.8 亿元，占 64.1%；联户和个体企业完成 5236.2 亿元，占 35.9%。乡村工业主要产品产量都有较大幅度的增长。其中，原煤 31056 万吨，比上年增长 3.5%；粮食加工 35261 万吨，增长 20.2%；配合饲料 2197 万吨，增长 19.5%；布 743934 万米，增长 27.2%；化肥 686.7 万吨，增长 24%；水泥 13015 万吨，增长 50.1%。

乡镇企业的发展在国民经济中发挥了显著作用。1995 年乡镇企业完成增加值占国民生产总值的 25.3%，其中工业增加值占全国工业增加值的 30.8%，已成为国民经济中的重要支柱。乡镇企业的发展使农民人均纯收入有了较大幅度的提高。1995 年全国乡镇企业支付职工工资总额 4382 亿元，比上年增长 45.9%，乡镇企业从业人员人均工资达到 3553 元，比上年增长 42.2%。全国农民人均从乡镇企业得到的工资收入达到 467 元，比上年增加了 143 元。

4.出口创汇企业迅速发展

1995 年全国乡镇企业出口创汇企业发展到 11.8 万家，比上年增加 0.71 万家，从业人员 1026.3 万人，比上年增加 224.1 万

人，增加了 28%,全年出口产品交货值达 5395 亿元，比上年增加 1996.2 亿元，增长 40.2%，出口交货值占全国出口总额的 33.7%。截止 1995 年底，全国乡镇“三资”企业共 38743 个，比上年新增 9372 个；1995 年当年新签协议企业达 15860 个，其中同港澳台合资合作的协议就达 9917 个，占 62.5%。本年累计利用外资 317.9 亿美元，其中当年利用外资 84.8 亿美元，境外办企业 3673 家，投资总额达 44.1 亿元。

5.经济效益提高亏损面减少

1995 年我国乡镇企业在总量实现快速增长的同时，效益也同步增长,人均创利税达 4128 元,比上年增加 903 元,增长 28%；人均交纳税金 1600 元,比上年增加 275 元,增长 20.8%；从产销情况看，乡村工业企业产销率为 93%，比上年提高 2 个百分点；从亏损企业情况看，1995 年乡镇企业亏损企业个数 98.8 万个，比上年减少 185.2 万个，占企业数的 4.5%，比上年的 11.4% 下降了 6.9 个百分点，亏损面大大减少。

6.“东西合作”进程加快中西部地区乡镇企业快速增长在国家政策的大力推动下，1995 年东部地区如北京、江苏、浙江、广东等省市许多知名企业主动提出西进战略，帮助中西部地区发展乡镇企业，中西部地区积极配合战略实施，为合作创造宽松环境，目前一些合作项目已进入实质性开发阶段，有力地促进了中西部地区乡镇企业的发展。1995 年中、西部乡镇企业实现增加值为 4548.8 亿元和 1601.1 亿元，分别比上年增长 50.9%和 96.2%，增长速度比东部地区高 32 个和 77 个百分点。

二、发展中存在的问题

1995 年我国乡镇企业发展中存在的主要问题有:

一是增本减利因素增加，1995 年国家实行适度从紧货币政策和财政政策等宏观调控手段，乡镇企业受信贷规模控制，贷款利率提高，税赋增长较大，企业负担过重和职工工资费用上升等多方面因素影响，虽然尽量通过自身加强管理，减少消耗、增产节约等方面努力降低成本，但各种额外支出企业仍难以自行消化。特别是除应缴国家税金，以工补农建农、农村各项社会性支出费用外，有的地方各种名目繁多的基金、收费等项目多达 100 多种，使乡村集体企业成本费用利润率由上年的 5.9%下降到 4.4%，成本费用的获利能力下降 1.5 个百分点。单位成本费用上升，使企业经济效益的提高完全依靠扩大再生产，不仅给企业进一步发展带来隐患，也难以适应建立社会主义市场经济和实现两个转变的要求。

二是资金紧张矛盾仍未缓解，不少企业资金紧缺矛盾突出。流动资金严重不足，导致现有生产能力不能充分发挥，有的被迫关停。从乡村集体企业的资金状况来看，1995 年乡村集体企业负债的总额为 12497 亿元，比上年增长 29.8%,资产负债率为 62.8%。其中,流动负债 10280 亿元,比上年增长 32.2%,占负债总额的 82.3%,比上年上升 1.5 个百分点,长期负债 2213 亿元,比上年增长 19.6%,占负债总额的 17.7%,而在企业负债中,从银行得到的贷款只占 30%。

三是“三角债”的困扰没有得到根本改善。1995 年末，企业各种应收款总额达 4942.5 亿元，比上年增加 1129.6 亿元，增长 29.6%，应收帐款余额达 2960.75 亿元，比上年的 2316.45 亿元增加 644.3 亿元，增长 27.8%，企业间债权日益扩大，“三角债”的困扰没有得到根本改善。

三、努力转变乡镇企业的增长方式促进乡镇企业健康发展

针对目前我国乡镇企业在发展中普遍存

在的问题，今后要加强对乡镇企业的规划和管理，优化产业和产品结构，要依靠法律手段减轻企业的负担，保护企业的合法权益，促进乡镇企业的高效、持续、快速、健康发展。“九五”期间重点应从以下几方面入手：

1.积极稳妥地进行股份合作制、股份制、组建企业集团、现代企业制度试点等项改革工作，完善企业的经营机制。第一，以产权制度改革为中心，推动企业制度改革向纵深发展。使企业逐步适应社会主义市场经济体制要求，向产权明晰、权责明确、政企分开、科学管理的现代企业制度过渡。第二、要促进乡镇企业从粗放到集约型经济增长方式的转变，把乡镇企业的发展真正转移到提高经济运行质量，转变经济增长方式的轨道上来。

2.要继续引导乡镇企业相对集中、连片发展。把发展乡镇企业小区和小城镇建设结合起来，大力推进企业间的联合和集团化，发展适度规模经济，积极培育大中型乡镇企业，利用集中布局的优势，提高乡镇企业的集聚效益。

3.注重科技、人才开发，提高产品的科技含量和企业的整体素质。要逐步建立科技和资金双向投入机制，引进先进技术，工艺设备，并加以消化、吸收、创新，培育壮大支柱产业，改造提高传统产业，积极开发高新技术产业，不断提高产品的科技含量，优化产品和产业结构，创高、精、尖产品，创名牌优质产品。要注重人才的开发和培训，不断提高企业职工素质和企业的整体素质。

4.积极推进“东西合作”工程，促进中西部乡镇企业的快速增长和地区间乡镇企业的协调发展。目前，中西部地区乡镇企业有了很大的发展，其中“东西合作”工程的启动作出了巨大贡献，今后中西部地区要继续坚持“多轮驱动、多轨运行”，充分发挥劳动力优势、资源优势，加强与东部地区的合作，开拓高技术产业，在发展中提高，促进地区间乡镇企业协调发展。

5.实施外向带动战略，大力发展外向型经济。重点抓好有进出口经营权企业的管理、协调、服务工作，提高乡镇企业产品在国际市场上的占有率。实行分类指导，努力实现外资、外经、外贸的新突破。东部地区要进一步强化外商投资环境，更多更快地引进资金，引进一流技术、人才、设备、工艺和管理经验，赶超国际先进水平；中西部地区要充分利用劳动力便宜优势，资源丰富优势，改善投资环境，吸引外资，借船出海、多渠道出口，促进经济振兴。

6.加强法制建设。乡镇企业各种不合理的负担多而重，其中很重要的原因是由于法制不健全，部门、社会的行为不规范，企业行为无法可依。目前的乡镇企业法规，国务院只是在1990年颁布了一个《乡村集体经济条例》，法规建设与我国目前乡镇企业的规模和地位很不相适应。为使企业能在一个良好的环境中健康发展，“九五”期间国家应加强对乡镇企业的法制管理，争取颁布乡镇企业法，通过法规的形式明确乡镇企业的权力和义务。中健康发展，“九五”期间国家应加强对乡镇企业的法制管理，争取颁布乡镇企业法，通过法规的形式明确乡镇企业的权力和义务。

撰写人：阳俊雄

1995年农村居民收入增加，生活消费提高，生产投入大幅增长

1995年，农村经济保持了稳定发展的势头，农业生产丰收，农村二、三产业持续快速发展，农民收入也随之增长较快，生活消费水平继续提高，农户生产投入大幅增加。

一、农村居民各业收入普遍增长

据对全国30个省、区、市近7万农户抽样调查，1995年我国农村居民人均纯收入达1578元，比上年增加357元，增长29%，扣除物价上涨因素后，实际增长5.3%。其主要特点是:

1.家庭经营收入稳定增长，二、三产业收入增长快于第一产业。1995年，作为农民收入主体的家庭经营收入人均达1124元，比上年增加242元，增长27.3%，其增加额占纯收入增加额的比重为67.8%。农民人均从第一产业得到的收入是949元，增加了168元，增长21.5%；从二、三产业得到的收入是531元，增加了167元，增长45.9%，其增加额占农民纯收入增加额的46.8%，比上年提高了16.3个百分点。

2.劳动报酬收入增长快。1995年农民从各种企业和单位得到的报酬收入人均达356元，比上年增加93元，增长35.4%。其增加额占纯收入增加额的比重为26.1%。在报酬性收入中，农民在各类企业中劳动得到的报酬人均达257元，比上年增加58元，增长29.1%。

3.农村居民非生产性收入有所提高，财产性收入增长较快。1995年农民因存款利息、股息、租金及其它财物等财产性收入为40.5元，比上年增长42%，人均转移性收入57元，比上年增长19.7%，这两项非生产性纯收入增加额占纯收入增加额的比重是6%。

4.各地区收入增长不平衡，收入差距再度扩大。1995年农民人均纯收入东部地区为2127元，比中部地区高724元，比西部地区高1066元，东、中、西部地区分别比上年增长31.5%、28.9%和23.6%。三个地区农民收入之比为2: 1.32: 1，与1994年相比，东部与西部差距扩大12%，与中部扩大3%，中部与西部差距扩大5%。按照国际上通常采用的衡量收入差异水平的方法来看，基尼系数由1994年的0.32提高到0.33，这表明农民集团内部的收入差异有所扩大。

收入增加的主要因素有：(1) 农业丰收。1995年，由于各级政府进一步加强了对农业的重视，增加了农业生产投入，主要农产品获得创纪录的好收成。农业丰收奠定了农民增加收入的物质基础。1995年，在农民人均纯收入中，来自第一产业的收入占60%，农业收入依然是农民收入的主要来源。(2) 农产品价格提高。1994年国家大幅提高粮食等农副产品收购价格，加之市场供求影响，使得农副产品售价增长较快。据住户调查资料，1995年农民出售粮食的综合平均价格比上年上涨了36%，棉花上涨了32%，蔬菜上涨了25%，仅出售粮食、棉花、蔬菜、油料四项农产品，就使农民人均增加收入95元。农副产品价格的上升，使农民从中得到实惠，是农民增收的一个有

利条件。(3) 农民非农产业劳动收入增长较快。农村集体经济实力增强和非农产业的发展，在吸收农村剩余劳动力的同时，拓宽了农民的收入渠道。逐渐成为农民收入新的增长点。1995 年，农民劳动报酬收入的增长幅度比家庭经营的增长速度快 8 个百分点，其增加额占农民纯收入增加额的 25%。而在农民家庭经营中，二、三产业收入的增长也远快于第一产业，其占农民家庭经营纯收入的比重由上年的 12.7%提高到 19.4%。

二、生活消费支出全面增长，消费水平提高

1995年，我国农村居民人均生活消费支出达到 1310 元，比上年增长 294 元，增长 28.9%，扣除物价上涨因素，实际增长 6.2%。消费结构也发生了较大的变化，主要情况如下：

1.食品支出增长，消费品种更加多样。1995 年，农村居民人均食品支出为 768 元，比上年增长 170 元,增长了 28.4%。扣除物价因素比上年实际增长 5%。消费结构也发生了较大的变化，食物消费支出份额在生活消费支出中的比重从上年的 58.82% 下降到 58.63%。其中主食支出为 317 元，比上年增长了 31.2%，副食支出为 316 元，比上年增长了 23.5%。

从主要食物消费量看，除人均粮食和蔬菜消费量与上年基本持平外，其他主要副食消费量均有不同程度的增长，其中食用油增长了 2.5%，肉禽及制品增长了 4.3%，干鲜果品增长了 3.4%，蛋类和水产品的消费量分别比上年增长了 6.9%和 13.5%。此外，成品与半成品食品正在迅速进入农家。1995 年，人均粮食制品消费量增长了 26.3%,豆制品增长了 17.3%,肉禽制品增长了 23.7%。另外，农民在外饮食支出也有明显增长，1995 年农民人均在外饮食支出为 24. 9 元,扣除物价因素后,比上年实际增长了 8.8%。

2. 衣着消费成衣化倾向明显。1995 年农村居民人均衣着支出为 90 元,比上年增加 20 元，增长了 27.7%，扣除物价因素后实际增长 11.3%。农民衣着支出以购买成衣为主，人均购买服装支出达 45 元，比上年增长 30.8%，增加额占全部衣着支出增加额的一半。另外，衣着材料和鞋帽类支出分别为 15 元和 26 元，比上年分别增长 12.3 %和 37.3%。

3. 居住支出迅猛增加。居住支出主要包括住房、电费和燃料支出。1995 年，农村居民人均居住支出为 182 元，比上年增加了 40 元，增长 28%，扣除物价因素后实际增速度仍高达 13.4%，其中住房支出为 110 元，比上年增长了 40%，住房支出中的购买建材支出为 90 元，比上年增长 34.7%，农村建材市场继续保持活跃兴旺势头。

农村居民的住房面积又有所扩大，年内人均新建住房 0.78 平方米,比上年增长 7.9%，年未人均住房面积为 21.01 平方米，比上年增长了 3.9%，其中砖木结构住房面积为 11.9 平方米，比上年增长了 3.3%，钢筋混凝土结构住房为 3.1 平方米，比上年增长了 16%，这说明住房质量也有提高。

4.家庭设备、用品及服务增加。1994 年，农村居民人均家庭设备、用品及服务支出为 68 元，比上年增加 13 元，增长了 23.5%，扣除物价因素比上年实际增长 16.8%。其中人均耐用消费品支出为 23 元，比上年增长 26.7%，日用杂品支出 34.7 元，增长 23.1%。年未耐用消费品拥有量特别是高档耐用消费品拥有量比上年增加较多，平均每百户拥有电风扇 88 台，比上年增长 11.5%，洗衣机 17 台，增长 12%，电冰箱 5 台，增长 30.4%，大型组合家具 23 套，增长 45.2%，抽油烟机、吸尘器、空调等高档商

品拥用量虽然微乎其微（抽油烟机每百户只有一台，吸尘器和空调每百户不足0.5台），但其增幅也都在60%以上，代表农民消费结构变化的新趋势。

5.交通通讯支出增幅较大。1995年，农村居民人均交通通讯支出为34元，比上年增加了10元，增长40%，在生活消费增长中高居首位。其中购买交通工具支出为17.8元，比上年增加了5元，增加额占全部交通通讯支出增加额的一半，每百户拥有自行车148辆，比上年增长11.3%，摩托车5辆，增长56%。农民购买通讯工具及邮电服务方面的支出额虽然不高，但增长速度惊人，和1994年相比，1995年农民人均购买通讯工具支出增加了186.9%，人均邮电费支出增长148.8%，这说明随着农村经济的发展和社会交往的增加，农民对通讯的需求正在迅速扩大。

6.文教娱乐服务支出增加显著。1995年，农村居民人均文教娱乐支出为102元，比上年增加27元，增长36.3%，增长速度位居第二。其中文教用品支出27元，比上年增长17.9%，文教服务支出75元，比上年增长44.5%，增长最快的是学杂费，人均达68元，增长47.2%。年末平均每百户拥有电视机80台，增长5.3%，其中彩电17台，增长26.9%，收录机28台，增长9.8%，录像机和照相机分别增长21.3%和24.5%。

7.西部农村居民和东、中部农村居民的生活消费差距继续扩大。1995年不同地区农民人均生活消费支出分别为东部1671元，中部1187元，西部982元，分别比去年增长29.8%、29.5%和25.8%。以东部为1，则人均生活消费支出的东中西之比从上年1:0.71:0.61变化为1:0.71:0.59，西部地区和东中部地区的差距又有所扩大。分消费方面看，除了食品消费支出增长以西部最快、东部次之、中部最慢外，其他各消费方面的支出增长速度均以中部最高、东部次之，西部最低。

三、农户生产投入全面增长

1995年，由于国家和各级政府切实加强了对农业生产的组织领导，较大幅度地提高农副产品收购价格，并采取了一系列其他有利于发展农业生产的措施，促进了农村居民生产积极性的提高，农户生产投入有较大幅度增长。其主要特征是：

1.投入总额增加较多，占总支出的比重提高。1995年，由于国家发展农业的各种有效政策，调动了广大农村居民种田的积极性，农户生产投入总额有较大幅度增加，农户人均生产投入总额达到684元，比上年同期增加179元，增长35.5%，扣除价格因素，实际增长6.4%。与此同时，农户生产投入总额占总支出的比重提高，由上年的30.9%提高到32%，并成为“八五”以来农户生产投入总额占总支出额比重最高的一年。

2.生产性投入和固定资产投入同步增长。1995年，农户人均用于家庭经营的生产性费用支出622元，比上年增加163元，增长35.6%，农户人均购置生产性固定资产额62元，比上年增加16元，增长35.1%。与上年比较，在家庭经营生产性费用支出中，用于一产业的投入费用比重有所提高，增长速度更快。家庭经营一产业的投入费用增长为35.9%，占家庭经营费用支出的比重为92.6%，比上年提高0.2个百分点，二、三产业的投入费用增长为32%，占家庭经营费用比重为7.4%，比上年下降0.2个百分点。

3.主要生产资料购买数量比上年普遍增加。1995年，农户不仅生产投入额有较大幅度增加，生产资料的投入数量亦全面提高。平均每户购买化肥566公斤，比上年增长6.5%；购买饼肥4.2公斤，比上年增长

19.9%；购买农药7.2公斤，比上年增长62.9%；购买农用薄膜2.5公斤，比上年增长22.5%；购买生产用柴油22.2公斤，比上年增长1%；购买生产用汽油比上年增长48.1%。

4.农户生产投入差距扩大。不同收入等级组农村居民的生产投入差距扩大。从按人口5等分法分组的不同收入等级农户的生产投入分析，不同等级组农户的年度生产投入额除20%人口的中等收入组外，其他等级组农户1995年的生产投入均比上年有较多提高，但农村居民对生产投入的差距比亦普遍扩大。若以20%人口最低收入组为1比较，1994年为2.20:1.50:1.32:1.10:1, 1995年扩大为2.20:1.60:1.26:1.11:1。

东中西省区农户生产投入差距扩大。分地带看，1995年，东中西地带农户生产投入额同步增多，但投入差距扩大。从投入水平看，东部省区农村居民人均生产投入737元，比1994年增加192元，增长35.2%；中部省区农户生产投入额为683元,比1994年增加188元，增长38.0%；西部省区农户人均生产投入额613元，比1994年增加151元，增长32.7%。若以西部地区农户生产投入为1，东中西三地带省区的投入差距比1994年为1.08:1.07:1, 1995年扩大为1.20:1.12:1。

不同省区农户生产投入差距扩大。1995年，省际间农户生产投入差距较大。若按投入水平分析，投入额最高省与投入额最低省的投入水平差额达885元，高出3倍；若按投入增长速度分析，全国有7个省区的农户人均生产投入增幅超过50%，4个省区农户生产投入增幅低于20%；生产投入增幅高于50%的7个省区分别是吉林省85.2%,宁夏区75.1%，天津市68.9%，北京市60.3%，黑龙江省59.8%，河北省51.9%，内蒙古51.2%。

撰写人：唐　平　王萍萍　彭丽荃

二、综合与概要

2－1　农村经济主要指标

	单位	1978年	1980年	1985年	1990年	1994年	1995年
一、年末乡村总人口	**万人**	**80 319.7**	**81 096.0**	**84 419.7**	**89 590.3**	**91 526.2**	**91 674.6**
二、年末乡村劳动力	**万人**	**30 638.0**	**31 835.9**	**37 065.1**	**42 009.5**	**44 654.1**	**45 041.8**
三、年末耕地面积	**万公顷**	**9 938.9**	**9 930.5**	**9 684.6**	**9 567.3**	**9 490.7**	**9 497.1**
四、农业机械总动力	**亿瓦特**	**1 175.0**	**1 474.6**	**2 091.3**	**2 870.8**	**3 380.3**	**3 611.8**
五、农业总产值	**亿元**	**1 397.0**	**1 922.6**	**3 619.5**	**7 662.1**	**15 750.5**	**20 340.9**
六、农业增加值	**亿元**	**1 018.4**	**1 359.4**	**2 541.6**	**5 017.0**	**9 457.2**	**11 992.9**
七、非农产业产值	**亿元**	**640.5**	**869.6**	**2 720.6**	**8 957.1**	**45 623.9**	
#农村工业产值	亿元	396.5	544.0	1 750.1	6 719.7	35 840.9	
农村建筑业产值	亿元	134.7	180.0	510.5	978.5	3 910.7	
农村运输业产值	亿元	34.5	47.1	190.4	579.6	2 527.5	
农村商业产值	亿元	74.8	98.5	269.6	679.3	3 344.9	
八、农村集体所有制单位固定资产投资	**亿元**			**199.2**	**366.1**	**1 988.6**	**2 367.7**
九、主要农产品产量							
1.粮食	万吨	30 477.0	32 056.0	37 911.0	44 624.0	44 510.0	46 662.0
2.棉花	万吨	216.7	270.7	414.7	450.8	434.0	476.8
3.油料	万吨	521.8	769.1	1 578.4	1 613.2	1 990.0	2 250.0
4.糖料	万吨	2 381.8	2 911.2	6 046.8	7 214.5	7 345.0	7 940.1
5.黄红麻	万吨	54.4	54.9	206.0	72.6	36.0	37.1
6.烤烟	万吨	105.2	71.7	207.5	225.9	194.0	207.2
7.猪牛羊肉	万吨	856.3	1 205.4	1 760.7	2 513.5	3 692.7	4 265.3
8.牛奶	万吨		114.1	249.9	415.7	528.8	576.4
9.禽蛋	万吨			534.7	794.6	1 479.0	1 676.7
10.水产品	万吨	466.0	450.0	705.0	1 237.0	2 143.0	2 517.2
11.水果	万吨	657.0	679.3	1163.9	1 874.4	3 500.0	4 214.6

2-1续表

	单位	1978年	1980年	1985年	1990年	1994年	1995年
十、乡村企业主要经济指标							
营业收入	亿元			1 827.4	5 143.5	25 089.0	32 142.3
利税总额	亿元	110.1		279.9	540.5	2 225.7	2 798.1
实交税金	亿元	22.0		212.2	275.4	1 079.0	1 301.7
利润总额	亿元	88.1		171.3	232.7	1 147.0	1 496.4
固定资产净值	亿元			589.7	1 668.7	5 196.2	7 139.8
工资总额	亿元			301.4	606.8	1 650.5	2 192.5
全员劳动生产率	元/人	1 744.0		4 956.3	13 790.6	48 948.0	11 838.0
十一、农村物价总指数（上年＝100）							
1. 农副产品收购价格指数	%	103.9	107.1	108.6	97.4	139.9	119.9
2. 农村商品零售价格指数	%	100.1	104.4	107.0	103.2	122.9	116.4
3. 农业生产资料价格指数	%	99.9	101.0	104.8	105.5	121.6	127.4
4. 农村居民消费价格指数	%			107.6	104.5	123.7	117.5
十二、农民人均纯收入	**元**	**133.6**	**191.3**	**397.6**	**686.3**	**1 221.0**	**1 577.7**
农民人均生活消费支出	元		162.2	317.4	584.6	1 016.8	1 310.4
十三、农村教育、卫生							
1. 在校学生数							
普通中学	万人	4 821.0	3961.0	2 896.5	2 739.0	2 633.1	2 773.0
普通小学	万人	12 878.7	1 2767.5	11 076.3	9 595.6	9 134.5	9 306.2
农民高等学校	人			895	353	694	966
农民中等专业学校	人			61 086	112 574	214 452	191 769
农民技术培训学校	万人			336.0	1 050.0	4 319.8	4 948.7
农业职业中学	万人			117.8	117.5	120.5	126.1
2. 卫生院床位数	万张	74.7	77.5	72.1	72.3	73.2	73.3
卫生技术人员	万人	83.8	90.0	78.4	77.7	89.8	91.9

2-2 农村经济在国民经济中的地位

单位：%

年　份	农业总产值占工农业总产值比重	农业增加值占国内生产总值比重	农业劳动者占社会劳动者比重	以农产品为原料的轻工业产值占轻工业产值比重	农村消费品零售额占全社会消费品零售总额比重	农牧业税占国家财政收入比重
1952	56.9		83.5	87.5	52.2	14.7
1957	43.3		81.2	83.2	46.0	9.6
1962	38.8		82.1	73.2	41.4	7.3
1965	14.9		81.6	71.7	42.6	5.4
1970	32.5		113.8	70.0	45.1	4.8
1975	28.2		77.2	70.1	42.0	3.6
1978	24.8	28.4	70.2	68.4	40.8	2.5
1979	26.6	31.5	70.5	69.3	44.8	2.7
1980	27.2	30.4	68.6	68.4	47.0	2.6
1981	28.8	32.4	69.3	68.3	48.8	2.6
1982	29.9	34.0	67.8	70.1	50.0	2.6
1983	29.9	33.9	67.1	69.4	51.4	2.6
1984	29.7	33.1	64.2	67.9	52.5	2.3
1985	27.1	29.8	62.4	68.7	53.0	2.3
1986	26.4	28.5	41.5	67.4	52.1	2.0
1987	25.3	28.3	60.0	66.9	51.7	2.2
1988	24.3	27.2	59.5	65.0	50.8	2.8
1989	22.9	26.4	60.1	64.8	50.0	2.9
1990	24.3	28.4	60.2	64.5	48.5	2.7
1991	22.4	26.2	60.0	68.4	47.0	2.5
1992	19.7	23.6	58.6	67.2	45.5	2.9
1993	17.3	21.5	56.4	66.6	42.0	2.5
1994	17.0	21.6	54.3	65.4	40.5	4.4
1995	18.1	20.8	52.2	64.6	39.9	4.4

注：农村消费品零售额的范围为县以及县以下，下表同。

2－3 各地区农村经济在国民经济中的地位

(1995年)

单位：%

	农业总产值占工农业总产值比重	农林牧渔业增加值占国内生产总值比重	农业劳动者占社会劳动者比重	农村商品零售额占社会商品零售总额比重
全国总计	18.12	**20.8**	**52.2**	**40.0**
北京	7.93	5.9	10.6	27.6
天津	5.98	6.8	16.9	16.2
河北	22.32	22.2	51.4	48.9
山西	14.60	15.5	43.5	43.3
内蒙古	32.34	28.6	52.4	41.4
辽宁	13.28	12.9	31.1	18.8
吉林	25.55	25.2	44.8	25.6
黑龙江	23.32	19.2	36.8	30.2
上海	3.44	2.5	9.2	21.0
江苏	12.49	16.5	41.7	41.7
浙江	9.93	16.2	42.7	45.2
安徽	23.70	28.4	60.7	51.6
福建	21.46	21.8	50.4	46.1
江西	32.85	27.8	55.4	57.3
山东	18.01	20.2	54.4	41.8
河南	21.67	26.0	60.0	51.1
湖北	19.42	26.7	51.1	42.1
湖南	29.93	31.2	61.4	48.9
广东	13.16	16.0	37.5	35.6
广西	30.86	29.4	66.4	55.7
海南	51.12	34.2	60.7	41.0
四川	25.57	27.6	63.1	47.8
贵州	38.23	35.3	73.7	49.9
云南	28.22	25.4	75.8	53.4
西藏	79.97		77.2	52.9
陕西	24.40	22.1	59.5	37.8
甘肃	25.97	28.1	58.4	38.7
青海	27.04	23.5	59.9	42.3
宁夏	22.26	20.8	58.9	37.7
新疆	34.11	27.4	56.9	42.5

2-4 国家财政农业收入和税收

单 位：亿元

年　份	国　家 财政收入	#农业收入	农业收入占 国家财政收 入的比重%	国家财政 税收收入	#农牧业税 收　入	农牧业税收 入占税收收 入比重(%)
1952	183.70	37.06	20.17	97.69	27.35	28.00
1957	310.20	39.69	12.79	154.89	29.67	19.16
1962	313.60	29.81	9.51	162.07	22.83	14.09
1965	473.30	34.30	7.25	204.30	25.78	12.62
1970	662.90	34.89	5.26	281.20	31.98	11.37
1975	815.60	30.00	3.68	402.77	29.45	7.31
1978	1 121.10	31.65	2.82	519.28	28.40	5.47
1980	1 085.20	33.11	3.05	571.70	27.67	4.84
1985	1 866.40	87.38	4.68	2 040.79	42.05	2.06
1986	2 260.30	80.37	3.56	2 090.73	44.52	2.13
1987	2 368.90	89.99	3.80	2 140.36	51.81	2.42
1988	2 628.00	121.38	4.62	2 390.47	73.69	3.08
1989	2 947.90	141.63	4.80	2 727.40	84.94	3.11
1990	3 312.60	126.38	3.82	2 821.86	87.86	3.11
1991	3 610.90	133.67	3.70	2 990.17	90.65	3.03
1992	4 153.10	149.51	3.60	3 296.91	119.17	2.88
1993	5 088.20	236.03	4.64	4 255.30	125.74	2.27
1994	5 218.10	302.65	5.80	5 126.88	231.49	4.06
1995	6 242.20	362.05	5.80	6 038.04	278.09	4.60

2－5 按人口平均的主要农产品产量

单位：公斤

年份	粮食	棉花	油料	糖料	猪牛羊肉	水产品
1949	208.9	0.8	4.7	5.2	4.1	0.8
1952	288.1	2.3	7.4	13.4	5.9	2.9
1957	306.0	2.6	6.6	18.7	6.3	4.9
1962	240.3	1.1	3.0	5.7	2.9	3.4
1965	272.0	2.9	5.1	21.5	7.7	4.2
1970	293.2	2.8	4.6	19.0	7.3	3.9
1975	310.5	2.6	4.9	20.9	8.7	4.8
1978	318.7	2.3	5.5	24.9	9.0	4.9
1979	342.7	2.3	6.6	25.4	11.0	4.4
1980	326.7	2.8	7.8	29.7	12.3	4.6
1981	327.0	3.0	10.3	36.2	12.7	4.6
1982	351.5	3.6	11.7	43.2	13.4	5.1
1983	378.5	4.5	10.3	39.4	13.7	5.3
1984	392.8	6.0	11.5	46.1	14.9	6.0
1985	360.7	3.9	15.0	57.5	16.8	6.7
1986	367.0	3.3	13.8	54.9	18.0	7.7
1987	371.7	3.9	14.1	51.2	18.3	8.8
1988	357.7	3.8	12.0	56.2	19.9	9.6
1989	364.3	3.4	11.6	51.9	20.8	10.3
1990	393.1	4.0	14.2	63.6	22.1	10.9
1991	378.3	4.9	14.2	73.2	23.7	11.7
1992	380.0	3.9	14.1	75.6	25.2	13.4
1993	387.4	3.2	15.3	64.7	27.4	15.5
1994	373.5	3.6	16.7	61.3	30.9	17.9
1995	378.4	3.8	17.6	63.4	33.0	19.3

注：按年平均人口计算。

2-5 续表

年份	黄红麻	烤烟	水果	牛奶	禽蛋	茶叶
1952	0.3	0.4	4.3			0.14
1957	0.2	0.4	5.1			0.18
1962	0.1	0.2	4.1			0.11
1965		0.5	4.5			0.14
1970	0.2	0.5	4.6			0.17
1975	0.4	0.8	5.9	1.0		0.23
1978	0.6	1.1	6.9	0.9		0.28
1980	0.6	0.7	6.9	1.2		0.31
1985	2.0	2.0	11.1	2.4	5.1	0.41
1986	0.7	1.3	12.6	2.7	5.2	0.43
1987	0.5	1.5	15.4	3.0	5.4	0.47
1988	0.5	2.1	15.1	3.1	6.3	0.49
1989	0.6	2.2	16.4	3.4	6.4	0.48
1990	0.6	2.0	16.5	3.7	7.0	0.48
1991	0.4	2.3	18.9	4.0	8.0	0.47
1992	0.5	2.7	20.9	4.3	8.7	0.48
1993	0.6	2.6	25.6	4.2	10.0	0.51
1994	0.6	2.5	29.4	4.4	12.4	0.49
1995	0.3	1.7	32.0	4.6	13.1	0.49

2-6　各地区按人口平均的主要农产品产量

单位：公斤

地　　区	粮　　食	棉　花	油　　料	糖　　料	猪牛羊肉	水 产 品
全国总计	**378.4**	**3.8**	**17.6**	**63.4**	**33.0**	**19.3**
北　　京	218.7	0.2	2.8		24.3	6.8
天　　津	221.1	1.2	4.3		16.2	16.4
河　　北	427.1	5.8	17.1	1.9	36.7	6.2
山　　西	299.6	3.0	7.3	13.0	16.7	0.6
内 蒙 古	464.5		30.9	16.0	31.5	2.1
辽　　宁	348.9	0.6	4.8	12.4	39.0	48.5
吉　　林	771.4		9.9	32.4	33.2	4.3
黑 龙 江	692.3		5.4	35.9	26.1	6.9
上　　海	151.9	0.3	11.4	3.5	16.6	21.0
江　　苏	466.6	8.0	22.6	3.3	29.6	31.2
浙　　江	332.3	1.5	11.6	15.3	23.3	73.9
安　　徽	431.3	5.0	32.0	3.0	25.7	12.6
福　　建	286.6		7.3	77.4	30.9	80.1
江　　西	398.0	2.9	25.6	49.5	45.9	20.8
山　　东	488.8	5.4	36.3	0.1	39.7	43.8
河　　南	382.5	8.5	32.9	2.3	28.6	2.0
湖　　北	428.8	10.2	33.0	12.8	40.4	26.3
湖　　南	422.3	3.5	17.6	22.2	46.2	13.5
广　　东	255.9		10.5	34.8	27.9	52.3
广　　西	333.8		10.0	65.7	40.9	22.9
海　　南	281.3		10.6	68.2	27.2	60.3
四　　川	387.3	1.0	15.1	15.9	46.8	3.7
贵　　州	272.4		16.9	7.8	27.4	0.9
云　　南	299.9		4.9	66.4	28.8	2.1
西　　藏	294.1		14.1		46.1	0.5
陕　　西	261.2	1.1	10.9	0.3	19.8	1.1
甘　　肃	267.5	1.0	13.2	44.4	22.9	0.3
青　　海	239.2		34.0	0.1	37.2	0.5
宁　　夏	399.6		11.0	97.3	18.4	3.6
新　　疆	436.4	60.4	30.0	75.0	25.4	2.7

三、农村基本情况与农业生产条件

3－1　农村基本情况和农村劳动力

指　　标	单 位	1990年	1994年	1995年	1995年为下列各年%	
					1990年	1994年
一、农村基层组织情况						
1. 乡镇个数	个	55 838	48 075	47 136	84.4	98.0
(1)乡个数	个	44 446	31 642	29 854	67.2	94.3
(2)镇个数	个	11 392	16 433	17 282	151.7	105.2
2.村民委员会个数	个	743 278	802 052	740 150	99.6	92.3
二、农村户数和人口情况						
1. 乡村户数	万户	22 237.2	23 165.2	23 281.5	104.7	100.5
2. 乡村人口数	万人	89 590.3	91 526.2	91 674.6	102.3	100.2
3. 劳动年龄内人口	万人		45 220.4	45 665.2		101.0
＃劳动年龄内上学人口	万人		1 826.7	1 871.9		102.5
劳动年龄内丧失劳动能力人口	万人		1 025.9	1 062.8		103.6
三、农村劳动力资源及主要行业分布						
乡村劳动力	万人	42 009.5	44 654.1	45 041.8	107.2	100.9
(一) 按性别分组						
1. 男劳动力	万人	22 551.8	23 854.1	24 037.4	106.6	100.8
2. 女劳动力	万人	19 457.7	20 800.1	21 004.4	107.9	101.0
(二) 按部门分组						
1. 农林牧渔业劳动力	万人	33 336.4	32 690.3	32 334.5	97.0	98.9
2. 工业劳动力	万人	3 228.7	3 849.4	3 970.7	123.0	103.2
3. 建筑业劳动力	万人	1 522.8	2 057.3	2 203.6	144.7	107.1
4. 交通运输业和邮电通迅业劳动力	万人	635.3	908.3	983.0	154.7	108.2
5. 批发、零售贸易业	万人	693.2	1 084.3	1 170.4	168.8	107.9
餐饮业及仓储业劳动力						
7. 其他非农行业劳动力	万人	2 569.8	4 064.5	4 379.7	170.4	107.8
＃外出临时工、合同工	万人			2 448.8		

3-2 各地区农村基层组织情况

单位：个

地　区	乡镇个数		1.乡个数		2.镇个数		村民委员会	
	1994年	1995年	1994年	1995年	1994年	1995年	1994年	1995年
全国总计	**48 075**	**47 136**	**31 642**	**29 854**	**16 433**	**172 82**	**802 051**	**740 150**
北　京	276	276	182	174	94	1 02	4 115	4 086
天　津	226	226	177	155	49	71	3 877	3 876
河　北	3 202	3 202	2 373	2 345	829	8 57	50 277	50 224
山　西	1 933	1 933	1 431	1 419	502	5 14	32 427	32 430
内蒙古	1 553	1 551	1 288	1 281	265	2 70	13 955	13 958
辽　宁	1 225	1 235	720	697	505	5 38	15 787	15 788
吉　林	920	918	482	475	438	4 43	10 299	10 234
黑龙江	1 156	1 159	790	777	366	3 82	14 445	14 432
上　海	209	208	71	39	138	1 69	2 998	2 997
江　苏	2 005	1 982	1 107	1 046	898	9 36	36 107	35 982
浙　江	1 838	1 841	892	880	946	9 61	43 418	43 364
安　徽	1 798	1 854	969	1 007	829	8 47	30 698	30 523
福　建	970	969	411	387	559	5 82	14 950	14 923
江　西	1 833	1 820	1 352	1 294	481	5 26	20 960	20 921
山　东	2 402	2 383	1 268	1 128	1 134	12 55	88 996	88 927
河　南	2 143	2 144	1 655	1 586	488	5 58	48 187	48 274
湖　北	1 913	1 901	1 060	1 040	853	8 61	32 804	32 802
湖　南	3 417	2 321	2 667	1 426	750	8 95	47 704	47 666
广　东	1 646	1 655	66	63	1 580	15 92	24 371	22 869
广　西	1 364	1 362	804	744	560	6 18	74 929	14 803
海　南	304	305	101	102	203	2 03	2 661	2 739
四　川	6 110	6 285	3 971	4 052	2 139	22 33	76 081	75 910
贵　州	1 463	1 467	789	792	674	6 75	25 865	25 870
云　南	1 576	1 574	1 208	1 204	368	3 70	13 409	13 415
西　藏	934	934	901	901	33	33	7 431	7 431
陕　西	2 602	2 574	2 201	2 149	401	4 25	32 211	32 445
甘　肃	1 530	1 532	1 359	1 360	171	1 72	17 720	17 715
青　海	431	432	404	404	27	28	4 002	4 008
宁　夏	293	295	236	238	57	57	2 565	2 595
新　疆	803	798	707	689	96	1 09	8 802	8 943

3－3 各地区乡村户数和乡村人口

地 区	乡村户数（万户）		乡村人口（万人）		劳动年龄内人口（万人）	
	1994年	1995年	1994年	1995年	1994年	1995年
全国总计	**23 165.2**	**23 281.5**	**91 526.3**	**91 674.6**	**45 220.4**	**45 665.2**
北 京	124.9	124.9	376.0	371.4	177.0	179.3
天 津	112.1	112.6	395.3	396.3	179.5	178.6
河 北	1 387.4	1 387.1	5 334.4	5 324.3	2 568.8	2 592.1
山 西	599.0	604.0	2 259.4	2 270.4	987.2	995.0
内 蒙 古	343.4	344.3	1 423.4	1 421.1	602.7	612.4
辽 宁	627.2	630.6	2 227.6	2 225.6	925.2	931.7
吉 林	348.4	348.8	1 445.0	1 434.5	795.4	763.8
黑 龙 江	419.5	422.1	1 846.0	1 840.9	654.8	651.8
上 海	136.8	134.6	399.8	392.3	228.5	225.5
江 苏	1 514.6	1 516.9	5 344.0	5 321.0	2 827.0	2 827.0
浙 江	1 066.2	1 066.3	3 584.2	3 588.2	2 070.5	2 071.3
安 徽	1 240.4	1 244.3	4 929.4	4 949.5	2 508.8	2 579.9
福 建	590.8	599.4	2 600.2	2 627.4	1 186.3	1 206.4
江 西	699.9	706.0	3 177.3	3 205.0	1 683.2	1 735.7
山 东	1 969.4	1 975.9	7 159.7	7 115.9	3 604.4	3 620.5
河 南	1 859.9	1 880.4	7 690.5	7 715.2	3 740.3	3 821.1
湖 北	1 004.7	1 004.2	4 060.3	4 041.7	1 818.5	1 812.0
湖 南	1 429.8	1 428.5	5 307.7	5 322.3	2 731.2	2 752.3
广 东	1 283.4	1 283.7	5 612.9	5 622.3	2 529.1	2 548.3
广 西	816.6	827.9	3 858.5	3 881.9	2 023.0	2 040.8
海 南	111.0	100.2	468.4	475.9	194.6	196.4
四 川	2 621.2	2 635.0	9 382.9	9 386.3	4 982.9	5 004.2
贵 州	671.4	682.4	2 926.6	2 955.5	1 539.0	1 585.2
云 南	753.8	769.5	3 312.2	3 335.1	1 752.5	1 784.3
西 藏	35.8	35.8	202.7	202.7	63.7	63.7
陕 西	669.2	674.6	2 740.1	2 750.7	1 316.2	1 329.6
甘 肃	414.3	421.1	1 930.0	1 948.1	903.8	910.1
青 海	62.2	63.3	319.7	322.9	152.8	156.4
宁 夏	74.1	76.1	358.7	364.0	162.6	165.8
新 疆	177.9	181.2	853.5	866.4	311.1	324.4

3-4 各地区农村劳动力

单位:万人

地区	乡村实有劳动力		1.男劳动力		2.女劳动力	
	1994年	1995年	1994年	1995年	1994年	1995年
全国总计	**44 654.1**	**45 041.8**	**23 854.1**	**2 4037.4**	**20 800.1**	**21 004.4**
北京	171.6	163.5	86.1	82.7	85.5	80.8
天津	172.0	169.9	93.0	91.6	79.1	78.2
河北	2 542.8	2 573.5	1 379.6	1 388.8	1 163.2	1 184.7
山西	938.1	947.0	521.0	525.5	417.2	421.6
内蒙古	579.6	589.5	336.9	342.8	242.8	246.7
辽宁	857.3	866.1	487.7	491.3	369.5	374.8
吉林	643.6	631.1	371.8	369.8	271.8	261.3
黑龙江	575.4	583.5	375.8	377.2	199.6	206.3
上海	232.9	230.4	112.7	112.1	120.2	118.3
江苏	2 782.6	2 773.0	1 432.4	1 424.4	1 350.2	1 348.6
浙江	2 101.3	2 097.0	1 148.7	1 146.6	952.7	950.4
安徽	2 542.8	2 592.2	1 368.6	1 381.6	1 174.3	1 210.6
福建	1 134.2	1 148.5	616.7	625.4	517.5	523.0
江西	1 523.1	1 556.1	800.4	820.8	722.8	735.3
山东	3 561.7	3 572.5	1 916.5	1 910.0	1 645.3	1 662.5
河南	3 717.3	3 773.0	1 951.8	1 983.3	1 765.5	1 789.6
湖北	1 826.2	1 810.4	965.4	955.7	860.8	854.7
湖南	2 724.2	2 756.1	1 479.8	1 503.0	1 244.4	1 253.1
广东	2 493.1	2 519.2	1 288.7	1 301.2	1 204.4	1 218.0
广西	1 935.2	1 964.6	1 013.8	1 030.9	921.3	933.8
海南	201.4	202.9	104.0	103.9	97.4	98.9
四川	5 159.2	5 177.7	2 721.6	2 727.6	2 437.6	2 450.2
贵州	1 554.8	1 587.7	806.7	825.1	748.1	762.6
云南	1 801.5	1 835.3	925.9	943.4	875.6	892.0
西藏	92.3	92.3	46.1	46.1	46.3	46.3
陕西	1 310.1	1 324.9	718.2	730.4	592.0	594.5
甘肃	868.0	876.0	457.3	459.7	410.7	416.3
青海	150.0	152.7	76.6	78.0	73.5	74.6
宁夏	157.0	162.5	83.0	85.9	73.9	76.6
新疆	304.8	312.5	167.6	172.5	137.2	140.0

地　区	农林牧渔业		工　业		建筑业	
	1994年	1995年	1994年	1995年	1994年	1995年
全国总计	**32 690.3**	**32 334.5**	**3 849.4**	**3 970.7**	**2 057.3**	**2 203.6**
北　京	68.7	65.6	50.4	45.5	11.1	11.0
天　津	83.3	80.9	53.6	52.5	9.2	9.4
河　北	1 766.3	1 715.4	294.2	325.0	145.6	157.8
山　西	632.4	631.2	119.0	123.1	41.8	43.1
内蒙古	499.7	503.1	15.8	17.8	15.3	17.7
辽　宁	586.8	592.9	86.9	84.4	46.2	47.4
吉　林	553.7	537.4	24.3	23.7	14.6	15.5
黑龙江	470.2	480.2	33.9	33.9	16.5	16.5
上　海	62.7	65.6	113.8	106.0	6.2	6.2
江　苏	1 591.3	1 541.3	532.7	531.8	214.9	227.4
浙　江	1 187.4	1 145.9	436.7	447.3	91.9	99.4
安　徽	1 906.3	1 930.3	169.8	173.3	110.8	121.5
福　建	783.3	777.0	98.9	104.9	65.9	69.3
江　西	1 096.4	1 112.4	97.3	99.2	46.7	49.8
山　东	2 529.6	2 502.2	347.4	358.0	254.3	266.8
河　南	2 858.7	2 808.0	238.9	265.1	200.4	224.1
湖　北	1 379.5	1 329.2	121.7	130.9	79.5	82.8
湖　南	2 120.5	2 114.7	157.8	169.8	91.9	98.9
广　东	1 433.5	1 342.3	344.9	352.4	176.5	180.9
广　西	1 568.8	1 562.9	57.8	60.0	55.1	66.0
海　南	163.0	164.6	5.6	6.0	8.0	7.5
四　川	4 023.8	3 979.8	241.7	244.1	202.4	219.7
贵　州	1 359.0	1 362.9	44.7	48.1	15.0	18.2
云　南	1 617.2	1 632.3	43.8	47.6	36.3	38.8
西　藏	86.8	86.8	1.0	1.0	0.9	0.9
陕　西	1 048.9	1 049.3	64.8	66.7	56.7	60.3
甘　肃	670.5	667.5	34.7	34.9	32.7	34.6
青　海	130.2	131.8	5.1	5.6	3.0	3.4
宁　夏	134.9	137.4	4.3	4.5	4.6	5.2
新　疆	277.4	283.6	8.0	7.8	3.3	3.6

3-4 续表2

地区	交通运输仓储和邮电通迅业		批发零售贸易业及餐饮业		其它非农产业		#外出临时工、合同工
	1994年	1995年	1994年	1995年	1994年	1995年	1995年
全国总计	**908.3**	**983.0**	**1 084.3**	**1 170.4**	**4 064.5**	**4 379.7**	**2 448.8**
北京	7.0	7.7	6.0	5.9	28.4	27.8	18.6
天津	8.7	9.3	6.7	7.3	10.5	10.4	2.9
河北	71.1	78.2	90.1	98.0	175.6	199.0	93.3
山西	47.5	50.1	29.9	32.4	67.6	67.2	35.9
内蒙古	9.0	10.1	9.3	10.2	30.4	30.7	20.0
辽宁	29.5	30.8	36.1	38.1	71.9	72.5	48.3
吉林	10.1	10.7	12.1	12.7	28.7	31.1	16.1
黑龙江	12.9	12.4	15.2	15.9	26.8	24.6	10.0
上海	3.8	3.7	4.4	4.7	42.1	44.4	17.1
江苏	88.4	92.3	66.9	73.0	288.3	307.2	125.5
浙江	58.3	62.9	82.8	87.7	244.2	253.9	81.6
安徽	44.0	48.8	56.9	61.8	255.2	256.6	184.3
福建	30.7	32.8	38.4	40.3	116.9	124.2	59.6
江西	16.8	18.4	26.0	26.5	240.0	249.8	164.7
山东	88.1	96.1	103.7	111.2	238.7	238.3	136.7
河南	74.8	87.3	88.1	97.4	256.4	291.0	195.2
湖北	32.2	35.6	51.9	55.6	161.4	176.3	92.0
湖南	35.7	38.5	51.3	59.6	267.1	274.7	194.3
广东	68.3	70.5	87.9	92.2	382.0	480.9	219.1
广西	23.3	25.9	31.7	34.4	198.5	215.4	150.4
海南	5.6	5.8	6.0	5.8	13.4	13.2	5.2
四川	50.0	54.2	89.8	97.5	551.6	582.4	374.8
贵州	11.3	13.1	15.0	16.9	109.9	128.6	101.7
云南	24.5	27.3	19.4	21.6	60.3	67.7	33.9
西藏	1.0	1.0	0.9	0.9	1.8	1.8	
陕西	28.3	29.5	30.5	32.7	80.9	86.5	48.1
甘肃	15.0	16.4	15.4	16.9	99.7	105.8	12.6
青海	3.7	3.8	2.6	2.8	5.4	5.2	2.3
宁夏	4.2	4.7	3.1	3.5	6.0	7.2	3.0
新疆	4.8	5.2	6.4	6.9	5.0	5.6	1.8

3－5　农民家庭劳动力情况

	单位	1990年	1994年	1995年	1995年为下列各年%	
					1990年	1994年
一、平均每户常住人口	人	4.80	4.54	4.48	93.3	98.7
#整、半劳动力	人	2.92	2.89	2.88	98.6	99.7
1. 整劳动力	人	2.45	2.46	2.44	99.6	99.2
2. 半劳动力	人	0.47	0.43	0.44	93.6	102.3
整、半劳动力占常住人口比重	%	60.83	63.66	64.29	105.7	101.0
二、平均每户常住人口中						
职工人数	人	0.06	0.07	0.07	116.7	100.0
占常住人口比重	%	1.25	1.54	1.56	125.0	101.3
乡村企业从业人数	人	0.12	0.14	0.13	108.3	92.9
占常住人口比重	%	2.50	3.03	2.90	116.1	95.8
在外从事其他劳动人数	人	0.07	0.17	0.13	185.7	76.5
占常住人口比重	%	1.46	3.74	2.90	199.0	77.5

3－6　农民家庭劳动力文化状况

	单位	1990年	1994年	1995年	1995年为下列各年%	
					1990年	1994年
平均每百个劳动力中						
文盲或半文盲人数	人	20.73	14.68	13.47	65.0	91.7
小学程度人数	人	38.86	37.19	36.62	94.2	98.5
初中程度人数	人	32.84	38.59	40.11	122.1	103.9
高中程度人数	人	6.96	8.51	8.61	123.7	101.1
中专程度人数	人	0.51	0.82	0.96	188.2	116.7
大专以上人数	人	0.10	0.21	0.24	240.0	115.7

3－7 各地区农民家庭劳动力文化状况

(1995年)　　　　单位：人

地　　区	平均每百个劳动力中					
	文盲或半文盲人数	小学程度人数	初中程度人数	高中程度人数	中专程度人数	大专程度人数
全国总计	**13.47**	**36.62**	**40.10**	**8.61**	**0.96**	**0.24**
北　　京	2.48	14.88	57.21	15.87	7.70	1.86
天　　津	2.41	34.63	49.63	10.86	2.04	0.43
河　　北	7.75	34.02	45.78	11.52	0.74	0.19
山　　西	7.28	35.13	48.27	8.47	0.73	0.12
内 蒙 古	11.30	35.55	42.64	9.61	0.78	0.12
辽　　宁	2.59	35.39	52.93	7.39	1.18	0.52
吉　　林	5.02	37.06	49.21	7.60	0.73	0.38
黑 龙 江	3.97	36.43	50.57	7.80	1.02	0.21
上　　海	7.29	29.55	47.66	10.37	3.09	2.04
江　　苏	13.30	30.87	44.44	9.86	1.11	0.42
浙　　江	11.53	38.57	41.61	7.47	0.63	0.19
安　　徽	17.92	33.79	40.02	6.82	1.13	0.32
福　　建	12.09	41.62	36.87	7.82	1.20	0.40
江　　西	12.52	42.72	36.14	7.55	0.83	0.24
山　　东	10.29	30.06	45.76	11.51	2.07	0.31
河　　南	14.42	29.76	44.08	10.84	0.66	0.24
湖　　北	12.47	35.18	39.92	11.67	0.64	0.12
湖　　南	6.65	43.47	38.88	10.19	0.63	0.18
广　　东	7.41	39.99	40.65	9.95	1.66	0.34
广　　西	8.31	44.27	38.52	8.21	0.63	0.06
海　　南	13.44	33.41	39.03	13.25	0.69	0.18
四　　川	14.16	43.95	36.70	4.64	0.47	0.08
贵　　州	25.92	38.06	31.62	3.58	0.74	0.08
云　　南	24.09	44.95	26.86	3.76	0.33	0.01
西　　藏	62.43	30.33	2.74	4.34	0.16	
陕　　西	17.88	31.38	39.02	11.03	0.59	0.10
甘　　肃	29.80	30.59	29.48	9.17	0.67	0.29
青　　海	41.38	31.27	22.56	4.55	0.19	0.05
宁　　夏	28.49	30.87	33.91	6.35	0.27	0.11
新　　疆	15.00	46.15	29.68	7.62	1.28	0.27

3-8 各地区农民家庭劳动力文化程度按人均纯收入分组

(1995年)

地　　区	劳动力文化程度构成(%)					
	文盲或半文盲人数	小学程度人数	初中程度人数	高中程度人数	中专程度人数	大专以上人数
全国合计	**13.47**	**36.62**	**40.11**	**8.61**	**0.96**	**0.24**
2500元以上地区	8.08	36.02	43.29	9.56	1.96	0.57
上　海	7.29	29.55	47.67	10.37	3.09	2.04
北　京	2.48	14.88	57.21	15.87	7.70	1.86
浙　江	11.53	38.57	41.61	7.47	0.63	0.19
广　东	7.41	39.99	40.65	9.95	1.66	0.34
2000－2500元地区	11.84	34.80	42.43	9.28	1.23	0.42
江　苏	13.30	30.87	44.44	9.86	1.11	0.42
天　津	2.41	34.63	49.63	10.86	2.04	0.43
福　建	12.09	41.63	36.87	7.82	1.20	0.40
1500－2000元地区	8.84	35.13	44.65	10.05	1.07	0.25
黑龙江	3.97	36.43	50.57	7.80	1.02	0.21
辽　宁	2.59	35.39	52.93	7.39	1.18	0.52
山　东	10.29	30.06	45.77	11.51	2.07	0.31
河　北	7.75	34.02	45.77	11.52	0.74	0.19
吉　林	5.02	37.06	49.21	7.60	0.73	0.38
江　西	12.52	42.73	36.14	7.55	0.83	0.24
海　南	13.44	33.41	39.03	13.25	0.69	0.18
湖　北	12.47	35.18	39.91	11.67	0.64	0.12
1000－1500元地区	16.19	38.93	36.89	7.18	0.67	0.14
广　西	8.31	44.28	38.52	8.21	0.63	0.06
湖　南	6.65	43.47	38.88	10.19	0.63	0.18
安　徽	17.92	33.79	40.01	6.82	1.13	0.32
河　南	14.42	29.76	44.09	10.84	0.66	0.24
内蒙古	11.30	35.55	42.64	9.61	0.78	0.12
山　西	7.28	35.13	48.27	8.47	0.73	0.12
西　藏	62.43	30.34	2.74	4.34	0.16	0.00
四　川	14.16	43.96	36.70	4.64	0.47	0.08
新　疆	15.00	46.15	29.68	7.62	1.28	0.27
贵　州	25.92	38.06	31.62	3.58	0.74	0.08
青　海	41.38	31.27	22.56	4.55	0.19	0.05
云　南	24.09	44.94	26.86	3.76	0.33	0.01
1000元以下地区	24.24	30.99	34.39	9.63	0.58	0.18
宁　夏	28.49	30.87	33.91	6.35	0.27	0.11
陕　西	17.88	31.38	39.01	11.03	0.59	0.10
甘　肃	29.80	30.60	29.48	9.17	0.67	0.29

3-9 耕地面积

指　　标	单　位	1990年	1994年	1995年	1995年为下列各年%	
					1990年	1994年
一、年末实有耕地面积	千公顷	95672.9	94906.8	94970.9	99.3	100.1
1.水　　田	千公顷	25518.9	24762.9	24850.5	97.4	100.4
占年末耕地面积比重	%	26.7	26.1	26.2		
2.旱　　地	千公顷	70154.1	70143.8	70120.4	100.0	100.0
占年末耕地面积比重	%	73.3	73.9	73.8		
二、当年增加耕地面积	千公顷	484.3	514.0	685.0	141.4	133.3
其中：新开荒地面积	千公顷	289.7	196.1	264.0	91.1	134.6
占增加耕地面积比重	%	59.8	38.2	38.5		
三、当年减少耕地面积	千公顷	467.4	708.7	621.1	132.9	87.6
#国家基建占地	千公顷	66.3	132.6	111.9	168.8	84.4
占减少耕地面积比重	%	14.2	18.7	18.0		
乡村集体占地	千公顷	30.3	80.2	84.9	280.2	105.9
占减少耕地面积比重	%	6.5	11.3	13.7		
农民个人建房占地	千公顷	36.7	33.0	31.6	86.1	95.8
占减少耕地面积比重	%	5.2	4.7	5.1		

3－10　各地区耕地面积

单位：千公顷

地　　区	1994年	1995年	1995年比1994年增加	
			绝对数	%
全国总计	**94 906.8**	**94 970.9**	**64.1**	**0.1**
北　　京	402.1	399.5	－2.7	－0.7
天　　津	427.4	426.1	－1.2	－0.3
河　　北	6 524.3	6 517.3	－7.1	－0.1
山　　西	3 656.5	3 645.1	－11.4	－0.3
内 蒙 古	5 310.1	5 491.4	181.3	3.4
辽　　宁	3 411.2	3 389.7	－21.6	－0.6
吉　　林	3 955.4	3 953.2	－2.2	－0.1
黑 龙 江	8 909.3	8 995.3	86.0	1.0
上　　海	293.8	290.0	－3.8	－1.3
江　　苏	4 464.0	4 448.3	－15.7	－0.4
浙　　江	1 635.5	1 617.8	－17.7	－1.1
安　　徽	4 302.8	4 291.1	－11.7	－0.3
福　　建	1 210.4	1 204.0	－6.4	－0.5
江　　西	2 315.0	2 308.4	－6.6	－0.3
山　　东	6 718.1	6 696.0	－22.0	－0.3
河　　南	6 829.6	6 805.8	－23.9	－0.3
湖　　北	3 375.6	3 358.0	－17.6	－0.5
湖　　南	3 258.4	3 249.7	－8.7	－0.3
广　　东	2 324.7	2 317.3	－7.4	－0.3
广　　西	2 601.8	2 614.2	12.4	0.5
海　　南	428.7	429.2	0.5	0.1
四　　川	6 214.4	6 189.6	－24.8	－0.4
贵　　州	1 841.0	1 840.0	－1.0	－0.1
云　　南	2 857.4	2 870.6	13.3	0.5
西　　藏	222.1	222.1		
陕　　西	3 421.0	3 393.4	－27.6	－0.8
甘　　肃	3 481.1	3 482.5	1.4	.0
青　　海	584.9	589.9	5.0	0.9
宁　　夏	805.9	807.2	1.3	0.2
新　　疆	3 124.2	3 128.3	4.1	0.1

3-10 续表 1

地区	水田		旱地		当年增加耕地面积		#新开荒地面积	
	1994年	1995年	1994年	1995年	1994年	1995年	1994年	1995年
全国总计	**24 762.9**	**24 850.5**	**70 143.8**	**70 120.4**	**514.0**	**685.0**	**196.1**	**264.0**
北京	23.9	23.7	378.2	375.8				
天津	39.8	48.5	387.6	377.7	0.1	0.2		0.1
河北	122.0	126.5	6 402.3	6 390.7	1.1	12.3	0.3	2.1
山西	8.8	8.8	3 647.7	3 636.3	3.9	4.0	2.4	2.5
内蒙古	64.8	84.3	5 245.3	5 407.1	211.3	258.8	46.2	55.2
辽宁	460.5	468.6	2 950.7	2 921.1	3.9	5.4	1.7	2.2
吉林	416.8	425.2	3 538.6	3 528.0	30.5	17.3	3.6	4.6
黑龙江	770.1	868.8	8 139.2	8 126.5	29.9	109.4	13.8	42.0
上海	258.0	253.9	35.8	36.1	0.6	0.9	0.1	0.5
江苏	2 658.1	2 669.7	1 805.9	1 778.6	1.4	8.0	0.8	1.6
浙江	1 363.4	1 344.9	272.1	272.9	4.5	4.6	0.2	0.8
安徽	1 845.1	1 857.6	2 457.8	2 433.5	2.7	1.8	0.7	0.6
福建	976.8	972.5	233.6	231.5	2.9	3.1	1.0	1.1
江西	1 948.7	1 946.9	366.3	361.6	2.7	1.4	0.8	0.4
山东	143.0	156.7	6 575.1	6 539.3	8.0	12.4	4.9	5.7
河南	443.5	446.6	6 386.1	6 359.2	7.0	6.8	2.2	2.5
湖北	1 805.4	1 780.4	1 570.2	1 577.6	4.2	3.8	1.7	1.6
湖南	2 570.3	2 562.9	688.1	686.8	9.3	9.6	5.9	3.3
广东	1 713.4	1 698.7	611.4	618.7	29.2	27.8	6.9	7.6
广西	1 555.1	1 540.3	1 046.7	1 073.9	26.3	41.4	23.4	35.9
海南	248.3	248.2	180.4	181.0	3.8	4.4	2.4	2.0
四川	3 174.7	3 156.0	3 039.7	3 033.6	8.2	8.1	3.6	3.4
贵州	770.3	768.4	1 070.8	1 071.6	5.3	6.1	3.2	4.2
云南	963.0	958.8	1 894.4	1 911.9	40.6	48.8	28.5	34.9
西藏	0.8	0.8	221.3	221.3	0.6	0.6	0.4	0.4
陕西	176.3	176.0	3 244.7	3 217.4	23.7	26.4	5.5	6.4
甘肃	10.1	9.3	3 471.0	3 473.2	6.4	4.9	3.0	2.7
青海	0.0	0.0	584.9	589.9	5.1	6.1	1.5	1.6
宁夏	174.3	170.9	631.7	636.3	7.2	5.1	3.8	3.2
新疆	57.8	76.7	3 066.4	3 051.6	47.4	45.7	27.8	34.8

3-10 续表 2

地区	当年减少耕地面积		#国家基建占地		#乡村集体占地		农民个人建房占地	
	1994年	1995年	1994年	1995年	1994年	1995年	1994年	1995年
全国总计	**708.7**	**621.1**	**132.6**	**111.9**	**80.2**	**84.9**	**33.0**	**31.6**
北　京	3.5	2.9	3.2	1.5				
天　津	1.4	1.5	0.6	1.1	0.6	0.2		
河　北	12.8	19.4	6.3	8.6	1.8	2.6	1.5	1.5
山　西	16.7	15.4	4.9	2.5	2.6	2.3	1.3	2.2
内蒙古	72.4	77.5	3.3	3.8	9.4	12.0	3.0	1.0
辽　宁	22.5	27.0	5.7	2.7	1.7	1.3	0.7	0.7
吉　林	12.9	19.5	2.9	2.9	2.7	1.8	0.6	0.7
黑龙江	28.8	23.4	3.7	5.2	3.5	8.9	0.3	0.5
上　海	8.8	4.8	3.4	1.7	3.1	2.2	0.2	0.2
江　苏	33.0	23.7	12.0	11.7	2.0	2.5	1.2	1.7
浙　江	30.2	22.2	9.3	7.5	8.5	7.5	2.1	2.3
安　徽	15.1	13.5	6.5	5.6	4.5	4.3	2.5	2.2
福　建	11.7	9.5	3.4	3.2	1.2	0.4	0.3	0.3
江　西	13.9	8.0	3.4	3.1	0.4	0.6	0.8	0.7
山　东	48.2	34.4	14.4	10.9	11.7	10.0	3.1	2.7
河　南	48.4	31.0	5.3	4.5	2.2	2.0	2.3	2.1
湖　北	21.2	21.4	3.8	4.2	3.4	3.0	0.7	0.7
湖　南	24.0	18.3	4.0	3.5	1.5	1.2	1.1	0.8
广　东	54.9	35.2	6.6	5.0	2.7	2.6	0.3	0.4
广　西	31.1	29.0	4.8	3.8	0.6	0.9	0.6	0.5
海　南	6.5	3.9	2.9	1.1	0.1	0.1	0.2	0.1
四　川	25.9	32.8	7.2	7.6	5.2	10.0	1.6	2.7
贵　州	9.4	7.0	2.8	1.9	1.1	0.9	1.0	0.9
云　南	38.7	35.5	3.9	3.2	2.1	1.7	1.2	1.0
西　藏	0.4	0.4	0.1	0.1	…	…		
陕　西	61.2	54.0	2.3	1.9	1.5	1.4	2.8	2.6
甘　肃	6.5	3.5	0.8	0.5	0.2	0.3	0.6	0.6
青　海	1.7	1.2	0.3	0.2	0.1		0.2	0.2
宁　夏	4.7	3.8	0.8	0.7	0.2	0.1	0.2	0.2
新　疆	42.4	41.6	4.1	2.0	5.5	4.2	2.6	2.3

3－11 各地区农民家庭平均每人经营耕地情况

(1995年)

地区	经营耕地面积(市亩)	#承包耕地面积	所占比重(%)	自留地面积	所占比重(%)
全国总计	**2.17**	**1.94**	**89.4**	**0.16**	**7.2**
北京	0.93	0.85	91.4	0.03	3.2
天津	1.87	1.68	89.8	0.10	5.3
河北	2.02	1.87	92.6	0.12	5.9
山西	3.12	2.73	87.5	0.30	9.6
内蒙古	7.31	6.46	88.4	0.54	7.4
辽宁	2.74	2.40	87.6	0.29	10.6
吉林	5.58	4.99	89.4	0.33	5.9
黑龙江	8.09	7.57	93.6	0.40	4.9
上海	1.04	0.94	90.4	0.09	8.7
江苏	1.31	1.20	91.6	0.10	7.6
浙江	0.91	0.81	89.0	0.07	7.7
安徽	1.46	1.39	95.2	0.06	4.1
福建	0.85	0.72	84.7	0.08	9.4
江西	1.98	1.80	90.9	0.13	6.6
山东	1.39	1.36	97.8	0.03	2.2
河南	1.55	1.44	92.9	0.08	5.2
湖北	1.54	1.41	91.6	0.11	7.1
湖南	1.25	1.08	86.4	0.11	8.8
广东	1.16	1.03	88.8	0.08	6.9
广西	1.20	1.00	83.3	0.10	8.3
海南	1.31	1.08	82.4	0.15	11.5
四川	1.25	1.13	90.4	0.10	8.0
贵州	1.18	0.96	81.4	0.17	14.4
云南	1.76	1.32	75.0	0.34	19.3
西藏	2.37	2.28	96.2	0.10	4.2
陕西	2.81	2.60	92.5	0.15	5.3
甘肃	3.21	2.87	89.4	0.27	8.4
青海	2.49	2.22	89.2	0.20	8.0
宁夏	4.11	3.60	87.6	0.29	7.1
新疆	4.57	3.69	80.7	0.29	6.3

3-11 续表

地区	经营山地面积(市亩)	#承包山地面积	所占比重(%)	#自留山地面积	所占比重(%)	#植树造林面积	面积(市亩)
全国总计	**0.44**	**0.28**	**64.2**	**0.13**	**30.8**	**0.05**	**0.02**
北京	0.03	0.03	89.1	…	10.9	0.01	
天津							0.03
河北	0.08	0.06	75.7	0.01	16.5	0.02	
山西	0.18	0.10	53.8	0.07	37.4	0.12	
内蒙古	0.12	0.11	89.5	0.01	9.9	0.01	
辽宁	0.35	0.10	28.6	0.23	67.5	0.07	
吉林	0.08	0.05	53.9	0.02	28.4	0.04	
黑龙江	0.01	0.01	92.3	…	7.7		0.01
上海							
江苏	0.02	0.01	71.6	…	28.4		0.04
浙江	0.65	0.33	50.7	0.30	46.0	0.09	0.01
安徽	0.53	0.34	64.9	0.18	34.4	0.05	0.02
福建	1.08	0.54	49.5	0.43	40.1	0.26	0.02
江西	0.89	0.54	60.1	0.32	35.7	0.16	0.06
山东	0.02	0.02	79.1	…	20.9		0.01
河南	0.03	0.02	68.4	0.01	23.3	0.01	
湖北	0.67	0.32	47.3	0.32	47.8	0.03	0.04
湖南	0.58	0.34	58.8	0.19	32.2	0.05	0.04
广东	0.49	0.22	45.8	0.23	47.1	0.12	0.09
广西	0.45	0.27	61.0	0.10	23.0	0.10	0.02
海南	0.36	0.24	67.0	0.06	16.6	0.13	0.01
四川	0.35	0.19	53.3	0.15	43.0	0.05	0.01
贵州	0.43	0.26	60.9	0.15	34.8	0.03	
云南	1.01	0.55	54.1	0.43	42.6	0.09	0.01
西藏							
陕西	0.61	0.43	70.1	0.13	21.8	0.04	
甘肃	0.24	0.16	67.4	0.06	25.6	0.04	
青海	6.65	6.64	99.8	0.01	0.1		
宁夏	0.17	0.10	58.7	0.07	39.5	0.03	
新疆	0.01	0.01	100.0				0.01

3－12 主要农业机械年末拥有量

年份	农业机械总动力（亿瓦特）	大中型拖拉机（混合台）	小型拖拉机（万台）	大中型拖拉机机引农具（万部）	联合收割机（台）	农用载重汽车（辆）	渔业机动船	
							艘	万千瓦
1957	12.1	14 674			1 789	4 084	1 485	8.0
1962	75.7	54 938	0.1	19.2	5 906	8 239	5 657	33.0
1965	109.9	72 599	0.4	25.8	6 704	11 063	7 789	47.0
1970	216.5	125 498	7.8	34.6				
1975	747.9	344 518	59.9	90.8				
1978	1 175.0	557 358	137.3	119.2	18 987	73 770	47 176	214.0
1979	1 337.9	666 823	167.1	131.3	23 026	97 105	52 225	430.0
1980	1 474.6	744 865	187.4	136.9	27 045	137 668	61 022	258.0
1981	1 568.0	792 032	203.7	139.0	31 268	175 126	73 586	293.0
1982	1 661.4	812 447	228.7	137.4	33 904	206 383	95 692	322.0
1983	1 802.2	840 776	275.0	130.8	35 728	274 751	120 167	327.0
1984	1 949.7	853 914	329.8	123.5	35 861	349 261	143 430	335.0
1985	2 091.3	852 357	382.4	112.8	34 573	429 554	172 582	367.0
1986	2 295.0	866 463	452.6	100.6	30 945	499 164	205 923	424.0
1987	2 483.6	880 952	530.0	103.5	33 802	550 192	238 628	486.0
1988	2 657.5	870 187	595.0	97.1	35 004	591 406	265 126	545.0
1989	2 806.7	848 220	654.3	99.1	36 582	625 116	289 205	609.0
1990	2 870.8	813 512	698.1	97.4	38 719	624 384	320 927	696.0
1991	2 938.9	784 466	730.4	99.1	43 996	616 637	329 843	733.4
1992	3 030.8	758 904	750.7	104.4	51 075	642 356	335 875	786.1
1993	3 181.7	721 216	788.3	100.1	56 304	690 469	334 656	804.4
1994	3 380.3	693 154	823.7	98.0	63 918	747 981	351 327	831.0
1995	3 611.8	671 846	864.6	99.1	75 351	793 520	376 813	966.0

3－13　主要农业机械年末拥有量增长情况

指　　标	单位	1990年	1994年	1995年	1995年为下列各年%	
					1990年	1994年
农用机械总动力合计	**万千瓦**	**28 707.7**	**33 802.5**	**36 118.1**	**125.8**	**106.9**
一、耕作机械						
大中型农用拖拉机	万台	81.4	69.3	67.2	82.6	97.0
	万千瓦	2 745.5	2 463.5	2 404.0	87.6	97.6
小型农用拖拉机	万台	698.1	823.7	864.6	123.9	105.0
	万千瓦	6 231.4	7 399.7	7 848.0	125.9	106.1
大中型拖拉机配套农具	万部	97.4	98.0	99.1	101.7	101.1
小型拖拉机配套农具	万部	648.8	866.2	958.0	147.7	110.6
二、农用排灌机械						
柴油机	万台	411.1	471.2	491.2	119.5	104.2
	万千瓦	3 348.5	3 731.0	3 839.0	114.6	102.9
电动机	万台	430.8	513.3	510.3	118.5	99.4
	万千瓦	3 748.8	4 098.9	4 037.9	107.7	98.5
农用水泵	万台	723.9	860.7	903.5	124.8	105.0
喷灌机械	万套	39.3	57.0	58.6	149.1	102.8
三、收获机械						
联合收割机	万台	3.9	6.4	7.5	192.3	117.4
	万千瓦	190.9	253.8	242.6	127.1	95.6
机动收割机	万台	1.2	2.7	3.3	275.0	122.2
	万千瓦	9.8	22.5	25.0	255.1	111.1
机动脱粒机	万台	493.3	576.0	605.9	122.8	105.2
四、植保机械						
喷雾机	万部	44.8	89.8	116.0	258.9	129.2
	万千瓦	75.0	123.4	153.1	204.1	124.1
五、畜牧机械						
牧草收割机	台	19 000	28 794	23 968	126.1	83.2
剪毛机	把	7 311	7 001	6 612	90.4	94.4
六、林业机械						
挖坑机	部	473	878	732	154.8	83.4
植树机	部	1 852	1 399	1 839	99.3	131.5
七、渔业机械						
渔用机动船	艘	321 000	351 327	376 813	117.4	107.3
	万吨	353.1	446.8	513.0	145.3	114.8
	万千瓦	696.0	831.0	966.0	138.8	116.2
八、农产品加工机械						
农产品加工机械动力	万千瓦	4 333.1	4 479.2	4 637.3	107.0	103.5
碾米机	万部	206.7	217.2	219.7	106.3	101.2
磨面机	万部	160.5	159.0	160.3	99.9	100.8
轧花机	万部	18.1	18.0	17.0	93.9	94.7
榨油机	万部	30.9	34.8	35.6	115.2	102.3
九、运输机械						
农用载重汽车	万辆	62.4	74.8	79.4	127.2	106.1
	万千瓦	4 621.0	5 719.4	6 090.9	131.8	106.5
农用运输车	万辆	23.2	81.9	110.4	475.9	134.8
十、其他农业机械						
推土机	万台	2.6	4.2	4.6	176.9	109.2

3-14　各地区主要农业机械年末拥有量

地　区	农业机械总动力（万千瓦）		大中型拖拉机			
			台		万千瓦	
	1994年	1995年	1994年	1995年	1994年	1995年
全国总计	**33 802.5**	**36 118.1**	**693 154**	**671 846**	**2 463.4**	**2 404.0**
北　京	459.0	468.1	12 475	12 228	58.0	57.9
天　津	504.3	532.5	8 147	8 156	37.7	37.8
河　北	3 783.7	4 336.4	27 889	29 040	116.4	120.3
山　西	1 298.4	1 359.6	26 702	23 970	95.5	88.0
内蒙古	858.3	902.5	35 744	33 259	146.9	138.3
辽　宁	1 009.1	1 016.9	33 834	31 436	137.6	129.2
吉　林	598.8	661.4	30 950	29 128	106.8	101.4
黑龙江	1 190.0	1 226.1	82 028	79 356	341.6	332.6
上　海	181.0	173.4	9 552	9 143	35.3	33.8
江　苏	2 161.4	2 227.0	21 458	23 198	82.9	88.1
浙　江	1 496.9	1 641.8	5 975	6 251	17.2	18.2
安　徽	1 683.6	1 836.0	10 380	9 622	38.9	36.3
福　建	729.7	757.3	3 967	3 732	13.9	13.2
江　西	643.8	663.1	8 630	7 606	27.1	24.9
山　东	3 756.4	4 016.5	103 072	100 914	326.4	321.3
河　南	2 780.5	3 115.4	47 774	49 278	166.6	170.1
湖　北	1 136.1	1 174.3	73 761	71 157	153.9	147.8
湖　南	1 459.1	1 532.5	5 494	5 323	20.3	20.2
广　东	1 658.1	1 669.6	7 928	7 078	25.6	23.9
广　西	1 011.5	1 075.4	12 305	11 770	40.6	40.2
海　南	167.6	176.0	2 594	2 586	9.0	8.8
四　川	1 499.7	1 595.8	7 659	6 474	23.8	20.1
贵　州	358.6	379.1	9 549	9 115	24.9	24.6
云　南	845.0	910.7	10 538	9 568	44.2	39.5
西　藏	58.5	58.5	1 722	1 722	9.1	9.1
陕　西	739.1	780.5	19 493	19 373	66.9	66.3
甘　肃	707.0	748.0	16 350	14 344	61.0	54.4
青　海	173.8	188.5	3 386	3 149	12.9	11.9
宁　夏	228.6	241.5	4 432	3 822	17.1	15.0
新　疆	624.9	653.8	49 366	50 048	205.3	210.9

3-14 续表 1

地　　区	小型拖拉机				大中型拖拉机配套农具（部）	
	台		万千瓦			
	1994 年	1995 年	1994 年	1995 年	1994 年	1995 年
全国总计	**8 236 597**	**8 646 266**	**7 399.6**	**7 848.0**	**979 719**	**991 220**
北　　京	44 467	42 000	43.0	40.7	24 780	24 300
天　　津	32 400	33 600	30.2	30.8	10 000	10 400
河　　北	804 900	915 316	735.7	841.8	43 747	45 809
山　　西	214 256	201 762	206.4	195.8	38 670	37 119
内 蒙 古	304 592	320 449	307.8	326.7	44 269	43 252
辽　　宁	133 200	130 240	120.0	117.5	49 300	47 087
吉　　林	208 667	237 823	183.4	213.1	34 279	39 327
黑 龙 江	405 081	441 881	359.5	395.7	174 948	170 945
上　　海	17 037	15 667	14.9	13.7	21 768	21 383
江　　苏	749 765	750 405	662.3	661.5	43 674	46 908
浙　　江	285 365	286 842	242.3	243.9	2 415	2 659
安　　徽	788 945	881 200	633.7	703.9	12 346	12 400
福　　建	158 379	161 574	140.0	142.9	769	928
江　　西	70 865	70 124	62.9	62.1	2 651	2 605
山　　东	641 937	668 423	539.3	560.7	192 387	196 310
河　　南	1051 600	1156 400	988.2	1 115.3	69 766	70 772
湖　　北	194 361	154 747	148.4	125.3	29 092	28 531
湖　　南	188 783	198 013	166.1	174.9	2 021	1 266
广　　东	357 349	343 982	268.9	270.9	9 260	5 232
广　　西	265 564	270 424	239.8	248.1	6 839	7 311
海　　南	28 337	28 235	25.5	24.4	1 000	1 439
四　　川	157 400	152 200	169.2	164.5	6 600	5 800
贵　　州	37 386	40 500	35.8	39.4	1 642	1 600
云　　南	197 632	216 192	179.0	196.9	6 692	6 568
西　　藏	12 896	12 896	11.8	11.8	1 462	1 462
陕　　西	234 698	229 434	245.3	245.3	24 363	29 873
甘　　肃	277 851	278 892	273.1	277.2	18 559	17 263
青　　海	101 373	112 907	90.3	100.7	4 557	4 617
宁　　夏	110 137	115 196	103.7	109.0	5 239	4 780
新　　疆	161 374	178 942	173.2	193.6	96 624	103 274

3-14 续表2

地　区	小型拖拉机配套农具(部)		柴油机			
			台		万千瓦	
	1994年	1995年	1994年	1995年	1994年	1995年
全国总计	**8 661 583**	**9 579 774**	**4 711 516**	**4 912 068**	**3 731.0**	**3 839.0**
北　京	12 561	12 700	385	400	1.0	0.6
天　津	28 200	28 500	19 000	19 600	18.1	20.8
河　北	767 343	896 861	1 188 713	1 256 737	1 002.6	1 050.2
山　西	183 199	183 747	11 926	11 150	15.6	15.2
内蒙古	246 709	278 735	81 127	83 093	62.7	63.3
辽　宁	103 900	105 731	47 400	48 906	47.4	48.6
吉　林	316 603	385 869	145 453	152 453	70.0	77.3
黑龙江	339 223	381 414	122 805	123 370	102.7	103.7
上　海	6 179	6 150	87	64	0.1	0.1
江　苏	1 254 986	1 277 431	127 197	125 611	132.2	128.8
浙　江	228 743	231 459	75 617	76 808	38.3	38.6
安　徽	1 107 923	1 319 200	185 110	201 500	160.6	169.9
福　建	61 287	62 110	50 197	51 364	36.2	36.4
江　西	47 791	50 662	73 637	74 532	70.0	68.1
山　东	947 940	1 002 672	1 169 425	1 194 038	969.9	984.0
河　南	1 286 607	1 508 716	367 800	389 800	336.2	355.1
湖　北	123 848	154 764	128 070	125 880	104.4	109.6
湖　南	33 252	33 235	412 621	447 655	199.4	200.2
广　东	288 321	284 563	94 429	103 707	72.9	73.3
广　西	240 102	254 849	92 458	100 446	54.6	58.2
海　南	1 469	1 826	22 786	25 406	12.7	13.0
四　川	96 500	97 200	203 800	199 900	142.8	140.7
贵　州	4 855	8 000	28 848	32 300	17.0	19.6
云　南	79 958	89 717	24 857	27 812	15.8	16.7
西　藏	2 610	2 610	3 134	3 134	3.1	3.1
陕　西	262 106	254 633	17 669	18 974	17.5	18.6
甘　肃	297 159	345 361	6 893	7 589	7.9	8.3
青　海	74 365	78 694	783	764	0.9	1.0
宁　夏	84 421	86 140	722	592	0.7	1.0
新　疆	133 423	156 225	8 567	8 483	17.6	15.1

地　区	电动机				农用水泵（台）		喷灌机械（套）	
	台		万千瓦					
	1994 年	1995 年	1994 年	1995 年	1994 年	1995 年	1994 年	1995 年
全国总计	**5 132 538**	**5 103 187**	**4 098.9**	**4 037.9**	**8 607 364**	**9 034 696**	**569 886**	**586 375**
北　京	69 236	67 700	74.0	73.0	52 169	49 324	6 333	6 671
天　津	68 200	66 800	97.5	90.4	72 400	73 000	2 280	5 310
河　北	961 338	974 542	688.4	686.0	1 265 479	1 348 654	14 893	17 132
山　西	107 649	109 145	125.5	127.0	129 795	130 928	1 527	1 620
内蒙古	96 757	97 300	83.5	84.8	152 260	157 486	3 859	3 714
辽　宁	364 100	378 748	143.9	146.3	566 400	600 853	4 934	4 997
吉　林	71 634	79 002	46.2	52.4	203 540	217 804	10 378	7 961
黑龙江	31 140	31 961	31.3	31.8	144 670	138 494	3 620	3 986
上　海	33 559	31 900	27.4	26.9	33 561	31 901	1 122	1 064
江　苏	295 507	300 953	375.4	380.1	426 308	433 579	13 068	14 991
浙　江	237 489	118	134.3	0.1	339 207	351 181	21 038	21 709
安　徽	437 040	477 100	208.9	224.8	607 882	669 900	91 105	98 115
福　建	28 768	29 415	25.7	26.2	62 245	67 443	5 081	7 310
江　西	75 233	83 762	94.5	96.0	123 164	134 768	4 963	5 921
山　东	688 484	700 544	489.1	499.4	1 450 786	1 495 528	200 857	182 628
河　南	622 000	655 200	355.1	372.3	1 002 100	1 079 200	138 071	147 352
湖　北	138 504	148 488	264.1	274.8	243 721	265 575	4 655	7 160
湖　南	204 015	226 255	171.1	176.6	656 306	694 948	9 816	14 131
广　东	189 650	193 375	119.9	119.4	272 982	254 078	6 596	9 681
广　西	31 243	31 950	41.8	42.9	124 019	130 684	12 072	12 501
海　南	1 591	1 634	1.5	1.8	15 905	18 159	406	642
四　川	88 500	89 000	151.9	152.4	288 500	285 700	6 134	5 750
贵　州	18 836	19 800	17.9	18.1	56 502	60 000	1 062	1 131
云　南	33 754	35 355	57.5	57.5	53 661	57 005	1 848	1 164
西　藏	1 127	1 127	1.2	1.2	632	632	19	19
陕　西	167 325	198 380	120.6	122.5	182 184	205 225	1 260	1 442
甘　肃	40 465	41 992	90.6	91.0	46 036	46 776	1 716	1 417
青　海	2 127	2 199	7.2	7.6	1 938	1 991	192	196
宁　夏	9 581	10 305	13.5	13.0	10 092	10 855	91	114
新　疆	17 686	19 137	39.3	41.8	22 920	23 025	890	546

3－14 续表 4

地　区	联合收割机				机动收割机			
	台		万千瓦		台		万千瓦	
	1994 年	1995 年	1994 年	1995 年	1994 年	1995 年	1994 年	1995 年
全国总计	**63 918**	**75 351**	**253.8**	**242.6**	**26 934**	**32 896**	**22.5**	**25.0**
北　京	3 901	3 897	21.0	21.8	1 361	1 482	6.0	8.3
天　津	385	517	2.0	1.4	153	152	0.2	0.2
河　北	9 671	12 265	34.9	42.0	461	2 836	0.6	2.2
山　西	2 739	3 144	7.5	8.3	879	967	0.4	0.4
内蒙古	2 483	2 788	15.9	18.1	254	229	0.5	0.5
辽　宁	71	74	0.5	0.6	1 533	1 389	0.7	0.7
吉　林	104	103	0.7	0.7	63	19		
黑龙江	13 679	13 366	105.6	77.4	689	547	2.9	1.1
上　海	4 407	4 625	1.1	1.3	228	325	0.1	0.3
江　苏	8 604	12 063	9.6	9.0	1 667	2 287	0.8	1.1
浙　江	1 502	2 531	2.6	3.9	254	220	0.1	0.1
安　徽	833	978	3.5	3.7	1 883	3 489	1.0	1.7
福　建	215	249	0.2	0.2	79	87	0.1	
江　西	5	10			44	21		
山　东	2 883	4 235	6.7	7.9	4 795	5 239	3.7	2.8
河　南	3 999	4 952	6.2	8.5	5 411	5 682	2.4	2.6
湖　北	346	312	1.8	1.5	520	414	0.4	0.3
湖　南	16	18	0.1	0.1	69	168		0.1
广　东	330	335	0.6	0.5	5 212	6 060	1.0	1.6
广　西	15	20			96	97	0.1	0.1
海　南	9	25		0.1	12	56		
四　川	368	429	0.8	0.2	16	84		
贵　州	6	6				1		
云　南	126	134	0.1	0.1	149	14	0.1	
西　藏	47	47	0.3	0.3	760	760	0.5	0.5
陕　西	2 312	3 233	1.2	2.9	171	56	0.1	0.2
甘　肃	427	463	2.6	2.8	28	30		
青　海	515	533	3.8	4.0	67	59	0.7	0.1
宁　夏	295	307	1.5	1.0	45	44	0.1	
新　疆	3 625	3 692	22.9	24.4	35	82	0.2	0.3

3－14 续表 5

地　区	机动脱粒机（部）		喷雾机			
			部		万千瓦	
	1994 年	1995 年	1994 年	1995 年	1994 年	1995 年
全国总计	**5 759 844**	**6 058 837**	**897 492**	**1 159 894**	**123.4**	**153.1**
北　京	15 537	15 286	129 015	121 900	1.0	1.6
天　津	36 833	39 064	1 700	1 700	0.6	0.4
河　北	601 702	627 172	85 693	146 436	14.3	21.3
山　西	61 440	60 092	10 959	14 565	1.9	2.4
内蒙古	38 518	39 953	1 682	1 838	0.5	0.3
辽　宁	121 008	109 453	10 700	12 914	3.6	3.9
吉　林	110 249	115 684	1 267	1 542	0.4	0.6
黑龙江	81 273	82 268	4 481	3 874	3.2	1.8
上　海	138 674	136 745	23 580	23 314	3.7	3.8
江　苏	983 155	1 052 210	132 776	170 785	18.6	24.0
浙　江	1 148 871	1 184 237	17 204	19 427	3.0	3.2
安　徽	237 420	257 692	36 855	56 900	6.6	7.8
福　建	28 635	29 498	9 292	11 597	2.1	2.8
江　西	49 549	58 578	10 610	11 669	1.3	1.4
山　东	575 243	599 853	149 638	196 736	22.7	31.0
河　南	500 132	527 572	75 375	85 337	11.7	13.9
湖　北	113 947	112 525	52 887	64 412	7.0	8.4
湖　南	158 069	193 395	5 116	87 127	1.8	2.0
广　东	276 404	281 555	25 950	11 970	2.8	2.6
广　西	80 917	89 591	3 382	3 362	0.9	0.9
海　南	11 616	6 908	3 143	3 472	0.9	0.9
四　川	153 218	165 228	49 300	48 600	6.7	7.4
贵　州	824	810	2 328	2 300	0.5	0.4
云　南	54 394	59 234				
西　藏	5 725	57 250	3 322	3 322	0.2	0.2
陕　西	125 337	116 747	19 483	26 308	2.9	5.6
甘　肃	15 483		10 073	9 838	1.4	1.4
青　海	5 734	7 002	1 792	1 879	0.4	0.4
宁　夏	12 672	13 344	873	849	0.3	
新　疆	17 265	19 891	19 016	15 921	2.5	2.6

3-14 续表 6

地　区	牧草收割机(台)		剪毛机(把)		挖坑机(部)		植树机(部)	
	1994年	1995年	1994年	1995年	1994年	1995年	1994年	1995年
全国总计	**28 794**	**23 968**	**7 001**	**6 612**	**878**	**732**	**1 399**	**1 839**
北　京		100				2		
天　津	200	100			1	2		
河　北	74	33	64	30	1	4	7	
山　西	92	102	8	8	18	18		
内蒙古	15 317	16 187	183	292	81	88	348	328
辽　宁					7	7	40	40
吉　林	362	385	320	280	25	41	477	466
黑龙江	864	1 157	43	41	163	71	41	43
上　海								
江　苏	12	9			7	22		
浙　江					69	67		
安　徽	6 322				4	48	170	
福　建					112	177		
江　西	10	12		2	2	1		
山　东	244	19	62	2	2	14		
河　南	2			2	1		14	13
湖　北	196	33	3	3	13	8	19	18
湖　南	2	1 068	6	4	28	17		727
广　东	962	222	74	13	58	26	63	3
广　西	3	3			4	11	1	2
海　南						44		3
四　川			8		5	2		
贵　州	7				5			
云　南		309						
西　藏	184	184						
陕　西	27	4	4	4	236	30	1	
甘　肃	50	30	555	486	4	4	1	1
青　海	110	205	701	869	3	3	110	110
宁　夏	7	5	6	7	13	12	9	8
新　疆	3 747	3 801	4 964	4 569	16	13	98	77

3-14 续表 7

地　区	渔　用　机　动　船						农产品加工机械（万千瓦）	
	艘		万吨		万千瓦			
	1994 年	1995 年	1994 年	1995 年	1994 年	1995 年	1994 年	1995 年
全国总计	**351 327**	**376 813**	**446.8**	**512.5**	**831.0**	**965.6**	**4 479.2**	**4 637.3**
北　京	4	4					10.0	10.2
天　津	1 101	971	2.0	47.9	4.4	4.3	8.1	7.9
河　北	7 990	8 833	12.3	12.9	24.8	28.1	358.2	410.3
山　西	3	3					115.6	113.0
内蒙古	75	78	0.1	0.1	0.2	0.1	102.3	103.4
辽　宁	27 965	32 437	29.1	31.0	59.1	64.2	115.7	113.8
吉　林	458	540	0.1	0.2	1.1	1.1	110.2	118.5
黑龙江	2 858	3 018	0.5	0.5	2.1	2.1	103.6	102.7
上　海	2 510	2 520	11.1	9.9	19.3	18.3	6.7	6.6
江　苏	50 067	50 548	49.9	47.2	70.9	74.9	222.0	200.4
浙　江	50 812	54 862	125.9	116.6	237.6	305.7	151.5	151.8
安　徽	11 354	11 032	10.1	19.3	9.8	9.9	215.3	229.3
福　建	48 770	50 867	51.9	54.2	86.6	91.6	103.8	102.9
江　西	8 522	9 478	3.3	3.7	4.0	4.3	166.1	169.5
山　东	36 682	41 018	43.7	50.5	76.2	91.9	386.5	415.4
河　南	469	848	0.1	0.2	0.3	0.3	391.5	411.8
湖　北	10 933	11 712	2.2	2.4	6.2	6.4	255.5	263.6
湖　南	8 004	9 173	2.2	2.2	3.1	3.8	238.5	284.1
广　东	56 319	60 844	77.9	69.8	166.0	186.6	153.2	142.4
广　西	10 621	11 123	11.1	15.2	24.5	34.8	255.3	255.1
海　南	11 230	12 267	12.0	14.9	30.7	33.5	19.9	19.8
四　川	1 145	1 341	0.3	0.3	0.7	0.7	367.8	384.0
贵　州	166	204	0.1	0.1	0.1	0.2	143.0	141.6
云　南	2 716	2 498	0.6	0.5	2.5	2.1	179.4	181.3
西　藏							0.6	0.6
陕　西	186	226	0.1		0.2	0.2	134.6	134.2
甘　肃	18	16			0.1		97.2	97.0
青　海	23	23	0.1	0.1	0.2	0.2	11.4	11.7
宁　夏	6	5		13.0			14.4	14.0
新　疆	320	324	0.1	0.1	0.4	0.4	41.4	40.6

3－14 续表 8

地　区	碾米机(台)		磨面机(台)		轧花机(台)		榨油机(台)	
	1994年	1995年	1994年	1995年	1994年	1995年	1994年	1995年
全国总计	**2 171 694**	**2 197 058**	**1 590 049**	**1 603 397**	**179 547**	**170 285**	**347 792**	**356 426**
北　京	4 827	4 700	6 221	5 800	66	100	336	300
天　津	3 900	4 200	5 500	5 200	300	300	800	700
河　北	69 684	71 510	92 413	93 482	17 086	17 301	26 537	28 898
山　西	41 319	40 944	72 013	70 778	6 672	3 126	13 856	13 418
内蒙古	33 430	33 164	47 661	46 136	37	123	7 021	7 401
辽　宁	53 300	55 331	41 900	43 352	500	513	3 500	3 564
吉　林	58 221	57 720	37 974	37 094	122	124	2 885	3 113
黑龙江	43 201	41 210	23 422	22 414			6 894	6 149
上　海	4 779	4 346	1 895	1 805	225	191	83	67
江　苏	74 530	73 160	59 675	57 936	10 237	9 210	12 219	12 816
浙　江	71 843	72 380	64 776	64 366	4 157	3 052	3 341	3 681
安　徽	80 236	82 900	81 130	82 900	16 070	16 100	23 330	24 300
福　建	64 118	64 634	13 847	13 110			4 526	4 817
江　西	104 058	106 800	14 299	14 226	7 068	6 526	14 854	15 479
山　东	43 417	43 007	130 621	129 967	17 487	16 674	34 787	36 287
河　南	68 779	66 430	206 590	203 596	36 923	37 176	54 965	56 682
湖　北	127 415	128 163	82 779	85 981	18 758	18 025	22 627	22 767
湖　南	274 917	288 210	28 844	31 463	23 083	22 803	24 875	24 167
广　东	104 797	104 514	8 213	8 116	373	282	11 460	10 842
广　西	207 794	211 219	20 654	21 868	196	228	12 732	13 802
海　南	14 328	15 114	733	804			470	506
四　川	316 300	312 200	174 400	182 100	8 600	7 900	14 400	14 800
贵　州	121 983	127 700	69 422	72 300	449	800	6 149	6 300
云　南	117 794	122 061	92 865	96 483	340	358	2 145	2 169
西　藏	43	43	1 900	1 900	7	7	1 108	1 108
陕　西	43 309	42 617	96 089	97 955	7 845	6 681	11 744	11 805
甘　肃	10 675	10 852	77 364	77 124	204	196	14 460	14 750
青　海			10 099	9 499			4 166	3 983
宁　夏	6 545	6 266	9 481	9 112	9	13	2 716	2 964
新　疆	6 152	5 663	17 269	16 530	2 733	2 476	8 806	8 791

3-14 续表 9

地 区	农用载重汽车				农用运输车（辆）		推土机（台）	
	辆		万千瓦					
	1994 年	1995 年	1994 年	1995 年	1994 年	1995 年	1994 年	1995 年
全国总计	**747 981**	**793 520**	**5 719.4**	**6 090.9**	**818 614**	**1 103 701**	**42 137**	**45 460**
北 京	21 146	18 338	150.0	140.1			308	288
天 津	25 263	26 676	212.1	225.8	159	519	185	89
河 北	55 406	64 893	441.8	532.2	413 432	618 616	3 499	3 086
山 西	49 866	52 085	422.4	446.7	13 289	15 331	5 775	5 785
内 蒙 古	12 091	13 243	104.8	116.4	1 424	2 450	813	721
辽 宁	31 986	32 254	257.8	254.5	6 647	6 839	414	534
吉 林	7 032	7 621	59.0	63.0	1 740	3 095	566	623
黑 龙 江	8 640	8 398	76.5	73.8	4 618	11 821	3 900	3 053
上 海	2 378	2 193	15.5	14.0			31	26
江 苏	21 910	24 390	140.1	148.7	12 354	20 557	17	1 505
浙 江	20 616	23 858	142.9	162.9	14 718	15 927	564	697
安 徽	30 984	32 943	223.5	236.7	17 057	20 458	1 200	1 382
福 建	18 191	18 812	163.4	167.8	31 742	34 740	1 123	1 269
江 西	20 781	22 254	152.9	163.6	35 957	39 769	406	510
山 东	54 232	59 760	382.6	413.7	12 106	22 556	2 760	3 131
河 南	45 562	49 758	323.1	348.0	7 632	11 017	1 717	2 178
湖 北	13 977	15 771	104.7	111.2	28 812	31 142	2 429	2 727
湖 南	56 679	56 207	415.5	445.4	49 148	55 352	2 233	1 982
广 东	80 304	79 470	544.6	523.1	43 198	45 866	5 660	6 161
广 西	22 716	24 423	206.5	223.3	17 687	20 099	1 856	1 977
海 南	5 652	6 228	43.6	46.7	8 359	10 842	697	757
四 川	53 976	58 718	414.3	451.3	56 578	64 767	834	849
贵 州	8 915	10 035	67.4	75.7	9 774	11 484	272	228
云 南	26 530	30 083	231.1	262.0	16 127	18 119	953	1 133
西 藏	3 681	3 681	30.0	30.0	440	440	32	32
陕 西	16 141	16 930	123.3	132.0	6 850	9 192	777	1 026
甘 肃	12 217	12 834	100.7	105.6	3 057	5 106	406	604
青 海	4 548	4 766	37.0	39.6	1 247	1 767	608	581
宁 夏	4 270	4 515	37.1	41.0	1 144	1 528	1 474	1 385
新 疆	12 291	12 383	95.4	96.1	3 318	4 302	628	1 141

3-15 农村电力、灌溉面积、化肥施用量情况

年 份	乡村办水电站		农村用电量(亿千瓦)	有效灌溉面积(千公顷)	化肥施用量(万吨)
	个 数(个)	装机容量(万千瓦)			
1952	98	0.8	0.5	19 959.0	7.8
1957	544	2.0	1.4	27 339.0	37.3
1962	7 436	25.2	16.1	30 545.0	63.0
1965			37.1		194.2
1978	82 387	228.4	253.1	44 965.0	884.0
1979	83 224	276.4	282.7	45 003.0	1 086.3
1980	80 319	304.1	320.8	44 888.0	1 269.4
1981	74 017	336.0	369.9	44 874.0	1 334.9
1982	66 256	353.0	396.9	44 177.0	1 513.4
1983	62 328	346.3	428.1	44 644.0	1 659.8
1984	60 062	361.5	464.0	44 453.0	1 739.8
1985	55 754	380.2	508.9	44 036.0	1 775.8
1986	54 136	387.9	586.7	44 226.0	1 930.6
1987	51 978	394.1	658.8	44 403.0	1 999.7
1988	51 558	428.9	712.0	44 376.0	2 141.5
1989	50 862	416.8	790.5	44 917.2	2 357.1
1990	52 387	428.8	844.5	47 403.1	2 590.3
1991	49 644	456.9	963.2	47 822.1	2 805.1
1992	48 082	478.6	1 106.9	48 590.1	2 930.2
1993	45 153	481.9	1 244.9	48 646.4	3 150.1
1994	48 722	503.7	1 473.9	48 759.1	3 317.9
1995	40 699	519.5	1 655.7	49 281.2	3 593.7

3－16　农村电力和农田水利建设情况

指　　标	单　位	1990年	1994年	1995年	1995年为下列各年%	
					1990年	1994年
一、乡村办水电站	**个**	**52 387**	**48 722**	**40 699**	**77.7**	**83.5**
装机容量	万千瓦	428.8	503.7	519.5	121.2	103.1
发电量	亿千瓦小时		125.4	134.1		106.9
二、农村用电量	**亿千瓦小时**	**844.5**	**1 473.9**	**1 655.7**	**196.1**	**112.3**
三、农田水利建设情况						
有效灌溉面积	千公顷	47 403.1	48 759.1	49 281.2	104.0	101.1
旱涝保收面积	千公顷	33 638.5	35 268.3	36 118.8	107.4	102.4
机电排灌面积	千公顷	27 148.3	31 590.7	32 205.3	118.6	101.9

3－17　农用化肥、农膜、柴油和农药使用量

指　　标	单 位	1990年	1994年	1995年	1995年为下列各年%	
					1990年	1994年
一、化肥施用量(折纯法计算)	**万吨**	**2 590.3**	**3 317.9**	**3 593.7**	**138.7**	**108.3**
氮　肥	万吨	1 638.4	1 882.0	2 021.9	123.4	107.4
磷　肥	万吨	462.4	600.7	632.4	136.8	105.3
钾　肥	万吨	147.9	234.8	268.5	181.5	114.4
复合肥	万吨	341.6	600.6	670.8	196.4	111.7
二、农用塑料薄膜使用量	**吨**	**481 982.0**	**887 064**	**915 487**	**189.9**	**103.2**
#地膜使用量	吨		426 324	470 042		110.3
地膜覆盖面积	千公顷		6 244.3	6 493.0		104.0
三、农用柴油使用量	**万吨**		**966.6**	**1 087.8**		**112.5**
四、农药使用量	**万吨**	**73.3**	**97.9**	**108.7**	**148.3**	**111.1**

3-18 各地区农村电力和农田水利建设情况

地区	乡村办水电站(个)		装机容量(万千瓦)		发电量(万千瓦)		农村用电量(亿千瓦小时)	
	1994年	1995年	1994年	1995年	1994年	1995年	1994年	1995年
全国总计	**48 722**	**40 699**	**503.6**	**519.5**	**1 254 452.7**	**1 341 097.7**	**1 474.0**	**1 655.7**
北京	42	40	1.7	1.4	2 871.1	3 105.0	17.2	20.2
天津							25.1	32.5
河北	129	120	2.1	2.0	2 677.8	4 864.0	101.8	118.5
山西	155	142	3.3	3.1	9 507.0	9 449.0	41.5	46.1
内蒙古	9	7	0.1	0.1	136.5	38.5	15.5	16.7
辽宁	70	78	2.4	2.3	5 000.0	5 520.0	72.7	81.6
吉林	64	63	3.6	3.4	10 472.3	9 153.0	21.5	21.5
黑龙江	23	22	1.4	1.4	3 888.6	3 890.4	23.0	23.5
上海							54.2	52.3
江苏	13	12	1.0	0.8	151.2	159.3	206.0	238.2
浙江	2 235	2 059	38.7	38.5	78 073.0	82 388.0	147.0	169.2
安徽	749	798	11.0	9.7	11 196.2	20 655.0	32.2	37.4
福建	3 646	3 579	64.9	67.6	225 900.0	259 840.0	36.0	45.7
江西	5 011	2 605	24.6	21.4	66 474.6	61 761.7	23.5	26.6
山东	94	48	1.2	1.0	136.0	413.0	132.3	147.3
河南	539	576	6.4	7.1	5 745.4	4 929.0	72.6	85.1
湖北	1 165	1 177	29.9	28.4	50 515.7	55 434.5	40.8	47.4
湖南	6 867	6 031	37.8	38.2	107 776.5	109 144.5	33.0	37.6
广东	12 400	7 988	113.0	130.1	189 577.5	224 468.3	174.4	186.3
广西	2 625	2 353	13.2	13.2	30 284.1	31 962.9	20.8	23.6
海南	43	41	1.2	1.4	3 988.4	1 640.0	1.2	1.2
四川	4 921	4 803	84.0	91.6	299 803.0	317 886.8	69.7	78.7
贵州	958	730	13.9	11.4	31 592.0	16 300.0	6.7	7.9
云南	3 770	4 334	27.5	26.2	77 337.0	78 459.0	19.4	20.7
西藏	174	174	1.4	1.4	1 298.9	1 298.9	0.2	0.2
陕西	2 385	2 364	5.8	6.0	15 465.0	12 418.0	40.8	44.6
甘肃	277	253	2.1	2.0	5 743.1	3 559.6	22.8	21.4
青海	41	46	0.7	0.7	1 521.7	1 326.5	2.2	2.0
宁夏							5.4	5.6
新疆	317	256	11.1	9.1	17 320.3	21 033.0	14.4	16.2

3-18 续表 单位：千公顷

地 区	有效灌溉面积		旱涝保收面积		机电排灌面积	
	1994年	1995年	1994年	1995年	1994年	1995年
全国总计	**48 759.1**	**49 281.2**	**35 268.3**	**36 118.8**	**31 590.7**	**32 205.3**
北 京	309.0	323.0	245.0	246.4	296.0	301.8
天 津	348.5	354.7	228.1	230.6	408.6	406.7
河 北	3 962.9	4 040.0	2 931.9	3 081.5	3 803.4	3 950.6
山 西	1 187.6	1 202.0	642.0	855.7	880.4	891.8
内 蒙 古	1 754.8	1 776.4	1 050.8	1 062.0	1 606.8	1 626.4
辽 宁	1 184.2	1 203.8	1 020.2	1 039.6	1 463.5	1 487.4
吉 林	910.1	904.4	603.9	600.4	767.5	760.2
黑 龙 江	1 015.4	1 094.7	512.8	533.3	999.2	1 136.8
上 海	291.4	287.7	291.4	287.7	291.4	287.7
江 苏	3 799.4	3 832.8	2 722.9	2 795.4	3 758.5	3 803.5
浙 江	1 428.2	1 419.0	1 000.2	999.7	1 031.3	1 068.4
安 徽	2 878.0	2 933.7	2 039.0	2 090.7	2 360.0	2 470.6
福 建	937.6	936.5	634.6	633.5	173.8	171.9
江 西	1 817.0	1 879.7	1 443.0	1 463.8	591.2	592.2
山 东	4 642.0	4 662.5	3 454.0	3 491.1	4 228.0	4 258.0
河 南	3 931.3	4 044.2	3 116.0	3 212.3	3 029.6	3 132.3
湖 北	2 238.8	2 174.4	1 814.1	1 817.9	1 268.4	1 237.8
湖 南	2 679.2	2 680.0	2 179.3	2 185.7	1 267.7	1 268.1
广 东	1 465.6	1 488.3	1 086.0	1 097.1	456.0	449.6
广 西	1 488.6	1 472.1	1 170.2	1 164.8	269.1	266.9
海 南	173.3	180.6	80.6	85.1	20.0	26.6
四 川	2 873.9	2 898.6	1 903.3	1 921.9	768.4	728.3
贵 州	607.0	612.1	514.5	519.2	69.5	68.1
云 南	1 180.6	1 250.0	735.2	763.3	191.1	199.6
西 藏	162.1	162.1	72.1	72.1	10.4	10.4
陕 西	1 325.9	1 340.0	852.0	865.8	799.0	800.1
甘 肃	914.3	892.5	501.0	506.8	330.7	339.4
青 海	177.0	177.3	96.5	112.9	20.3	16.6
宁 夏	276.9	278.2	229.0	233.9	41.2	49.7
新 疆	2 798.6	2 780.0	2 098.8	2 148.8	389.7	398.1

3－19 各地区农用化肥施用量

（按折纯法计算） 单位：万吨

地 区	农用化肥施用量		1. 氮 肥		2. 磷 肥	
	1994年	1995年	1994年	1995年	1994年	1995年
全国总计	**3 317.9**	**3 593.7**	**1 882.0**	**2 021.9**	**600.7**	**632.4**
北 京	19.8	18.7	13.5	12.7	0.8	1.0
天 津	8.7	12.2	5.6	7.7	0.7	1.3
河 北	219.3	220.7	127.2	128.6	42.7	39.6
山 西	71.4	77.1	38.2	40.2	17.6	19.0
内 蒙 古	44.7	53.7	26.8	32.3	8.0	10.6
辽 宁	100.2	103.1	66.3	67.3	12.2	12.5
吉 林	91.8	101.2	56.4	62.0	4.4	5.0
黑 龙 江	108.5	108.9	50.5	51.2	28.9	27.6
上 海	19.5	22.8	15.7	18.4	2.6	3.1
江 苏	271.8	292.8	166.9	176.7	41.7	44.1
浙 江	88.2	97.5	62.0	68.3	11.6	12.6
安 徽	189.9	203.3	104.8	105.9	35.5	39.3
福 建	101.5	104.3	50.5	51.6	15.8	15.8
江 西	105.2	112.1	55.1	60.0	20.8	21.9
山 东	326.6	362.3	171.4	189.1	49.9	53.8
河 南	292.5	322.2	161.8	176.8	73.1	76.7
湖 北	200.2	228.4	115.1	129.6	39.4	44.8
湖 南	159.4	167.9	90.8	96.5	25.3	24.6
广 东	170.8	195.7	85.7	99.5	26.0	27.2
广 西	111.7	122.9	49.4	54.0	19.0	21.2
海 南	15.8	17.3	7.7	7.8	1.4	1.5
四 川	228.3	244.9	143.5	153.2	49.8	51.4
贵 州	63.7	60.8	35.8	36.8	15.0	11.5
云 南	80.4	88.0	46.2	51.0	15.5	15.8
西 藏	1.5	1.5	0.8	0.8	0.3	0.3
陕 西	100.9	112.0	63.6	66.9	15.1	17.8
甘 肃	47.8	50.9	26.0	26.9	12.4	13.0
青 海	6.1	6.5	3.0	3.2	1.1	1.2
宁 夏	14.7	16.4	9.8	10.9	1.7	2.0
新 疆	57.3	67.8	32.1	36.4	12.3	16.4

3-19 续表

地　　区	3.钾肥		4.复合肥	
	1994 年	1995 年	1994 年	1995 年
全国总计	**234.8**	**268.5**	**600.6**	**670.8**
北　　京	0.2	0.1	5.3	4.9
天　　津	0.2	0.3	2.2	2.9
河　　北	8.6	9.4	40.8	43.1
山　　西	2.5	3.2	13.1	14.7
内 蒙 古	1.1	1.1	8.8	9.7
辽　　宁	3.8	4.5	18.0	18.7
吉　　林	4.0	4.6	27.1	29.6
黑 龙 江	4.4	4.6	24.7	25.5
上　　海	0.4	0.5	0.8	0.9
江　　苏	8.9	9.9	54.4	62.1
浙　　江	5.1	5.4	9.5	11.3
安　　徽	12.1	13.8	37.4	44.3
福　　建	17.3	18.9	17.9	18.1
江　　西	15.8	16.5	13.4	13.7
山　　东	21.2	25.0	84.1	94.5
河　　南	16.4	20.5	41.3	48.3
湖　　北	12.7	14.9	33.0	39.1
湖　　南	24.0	26.2	19.2	20.6
广　　东	27.9	34.1	31.3	34.9
广　　西	23.0	25.1	20.3	22.7
海　　南	1.9	2.0	5.0	6.0
四　　川	7.8	8.8	27.2	31.7
贵　　州	3.2	4.1	9.8	8.4
云　　南	6.0	6.9	12.8	14.4
西　　藏	…	…	0.3	0.3
陕　　西	4.5	5.7	17.7	21.6
甘　　肃	0.7	0.8	8.7	10.2
青　　海	0.2	0.3	1.8	1.8
宁　　夏	0.2	0.2	3.0	3.3
新　　疆	0.9	1.3	12.0	13.7

3－20 各地区农用塑料薄膜使用量

地　区	农用塑料薄膜使用量（吨）		地膜使用量（吨）		地膜覆盖面积（千公顷）	
	1994年	1995年	1994年	1995年	1994年	1995年
全国总计	**887 064**	**915 487**	**426 324**	**470 042**	**6 244.3**	**6 493.0**
北　京	8 585	10 946	3 413	5 841	26.2	26.8
天　津	5 599	5 981	2 305	2 374	25.8	29.5
河　北	47 287	53 360	19 186	21 688	297.6	368.8
山　西	16 523	19 623	12 933	14 140	219.7	250.5
内蒙古	9 891	12 855	6 286	9 254	144.9	182.9
辽　宁	62 123	60 853	15 831	15 215	145.3	151.6
吉　林	22 862	27 113	6 587	7 673	52.7	53.0
黑龙江	28 075	39 905	11 709	19 200	172.9	286.9
上　海	12 922	8 754	3 513	3 500	40.0	46.0
江　苏	50 725	53 475	14 962	18 170	407.7	301.6
浙　江	22 698	24 678	11 749	12 926	153.2	167.7
安　徽	44 788	40 686	13 532	16 882	213.5	243.6
福　建	17 229	18 423	4 991	7 547	25.6	31.9
江　西	20 500	21 785	8 397	9 451	112.5	124.3
山　东	143 286	144 785	55 743	65 815	1 166.6	914.4
河　南	48 707	53 190	19 730	22 277	302.2	330.0
湖　北	56 280	54 140	22 359	26 006	295.2	287.9
湖　南	25 060	30 493	17 584	22 385	220.5	244.2
广　东	47 185	27 923	24 053	11 498	49.2	60.3
广　西	7 656	8 824	4 912	5 642	114.4	145.3
海　南	72	131	72	131	0.1	0.2
四　川	44 435	50 646	30 832	35 204	444.7	495.4
贵　州	11 934	12 805	7 344	7 480	86.0	93.9
云　南	31 094	35 989	24 792	28 915	318.1	356.8
西　藏	65	65	37	37	0.1	0.1
陕　西	12 215	13 636	7 263	8 506	230.6	198.5
甘　肃	22 914	26 248	17 887	19 525	185.8	270.6
青　海	319	406	114	136	2.1	3.6
宁　夏	2 155	2 365	1 132	1 096	17.9	20.8
新　疆	63 880	55 404	57 076	51 528	773.3	805.9

3-21 各地区农用柴油和农药使用量

地　区	农用柴油使用量(万吨)		农药使用量(吨)	
	1994年	1995年	1994年	1995年
全国总计	**966.6**	**1 087.8**	**978 551**	**1 087 044**
北　京	10.0	5.7	4 437	13 206
天　津	15.4	16.1	2 507	3 070
河　北	84.5	114.6	61 419	72 694
山　西	18.0	19.2	10 702	12 940
内蒙古	19.1	30.9	5 789	6 206
辽　宁	52.5	51.6	23 172	26 219
吉　林	16.5	18.1	9 880	11 851
黑龙江	65.5	66.5	18 078	18 848
上　海	13.3	13.3	7 518	8 419
江　苏	54.3	59.2	80 207	88 733
浙　江	77.4	103.2	54 231	58 898
安　徽	32.6	32.9	54 425	63 257
福　建	26.3	31.3	42 236	48 000
江　西	12.4	13.9	38 098	41 932
山　东	105.4	115.6	101 347	113 483
河　南	46.5	51.3	65 251	75 576
湖　北	32.5	36.2	82 570	112 371
湖　南	16.0	21.2	69 766	73 605
广　东	55.9	60.5	107 869	80 447
广　西	68.5	70.8	30 652	36 063
海　南	5.3	4.6	8 800	9 023
四　川	27.0	29.1	56 236	60 071
贵　州	4.2	3.2	9 702	8 024
云　南	26.1	29.6	13 101	13 291
西　藏	0.5	0.5	520	520
陕　西	24.9	32.0	10 510	10 740
甘　肃	16.2	16.1	6 501	7 995
青　海	3.4	3.5	1 224	1 289
宁　夏	4.1	5.0	1 023	1 148
新　疆	32.3	32.5	780	9 125

3－22 农民家庭平均每户生产用固定资产原值

（年底数）　　单位：元

	1990年	1994年	1995年	1995年为下列年%	
				1990年	1994年
合　　计	1 258.06	2 347.63	2 774.27	220.5	118.2
1. 役畜及产品畜	402.36	687.19	839.21	208.6	122.1
2. 大中型铁木农具	70.32	136.07	153.89	218.8	113.1
3. 农林牧渔业机械	197.07	419.69	523.92	265.9	124.8
4. 工业机械	42.12	81.13	81.93	194.5	101.0
5. 运输机械	215.82	359.27	444.73	206.1	123.8
6. 生产用房	269.92	585.32	672.01	249.0	114.8
7. 其　　他	60.45	78.96	58.58	96.9	74.2

3－23 农民家庭平均每百户年末拥有主要生产用固定资产数量

（年底数）

	单位	1990年	1994年	1995年	1995年为下列年%	
					1990年	1994年
汽车	辆	0.28	0.40	0.51	182.1	127.5
大中型拖拉机	台	0.45	0.79	0.77	171.1	97.5
小型和手肤拖拉机	台	5.30	8.77	9.93	187.4	113.2
机动脱粒机	台	3.55	5.15	6.33	178.3	122.9
胶轮大车	辆	7.89	9.32	9.29	117.7	99.7
胶轮手推车	辆	40.17	40.68	40.27	100.2	99.0
抽水机	台	1.83	3.09	3.52	192.3	113.9
水　泵	台	3.86	7.90	9.07	235.0	114.8
机动船	条	0.28	0.25	0.26	92.9	104.0
役　畜	头	57.27	58.79	55.99	97.8	95.2
产品畜	头	30.91	56.70	50.72	164.1	89.5

3－24　各地区农民家庭平均每户生产性固定资产原值

单位：元

地　区	合　计		1. 役畜、产品畜		2.大中型铁木农具		3.农林牧渔业机械	
	1994年	1995年	1994年	1995年	1994年	1995年	1994年	1995年
全国总计	**2 347.63**	**2 774.27**	**687.19**	**839.21**	**136.07**	**153.89**	**419.69**	**523.92**
北　京	2 385.85	4 040.30	277.72	340.78	62.21	20.18	309.52	560.09
天　津	2 330.68	2 673.63	595.71	614.82	227.71	231.41	365.57	418.65
河　北	2 263.47	2 717.75	522.20	560.22	104.74	109.61	707.90	804.76
山　西	1 736.00	1 763.10	515.55	513.66	61.86	72.46	169.22	207.03
内蒙古	3 395.54	4 367.78	1 166.43	1 752.04	257.50	253.39	017.71	1233.60
辽　宁	2 383.68	2 530.71	820.62	873.95	100.84	101.78	363.98	420.73
吉　林	3 520.48	4 533.16	1 492.84	2 137.50	95.63	205.73	776.90	937.79
黑龙江	3 309.28	5 622.25	958.39	1 641.94	159.53	391.29	459.23	2296.32
上　海	1 172.58	1 524.28	70.13	98.47	64.24	53.25	66.88	97.51
江　苏	1 658.16	1 845.58	200.34	221.31	115.06	132.47	405.01	469.87
浙　江	3 955.18	5 107.67	165.04	201.50	151.40	204.67	632.70	933.98
安　徽	2 302.41	2 780.24	648.22	670.43	164.12	212.61	600.25	812.95
福　建	2 833.85	2 295.56	576.80	668.07	227.30	177.92	129.66	177.05
江　西	1 796.24	1 914.80	649.47	731.75	199.60	214.69	60.49	69.44
山　东	1 943.39	2 188.90	537.77	661.68	139.99	128.42	492.60	541.49
河　南	2 308.43	2 781.09	633.36	753.86	149.45	137.67	639.83	907.22
湖　北	1 541.86	1 775.57	545.51	646.68	135.47	133.12	128.49	161.32
湖　南	1 286.39	1 376.34	317.49	335.69	147.13	151.61	122.04	150.87
广　东	2 571.43	2 744.86	624.99	657.45	151.91	175.41	292.82	261.16
广　西	1 626.73	2 005.15	639.44	791.08	97.67	110.73	276.80	284.39
海　南	3 903.41	3 428.38	1 564.39	1 680.96	138.84	172.16	198.73	728.18
四　川	1 812.19	1 963.28	426.35	527.15	129.59	137.90	66.22	67.82
贵　州	1 921.66	2 233.44	983.47	1 185.75	101.53	113.42	21.25	17.95
云　南	2 898.54	3 533.08	951.97	1 352.32	58.69	91.39	193.71	270.89
西　藏	7 847.62	10 658.03	4 205.02	6 454.45	208.93	181.92	140.32	101.81
陕　西	1 638.31	1 793.36	496.60	549.49	117.34	114.13	242.46	248.60
甘　肃	2 104.41	2 170.17	761.62	822.73	132.94	146.93	491.37	549.10
青　海	3 990.14	4 278.90	1 458.56	1 464.77	104.27	61.38	943.16	1 033.50
宁　夏	3 063.11	5 478.57	761.46	1 447.32	145.46	193.16	512.38	931.51
新　疆	4 880.20	5 283.18	2 501.96	2 617.39	181.14	220.32	728.19	949.42

3-24 续表

地　　区	4. 工业机械		5. 运输机械		6. 生产用房		7. 其 他	
	1994年	1995年	1994年	1995年	1994年	1995年	1994年	1995年
全国总计	**81.13**	**81.93**	**359.27**	**444.73**	**585.32**	**672.01**	**78.96**	**58.57**
北　　京	10.41	9.47	1 487.83	2 592.53	171.93	340.81	66.23	176.44
天　　津	18.21	31.58	374.24	553.97	749.24	817.22		5.98
河　　北	55.42	49.18	568.89	791.69	291.61	399.92	12.71	2.37
山　　西	69.94	80.41	681.36	657.75	238.07	231.79		
内 蒙 古	59.23	60.99	376.11	426.71	496.35	641.05	22.21	
辽　　宁	55.85	50.70	365.05	410.50	596.22	666.69	81.12	6.36
吉　　林	25.29	46.79	358.91	476.62	573.46	728.73	197.45	
黑 龙 江	75.55	60.62	270.34	529.14	386.24	702.94		
上　　海			74.63	166.67	654.33	1 108.38	242.37	
江　　苏	54.32	84.98	221.80	285.82	592.20	595.23	69.43	55.90
浙　　江	698.78	527.60	541.47	779.53	1 671.88	2 460.39	93.91	
安　　徽	25.55	31.32	141.84	206.45	612.59	695.00	109.84	151.48
福　　建	89.79	91.32	355.28	376.72	1 436.62	804.48	18.40	
江　　西	56.60	54.53	137.72	149.49	615.80	600.99	76.56	93.91
山　　东	25.42	48.83	281.88	373.67	392.06	430.86	73.67	3.97
河　　南	52.13	51.71	244.44	300.52	405.62	461.92	183.60	168.19
湖　　北	53.10	63.57	170.09	181.29	509.20	589.59		
湖　　南	90.14	90.48	201.86	205.46	393.85	417.15	13.88	25.08
广　　东	32.60	64.17	634.03	681.26	619.88	647.81	215.20	257.60
广　　西	79.38	98.62	209.28	295.08	322.41	386.43	1.75	38.82
海　　南	58.02	54.33	562.67	555.56	109.44	66.45	271.32	170.74
四　　川	44.30	39.42	188.14	167.90	782.23	854.96	175.36	168.13
贵　　州	47.67	55.53	91.93	107.89	675.32	752.90	0.49	
云　　南	111.34	141.90	469.35	455.31	967.12	1 219.06	146.36	2.21
西　　藏	75.35	88.41	1 380.53	1 853.53	1 762.53	1 838.01	74.94	139.91
陕　　西	70.26	66.54	343.79	475.49	355.01	339.11	12.85	
甘　　肃	37.57	41.37	341.69	330.76	294.66	279.28	44.56	
青　　海	60.70	85.08	611.21	744.71	565.05	558.20	247.19	331.27
宁　　夏	114.84	121.83	1 022.92	1 808.67	465.09	944.11	40.96	31.97
新　　疆	54.09	91.14	961.83	909.72	443.52	484.43	9.47	10.76

3-25 各地区农民家庭平均每百户拥有主要生产性固定资产数量

地区	汽车(辆)		大中型拖拉机(台)		小型和手扶拖拉机(台)		机动脱粒机(台)	
	1994年	1995年	1994年	1995年	1994年	1995年	1994年	1995年
全国总计	**0.40**	**0.51**	**0.64**	**0.77**	**8.40**	**9.93**	**5.58**	**6.33**
北京	1.73	5.33	0.57	0.67	10.93	13.07	0.67	0.13
天津	0.33	0.50	0.55	1.55	8.82	11.73	4.75	5.80
河北	0.37	0.76	0.51	0.96	14.19	17.97	7.12	7.95
山西	0.86	0.76	1.07	0.81	9.41	10.43	0.98	1.04
内蒙古	0.16	0.22	0.81	0.91	16.19	20.17	2.45	2.20
辽宁	0.48	0.37	0.79	1.06	5.02	6.63	3.71	4.14
吉林	0.13	0.47	1.97	1.38	14.14	13.08	4.65	3.83
黑龙江	0.02	0.29	1.73	3.56	23.33	28.84	2.52	3.75
上海	0.17	0.17			0.83	1.33	5.20	8.33
江苏	0.03	0.09	0.09	0.29	8.63	10.31	27.52	14.05
浙江	0.63	0.94	0.37	0.26	4.09	4.83	20.04	26.97
安徽	0.31	0.34	0.45	1.01	12.49	19.99	6.10	20.73
福建	0.78	0.68	0.11	0.27	3.04	3.32	3.02	3.61
江西	1.15	0.48	0.29	0.14	6.14	1.28	4.84	5.39
山东	0.20	0.36	0.60	0.82	7.92	9.13	5.45	5.91
河南	0.32	0.26	1.03	1.46	14.85	18.50	6.02	6.53
湖北	0.12	0.12	1.30	1.32	3.35	4.05	1.20	1.63
湖南	0.20	0.23	0.14	0.07	1.83	2.07	4.12	4.33
广东	1.02	1.15	0.24	0.38	7.78	7.19	5.83	7.41
广西	0.18	0.36	0.24	0.13	5.60	5.37	2.68	4.64
海南		0.42	0.97	0.56	4.51	5.76	4.51	8.61
四川	0.38	0.32	0.34	0.31	1.32	1.10	2.12	2.57
贵州	0.13	0.13	0.27	0.27	0.45	1.03	0.98	0.94
云南	0.52	0.44	0.17	0.21	6.00	6.98	3.99	4.68
西藏	2.29	2.29	0.42	0.83	12.17	14.69	4.48	5.10
陕西	0.29	0.50	0.77	0.81	7.46	8.60	3.27	3.49
甘肃	0.33	0.39	1.00	0.67	11.50	13.89	0.89	0.50
青海	0.67	0.83	0.83	0.33	25.67	28.75	1.38	2.23
宁夏	0.17	1.67	0.33		21.63	30.00	1.98	1.20
新疆	0.68	0.84	2.39	2.15	11.58	13.84	1.35	1.61

3-25 续表 1

地区	胶轮大车(辆)		胶轮手推车(辆)		抽水机(台)		水泵(台)	
	1994年	1995年	1994年	1995年	1994年	1995年	1994年	1995年
全国总计	**9.32**	**9.29**	**40.68**	**40.27**	**3.09**	**3.52**	**7.90**	**9.07**
北京	7.87	6.93	75.73	63.07	0.93	0.53	2.27	3.20
天津	24.17	30.45	62.33	42.93	5.32	4.58	17.28	10.02
河北	22.77	22.86	52.64	53.97	6.74	6.59	15.96	18.46
山西	7.98	8.38	41.96	41.17	0.10	0.05	1.05	1.33
内蒙古	27.49	30.26	49.92	47.79	2.27	2.59	18.12	19.94
辽宁	32.99	34.56	34.63	32.20	1.11	1.27	38.95	38.15
吉林	45.87	40.72	14.10	9.59	2.47	3.22	10.91	12.72
黑龙江	23.29	17.79	10.69	12.60	1.37	2.60	3.70	9.94
上海	0.83	1.00	38.83	51.50		0.17	0.33	0.50
江苏	8.44	8.15	44.68	42.59	1.88	2.53	3.33	5.25
浙江	3.85	3.15	48.86	47.86	2.81	4.52	8.97	12.66
安徽	0.32	0.98	49.46	50.27	3.05	4.80	13.13	18.98
福建	1.16	0.93	38.04	44.75	2.65	3.31	5.46	4.73
江西	3.51	2.69	37.11	37.04	2.14	2.47	2.21	5.19
山东	16.30	16.46	83.28	83.55	11.77	12.15	15.89	16.17
河南	6.36	7.11	81.77	73.00	3.18	3.92	13.95	15.80
湖北	6.40	7.51	32.42	32.95	2.50	2.27	3.03	2.80
湖南	0.51	0.49	10.60	10.04	3.86	3.94	5.24	5.89
广东	1.43	1.94	23.83	25.36	3.94	4.17	9.39	7.93
广西	1.14	1.38	18.00	18.28	2.90	4.14	3.75	4.44
海南	0.69	0.69	11.94	11.18	8.82	8.82	7.85	6.11
四川	0.62	0.55	3.82	3.65	2.73	3.11	3.61	4.02
贵州	2.19	2.05	4.96	5.49	1.09	0.87	0.76	0.85
云南	1.81	2.08	24.06	27.71	0.79	1.54	0.92	0.54
西藏	13.54	12.92	24.17	25.00	0.21	0.21	0.21	
陕西	1.94	2.03	71.22	70.64	0.36	0.56	3.62	4.95
甘肃	2.00	2.00	73.25	79.11	0.44	0.44	0.44	0.94
青海	14.17	15.83	64.33	63.17			1.17	1.00
宁夏	2.50	2.17	77.17	75.58			3.10	2.50
新疆	29.74	29.94	59.81	61.10	0.32	0.26	0.19	0.26

地区	机动船（条）		役畜（头）		产品畜（头）	
	1994年	1995年	1994年	1995年	1994年	1995年
全国总计	**0.25**	**0.26**	**58.79**	**55.99**	**56.70**	**50.72**
北京			32.67	8.25	28.00	60.93
天津	0.67	0.50	46.87	43.70	11.92	5.73
河北		0.01	44.12	43.47	25.03	25.64
山西			61.50	58.64	24.81	25.24
内蒙古			103.60	103.87	59.56	63.08
辽宁	0.32	0.26	55.84	58.01	40.05	36.83
吉林			79.33	80.94	64.91	39.94
黑龙江	0.09	0.34	55.56	62.64	62.27	51.97
上海	0.70	0.50	2.00	0.33	171.17	33.00
江苏	0.81	0.96	9.32	10.17	20.12	20.38
浙江	2.00	1.69	6.33	6.55	63.70	24.37
安徽	0.14	0.18	38.06	38.57	29.78	24.52
福建	0.40	0.31	40.56	30.03	115.76	76.24
江西	0.07	0.16	60.42	60.21	104.80	66.47
山东	0.05	0.02	53.14	39.35	22.72	23.81
河南			83.59	51.42	34.25	26.81
湖北	0.08	0.11	45.32	46.11	26.28	25.23
湖南	0.05	0.08	34.89	31.02	31.31	29.15
广东	0.89	1.29	48.83	50.70	41.98	32.69
广西	0.17	0.17	75.48	76.54	41.08	69.60
海南	0.57	0.58	113.00	113.58	117.85	102.94
四川	0.02	0.02	29.36	31.99	67.89	68.30
贵州			112.98	79.50	57.34	61.73
云南	0.81	0.49	89.06	82.84	58.90	71.08
西藏			306.15	378.44	493.33	524.58
陕西			40.92	43.75	45.59	40.30
甘肃			91.99	131.98	38.39	35.17
青海			183.33	180.50	167.33	166.00
宁夏			102.92	95.58	25.83	38.17
新疆			153.35	153.10	272.71	251.89

3－26 灌溉、水库和除涝、治水、治碱情况

项　　目	单　位	1985年	1990年	1994年	1995年
年底灌区数	处	5 281	5 363	5 523	5 562
＃3.3万公顷以上	处	71	72	74	74
2.0－3.3万公顷	处	66	76	98	99
灌区有效灌溉面积	万公顷	2 077.7	2 123.1	2 235.3	2 249.9
＃3.3万公顷以上	万公顷	599.6	604.7	628.8	631.4
2.0－3.3万公顷	万公顷	167.0	189.6	242.9	244.4
水库	座	83 219	83 387	84 558	84 775
大型水库	座	340	366	381	387
中型水库	座	2 401	2 499	2 572	2 593
小型水库	座	80 478	80 522	81 605	81 795
水库库容量	亿立方米	4 301	4 660	4 751	4 797
大型水库	亿立方米	3 076	3 397	3 456	3 493
中型水库	亿立方米	661	690	713	719
小型水库	亿立方米	564	573	582	585
易涝面积	万公顷	2 420.7	2 446.7	2 442.5	2 442.5
除涝面积	万公顷	1 858.4	1 933.7	1 997.9	2 006.5
占易涝面积比重	%	76.8	79.0	81.8	82.2
水土流失面积	万平方公里	129.2	136.4	163.0	163.0
治理水土流失面积	万平方公里	46.4	53.0	64.1	66.9
占流失总面积比重	%	35.9	38.9	39.3	41.0
盐碱耕地面积	万公顷	769.3	753.9	765.6	765.6
治碱面积	万公顷	456.9	499.5	535.1	543.4
占盐碱耕地面积比重	%	59.4	66.3	69.9	71.0
堤防长度	万公里	17.7	22.0	24.6	24.7
堤防保护耕地面积	万公顷	3 106.0	3 200.0	3 024.6	3 060.9

注:大型水库库容:1亿立方米以上中型水库库容:1千万至1亿立方米小型水库库容:10万至1千万立方米。

3－27 各地区水利设施和除涝、治碱情况

地　区	水库数 （座）	水库库容量 （亿立方米）	除涝面积 （万公顷）	除涝面积占 易涝面积%	治碱面积 （千公顷）	治碱面积占 碱地面积%
全国总计	**84 775**	**4 796.7**	**2 006.5**	**82.2**	**5 433.9**	**71.0**
北　京	84	93.1	15.9	94.6	42.7	89.6
天　津	117	26.9	40.4	97.8	212.3	90.6
河　北	1 172	149.4	161.6	86.7	786.3	77.2
山　西	772	44.2	8.8	78.1	206.2	60.3
内蒙古	462	72.8	23.6	66.0	269.3	52.7
辽　宁	928	305.1	97.2	97.1	315.2	81.9
吉　林	1 325	306.6	99.4	89.8	135.6	49.4
黑龙江	558	73.1	279.0	67.3	191.1	33.7
上　海			6.4	93.3	26.9	78.0
江　苏	1 090	190.2	273.1	93.5	663.1	91.2
浙　江	3 654	344.0	46.0	87.3	4.8	54.2
安　徽	4 787	184.4	204.8	85.5	97.4	86.4
福　建	2 885	75.6	11.3	53.0	21.5	55.2
江　西	9 710	262.2	33.0	69.7		
山　东	5 655	191.5	248.9	84.3	872.9	84.2
河　南	2 406	523.0	171.7	81.4	654.7	82.0
湖　北	5 817	504.0	119.0	87.7		
湖　南	13 314	292.2	45.0	85.9		
广　东	6 409	379.5	49.7	84.7		
广　西	4 444	222.7	19.2	54.1	94.0	32.4
海　南	989	93.1	1.0	93.0		
四　川	9 273	120.8	9.3	55.4	0.5	24.0
贵　州	1 893	56.2	4.3	46.7		
云　南	4 864	76.8	19.7	79.3	3.6	62.5
西　藏						
陕　西	1 070	41.1	13.3	85.8	61.1	72.4
甘　肃	286	85.5	1.2	36.4	77.7	59.0
青　海	140	5.1			9.9	50.0
宁　夏	194	18.2			68.2	78.7
新　疆	477	59.6	3.9	55.3	618.9	68.9

3－28　受灾和成灾面积

单位：千公顷

年　份	受灾面积	#旱灾	#水灾	成灾面积	#旱灾	#水灾
1949				8 524.7	8 524.7	
1952	8 189.3	2 794.0	4 236.0	4 432.7	1 844.0	2 588.7
1957	29 148.7	8 082.7	17 204.7	14 982.7	6 032.0	7 400.0
1962	37 175.3	9 810.0	20 808.0	16 672.0	6 318.0	8 690.7
1965	20 804.0	5 587.3	13 630.7	11 222.7	2 812.7	8 106.7
1970	9 974.0	3 128.7	5 723.3	3 294.7	1 234.0	1 931.3
1975	35 378.7	6 817.3	24 832.0	10 239.3	3 467.3	5 318.0
1978	50 790.0	2 850.0	40 170.0	21 800.0	920.0	17 970.0
1979	39 370.0	6 760.0	24 650.0	15 120.0	2 870.0	9 320.0
1980	44 526.0	9 146.0	26 111.3	22 317.3	5 025.3	12 485.3
1981	39 786.0	8 624.7	25 692.7	18 743.3	3 972.7	12 134.0
1982	33 133.3	8 360.7	20 697.3	22 784.0	4 463.3	9 972.0
1983	34 713.3	12 162.0	16 088.7	16 209.3	5 747.3	7 586.0
1984	31 887.3	10 632.0	15 818.7	15 264.0	5 394.7	7 014.7
1985	44 365.3	14 197.3	22 989.3	22 705.3	8 949.3	10 062.7
1986	47 135.3	9 155.3	31 042.0	23 656.0	5 601.3	14 764.7
1987	42 086.0	8 686.0	24 920.0	20 392.7	4 104.0	13 032.7
1988	50 874.0	11 949.0	32 904.0	23 944.7	6 128.0	15 303.3
1989	46 990.7	11 328.0	29 358.0	24 448.7	5 916.7	15 262.0
1990	38 474.0	18 174.7	11 804.0	17 819.3	7 805.3	5 604.7
1991	55 472.0	24 596.0	24 914.0	27 814.0	14 614.0	10 558.7
1992	51 333.3	9 423.3	32 980.0	25 894.7	4 464.0	17 048.7
1993	48 829.0	16 387.0	21 098.0	23 133.0	8 611.0	8 657.0
1994	55 043.0	30 425.0	17 329.0	31 383.0	17 049.0	10 744.0
1995	45 821.0	23 455.3	12 731.0	22 267.3	10 400.7	7 630.0

3－29 受灾和成灾面积增减情况

单位：千公顷

	1990年	1994年	1995年	1995年为下列年%	
				1990年	1994年
一、受灾面积	**38 474**	**55 043**	**45 821**	**119.1**	**83.2**
旱　灾	18 175	30 425	23 455	129.1	77.1
水　灾	11 804	17 329	12 731	107.8	73.5
风　灾	6 354	3 793	4 476	70.4	118.0
霜冻灾	2 141	1 919	3 576	167.0	186.3
二、成灾面积	**17 819**	**31 383**	**22 267**	**125.0**	**70.9**
旱　灾	7 805	17 049	10 401	133.3	61.0
水　灾	5 605	10 744	7 630	136.1	71.0
风　灾	3 415	2 142	2 075	60.8	96.9
霜冻灾		671	1 791		266.9
三、绝收面积		**6 533**	**5 618**		**86.0**
旱　灾		2 526	2 121		84.0
水　灾		3 356	2 627		78.3
风　灾		371	561		151.3
霜冻灾		76	194		255.3

3-30 各地区受灾和成灾面积

单位:千公顷

地区	受灾面积合计		旱灾		水灾	
	1994年	1995年	1994年	1995年	1994年	1995年
全国总计	**55 043**	**45 821**	**30 425**	**23 455**	**17 329**	**12 731**
北京	193	121	107	67	79	17
天津	203	127	133	100	58	15
河北	2 570	2 187	1 533	1 118	761	272
山西	2 074	2 807	1 724	1 523	147	552
内蒙古	2 753	2 907	1 855	1 832	674	205
辽宁	2 549	1 751	754	333	1 545	1 083
吉林	2 231	2 328	839	1 243	1 184	655
黑龙江	3 841	3 127	1 301	2 067	2 389	162
上海	115	13	115			13
江苏	3 415	1 282	2 954	667	51	269
浙江	1 719	1 079	553	501	565	442
安徽	3 335	1 780	2 969	800	65	680
福建	1 242	562	37	226	950	75
江西	1 053	1 724	198	422	855	1 088
山东	3 602	2 331	1 995	1 195	994	427
河南	3 741	2 347	2 681	1 686	706	241
湖北	1 887	2 626	1 333	1 267	400	1 153
湖南	2 035	3 237	373	1 228	1 420	1 710
广东	1 871	1 517	387	300	1 093	660
广西	2 324	1 186	342	400	1 521	358
海南	329	347	89	160	111	38
四川	3 772	2 133	2 873	680	332	1 232
贵州	987	1 128	379	400	197	516
云南	851	913	305	281	373	401
西藏	169	55	79	40	86	6
陕西	2 613	2 563	1 800	2 133	467	196
甘肃	2 249	2 123	1 771	1 851	120	98
青海	307	463	220	262	37	85
宁夏	353	336	257	320	59	31
新疆	663	724	467	353	89	54

3-30 续表1

地区	风雹灾		霜冻灾		成灾面积合计	
	1994年	1995年	1994年	1995年	1994年	1995年
全国总计	**3 793**	**4 476**	**1 919**	**3 576**	**3 1383**	**2 2267**
北　京	5	38	3		46	37
天　津	5	13	7		98	22
河　北	233	451	43	347	1 613	857
山　西	108	239	95	493	1 138	1 287
内蒙古	209	311	15	558	2 150	1 385
辽　宁	207	153	43	182	1 287	1 109
吉　林	160	43	48	387	1 234	1 197
黑龙江	71	109	79	457	2 146	1 030
上　海					13	13
江　苏	240	173	170	173	1 515	461
浙　江	10	80	17		1 004	514
安　徽	33	100	267	200	2 521	893
福　建	19	45	5	17	480	306
江　西		214			701	1 035
山　东	321	618	292	91	1 345	741
河　南	53	340	300	80	2 934	1 035
湖　北	120	140	33	67	665	1 348
湖　南	241	229		70	1 349	1 897
广　东	75	7		50	1 161	695
广　西	131	30			1 567	528
海　南					133	111
四　川	487	161	80	60	1 579	1 043
贵　州	372	186	38	26	552	623
云　南	59	187	113	43	434	475
西　藏	4	9			33	31
陕　西	267	167	80	67	2 000	1 431
甘　肃	215	76	143	98	1 143	1 325
青　海	42	99	8	17	121	233
宁　夏	27	24	11	15	207	248
新　疆	79	237	28	80	213	358

3－30 续表 2

地区	旱灾		水灾		风雹灾		霜冻灾	
	1994年	1995年	1994年	1995年	1994年	1995年	1994年	1995年
全国总计	**17 049**	**10 401**	**10 744**	**7 630**	**2 142**	**2 075**	**671**	**1 791**
北京	16	8	27	14	3	15		
天津	54		41		3	9		
河北	844	334	592	111	145	232	32	179
山西	975	760	58	87	44	53	61	387
内蒙古	1 340	849	653	159	153	82	4	295
辽宁	115	100	970	814	177	108	25	87
吉林	333	481	811	455	63	39	27	223
黑龙江	797	800	1 240	78	57	51	53	101
上海	13							
江苏	1 346	227	5	79	112	30	52	125
浙江	289	238	358	219	4	35	9	
安徽	2 393	347	26	419	23	60	79	67
福建	7	67	413	51	13	28	3	9
江西	151	141	550	777		117		
山东	720	262	524	274	77	181	23	23
河南	2 345	687	469	148	40	187	80	13
湖北	440	681	152	601	67	60	7	7
湖南	186	533	1 015	1 195	149	113		55
广东	221	115	797	467	41	3		19
广西	202	163	1 048	287	87	15		
海南	31	48	47	22				
四川	1 100	287	207	641	227	87	45	29
贵州	188	224	85	271	253	114	26	15
云南	131	118	238	229	25	118	39	9
西藏		20	33	3		7		
陕西	1 600	1 237	213	117	160	53	27	23
甘肃	871	1 227	90	22	131	45	51	31
青海	71	139	15	11	33	73	2	11
宁夏	167	227	26	11	7	3	8	7
新疆	104	82	41	42	49	158	19	76

四、农村资金

4－1　国家财政用于农业的支出

单位：亿元

年　份	农业支出	支援农村生产支出和各项农业事业费	基本建设支　出	科技三项费　用	其　他	农业支出占财政支出的比重（%）
1952	9.04	2.69	3.84		2.10	5.10
1957	23.50	7.99	10.93		3.58	7.70
1962	38.23	19.29	8.67		7.57	12.50
1965	54.98	17.29	23.51	1.05	10.25	11.80
1970	49.40	15.91	22.52		8.18	7.60
1975	98.96	42.53	35.56	0.10	17.57	12.10
1978	150.66	76.95	51.14	1.06	13.88	13.60
1980	149.95	82.12	48.59	1.31	13.94	12.40
1985	153.62	101.04	37.73	1.95	12.90	8.30
1986	184.20	124.30	43.87	2.70	13.33	7.90
1987	195.72	134.16	46.81	2.28	12.47	8.00
1988	214.07	158.74	39.67	2.39	13.27	7.90
1989	265.94	197.12	50.64	2.48	15.70	8.60
1990	307.84	221.76	66.71	3.11	16.26	8.90
1991	347.57	243.55	75.49	2.93	25.60	9.10
1992	376.02	269.04	85.00	3.00	18.98	8.60
1993	440.45	323.42	95.00	3.00	19.03	8.30
1994	532.98	399.70	107.00	3.00	23.28	9.20
1995		430.22				

注：1995年数据暂缺，下表同。

4-2 国家财政用于农业基本建设支出

单位：亿元

年 份	国家财政基本建设支出	#农业基本建设支出	农业基本建设支出占基本建设支出的比重(%)
1952	46.68	3.84	8.23
1957	123.71	10.93	8.84
1962	55.65	8.67	15.58
1965	158.49	23.51	14.83
1970	298.36	22.52	7.55
1975	326.96	35.56	10.88
1978	451.92	51.14	11.32
1980	419.39	48.59	11.59
1985	583.80	37.73	6.46
1986	671.82	43.87	6.53
1987	628.12	46.81	7.45
1988	633.37	39.67	6.26
1989	625.76	50.64	8.09
1990	725.60	66.71	9.19
1991	739.75	75.49	10.20
1992	764.81	85.00	11.11
1993	900.83	95.00	10.55
1994	639.72	107.00	16.73
1995			

4－3　农业基本建设投资和新增固定资产

	农业基本建设投资(亿元)	#水利基建投资	农业基本建设投资占基本建设投资%	水利基本建设投资占农业基本建设投资%	农林牧渔水利新增固定资产(亿元)
“一五”时期	41.83	24.31	7.10	58.10	34.46
“二五”时期	135.71	96.64	11.30	71.20	84.59
1963－1965年	74.46	28.92	17.60	38.80	60.64
“三五”时期	104.27	70.14	10.70	67.30	53.80
“四五”时期	173.08	117.11	9.80	67.70	92.60
“五五”时期	246.08	157.23	10.50	63.90	152.77
#1980年	52.03	27.07	9.30	52.00	35.37
“六五”时期	172.84	93.01	5.10	53.80	140.51
1981年	29.21	13.57	6.60	46.50	23.13
1982年	34.12	17.47	6.10	51.20	23.75
1983年	35.45	21.13	6.00	59.60	36.56
1984年	37.12	20.68	5.00	55.70	27.08
1985年	35.91	20.16	3.40	54.50	29.99
“七五”时期					
1986年	35.06	22.87	3.00	65.20	29.60
1987年	42.11	27.01	3.10	64.10	29.82
1988年	47.46	23.62	3.00	51.20	30.61
1989年	50.65	29.53	3.26	58.30	36.62
1990年	67.22	40.65	3.95	60.47	44.28
“八五”时期					
1991年	85.00	50.16	4.02	59.01	50.24
1992年	112.70	69.19	3.69	61.49	62.94
1993年	127.77	81.55	2.77	63.83	77.19
1994年	154.94	98.17	2.41	63.36	91.59
1995年	219.09	142.50	3.09	65.04	135.86

注：农业基本建设投资包括农、林、牧、渔业及水利管理业。

4-4 农村集体单位和农村居民个人固定资产投资额

单位：亿元，%

	全社会固定资产投资总额	#农村集体单位固定资产投资	占全社会固定资产投资比重	#农村居民个人固定资产投资	占全社会固定资产投资比重
"六五"时期	7 997.5	699.8	8.8	1 527.4	19.1
1981年	961.0	83.7	8.7	166.3	17.3
1982年	1 230.4	131.4	10.7	198.5	16.1
1983年	1 430.1	110.7	7.7	305.1	21.3
1984年	1 832.9	174.8	9.5	379.1	20.7
1985年	2 543.2	199.2	7.8	478.4	18.8
"七五"时期	19 744.0	1 818.3	9.2	3 903.9	19.8
1986年	3 019.6	245.4	8.1	574.8	19.0
1987年	3 640.9	365.7	10.0	695.4	19.1
1988年	4 496.5	456.7	10.2	865.2	19.2
1989年	4 137.7	384.4	9.3	892.0	21.6
1990年	4 449.3	366.1	8.2	876.5	19.7
"八五"时期	62 211.0	7 473.8	12.0	6 712.9	10.8
1991年	5 508.8	494.0	9.0	1 042.6	18.9
1992年	7 855.0	994.9	12.7	1 005.5	12.8
1993年	12 457.9	1 631.2	13.1	1 137.7	9.1
1994年	16 370.3	1 988.6	12.1	1 519.2	9.3
1995年	20 019.3	2 367.7	11.8	2 007.9	10.0

4-5 农民家庭生产费用现金支出

单位：元/人

项 目	1990年	1994年	1995年	1995年为下列年%	
				1990年	1994年
生产费用现金支出	**183.35**	**373.87**	**517.06**	**282.0**	**138.3**
1.家庭经营费用现金支出	**162.90**	**327.82**	**454.74**	**279.2**	**138.7**
种植业生产支出	95.86	176.87	254.82	265.8	144.1
林业生产支出	0.76	1.97	2.12	278.9	107.6
牧业生产支出	43.18	101.83	138.31	320.3	135.8
渔业生产支出	3.02	7.85	8.82	292.1	112.4
手工业生产支出	3.60	5.88	6.60	183.3	112.2
工业生产支出	3.81	7.54	10.60	278.2	140.6
建筑业支出	0.42	1.93	3.22	766.7	166.8
运输业支出	7.46	12.94	16.26	218.0	125.7
商业支出	1.17	4.35	5.74	490.6	132.0
饮食业支出	0.84	1.72	1.64	195.2	95.3
服务业支出	0.90	2.07	2.47	274.4	119.3
其他支出	1.88	2.87	4.14	220.2	144.3
2.购买生产性固定资产支出	**20.45**	**46.05**	**62.32**	**304.7**	**135.3**
#大中型铁木农具	0.83	1.01	1.65	198.8	163.4
农牧渔业机械	6.62	12.82	20.01	302.3	156.1
工业机械	1.37	3.07	3.16	230.7	102.9
运输机械		12.97	16.52		127.4
役畜		8.25	10.16		123.2
产品畜		2.20	2.48		112.7

4-6 各地区农民家庭生产费用现金支出

单位：元/人

地区	生产费用现金支出		1.家庭经营费用支出		2.购买生产性固定资产支出	
	1994年	1995年	1994年	1995年	1994年	1995年
全国总计	**373.87**	**517.06**	**327.82**	**454.74**	**46.05**	**62.32**
北京	369.52	592.37	332.33	543.66	37.19	48.70
天津	468.81	781.04	412.36	732.25	56.45	48.79
河北	296.42	456.41	264.49	387.48	31.93	68.93
山西	198.66	237.32	159.62	206.68	39.04	30.64
内蒙古	357.27	535.59	290.35	434.44	66.92	101.15
辽宁	537.30	685.12	493.05	638.28	44.25	46.84
吉林	454.40	936.10	401.80	779.63	52.60	156.47
黑龙江	585.41	1 042.64	507.47	861.78	77.94	180.86
上海	408.71	537.59	386.80	496.28	21.91	41.31
江苏	433.03	579.86	409.26	528.33	23.77	51.54
浙江	662.58	952.03	516.66	782.30	145.92	169.73
安徽	344.61	465.40	308.63	399.34	35.98	66.06
福建	419.88	567.03	387.81	525.10	32.07	41.94
江西	401.13	540.66	369.33	504.44	31.80	36.22
山东	364.75	479.52	334.74	422.82	30.01	56.70
河南	294.60	392.63	255.93	336.90	38.67	55.73
湖北	275.71	402.64	252.47	376.25	23.24	26.40
湖南	380.01	498.56	339.27	462.85	40.74	35.71
广东	547.55	655.61	516.68	630.21	30.87	25.40
广西	391.17	534.08	349.26	490.34	41.91	43.74
海南	403.29	258.44	210.99	239.28	192.30	19.17
四川	291.69	386.36	265.62	352.88	26.07	33.48
贵州	181.15	266.22	159.25	237.60	21.90	28.63
云南	304.77	436.56	253.14	375.96	51.63	60.60
西藏	185.30	223.28	149.55	108.56	35.75	114.73
陕西	227.85	297.26	190.45	255.10	37.40	42.16
甘肃	223.73	313.57	180.14	248.46	43.59	65.11
青海	184.59	235.14	125.69	165.60	58.90	69.54
宁夏	346.41	613.50	286.23	472.02	60.18	141.47
新疆	862.96	1 084.73	734.24	940.40	128.72	144.33

4-7 各地区农民家庭总支出构成按人均纯收入分组

(1995年)

地　　区	构成(以总支出为100)				人均生产费用现金支出(元)
	总支出	生活费用支出	生产费用支出	其他支出	
全国合计	**100.0**	**61.3**	**32.0**	**6.7**	**517.06**
2500元以上地区	100.0	71.3	24.4	4.4	750.74
上　海	100.0	83.4	13.3	3.3	537.59
北　京	100.0	75.3	19.2	5.5	592.37
浙　江	100.0	67.3	29.0	3.7	952.03
广　东	100.0	71.6	23.5	5.0	655.61
2000－2500元地区	100.0	66.9	25.7	7.4	594.50
江　苏	100.0	67.7	25.4	6.9	579.86
天　津	100.0	59.6	33.7	6.7	781.04
福　建	100.0	67.4	24.1	8.5	567.03
1500－2000元地区	100.0	57.1	34.1	8.8	566.12
黑龙江	100.0	48.1	38.5	13.4	1 042.64
辽　宁	100.0	52.5	36.7	10.8	685.12
山　东	100.0	58.2	33.9	8.0	479.52
河　北	100.0	58.7	34.2	7.2	456.41
吉　林	100.0	52.2	39.5	8.3	936.10
江　西	100.0	60.3	34.3	5.4	540.66
海　南	100.0	69.3	22.6	8.1	258.44
湖　北	100.0	63.2	27.2	9.6	402.64
1000－1500元地区	100.0	59.1	34.8	6.0	450.78
广　西	100.0	63.6	33.5	2.8	534.08
湖　南	100.0	62.1	32.0	5.9	498.56
安　徽	100.0	57.7	34.2	8.1	465.40
河　南	100.0	57.9	35.0	7.1	392.63
内蒙古	100.0	56.3	36.5	7.3	535.59
山　西	100.0	71.5	23.8	4.7	237.32
西　藏	100.0	74.1	24.3	1.6	223.28
四　川	100.0	59.8	34.6	5.6	386.36
新　疆	100.0	39.8	49.9	10.3	1 084.73
贵　州	100.0	64.7	31.4	3.9	266.22
青　海	100.0	69.9	25.1	5.0	235.14
云　南	100.0	56.6	38.6	4.8	436.56
1000元以下地区	100.0	61.5	33.5	5.0	347.13
宁　夏	100.0	53.4	42.5	4.1	613.50
陕　西	100.0	64.2	30.0	5.8	297.26
甘　肃	100.0	62.3	33.2	4.5	313.57

五、农林牧渔业增加值、总产值

5－1　农林牧渔业增加值和指数

年　份	农林牧渔业增加值（亿元）	指数	
		以1978年为100	以上年为100
1978	1 018.4	100.0	104.1
1979	1 258.9	106.1	106.1
1980	1 359.4	104.5	98.5
1981	1 545.6	111.9	107.0
1982	1 761.6	124.8	111.5
1983	1 960.8	135.1	108.3
1984	2 295.5	152.6	112.9
1985	2 541.6	155.4	101.8
1986	2 763.9	160.5	103.3
1987	3 204.3	168.1	104.7
1988	3 861.0	172.3	102.5
1989	4 228.0	177.6	103.1
1990	5 017.0	190.7	107.3
1991	5 288.6	195.2	102.4
1992	5 743.9	203.1	104.1
1993	6 882.3	211.2	104.0
1994	9 457.2	219.6	104.0
1995	11 993.4	230.6	105.0

5－2 农林牧渔业总产值、增加值和中间消耗及构成

(1995年，按当年价格计算)

	总产值	增加值	中间消耗	中间物质消耗	对非物质生产部门劳务支出
一、绝对数（亿元）					
农林牧渔业合计	**20 340.86**	**11 993.40**	**8 347.46**	**7 828.93**	**518.53**
1. 农　业	11 884.63	7 630.90	4 255.51	3 916.07	337.66
＃种植业	11 050.02	7 185.56	3 864.46	3 556.36	308.10
其它农业	834.61	453.12	381.49	351.94	29.56
2. 林　业	709.94	518.85	191.11	169.38	21.73
3. 牧　业	6 044.98	2 820.69	3 222.61	3 117.18	105.43
4. 渔　业	1 701.31	1 022.97	678.34	624.60	53.74
二、构成（%）					
(以农林牧渔业合计为 100)					
农林牧渔业合计	100.0	100.0	100.0	100.0	100.0
1. 农　业	58.4	63.6	51.0	50.0	65.1
＃种植业	54.3	59.9	46.3	45.4	59.4
其它农业	4.1	3.8	4.6	4.5	5.7
2. 林　业	3.5	4.3	2.3	2.2	4.2
3. 牧　业	29.7	23.5	38.6	39.8	20.3
4. 渔　业	8.4	8.5	8.1	8.0	10.4

5-3 各地区农林牧渔业总产值、增加值和中间消耗

(1995年，按当年价格计算)　　单位：亿元

地区	总产值	增加值	中间消耗	中间物质消耗	对非物质生产部门劳务支出
全国总计	**20 340.86**	**11 993.40**	**8 347.46**	**7 828.93**	**518.53**
北京	164.47	81.44	83.03	79.15	3.88
天津	133.25	63.21	70.04	64.54	5.50
河北	1 147.83	631.34	516.50	494.37	22.12
山西	299.68	168.69	130.98	122.12	8.86
内蒙古	373.59	239.87	133.72	122.44	11.27
辽宁	761.80	392.17	369.63	335.62	34.01
吉林	490.28	303.99	186.29	176.88	9.41
黑龙江	670.03	388.15	281.88	254.54	27.34
上海	182.47	61.68	120.79	110.34	10.45
江苏	1 686.78	848.35	838.43	788.08	50.35
浙江	891.71	559.80	331.91	305.83	26.07
安徽	980.26	581.24	399.02	377.68	21.34
福建	765.38	479.42	285.96	266.03	19.93
江西	631.71	374.64	257.07	239.57	17.50
山东	1 857.48	1 010.13	847.35	799.31	48.03
河南	1 304.25	762.99	541.26	512.13	29.13
湖北	988.53	639.31	349.22	335.73	13.49
湖南	1 046.97	685.30	361.67	340.75	20.91
广东	1 445.48	868.99	576.49	539.73	36.76
广西	743.50	488.97	254.53	244.47	10.06
海南	202.10	130.45	71.65	60.48	11.17
四川	1 520.26	976.96	543.30	522.27	21.03
贵州	344.85	227.06	117.79	112.99	4.79
云南	474.46	305.27	169.19	156.89	12.30
西藏	35.90	27.47	8.41	7.76	0.65
陕西	381.65	226.70	154.95	143.61	11.34
甘肃	289.37	154.89	134.48	131.51	2.97
青海	55.10	38.79	16.31	15.28	1.02
宁夏	56.55	35.40	21.15	20.73	0.42
新疆	415.19	240.71	174.48	148.07	26.41

5-4 各地区分部门农林牧渔业增加值

(1995年，按当年价格计算)　　　　单位：亿元

地　　区	合　　计	农　　业	林　　业	牧　　业	渔　　业
全国总计	**11 993.40**	**7 630.90**	**518.85**	**2 820.69**	**1 022.97**
北　　京	81.44	55.26	1.72	21.29	3.17
天　　津	63.21	46.73	0.49	11.49	4.50
河　　北	631.34	438.19	15.50	166.41	11.24
山　　西	168.69	121.84	7.52	38.74	0.59
内 蒙 古	239.87	151.22	8.96	77.41	2.29
辽　　宁	392.17	235.09	8.50	97.72	50.86
吉　　林	303.99	204.62	5.59	89.26	4.53
黑 龙 江	388.15	308.65	7.38	66.18	5.94
上　　海	61.68	38.60	0.17	13.45	9.47
江　　苏	848.35	597.02	13.41	144.51	93.42
浙　　江	559.80	336.07	41.31	76.26	106.16
安　　徽	581.24	401.38	30.52	109.76	39.58
福　　建	479.42	225.48	44.43	93.46	116.06
江　　西	374.64	200.94	31.97	103.73	37.99
山　　东	1010.13	555.73	29.34	254.03	171.04
河　　南	762.99	512.10	28.55	215.85	6.49
湖　　北	639.31	414.41	19.42	148.28	57.19
湖　　南	685.30	410.82	34.07	199.21	41.21
广　　东	868.99	516.34	35.81	150.32	166.52
广　　西	488.97	281.00	26.61	141.45	39.91
海　　南	130.45	58.09	29.99	20.67	21.69
四　　川	976.96	666.55	35.76	252.35	22.30
贵　　州	227.06	148.41	12.33	64.26	2.07
云　　南	305.27	196.04	29.31	75.14	4.79
西　　藏	27.5	12.5	0.6	14.4	
陕　　西	226.70	163.81	11.56	50.19	1.14
甘　　肃	154.89	103.07	3.45	47.75	0.62
青　　海	38.79	17.03	0.63	21.04	0.09
宁　　夏	35.40	24.86	0.60	9.34	0.60
新　　疆	240.71	189.08	3.39	46.72	1.53

5－5 各地区农林牧渔业增加值分部门构成

(1995年,按当年价格计算)

地区	以农林牧渔业增加值为100			
	农业	林业	牧业	渔业
全国总计	**63.6**	**4.3**	**23.5**	**8.5**
北京	67.9	2.1	26.1	3.9
天津	73.9	0.8	18.2	7.1
河北	69.4	2.5	26.4	1.8
山西	72.2	4.5	23.0	0.4
内蒙古	63.0	3.7	32.3	1.0
辽宁	59.9	2.2	24.9	13.0
吉林	67.3	1.8	29.4	1.5
黑龙江	79.5	1.9	17.1	1.5
上海	62.6	0.3	21.8	15.3
江苏	70.4	1.6	17.0	11.0
浙江	60.0	7.4	13.6	19.0
安徽	69.1	5.3	18.9	6.8
福建	47.0	9.3	19.5	24.2
江西	53.6	8.5	27.7	10.1
山东	55.0	2.9	25.1	16.9
河南	67.1	3.7	28.3	0.9
湖北	64.8	3.0	23.2	8.9
湖南	59.9	5.0	29.1	6.0
广东	59.4	4.1	17.3	19.2
广西	57.5	5.4	28.9	8.2
海南	44.5	23.0	15.8	16.6
四川	68.2	3.7	25.8	2.3
贵州	65.4	5.4	28.3	0.9
云南	64.2	9.6	24.6	1.6
西藏	45.5	2.0	52.5	
陕西	72.3	5.1	22.1	0.5
甘肃	66.5	2.2	30.8	0.4
青海	43.9	1.6	54.2	0.2
宁夏	70.2	1.7	26.4	1.7
新疆	78.6	1.4	19.4	0.6

5-6 各地区分部门农林牧渔业增加值比重

(1995年，以该部门总产值为100)

地区	农业	林业	牧业	渔业
全国总计	**64.2**	**73.1**	**46.7**	**60.1**
北京	63.6	63.6	31.0	51.5
天津	54.8	58.0	31.4	42.5
河北	58.2	65.9	48.4	42.2
山西	59.9	56.5	47.4	48.3
内蒙古	65.4	73.9	60.9	72.9
辽宁	60.0	65.8	36.6	56.4
吉林	67.9	67.5	51.5	62.5
黑龙江	66.8	50.3	36.6	47.9
上海	49.7	36.4	16.5	41.5
江苏	60.5	62.6	30.4	45.9
浙江	69.7	82.6	46.2	54.5
安徽	62.9	77.1	44.6	70.0
福建	66.2	75.0	54.6	59.7
江西	60.6	77.1	49.5	77.4
山东	59.6	70.2	41.4	63.1
河南	59.1	74.5	55.2	71.9
湖北	67.7	68.6	55.3	71.5
湖南	70.9	80.0	53.9	75.0
广东	66.4	77.7	43.1	61.1
广西	73.1	81.7	52.2	71.3
海南	67.4	63.7	56.6	67.0
四川	75.2	79.1	45.2	75.4
贵州	66.2	80.6	62.7	72.2
云南	65.5	72.3	59.1	66.0
西藏	70.2	76.4	83.0	
陕西	63.5	68.4	48.0	51.0
甘肃	51.5	53.0	58.3	79.3
青海	64.1	73.0	76.3	78.4
宁夏	65.2	61.8	57.3	52.0
新疆	58.3	60.2	56.7	55.4

5-7 各地区分部门农林牧渔业中间消耗

(1995年,按当年价格计算)

单位:亿元

地　　区	合　　计	农　　业	林　　业	牧　　业	渔　　业
全国总计	**8 347.46**	**4 255.51**	**191.11**	**3 222.60**	**678.34**
北　　京	83.03	31.58	0.98	47.49	2.98
天　　津	70.04	38.52	0.36	25.09	6.08
河　　北	516.50	315.33	8.00	177.77	15.39
山　　西	130.98	81.55	5.79	43.01	0.63
内 蒙 古	133.72	79.96	3.16	49.75	0.85
辽　　宁	369.63	156.82	4.41	169.06	39.34
吉　　林	186.29	96.82	2.70	84.06	2.71
黑 龙 江	281.88	153.51	7.28	114.64	6.45
上　　海	120.79	39.11	0.29	68.03	13.37
江　　苏	838.43	389.14	8.01	331.16	110.12
浙　　江	331.91	145.83	8.71	88.72	88.64
安　　徽	399.02	236.53	9.07	136.43	16.99
福　　建	285.96	115.00	14.82	77.73	78.41
江　　西	257.07	130.70	9.48	105.80	11.09
山　　东	847.35	376.16	12.47	358.91	99.81
河　　南	541.26	353.72	9.76	175.24	2.54
湖　　北	349.22	197.71	8.91	119.81	22.79
湖　　南	361.67	168.92	8.52	170.51	13.73
广　　东	576.49	263.33	10.31	196.84	106.02
广　　西	254.53	103.17	5.95	129.33	16.07
海　　南	71.65	28.03	17.07	15.84	10.70
四　　川	543.30	220.38	9.45	306.17	7.29
贵　　州	117.79	75.75	2.96	38.28	0.80
云　　南	169.19	103.44	11.23	52.05	2.47
西　　藏	8.4	5.0	0.2	3.2	
陕　　西	154.95	94.06	5.33	54.46	1.10
甘　　肃	134.48	97.17	3.06	34.09	0.16
青　　海	16.31	9.52	0.23	6.53	0.03
宁　　夏	21.15	13.27	0.37	6.95	0.56
新　　疆	174.48	135.48	2.25	35.62	1.23

5-8 各地区农林牧渔业中间消耗分部门构成

(1995年,按当年价格计算)

	以农林牧渔业中间消耗为100			
	农业	林业	牧业	渔业
全国总计	51.0	2.3	38.6	8.1
北京	38.0	1.2	57.2	3.6
天津	55.0	0.5	35.8	8.7
河北	61.1	1.5	34.4	3.0
山西	62.3	4.4	32.8	0.5
内蒙古	59.8	2.4	37.2	0.6
辽宁	42.4	1.2	45.7	10.6
吉林	52.0	1.4	45.1	1.5
黑龙江	54.5	2.6	40.7	2.3
上海	32.4	0.2	56.3	11.1
江苏	46.4	1.0	39.5	13.1
浙江	43.9	2.6	26.7	26.7
安徽	59.3	2.3	34.2	4.3
福建	40.2	5.2	27.2	27.4
江西	50.8	3.7	41.2	4.3
山东	44.4	1.5	42.4	11.8
河南	65.4	1.8	32.4	0.5
湖北	56.6	2.6	34.3	6.5
湖南	46.7	2.4	47.1	3.8
广东	45.7	1.8	34.1	18.4
广西	40.5	2.3	50.8	6.3
海南	39.1	23.8	22.1	14.9
四川	40.6	1.7	56.4	1.3
贵州	64.3	2.5	32.5	0.7
云南	61.1	6.6	30.8	1.5
西藏	59.8	2.0	38.2	
陕西	60.7	3.4	35.1	0.7
甘肃	72.3	2.3	25.3	0.1
青海	58.4	1.4	40.0	0.2
宁夏	62.7	1.7	32.9	2.6
新疆	77.6	1.3	20.4	0.7

5-9 各地区分部门农林牧渔业中间消耗比重

(1995年，按当年价格计算)

	以该部门总业值为100			
	农　业	林　业	牧　业	渔　业
全国总计	**35.8**	**26.9**	**53.3**	**39.9**
北　京	36.4	36.4	69.0	48.5
天　津	45.2	42.0	68.6	57.5
河　北	41.8	34.1	51.6	57.8
山　西	40.1	43.5	52.6	51.7
内蒙古	34.6	26.1	39.1	27.1
辽　宁	40.0	34.2	63.4	43.6
吉　林	32.1	32.5	48.5	37.5
黑龙江	33.2	49.7	63.4	52.1
上　海	50.3	63.6	83.5	58.5
江　苏	39.5	37.4	69.6	54.1
浙　江	30.3	17.4	53.8	45.5
安　徽	37.1	22.9	55.4	30.0
福　建	33.8	25.0	45.4	40.3
江　西	39.4	22.9	50.5	22.6
山　东	40.4	29.8	58.6	36.9
河　南	40.9	25.5	44.8	28.1
湖　北	32.3	31.4	44.7	28.5
湖　南	29.1	20.0	46.1	25.0
广　东	33.6	22.3	56.9	38.9
广　西	26.9	18.3	47.8	28.7
海　南	32.6	36.3	43.4	33.0
四　川	24.8	20.9	54.8	24.6
贵　州	33.8	19.4	37.3	27.8
云　南	34.5	27.7	40.9	34.0
西　藏	29.8	23.6	17.0	100.0
陕　西	36.5	31.6	52.0	49.0
甘　肃	48.5	47.0	41.7	20.7
青　海	35.9	27.0	23.7	21.6
宁　夏	34.8	38.2	42.7	48.0
新　疆	41.7	39.8	43.3	44.6

5-10 分项农林牧渔业中间消耗

单位：亿元

	1990年	1994年	1995年
中间消耗总计		**6 293.53**	**8 347.46**
一、中间物质消耗	**2 508.23**	**5 890.00**	**7 828.93**
(一)用种量	245.73	533.93	704.80
(二)饲料	995.19	2515.26	3 457.66
(三)肥料	601.19	1111.24	1 510.00
(四)燃料	151.98	390.75	465.12
(五)农药	70.69	146.28	187.56
(六)畜牧用药品		24.70	33.29
(七)农用塑料薄膜		81.88	101.21
(八)用电量	61.55	222.37	291.34
(九)小农具购置费	40.59	67.18	78.82
(十)原材料消耗	116.34	203.39	253.35
(十一)办公用品购置		16.37	19.20
(十二)物质性服务支出	124.10	260.76	333.56
(十三)其它物质消耗	100.88	315.89	393.01
二、对非物质生产部门的劳务支出		**399.14**	**518.53**

5－11 各地区农业增加值和中间消耗占农业总产值比重

(1995年，按当年价格计算)　　单位:亿元

地　区	农林牧渔业增加值	占农林牧渔业总产值比重(%)	农林牧渔业中间消耗	占农林牧渔业总产值比重(%)
全国总计	**11 993.40**	**59.0**	**8 347.46**	**41.0**
北　京	81.44	49.5	83.03	50.5
天　津	63.21	47.4	70.04	52.6
河　北	631.34	55.0	516.50	45.0
山　西	168.69	56.3	130.98	43.7
内蒙古	239.87	64.2	133.72	35.8
辽　宁	392.17	51.5	369.63	48.5
吉　林	303.99	62.0	186.29	38.0
黑龙江	388.15	57.9	281.88	42.1
上　海	61.68	33.8	120.79	66.2
江　苏	848.35	50.3	838.43	49.7
浙　江	559.80	62.8	331.91	37.2
安　徽	581.24	59.3	399.02	40.7
福　建	479.42	62.6	285.96	37.4
江　西	374.64	59.3	257.07	40.7
山　东	1 010.13	54.4	847.35	45.6
河　南	762.99	58.5	541.26	41.5
湖　北	639.31	64.7	349.22	35.3
湖　南	685.30	65.5	361.67	34.5
广　东	868.99	60.1	576.49	39.9
广　西	488.97	65.8	254.53	34.2
海　南	130.45	64.5	71.65	35.5
四　川	976.96	64.3	543.30	35.7
贵　州	227.06	65.8	117.79	34.2
云　南	305.27	64.3	169.19	35.7
西　藏	27.5	76.5	8.4	23.4
陕　西	226.70	59.4	154.95	40.6
甘　肃	154.89	53.5	134.48	46.5
青　海	38.79	70.4	16.31	29.6
宁　夏	35.40	62.6	21.15	37.4
新　疆	240.71	58.0	174.48	42.0

5-12 农林牧渔业总产值

(按当年价格计算)

单位:亿元

年 份	农林牧渔业总产值	农业产值	林业产值	牧业产值	渔业产值
1952	461.00	395.95	7.28	51.72	6.05
1957	537.00	443.93	17.51	65.41	10.15
1962	584.00	494.65	13.02	63.77	12.56
1965	833.00	684.31	22.32	111.54	14.83
1970	1 021.00	838.44	28.59	136.61	17.36
1975	1 260.00	1 020.46	39.18	178.44	21.92
1978	1 397.00	1 117.60	48.06	209.27	22.07
1979	1 697.60	1 325.30	60.70	285.60	26.00
1980	1 922.60	1 454.14	81.38	354.23	32.85
1981	2 180.62	1 635.87	98.89	402.17	43.69
1982	2 483.26	1 865.30	110.04	456.70	51.22
1983	2 750.00	2 074.47	127.20	485.11	63.22
1984	3 214.13	2 380.15	161.61	587.32	85.05
1985	3 619.49	2 506.39	188.68	798.31	126.11
1986	4 013.01	2 771.75	201.19	875.71	164.36
1987	4 675.70	3 160.49	221.98	1 068.37	224.86
1988	5 865.27	3 666.89	275.30	1 600.61	322.47
1989	6 534.73	4 100.58	284.92	1 800.38	348.85
1990	7 662.09	4 954.26	330.27	1 967.00	410.56
1991	8 157.03	5 146.43	367.90	2 159.22	483.48
1992	9 084.71	5 588.02	422.61	2 460.52	613.48
1993	10 995.53	6 605.14	494.00	3 014.40	881.99
1994	15 750.47	9 169.22	611.07	4 671.99	1 298.19
1995	20 340.86	11 884.63	709.94	6 044.98	1 701.31

5－13 农林牧渔业总产值构成

(按当年价格计算)

年 份	以农林牧渔业总产值合计为100			
	农业产值	林业产值	牧业产值	渔业产值
1952	85.9	1.6	11.2	1.3
1957	82.7	3.3	12.2	1.9
1962	84.7	2.2	10.9	2.2
1965	82.2	2.7	13.4	1.8
1970	82.1	2.8	13.4	1.7
1975	81.0	3.1	14.2	1.7
1978	80.0	3.4	15.0	1.6
1979	78.1	3.6	16.8	1.5
1980	75.6	4.2	18.4	1.7
1981	75.0	4.5	18.4	2.0
1982	75.1	4.4	18.4	2.1
1983	75.4	4.6	17.6	2.3
1984	74.1	5.0	18.3	2.6
1985	69.2	5.2	22.1	3.5
1986	69.1	5.0	21.8	4.1
1987	67.6	4.7	22.8	4.8
1988	62.5	4.7	27.3	5.5
1989	62.8	4.4	27.6	5.3
1990	64.7	4.3	25.7	5.4
1991	63.1	4.5	26.5	5.9
1992	61.5	4.7	27.1	6.8
1993	60.1	4.5	27.4	8.0
1994	58.2	3.9	29.7	8.2
1995	58.4	3.5	29.7	8.4

5－14　分项农林牧渔业总产值及构成

(按当年价格计算)

指　标	绝对数(亿元)			构成(%)		
	1990年	1994年	1995年	1990年	1994年	1995年
农林牧渔业总产值	**7 662.09**	**15 750.47**	**20 340.86**	**100.0**	**100.0**	**100.0**
一、农业产值	**4 954.26**	**9 169.22**	**11 884.63**	**64.7**	**58.2**	**58.4**
(一)种植业	4 481.74	8 467.18	11 050.02	58.5	53.8	54.3
1.主产品产值	4 144.66	8 074.00	10 572.79	54.1	51.3	52.0
粮食作物	2 409.44	4 624.07	6 090.05	31.4	29.4	29.9
＃谷物		3 961.12	5 306.40		25.1	26.1
其它农作物		3 449.93	4 482.74		21.9	22.0
2.副产品产值	337.08	393.18	477.23	4.4	2.5	2.3
粮食作物副产品	295.48	341.25	413.03	3.9	2.2	2.0
＃谷物		295.22	364.56		1.9	1.8
其它副产品		51.98	64.20		0.3	0.3
(二)其它农业	472.52	702.04	834.61	6.2	4.5	4.1
采集野生植物	171.64	207.15	248.70	2.2	1.3	1.2
农民家庭兼营工业	300.88	494.89	585.91	3.9	3.1	2.9
二、林业产值	**330.27**	**611.07**	**709.94**	**4.3**	**3.9**	**3.5**
营林	104.00	178.59	193.25	1.4	1.1	1.0
林产品	85.12	207.97	257.24	1.1	1.3	1.3
村及村以下竹木采伐	141.15	224.51	259.44	1.8	1.4	1.3
三、牧业产值	**1 967.00**	**4 671.99**	**6 044.98**	**25.7**	**29.7**	**29.7**
(一)牲畜	1 244.29	2 968.44	3 877.75	16.2	18.8	19.1
1.大牲畜繁殖、增长、增重	121.53	242.63	345.99	1.6	1.5	1.7
2.猪	1 066.96	2 530.84	3 239.46	13.9	16.1	15.9
3.羊	55.80	188.95	286.65	0.7	1.2	1.4
4.其它		6.02	5.65		–	–
(二)家禽的饲养	229.75	631.64	855.70	3.0	4.0	4.2
(三)活的畜禽产品	412.48	885.03	1 157.46	5.4	5.6	5.7
(四)捕猎	2.93	6.81	7.66	–	–	–
(五)其它动物饲养	77.55	180.07	176.39	1.0	1.1	0.9
四、渔业产值	**410.56**	**1 298.19**	**1 701.31**	**5.4**	**8.2**	**8.4**
(一)海水产品	206.75	690.96	876.15	2.7	4.4	4.3
其中:养殖	42.65	170.47	287.00	0.6	1.1	1.4
(二)内陆水域水产品	203.81	607.23	825.16	2.7	3.9	4.1
其中:养殖	161.99	388.95	698.88	2.1	2.5	3.4

5-15 各地区农林牧渔业总产值

(按当年价格计算)

单位:亿元

地　　区	农林牧渔业总产值		农业产值		#种植业	
	1994年	1995年	1994年	1995年	1994年	1995年
全国总计	**15 750.47**	**20 340.86**	**9 169.22**	**11 884.63**	**8 467.18**	**11 050.02**
北　京	144.29	164.47	72.52	86.84	70.10	84.34
天　津	94.97	133.25	57.71	85.25	51.98	77.52
河　北	796.33	1 147.83	518.27	753.52	489.46	715.82
山　西	219.02	299.68	142.12	203.39	139.06	199.97
内蒙古	309.32	373.59	189.22	231.17	168.25	208.05
辽　宁	602.12	761.80	301.35	391.90	275.30	361.48
吉　林	405.48	490.28	270.81	301.44	256.64	281.76
黑龙江	537.87	670.03	381.45	462.16	374.27	452.50
上　海	140.24	182.47	60.19	77.71	60.18	77.68
江　苏	1 335.23	1 686.78	777.94	986.15	678.19	854.11
浙　江	707.21	891.71	372.97	481.90	305.68	407.24
安　徽	774.43	980.26	507.36	637.91	482.17	605.31
福　建	591.35	765.38	260.69	340.48	236.42	310.30
江　西	527.86	631.71	276.27	331.64	251.61	304.78
山　东	1 387.03	1 857.48	660.13	931.89	649.84	922.96
河　南	883.32	1 304.25	609.62	865.82	556.26	792.71
湖　北	786.84	988.53	481.82	612.12	464.88	595.59
湖　南	838.16	1 046.97	479.64	579.74	446.18	543.16
广　东	1 151.38	1 445.48	628.17	777.72	549.76	694.55
广　西	537.21	743.50	283.71	384.17	271.97	370.41
海　南	169.99	202.10	74.00	86.12	66.71	77.54
四　川	1 228.93	1 520.26	689.43	886.93	646.19	839.91
贵　州	277.13	344.85	180.26	224.16	155.06	192.39
云　南	356.78	474.46	228.99	299.48	206.11	273.67
西　藏	23.06	35.90	10.05	17.79	8.93	16.10
陕　西	302.38	381.65	209.50	257.87	185.53	231.75
甘　肃	225.41	289.37	157.91	200.24	145.87	185.13
青　海	44.87	55.10	21.81	26.55	19.69	24.03
宁　夏	45.80	56.55	31.55	38.13	30.92	37.45
新　疆	306.47	415.19	233.78	324.46	223.97	311.81

5-15 续表

地区	林业产值		牧业产值		渔业产值	
	1994年	1995年	1994年	1995年	1994年	1995年
全国总计	**611.07**	**709.94**	**4 671.99**	**6 044.98**	**1 298.19**	**1 701.31**
北京	3.06	2.70	64.00	68.79	4.70	6.14
天津	0.60	0.85	29.14	36.58	7.52	10.58
河北	19.44	23.50	238.17	344.18	20.45	26.63
山西	10.72	13.31	65.16	81.75	1.01	1.23
内蒙古	10.34	12.12	107.00	127.16	2.77	3.14
辽宁	10.97	12.92	220.08	266.78	69.73	90.20
吉林	8.54	8.28	120.14	173.32	5.99	7.24
黑龙江	12.35	14.66	134.41	180.82	9.66	12.39
上海	0.49	0.45	62.04	81.48	17.52	22.83
江苏	18.38	21.42	390.70	475.67	148.21	203.54
浙江	41.92	50.02	151.79	164.98	140.53	194.81
安徽	34.78	39.59	198.57	246.19	33.71	56.57
福建	46.96	59.24	130.65	171.19	153.06	194.47
江西	37.52	41.46	177.66	209.53	36.41	49.08
山东	36.78	41.81	453.56	612.94	236.56	270.85
河南	29.37	38.32	237.76	391.09	6.57	9.03
湖北	26.47	28.33	219.53	268.09	59.01	79.98
湖南	37.75	42.58	275.85	369.72	44.92	54.93
广东	41.07	46.12	279.98	349.11	202.16	272.54
广西	31.78	32.56	184.77	270.79	36.95	55.97
海南	39.11	47.06	31.57	36.51	25.31	32.40
四川	37.46	45.22	479.62	558.52	22.42	29.59
贵州	13.61	15.29	81.18	102.54	2.08	2.86
云南	30.42	40.54	92.12	127.19	5.25	7.26
西藏	0.57	0.72	12.43	17.38	0.02	0.01
陕西	17.10	16.88	73.82	104.65	1.97	2.24
甘肃	5.80	6.50	61.15	81.84	0.56	0.78
青海	0.77	0.86	22.16	27.57	0.13	0.12
宁夏	0.99	0.97	12.29	16.29	0.98	1.16
新疆	5.98	5.64	64.69	82.34	2.02	2.75

5－16 各地区分项种植业产值

(1995年，按当年价格计算)　　　　单位:亿元

地　区	粮　食	＃粮　食主产品	＃谷　物	＃主产品	＃豆　类	＃薯　类
全国总计	**6 503.08**	**6 090.05**	**5 670.96**	**5 306.40**	**371.31**	**412.31**
北　京	41.66	39.33	40.07	37.82	1.13	0.38
天　津	42.01	38.23	38.57	34.97	2.66	0.60
河　北	413.94	387.48	366.34	341.68	22.03	23.78
山　西	131.90	122.28	111.77	102.80	9.00	10.47
内蒙古	154.07	141.23	125.07	113.73	14.20	13.31
辽　宁	203.51	182.51	185.01	165.12	10.19	7.20
吉　林	232.71	221.67	203.84	193.44	13.55	14.68
黑龙江	380.79	352.05	266.32	239.90	93.39	18.76
上　海	41.87	40.58	40.91	39.68	0.76	0.15
江　苏	534.66	506.77	500.31	474.48	18.89	13.40
浙　江	229.87	219.51	212.79	203.58	6.32	9.62
安　徽	377.44	349.82	326.75	302.67	17.03	30.12
福　建	143.05	135.43	119.47	113.21	4.95	17.27
江　西	181.10	173.04	168.99	161.94	6.34	4.76
山　东	524.72	495.08	458.15	431.68	27.45	35.95
河　南	441.46	407.06	386.37	355.99	23.90	27.17
湖　北	337.25	306.63	300.59	274.01	14.58	18.04
湖　南	346.04	329.42	322.52	309.16	9.95	10.31
广　东	289.83	280.12	252.99	246.18	4.66	29.28
广　西	190.70	183.56	175.02	169.82	9.42	4.32
海　南	35.43	34.08	26.39	26.05	0.47	7.56
四　川	553.69	519.28	464.77	437.46	19.94	61.88
贵　州	115.64	109.11	93.18	87.98	7.67	13.46
云　南	145.18	139.90	124.14	119.01	14.23	6.67
西　藏	13.24	11.14	12.40	10.44	0.59	0.10
陕　西	128.90	120.55	110.65	103.16	6.04	11.36
甘　肃	114.40	101.62	91.71	79.59	6.27	15.76
青　海	17.30	16.12	12.50	11.55	2.32	2.26
宁　夏	27.32	24.02	24.12	20.90	0.93	2.18
新　疆	113.40	102.43	109.26	98.44	2.46	1.53

5-16 续表1

地　　区	油　料	棉　花	麻　类	糖　类	烟　叶	药材类
全国总计	**632.54**	**658.70**	**29.51**	**216.88**	**127.19**	**54.71**
北　　京	1.09	0.35				0.08
天　　津	1.36	2.14	0.07		0.01	
河　　北	32.99	59.46	0.31	0.35	0.44	2.13
山　　西	6.70	16.43	0.05	1.62	0.35	0.39
内 蒙 古	17.71		0.27	10.07	0.31	1.72
辽　　宁	6.78	3.52	0.03	1.72	1.45	1.76
吉　　林	6.18		0.06	2.76	1.03	6.21
黑 龙 江	4.81		3.57	15.53	5.82	1.21
上　　海	4.53	0.48	0.01	0.70		0.14
江　　苏	42.48	89.20	0.27	1.49	0.17	2.53
浙　　江	12.88	9.32	0.56	4.32	0.07	2.87
安　　徽	47.74	43.17	2.77	1.07	1.98	3.09
福　　建	6.87		0.07	8.59	4.14	1.60
江　　西	25.13	16.00	1.47	5.60	0.99	0.56
山　　东	66.64	61.23	0.50	0.04	4.18	1.57
河　　南	67.69	107.80	3.31	1.14	7.09	3.52
湖　　北	50.17	70.73	4.28	3.63	5.59	4.34
湖　　南	26.39	29.75	6.43	5.33	6.38	3.49
广　　东	20.64		0.15	43.84	3.77	3.94
广　　西	14.63	0.07	0.49	64.66	2.02	1.38
海　　南	2.65			7.07	0.01	0.07
四　　川	44.94	16.41	4.32	4.74	7.52	3.61
贵　　州	15.62	0.11	0.21	1.68	14.81	0.74
云　　南	58.78	0.09	0.04	19.00	53.80	1.16
西　　藏	0.77					0.68
陕　　西	9.60	5.83	0.05	0.05	2.68	2.23
甘　　肃	9.41	3.73	0.12	2.85	2.44	2.62
青　　海	4.02					
宁　　夏	1.85	0.02		1.49	0.04	0.26
新　　疆	21.49	122.88	0.12	7.55	0.10	0.82

5-16 续表 2

地 区	蔬菜瓜类	茶 果	其 它	#饲料作物	其它作物副产品
全国总计	**1 827.13**	**760.07**	**232.01**	**19.38**	**64.20**
北 京	32.72	7.33	1.07	0.28	0.03
天 津	26.59	3.65	1.54	0.03	0.14
河 北	135.37	64.84	3.14	0.18	2.87
山 西	23.30	18.52	0.20	0.11	0.51
内 蒙 古	16.23	2.44	2.91	0.79	2.30
辽 宁	96.95	29.49	15.75	0.07	0.54
吉 林	25.04	4.81	2.67	0.01	0.28
黑 龙 江	35.77	3.06	1.34	0.73	0.61
上 海	21.85	4.49	3.42	0.05	0.21
江 苏	118.75	28.75	31.57	0.29	4.23
浙 江	83.44	51.07	11.81	1.42	1.02
安 徽	87.13	19.28	10.16	0.12	11.48
福 建	69.34	54.92	21.16	0.55	0.57
江 西	54.16	9.68	7.49	0.54	2.59
山 东	168.37	85.42	5.28	0.04	5.01
河 南	103.58	38.43	10.28	0.62	8.40
湖 北	79.75	20.17	13.98	0.41	5.70
湖 南	90.80	18.56	7.84	0.87	2.16
广 东	206.05	102.88	20.34	2.68	3.21
广 西	30.38	50.88	11.39	0.93	3.83
海 南	21.35	7.67	2.95		0.34
四 川	138.35	42.23	21.83	2.62	2.27
贵 州	35.46	5.71	1.78		0.65
云 南	31.91	12.04	4.20	0.82	0.35
西 藏	4.16	0.11	0.07	0.07	0.08
陕 西	36.22	44.72	1.04	0.19	0.43
甘 肃	28.50	11.10	9.08	1.58	0.89
青 海	2.02	0.34	0.17	0.14	0.18
宁 夏	4.55	1.37	0.40	0.16	0.16
新 疆	19.03	16.10	7.15	3.09	3.17

5-17 各地区分项其它农业产值

(按当年价格计算)

单位:亿元

地区	采集野生植物		农民家庭兼营工业	
	1994年	1995年	1994年	1995年
全国总计	**207.15**	**248.70**	**494.89**	**585.91**
北京	0.42	0.50	2.01	2.01
天津	0.61	0.81	5.12	6.92
河北	4.94	5.88	23.86	31.82
山西	0.81	0.92	2.24	2.50
内蒙古	11.67	13.06	9.30	10.07
辽宁	10.09	11.41	15.96	19.01
吉林	12.66	17.43	1.52	2.24
黑龙江	5.36	7.73	1.82	1.93
上海	0.01	0.02		
江苏	1.71	2.03	98.04	130.02
浙江	12.21	14.07	55.08	60.59
安徽	6.10	7.32	19.10	25.28
福建	16.42	20.54	7.85	9.63
江西	4.28	4.59	20.38	22.27
山东	2.57	2.79	7.73	6.13
河南	2.94	4.05	50.41	69.05
湖北	5.11	5.87	11.84	10.66
湖南	16.43	17.90	17.03	18.68
广东	27.20	31.81	51.21	51.36
广西	6.70	6.92	5.04	6.84
海南	0.90	0.83	6.39	7.75
四川	14.03	14.67	29.20	32.35
贵州	13.82	20.84	11.37	10.93
云南	13.71	15.26	9.17	10.55
西藏	0.41	0.75	0.71	0.94
陕西	6.03	6.92	17.94	19.20
甘肃	2.05	3.41	9.98	11.70
青海	1.22	1.41	0.90	1.11
宁夏	0.22	0.31	0.41	0.37
新疆	6.54	8.65	3.27	4.01

5-18 各地区分项林业产值

(按当年价格计算)　　单位:亿元

地区	营林		林产品		竹木采伐	
	1994年	1995年	1994年	1995年	1994年	1995年
全国总计	**178.59**	**193.25**	**207.97**	**257.24**	**224.51**	**259.45**
北京	1.27	1.13	1.49	1.27	0.30	0.30
天津	0.41	0.60	0.10	0.13	0.09	0.12
河北	8.35	11.81	7.56	7.76	3.52	3.93
山西	8.57	10.31	1.64	2.37	0.52	0.64
内蒙古	8.25	9.75	1.23	1.40	0.86	0.97
辽宁	4.89	5.41	2.84	3.25	3.25	4.26
吉林	5.66	5.17	0.49	0.47	2.39	2.64
黑龙江	9.05	10.44	2.79	3.35	0.51	0.88
上海	0.19	0.12	0.16	0.20	0.13	0.14
江苏	4.22	4.51	3.78	3.66	10.37	13.25
浙江	6.22	6.47	21.09	27.34	14.64	16.21
安徽	7.44	7.78	10.98	14.05	16.36	17.77
福建	3.20	3.69	25.42	32.93	18.34	22.63
江西	8.49	7.90	7.07	8.45	21.97	25.11
山东	18.92	19.39	8.53	13.84	9.33	8.58
河南	10.53	14.04	4.14	6.13	14.70	18.16
湖北	8.79	9.07	7.60	7.68	10.08	11.58
湖南	6.20	6.27	10.44	11.31	21.11	25.01
广东	9.09	10.32	11.99	13.64	19.99	22.17
广西	8.52	6.10	11.79	12.93	11.48	13.53
海南	3.45	3.45	32.56	40.85	3.10	2.76
四川	10.44	12.26	6.13	7.31	20.89	25.65
贵州	4.08	4.98	3.24	3.99	6.28	6.33
云南	4.57	5.36	16.92	24.10	8.93	11.08
西藏	0.16	0.10	0.11	0.25	0.30	0.36
陕西	8.57	7.84	5.66	6.03	2.87	3.02
甘肃	3.12	3.37	1.80	2.13	0.88	1.01
青海	0.64	0.73	0.03	0.03	0.11	0.10
宁夏	0.80	0.71	0.01	0.01	0.18	0.25
新疆	4.49	4.18	0.42	0.42	1.07	1.03

5－19　各地区分项畜牧业产值

(1995年，按当年价格计算)　　单位：亿元

地　区	牲　畜	1. 大牲畜	2. 猪	3. 羊
全国总计	**3 877.75**	**345.99**	**3 239.46**	**286.65**
北　京	35.58	0.54	30.18	1.83
天　津	15.71	0.69	12.28	1.66
河　北	219.82	21.19	165.88	32.75
山　西	51.40	8.56	35.28	7.57
内蒙古	88.11	18.06	40.67	29.25
辽　宁	152.24	13.39	131.98	6.41
吉　林	106.60	19.32	82.94	4.34
黑龙江	104.83	20.36	78.08	6.39
上　海	32.34	0.49	31.12	0.72
江　苏	232.99	4.22	204.11	24.66
浙　江	101.49	0.66	98.80	2.03
安　徽	164.81	23.70	135.04	5.97
福　建	120.05	1.41	116.99	1.65
江　西	163.13	9.20	153.44	0.49
山　东	284.73	40.17	191.77	52.79
河　南	262.19	44.92	188.97	28.29
湖　北	193.36	9.63	181.56	2.17
湖　南	307.71	5.66	300.32	1.66
广　东	180.88	7.42	173.18	0.28
广　西	207.12	12.31	193.82	1.00
海　南	24.68	3.90	20.38	0.35
四　川	400.60	14.41	379.78	5.79
贵　州	91.68	11.29	78.90	1.48
云　南	108.86	7.92	99.46	1.49
西　藏	11.37	5.63	0.67	5.08
陕　西	66.10	8.09	53.22	4.69
甘　肃	63.75	11.55	42.17	10.03
青　海	19.96	5.29	5.86	8.81
宁　夏	9.96	1.75	5.23	2.98
新　疆	55.71	14.29	7.36	34.06

5-19 续表

地　区	家禽的饲养	活的畜禽产品	捕　猎	其它动物饲养
全国总计	**855.70**	**1 157.46**	**7.66**	**176.39**
北　京	11.88	20.50	0.34	0.48
天　津	3.69	16.76	0.01	0.41
河　北	25.47	94.45	0.07	4.37
山　西	1.69	27.16	0.02	1.48
内蒙古	6.41	31.86	0.05	0.73
辽　宁	42.64	67.17	0.03	4.71
吉　林	26.16	35.60	0.08	4.89
黑龙江	18.01	57.68	0.08	0.22
上　海	31.80	15.57		1.76
江　苏	93.58	114.19	1.13	33.78
浙　江	18.36	23.53	0.24	21.36
安　徽	32.43	42.92	0.14	5.89
福　建	28.31	18.90	1.25	2.69
江　西	22.50	20.49	0.37	3.05
山　东	119.17	180.38	0.06	28.60
河　南	33.01	90.49	0.45	4.95
湖　北	22.90	47.74	0.48	3.62
湖　南	28.53	31.24	0.18	2.06
广　东	132.66	22.17	1.95	11.46
广　西	48.05	12.78	0.17	2.66
海　南	9.85	1.41	0.11	0.46
四　川	64.93	92.82	0.09	30.08
贵　州	5.00	5.41		0.45
云　南	11.36	5.05	0.06	1.85
西　藏	0.09	5.84	0.01	0.06
陕　西	6.25	29.43	0.19	2.68
甘　肃	4.91	12.82	0.03	0.33
青　海	0.42	7.13	0.02	0.04
宁　夏	1.26	5.02	0.01	0.04
新　疆	4.39	20.96	0.04	1.23

5－20　各地区分项渔业产值

(1995年,按当年价格计算)　　单位:亿元

地　区	海水产品	＃养　殖	内陆水域水产品	＃养　殖
全国总计	**876.15**	**287.00**	**825.17**	**698.88**
北　京	0.01	0.01	6.14	3.08
天　津	2.86	1.11	7.72	5.86
河　北	14.66	4.93	11.97	9.21
山　西			1.23	1.20
内蒙古			3.14	2.19
辽　宁	68.23	31.38	21.97	21.19
吉　林			7.24	5.19
黑龙江			12.39	10.48
上　海	6.67	0.20	16.16	15.47
江　苏	57.31	8.63	146.22	101.69
浙　江	158.22	27.95	36.59	32.00
安　徽			56.57	44.70
福　建	127.19	29.07	67.28	64.67
江　西			49.08	40.23
山　东	232.49	117.55	38.36	33.97
河　南			9.03	8.40
湖　北			79.98	71.98
湖　南			54.93	40.52
广　东	149.76	53.19	122.77	119.14
广　西	30.92	9.07	25.05	22.08
海　南	27.84	3.90	4.56	3.37
四　川			29.59	26.90
贵　州			2.86	2.53
云　南			7.26	5.99
西　藏			0.01	
陕　西			2.24	2.10
甘　肃			0.78	0.77
青　海			0.12	0.07
宁　夏			1.16	1.13
新　疆			2.75	2.75

5－21 各经济地带农林牧渔业总产值及构成

(按当年价格计算)

	东部经济地带		中部经济地带		西部经济地带	
	1994年	1995年	1994年	1995年	1994年	1995年
一、绝对数(亿元)						
农林牧渔业总产值	7 657.36	9 982.23	5 282.29	6 785.30	2 810.82	3 573.33
1. 农　业	4 067.64	5 383.64	3 338.31	4 225.39	1 763.26	2 275.60
2. 林　业	290.55	338.66	207.84	238.66	112.68	132.63
3. 牧　业	2236.46	2 878.99	1 536.07	2 047.66	899.46	1 118.32
4. 渔　业	1062.70	1 380.94	200.06	273.59	35.42	46.78
二、构成(%)						
农林牧渔业总产值	100.0	100.0	100.0	100.0	100.0	100.0
1. 农　业	53.1	53.9	63.2	62.3	62.7	63.7
2. 林　业	3.8	3.4	3.9	3.5	4.0	3.7
3. 牧　业	29.2	28.8	29.1	30.2	32.0	31.3
4. 渔　业	13.9	13.8	3.8	4.0	1.3	1.3

5－22 农林牧渔业总产值

单位:亿元

年份	农林牧渔业总产值	农业产值	林业产值	牧业产值	渔业产值
(按1957年不变价格计算)					
1952	417.00	364.90	2.90	47.90	1.30
1957	536.70	455.50	9.30	69.00	2.90
1962	430.30	370.80	7.30	44.50	7.70
1965	589.60	484.80	12.00	82.70	10.10
1970	716.30	596.80	16.00	92.60	10.90
(按1970年不变价格计算)					
1975	1202.40	966.80	37.10	179.40	19.10
1978	1288.70	1031.00	44.40	193.00	20.30
1979	1386.30	1100.50	45.00	221.20	19.60
(按1980年不变价格计算)					
1980	1964.50	1491.60	94.50	339.60	38.80
1981	2091.40	1592.90	98.40	359.60	40.50
1982	2327.60	1767.34	106.80	407.96	45.50
1983	2508.20	1917.06	117.70	423.99	49.40
1984	2815.60	2136.83	140.10	480.61	58.10
1985	2912.20	2133.39	146.40	563.29	69.10
1986	3010.70	2191.32	141.20	594.85	83.30
1987	3185.14	2332.06	140.83	613.90	98.35
1988	3309.70	2364.33	144.11	691.48	109.78
1989	3412.76	2420.72	144.62	729.78	117.64
(按1990年不变价格计算)					
1990	8151.21	5190.79	378.43	2048.80	533.19
1991	8451.76	5239.60	408.55	2229.67	573.94
1992	8989.12	5461.34	439.89	2426.08	661.81
1993	9692.87	5747.23	475.26	2686.77	783.61
1994	10525.89	5933.82	517.33	3134.38	940.36
1995	11670.71	6404.96	543.44	3599.07	1123.24

5－23 农林牧渔业总产值指数

(以1952年为100)

年　份	农林牧渔业总　产　值	农业产值	林业产值	牧业产值	渔业产值
1949	65.2	64.6	55.2	70.4	46.2
1952	100.0	100.0	100.0	100.0	100.0
1957	128.7	124.8	320.7	144.1	223.1
1962	103.2	101.6	251.7	92.9	592.3
1965	141.4	132.9	413.8	172.7	776.9
1970	171.8	163.6	551.7	193.3	838.5
1975	192.4	179.4	745.5	232.2	1 150.3
1978	206.2	191.3	892.2	249.8	1 222.5
1979	221.8	204.2	904.2	286.3	1 180.4
1980	224.9	203.6	1 014.8	306.4	1 270.7
1981	239.5	217.4	1 056.6	324.4	1 326.4
1982	266.5	241.2	1 146.8	368.0	1 490.1
1983	287.2	261.7	1 263.9	382.5	1 617.8
1984	322.4	291.7	1 504.4	433.6	1 902.8
1985	333.4	291.2	1 572.1	508.2	2 263.0
1986	344.7	299.1	1 516.2	536.6	2 728.1
1987	364.7	318.3	1 512.3	553.8	3 221.0
1988	379.0	322.4	1 547.5	623.8	3 595.3
1989	390.8	330.4	1 553.0	658.3	3 852.7
1990	420.5	356.7	1 601.1	704.4	4 238.2
1991	436.0	360.1	1 728.5	766.5	4 562.1
1992	463.0	375.3	1 861.1	834.1	5 260.5
1993	500.0	394.9	2 010.4	923.8	6 222.5
1994	543.0	407.5	2 189.3	1 078.1	7 467.0
1995	602.2	439.7	2 298.8	1 237.7	8 915.6

注:本表按可比价格计算

5－24 各地区农林牧渔业总产值指数

(1995年,以上年为100)

地　　区	农林牧渔业总产值	农业产值	林业产值	牧业产值	渔业产值
全国总计	**110.9**	**107.9**	**104.9**	**114.4**	**119.4**
北　　京	99.0	100.7	105.1	94.9	122.3
天　　津	112.4	113.5	99.0	105.1	133.4
河　　北	111.9	110.5	105.4	114.0	124.3
山　　西	104.1	98.3	119.6	114.5	112.3
内 蒙 古	104.1	100.0	106.7	110.9	111.7
辽　　宁	111.5	110.0	106.5	110.8	117.9
吉　　林	105.9	97.4	92.8	127.4	105.5
黑 龙 江	109.2	100.7	118.9	127.3	124.1
上　　海	111.7	109.3	96.0	112.2	116.5
江　　苏	113.7	112.9	117.0	110.8	124.0
浙　　江	109.8	107.1	106.8	100.9	125.6
安　　徽	114.2	111.5	106.7	113.2	164.7
福　　建	114.0	111.0	110.2	114.2	121.2
江　　西	105.2	100.2	100.3	109.9	125.7
山　　东	112.5	107.5	103.9	122.8	107.8
河　　南	123.7	117.2	106.1	141.3	115.4
湖　　北	114.1	111.6	102.6	115.9	127.2
湖　　南	108.8	104.3	102.3	115.4	121.4
广　　东	108.3	108.0	105.3	106.9	111.6
广　　西	117.2	114.0	96.2	125.2	135.9
海　　南	112.5	110.4	110.8	112.6	120.0
四　　川	107.8	107.3	108.1	108.0	120.0
贵　　州	103.0	100.8	100.3	108.9	116.6
云　　南	106.5	107.2	102.3	106.0	120.6
西　　藏	109.9	110.1	116.1	106.2	114.9
陕　　西	104.0	104.8	99.9	102.8	113.1
甘　　肃	101.1	98.6	97.4	107.4	128.4
青　　海	99.8	97.2	102.3	102.5	78.7
宁　　夏	105.6	100.5	101.5	118.9	109.9
新　　疆	109.3	109.9	88.5	109.0	127.0

5－25 分项农林牧渔业总产值

(按 1990 年不变价格计算)　　　　单位：亿元

	1990 年	1994 年	1995 年	1995 年比 1994 年增加	
				绝对数	%
农林牧渔业总产值	**8151.21**	**10525.89**	**11670.71**	**1144.82**	**10.9**
一、农业产值	**5190.79**	**5933.82**	**6404.96**	**471.14**	**7.9**
(一)种植业	4702.62	5306.54	5698.92	392.38	7.4
1.主产品产值	4375.00	4996.34	5355.14	358.80	7.2
粮食作物	2501.45	2552.44	2335.41	－217.03	－8.5
＃谷物		2177.11	2026.75	－150.36	－6.9
其它农作物		2443.90	3019.73	575.83	23.6
2.副产品产值	326.8	310.20	343.78	33.58	10.8
粮食作物副产品	288.5	271.89	294.06	22.17	8.2
＃谷物		236.49	258.95	22.46	9.5
其它副产品		38.31	50.67	12.36	32.3
(二)其它农业	488.17	627.28	706.02	78.74	12.6
采集野生植物	184.79	160.99	166.61	5.62	3.5
农民家庭兼营工业	303.38	466.29	539.41	73.12	15.7
二、林业产值	**378.43**	**517.33**	**543.44**	**26.11**	**5.0**
营林	108.64	141.37	137.40	－3.97	－2.8
林产品	89.93	152.89	173.44	20.55	13.4
村及村以下竹木采伐	179.86	223.06	232.60	9.54	4.3
三、牧业产值	**2048.80**	**3134.38**	**3599.07**	**464.69**	**14.8**
(一)牲畜	1292.15	1771.64	2027.31	255.67	14.4
1.大牲畜繁殖、增长、增重	132.61	177.47	206.39	28.92	16.3
2.猪	1100.09	1499.15	1708.67	209.52	14.0
3.羊	59.45	91.85	108.65	16.80	18.3
4.其它		3.17	3.60	0.43	13.6
(二)家禽的饲养	231.56	459.01	566.19	107.18	23.4
(三)活的畜禽产品	440.61	762.60	854.55	91.95	12.1
(四)捕猎	3.24	5.31	6.29	0.98	18.5
(五)其它动物饲养	81.24	135.82	144.73	8.91	6.6
四、渔业产值	**533.19**	**940.36**	**1123.24**	**182.88**	**19.4**
(一)海水产品	306.37	512.09	590.96	78.87	15.4
其中:养殖	136.82	158.88	216.85	57.97	36.5
(二)内陆水域水产品	226.82	428.27	532.28	104.01	24.3
其中:养殖	225.41	277.04	428.39	151.35	54.6

5－26 各地区农林牧渔业总产值增减及占全国比重

(按 1990 年不变价格计算)　　单位:亿元

地　区	1994 年	1995 年	1995 年比 1994 年增加		占全国比重(%)	
			绝对数	%	1994 年	1995 年
全国总计	**10 525.89**	**11 670.71**	**1 144.82**	**10.9**	**100.0**	**100.0**
北　京	91.32	90.43	－0.89	－1.0	0.9	0.8
天　津	65.25	73.34	8.09	12.4	0.6	0.6
河　北	510.45	571.01	60.56	11.9	4.8	4.9
山　西	155.53	161.93	6.41	4.1	1.5	1.4
内蒙古	200.02	208.30	8.28	4.1	1.9	1.8
辽　宁	400.25	446.22	45.96	11.5	3.8	3.8
吉　林	256.85	272.13	15.28	5.9	2.4	2.3
黑龙江	358.44	391.26	32.82	9.2	3.4	3.4
上　海	81.83	91.39	9.56	11.7	0.8	0.8
江　苏	818.16	929.84	111.68	13.7	7.8	8.0
浙　江	442.11	485.23	43.12	9.8	4.2	4.2
安　徽	444.63	507.96	63.33	14.2	4.2	4.4
福　建	375.00	427.63	52.63	14.0	3.6	3.7
江　西	380.23	399.99	19.76	5.2	3.6	3.4
山　东	1 144.24	1287.00	142.76	12.5	10.9	11.0
河　南	616.56	762.55	146.00	23.7	5.9	6.5
湖　北	512.48	584.97	72.48	14.1	4.9	5.0
湖　南	532.16	578.88	46.72	8.8	5.1	5.0
广　东	719.79	779.62	59.83	8.3	6.8	6.7
广　西	384.54	450.62	66.08	17.2	3.7	3.9
海　南	100.96	113.62	12.66	12.5	1.0	1.0
四　川	845.78	912.12	66.34	7.8	8.0	7.8
贵　州	183.37	188.96	5.59	3.0	1.7	1.6
云　南	261.74	278.63	16.90	6.5	2.5	2.4
西　藏	21.03	23.11	2.08	9.9	0.2	0.2
陕　西	222.04	230.91	8.87	4.0	2.1	2.0
甘　肃	141.67	143.22	1.55	1.1	1.3	1.2
青　海	28.29	28.23	－0.06	－0.2	0.3	0.2
宁　夏	29.86	31.55	1.69	5.6	0.3	0.3
新　疆	201.31	220.05	18.74	9.3	1.9	1.9

5－27 各地区农林牧渔业总产值

(按1990年不变价格计算)　　　　单位:亿元

地　　区	农林牧渔业总产值		农 业 产 值		#种植业	
	1994年	1995年	1994年	1995年	1994年	1995年
全国总计	**10 525.89**	**11 670.71**	**5 933.82**	**6 404.96**	**5 306.54**	**5 698.92**
北　　京	91.32	90.43	46.55	46.89	44.12	44.39
天　　津	65.25	73.34	37.53	42.60	32.26	35.46
河　　北	510.45	571.01	324.55	358.56	299.93	327.57
山　　西	155.53	161.93	102.36	100.66	99.30	97.24
内 蒙 古	200.02	208.30	120.12	120.06	102.72	101.38
辽　　宁	400.25	446.22	175.86	193.37	152.35	166.85
吉　　林	256.85	272.13	173.54	169.00	164.05	155.27
黑 龙 江	358.44	391.26	239.05	240.63	232.07	233.37
上　　海	81.83	91.39	30.65	33.51	30.64	33.49
江　　苏	818.16	929.84	455.72	514.64	356.35	382.99
浙　　江	442.11	485.23	228.83	245.05	166.80	176.84
安　　徽	444.63	507.96	283.33	316.04	259.19	286.86
福　　建	375.00	427.63	162.02	179.89	142.58	157.87
江　　西	380.23	399.99	196.88	197.32	173.94	173.66
山　　东	1144.24	1287.00	546.35	587.30	536.56	579.44
河　　南	616.56	762.55	406.26	476.14	364.60	422.70
湖　　北	512.48	584.97	287.99	321.33	271.29	305.44
湖　　南	532.16	578.88	297.32	310.19	266.43	277.50
广　　东	719.79	779.62	390.24	421.54	330.93	364.56
广　　西	384.54	450.62	211.32	240.97	199.46	227.76
海　　南	100.96	113.62	37.55	41.45	31.21	34.25
四　　川	845.78	912.12	461.64	495.43	420.19	453.44
贵　　州	183.37	188.96	120.83	121.77	97.08	102.32
云　　南	261.74	278.63	160.49	172.04	140.39	150.89
西　　藏	21.03	23.11	7.65	8.83	6.61	7.59
陕　　西	222.04	230.91	145.42	152.41	122.11	126.42
甘　　肃	141.67	143.22	95.62	94.24	84.30	80.73
青　　海	28.29	28.23	14.01	13.62	12.76	12.04
宁　　夏	29.86	31.55	20.38	20.49	19.76	19.81
新　　疆	201.31	220.05	153.76	168.96	146.55	160.78

5-27 续表

地区	林业产值		牧业产值		渔业产值	
	1994年	1995年	1994年	1995年	1994年	1995年
全国总计	**517.33**	**543.44**	**3 134.38**	**3 599.07**	**940.36**	**1 123.24**
北京	1.53	1.60	39.95	37.90	3.30	4.03
天津	0.40	0.40	21.56	22.67	5.75	7.67
河北	12.69	13.38	157.97	180.13	15.25	18.94
山西	7.95	9.51	44.57	51.04	0.64	0.72
内蒙古	9.31	9.93	68.59	76.08	2.00	2.23
辽宁	9.77	10.41	149.03	165.11	65.59	77.32
吉林	6.38	5.92	73.16	93.22	3.77	3.98
黑龙江	12.35	14.69	98.62	125.49	8.42	10.45
上海	0.26	0.25	38.99	43.74	11.93	13.89
江苏	11.86	13.87	252.32	279.49	98.26	121.84
浙江	30.24	32.29	88.92	89.72	94.12	118.17
安徽	23.00	24.54	117.39	132.94	20.92	34.44
福建	46.32	51.03	75.05	85.70	91.61	111.01
江西	37.73	37.84	115.27	126.68	30.36	38.16
山东	30.14	31.31	376.54	462.23	191.21	206.16
河南	26.45	28.06	178.10	251.73	5.74	6.62
湖北	22.43	23.01	145.40	168.58	56.66	72.05
湖南	32.92	33.66	169.22	195.32	32.71	39.71
广东	31.61	33.29	163.71	174.92	134.23	149.86
广西	35.31	33.96	109.05	136.48	28.87	39.22
海南	28.10	31.14	18.53	20.88	16.78	20.14
四川	31.94	34.52	337.62	364.68	14.59	17.50
贵州	11.34	11.37	50.19	54.65	1.01	1.18
云南	30.47	31.17	67.89	71.94	2.89	3.49
西藏	0.72	0.84	12.65	13.43	0.01	0.01
陕西	14.29	14.29	61.01	62.72	1.32	1.49
甘肃	5.36	5.22	40.44	43.44	0.25	0.32
青海	0.72	0.74	13.45	13.79	0.11	0.08
宁夏	0.86	0.87	7.92	9.42	0.70	0.77
新疆	4.90	4.34	41.26	44.99	1.39	1.77

5－28 各地区分项种植业产值

(1995年，按1990年不变价格计算)　　单位：亿元

地区	粮食	#粮食主产品	#谷物	#主产品	#豆类	#薯类
全国总计	**2 629.47**	**2 335.41**	**2 285.70**	**2 026.75**	**193.26**	**150.52**
北京	13.35	11.19	12.76	10.67	0.47	0.13
天津	12.46	9.73	11.27	8.63	1.12	0.07
河北	143.13	125.00	126.25	109.23	10.72	6.16
山西	46.81	38.55	39.26	31.64	4.22	3.33
内蒙古	58.53	48.65	45.96	37.29	7.67	4.90
辽宁	67.67	54.61	60.99	48.53	4.78	1.90
吉林	103.40	89.15	93.47	79.69	7.77	2.16
黑龙江	167.87	150.11	114.64	99.82	49.18	4.05
上海	14.41	13.36	13.97	12.97	0.41	0.03
江苏	196.72	177.41	183.90	166.12	9.08	3.74
浙江	80.85	74.46	74.64	69.17	3.08	3.13
安徽	149.14	134.19	131.12	118.09	8.27	9.75
福建	54.74	50.33	46.14	42.71	2.46	6.15
江西	92.48	86.44	86.55	81.41	3.63	2.30
山东	225.55	187.36	196.63	161.00	14.08	14.84
河南	187.71	164.48	162.31	141.75	13.53	11.87
湖北	139.08	125.34	125.84	113.63	6.79	6.45
湖南	154.73	143.52	144.90	136.44	4.70	5.13
广东	99.88	94.51	88.79	85.29	2.13	8.96
广西	86.16	80.59	80.02	75.30	4.08	2.06
海南	11.73	10.49	9.92	9.61	0.25	1.56
四川	249.39	226.05	206.28	188.15	11.82	31.29
贵州	51.55	45.98	40.98	36.66	3.59	6.99
云南	68.44	64.44	54.74	50.81	9.37	4.34
西藏	5.15	4.21	4.62	3.73	0.46	0.08
陕西	53.26	44.68	45.98	38.32	3.64	3.64
甘肃	35.57	29.01	28.87	22.92	2.81	3.89
青海	7.25	6.41	5.36	4.69	1.08	0.81
宁夏	11.70	10.11	10.59	9.09	0.52	0.60
新疆	40.73	35.06	38.95	33.39	1.55	0.23

5-28 续表

地　区	油　料	棉　花	麻　类	糖　类	烟　叶	药材类
全国总计	**330.71**	**310.17**	**17.38**	**117.16**	**69.21**	**47.00**
北　京	0.49	0.19				0.09
天　津	0.55	1.20	0.02			
河　北	16.09	26.97	0.23	0.19	0.27	1.56
山　西	3.15	6.61	0.05	0.61	0.32	0.39
内蒙古	8.76		0.13	4.53	0.15	1.02
辽　宁	3.03	1.51	0.01	0.77	0.90	1.76
吉　林	3.34		0.04	1.28	0.83	6.93
黑龙江	2.50		2.61	7.66	3.32	1.20
上　海	2.21	0.22	0.01	0.22		0.18
江　苏	22.71	40.06	0.15	0.34	0.08	2.50
浙　江	7.02	3.97	0.27	0.95	0.03	1.03
安　徽	27.77	19.16	2.06	0.26	1.33	2.85
福　建	3.43		0.03	3.57	1.78	0.86
江　西	15.77	7.54	0.80	2.93	0.44	0.46
山　东	46.47	29.94	0.31	0.02	2.61	1.51
河　南	45.15	48.97	1.96	0.30	6.74	2.32
湖　北	27.87	35.16	2.52	1.06	3.09	4.28
湖　南	15.82	16.27	2.98	2.04	2.72	3.44
广　东	10.49		0.13	23.89	1.73	4.00
广　西	6.68	0.05	0.30	36.75	0.72	1.38
海　南	1.15			4.85	0.01	0.05
四　川	23.98	7.91	2.40	2.58	4.52	2.89
贵　州	8.23	0.06	0.11	0.39	10.73	0.52
云　南	2.75	0.04	0.04	15.19	23.34	0.97
西　藏	0.47					0.13
陕　西	5.33	2.84	0.04	0.02	2.00	1.88
甘　肃	4.12	1.46	0.05	1.64	1.47	2.22
青　海	2.25					
宁　夏	0.71	0.01		0.76	0.02	0.13
新　疆	12.43	60.03	0.12	4.41	0.07	0.46

5－29 各地区分项其它农业产值

(按1990年不变价格计算)

单位:亿元

地 区	采集野生植物		农民家庭兼营工业	
	1994年	1995年	1994年	1995年
全国总计	**160.99**	**166.61**	**466.29**	**539.43**
北 京	0.42	0.50	2.01	2.00
天 津	0.38	0.44	4.89	6.71
河 北	4.50	5.07	20.11	25.92
山 西	0.81	0.92	2.24	2.50
内蒙古	9.78	10.53	7.63	8.15
辽 宁	7.98	8.04	15.53	18.48
吉 林	7.97	11.52	1.52	2.21
黑龙江	5.13	5.34	1.86	1.92
上 海	0.01	0.02		
江 苏	1.59	1.73	97.79	129.92
浙 江	6.95	7.62	55.08	60.59
安 徽	5.56	6.28	18.58	22.90
福 建	12.11	13.27	7.33	8.74
江 西	4.02	3.99	18.91	19.66
山 东	2.06	1.74	7.73	6.13
河 南	2.88	3.02	38.78	50.41
湖 北	4.86	5.22	11.84	10.66
湖 南	13.95	14.12	16.94	18.57
广 东	13.47	13.43	45.84	43.55
广 西	6.82	6.37	5.04	6.84
海 南	0.84	0.73	5.50	6.47
四 川	12.75	12.47	28.70	29.52
贵 州	12.27	8.51	11.47	10.93
云 南	11.65	11.78	8.44	9.37
西 藏	0.32	0.41	0.72	0.84
陕 西	5.93	6.52	17.38	19.47
甘 肃	1.34	1.82	9.98	11.70
青 海	0.35	0.47	0.90	1.11
宁 夏	0.22	0.31	0.41	0.37
新 疆	4.05	4.42	3.15	3.76

5－30　各地区分项林业产值

(按 1990 年不变价格计算)　　　　单位:亿元

地　　区	营　　林		林　产　品		竹　木　采　伐	
	1994 年	1995 年	1994 年	1995 年	1994 年	1995 年
全国总计	**141.37**	**137.40**	**152.89**	**173.44**	**223.06**	**232.60**
北　　京	0.56	0.71	0.68	0.62	0.28	0.27
天　　津	0.25	0.22	0.06	0.07	0.09	0.11
河　　北	5.52	6.60	4.20	3.85	2.97	2.93
山　　西	6.12	7.21	1.31	1.58	0.52	0.72
内 蒙 古	7.40	7.90	1.08	1.15	0.83	0.88
辽　　宁	3.71	3.76	2.41	2.67	3.65	3.98
吉　　林	4.00	3.36	0.31	0.30	2.07	2.26
黑 龙 江	9.20	10.04	2.69	3.98	0.46	0.66
上　　海	0.10	0.07	0.07	0.07	0.10	0.11
江　　苏	2.88	2.76	1.39	1.50	7.58	9.61
浙　　江	4.07	3.76	13.53	15.80	12.64	12.73
安　　徽	4.08	3.88	6.93	9.00	11.98	11.67
福　　建	2.62	2.56	21.79	25.27	21.91	23.21
江　　西	8.19	7.09	6.11	6.69	23.43	24.05
山　　东	14.41	13.78	7.60	10.57	8.12	6.96
河　　南	7.42	8.46	3.65	3.93	15.38	15.67
湖　　北	7.12	6.83	4.88	5.30	10.43	10.88
湖　　南	5.04	4.66	6.16	6.26	21.73	22.75
广　　东	5.12	5.15	9.16	10.32	17.33	17.81
广　　西	8.04	4.22	8.90	9.38	18.37	20.36
海　　南	3.10	3.04	22.59	25.95	2.40	2.15
四　　川	9.09	9.33	4.93	5.41	17.91	19.78
贵　　州	3.95	3.57	2.33	2.44	5.05	5.35
云　　南	4.80	5.04	13.52	14.14	12.15	11.99
西　　藏	0.14	0.09	0.06	0.10	0.52	0.64
陕　　西	6.48	6.26	4.91	5.31	2.91	2.72
甘　　肃	3.12	2.74	1.37	1.50	0.86	0.98
青　　海	0.59	0.61		0.01	0.12	0.11
宁　　夏	0.69	0.60	0.01		0.17	0.27
新　　疆	3.54	3.09	0.28	0.24	1.08	1.01

5－31　各地区分项牧业产值

(1995年，按1990年不变价格计算)　　单位:亿元

地　区	牲　畜	1. 大牲畜	2. 猪	3. 羊
全国总计	**2 027.31**	**206.39**	**1 708.67**	**108.65**
北　京	14.58	0.48	12.29	0.48
天　津	7.34	0.43	5.51	0.57
河　北	90.02	10.57	69.44	10.02
山　西	27.72	4.01	21.10	2.61
内蒙古	42.80	11.20	21.53	9.93
辽　宁	78.42	5.67	70.62	1.81
吉　林	46.47	7.16	37.75	1.56
黑龙江	57.03	10.85	44.12	2.06
上　海	13.58	0.31	13.07	0.20
江　苏	113.21	2.20	101.68	9.32
浙　江	43.68	0.46	42.47	0.75
安　徽	76.21	9.82	63.50	2.82
福　建	52.31	1.06	50.73	0.52
江　西	94.22	6.68	87.36	0.18
山　东	170.88	28.73	118.82	23.33
河　南	146.46	23.25	110.78	12.44
湖　北	113.14	5.45	106.75	0.93
湖　南	159.33	4.13	154.39	0.75
广　东	81.81	6.24	75.49	0.07
广　西	100.31	7.47	92.41	0.43
海　南	12.40	2.75	9.43	0.20
四　川	262.88	12.04	247.31	3.12
贵　州	48.92	6.50	41.92	0.50
云　南	60.50	6.23	53.43	0.84
西　藏	9.59	5.34	0.37	3.58
陕　西	33.15	4.24	27.09	1.71
甘　肃	31.55	8.03	20.67	2.85
青　海	9.50	3.58	2.65	3.27
宁　夏	5.08	0.99	3.20	0.89
新　疆	24.24	10.53	2.79	10.92

5-31 续表

	家禽的饲养	活的畜禽产品	捕　猎	其它动物饲养
全国总计	**566.19**	**854.55**	**6.29**	**144.73**
北　京	7.80	14.77	0.34	0.41
天　津	3.00	12.05	0.01	0.26
河　北	17.13	70.34	0.04	2.28
山　西	1.82	20.33	0.02	1.15
内蒙古	4.97	27.74	0.04	0.53
辽　宁	29.77	54.24	0.03	2.65
吉　林	17.71	25.26	0.05	3.74
黑龙江	18.95	49.34	0.04	0.13
上　海	19.84	8.66		1.67
江　苏	56.24	79.96	0.86	29.21
浙　江	12.29	17.57	0.14	16.04
安　徽	21.82	30.13	0.11	4.67
福　建	17.94	13.12	1.02	1.30
江　西	14.41	15.39	0.25	2.41
山　东	110.16	155.17	0.05	25.97
河　南	27.35	73.93	0.40	3.59
湖　北	13.30	38.71	0.26	3.17
湖　南	13.11	21.28	0.07	1.53
广　东	68.39	14.63	1.91	8.18
广　西	26.88	6.70	0.17	2.41
海　南	6.89	1.14	0.10	0.35
四　川	35.81	38.19	0.08	27.72
贵　州	2.70	2.78		0.25
云　南	6.13	3.94	0.06	1.30
西　藏	0.04	4.04		0.05
陕　西	5.40	21.71	0.16	2.30
甘　肃	2.32	9.36	0.01	0.19
青　海	0.19	4.05	0.01	0.04
宁　夏	0.82	3.48	0.01	0.03
新　疆	3.01	16.52	0.02	1.19

5-32 各地区分项渔业产值

(1995年，按1990年不变价格计算) 单位:亿元

地区	海水产品	#养殖	内陆水域水产品	#养殖
全国总计	**590.96**	**216.86**	**532.28**	**428.39**
北京	0.01	0.01	4.03	2.04
天津	1.97	0.77	5.70	4.42
河北	10.56	3.96	8.39	7.77
山西			0.72	0.71
内蒙古			2.23	1.47
辽宁	67.38	29.03	9.94	9.06
吉林			3.98	2.82
黑龙江			10.45	8.28
上海	5.62	0.07	8.27	7.92
江苏	35.67	2.18	86.17	64.40
浙江	97.47	18.72	20.70	18.10
安徽			34.44	2.75
福建	79.85	37.49	31.16	28.11
江西			38.16	30.48
山东	184.33	93.21	21.83	19.33
河南			6.62	6.16
湖北			72.05	64.85
湖南			39.71	30.17
广东	68.25	24.24	81.61	79.20
广西	22.92	5.45	16.30	14.17
海南	16.92	1.75	3.23	2.37
四川			17.50	15.79
贵州			1.18	1.04
云南			3.49	2.68
西藏				
陕西			1.49	1.40
甘肃			0.32	0.31
青海			0.08	0.06
宁夏			0.77	0.75
新疆			1.77	1.77

六、农林牧渔业主要产品种植面积和产量

6－1 主要农作物播种面积

单位：千公顷

年 份	农作物总播种面积	粮食面积	#稻 谷	#小 麦	#玉 米	#大 豆	#薯 类
1952	141 256	123 979	28 382	24 780	12 566	11 679	8 688
1957	157 244	133 633	32 241	27 542	14 943	12 748	10 495
1962	140 229	121 621	26 935	24 075	12 817	9 504	12 171
1965	144 624	119 627	29 825	24 709	15 671	8 593	11 175
1970	143 487	119 267	32 358	25 458	15 831	7 985	10 717
1975	149 545	121 062	35 729	27 661	18 598	6 999	10 969
1978	150 104	120 587	34 421	29 183	19 961	7 144	11 796
1979	148 477	119 263	33 873	29 357	20 133	7 247	10 952
1980	146 379	117 234	33 879	29 228	20 353	7 227	10 153
1981	145 157	114 958	33 295	28 307	19 425	8 023	9 621
1982	144 755	113 463	33 071	27 955	18 543	8 419	9 370
1983	143 993	114 047	33 137	29 050	18 824	7 567	9 402
1984	144 221	112 884	33 179	29 577	18 537	7 286	8 988
1985	143 626	108 845	32 070	29 218	17 694	7 718	8 572
1986	144 204	110 933	32 266	29 616	19 124	8 295	8 685
1987	144 957	111 268	32 193	28 798	20 212	8 445	8 867
1988	144 869	110 123	31 987	28 785	19 692	8 120	9 054
1989	146 554	112 205	32 700	29 841	20 353	8 057	9 097
1990	148 362	113 466	33 064	30 753	21 401	7 560	9 121
1991	149 586	112 314	32 590	30 948	21 574	7 041	9 079
1992	149 007	110 560	32 090	30 496	21 044	7 221	9 057
1993	147 741	110 509	30 355	30 235	20 694	9 454	9 220
1994	148 241	109 544	30 171	28 981	21 152	9 222	9 270
1995	149 879	110 060	30 744	28 860	22 776	8 127	9 519

6-1 续表

年 份	棉 花	花 生	油菜籽	芝 麻	黄红麻	甘 蔗	甜 菜	烤 烟
1952	5 576	1 804	1 863	1 057	158	183	35	186
1957	5 775	2 541	2 308	942	143	267	159	355
1962	3 497	1 301	1 361	716	62	154	83	176
1965	5 003	1 846	1 822	663	113	351	171	325
1970	4 997	1 709	1 453	555	135	387	199	291
1975	4 955	1 877	2 313	534	297	523	303	460
1978	4 867	1 768	2 599	571	412	549	331	913
1979	4 512	2 075	2 761	843	362	512	325	509
1980	4 920	2 339	2 844	776	314	479	443	397
1981	5 185	2 473	2 801	818	306	551	436	587
1982	5 829	2 416	4 122	965	246	653	462	889
1983	6 077	2 201	3 669	789	227	654	544	572
1984	6 923	2 421	3 413	858	320	728	502	715
1985	5 141	3 319	4 494	1 052	991	965	561	1 077
1986	4 306	3 253	4 916	1 007	345	950	521	895
1987	4 844	3 022	5 267	869	272	859	498	913
1988	5 535	2 977	4 937	703	277	924	745	1 304
1989	5 203	2 946	4 993	722	286	959	569	1 503
1990	5 588	2 907	5 503	669	300	1 009	670	1 342
1991	6 538	2 880	6 133	680	270	1 164	783	1 562
1992	6 835	2 976	5 976	746	277	1 246	660	1 849
1993	4 985	3 379	5 300	754	274	1 088	599	1 835
1994	5 528	3 776	5 783	690	176	1 057	698	1 302
1995	5 422	3 809	6 907	642	147	1 125	695	1 309

6－2　主要农作物播种面积增减情况

单位：千公顷

	1990年	1994年	1995年	1995年为下列年(%)	
				1990年	1994年
农作物总播种面积	**148 362**	**148 241**	**149 879**	**101.0**	**101.1**
一、粮食作物	**113 466**	**109 544**	**110 060**	**97.0**	**100.5**
(一)谷物		87 537	89 309		102.0
1. 稻谷	33 064	30 171	30 744	93.0	101.9
2. 小麦	30 753	28 981	28 860	93.8	99.6
3. 玉米	21 401	21 152	22 776	106.4	107.7
4. 谷子	2 278	1 672	1 522	66.8	91.1
5. 高粱	1 545	1 369	1 215	78.6	88.8
6. 其它谷物		4 194	4 192		100.0
(二)豆类		12 736	11 232		88.2
其中：大豆	7 560	9 222	8 127	107.5	88.1
杂豆		3 514	3 105		88.4
(三)薯类	9 121	9 270	9 519	104.4	102.7
其中：马铃薯	2 865	3 208	3 434	119.9	107.1
二、油料作物	**10 900**	**12 081**	**13 101**	**120.2**	**108.4**
#花　生	2 907	3 776	3 809	131.0	100.9
油菜籽	5 503	5 783	6 907	125.5	119.4
芝　麻	669	690	642	95.9	93.0
胡麻籽	703	668	621	88.3	93.0
向日葵	713	805	813	114.0	101.0
三、棉花	**558**	**5 528**	**5 422**	**971.6**	**98.1**
四、麻类	**495**	**372**	**376**	**76.0**	**101.2**
#黄红麻	300	176	147	48.8	83.4
苎　麻	81	83	97	120.0	117.2
大　麻	21	17	16	76.2	94.1
亚　麻	57	93	113	198.4	122.3
五、糖料	**1 679**	**1 755**	**1 820**	**108.4**	**103.7**
1. 甘蔗	1 009	1 057	1 125	111.5	106.5
2. 甜菜	670	698	695	103.7	99.5
六、烟叶	**1 593**	**1 490**	**1 470**	**92.3**	**98.7**
#烤烟	1 342	1 302	1 309	97.5	100.5
七、药材	**153**	**312**	**279**	**182.2**	**89.3**
八、蔬菜、瓜类	**7 059**	**10 042**	**10 616**	**150.4**	**105.7**
#蔬菜	6 338	8 921	9 515	150.1	106.7
九、其他农作物	**6 161**	**7 118**	**6 736**	**109.3**	**94.6**
#青饲料	1 862	2 228	1 825	98.0	81.9

6－3 主要农作物播种面积构成

（以农作物总播种面积为100）

	1990年	1994年	1995年
农作物总播种面积	**100.0**	**100.0**	**100.0**
一、粮食作物	**76.5**	**73.9**	**73.4**
(一)谷物		59.1	59.6
1. 稻谷	22.3	20.4	20.5
2. 小麦	6.3	19.5	19.3
3. 玉米	20.7	14.3	15.2
4. 谷子	14.4	1.1	1.0
5. 高粱	1.5	0.9	0.8
6. 其它谷物	1.0	2.8	2.8
(二)豆类		8.6	7.5
其中：大豆	5.1	6.2	5.4
杂豆		2.4	2.1
(三)薯类	6.1	6.3	6.4
其中：马铃薯	1.9	2.2	2.3
二、油料作物	**7.3**	**8.1**	**8.7**
#花生	2.0	2.5	2.5
油菜籽	3.7	3.9	4.6
芝麻	0.5	0.5	0.4
胡麻籽	0.5	0.5	0.4
向日葵	0.5	0.5	0.5
三、棉花	**14.4**	**3.7**	**3.6**
四、麻类	**0.3**	**0.3**	**0.3**
#黄红麻	0.2	0.1	0.1
苎　麻	…	0.1	0.1
大　麻	…		
亚　麻	0.1	0.1	0.1
五、糖料	**1.1**	**1.2**	**1.2**
1. 甘蔗	0.7	0.7	0.8
2. 甜菜	0.5	0.5	0.5
六、烟叶	**1.1**	**1.0**	**1.0**
#烤烟	0.9	0.9	0.9
七、药材	**0.1**	**0.2**	**0.2**
八、蔬菜、瓜类	**4.8**	**6.8**	**7.1**
#蔬菜	4.3	6.0	6.3
九、其他农作物	**4.2**	**4.8**	**4.5**
#青饲料	1.3	1.5	1.2

6－4　各地区农作物总播种面积

单位：千公顷

地　区	1990年	1994年	1995年	1995年为下列各年%	
				1990年	1994年
全国总计	**148 361.4**	**148 240.6**	**149 879.3**	**101.0**	**101.1**
北　京	590.3	550.9	553.2	93.7	100.4
天　津	573.2	555.1	572.7	99.9	103.2
河　北	8 786.7	8 649.3	8 720.1	99.2	100.8
山　西	4 016.3	4 007.5	3 895.6	97.0	97.2
内蒙古	4 722.4	4 925.1	5 079.4	107.6	103.1
辽　宁	3 618.9	3 623.5	3 623.7	100.1	100.0
吉　林	4 039.8	4 059.6	4 059.8	100.5	100.0
黑龙江	8 558.5	8 670.0	8 647.4	101.0	99.7
上　海	631.1	536.8	542.1	85.9	101.0
江　苏	8 259.2	7 855.8	7 909.0	95.8	100.7
浙　江	4 384.7	3 802.4	3 923.0	89.5	103.2
安　徽	8 313.6	8 263.8	8 354.2	100.5	101.1
福　建	2 745.9	2 801.0	2 835.1	103.2	101.2
江　西	5 758.1	5 753.4	5 950.6	103.3	103.4
山　东	10 882.6	10 876.1	10 837.3	99.6	99.6
河　南	11 889.7	12 087.7	12 136.8	102.1	100.4
湖　北	7 361.1	7 181.4	7 413.7	100.7	103.2
湖　南	7 951.8	7 730.5	7 840.4	98.6	101.4
广　东	5 671.5	5 205.3	5 304.3	93.5	101.9
广　西	5 141.3	5 515.8	5 745.7	111.8	104.2
海　南	821.3	844.1	870.0	105.9	103.1
四　川	12 475.3	12 636.1	12 838.8	102.9	101.6
贵　州	3 578.3	4 055.9	4 203.1	117.5	103.6
云　南	4 492.1	4 848.4	4 958.9	110.4	102.3
西　藏	213.5	215.9	219.3	102.7	101.6
陕　西	4 859.8	4 806.2	4 496.9	92.5	93.6
甘　肃	3 611.3	3 709.4	3 773.3	104.5	101.7
青　海	544.7	562.1	568.8	104.4	101.2
宁　夏	888.9	917.6	956.0	107.5	104.2
新　疆	2 979.5	2 993.8	3 050.2	102.4	101.9

6-5 各地区粮食播种面积增减情况

单位:千公顷

地区	1990年	1994年	1995年	1995年为下列各年%	
				1990年	1994年
全国总计	**113 465.9**	**109 543.7**	**110 060.4**	**97.0**	**100.5**
北京	484.4	430.1	434.1	89.6	100.9
天津	457.9	422.7	443.3	96.8	104.9
河北	6 827.8	6 801.7	6 829.5	100.0	100.4
山西	3 290.3	3 235.4	3 151.5	95.8	97.4
内蒙古	3 874.5	4 027.0	4 143.2	106.9	102.9
辽宁	3 121.6	3 026.4	3 030.9	97.1	100.2
吉林	3 525.9	3 566.7	3 576.9	101.4	100.3
黑龙江	7 420.0	7 496.4	7 500.2	101.1	100.1
上海	417.1	349.7	343.9	82.5	98.3
江苏	6 363.0	5 742.9	5 755.2	90.4	100.2
浙江	3 266.0	2 741.0	2 814.4	86.2	102.7
安徽	6 246.1	5 796.5	5 852.5	93.7	101.0
福建	2 080.6	2 002.2	2 017.3	97.0	100.8
江西	3 699.3	3 430.6	3 509.3	94.9	102.3
山东	8 151.9	8 014.1	8 131.6	99.8	101.5
河南	9 316.1	8 810.9	8 810.0	94.6	100.0
湖北	5 200.0	4 796.8	4 776.7	91.9	99.6
湖南	5 365.7	5 077.4	5 115.6	95.3	100.8
广东	3 996.3	3 412.5	3 472.3	86.9	101.8
广西	3 639.9	3 633.6	3 662.7	100.6	100.8
海南	567.5	563.5	574.9	101.3	102.0
四川	9 827.7	9 869.1	9 933.7	101.1	100.7
贵州	2 543.2	2 824.1	2 864.5	112.6	101.4
云南	3 622.3	3 668.9	3 643.0	100.6	99.3
西藏	191.7	187.0	188.2	98.2	100.7
陕西	4 134.7	4 103.8	3 807.7	92.1	92.8
甘肃	2 875.1	2 882.8	2 928.7	101.9	101.6
青海	400.3	386.9	384.3	96.0	99.3
宁夏	723.5	736.7	761.8	105.3	103.4
新疆	1 835.5	1 506.4	1 602.5	87.3	106.4

6－6 各地区粮食播种面积

（按季节分） 单位：千公顷

地区	夏收粮食		早稻		秋收粮食	
	1994年	1995年	1994年	1995年	1994年	1995年
全国总计	**30 916.8**	**30 820.2**	**8 001.6**	**8 199.4**	**70 625.3**	**71 040.8**
北京	163.6	172.3			266.5	261.8
天津	119.6	141.2			303.1	302.0
河北	2 466.5	2 515.3			4 335.2	4 314.2
山西	1 083.4	976.2			2 152.0	2 175.3
内蒙古					4 027.0	4 143.2
辽宁	209.8	220.5			2 816.5	2 810.4
吉林					3 566.7	3 576.9
黑龙江					7 496.4	7 500.2
上海	122.3	117.8			227.4	226.1
江苏	2 653.6	2 643.9	1.2	0.5	3 088.1	3 110.7
浙江	429.6	423.6	828.1	870.9	1 483.3	1 519.9
安徽	2 116.8	2 110.8	443.8	430.0	3 235.9	3 311.6
福建	174.0	172.2	532.6	536.7	1 295.6	1 308.4
江西	138.3	122.9	1 291.9	1 336.1	2 000.4	2 050.3
山东	4 056.2	4 013.4			3 957.9	4 118.2
河南	4 896.7	4 888.5			3 914.2	3 921.5
湖北	1 587.5	1 525.8	634.2	660.8	2 575.1	2 590.1
湖南	338.0	323.8	1 633.8	1 675.6	3 105.6	3 116.2
广东	201.5	229.9	1 259.5	1 291.1	1 951.5	1 951.3
广西	56.1	81.0	1 134.1	1 148.4	2 443.4	2 433.3
海南	66.1	61.8	168.3	175.5	329.1	337.6
四川	3 044.3	3 102.8	24.5	22.1	6 800.3	6 808.9
贵州	980.9	986.5	0.7	0.6	1 842.5	1 877.4
云南	1 136.3	1 127.0	48.9	51.0	2 483.8	2 465.0
西藏					187.0	188.2
陕西	1 847.7	1 805.3			2 256.1	2 002.4
甘肃	1 739.0	1 712.2			1 143.8	1 216.5
青海					386.9	384.3
宁夏	370.5	351.2			366.2	410.6
新疆	918.6	994.2			587.8	608.3

6-7 各地区粮食播种面积

(按品种分)

单位：千公顷

地　区	谷　物		1. 稻　谷		2. 小　麦		3. 玉　米	
	1994年	1995年	1994年	1995年	1994年	1995年	1994年	1995年
全国总计	**87 537.4**	**89 309.6**	**30 171.4**	**30 744.1**	**28 980.6**	**28 860.2**	**21 152.1**	**22 775.7**
北　京	402.9	411.4	23.0	23.3	163.6	172.2	206.1	207.8
天　津	352.7	381.8	40.1	48.1	119.6	141.2	155.0	158.6
河　北	5 595.8	5 767.2	117.8	128.7	2 455.5	2 500.7	2 103.7	2 290.8
山　西	2 416.8	2 425.1	6.6	6.4	1 000.5	917.0	664.3	768.2
内蒙古	2 920.7	3 009.2	68.1	78.6	1 034.4	1 016.7	836.2	992.1
辽　宁	2 573.8	2 627.9	458.7	472.6	162.4	171.3	1 464.6	1 517.5
吉　林	2 870.1	3 051.3	417.5	429.6	100.9	80.4	2 100.1	2 344.1
黑龙江	4 333.9	4 675.9	747.1	835.1	1 198.5	1 116.3	1 964.2	2 411.2
上　海	336.4	331.8	209.9	210.0	62.3	61.1	8.7	8.1
江　苏	5 145.8	5 237.4	2 162.5	2 250.3	2 114.3	2 150.4	459.0	462.0
浙　江	2 453.8	2 510.4	2 075.9	2 137.8	215.7	208.2	36.3	39.3
安　徽	4 670.5	4 806.4	2 108.3	2 156.1	2 016.4	1 992.7	490.3	552.4
福　建	1 544.7	1 539.3	1 402.6	1 406.3	75.7	69.1	28.1	29.6
江　西	3 041.7	3 131.2	2 938.7	3 014.9	73.3	60.0	14.4	41.1
山　东	6 802.8	6 999.3	113.9	121.1	4 049.0	4 010.9	2 454.6	2 694.8
河　南	7 361.5	7 433.3	446.9	450.5	4 817.5	4 814.0	1 871.5	1 957.5
湖　北	4 053.5	4 051.1	2 372.2	2 408.6	1 225.6	1 179.9	374.3	393.8
湖　南	4 424.3	4 457.5	4 040.7	4 084.0	178.3	168.7	132.4	137.9
广　东	2 759.1	2 829.7	2 670.8	2 699.8	25.4	26.5	58.0	65.5
广　西	3 014.5	3 028.8	2 417.3	2 420.7	13.2	21.6	553.4	550.1
海　南	407.9	415.9	391.5	393.6			15.7	17.1
四　川	7 321.8	7 369.6	2 980.8	3 003.3	2 309.5	2 332.0	1 710.6	1 715.8
贵　州	2 048.2	2 042.1	735.1	741.0	563.6	562.0	644.0	646.7
云　南	2 849.3	2 838.0	940.3	941.0	628.5	625.0	999.3	988.0
西　藏	168.1	168.3	0.9	1.0	48.0	51.9	2.6	2.8
陕　西	3 186.9	3 064.8	158.1	139.3	1 623.8	1 600.2	1 024.1	902.6
甘　肃	2 215.1	2 274.8	5.9	6.8	1 359.5	1 357.3	314.0	346.2
青　海	283.8	283.1			205.0	206.0		
宁　夏	584.7	618.5	56.9	62.1	290.5	294.3	78.8	95.0
新　疆	1 396.3	1 528.6	63.3	73.38	850.2	952.6	387.9	439.2

地区	4. 谷子		5. 高粱		6. 其它谷物	
	1994年	1995年	1994年	1995年	1994年	1995年
全国总计	**1 671.6**	**1 522.4**	**1 368.8**	**1 215.0**	**4 193.9**	**4 191.9**
北京	3.8	3.7	4.5	3.2	1.9	1.2
天津	3.2	2.4	32.1	29.4	2.8	2.1
河北	419.6	379.0	131.9	104.6	367.4	363.4
山西	327.6	298.6	137.4	117.2	280.5	317.6
内蒙古	232.6	237.0	142.2	139.9	607.1	545.0
辽宁	109.0	102.8	321.7	308.3	57.3	55.4
吉林	47.8	34.4	159.9	128.4	43.9	34.4
黑龙江	108.3	87.8	161.6	133.6	154.2	91.9
上海					55.5	52.6
江苏			1.2	0.7	408.8	374.1
浙江					125.9	125.1
安徽	0.2	0.3	17.3	9.8	37.9	95.1
福建	1.2	0.3	4.4	5.1	32.7	28.9
江西	0.4	0.3	1.2	1.4	13.7	13.5
山东	99.5	94.2	48.2	45.8	37.7	32.5
河南	101.1	112.8	27.5	20.9	97.1	77.6
湖北	5.6	5.5	4.6	4.3	71.2	59.0
湖南			6.6	9.4	66.3	57.5
广东	1.0		0.4	0.3	3.5	37.6
广西	4.8	3.9	3.3	3.9	22.5	28.6
海南		0.2	0.2	0.1	0.6	4.8
四川			64.5	65.7	256.4	252.8
贵州	7.4	7.2	20.0	20.6	78.1	64.6
云南		1.0		3.0	281.2	280.0
西藏					117.6	112.6
陕西	129.9	98.7	33.1	25.8	217.9	298.1
甘肃	49.7	37.7	24.8	19.0	461.3	507.8
青海					78.8	77.1
宁夏	18.6	14.0	0.5	0.2	139.4	152.7
新疆	0.5	0.6	19.8	14.5	74.7	48.5

6-7 续表 2

地 区	豆 类		#大 豆		薯 类		#马铃薯	
	1994年	1995年	1994年	1995年	1994年	1995年	1994年	1995年
全国总计	**12 736.0**	**11 232.0**	**9 221.8**	**8 126.7**	**9 270.3**	**9 518.8**	**3 207.7**	**3 433.9**
北 京	21.1	17.2	14.9	12.6	6.1	5.5		
天 津	66.5	58.2	58.6	51.7	3.5	3.4		
河 北	797.9	655.4	575.9	481.4	408.0	407.0	121.0	141.0
山 西	528.7	414.9	282.7	229.9	289.9	311.5	237.2	260.0
内 蒙 古	853.5	778.7	603.9	557.0	252.9	355.3	246.4	350.2
辽 宁	356.7	300.5	318.6	273.0	95.9	102.5	55.1	58.6
吉 林	604.2	435.9	504.9	378.6	92.4	89.7	86.0	82.6
黑 龙 江	2 940.9	2 589.0	2 789.1	2 512.8	221.6	235.3	219.4	228.6
上 海	12.2	10.7	7.6	6.6	1.1	1.4		
江 苏	417.6	351.0	255.4	201.3	179.5	166.7		
浙 江	142.0	144.4	86.0	86.1	145.2	159.6	45.1	48.0
安 徽	595.9	517.7	504.9	441.4	530.2	528.4	4.4	5.3
福 建	123.8	130.7	103.2	107.0	333.7	347.3	59.9	66.5
江 西	238.2	234.6	166.2	162.5	150.7	143.5		
山 东	600.3	535.5	571.5	514.5	611.1	596.7	42.6	47.9
河 南	800.4	678.0	656.3	559.4	649.0	698.7		
湖 北	347.6	327.9	201.4	188.0	395.7	397.7	197.4	200.3
湖 南	282.2	284.5	214.5	215.4	370.9	373.6	68.1	73.0
广 东	121.3	123.4	104.7	103.9	532.1	519.2	34.5	40.8
广 西	311.4	321.3	250.2	252.5	307.7	312.6		
海 南	14.1	15.6	7.7	7.4	141.5	143.5		
四 川	575.9	569.2	189.4	185.6	1 971.4	1 995.0	555.1	579.9
贵 州	273.0	289.5	130.9	130.5	502.9	532.9	343.5	355.5
云 南	510.4	498.0	86.2	89.0	309.1	307.0	229.1	228.0
西 藏	17.1	18.6		0.3	1.7	1.3		1.3
陕 西	552.5	372.5	344.9	240.5	364.4	370.4	260.7	262.5
甘 肃	359.8	340.7	90.0	70.0	307.9	313.3	307.9	313.3
青 海	64.8	63.5			38.3	37.7	38.3	37.7
宁 夏	106.4	90.4	44.3	38.9	45.6	52.9	45.6	52.9
新 疆	99.8	64.7	58.0	28.9	10.4	9.2	10.4	

6-8 各地区油料播种面积

单位:千公顷

地区	油料合计		#花生		#油菜籽	
	1994年	1995年	1994年	1995年	1994年	1995年
全国总计	**12080.9**	**13101.4**	**3775.7**	**3809.4**	**5783.2**	**6907.2**
北京	12.4	11.8	11.6	11.2		
天津	22.9	22.6	8.4	7.9		
河北	590.2	604.5	362.9	371.7	26.2	28.0
山西	373.4	342.4	28.3	26.2	22.7	10.7
内蒙古	531.4	556.8	0.2	0.3	108.0	134.7
辽宁	144.4	131.8	102.9	94.5	0.2	0.2
吉林	154.1	151.1	20.9	21.4		
黑龙江	174.2	147.3	1.2	2.4	55.2	45.4
上海	69.5	79.4	1.0	1.0	68.5	78.4
江苏	670.3	687.4	146.5	148.7	516.6	530.7
浙江	235.4	309.3	10.5	10.2	221.6	295.9
安徽	1088.3	1263.5	178.0	181.5	819.9	991.1
福建	114.4	118.2	96.2	97.7	16.3	18.9
江西	853.8	1057.0	138.5	130.3-	653.8	864.1
山东	894.7	879.8	866.9	849.9	21.3	23.6
河南	1242.0	1271.5	757.4	767.3	236.2	274.4
湖北	823.6	1047.0	87.0	91.9	615.9	838.8
湖南	767.2	890.7	119.9	120.9	639.0	763.3
广东	352.6	347.4	336.9	333.1	12.5	11.7
广西	251.2	284.1	204.4	208.4	32.1	61.5
海南	48.8	51.2	12.9	45.6		
四川	927.5	1048.9	180.5	183.4	732.1	851.7
贵州	395.2	446.2	29.9	33.7	356.4	404.1
云南	123.6	145.4	34.9	36.3	75.5	95.9
西藏	16.2	18.5			16.2	18.5
陕西	311.4	302.2	37.0	32.9	149.5	169.8
甘肃	333.6	328.2	0.4	0.2	99.5	121.0
青海	144.6	149.8			139.5	144.8
宁夏	96.9	100.9			0.3	0.1
新疆	317.3	306.7	0.7	1.1	148.3	130.1

6-8 续表

地区	# 芝麻		# 胡麻籽		# 向日葵籽	
	1994年	1995年	1994年	1995年	1994年	1995年
全国总计	**689.9**	**641.9**	**667.8**	**621.1**	**804.9**	**812.9**
北京	0.4	0.3			0.4	0.3
天津	3.5	3.6			10.2	11.0
河北	49.1	46.4	83.7	87.9	65.1	66.5
山西	20.7	14.1	101.4	89.6	144.4	143.7
内蒙古	6.2	4.5	151.5	150.9	206.7	206.8
辽宁	18.1	14.1			22.2	22.0
吉林	1.2	2.3			86.6	91.1
黑龙江	0.1	0.1			74.0	68.3
上海						
江苏	6.7	7.5			0.6	0.5
浙江	3.3	3.2				
安徽	87.0	89.0			0.1	
福建	1.8	1.6				
江西	61.4	62.4			0.1	0.2
山东	6.4	6.3				
河南	246.0	228.7			1.2	0.7
湖北	114.8	110.0			4.2	4.0
湖南	6.9	5.7			0.5	0.4
广东	3.2	2.6				
广西	11.5	9.4				
海南	5.9	5.6				
四川	8.0	7.3	0.1	0.1	3.8	3.9
贵州	0.8	0.7		0.1	6.1	5.9
云南	0.7	0.6	0.1	0.2	1.9	1.7
西藏						
陕西	26.3	15.9	29.1	19.0	38.3	29.0
甘肃			205.5	186.0	9.7	9.6
青海			5.1	5.0		
宁夏			61.1	55.5	5.6	7.1
新疆	0.1	0.2	30.2	26.8	123.4	140.1

6-9 各地区棉花和麻类播种面积

单位:千公顷

地区	棉花		麻类合计		#黄红麻	
	1994年	1995年	1994年	1995年	1994年	1995年
全国总计	**5528.0**	**5421.6**	**371.7**	**376.0**	**175.7**	**146.5**
北京	4.1	3.3				
天津	22.8	17.2	0.3	0.4	0.2	0.4
河北	685.3	700.6	5.8	4.9	4.7	4.1
山西	129.1	127.1	1.6	1.6	0.1	
内蒙古			3.9	7.5		
辽宁	25.7	31.0	0.9	0.8		
吉林			2.8	1.9		
黑龙江			82.6	100.9		
上海	4.9	3.3				
江苏	534.6	564.9	2.8	2.0	2.2	1.3
浙江	61.7	64.5	7.7	4.4	7.4	4.0
安徽	443.3	443.2	44.4	38.6	37.7	31.9
福建			0.9	0.8	0.6	0.5
江西	163.3	131.8	12.9	13.0	5.9	4.4
山东	793.3	666.3	4.6	4.7	3.7	4.0
河南	966.7	1000.1	55.1	48.2	52.7	46.7
湖北	497.6	502.0	30.1	32.2	11.8	10.8
湖南	209.1	185.3	29.1	34.1	1.7	1.3
广东			3.0	2.7	3.0	2.7
广西	2.0	1.8	9.6	7.9	8.6	6.7
海南			0.3		0.3	
四川	130.6	140.7	57.0	52.9	34.7	27.3
贵州	2.4	2.6	3.4	4.7	0.5	0.3
云南	2.0	2.0	3.8	3.7	0.2	0.1
西藏						
陕西	84.7	72.8	1.8	1.5		
甘肃	15.2	18.0	2.6	2.6		
青海						
宁夏		0.3	0.3			
新疆	749.8	742.9	4.7	4.2		

6-9 续表

地区	#苎麻		#大麻		#亚麻	
	1994年	1995年	1994年	1995年	1994年	1995年
全国总计	**82.9**	**97.2**	**17.0**	**16.0**	**92.5**	**113.1**
北京						
天津						
河北			0.8	0.5		
山西			0.6	0.4	0.8	1.1
内蒙古			0.8	0.5	3.0	6.8
辽宁			0.3	0.3	0.2	0.2
吉林			1.3	1.3	1.4	0.5
黑龙江			0.3	1.0	82.2	99.9
上海						
江苏	0.4	0.5	0.1	0.1		
浙江	0.3	0.3				
安徽	3.8	2.8	2.6	2.6		
福建	0.3	0.3				
江西	7.0	8.7				
山东			0.1	0.6		
河南	0.1	0.2	1.9	1.2		
湖北	18.3	21.2				
湖南	27.4	32.8				
广东						
广西	1.1	1.2				
海南						
四川	21.1	24.8	0.8	0.7	0.1	
贵州	2.1	3.4	0.4	0.5	0.1	0.3
云南	0.3	0.3	3.2	3.0		
西藏						
陕西	0.7	0.6	0.9	0.8		
甘肃			2.6	2.6		
青海						
宁夏			0.3			
新疆					4.7	4.2

6-10 各地区糖料播种面积

单位:千公顷

地区	糖料合计		1. 甘蔗		2. 甜菜	
	1994年	1995年	1994年	1995年	1994年	1995年
全国总计	**1 754.8**	**1 819.9**	**1 056.5**	**1 125.3**	**698.4**	**694.6**
北京						
天津						
河北	13.0	11.9			13.0	11.9
山西	26.1	21.8			26.1	21.8
内蒙古	117.5	140.3			117.5	140.3
辽宁	28.8	30.2			28.8	30.2
吉林	42.8	43.2			42.8	43.2
黑龙江	343.7	328.5			343.7	328.5
上海	1.8	1.1	1.8	1.1		
江苏	5.3	4.1	4.6	4.0	0.7	0.2
浙江	13.3	11.8	13.3	11.8		
安徽	5.1	4.8	5.1	4.8		
福建	40.1	37.5	40.1	37.5		
江西	38.5	40.2	38.5	40.2		
山东	1.3	0.3			1.3	0.3
河南	5.6	5.0	5.6	5.0		
湖北	15.7	16.0	15.7	16.0		
湖南	29.4	29.0	29.4	29.0		
广东	233.3	230.2	233.3	230.2		
广西	403.4	454.3	403.4	454.3		
海南	71.8	72.5	71.8	72.5		
四川	35.4	35.7	35.2	35.6	0.2	0.2
贵州	7.0	9.3	6.9	8.5	0.1	0.9
云南	151.9	175.1	151.6	174.9	0.3	0.3
西藏						
陕西	3.3	2.3	0.2	0.2	3.1	2.1
甘肃	28.0	29.4			28.0	29.4
青海						
宁夏	16.0	14.5			16.0	14.5
新疆	76.8	71.1			76.8	71.1

6-11　各地区烟叶和药材播种面积

单位:千公顷

地　区	烟叶合计		#烤　烟		药　材	
	1994年	1995年	1994年	1995年	1994年	1995年
全国总计	**1 489.8**	**1 470.0**	**1 301.7**	**1 308.6**	**312.1**	**278.7**
北　京					0.4	0.2
天　津	0.1					
河　北	5.9	5.5	3.6	3.7	10.7	9.9
山　西	6.9	6.2	6.8	6.1	6.0	4.1
内蒙古	2.3	2.5	1.1	1.3	8.2	6.2
辽　宁	18.7	16.6	13.5	13.4	8.4	4.8
吉　林	23.6	19.2	14.1	12.0	15.7	12.8
黑龙江	70.5	68.3	65.6	64.6	2.2	1.2
上　海					0.4	0.4
江　苏	1.3	1.3	0.9	1.2	5.5	4.0
浙　江	0.7	0.7			8.0	8.0
安　徽	18.8	20.1	17.9	19.3	16.9	15.6
福　建	48.4	41.9	46.2	40.5	6.7	6.5
江　西	21.5	15.0	16.0	9.8	6.0	5.9
山　东	62.1	46.8	60.1	45.4	9.3	5.9
河　南	143.7	126.4	141.8	123.3	14.8	12.6
湖　北	71.1	67.4	38.7	41.2	17.8	19.0
湖　南	86.4	62.2	69.4	47.1	31.6	35.5
广　东	35.4	29.6	27.8	23.9	12.1	9.9
广　西	34.0	20.4	22.8	10.1	9.1	9.4
海　南	0.5	0.4		0.4	5.1	3.3
四　川	118.1	117.7	71.6	75.1	36.7	33.7
贵　州	244.5	265.9	224.6	246.4	6.3	7.4
云　南	390.2	455.8	381.8	448.1	10.5	9.5
西　藏						
陕　西	57.5	50.9	52.2	48.3	18.8	16.2
甘　肃	26.3	28.2	24.2	26.5	30.0	28.3
青　海		0.1				
宁　夏	0.4	0.4	0.4	0.4	2.1	1.8
新　疆	1.1	0.9	0.7	0.4	12.8	6.7

6-12 各地区蔬菜、瓜类和青饲料播种面积

单位:千公顷

地区	蔬菜		瓜类		青饲料	
	1994年	1995年	1994年	1995年	1994年	1995年
全国总计	**8 920.7**	**9 514.7**	**1 121.4**	**1 101.3**	**2 227.9**	**1 824.9**
北京	91.2	90.9	5.8	5.2	5.7	6.7
天津	75.9	81.0	5.4	3.9	1.7	1.7
河北	377.6	408.9	53.8	53.0	27.8	18.2
山西	141.6	156.8	25.8	25.4	38.7	29.1
内蒙古	71.6	83.0	13.2	12.8	105.5	98.8
辽宁	318.3	330.6	12.0	13.6	7.4	6.3
吉林	186.4	195.4	28.3	31.7	2.6	3.3
黑龙江	263.2	293.4	49.6	50.4	88.0	72.8
上海	82.0	87.0	9.8	11.7	4.3	4.8
江苏	535.5	567.9	67.4	69.5	25.9	25.0
浙江	298.9	297.8	47.5	50.6	346.5	
安徽	357.5	361.9	102.7	101.5	10.1	11.0
福建	373.7	401.4	24.7	26.3	46.9	
江西	399.1	435.6	64.7	58.2	61.2	60.2
山东	834.9	855.5	153.2	119.1	2.5	7.2
河南	617.2	607.4	136.1	145.5	18.4	7.7
湖北	515.3	584.1	49.7	54.9	55.2	60.6
湖南	439.9	450.7	63.8	64.1	179.0	175.0
广东	765.0	830.0	35.3	31.8	98.2	99.9
广西	460.3	555.8	35.0	33.1	162.1	180.9
海南	95.4	106.0	18.3	19.5	1.0	0.5
四川	806.0	833.3	20.1	21.9	393.3	392.2
贵州	270.6	274.3	9.6	11.4	36.1	45.3
云南	200.3	210.6	8.9	11.8	88.0	112.9
西藏	7.9	6.9		0.8		
陕西	143.2	174.2	32.3	27.6	34.3	28.1
甘肃	91.4	117.3	15.5	16.9	197.0	186.5
青海	10.1	12.4	0.1	0.1	16.9	18.6
宁夏	27.1	33.0	3.9	4.0	30.3	36.1
新疆	63.8	71.5	29.0	25.2	143.6	135.8

6－13 各地区主要农作物播种面积构成

（以农作物总播种面积为 100）

单位：%

地区	粮食	棉花	油料	糖料	烟叶	蔬菜、瓜类
全国总计	**73.4**	**3.6**	**8.7**	**1.2**	**1.0**	**7.1**
北京	78.5	0.6	2.1			17.4
天津	77.4	3.0	3.9			14.8
河北	78.3	8.0	6.9	0.1	0.1	5.3
山西	80.9	3.3	8.8	0.6	0.2	4.7
内蒙古	81.6		11.0	2.8		1.9
辽宁	83.6	0.9	3.6	0.8	0.5	9.5
吉林	88.1		3.7	1.1	0.5	5.6
黑龙江	86.7		1.7	3.8	0.8	4.0
上海	63.4	0.6	14.6	0.2		18.2
江苏	72.8	7.1	8.7	0.1		8.1
浙江	71.7	1.6	7.9	0.3		8.9
安徽	70.1	5.3	15.1	0.1	0.2	5.5
福建	71.2		4.2	1.3	1.5	15.1
江西	59.0	2.2	17.8	0.7	0.3	8.3
山东	75.0	6.1	8.1		0.4	9.0
河南	72.6	8.2	10.5		1.0	6.2
湖北	64.4	6.8	14.1	0.2	0.9	8.6
湖南	65.2	2.4	11.4	0.4	0.8	6.6
广东	65.5		6.5	4.3	0.6	16.2
广西	63.7		4.9	7.9	0.4	10.2
海南	66.1		5.9	8.3		14.4
四川	77.4	1.1	8.2	0.3	0.9	6.7
贵州	68.2	0.1	10.6	0.2	6.3	6.8
云南	73.5		2.9	3.5	9.2	4.5
西藏	85.8					3.5
陕西	84.7	1.6	6.7	0.1	1.1	4.5
甘肃	77.6	0.5	8.7	0.8	0.7	3.6
青海	67.6		26.3			2.2
宁夏	79.7		10.6	1.5		3.9
新疆	52.5	24.4	10.1	2.3		3.2

6-14　主要农作物产品产量

单位：万　吨

年　份	粮　食 总产量	#稻　谷	#小　麦	#玉　米	#大豆	#薯类
1949	11 318	4 865	1 381		509	985
1952	16 392	6 843	1 813	1 685	952	1 633
1957	19 505	8 678	2 364	2 144	1005	2 192
1962	16 000	6 299	1 667		651	2 345
1965	19 453	8 772	2 922	2 366	614	1 986
1970	23 996	10 999	2 919	3 303	871	2 668
1975	28 452	12 556	4 531	4 722	724	2 857
1978	30 477	13 693	5 384	5 595	757	3 174
1979	33 212	14 375	6 273	6 004	746	2 846
1980	32 056	13 991	5 521	6 260	794	2 873
1981	32 502	14 396	6 964	5 921	933	2 597
1982	35 450	16 160	6 847	6 056	903	2 705
1983	38 728	16 887	8 139	6 821	976	2 925
1984	40 731	17 826	8 782	7 341	970	2 848
1985	37 911	16 857	8 581	6 383	1 050	2 604
1986	39 151	17 222	9 004	7 086	1 161	2 534
1987	40 298	17 426	8 590	7 924	1 247	2 820
1988	39 408	16 991	8 543	7 735	1 165	2 697
1989	40 755	18 013	9 081	7 893	1 023	2 730
1990	44 624	18 993	9 823	9 682	1 100	2 744
1991	43 529	18 381	9 595	9 877	971	2 716
1992	44 266	18 622	10 159	9 538	1 030	2 844
1993	45 649	17 751	10 639	10 270	1 950	3 181
1994	44 510	17 593	9 930	9 928	1 600	3 025
1995	46 662	18 523	10 221	11 199	1 350	3 263

6-14 续表

年 份	棉 花	油 料				黄红麻	甘 蔗	甜 菜	烤 烟
			#花 生	#油菜籽	#芝 麻				
1949	44.4	256.4	126.8	73.4	32.6	1.9	264.2	19.1	4.3
1952	130.4	419.3	231.6	93.2	48.1	15.3	711.6	47.9	22.2
1957	164.0	419.6	257.1	88.8	31.2	15.1	1 039.2	150.1	25.6
1962	75.0	200.3	110.0	48.8	25.5	6.6	344.3	33.9	12.9
1965	209.8	362.5	192.8	108.9	25.6	14.0	1 339.1	198.4	37.2
1970	227.7	377.2	214.8	96.5	26.3	15.7	1 345.7	210.3	39.9
1975	238.1	452.1	227.0	153.5	20.8	35.0	1 666.7	247.6	70.1
1978	216.7	521.8	237.7	186.8	32.2	54.4	2 111.6	270.2	105.2
1979	220.7	643.5	282.2	240.2	41.7	54.5	2 150.8	310.6	80.6
1980	270.7	769.1	360.0	238.4	25.9	54.9	2 280.7	630.5	71.7
1981	296.8	1 020.5	382.6	406.5	51.0	63.0	2 966.2	636.0	127.9
1982	359.8	1 181.7	391.6	565.6	34.2	53.0	3 688.2	671.2	184.8
1983	463.7	1 055.0	395.1	428.7	34.9	51.0	3 114.1	918.2	115.1
1984	625.8	1 191.0	481.5	420.5	47.6	74.6	3 951.9	828.4	154.3
1985	414.7	1 578.4	666.4	560.7	69.1	206.0	5 154.9	891.9	207.5
1986	354.0	1 473.8	588.2	588.1	61.8	71.0	5 021.9	830.6	137.4
1987	424.5	1 527.8	617.1	660.5	52.6	56.9	4 736.3	814.0	163.6
1988	414.9	1 320.3	569.3	504.4	40.4	53.9	4 906.4	1 281.0	233.7
1989	378.8	1 295.2	536.2	543.6	33.8	66.0	4 879.5	934.3	240.5
1990	450.8	1 613.2	636.8	695.8	46.9	72.6	5 762.0	1 452.5	225.9
1991	567.5	1 638.3	630.3	743.6	43.5	51.3	6 789.8	1 628.9	267.0
1992	450.8	1 641.2	595.3	765.3	51.6	61.9	7 301.1	1 506.9	311.9
1993	373.9	1 803.9	842.1	693.9	56.1	67.2	6 419.4	1 204.8	303.6
1994	434.1	1 989.6	968.2	749.2	54.8	35.5	6 029.7	1 252.5	194.0
1995	476.8	2 250.0	1 023.5	977.7	58.3	37.1	6 542.0	1 398.4	207.2

6-15 主要农作物产品产量增减情况

单位:万吨

	1990年	1994年	1995年	1995年为下列各年 %	
				1990年	1994年
一、粮食作物	**44 624.3**	**44 510.1**	**46 661.8**	**104.6**	**104.8**
(一)谷物		39 389.1	41 611.6		
1.稻谷	18 933.1	17 593.3	18 522.6	97.8	105.3
#早稻	5 057.5	4 086.2	4 222.0	83.5	103.3
2.小麦	9 822.9	9 929.7	10 220.7	104.0	102.9
3.玉米	9 681.9	9 927.5	11 198.6	115.7	112.8
4.谷子	457.5	369.6	301.9	66.0	81.7
5.高粱	567.5	633.3	475.6	83.8	75.1
6.其它谷物		936.2	892.3		95.3
(二)豆类		2 095.6	1 787.5		85.3
1.大豆	1 100.0	1 599.9	1 350.2	122.7	84.4
2.杂豆		495.7	437.3		88.2
(三)薯类	2 743.5	3 025.4	3 262.6	118.9	107.8
#马铃薯	648.4	864.0	914.4	141.0	105.8
二、油料作物	**1 613.2**	**1 989.6**	**2 250.3**	**139.5**	**113.1**
#花　生	636.8	968.2	1 023.5	160.7	105.7
油菜籽	695.8	749.2	977.7	140.5	130.5
芝　麻	46.9	54.8	58.3	124.2	106.3
胡麻籽	53.5	51.1	36.4	68.0	71.2
向日葵	133.9	136.7	126.9	94.8	92.8
三、棉花	**450.8**	**434.1**	**476.8**	**105.8**	**109.8**
四、麻类	**109.7**	**74.7**	**89.7**	**81.8**	**120.1**
#黄红麻	72.6	35.5	37.1	51.1	104.5
苎　麻	8.9	11.6	14.7	165.2	126.7
大　麻	3.2	2.2	2.2	68.8	100.0
亚　麻	24.2	25.0	35.2	145.5	140.8
五、糖料	**7 214.5**	**7 345.2**	**7 940.1**	**110.1**	**108.1**
1.甘　蔗	5 762.0	6 092.7	6 542.0	113.5	107.4
2.甜　菜	1 452.5	1 252.5	1 398.4	96.3	111.6
六、烟叶	**262.7**	**223.8**	**231.4**	**88.1**	**103.4**
#烤　烟	225.9	194.0	207.2	91.7	106.8

6－16 各地区粮食总产量

单位：万 吨

地　区	1990年	1994年	1995年	1995年为下列各年%	
				1990年	1994年
全国总计	**44 624.3**	**44 510.1**	**46 661.8**	**104.6**	**104.8**
北　京	264.6	276.2	259.8	98.2	94.1
天　津	188.9	190.3	207.5	109.8	109.0
河　北	2 276.9	2 523.5	2 739.0	120.3	108.5
山　西	969.0	890.4	917.1	94.6	103.0
内蒙古	973.0	1 083.5	1 055.4	108.5	97.4
辽　宁	1 494.7	1 337.1	1 423.5	95.2	106.5
吉　林	2 046.5	2 015.7	1 992.4	97.4	98.8
黑龙江	2 312.5	2 578.7	2 552.1	110.4	99.0
上　海	239.5	207.5	210.4	87.8	101.4
江　苏	3 230.8	3 046.2	3 286.3	101.7	107.9
浙　江	1 586.1	1 404.0	1 430.9	90.2	101.9
安　徽	2 457.2	2 330.3	2 580.7	105.0	110.7
福　建	879.6	887.4	919.9	104.6	103.7
江　西	1 658.2	1 603.5	1 607.4	96.9	100.2
山　东	3 354.9	3 921.9	4 246.4	126.6	108.3
河　南	3 303.7	3 253.8	3 466.5	104.9	106.5
湖　北	2 475.0	2 422.1	2 463.8	99.5	101.7
湖　南	2 651.4	2 661.0	2 691.6	101.5	101.1
广　东	1 896.9	1 599.5	1 734.8	91.5	108.5
广　西	1 363.1	1 272.5	1 508.2	110.6	118.5
海　南	169.6	192.7	201.8	119.0	104.7
四　川	4 266.8	4 047.9	4 365.0	102.3	107.8
贵　州	721.0	938.7	948.9	131.6	101.1
云　南	1 057.2	1 146.5	1 188.9	112.5	103.7
西　藏	55.5	65.0	70.0	126.1	107.7
陕　西	1 070.7	944.6	913.4	85.3	96.7
甘　肃	690.7	705.3	644.2	93.3	91.3
青　海	114.0	116.8	114.2	100.2	97.8
宁　夏	190.1	204.1	203.2	106.9	99.6
新　疆	666.2	643.5	718.5	107.9	111.7

6－17 各地区分季粮食作物产量

单位:万 吨

地区	夏收粮食		早稻		秋收粮食	
	1994年	1995年	1994年	1995年	1994年	1995年
全国总计	**10 430.3**	**10 692.7**	**4 086.2**	**4 222.0**	**29 993.7**	**31 747.0**
北京	97.0	100.4			179.2	159.3
天津	50.8	65.4			139.6	142.1
河北	925.5	1 065.4			1 598.0	1 673.6
山西	304.8	276.5			585.6	640.6
内蒙古					1 083.5	1 055.4
辽宁	70.2	81.6			1 266.9	1 341.9
吉林					2 015.7	1 992.4
黑龙江					2 578.7	2 552.1
上海	38.7	44.2			168.8	166.2
江苏	1 055.8	1 073.5	0.6	0.3	1 989.8	2 212.6
浙江	110.8	115.2	449.9	439.0	843.3	876.7
安徽	741.1	736.1	226.0	206.6	1 363.2	1 638.0
福建	46.0	47.3	259.2	274.2	582.2	598.4
江西	14.8	13.2	595.5	545.1	993.2	1 049.1
山东	1 938.8	2 062.0			1 983.1	2 184.4
河南	1 822.0	1 776.8			1 431.8	1 689.7
湖北	472.7	447.2	379.3	376.4	1 570.1	1 640.2
湖南	57.0	58.9	903.5	854.7	1 700.5	1 778.0
广东	68.2	81.4	639.0	729.7	892.3	923.7
广西	8.6	13.1	516.5	671.4	747.4	823.7
海南	15.8	16.6	68.6	72.2	108.4	113.0
四川	902.1	927.2	14.5	16.9	3 131.3	3 420.9
贵州	187.5	197.5	0.4	0.3	750.8	751.1
云南	201.4	228.2	33.2	35.2	911.9	925.5
西藏					65.0	70.0
陕西	455.3	457.8			489.3	455.6
甘肃	413.9	327.2			291.4	317.0
青海					116.8	114.2
宁夏	80.8	74.7			123.3	128.5
新疆	350.9	405.3			292.6	313.2

6－18　各地区分品种粮食作物产量

单位:万 吨

地区	谷物		1. 稻谷		2. 小麦		3. 玉米	
	1994年	1995年	1994年	1995年	1994年	1995年	1994年	1995年
全国总计	**39 389.1**	**41 611.6**	**17 593.3**	**18 522.6**	**9 929.7**	**10 220.7**	**9 927.5**	**11 198.6**
北京	267.0	252.7	18.2	16.8	96.9	100.4	148.4	133.0
天津	176.3	195.6	31.8	38.9	50.8	65.4	77.7	80.5
河北	2 263.3	2 507.0	88.3	90.3	921.7	1 060.3	1 065.3	1 183.4
山西	759.3	816.2	3.9	4.2	295.4	270.1	302.2	403.5
内蒙古	910.4	914.1	30.5	39.6	234.8	262.2	482.3	518.4
辽宁	1 251.3	1 343.0	316.2	261.8	52.6	63.3	651.9	824.7
吉林	1 857.3	1 867.9	292.7	296.9	22.0	19.1	1 439.4	1 478.5
黑龙江	1 971.3	2 033.8	410.4	469.9	275.3	271.0	1 146.4	1 212.6
上海	203.5	206.3	159.8	158.6	21.2	23.8	6.0	4.6
江苏	2 863.6	3 108.0	1 600.7	1 798.6	877.4	892.6	217.2	270.8
浙江	1 317.6	1 330.2	1 211.4	1 218.8	54.4	54.1	12.6	14.2
安徽	2 054.9	2 273.3	1 187.5	1 269.9	710.2	699.1	130.3	271.9
福建	734.2	758.7	699.2	724.9	19.8	18.6	6.1	6.9
江西	1 510.4	1 508.2	1 493.8	1 486.5	9.1	7.5	4.3	8.9
山东	3 431.0	3 761.5	81.6	91.2	1 936.6	2 060.7	1 345.3	1 543.0
河南	2 879.0	3 059.3	268.8	295.8	1 798.4	1 754.2	754.3	957.8
湖北	2 228.8	2 264.0	1 690.2	1 730.7	383.3	363.6	133.7	150.1
湖南	2 494.4	2 517.2	2 415.0	2 438.4	28.6	27.1	37.2	38.9
广东	1 384.6	1 508.1	1 359.4	1 471.6	6.5	6.9	17.7	21.9
广西	1 192.3	1 421.4	1 057.0	1 260.0	1.5	2.8	130.8	155.2
海南	157.5	165.5	153.8	160.9			3.5	3.7
四川	3 325.3	3 578.0	1 931.7	2 097.9	704.3	730.9	572.6	629.6
贵州	788.3	783.6	423.9	425.2	96.2	107.8	254.6	238.5
云南	996.2	1 032.8	505.4	511.9	125.2	137.5	327.9	339.3
西藏	60.2	65.1	0.4	0.5	22.4	24.9	1.0	1.1
陕西	810.8	814.0	70.4	64.2	403.5	410.4	271.5	282.3
甘肃	614.4	550.2	4.9	5.3	315.5	254.2	122.7	125.9
青海	87.1	86.2			68.6	69.5		
宁夏	182.9	188.8	46.5	46.2	69.2	68.9	50.3	60.8
新疆	616.2	701.1	39.9	47.24	328.5	393.9	214.5	238.7

6－18 续表 1

地区	4. 谷子		5. 高粱		6. 其它谷物	
	1994 年	1995 年	1994 年	1995 年	1994 年	1995 年
全国总计	**369.6**	**301.9**	**633.3**	**475.6**	**936.2**	**892.3**
北京	0.8	0.9	2.1	1.5	0.5	0.2
天津	0.7	0.5	14.7	9.9	0.7	0.5
河北	102.6	88.1	42.1	33.2	43.4	51.7
山西	63.5	62.8	59.1	51.9	35.3	23.8
内蒙古	41.4	23.9	66.4	33.6	55.0	36.5
辽宁	27.0	22.8	192.7	160.5	10.9	9.8
吉林	13.2	8.6	78.8	57.5	11.2	7.3
黑龙江	24.3	20.9	86.4	47.9	28.5	11.5
上海					16.5	19.3
江苏			0.4	0.3	167.9	145.8
浙江					39.2	43.1
安徽	0.1	0.1	5.4	3.0	21.5	29.2
福建	0.2	0.1	1.4	1.6	7.5	6.6
江西	0.1	0.1	0.3	0.5	2.8	4.7
山东	36.9	35.3	15.2	15.2	15.5	16.1
河南	25.4	22.1	6.3	6.1	25.9	23.3
湖北	1.1	1.5	1.4	1.5	19.1	16.6
湖南			1.4	2.2	12.2	10.6
广东	0.2		0.1	0.1	0.7	7.6
广西	0.5	0.6	0.4	0.5	2.1	2.3
海南			0.1		0.1	0.9
四川			26.0	27.8	90.7	91.8
贵州	1.1	0.8	3.1	2.9	9.4	8.4
云南				0.5	37.6	43.8
西藏					36.8	38.6
陕西	21.1	8.5	10.6	4.7	33.7	43.8
甘肃	8.3	3.7	9.1	5.7	153.9	155.4
青海					18.5	16.7
宁夏	1.1	0.5	0.4	0.2	15.4	12.2
新疆	0.1	0.1	9.5	6.8	23.7	14.4

6－18 续表 2

地 区	豆 类		#大 豆		薯 类		#马铃薯	
	1994年	1995年	1994年	1995年	1994年	1995年	1994年	1995年
全国总计	**2 095.6**	**1 787.5**	**1 599.9**	**1 350.2**	**3 025.4**	**3 262.6**	**864.0**	**914.4**
北 京	6.0	4.1	4.5	3.3	3.2	2.9		
天 津	12.4	10.1	11.4	9.3	1.7	1.8		
河 北	118.0	94.3	98.7	78.6	142.2	137.7	28.4	28.9
山 西	54.7	36.7	29.5	22.0	76.4	64.2	59.4	43.0
内 蒙 古	117.8	67.0	94.0	52.5	55.3	74.3	53.8	72.3
辽 宁	55.8	44.2	51.3	41.3	30.1	36.3	17.1	21.3
吉 林	130.6	89.7	106.8	78.3	27.8	34.8	25.8	32.0
黑 龙 江	532.8	436.8	513.6	427.3	74.6	81.5	73.9	79.2
上 海	2.9	3.4	1.7	2.3	1.1	0.7		
江 苏	94.3	88.2	49.5	45.9	88.3	90.2		
浙 江	29.3	29.9	18.7	18.9	57.1	70.8	10.6	12.4
安 徽	97.8	72.1	79.3	64.3	177.6	235.3	1.7	2.7
福 建	19.7	21.4	16.2	17.1	133.5	139.8	16.1	18.9
江 西	34.2	36.9	27.8	29.7	58.9	62.3		
山 东	141.2	127.3	135.3	123.0	349.7	357.6	12.3	26.0
河 南	120.8	121.2	109.1	106.7	254.0	286.0		
湖 北	69.1	64.6	42.4	39.5	124.2	135.2	54.3	54.3
湖 南	45.8	47.3	37.1	38.1	120.8	127.1	14.7	19.2
广 东	18.4	20.1	15.4	16.5	196.5	206.6	12.7	15.6
广 西	29.6	36.2	24.7	29.5	50.6	50.6		
海 南	1.4	1.7	0.9	0.9	33.9	34.6		
四 川	122.9	125.3	41.5	40.7	599.7	661.7	195.9	205.9
贵 州	30.6	30.7	15.1	13.8	119.8	134.6	77.6	90.5
云 南	72.1	77.2	11.4	13.0	78.2	78.9	61.7	64.2
西 藏	4.4	4.6		0.1	0.4	0.3		0.3
陕 西	54.7	30.6	36.0	20.5	79.1	68.9	57.4	44.3
甘 肃	29.2	34.3	11.0	7.4	61.7	59.7	61.7	59.7
青 海	15.1	13.2			14.6	14.8	14.6	14.8
宁 夏	11.8	5.5	3.7	3.0	9.4	8.9	9.4	8.9
新 疆	22.3	12.8	13.3	6.7	5.0	4.6	5.0	

6－19 各地区油料产量

单位:吨

地区	油料合计		#花生		#油菜籽	
	1994年	1995年	1994年	1995年	1994年	1995年
全国总计	**19 895 921**	**22 503 359**	**9 682 197**	**10 234 633**	**7 491 913**	**9 777 096**
北京	37 937	32 800	36 732	32 200	17	
天津	40 343	40 069	20 423	19 954		
河北	1 067 549	1 098 597	901 321	946 841	24 268	25 938
山西	437 843	222 635	53 276	48 611	22 907	14 759
内蒙古	650 253	702 355	321	596	82 779	94 844
辽宁	244 305	197 717	200 079	162 764	268	292
吉林	286 755	255 526	49 889	46 319		
黑龙江	155 730	200 807	2 254	3 363	39 529	52 879
上海	97 950	157 668	2 440	2 780	95 508	154 888
江苏	1 335 873	1 594 609	447 951	484 275	877 749	1 095 413
浙江	345 564	500 030	23 446	23 517	318 685	473 147
安徽	1 545 274	1 917 584	427 600	427 600	1 041 918	1 416 022
福建	216 021	232 751	200 833	213 489	13 766	17 940
江西	836 078	1 035 823	309 554	302 510	483 500	690 239
山东	3 382 569	3 150 000	3 334 619	3 089 500	39 879	52 647
河南	2 250 000	2 979 970	1 798 495	2 336 502	287 006	435 128
湖北	1 377 745	1 894 398	248 122	272 809	980 749	1 462 370
湖南	982 152	1 120 371	198 206	200 941	776 725	913 232
广东	647 037	710 168	637 064	699 781	7 900	8 435
广西	358 801	453 472	329 284	391 733	22 706	53 357
海南	66 344	76 010	63 116	72 623		
四川	1 388 561	1 701 656	241 834	298 695	1 137 044	1 391 375
贵州	473 204	588 343	48 294	50 552	417 791	531 307
云南	139 536	195 847	41 132	43 307	90 615	142 891
西藏	29 379	33 662	33		29 346	33 662
陕西	342 363	381 531	63 132	60 161	178 275	254 486
甘肃	398 808	316 871	1 045	386	154 447	152 426
青海	184 417	162 133			180 499	158 229
宁夏	69 909	55 906			68	16
新疆	507 621	494 050	1 702	2 824	187 969	151 174

6-19 续表

地 区	# 芝 麻		# 胡 麻 籽		# 向日葵籽	
	1994年	1995年	1994年	1995年	1994年	1995年
全国总计	**547 524**	**582 653**	**511 361**	**363 846**	**1 367 435**	**1 269 499**
北 京	327	100			748	500
天 津	2 746	2 156			16 141	17 722
河 北	30 555	24 708	35 925	53 756	72 753	42 807
山 西	15 521	11 716	87 887	28 820	198 662	78 645
内 蒙 古	4 097	896	86 950	80 061	444 916	472 360
辽 宁	14 022	10 040	12		29 192	22 518
吉 林	1 170	1 451			163 901	168 303
黑 龙 江	170	129			94 199	89 595
上 海	2					
江 苏	8 693	11 396			1 480	3 525
浙 江	3 433	3 366				
安 徽	73 926	73 926			100	36
福 建	1 343	1 151			36	38
江 西	42 966	42 971			58	103
山 东	7 938	7 648			73	88
河 南	163 675	206 734			824	1 285
湖 北	141 776	150 714	6		4 175	4 525
湖 南	5 560	5 352			568	524
广 东	2 073	1 952				
广 西	5 999	5 238				
海 南	3 228	3 387				
四 川	3 599	4 873	64	118	3 969	4 508
贵 州	522	370	11	90	4 644	4 505
云 南	313	270	146	409	3 960	3 610
西 藏						
陕 西	13 480	12 033	14 262	9 930	44 639	29 170
甘 肃			194 262	118 666	22 379	22 517
青 海				3 904		
宁 夏			44 601	30 220	9 556	12 032
新 疆	390	76	47 235	37 872	250 462	290 583

6－20　各地区棉花和麻类产量

单位：吨

地　区	棉　花		麻类合计		＃黄红麻	
	1994年	1995年	1994年	1995年	1994年	1995年
全国总计	**4 340 980**	**4 767 521**	**747 300**	**896 985**	**354 899**	**371 183**
北　京	3 714	2 600	2			
天　津	9 313	11 217	622	1 269	611	1 262
河　北	389 971	370 459	12 986	13 996	11 965	13 095
山　西	84 804	90 817	3 074	2 155	84	31
内蒙古			8 576	14 922		
辽　宁	16 727	23 666	1 050	1 039	10	1
吉　林			4 038	2 459		
黑龙江			216 921	321 703		
上　海	4 652	3 577				
江　苏	457 085	561 637	8 246	6 187	6 605	4 510
浙　江	55 367	62 475	24 668	13 750	24 257	13 304
安　徽	258 142	301 213	89 465	95 569	78 249	81 422
福　建			1 117	1 683	852	1 303
江　西	174 714	118 547	26 191	24 738	17 547	13 597
山　东	559 300	470 820	12 204	18 661	10 335	17 245
河　南	628 090	770 000	89 864	113 414	86 228	110 242
湖　北	450 000	586 000	67 455	81 353	43 608	46 832
湖　南	238 088	223 528	53 619	61 890	3 517	3 565
广　东			6 836	7 909	6 798	7 865
广　西	777	716	17 079	14 712	15 669	12 916
海　南			803		803	
四　川	67 102	112 129	71 764	76 764	46 935	43 420
贵　州	755	868	3 303	2 877	620	452
云　南	579	703	2 279	2 173	206	120
西　藏						
陕　西	41 957	39 851	1 282	1 091		1
甘　肃	17 774	22 894	2 873	2 497		
青　海				9		
宁　夏	1	111	448			
新　疆	882 068	993 693	20 535	14 165		

6-20 续表

地　区	# 苎　麻		# 大　麻		# 亚　麻	
	1994年	1995年	1994年	1995年	1994年	1995年
全国总计	**116 351**	**147 093**	**22 003**	**22 400**	**250 315**	**352 414**
北　京						
天　津				3		
河　北			683	388		
山　西			342	318	2 499	1 806
内蒙古			1 118	244	7 442	14 580
辽　宁			339	187	480	617
吉　林			1 402	1 413	2 569	972
黑龙江			271	1 584	216 615	320 119
上　海						
江　苏	1 096	1 417	243	260		
浙　江	410	445	1	1		
安　徽	5 332	3 762	5 276	8 531	3	
福　建	265	380				
江　西	8 644	11 141				
山　东	80		1 459	1 199		
河　南	208	243	2 731	2 771		
湖　北	22 821	34 161	761	80		
湖　南	50 102	58 325				
广　东	38	42				
广　西	1 410	1 796				
海　南						
四　川	23 860	32 770	468	392	186	13
贵　州	1 541	1 938	878	294	62	139
云　南	133	96	1 893	1 745		3
西　藏						
陕　西	411	568	741	493		
甘　肃			2 873	2 497		
青　海		9				
宁　夏			448			
新　疆			76		20459	14165

6－21 各地区糖料产量

单位：吨

地 区	糖料合计		1. 甘 蔗		2. 甜 菜	
	1994年	1995年	1994年	1995年	1994年	1995年
全国总计	**73 452 379**	**79 401 377**	**60 926 777**	**65 417 354**	**12 525 602**	**13 984 023**
北 京						
天 津						
河 北	139 752	123 562			139 752	123 562
山 西	695 840	396 978			695 840	396 978
内 蒙 古	2 335 790	2 635 221			2 335 790	2 635 221
辽 宁	392 366	504 147			392 366	504 147
吉 林	975 612	836 425			975 612	836 425
黑 龙 江	3 227 278	5 008 209			3 227 278	5 008 209
上 海	47 689	49 037	47 689	49 037		
江 苏	256 528	233 672	234 933	228 171	21 595	5 501
浙 江	701 384	657 886	701 384	657 886		
安 徽	172 546	178 613	172 426	178 418	120	195
福 建	2 767 702	2 485 999	2 767 702	2 485 999		
江 西	2 041 521	2 000 272	2 041 521	2 000 272		
山 东	30 457	12 116			30 457	12 116
河 南	232 097	206 607	232 097	206 559		48
湖 北	646 151	735 799	646 146	735 799	5	
湖 南	1 491 625	1 415 205	1 491 625	1 415 205		
广 东	15 049 585	15 916 417	15 049 585	15 916 417		
广 西	23 204 497	25 557 266	23 204 497	25 557 266		
海 南	3 154 518	3 359 446	3 154 518	3 359 446		
四 川	1 652 047	1 796 405	1 650 321	1 794 800	1 726	1 605
贵 州	249 823	271 982	249 368	269 101	455	2 881
云 南	9 284 638	10 563 134	9 280 027	10 559 184	4 611	3 950
西 藏						
陕 西	51 031	10 326	2 938	3 794	48 093	6 532
甘 肃	1 130 981	1 070 091			1 130 981	1 070 091
青 海	307	367			307	367
宁 夏	528 224	494 761			528 224	494 761
新 疆	2 992 390	2 881 434			2 992 390	2 881 434

6-22 各地区烟叶产量

单位：吨

地区	烟叶合计		# 烤烟	
	1994年	1995年	1994年	1995年
全国总计	2 238 007	2 314 173	1 940 478	2 072 226
北京	54			
天津	347	147		
河北	10 185	9 427	5 853	6 513
山西	11 445	10 455	10 974	10 347
内蒙古	9 172	5 237	3 711	3 223
辽宁	35 721	31 959	23 534	21 913
吉林	41 905	30 706	21 470	17 233
黑龙江	99 946	111 757	88 833	101 184
上海				
江苏	2 741	2 662	1 634	2 247
浙江	1 253	1 350		
安徽	32 271	44 027	31 043	42 641
福建	63 058	58 982	60 621	57 218
江西	21 619	15 909	15 186	10 179
山东	96 071	86 376	90 242	83 594
河南	239 121	222 578	235 980	218 156
湖北	107 810	111 108	58 019	67 400
湖南	119 657	92 947	100 590	78 768
广东	53 057	50 408	40 816	39 579
广西	41 146	27 410	26 084	12 390
海南	388	290		290
四川	155 471	156 035	85 273	91 715
贵州	356 537	357 980	330 405	335 320
云南	608 676	768 335	592 300	760 675
西藏				
陕西	81 255	66 048	74 849	63 391
甘肃	45 629	48 871	41 099	46 748
青海	83	72		
宁夏	621	550	621	550
新疆	2 768	2 547	1 341	952

6－23 主要农作物单位面积产量

单位:公斤/公顷

	1990年	1994年	1995年	1995年为下列各年%	
				1990年	1994年
一、粮食作物	**3 933**	**4 063**	**4 240**	**107.8**	**104.3**
(一)谷物		4 500	4 659		103.5
1.稻谷	5 726	5 831	6 025	105.2	103.3
2.小麦	3 194	3 426	3 541	110.9	103.4
3.玉米	4 524	4 693	4 917	108.7	104.8
4.谷子	2 008	2 211	1 983	110.1	89.7
5.高粱	3 673	4 627	3 914	106.6	84.6
6.其它谷物		2 232	2 129		95.4
(二)豆类		1 645	1 591		96.7
1.大豆	1 455	1 735	1 661	114.2	95.8
2.杂豆		1 411	1 408		99.8
(三)薯类	3 008	3 264	3 428	114.0	105.0
#马铃薯	2 263	2 694	2 663	117.7	98.8
二、油料作物	**1 480**	**1 647**	**1 717**	**116.0**	**104.3**
#花　生	2 191	2 564	2 687	122.7	104.8
油菜籽	1 264	1 295	1 415	111.9	109.3
芝　麻	701	794	908	129.5	114.3
胡麻籽	761	765	586	77.0	76.6
向日葵	1 878	1 698	1 562	83.2	92.0
三、棉花	**807**	**785**	**879**	**108.9**	**111.9**
四、麻类	**2 216**	**2 010**	**2 386**	**107.6**	**118.7**
#黄红麻	2 420	2 020	2 534	104.7	125.4
苎　麻	1 099	1 404	1 514	137.8	107.8
大　麻	1 524	1 295	1 404	92.1	108.5
亚　麻	2 782	2 707	3 115	112.0	115.1
五、糖料	**42 969**	**41 858**	**43 630**	**101.5**	**104.2**
1.甘　蔗	57 106	57 671	58 136	101.8	100.8
2.甜　菜	21 679	17 936	20 132	92.9	112.3
六、烟叶	**1 649**	**1 502**	**1 574**	**95.5**	**104.8**
#烤　烟	1 683	1 490	1 584	94.1	106.3

6－24　各地区分季粮食作物单位面积产量

单位:公斤/公顷

地区	夏收粮食		早稻		秋收粮食	
	1994年	1995年	1994年	1995年	1994年	1995年
全国总计	**3 373.7**	**3 469.4**	**5 106.7**	**5 149.2**	**4 246.9**	**4 468.8**
北　京	5 925.2	5 828.0			6 724.2	6 085.8
天　津	4 243.8	4 630.4			4 605.7	4 703.5
河　北	3 752.3	4 235.7			3 686.1	3 879.3
山　西	2 813.4	2 832.4			2 721.2	2 944.9
内蒙古					2 690.6	2 547.3
辽　宁	3 346.8	3 700.4			4 498.1	4 774.7
吉　林					5 651.4	5 570.2
黑龙江					3 439.9	3 402.7
上　海	3 164.3	3 752.1			7 423.0	7 350.7
江　苏	3 978.7	4 060.1	5 000.0	5 800.0	6 443.4	7 112.7
浙　江	2 579.1	2 719.9	5 432.9	5 040.6	5 685.3	5 768.1
安　徽	3 500.9	3 487.2	5 093.3	4 804.4	4 212.7	4 946.2
福　建	2 643.7	2 746.8	4 866.7	5 109.0	4 493.7	4 573.5
江　西	1 070.1	1 074.0	4 609.5	4 079.8	4 965.0	5 116.8
山　东	4 779.8	5 137.8			5 010.5	5 304.2
河　南	3 720.9	3 634.7			3 658.0	4 308.8
湖　北	2 977.6	2 930.9	5 980.8	5 696.1	6 097.2	6 332.6
湖　南	1 686.4	1 819.0	5 530.1	5 100.9	5 475.6	5 705.7
广　东	3 384.6	3 540.7	5 073.4	5 651.8	4 572.4	4 733.8
广　西	1 533.0	1 617.3	4 554.3	5 846.4	3 058.9	3 385.1
海　南	2 391.4	2 686.1	4 074.6	4 115.3	3 293.8	3 346.6
四　川	2 963.2	2 988.3	5 918.4	7 657.5	4 604.6	5 024.2
贵　州	1 911.5	2 002.0	5 714.3	5 000.0	4 074.9	4 000.7
云　南	1 772.1	2 024.7	6 790.2	6 902.0	3 671.4	3 754.7
西　藏					3 475.9	3 719.4
陕　西	2 464.1	2 535.8			2 168.8	2 275.2
甘　肃	2 379.9	1 911.0			2 547.6	2 605.8
青　海					3 018.9	2 971.6
宁　夏	2 180.8	2 127.0			3 367.0	3 129.6
新　疆	3 820.0	4 076.8			4 977.9	5 148.8

6-25 各地区分品种粮食作物单位面积产量

单位:公斤/公顷

地区	谷物		1. 稻谷		2. 小麦		3. 玉米	
	1994年	1995年	1994年	1995年	1994年	1995年	1994年	1995年
全国总计	**4 499.7**	**4 659.3**	**5 831.1**	**6 024.8**	**3 426.3**	**3 541.5**	**4 693.4**	**4 916.9**
北京	6 627.2	6 143.4	7 916.7	7 205.3	5 925.1	5 831.3	7 200.0	6 397.5
天津	4 997.3	5 122.7	7 917.3	8 082.8	4 243.8	4 630.4	5 011.3	5 075.7
河北	4 044.6	4 346.9	7 498.9	7 018.9	3 753.5	4 240.1	5 063.7	5 165.7
山西	3 141.7	3 365.7	5 851.1	6 444.1	2 952.7	2 945.4	4 548.5	5 252.9
内蒙古	3 117.1	3 037.5	4 479.4	5 037.5	2 270.0	2 579.1	5 767.5	5 224.9
辽宁	4 861.6	5 110.4	6 893.0	5 539.1	3 235.8	3 694.6	4 451.2	5 434.9
吉林	6 471.2	6 121.7	7 010.8	6 911.1	2 180.4	2 375.6	6 854.0	6 307.3
黑龙江	4 548.6	4 349.5	5 493.2	5 626.9	2 297.0	2 427.7	5 836.5	5 029.0
上海	6 049.3	6 217.6	7 613.1	7 552.4	3 402.9	3 895.3	6 896.6	5 679.0
江苏	5 564.9	5 934.1	7 402.1	7 992.6	4 149.8	4 150.8	4 732.0	5 861.3
浙江	5 369.6	5 299.0	5 835.5	5 701.3	2 522.0	2 598.1	3 471.1	3 614.2
安徽	4 399.7	4 729.7	5 632.2	5 889.8	3 522.1	3 508.4	2 657.4	4 922.4
福建	4 753.0	4 928.9	4 985.0	5 154.7	2 615.6	2 691.8	2 170.8	2 331.1
江西	4 965.6	4 816.7	5 083.2	4 930.5	1 241.5	1 250.0	2 986.1	2 165.5
山东	5 043.5	5 374.1	7 165.6	7 526.2	4 782.9	5 137.8	5 480.7	5 725.7
河南	3 910.9	4 115.6	6 015.3	6 566.0	3 733.1	3 643.9	4 030.4	4 892.9
湖北	5 498.5	5 588.6	7 125.0	7 185.5	3 127.4	3 081.6	3 572.0	3 811.6
湖南	5 638.0	5 647.1	5 976.7	5 970.6	1 604.0	1 606.4	2 809.7	2 820.9
广东	5 018.3	5 329.5	5 089.9	5 450.8	2 559.1	2 603.8	3 051.7	3 343.5
广西	3 955.2	4 692.9	4 372.6	5 205.1	1 136.4	1 296.3	2 363.6	2 821.3
海南	3 860.4	3 980.1	3 929.5	4 086.9			2 215.8	2 174.2
四川	4 541.6	4 855.1	6 480.5	6 985.3	3 049.6	3 134.2	3 347.4	3 669.4
贵州	3 848.7	3 837.2	5 766.6	5 738.2	1 706.9	1 918.1	3 953.4	3 688.0
云南	3 496.2	3 639.3	5 375.1	5 439.6	1 992.4	2 199.2	3 281.2	3 433.7
西藏	3 580.0	3 868.1	4 444.4	5 000.0	4 660.1	4 797.7	3 908.0	3 928.6
陕西	2 544.2	2 655.8	4 452.9	4 609.6	2 484.9	2 564.6	2 651.1	3 127.5
甘肃	2 773.4	2 418.7	8 302.2	7 790.9	2 320.3	1 872.7	3 908.4	3 637.4
青海	3 069.1	3 044.9			3 346.3	3 373.8		
宁夏	3 128.1	3 052.5	8 172.2	7 439.6	2 382.1	2 341.1	6 383.2	6 400.0
新疆	4 413.2	4 586.4	6 308.3	6 437.7	3 863.8	4 135.1	5 529.9	5 435.4

6－25 续表 1

地区	4. 谷子		5. 高粱		6. 其它谷物	
	1994年	1995年	1994年	1995年	1994年	1995年
全国总计	**2 210.8**	**1 983.2**	**4 626.5**	**3 914.2**	**2 232.2**	**2 128.5**
北京	2 148.5	2 459.0	4 787.5	4 562.5	2 628.9	1 709.4
天津	2 215.2	2 042.6	4 571.0	3 361.7	2 554.0	2 153.1
河北	2 444.1	2 324.8	3 187.8	3 171.8	1 182.2	1 421.6
山西	1 938.3	2 101.2	4 302.4	4 430.3	1 257.6	749.0
内蒙古	1 779.7	1 007.6	4 668.8	2 398.1	905.9	669.4
辽宁	2 478.9	2 217.7	5 989.6	5 206.8	1 899.5	1 774.4
吉林	2 761.5	2 500.0	4 928.1	4 478.2	2 551.3	2 122.1
黑龙江	2 243.8	2 380.4	5 346.5	3 585.3	1 848.2	1 251.4
上海					2 973.0	3 669.2
江苏			3 333.3	3 939.4	4 107.1	3 895.9
浙江					3 113.6	3 448.4
安徽	2 500.0	3 235.3	3 121.4	3 102.0	5 666.4	3 073.2
福建	1 666.7	3 333.3	3 181.8	3 137.3	2 293.6	2 283.7
江西	2 500.0	3 333.3	2 500.0	3 571.4	2 043.8	3 481.5
山东	3 704.8	3 750.0	3 155.7	3 324.6	4 102.5	4 949.2
河南	2 509.4	1 958.7	2 276.9	2 925.4	2 665.3	3 001.9
湖北	1 964.3	2 727.3	3 043.5	3 488.4	2 682.6	2 813.6
湖南			2 121.2	2 340.4	1 840.1	1 843.5
广东	2 000.0		2 500.0	3 333.3	2 000.0	2 021.3
广西	1 041.7	1 538.5	1 212.1	1 282.1	933.3	804.2
海南				2 142.9	1 967.2	1 844.9
四川			4 031.0	4 233.9	3 537.4	3 631.6
贵州	1 486.5	1 111.1	1 550.0	1 407.8	1 203.6	1 300.3
云南					1 337.9	1 562.5
西藏					3 129.3	3 428.1
陕西	1 624.3	864.3	3 202.4	1 826.3	1 546.6	1 468.9
甘肃	1 671.7	991.0	3 667.9	3 003.7	3 336.0	3 059.7
青海					2 347.7	2 166.0
宁夏	591.4	357.1	8 000.0	10 000.0	1 104.7	799.0
新疆	2 173.9	1 016.9	4 807.7	4 702.6	3 172.7	2 970.1

地区	豆类		#大豆		薯类		#马铃薯	
	1994年	1995年	1994年	1995年	1994年	1995年	1994年	1995年
全国总计	1 645.4	1 591.4	1 734.9	1 661.4	3 263.5	3 427.6	2 693.6	2 662.9
北京	2 829.4	2 398.4	3 020.8	2 631.2	5 196.7	5 263.2		
天津	1 859.6	1 735.2	1 946.4	1 796.0	4 927.5	5 373.1		
河北	1 478.7	1 439.5	1 713.2	1 632.9	3 485.4	3 384.3	2 344.6	2 051.6
山西	1 035.0	884.2	1 043.8	957.4	2 635.4	2 060.7	2 502.5	1 654.1
内蒙古	1 380.3	860.8	1 556.6	942.7	2 187.0	2 091.7	2 183.7	2 065.2
辽宁	1 562.9	1 470.9	1 609.6	1 511.8	3 136.9	3 544.0	3 103.9	3 623.8
吉林	2 161.5	2 057.8	2 115.3	2 068.1	3 008.7	3 879.6	3 000.0	3 874.1
黑龙江	1 811.7	1 687.1	1 841.5	1 700.5	3 366.4	3 463.7	3 368.3	3 464.6
上海	2 377.0	3 177.6	2 236.8	3 484.8				
江苏	2 258.1	2 512.7	1 938.1	2 280.0	4 919.2	5 408.2		
浙江	2 063.4	2 067.4	2 174.4	2 196.4	3 932.5	4 436.6	2 350.3	2 583.9
安徽	1 641.6	1 393.3	1 571.2	1 457.6	3 350.4	4 452.9	3 750.0	5 112.8
福建	1 591.3	1 637.3	1 569.8	1 598.1	4 000.6	4 025.3	2 687.8	2 842.1
江西	1 435.8	1 572.9	1 672.7	1 827.7	3 908.4	4 341.8		
山东	2 352.1	2 377.8	2 367.6	2 390.5	5 723.3	5 992.1	2 884.0	5 421.4
河南	1 509.0	1 787.6	1 662.9	1 907.3	3 914.0	4 093.9		
湖北	1 987.9	1 970.1	2 105.3	2 101.1	3 138.7	3 399.5	2 750.8	2 710.9
湖南	1 623.0	1 662.6	1 729.6	1 768.8	3 256.9	3 402.0	2 158.6	2 630.1
广东	1 516.9	1 628.8	1 470.9	1 588.1	3 692.9	3 979.2	3 681.2	3 823.5
广西	950.5	1 126.7	987.2	1 168.3	1 644.5	1 618.7		
海南	1 017.8	1 118.3	1 111.1	1 163.7	2 391.6	2 408.2		
四川	2 134.1	2 201.4	2 191.1	2 192.7	3 042.0	3 316.8	3 529.1	3 550.9
贵州	1 120.9	1 060.4	1 153.6	1 057.5	2 382.2	2 525.8	2 259.1	2 545.7
云南	1 412.8	1 550.0	1 320.6	1 464.0	2 529.4	2 569.4	2 694.5	2 817.5
西藏	2 598.0	2 473.1			2 126.4	2 307.7		
陕西	990.0	820.9	1 043.8	850.7	2 170.7	1 858.8	2 201.8	1 685.7
甘肃	811.1	1 006.3	1 225.4	1 054.7	2 004.6	1 906.0	2 004.6	1 906.0
青海	2 330.2	2 078.7			3 812.0	3 925.7	3 812.0	3 925.7
宁夏	1 109.0	608.4	835.2	771.2	2 061.4	1 682.4	2 061.4	1 682.4
新疆	2 234.7	1 982.4	2 292.7	2 329.5	4 826.3	5 005.5	4 826.3	

6-26 各地区油料作物单位面积产量

单位:公斤/公顷

地区	油料合计		#花生		#油菜籽	
	1994年	1995年	1994年	1995年	1994年	1995年
全国总计	**1 646.9**	**1 717.5**	**2 564.3**	**2 686.7**	**1 295.5**	**1 415.5**
北京	3 052.1	2 784.4	3 161.1	2 882.7		
天津	1 764.8	1 774.5	2 445.9	2 538.7		
河北	1 808.9	1 817.3	2 483.9	2 547.6	925.9	927.0
山西	1 172.7	650.2	1 882.5	1 854.0	1 010.5	1 381.9
内蒙古	1 223.6	1 261.5	1 605.0	1 986.7	766.6	703.9
辽宁	1 691.6	1 499.7	1 945.3	1 722.6	1 218.2	1 460.0
吉林	1 861.2	1 691.3	2 392.8	2 168.5		
黑龙江	894.0	1 362.9	1 862.8	1 431.1	716.8	1 164.0
上海	1 409.4	1 986.5	2 440.0	2 752.5	1 394.3	1 976.6
江苏	1 992.8	2 319.8	3 057.3	3 257.6	1 699.1	2 064.2
浙江	1 467.9	1 616.5	2 226.6	2 310.1	1 438.4	1 598.9
安徽	1 419.9	1 517.7	2 402.2	2 355.5	1 270.8	1 428.7
福建	1 889.0	1 969.3	2 087.9	2 185.8	846.1	951.7
江西	979.3	980.0	2 234.9	2 321.3	739.5	798.8
山东	3 780.8	3 580.3	3 846.7	3 635.3	1 870.5	2 231.8
河南	1 811.6	2 343.6	2 374.5	3 045.1	1 215.2	1 585.5
湖北	1 672.9	1 809.3	2 853.0	2 968.2	1 592.5	1 743.4
湖南	1 280.1	1 257.9	1 653.2	1 661.9	1 215.5	1 196.4
广东	1 835.2	2 044.5	1 891.0	2 101.0	631.5	723.4
广西	1 428.5	1 596.2	1 610.9	1 879.4	706.7	867.2
海南	1 359.8	1 485.4	4 900.3	1 593.3		
四川	1 497.1	1 622.3	1 340.2	1 628.7	1 553.1	1 633.7
贵州	1 197.3	1 318.5	1 617.3	1 501.0	1 172.4	1 314.9
云南	1 129.4	1 347.3	1 177.2	1 194.0	1 199.6	1 489.5
西藏	1 814.6					1 819.6
陕西	1 099.5	1 262.6	1 708.1	1 830.3	1 192.6	1 499.0
甘肃	1 195.6	965.6	2 548.8	2 144.4	1 552.5	1 260.2
青海	1 275.4	1 082.5			1 293.6	1 093.0
宁夏	721.3	554.1				
新疆	1 599.7	1 610.9	2 300.0	2 567.3	1 267.7	1 161.9

地　区	# 芝　麻		# 胡 麻 籽		# 向日葵籽	
	1994年	1995年	1994年	1995年	1994年	1995年
全国总计	**793.6**	**907.7**	**765.7**	**585.8**	**1 698.9**	**1 561.7**
北　京	883.8	294.1				1 851.9
天　津	775.7	603.9			1 585.6	1 609.6
河　北	622.4	532.7	429.0	611.5	1 117.6	643.7
山　西	749.8	830.9	866.7	321.7	1 375.7	547.4
内 蒙 古	661.9	201.3	574.0	530.7	2 152.9	2 283.9
辽　宁	773.8	710.0			1 312.6	1 024.0
吉　林	966.9	633.6			1 892.4	1 847.3
黑 龙 江	1 416.7	1 290.0			1 273.1	1 311.0
上　海						
江　苏	1 307.2	1 511.4				6 527.8
浙　江	1 027.8	1 045.3				
安　徽	849.9	830.8			1 161.0	1 800.0
福　建		737.8				1 266.7
江　西	700.2	689.0				447.8
山　东	1 248.1	1 223.7			2 433.3	2 200.0
河　南	665.4	904.0			710.3	1 862.3
湖　北	1 235.3	1 369.6				1 122.8
湖　南	811.7	937.3				1 247.6
广　东	656.0	745.0				
广　西	520.7	559.6				
海　南	546.2	605.9				
四　川	452.7	664.8	640.0	1 180.0	1 047.2	1 155.9
贵　州	652.5	552.2	550.0	1 285.7	762.6	768.8
云　南	434.7	473.7			2 106.4	2 161.7
西　藏						
陕　西	512.5	757.3	490.3	522.6	1 165.5	1 005.9
甘　肃			945.2	637.9	2 319.1	2 352.9
青　海						
宁　夏			730.2	544.3	1 706.4	1 699.4
新　疆	3 545.5	506.7	1 563.6	1 415.8	2 029.2	2 074.1

6－27　各地区棉花和麻类单位面积产量

单位:公斤/公顷

地　区	棉　　花		麻类合计		#黄红麻	
	1994年	1995年	1994年	1995年	1994年	1995年
全国总计	**785.3**	**879.4**	**2 010.5**	**2 385.9**	**2 020.0**	**2 534.2**
北　京	910.3	780.8				
天　津	408.3	651.4	2 488.0	3 339.5	2 656.5	3 410.8
河　北	569.1	528.8	2 239.0	2 844.7	2 540.3	3 163.0
山　西	657.0	714.5	1 983.2	1 390.3		775.0
内蒙古			2 221.8	1 992.3		
辽　宁	651.6	762.4	1 193.2	1 367.1		
吉　林			1 431.9	1 287.4		
黑龙江			2 627.8	3 188.7		
上　海	949.4	1 087.2				
江　苏	855.1	994.2	2 998.5	3 156.6	3 072.1	3 442.7
浙　江	897.9	968.2	3 203.6	3 146.5	3 286.9	3 301.2
安　徽	582.3	679.6	2 013.6	2 475.2	2 076.1	2 555.6
福　建			1 255.1	2 103.8	1 549.1	2 772.3
江　西	1 069.9	899.7	2 033.5	1 900.0	2 989.3	3 111.4
山　东	705.0	706.7	2 630.2	4 004.5	2 778.2	4 311.3
河　南	649.7	769.9	1 632.4	2 353.0	1 635.9	2 362.2
湖　北	904.4	1 167.3	2 239.5	2 530.4	3 705.0	4 324.3
湖　南	1 138.9	1 206.5	1 841.3	1 816.6	2 032.9	2 807.1
广　东			2 278.7	2 886.5	2 288.9	2 913.0
广　西	386.6	391.3	1 773.5	1 862.3	1 826.2	1 936.4
海　南			3 212.0		3 212.0	
四　川	513.8	796.9	1 259.7	1 452.5	1 353.4	1 591.6
贵　州	312.0	335.1	960.2	610.8	1 377.8	1 412.5
云　南	283.8	360.5	607.7	595.3		1 000.0
西　藏						
陕　西	495.5	547.8	720.2	727.3		
甘　肃	1 173.2	1 272.6	1 109.3	956.7		
青　海				900.0		
宁　夏						
新　疆	1 176.4	1 337.6	4 359.9	3 340.8		

地　　区	＃苎　麻		＃大　麻		＃亚　麻	
	1994年	1995年	1994年	1995年	1994年	1995年
全国总计	**1 404**	**1 514**	**1 295**	**1 404**	**2 707**	**3 115**
北　　京						
天　　津						
河　　北			823	746		
山　　西			611	859	3 204	1 584
内 蒙 古			1 347	469		2 141
辽　　宁			1 027	748		2 805
吉　　林			1 054	1 095		
黑 龙 江			968	1 584		
上　　海						
江　　苏	2 549	2 624		2 600		
浙　　江	1 281	1 309				
安　　徽	1 418	1 363	2 045	3 294		
福　　建	779	1 152				
江　　西	1 233	1 288				
山　　东						
河　　南		1 279	1 408	2 271		
湖　　北	1 250	1 613				
湖　　南	1 829	1 778				
广　　东		1 050				
广　　西	1 343	1 460				
海　　南						
四　　川	1 133	1 323	592	594	3 720	
贵　　州	727	563	2 251	653		496
云　　南		384	592	590		
西　　藏						
陕　　西	563	902	833	609		
甘　　肃			1 109	957		
青　　海						
宁　　夏						
新　　疆			2 533		4 372	3 341

6－28　各地区糖料单位面积产量

单位：公斤/公顷

地　　区	糖料合计		1. 甘　蔗		2. 甜　菜	
	1994年	1995年	1994年	1995年	1994年	1995年
全国总计	**41 858**	**43630**	**57671**	**58136**	**17 936**	**20 132**
北　　京						
天　　津						
河　　北	10 750	10 410			10 750	10 410
山　　西	26 671	18 243			26 671	18 243
内 蒙 古	19 876	18 788			19 876	18 788
辽　　宁	13 629	16 721			13 629	16 721
吉　　林	22 795	19 375			22 795	19 375
黑 龙 江	9 390	15 246			9 390	15 246
上　　海	26 494	46 702	26 494	46 702		
江　　苏	48 677	56 717	51 408	57 765	30 850	32 359
浙　　江	52 895	55 848	52 895	55 848		
安　　徽	33 966	37 445	34 009	37 483		
福　　建	69 020	66 240	69 020	66 240		
江　　西	53 027	49 783	53 027	49 783		
山　　东	24 366	40 387			24 366	40 387
河　　南	41 744	41 487	41 744	41 561		
湖　　北	41 078	45 987	41 077	46 074		
湖　　南	50 787	48 868	50 787	48 868		
广　　东	64 496	69 130	64 496	69 130		
广　　西	57 517	56 254	57 517	56 254		
海　　南	43 935	46 337	43 935	46 337		
四　　川	46 708	50 291	46 857	50 458	11 507	10 700
贵　　州	35 689	29 214	35 932	31 846	7 583	3 350
云　　南	61 139	60 323	61 214	60 390		15 192
西　　藏						
陕　　西	15 511	4 529	18 363	22 318	15 365	3 096
甘　　肃	40 349	36 410			40 349	36 410
青　　海	10 233	12 233				12 233
宁　　夏	33 076	34 051			33 076	34 051
新　　疆	38 943	40 526			38 943	40 526

6－29 茶叶水果产量

单位:万吨

年 份	茶叶产量	水果产量	苹 果	柑 桔	梨	葡 萄	香 蕉
1952	8.2	244.3	11.8	20.7	39.4	4.8	11.0
1957	11.2	324.7	22.2	32.2	50.4	8.5	7.3
1962	7.4	271.2	22.5	20.6	44.3	8.4	3.5
1965	10.1	323.9	31.8	25.4	51.1	10.0	14.5
1970	13.6	374.5	79.8	24.2	65.4	8.5	16.6
1975	21.1	538.1	158.3	33.6	108.7	12.3	16.5
1978	26.8	657.0	227.5	38.3	151.7	10.4	8.5
1979	27.7	701.5	286.9	55.5	143.8	12.6	7.4
1980	30.4	679.3	236.3	71.3	146.6	11.0	6.1
1981	34.3	780.1	300.6	79.8	159.3	14.8	12.6
1982	39.7	771.3	243.0	93.9	175.5	18.6	20.1
1983	40.1	948.7	354.1	129.6	179.5	24.7	20.7
1984	14.4	984.5	294.1	149.9	210.0	29.4	30.0
1985	43.2	1163.9	361.4	180.8	213.7	36.1	63.1
1986	46.1	1347.7	333.7	254.8	234.8	44.2	125.1
1987	50.8	1667.9	426.4	322.4	248.9	64.1	202.9
1988	54.5	1666.1	434.4	256.0	272.1	79.2	183.0
1989	53.5	1831.9	449.9	456.1	256.5	87.4	140.4
1990	54.0	1874.4	431.9	485.5	235.3	85.9	145.6
1991	54.2	2176.1	454.0	633.3	249.8	91.6	198.1
1992	56.0	2440.1	655.6	516.0	284.6	112.5	245.1
1993	60.0	3011.2	907.0	656.1	321.7	135.5	270.1
1994	58.8	3499.2	1112.5	680.5	404.2	152.2	289.8
1995	58.9	4214.6	1401.1	822.1	494.2	174.2	312.5

6－30　茶叶、水果主要品种面积和产量增减情况

指　　标	单　位	1990年	1994年	1995年	1995年为下列各年%	
					1990年	1994年
一、茶叶生产情况						
(一)年末实有茶园面积	千公顷	1 061.3	1 134.8	1 115.3	105.1	98.3
(二)茶叶产量	吨	540 070	588 468	588 553	109.0	100.0
1. 红毛茶	吨	109 680	75 850	52 003	47.4	68.6
2. 绿毛茶	吨	332 502	402 877	413 784	124.4	102.7
3. 乌龙毛茶	吨	33 411	43 411	55 372	165.7	127.6
4. 紧压茶原料	吨	25 026	16 642	17 476	69.8	105.0
5. 其它茶	吨	39 451	49 688	49 918	126.5	100.5
二、水果生产情况						
(一)年末果园面积	千公顷	5 178.7	7 264.4	8 097.6	156.4	111.5
#香蕉园	千公顷	108.8	150.8	190.2	174.8	126.1
苹果园	千公顷	1 633.1	2 690.3	2 953.1	180.8	109.8
柑桔园	千公顷	1 061.2	1 123.9	1 214.1	114.4	108.0
梨　园	千公顷	480.7	750.0	859.4	178.8	114.6
葡萄园	千公顷	122.6	148.9	152.5	124.4	102.4
(二)水果产量	吨	1 8744 222	34 998 152	42 146 267	224.8	120.4
#香　蕉	吨	1455 927	2 897 832	3 125 003	214.6	107.8
苹　果	吨	4319 315	11 129 017	14 007 662	324.4	125.9
柑　桔	吨	4854 935	6 805 445	8 224 984	169.4	120.8
梨	吨	2352 753	4 042 932	4 942 445	210.1	122.2
葡　萄	吨	858 525	1 522 083	1 741 707	202.9	114.4
菠　萝	吨	462 549	485 019	539 408	116.6	111.2
红　枣	吨	423 222	650 196	782 069	184.8	120.3
柿　子	吨	624 773	826 870	969 353	155.2	117.2

6－31 各地区茶园面积和茶叶产量

地区	年末实有茶园面积(千公顷)		#本年采摘面积		茶叶产量(吨)		1.红毛茶	
	1994年	1995年	1994年	1995年	1994年	1995年	1994年	1995年
全国总计	**1 134.6**	**1 115.3**	**884.0**	**868.2**	**588 468**	**588 553**	**75 850**	**52 003**
北京								
天津								
河北								
山西								
内蒙古								
辽宁								
吉林								
黑龙江								
上海								
江苏	17.8	19.3	12.1	10.4	12 014	10 647	2 691	1 342
浙江	143.4	139.3	126.3	124.1	106 885	102 074	3 979	3 800
安徽	123.1	121.9	102.4	102.0	49 174	45 881	5 274	2 265
福建	133.5	132.0	104.2	107.1	82 409	94 532	1 792	2 323
江西	55.6	55.2	43.1	42.6	21 375	20 341	4 329	2 669
山东	3.3	3.3	1.6	1.7	855	1 089		
河南	17.4	17.9	11.6	12.6	3 693	4 521		
湖北	108.2	113.4	69.3	74.2	35 925	39 049	1 973	1 171
湖南	94.5	90.6	75.6	71.1	67 256	61 438	23 334	15 591
广东	43.0	45.8	35.0	32.5	33 245	39 601	3 778	2 932
广西	26.0	25.0	19.9	18.2	20 425	19 392	2 018	1 371
海南	7.0	5.8	6.4	5.4	5 362	3 769	2 708	902
四川	111.3	100.4	89.9	81.6	65 362	60 995	7 134	2 602
贵州	51.7	47.4	38.0	31.4	15 003	15 597	1 666	539
云南	167.3	166.2	127.2	132.1	63 776	64 066	15 174	14 496
西藏					126	130		
陕西	31.0	31.0	21.0	21.0	5 407	5 252		
甘肃	0.7	0.8	0.4	0.3	176	179		
青海								
宁夏								
新疆								

6－31 续表

地　区	2. 绿毛茶		3. 乌龙毛茶		4. 紧压茶原料		5. 其它茶	
	1994年	1995年	1994年	1995年	1994年	1995年	1994年	1995年
全国总计	**402 877**	**413 784**	**43 411**	**55 372**	**16 642**	**17 476**	**49 688**	**49 918**
北　京								
天　津								
河　北								
山　西								
内蒙古								
辽　宁								
吉　林								
黑龙江								
上　海								
江　苏	9 204	9 119					119	186
浙　江	97 745	93 346	403	385	93	89	4 665	4 454
安　徽	43 696	42 965			7		197	651
福　建	46 076	52 419	32 703	38 590	3	3	1 835	1 197
江　西	16 246	16 602	41	272	5	11	754	787
山　东	855	1 089						
河　南	3 693	4 521						
湖　北	27 319	30 509			4 938	4 788	1 695	2 581
湖　南	24 452	24 925	204	340	9 429	9 314	9 837	11 268
广　东	14 926	17 958	10 055	15 707	58	73	4 428	2 931
广　西	16 213	15 593					2 194	2 428
海　南	2 576	2 862					78	5
四　川	39 570	39 842	4	4	1 377	1 741	17 277	16 806
贵　州	7 666	8 440	1		361	1 118	5 309	5 500
云　南	47 057	48 163		74	371	339	1 174	994
西　藏							126	130
陕　西	5 407	5 252						
甘　肃	176	179						
青　海								
宁　夏								
新　疆								

6-32 各地区果园面积

单位：千公顷

地区	年末实有果园面积		#香蕉园		#苹果园	
	1994年	1995年	1994年	1995年	1994年	1995年
全国总计	**7 264.4**	**8 097.5**	**150.8**	**190.2**	**2 690.2**	**2 953.1**
北　京	59.4	59.7			23.7	24.4
天　津	32.2	34.3			12.9	13.6
河　北	941.9	982.8			350.1	393.8
山　西	272.7	286.3			178.4	188.5
内蒙古	66.4	71.0			26.5	27.4
辽　宁	434.5	449.7			251.4	257.8
吉　林	80.2	93.7			11.1	14.6
黑龙江	44.9	55.5			27.6	31.9
上　海	13.9	13.4				
江　苏	173.0	157.7			93.6	84.5
浙　江	229.9	237.2			0.5	0.5
安　徽	104.0	97.6			48.6	44.8
福　建	504.8	532.4	22.9	23.8	0.3	0.2
江　西	193.6	238.2				
山　东	852.8	935.2			608.4	664.3
河　南	371.6	440.0			280.0	339.0
湖　北	194.2	199.8			13.0	13.7
湖　南	270.0	286.2				
广　东	485.0	735.6	57.0	87.6		
广　西	368.7	468.3	35.7	41.5		
海　南	65.1	81.2	17.4	19.1		
四　川	287.5	296.4	1.1	0.6	32.9	34.2
贵　州	40.8	41.1	2.9	3.1	5.3	6.7
云　南	127.6	143.8	13.9	14.3	42.5	44.1
西　藏	2.4	0.8			1.1	0.8
陕　西	607.0	685.0			436.0	492.0
甘　肃	247.2	280.9			172.2	197.8
青　海	5.7	5.7			4.6	4.5
宁　夏	35.6	38.3			28.8	30.7
新　疆	151.8	149.9			41.0	43.5

6-32 续表

地区	#柑桔园		#梨园		#葡萄园	
	1994年	1995年	1994年	1995年	1994年	1995年
全国总计	**1 123.9**	**1 214.1**	**750.1**	**859.4**	**148.9**	**152.5**
北京			8.2	8.0	1.3	1.3
天津			2.9	3.2	2.3	2.4
河北			202.7	227.7	20.2	22.4
山西			28.7	28.9	6.6	6.6
内蒙古			22.5	26.5	2.3	2.2
辽宁			76.1	83.6	10.8	12.9
吉林			28.3	32.5	6.9	7.5
黑龙江			5.0	5.7	1.9	1.9
上海	5.0	5.1	1.2	1.1	1.8	1.8
江苏	4.1	2.0	33.6	22.9	4.3	3.9
浙江	131.5	135.1	8.0	8.5	4.0	4.1
安徽	2.5	3.0	20.7	23.9	3.2	3.5
福建	160.2	162.2	16.0	17.1	1.6	1.7
江西	112.0	142.2	13.6	18.2	1.3	1.5
山东			57.0	80.6	16.0	15.4
河南	2.9	3.2	16.0	22.1	10.0	9.4
湖北	96.5	98.4	29.9	35.4	4.0	4.9
湖南	213.2	225.7	11.5	11.8	3.4	2.9
广东	85.0	113.2	3.0	7.2		
广西	78.2	85.8	5.4	7.4		
海南	2.6	2.5				
四川	188.3	193.1	25.6	29.8	5.4	5.6
贵州	19.1	17.8	6.3	6.2	1.2	1.9
云南	12.9	15.1	21.3	25.5	1.5	1.5
西藏						
陕西	9.0	9.0	41.0	52.0	5.0	5.0
甘肃	0.9	0.8	41.4	48.4	1.6	1.5
青海			1.0	1.0		
宁夏			1.7	1.9	1.0	1.0
新疆			21.5	22.3	31.3	30.0

6－33 各地区水果产量

单位：吨

地　区	水果产量		#香蕉		#苹果	
	1994年	1995年	1994年	1995年	1994年	1995年
全国总计	**34 998 152**	**42 146 267**	**2 897 832**	**3 125 003**	**11 129 017**	**14 007 662**
北　京	471 974	452 400			125 635	133 728
天　津	172 470	199 227			50 834	62 790
河　北	3 565 009	4 319 652			1 002 171	1 255 794
山　西	867 497	1 025 814			560 034	695 000
内蒙古	133 820	181 500			29 844	36 113
辽　宁	1 845 589	2 199 889			1 069 137	1 277 295
吉　林	186 715	279 717			23 218	39 276
黑龙江	98 620	127 005			64 019	75 873
上　海	160 988	217 140				
江　苏	785 307	1 013 458			214 279	321 634
浙　江	1 758 588	2 146 168			585	573
安　徽	433 609	526 557			129 925	169 197
福　建	1 981 277	2 393 267	395 858	448 014	109	157
江　西	303 658	427 637				
山　东	5 928 997	7 176 857			4 063 324	5 024 348
河　南	1 705 406	2 116 560			1 190 993	1 553 362
湖　北	684 149	1 146 971			24 234	32 142
湖　南	807 542	1 169 429				
广　东	4 015 535	4 145 073	1 534 806	1 576 036		
广　西	2 223 555	2 665 994	714 250	808 310		
海　南	282 103	360 496	156 252	191 089		
四　川	1 868 381	2 153 153	5 511	7 533	87 645	126 038
贵　州	164 716	209 708	7 182	8 387	3 831	5 474
云　南	501 407	557 139	83 973	85 634	53 290	62 536
西　藏	5 944	5 594			4 365	
陕　西	2 198 901	2 839 552			1 785 640	2 337 632
甘　肃	664 037	803 625			365 896	452 544
青　海	25 704	26 831			17 444	17 446
宁　夏	81 456	116 424			60 079	92 430
新　疆	1 075 198	1 143 430			202 486	236 280

6-33 续表1

地区	#柑桔		#梨		#葡萄	
	1994年	1995年	1994年	1995年	1994年	1995年
全国总计	**6 805 445**	**8 224 984**	**4 042 932**	**4 942 445**	**1 522 083**	**1 741 707**
北京			107 161	92 399	15 911	14 542
天津			15 927	17 618	26 969	34 083
河北			1 345 063	1 686 062	223 472	293 034
山西			58 144	64 653	29 385	31 258
内蒙古			61 584	88 372	11 086	12 109
辽宁			323 985	402 963	158 210	153 317
吉林			45 330	84 241	37 123	45 564
黑龙江			10 892	13 141	8 941	10 154
上海	56 456	90 382	12 847	15 932	31 928	33 578
江苏	31 034	45 678	211 475	242 981	49 354	57 886
浙江	1 392 668	1 700 354	33 267	39 785	61 608	71 191
安徽	3 706	5 228	161 421	206 895	27 651	33 484
福建	976 031	1 157 246	31 780	40 475	13 333	16 620
江西	172 313	279 277	25 101	29 318	3 005	2 218
山东			604 684	673 441	179 520	203 657
河南	1 968	2 470	84 701	111 033	68 268	76 004
湖北	303 521	581 446	185 990	260 156	12 194	25 061
湖南	669 895	1 014 983	22 150	21 005	7 208	9 716
广东	1 248 138	1 074 264	19 648	22 704		
广西	580 840	725 841	40 041	51 765		
海南	10 483	11 002				
四川	1 262 636	1 407 178	159 618	200 616	50 631	60 527
贵州	41 038	60 283	33 197	31 782	5 434	6 097
云南	46 350	53 907	120 982	132 152	8 093	9 129
西藏		3 003	476	625		
陕西	7 123	11 183	81 446	118 538	30 690	40 040
甘肃	1 245	1 259	127 842	165 782	7 144	8 437
青海			6 460	7 116	56	72
宁夏			4 870	5 006	3 733	4 954
新疆			106 850	115 889	451 136	488 975

6－33 续表 2

地 区	＃菠萝		＃红枣		＃柿子	
	1994年	1995年	1994年	1995年	1994年	1995年
全国总计	**485 019**	**539 408**	**650 196**	**782 069**	**826 870**	**969 353**
北 京			1 382	1 099	33 751	33 157
天 津			5 161	5 217	8 041	10 723
河 北			213 736	212 812	100 797	153 893
山 西			95 318	100 597	69 173	77 122
内 蒙 古						
辽 宁			3 951	1 734		
吉 林						
黑 龙 江						
上 海						
江 苏			1 172	1 759	2 411	1 076
浙 江			4 301	3 634	12 845	12 588
安 徽	552		4 197	5 164	15 090	18 782
福 建	31 008	43 482			22 559	31 252
江 西			6 219	7 801	8 070	11 328
山 东			131 683	241 309	103 458	117 800
河 南			103 605	101 793	101 484	101 368
湖 北			6 648	11 776	38 546	50 922
湖 南			8 002	7 918	5 503	5 355
广 东	240 684	262 965			45 672	55 496
广 西	122 925	122 164	10 066	12 754	65 787	89 020
海 南	61 405	82 288				
四 川			1 145	1 386	18 849	17 729
贵 州	464	134	1 323	1 087	11 952	11 765
云 南	27 981	28 375	455	571	22 451	24 052
西 藏						
陕 西			39 769	46 905	129 165	135 882
甘 肃			8 871	12 842	11 266	10 043
青 海						
宁 夏			1 182	1 319		
新 疆			2 010	2 592		

6－34 主要林产品产量

单位：万吨

年 份	橡 胶	生 漆	油桐籽	油茶籽	乌桕籽	板 栗	核 桃	松 脂
1952			43.5	24.9	11.8			
1957		0.2	51.8	49.4	12.5		10.3	
1962	0.5	0.1	18.2	20.1	8.1		4.0	
1965	1.7	0.2	13.0	33.2			4.8	
1970	4.6	0.1	35.7	35.0			5.1	
1975	6.9	0.2	37.0	42.5	7.7	4.4	6.5	30.3
1978	10.2	0.2	39.1	47.9	8.5	6.2	11.3	33.8
1979	10.8	0.3	32.5	61.7	8.1	4.7	9.1	40.4
1980	11.3	0.2	30.3	49.0	9.3	6.7	11.9	42.1
1981	12.8	0.3	36.0	65.4	9.5	5.1	10.7	56.2
1982	15.3	0.3	33.9	49.4	8.5	5.5	10.3	47.0
1983	17.2	0.3	36.8	43.5	8.5	6.5	11.9	30.4
1984	18.9	0.2	36.2	53.6	8.1	8.3	12.8	36.9
1985	18.8	0.2	37.9	61.9	7.1	8.3	12.2	34.4
1986	20.9	0.3	34.6	43.8	7.0	9.5	13.6	41.6
1987	23.8	0.3	34.2	51.8	6.8	11.5	14.7	52.3
1988	24.0	0.3	35.9	46.3	6.3	10.4	17.7	46.1
1989	24.3	0.3	33.5	66.7	5.6	10.3	16.0	48.7
1990	26.4	0.3	35.1	52.3	5.2	11.5	15.0	43.5
1991	29.6	0.3	32.8	62.1	4.5	13.8	15.2	44.0
1992	30.9	0.3	43.7	62.9	4.4	13.9	16.4	46.9
1993	32.6	0.3	42.1	48.8	4.1	16.2	19.2	58.1
1994	37.4	0.2	43.5	63.1	3.7	22.0	21.0	56.9
1995	42.4	0.3	40.5	62.3	3.9	24.7	23.1	54.8

6-35 营林面积和主要林产品产量增减情况

指　　标	单　位	1990年	1994年	1995年	1995年为下列各年 %	
					1990年	1994年
一、营林情况						
(一)当年造林面积	千公顷	5 208.5	5 992.7	4 967.2	95.4	82.9
按造林方式分:						
1. 当年人工造林面积	千公顷	4 353.4	5 190.2	4 405.4	101.2	84.9
2. 当年飞机播种面积	千公顷	855.1	802.4	582.0	68.1	72.5
按用途分:						
1. 用材林	千公顷	3 156.5	2 504.5	1 823.3	57.8	72.8
#速生丰产林	千公顷		462.7			
2. 经济林	千公顷	644.5	2 063.9	1 740.3	270.0	84.3
3. 防护林	千公顷	1 029.7	1 253.3	1 243.0	120.7	99.2
4. 薪炭林	千公顷	340.1	152.1	143.8	42.3	94.6
5. 特种用材林	千公顷	37.7	18.9	16.5	43.8	87.4
(二)迹地更新面积	千公顷	671.5	722.7	729.7	108.7	101.0
(三)零星(四旁)植树	万株	337 596.3	346 734.0	326 377.6	94.1	96.7
(四)育苗面积	千公顷	213.5	219.2	206.0	96.5	94.0
(五)幼林抚育作业面积	千公顷	13 032.6	15 067.4	15 834.2	121.5	105.1
(六)成林抚育面积	千公顷	4 089.9	5 287.6	6 563.4	160.5	124.1
二、主要林产品产量						
1. 生漆	吨	2 683	3 219	2 976	110.9	92.5
2. 油桐籽	吨	350 770	434 539	404 929	115.4	93.2
3. 油茶籽	吨	523 313	630 737	623 128	119.1	98.8
4. 乌桕籽	吨	51 947	36 864	38 834	74.8	105.3
5. 五倍籽	吨	5 783	9 094	10 084	174.4	110.9
6. 棕片	吨	39 860	50 339	52 955	132.9	105.2
7. 松脂	吨	435 244	569 270	548 133	125.9	96.3
8. 竹笋片	吨	83 551	133 035	174 588	209.0	131.2
9. 核桃	吨	149 560	209 997	230 867	154.4	109.9
10. 板栗	吨	115 191	218 793	247 026	214.4	112.9
11. 紫胶(原胶)	吨	1 421	3 733	3 486	245.3	93.4
三、村及村以下竹木采伐						
1. 木材	万立方米	4 098.3	4 222.9	4 594.3	112.1	108.8
2. 竹材	万根	65 728.4	105 720.3	108 389.4	164.9	102.5

6－36 各地区造林面积

单位：千公顷

地区	当年造林面积		按造林方式分			
			人工造林面积		飞机播种造林面积	
	1994年	1995年	1994年	1995年	1994年	1995年
全国总计	**5 992.7**	**4 967.2**	**5 190.2**	**4 405.3**	**802.4**	**581.9**
北京	55.1	28.6	27.2	23.2	27.8	5.4
天津	7.5	4.8	7.5	4.8		
河北	449.6	329.0	363.7	238.2	85.9	90.8
山西	299.9	405.2	247.0	341.6	52.9	63.6
内蒙古	371.9	402.5	338.5	351.0	33.5	51.5
辽宁	193.0	201.1	156.4	164.2	36.6	36.9
吉林	135.4	66.2	132.2	63.3	3.2	3.0
黑龙江	249.3	289.8	249.3	289.8		
上海	1.8	1.4	1.8	1.4		
江苏	32.7	27.2	32.7	27.2		
浙江	58.0	41.3	57.6	41.3	0.4	
安徽	95.1	76.6	95.1	76.6		
福建	45.6	41.7	39.6	31.5	6.0	10.3
江西	251.9	250.1	229.9	227.1	22.0	23.0
山东	425.7	308.0	425.7	308.0		
河南	292.8	292.7	218.3	255.8	74.6	36.9
湖北	341.7	271.6	335.6	269.2	6.1	2.5
湖南	175.7	109.5	175.7	109.5		
广东	36.7	20.7	36.7	20.7		
广西	772.0	130.2	551.5	130.2	220.5	
海南	40.2	17.9	40.2	17.9		
四川	370.3	359.3	300.0	295.4	70.3	63.9
贵州	316.0	285.1	255.0	243.0	61.0	42.1
云南	363.6	391.4	313.3	324.7	50.3	66.7
西藏	4.2	23.1	4.2	23.1		20.0
陕西	331.3	337.4	292.2	285.5	39.1	51.9
甘肃	163.2	145.8	155.6	138.9	7.6	6.9
青海	28.8	28.0	28.8	28.0		
宁夏	29.0	25.9	24.4	19.2	4.7	6.7
新疆	54.6	55.0	54.6	55.0		

6-36 续表 1

地　区	按用途分					
	用材林		经济林		防护林	
	1994年	1995年	1994年	1995年	1994年	1995年
全国总计	**2 504.5**	**1 823.3**	**2 063.9**	**1 740.3**	**1 253**	**1 243**
北　京	0.9	0.9	13.0	11.7	38.1	14.5
天　津	0.4	0.4	1.8	1.0	5.3	3.5
河　北	92.7	101.2	223.8	68.8	129.0	148.7
山　西	119.0	128.6	112.6	171.4	68.1	104.6
内蒙古	89.4	88.2	64.8	64.9	204.3	244.0
辽　宁	44.0	45.7	71.6	67.7	63.3	70.3
吉　林	45.1	34.2	42.6	16.1	46.4	15.3
黑龙江	170.1	187.6	21.8	33.4	46.9	54.1
上　海			1.7	1.3	0.1	0.1
江　苏	11.2	12.4	16.5	11.3	4.9	3.4
浙　江	24.7	14.0	28.8	23.4	2.3	2.1
安　徽	34.9	27.4	56.2	46.1	2.3	1.7
福　建	20.8	15.6	11.5	7.6	8.9	6.8
江　西	145.0	144.0	55.2	54.8	37.9	37.3
山　东	29.6	25.9	268.5	229.9	122.6	50.1
河　南	96.2	122.5	161.0	102.4	32.8	66.0
湖　北	153.5	99.3	122.8	136.7	42.3	21.7
湖　南	78.5	61.2	76.1	32.0	16.0	14.9
广　东	22.3	9.1	7.5	6.7	4.2	2.8
广　西	605.6	63.8	162.5	64.2	3.2	1.7
海　南	21.7	7.5	10.1	8.2	7.2	1.7
四　川	154.5	140.2	117.5	127.3	89.2	85.5
贵　州	195.3	162.2	91.1	97.6	27.5	23.8
云　南	197.6	190.4	94.5	125.0	59.2	63.9
西　藏	0.5	3.1	0.3	20.0	3.5	
陕　西	93.0	86.9	147.8	145.9	81.5	96.4
甘　肃	43.9	38.5	48.0	39.4	56.0	52.4
青　海	5.0	5.5	1.0	1.7	14.5	12.1
宁　夏	3.9	2.5	4.9	4.5	18.6	18.2
新　疆	5.3	4.6	28.5	19.6	17.4	25.8

6-36 续表 2

地区	按用途分				迹地更新面积	
	薪炭林		特种用途林			
	1994年	1995年	1994年	1995年	1994年	1995年
全国总计	**152.1**	**143.8**	**18.8**	**16.5**	**722.7**	**729.7**
北京	1.5	0.1	1.6	1.4	0.3	0.2
天津						
河北	4.0	10.1	0.1	0.2	16.0	19.4
山西	…	0.3	0.2	0.3	0.4	0.2
内蒙古	13.3	5.5	…	…	30.9	29.9
辽宁	14.0	16.6	0.1	0.8	16.7	16.4
吉林	1.1	0.6	0.4	0.1	36.6	31.8
黑龙江	7.7	9.7	2.9	5.0	181.5	173.4
上海						
江苏	…	…	…	0.1	2.3	1.1
浙江	2.2	1.9	…	…	17.9	25.8
安徽	0.5	…	1.1	1.4	3.5	4.0
福建	4.4	11.6		…	56.6	55.5
江西	13.3	13.2	0.6	0.9	35.6	30.2
山东	0.4	1.7	4.6	0.5	16.4	16.4
河南	2.7	1.7	0.1	0.2	10.8	18.2
湖北	23.0	13.7	0.2	0.2	23.3	29.8
湖南	2.8	1.1	2.4	0.3	51.2	43.6
广东	2.5	1.0	0.2	1.1	74.1	86.6
广西	0.7	0.5	…	…	54.3	69.6
海南	1.2	0.6	…	…	2.2	3.5
四川	8.6	5.5	0.4	0.9	23.8	19.0
贵州	1.4	1.3	0.7	0.3	8.7	4.4
云南	10.8	11.0	1.5	1.0	29.1	24.2
西藏	…		…		0.5	0.8
陕西	8.8	7.9	0.3	0.3	22.8	19.1
甘肃	14.1	14.2	1.2	1.3	3.5	3.3
青海	8.3	8.7			0.7	0.4
宁夏	1.6	0.7			0.1	…
新疆	3.2	4.8	0.2	0.3	3.3	2.7

6-36 续表 3

地 区	零星四旁植树		育苗面积		幼林抚育面积		成林抚育面积	
	1994 年	1995年	1994年	1995年	1994年	1995年	1994年	1995年
全国总计	**346 733.7**	**326 377.6**	**219.2**	**206.0**	**15 067.4**	**15 834.2**	**5 287.6**	**6 563.4**
北 京	1 018.2	1 041.0	4.6	4.5	41.8	41.8	19.3	15.3
天 津	958.5	944.4	1.8	0.7	19.3	19.6	19.3	19.6
河 北	13 482.0	13 950.0	18.6	10.5	556.4	656.0	291.3	381.2
山 西	20 625.0	21 418.4	19.7	19.2	197.9	223.2	97.1	120.9
内 蒙 古	4 956.6	4 686.0	7.9	7.1	778.6	782.8	291.5	987.0
辽 宁	5 787.0	6 033.2	11.2	11.4	290.1	319.1	27.9	37.6
吉 林	3 313.9	3 212.8	3.6	11.5	1 208.0	967.7	192.2	203.1
黑 龙 江	3 470.0	3 209.0	12.6	12.3	1 950.1	2 033.7	418.1	459.5
上 海	783.0	665.0	0.7	0.9	1.9	4.6	0.7	0.6
江 苏	14 103.0	14 633.0	9.6	9.0	118.0	61.9	94.6	89.9
浙 江	3 952.0	3 530.9	2.0	2.0	321.4	256.8	363.1	370.6
安 徽	20 902.0	21 099.0	8.6	7.1	637.6	670.2	155.6	168.5
福 建	3 982.0	4 859.0	0.5	0.4	563.3	507.7	146.4	180.2
江 西	7 356.0	6 662.1	1.9	1.4	1 191.9	2 021.9	309.9	229.3
山 东	21 045.0	19 703.0	34.5	26.3	1 515.3	1 739.8	622.5	683.3
河 南	23 188.7	25 038.0	22.5	24.2	739.4	852.0	348.9	422.7
湖 北	27 374.0	27 899.1	9.4	7.5	403.9	444.8	301.7	353.2
湖 南	19 206.7	19 083.4	3.1	4.9	649.5	584.5	219.7	267.9
广 东	8 726.0	8 232.0	2.4	2.3	554.1	453.1	260.2	274.0
广 西	5 141.1	3 518.8	2.3	2.1	667.4	623.3	223.6	310.2
海 南	1 038.7	427.0	0.6	0.4	23.4	22.3	7.0	4.4
四 川	72 309.1	55 287.0	6.6	6.6	707.0	658.0	187.1	179.6
贵 州	6 593.2	5 230.6	2.7	2.2	294.6	277.3	69.8	51.2
云 南	13 053.0	15 259.0	2.3	2.2	177.4	202.0	46.2	67.4
西 藏	1 196.7		0.2	0.1	2.0		2.1	
陕 西	21 954.0	21 439.0	12.1	11.4	388.8	400.1	225.0	250.3
甘 肃	10 265.3	9 816.8	7.4	6.5	225.0	206.2	64.2	64.7
青 海	2 345.0	2 268.0	2.9	3.3	69.1	85.8	2.1	3.5
宁 夏	2 183.0	1 668.1	1.4	0.6	136.5	128.9	22.9	25.0
新 疆	6 425.0	5 564.0	5.8	7.7	637.8	589.3	258.0	342.7

6-37 各地区主要林产品产量

单位：吨

地区	生漆		油桐籽		油茶籽		乌桕籽	
	1994年	1995年	1994年	1995年	1994年	1995年	1994年	1995年
全国总计	**3 219**	**2 976**	**434 539**	**404 929**	**630 737**	**623 128**	**36 864**	**38 834**
北　京								
天　津								
河　北								
山　西								
内蒙古								
辽　宁								
吉　林								
黑龙江								
上　海								
江　苏			13	12	12	18		1
浙　江	22	20	1 682	1 298	28 404	28 273	1 364	1 376
安　徽	35	40	1 641	1 941	4 645	5 821	625	1 523
福　建	80	32	11 163	14 801	44 873	45 878	389	350
江　西			10 328	13 048	152 144	149 655	941	824
山　东								
河　南	133	122	17 911	16 390	2 654	2 747	1 608	2 172
湖　北	366	373	23 102	21 507	12 301	13 247	14 612	16 190
湖　南	3	26	45 867	38 345	253 702	249 275	1 417	1 380
广　东		31	6 723	3 536	16 914	24 997	495	59
广　西	6	7	49 505	50 854	98 039	86 098	37	16
海　南					14	15		
四　川	848	517	134 679	113 933	4 143	5 150	7 933	7 818
贵　州	598	817	94 204	94 039	7 574	6 496	6 505	6 262
云　南	170	168	18 310	19 442	4 399	4 791	771	706
西　藏								
陕　西	902	773	18 785	15 460	919	667	167	157
甘　肃	56	50	626	323				
青　海								
宁　夏								
新　疆								

6－37 续表1

地区	五倍籽		棕片		松脂		竹笋片	
	1994年	1995年	1994年	1995年	1994年	1995年	1994年	1995年
全国总计	**9 094**	**1 0084**	**50 339**	**52 955**	**569 270**	**548 133**	**133 035**	**174 588**
北京								
天津								
河北								
山西								
内蒙古								
辽宁								
吉林								
黑龙江								
上海								
江苏							1 936.0	1 254.0
浙江			1 764.0	1 830.0	5 323.0	4 685.0	40 419.0	65 853.0
安徽	32.0	23.0	412.0	665.0	3 744.0	3 483.0	4 623.0	6 610.0
福建	13.0	33.0	7 752.0	7 860.0	107 659.0	93 380.0	50 990.0	57 969.0
江西	40.0	31.0	3 191.0	2 881.0	28 461.0	31 819.0	7 025.0	6 834.0
山东								
河南	194.0	359.0						
湖北	1 140.0	1 137.0	2 674.0	3 091.0	1 589.0	1 244.0	387.0	586.0
湖南	789.0	524.0	5 294.0	5 594.0	11 963.0	12 110.0	5 511.0	6 566.0
广东	161.0		2 267.0	606.0	121 059.0	114 568.0	4 483.0	9 004.0
广西	63.0	137.0	821.0	1 188.0	241 866.0	247 202.0	6 580.0	7 453.0
海南					795.0	836.0	140.0	141.0
四川	2 538.0	3 055.0	8 519.0	10 410.0	5 644.0	2 691.0	4 917.0	6 296.0
贵州	1 056.0	1 313.0	4 585.0	4 774.0	1 509.0	1 306.0	1 235.0	1 465.0
云南	413.0	520.0	10 033.0	10 998.0	39 480.0	34 684.0	4 334.0	4 058.0
西藏					21.0			
陕西	2 616.0	2 922.0	2 986.0	3 015.0	157.0	125.0	449.0	499.0
甘肃	39.0	30.0	41.0	43.0			6.0	
青海								
宁夏								
新疆								

6-37 续表2

地区	核桃		板栗		紫胶	
	1994年	1995年	1994年	1995年	1994年	1995年
全国总计	**209 997**	**230 867**	**218 793**	**247 026**	**3 733**	**3 486**
北京	6 130	6 188	6 779	6 440		
天津	396	449	109	153		
河北	17 719	19 099	30 839	28 812		
山西	25 821	31 296	87	29		
内蒙古						
辽宁	1 993	3 505	8 868	13 140		
吉林						
黑龙江						
上海						
江苏		1	5 163	7 156		
浙江	2 613	6 497	9 295	9 893		
安徽	156	41	11 766	13 565		
福建	165	245	4 409	4 003	316	832
江西			3 737	3 709	6	20
山东	4 546	7 035	38 745	51 030		
河南	10 905	13 439	27 019	27 666		
湖北	1 780	2 229	23 432	29 005		
湖南	1 661	1 733	10 841	10 786	19	10
广东			3 388	3 577	540	593
广西	259	478	10 696	11 162	32	18
海南						
四川	23 115	24 513	4 478	5 956	359	219
贵州	4 773	4 512	3 804	4 368	661	6
云南	51 379	52 740	6 817	8 265	1 800	1 719
西藏	1 579					
陕西	28 906	30 599	8 304	8 019		69
甘肃	18 848	19 285	217	292		
青海	79	145				
宁夏	37	45				
新疆	7 137	6 793				

6－38 各地区竹木采伐量

地　区	木材（万立方米）		竹　材（万根）	
	1994年	1995年	1994年	1995年
全国总计	**4 222.9**	**4 594.3**	**105 720.3**	**108 389.4**
北　京	6.3			
天　津	2.1	2.4		
河　北	64.0	65.0		
山　西	11.5	16.0		
内 蒙 古		14.4		
辽　宁	79.8	86.4		
吉　林	31.8	43.4		
黑 龙 江	10.3	14.6		
上　海	1.2		8.9	
江　苏	117.1	153.0	855.3	732.4
浙　江	420.6	409.6	7 771.8	8 945.2
安　徽	222.0	222.7	3 184.2	4 113.0
福　建	368.1	380.2	14 388.0	17 194.0
江　西	134.1	218.0	2 523.6	2 706.2
山　东	187.6	199.3		
河　南	286.0	290.9	15.9	39.8
湖　北	630.0	710.7	19 957.8	24 804.5
湖　南	344.7	350.0	7 441.6	7 096.5
广　东	179.6	193.3	7 105.0	7 913.7
广　西	340.9	372.9	2 484.1	2 679.7
海　南	9.1	5.5	29.1	
四　川	171.6	205.7	291.7	384.6
贵　州	103.0	102.1	1 359.5	2 446.3
云　南	381.5	416.3	38 062.0	28 485.0
西　藏	11.3		19.8	
陕　西	67.8	69.0	222.0	189.5
甘　肃	16.0	19.2		659.1
青　海	1.9	2.5		
宁　夏	6.2	10.5		
新　疆	17.0	20.6		

6－39 牲畜年末存栏头数

单位：万头

年 份	大牲畜	役 畜	牛	马	驴	骡
1949	6 002		4 393.6	487.5	919.1	147.1
1952	7 646	5 142	5 660.0	613.0	1 180.6	163.7
1957	8 382	5 368	6 361.2	730.2	1 086.4	167.9
1962	7 020	4 018	5 571.2	632.0	645.4	132.4
1965	8 421	4 322	6 695.1	792.1	743.8	144.7
1970	9 436	4 935	7 358.3	964.8	840.0	224.5
1975	9 686	5 122	7 354.7	1 129.9	812.7	335.4
1978	9 389	5 023	7 072.4	1 124.5	748.1	386.8
1979	9 459	5 029	7 134.6	1 114.5	747.3	402.3
1980	9 525	5 088	7 167.6	1 104.2	774.8	416.6
1981	9 764	5 471	7 330.1	1 097.2	841.5	432.5
1982	10 113	5 833	7 607.3	1 098.1	899.9	446.4
1983	10 350	6 125	7 808.4	1 080.6	944.9	459.0
1984	10 839	6 403	8 212.8	1 097.8	996.2	479.0
1985	11 382	6 646	8 682.0	1 108.1	1 041.5	497.2
1986	11 896	6 905	9 166.7	1 098.8	1 068.9	511.3
1987	12 191	7 113	9 465.1	1 069.1	1 084.6	254.8
1988	12 538	7 219	9 794.8	1 054.0	1 105.2	536.6
1989	12 805	7 432	10 075.2	1 029.4	1 113.6	539.1
1990	13 021	7 606	10 288.4	1 017.4	1 119.8	549.4
1991	13 193	7 682	10 459.2	1 009.4	1 115.8	560.6
1992	13 485	7 760	10 784.0	1 001.7	1 098.3	561.0
1993	13 988	8 063	11 316.0	995.9	1 088.6	549.8
1994	14 919	8 455	12 331.8	1 003.8	1 092.3	555.2
1995	15 862	8 812	13 206.0	1 007.1	1 074.5	538.9

6-39 续表

年　份	骆　驼（万峰）	猪（万头）	羊（万只）	山羊（万只）	绵羊（万只）
1949	24.7	6 775	4 235	1 613	2 622
1952	28.5	8 977	6 178	2 490	3 688
1957	36.5	14 590	9 858	4 515	5 343
1962	38.6	9 997	13 465	7 053	6 412
1965	44.8	16 693	13 903	6 077	7 826
1970	48.7	20 610	14 074	6 141	8 563
1975	53.5	28 117	16 337	6 804	9 533
1978	57.4	30 129	16 994	7 354	9 640
1979	60.4	31 971	18 314	8 057	10 257
1980	61.4	30 543	18 731	8 068	10 663
1981	62.8	29 370	18 773	7 826	10 947
1982	61.0	30 078	18 179	7 522	10 657
1983	56.4	29 854	16 695	6 803	9 892
1984	53.1	30 679	15 840	6 321	9 519
1985	53.0	33 140	15 588	6 167	9 421
1986	50.4	33 719	16 623	6 722	9 901
1987	47.5	32 773	18 034	7 769	10 266
1988	47.2	34 222	20 153	9 096	11 057
1989	47.5	35 281	21 164	9 813	11 351
1990	46.3	36 241	21 002	9 721	11 282
1991	44.1	36 965	20 621	9 536	11 086
1992	40.1	38 421	20 733	9 761	10 972
1993	37.3	39 300	21 731	10 570	11 162
1994	35.6	41 462	24 053	12 308	11 745
1995	35.1	44 169	27 686	14 959	12 726

6－40 主要畜产品产量

年 份	猪牛羊肉产量 (万吨)	肉猪出栏头数 (万头)	牛奶产量 (万吨)	绵羊毛产量 (万吨)	羊绒产量 (万吨)	蚕茧产量 (万吨)	#桑蚕茧
1952	338.5	6 545				12.3	6.2
1957	398.5	7 121				11.2	6.8
1962	194.0	4 300				4.5	3.7
1965	551.0	12 167				10.5	6.6
1970	596.5	12 593				16.5	12.2
1975	797.0	16 230	88.9	15.0	0.4	19.4	15.3
1978	856.3	16 110	88.3	13.8	0.4	22.8	17.3
1980	1 205.4	19 861	114.1	17.6	0.4	32.6	25.0
1981	1 260.9	19 495	129.1	18.9	0.4	31.1	25.2
1982	1 350.8	20 063	161.8	20.2	0.4	31.1	27.1
1983	1 402.1	20 661	184.5	19.4	0.4	34.0	26.8
1984	1 540.6	22 047	218.6	18.3	0.3	35.7	30.6
1985	1 760.7	23 875	249.9	17.8	0.3	37.1	33.5
1986	1 917.1	25 722	289.9	18.5	0.3	36.9	33.6
1987	1 986.0	26 177	330.1	20.9	0.4	40.2	35.4
1988	2 193.6	27 570	366.0	22.2	0.5	44.1	39.4
1989	2 326.2	29 023	381.3	23.7	0.5	48.8	43.5
1990	2 513.5	30 991	415.7	23.9	0.6	53.4	48.0
1991	2 723.8	32 897	464.4	24.0	0.6	58.4	55.1
1992	2 940.6	35 170	503.1	23.8	0.6	69.2	66.0
1993	3 225.3	37 824	498.6	24.0	0.6	75.7	71.2
1994	3 692.7	42 103	528.8	25.5	0.7	81.3	77.7
1995	4 265.3	48 051	576.4	27.7	0.8	80.0	76.0

6-41 主要牲畜出栏量和畜产品产量增减情况

指　　标	单 位	1990年	1994年	1995年	1995年为下列各年%	
					1990 年	1994 年
一、牲畜出栏量						
(一)大牲畜出栏	万头					
1. 牛	万头	1 088.3	2 512.7	3 049.0	280.2	121.3
占年初存栏头数比重	%	10.8	22.2	24.7		
2. 马	万头		96.5	115.0		119.2
3. 驴	万头		151.6	176.4		116.4
4. 骡	万头		45.5	51.0		112.1
5. 骆驼	万头		5.3	5.0		94.3
(二)猪	万头	30 991.0	42 103.2	48 051.0	155.0	114.1
占年初存栏头数比重	%	87.8	107.0	115.8		
(三)羊	万只	8 931.4	13 124.8	16 537.4	185.2	126.0
占年初存栏头数比重	%	42.2	60.4	68.7		
二、肉类总产量	**万吨**	**2 857.0**	**4 499.3**	**5 260.1**	**184.1**	**116.9**
(一)猪牛羊肉产量	万吨	2 513.5	3 692.7	4 265.3	169.7	115.5
1. 猪肉产量	万吨	2 281.1	3 204.8	3 648.4	159.9	113.8
平均每头产肉量	公斤/头	73.6	76.1	75.9	103.2	99.8
2. 牛肉产量	万吨	125.6	327.0	415.4	330.7	127.0
平均每头产肉量	公斤/头	115.4	130.1	136.2	118.1	104.7
3. 羊肉产量	万吨	106.8	161.0	201.5	188.7	125.2
平均每头产肉量	公斤/只	12.0	12.3	12.2	101.5	99.1
(二)禽肉产量	万吨	322.9	755.2	934.7	289.5	123.8
(三)兔肉产量	万吨	9.6	22.9	26.8	279.2	117.0
三、其它畜产品产量						
1. 奶类产量	万吨	475.1	608.9	672.8	141.6	110.5
#牛奶产量	万吨	415.7	528.8	576.4	138.7	109.0
2. 山羊毛产量	吨	16 506	24 559	29 973	181.6	122.0
3. 绵羊毛产量	吨	239 457	254 659	277 375	115.8	108.9
#细羊毛	吨	119 457	113 357	112 000	93.8	98.8
半细羊毛	吨	44 246	58 337	72 588	164.1	124.4
4. 羊绒产量	吨	5 751	7 336	8 482	147.5	115.6
5. 蜂蜜产量	万吨	19.3	17.7	17.8	92.2	100.6
6. 禽蛋产量	万吨	794.0	1 479.0	1 676.7	211.2	113.4

6-42 各地区主要牲畜出栏量

单位:万头、万只

地区	当年出栏肉猪		当年出栏肉牛		当年出栏肉羊		当年出栏家禽	
	1994年	1995年	1994年	1995年	1994年	1995年	1994年	1995年
全国总计	**42 103.2**	**48 051.0**	**2 512.7**	**3 049.0**	**13 124.8**	**16 537.4**	**512 823.2**	**630 212.4**
北京	398.9	340.2	12.9	11.0	82.4	71.3	6 129.3	7 001.5
天津	139.5	162.9	12.5	17.0	70.4	81.4	2 976.1	3 121.3
河北	2 032.5	2 409.6	237.2	333.3	903.8	1 200.7	21 906.6	31 457.4
山西	461.6	569.4	40.8	51.2	316.0	379.7	2 403.0	2 849.9
内蒙古	459.3	491.6	77.9	70.0	1 011.1	1 103.2	2 260.8	2 976.6
辽宁	1 254.4	1 461.6	123.2	179.3	158.0	185.1	21 476.4	26 368.4
吉林	649.9	837.8	104.9	147.5	104.1	136.6	13 015.2	19 433.0
黑龙江	788.7	1 000.8	113.4	150.1	156.2	183.3	12 692.3	17 189.6
上海	397.6	452.6		0.1	31.8	32.8	12 972.1	14 882.1
江苏	2 549.9	2 754.9	27.9	35.6	1 395.3	1 724.4	48 523.4	59 084.9
浙江	1 331.7	1 384.6	7.7	7.2	93.9	113.4	11 911.4	12 691.7
安徽	1 422.5	1 674.6	152.8	193.2	417.8	592.8	21 458.0	23 571.0
福建	1 120.7	1 284.1	15.3	19.3	61.9	75.3	13 283.7	15 628.8
江西	2 117.2	2 365.8	40.9	51.0	25.4	34.7	14 854.0	17 357.6
山东	2 790.0	3 328.3	370.6	381.8	3 224.0	4 387.6	93 877.5	121 444.9
河南	2 001.2	2 614.2	352.1	440.3	1 319.5	1 916.8	20 198.2	27 630.1
湖北	2 516.2	2 981.5	50.8	67.4	124.0	197.5	17 052.7	22 457.8
湖南	4 372.6	5 001.7	43.5	58.0	101.5	157.9	18 441.2	23 198.2
广东	2 247.9	2 395.2	51.1	51.9	11.7	15.3	69 070.2	77 573.4
广西	1 914.9	2 424.2	81.1	93.8	42.3	58.0	24 871.6	31 566.9
海南	190.9	212.5	19.4	20.8	32.5	37.6	6 894.0	7 304.0
四川	7 185.8	7 778.9	139.4	171.5	463.2	592.3	39 552.4	46 318.6
贵州	955.0	1 044.8	54.1	58.9	86.1	101.5	2 934.6	3 236.1
云南	1 234.9	1 368.1	57.7	64.9	133.2	151.7	4 133.9	4 653.8
西藏	8.9	9.5	57.4	61.2	364.8	388.6		
陕西	737.2	799.0	48.4	52.1	249.8	289.5	4 095.9	4 672.1
甘肃	572.8	611.3	59.4	63.0	344.8	375.2	2 829.4	2 898.8
青海	73.1	80.7	60.2	81.2	385.3	397.2	148.1	155.3
宁夏	76.1	88.4	9.9	15.4	104.1	107.4	730.3	938.6
新疆	101.3	122.3	90.3	101.2	1 310.0	1 448.7	2 131.1	2 549.9

6-43 各地区肉类产品产量

单位：万吨

地区	肉类总产量		猪牛羊肉		猪肉		牛肉	
	1994年	1995年	1994年	1995年	1994年	1995年	1994年	1995年
全国总计	**4 499.3**	**5 260.1**	**3 692.7**	**4 265.3**	**3 204.8**	**3 648.4**	**327.0**	**415.4**
北京	40.4	37.6	30.7	27.0	27.2	23.9	2.2	2.0
天津	18.4	21.2	13.9	16.5	10.5	12.2	2.0	2.8
河北	246.2	310.7	212.1	258.8	164.1	187.4	36.2	54.6
山西	50.4	61.0	46.0	56.1	35.6	43.4	5.7	7.0
内蒙古	75.2	81.9	69.3	74.0	43.6	47.7	10.5	9.4
辽宁	184.8	222.4	144.5	173.9	121.6	141.6	20.7	29.7
吉林	101.0	134.5	74.8	96.7	61.8	77.3	11.6	17.5
黑龙江	108.7	135.8	85.9	106.5	65.6	80.1	18.0	23.7
上海	50.9	57.8	21.7	24.3	21.3	23.9	.0	.0
江苏	273.1	305.9	199.0	217.8	182.1	195.9	3.8	5.4
浙江	114.7	121.2	98.1	102.8	95.7	100.0	1.0	0.9
安徽	173.4	197.3	141.3	165.8	119.4	136.7	18.1	23.8
福建	109.7	126.6	92.7	106.0	90.3	102.8	1.5	2.1
江西	197.7	219.4	177.5	193.4	173.7	188.5	3.4	4.4
山东	476.0	585.9	317.4	371.7	223.9	267.7	62.0	64.8
河南	253.3	333.0	222.4	295.9	165.8	210.4	44.0	64.4
湖北	235.4	279.4	213.9	250.7	205.9	239.6	5.9	8.3
湖南	295.0	345.5	272.1	317.4	267.1	310.1	3.9	5.3
广东	278.5	305.1	182.9	194.9	176.9	188.8	5.8	5.7
广西	199.9	250.2	164.4	204.9	156.6	195.7	7.1	8.4
海南	27.3	31.9	18.1	20.9	15.9	18.4	1.7	1.9
四川	569.0	625.7	502.2	553.2	481.0	526.3	14.9	18.7
贵州	95.0	105.5	90.3	100.5	83.6	93.2	5.3	5.5
云南	114.4	128.2	107.7	120.4	100.1	111.6	5.4	6.3
西藏	10.4	11.6	10.4	11.6	0.5	0.6	5.6	6.2
陕西	73.2	79.1	67.0	71.6	56.8	60.2	6.6	7.3
甘肃	57.1	62.7	52.7	57.7	40.5	44.3	6.9	7.7
青海	17.8	18.4	17.5	18.0	5.2	5.6	5.8	6.3
宁夏	9.6	12.1	8.4	10.3	5.6	6.3	1.3	2.2
新疆	42.8	52.4	37.7	46.0	6.9	8.4	10.0	13.1

6-43 续表

地区	羊肉		禽肉		兔肉	
	1994年	1995年	1994年	1995年	1994年	1995年
全国总计	**160.9**	**201.5**	**755.2**	**934.7**	**22.9**	**26.8**
北京	1.3	1.1	9.5	10.5	0.1	
天津	1.3	1.6	4.3	4.5	0.1	0.1
河北	11.8	16.8	27.7	44.4	2.0	2.4
山西	4.7	5.6	2.9	3.4	0.8	0.8
内蒙古	15.2	16.9	3.1	5.1	0.2	0.2
辽宁	2.2	2.6	38.4	46.3	0.3	0.4
吉林	1.4	1.9	24.9	36.1	0.1	0.1
黑龙江	2.4	2.7	21.5	27.8		
上海	0.4	0.4	29.2	33.5		
江苏	13.1	16.5	70.7	84.3	2.7	3.0
浙江	1.5	1.9	16.4	18.2	0.2	0.2
安徽	3.8	5.3	31.3	30.6	0.3	0.4
福建	0.9	1.1	16.1	19.7	0.8	0.9
江西	0.4	0.5	20.0	25.8	0.1	0.2
山东	31.5	39.2	143.7	195.7	8.7	11.1
河南	12.6	21.1	25.7	31.0	1.2	1.3
湖北	2.1	2.8	21.3	28.5	0.1	0.1
湖南	1.2	1.9	22.8	28.0	0.1	0.1
广东	0.2	0.4	95.3	109.9	0.2	0.2
广西	0.6	0.9	35.4	45.1	0.1	0.1
海南	0.5	0.6	9.1	11.0		
四川	6.3	8.3	62.5	67.9	4.3	4.5
贵州	1.4	1.8	4.2	4.6		
云南	2.2	2.6	6.3	7.3		
西藏	4.3	4.8				
陕西	3.6	4.2	5.5	6.6	0.1	0.1
甘肃	5.2	5.8	3.1	3.3	0.2	0.1
青海	6.5	6.1	0.2	0.2		
宁夏	1.6	1.7	1.0	1.6		
新疆	20.8	24.5	2.9	3.6		0.1

6-44 各地区其它畜产品产量

单位: 万吨

地区	奶类		#牛奶		蜂蜜		禽蛋	
	1994年	1995年	1994年	1995年	1994年	1995年	1994年	1995年
全国总计	**608.9**	**672.8**	**528.8**	**576.4**	**17.7**	**17.8**	**1479.0**	**1676.7**
北京	22.2	20.6	22.2	20.6	0.1	0.1	33.9	28.5
天津	9.9	11.1	9.8	10.7			24.9	24.1
河北	34.0	38.9	28.6	32.5	0.6	0.6	146.6	205.3
山西	25.7	29.3	23.7	26.0	0.3	0.3	31.4	36.1
内蒙古	48.2	51.2	45.8	48.6	0.2	0.1	17.3	18.8
辽宁	17.5	18.3	16.4	17.1	0.4	0.4	96.3	102.8
吉林	10.9	11.3	10.4	10.2	0.2	0.2	40.4	48.9
黑龙江	143.6	166.6	141.5	164.6	0.3	0.3	60.1	79.0
上海	20.6	21.8	20.6	21.8		0.1	14.8	14.8
江苏	10.5	10.4	9.9	10.0	0.9	0.7	155.3	175.3
浙江	9.7	9.2	9.7	9.2	4.2	4.6	33.1	31.7
安徽	2.5	2.5	2.5	2.5	0.6	0.7	45.4	51.2
福建	6.1	6.3	5.9	6.1	0.6	0.6	23.0	27.0
江西	3.1	3.2	3.1	3.2	0.7	0.7	30.5	33.4
山东	51.3	66.8	15.6	17.9	1.2	0.9	294.1	317.4
河南	8.9	9.7	5.0	5.5	1.3	1.1	125.3	140.0
湖北	4.6	3.8	4.6	3.8	0.8	1.1	79.0	87.9
湖南	0.9	0.8	0.9	0.8	0.4	0.5	36.3	46.6
广东	5.8	5.7	5.7	5.5	0.9	0.7	28.5	31.1
广西	0.9	0.9	0.9	0.9	0.4	0.4	12.7	14.7
海南		0.1		0.1	0.1		1.8	2.2
四川	28.3	28.1	28.2	27.7	1.8	2.1	71.5	79.2
贵州	1.4	1.4	1.4	1.4	0.2	0.2	5.3	5.8
云南	10.0	10.1	9.4	9.5	0.5	0.4	6.4	6.9
西藏	16.2	17.7	9.7	14.1			0.1	0.7
陕西	31.3	32.6	17.4	17.4	0.4	0.4	40.5	40.1
甘肃	9.9	9.9	9.6	9.6	0.2	0.2	11.5	12.4
青海	20.1	20.6	19.4	20.0			1.2	1.2
宁夏	10.0	14.0	10.0	14.0	0.1	0.1	3.2	3.9
新疆	44.8	49.7	40.8	45.2	0.2	0.2	8.4	9.5

6-44 续表 单位：吨

地　区	山羊毛产量		绵羊毛产量		#细羊毛		#半细羊毛	
	1994年	1995年	1994年	1995年	1994年	1995年	1994年	1995年
全国总计	**24 559**	**29 973**	**254 659**	**277 375**	**113 357**	**112 000**	**58 337**	**72 588**
北　京	203	159	353	368	2	8	18	40
天　津	471	69	385	859	22	5	10	27
河　北	2 672	3 985	13 013	17 427	4 429	4 987	3 712	4 879
山　西	1 192	1 362	6 658	7 357	2 139	2 339	1 104	1 213
内蒙古	2 597	2 603	55 869	57 251	33 567	33 218	12 100	13 103
辽　宁	611	740	8 561	9 603	4 709	5 575	2 685	3 135
吉　林	93	108	10 972	12 178	9 500	10 292	1 099	1 714
黑龙江	122	124	12 763	15 650	4 548	4 482	8 215	11 168
上　海	18	20	80	81		9		7
江　苏	57	71	2 054	2 305	1 529	1 731	50	55
浙　江			2 282	2 219	2 282			2 219
安　徽	125	177	357	313	1	5	258	282
福　建		49						
江　西	5	2	1				1	
山　东	7 183	11 021	28 761	35 644	11 593	8 839	9 829	12 486
河　南	2 400	2 143	5 680	5 266	1 732	1 837	2 976	2 839
湖　北	32	110	58	142	11	13	38	121
湖　南	6	2	7	7				
广　东	2	2						
广　西								
海　南								
四　川	283	312	3 024	3 283	228	250	638	750
贵　州	7	5	414	433	64	74	287	260
云　南	58	102	1 761	1 838	264	426	1 284	1 166
西　藏	897	965	7 921	8 262	202	31	5 812	5 800
陕　西	1 137	1 128	3 937	3 713	2 503	2 200	324	415
甘　肃	1 341	1 578	16 743	17 857	6 322	6 096	1 402	1 713
青　海	584	605	17 390	17 302	292	285	6 359	5 716
宁　夏	282	362	3 206	3 555	173	195	136	99
新　疆	2 181	2 169	52 409	54 462	27 245	29 103		3 381

6－45 牲畜年末存栏头数增减情况

指　　标	单位	1990年	1994年	1995年	1995年为下列各年％	
					1990年	1994年
一、大牲畜头数	**万头**	**13 021.3**	**14 918.7**	**15 861.7**	**121.8**	**106.3**
其中:从事农事劳役头数	万头	7 606.0	8 454.6	8 812.0	115.9	104.2
1.牛	万头	10 288.4	12 331.8	13 206.0	128.4	107.1
(1)黄牛	万头	7 850.3	9 239.6	9 929.7	126.5	107.5
(2)良种及改良种乳牛	万头	269.1	384.3	417.4	155.1	108.6
(3)水牛	万头	2 169.0	2 291.3	2 358.4	108.7	102.9
2.马	万头	1 017.4	1 003.8	1 007.1	99.0	100.3
3.驴	万头	1 119.8	1 092.3	1 074.5	96.0	98.4
4.骡	万头	549.4	555.2	538.9	98.1	97.1
5.骆驼	万头	46.3	35.6	35.1	75.8	98.6
二、猪	**万头**	**36 240.8**	**41 461.5**	**44 169.2**	**121.9**	**106.5**
＃能繁母猪	万头	2 521.4	3 226.3	3 430.1	136.0	106.3
占年末存栏头数比重	%	7.0	7.8	7.8		
三、羊	**万只**	**21 002.1**	**24 052.8**	**27 685.6**	**131.8**	**115.1**
＃能繁母羊	万只	10 448.2	12 065.8	13 719.0	131.3	113.7
占年末存栏只数比重	%	49.7	50.2	49.6		
1.山羊	万只	9 720.5	12 308.3	14 959.3	153.9	121.5
2.绵羊	万只	11 281.6	11 744.5	12 726.3	112.8	108.4

6-46 各地区牲畜年末存栏头数

单位:万 头

地 区	大牲畜		#从事农事劳役头数		1、牛	
	1994年	1995年	1994年	1995年	1994年	1995年
全国总计	**14 918.7**	**15 861.7**	**8 454.6**	**8 812.0**	**12 331.8**	**13 206.0**
北 京	26.6	23.1	10.9	9.1	15.1	14.1
天 津	38.8	40.0	27.1	25.7	19.9	22.2
河 北	755.8	870.9	441.8	486.6	465.0	579.3
山 西	318.4	358.6	221.5	236.8	209.3	251.7
内蒙古	682.4	708.3	260.7	262.0	365.4	389.3
辽 宁	438.9	476.4	228.6	232.3	261.2	301.6
吉 林	424.0	498.7	221.6	241.1	310.2	384.3
黑龙江	519.0	632.6	251.9	311.1	402.2	511.5
上 海	6.7	6.9	0.6	0.6	6.7	6.9
江 苏	109.1	123.3	72.0	72.3	85.6	99.1
浙 江	50.7	50.3	35.5	34.9	50.7	50.3
安 徽	643.1	723.7	393.1	420.7	619.0	701.3
福 建	130.3	127.7	93.9	90.9	130.2	127.6
江 西	373.5	384.4	291.7	297.1	373.5	384.4
山 东	1 298.8	1 463.3	894.0	880.0	1 158.9	1 239.3
河 南	1 329.2	1 420.5	919.8	985.8	1 150.3	1 253.6
湖 北	385.6	413.9	272.6	292.3	380.9	409.5
湖 南	422.4	432.7	319.0	329.9	420.5	430.5
广 东	466.9	471.6	330.4	339.0	466.8	471.5
广 西	804.3	830.4	545.2	567.8	772.7	797.1
海 南	141.9	146.5	79.0	81.6	141.9	146.5
四 川	1 139.5	1 189.8	481.7	512.0	1 068.8	1 115.9
贵 州	707.8	729.8	487.7	503.2	630.2	649.3
云 南	946.1	966.4	531.7	549.0	769.3	786.1
西 藏	581.7	589.9	116.6	124.5	530.3	538.5
陕 西	326.7	336.0	204.6	206.0	265.5	278.1
甘 肃	607.9	617.6	382.7	386.6	357.4	370.3
青 海	587.4	559.0	70.4	65.0	524.2	500.9
宁 夏	83.1	89.7	53.9	54.6	42.9	51.9
新 疆	572.0	580.0	214.5	213.6	337.3	343.5

地 区	(1)黄 牛		(2)良种及改良乳牛		(3)水 牛		2. 马	
	1994年	1995年	1994年	1995年	1994年	1995年	1994年	1995年
全国总计	**9 239.6**	**9 929.7**	**384.3**	**417.4**	**2 291.3**	**2 358.4**	**1 003.8**	**1 007.1**
北 京	9.5	8.0	5.6	5.9			2.1	1.4
天 津	17.4	19.5	2.5	2.7			2.3	1.9
河 北	421.2	515.0	43.8	64.3			47.9	48.7
山 西	199.4	241.1	9.9	10.6			10.0	9.7
内 蒙 古	306.8	318.2	58.7	71.0			148.2	148.0
辽 宁	254.8	295.2	6.4	6.4			44.3	42.2
吉 林	305.0	379.2	5.2	5.1			75.6	77.1
黑 龙 江	329.0	390.3	73.2	85.4			102.9	106.4
上 海			5.9	6.2	0.7	0.7		
江 苏	47.8	61.1	3.7	2.9	34.1	34.9	2.5	2.5
浙 江	31.2	31.0	3.1	3.0	16.4	16.2		
安 徽	489.8	569.3	2.2	1.4	126.9	129.5	5.7	5.4
福 建	84.4	82.1	2.1	2.1	43.8	43.4	0.1	0.1
江 西	236.9	246.2	2.2	2.2	134.3	136.0		
山 东	1 150.9	1 228.1	6.3	8.4	1.8	2.8	42.2	39.0
河 南	1 109.1	1 209.0	2.1	2.1	39.1	42.6	38.7	39.7
湖 北	197.5	210.6	2.2	2.2	180.1	191.4	2.6	2.5
湖 南	251.1	259.5	1.1	1.6	168.4	169.3	1.5	1.8
广 东	203.6	209.5	2.4	2.6	260.9	259.5	0.1	
广 西	343.2	354.9	0.5	0.5	429.0	441.7	30.3	31.7
海 南	54.3	56.3	0.1	0.1	87.5	90.2		
四 川	781.6	805.7	4.0	3.7	271.8	291.7	59.1	61.7
贵 州	414.4	425.6	1.8	1.5	214.0	222.2	75.9	78.6
云 南	481.4	493.6	7.2	7.6	280.8	284.8	94.1	94.1
西 藏	96.2	95.4	30.0				36.0	36.7
陕 西	256.2	268.2	7.5	8.0	1.8	1.7	3.5	3.3
甘 肃	341.1	348.3	16.3	22.0			38.8	38.0
青 海	516.8	492.5	7.4	8.4			37.2	34.6
宁 夏	38.9	46.0	4.1	6.0			1.8	1.5
新 疆	270.3	270.1	67.1	73.4			100.3	100.5

6－46 续表 2

地 区	3. 驴		4. 骡		猪		＃能繁殖母猪	
	1994年	1995年	1994年	1995年	1994年	1995年	1994年	1995年
全国总计	**1 092.3**	**1074.5**	**555.2**	**538.9**	**41 461.5**	**44 169.2**	**3 226.3**	**3 430.1**
北 京	4.8	4.1	4.6	3.5	260.1	253.5	24.8	22.2
天 津	11.7	11.3	5.1	4.5	90.5	88.0	8.4	8.3
河 北	165.9	167.7	77.0	75.2	1 792.5	2 052.8	158.6	180.1
山 西	47.0	46.4	52.1	50.8	482.2	561.0	45.3	49.5
内 蒙 古	89.7	90.8	64.2	65.5	740.2	765.7	47.8	48.5
辽 宁	91.2	92.7	42.2	40.0	1 340.1	1 468.4	82.2	84.0
吉 林	14.8	15.5	23.3	21.7	666.0	764.4	59.6	74.1
黑 龙 江	7.4	7.9	6.5	6.8	909.4	1 140.3	83.0	106.2
上 海					184.2	208.4	18.8	21.8
江 苏	18.3	18.8	2.8	2.9	1 980.3	2 119.0	128.0	136.7
浙 江					1 279.7	1 286.6	74.5	73.2
安 徽	14.8	14.0	3.7	3.0	1 478.4	1 565.6	96.4	98.9
福 建					1 062.4	1 101.5	65.1	66.7
江 西					1 867.1	1 951.0	124.8	140.8
山 东	151.8	143.5	45.9	41.6	2 350.0	2 485.4	267.6	240.3
河 南	88.0	79.3	52.2	47.9	2 325.2	2 667.7	214.5	261.5
湖 北	1.8	1.6	0.4	0.3	2 339.1	2 449.1	148.9	157.9
湖 南	0.2	0.3	0.2	0.1	3 171.8	3 391.1	260.3	275.5
广 东					2 154.6	2 184.0	135.2	137.3
广 西	0.1	0.1	1.3	1.6	2 244.5	2 425.2	200.8	215.2
海 南					290.5	296.3	26.1	30.1
四 川	6.3	6.5	5.3	5.8	6 881.4	7 090.9	514.7	532.4
贵 州	0.1	0.1	1.5	1.7	1 479.9	1 607.6	107.2	117.5
云 南	30.4	31.4	52.2	54.7	2 215.3	2 295.1	189.8	202.6
西 藏	14.3	13.6	1.1	1.0	18.1	19.8	4.8	4.7
陕 西	40.4	38.6	17.3	16.1	878.3	906.4	59.3	56.9
甘 肃	143.9	141.3	65.3	65.4	672.5	688.4	47.7	50.1
青 海	10.6	9.5	13.9	12.6	101.6	108.9	6.8	7.1
宁 夏	23.9	22.7	14.3	13.4	84.5	91.9	7.1	8.1
新 疆	115.0	117.0	2.8	2.8	121.2	135.3	18.4	22.0

地区	羊(万只)		#能繁殖母羊		1.山羊(万只)		2.绵羊(万只)	
	1994年	1995年	1994年	1995年	1994年	1995年	1994年	1995年
全国总计	**24 052.8**	**27 685.6**	**12 065.8**	**13 719.0**	**12 308.3**	**14 959.3**	**11 744.5**	**12 726.3**
北京	78.0	81.5	38.1	30.3	41.1	41.6	36.9	39.9
天津	70.6	74.9	34.6	37.3	28.3	27.2	42.4	47.7
河北	1 219.2	1 565.7	607.1	758.8	642.4	803.4	576.9	762.3
山西	804.5	915.0	475.5	534.6	349.9	408.0	454.6	507.0
内蒙古	3 028.1	3 321.0	1 643.9	1 784.2	1 036.8	1 193.1	1 991.2	2 128.0
辽宁	302.0	373.2	208.0	255.8	115.8	146.5	186.2	226.7
吉林	271.5	337.0	143.6	194.3	23.6	39.1	247.9	297.8
黑龙江	399.7	494.7	226.8	272.9	60.2	92.7	339.5	401.9
上海	40.4	47.7		8.1	31.1	37.9	9.3	9.8
江苏	1 075.5	1 273.9	466.9	541.0	1 017.7	1 211.2	57.8	62.7
浙江	206.0	218.6	110.8	114.7	93.2	104.4	112.8	114.3
安徽	465.3	621.1	192.5	268.8	456.2	613.2	9.0	7.9
福建	81.4	100.5	27.0	30.2	81.4	100.5		
江西	33.8	45.8	13.2	16.3	33.8	45.7		0.1
山东	3 556.3	4 520.4	1 652.7	2 093.0	2 775.4	3 503.0	780.9	1 017.4
河南	1 701.4	2 298.3	830.6	1 015.0	1 525.2	2 093.8	176.2	204.4
湖北	185.1	263.2	75.9	106.2	182.7	260.0	2.4	3.2
湖南	140.0	214.8	63.2	95.4	139.5	214.1	0.5	0.6
广东	19.4	27.3	7.9	11.5	19.4	27.3		
广西	109.3	141.3	44.4	61.0	109.3	141.3		
海南	67.3	71.2	23.4	22.0	67.3	71.2		
四川	1 071.1	1 210.6	510.5	561.5	709.3	844.4	361.8	366.2
贵州	190.0	221.2	80.2	96.2	163.5	195.4	26.5	25.8
云南	666.3	718.7	342.0	365.5	547.2	597.8	119.1	120.9
西藏	1 694.0	1 770.1	787.6	791.0	569.4	603.5	1 124.6	1 166.6
陕西	647.4	663.4	362.2	382.9	490.5	521.9	156.9	141.5
甘肃	1 077.2	1 126.5	553.5	581.2	244.8	260.0	832.4	866.5
青海	1 677.1	1 666.3	713.7	739.8	213.9	200.1	1 463.3	1 466.2
宁夏	269.1	292.7	160.8	173.5	80.8	89.4	188.3	203.3
新疆	2 905.8	3 009.0	1 669.1	1 776.1	458.6	471.4	2 447.2	2 537.6

6－47 水产品产量和养殖面积

年 份	水产品总产量（万吨）	淡水产品（万吨）	人工养殖	海水产品（万吨）	人工养殖	水产品养殖面积（千公顷）	
						淡水养殖	海水养殖
1952	166.6	60.6	14.0	106.0	6.0		
1957	311.6	117.9	57.0	193.7	12.0	1 054.7	60.0
1962	228.3	78.5	31.0	149.8	9.0	1 600.0	50.0
1965	298.4	97.0	51.0	201.4	10.0	1 979.3	83.3
1970	318.5	90.4	58.0	228.1	18.0	2 721.3	83.3
1975	441.2	106.5	75.0	334.7	28.0	3 244.0	112.0
1978	465.6	105.8	76.0	359.8	45.0	2 722.7	100.7
1979	430.5	111.6	82.0	381.9	42.0	2 738.0	116.7
1980	449.7	124.0	90.0	325.7	45.0	2 860.6	132.9
1981	460.5	137.4	102.0	323.2	46.0	2 876.1	138.5
1982	515.5	156.1	120.0	359.4	50.0	3 047.4	163.1
1983	545.8	184.1	142.0	361.7	55.0	3 094.9	183.5
1984	619.3	225.0	180.0	394.4	64.0	3 262.3	246.2
1985	705.2	285.4	238.0	419.8	71.0	3 625.4	277.1
1986	823.6	348.2	294.0	475.4	86.0	3 786.8	325.1
1987	955.3	407.2	347.0	548.1	110.0	3 856.5	369.3
1988	1 060.9	455.2	390.0	605.7	142.0	3 894.9	413.3
1989	1 151.7	490.5	417.0	661.2	158.0	3 812.3	423.1
1990	1 237.0	523.7	445.0	713.3	162.0	3 829.8	428.9
1991	1 350.8	550.7	459.0	800.1	190.0	3 827.5	449.3
1992	1 557.1	623.4	533.0	933.7	242.0	3 975.9	499.1
1993	1 823.0	747.0	644.0	1 076.0	309.0	4 132.6	586.3
1994	2 143.1	901.6	785.0	1 241.5	345.7	4 429.8	653.5
1995	2 517.2	1 078.0	940.8	1 439.1	412.3	4 669.3	715.8

6－48 水产品产量和养殖面积增减情况

指 标	单 位	1990年	1994年	1995年	1995年为下列各年 %	
					1990年	1994年
一、水产品总产量	**吨**	**12 370 203**	**21 431 264**	**25 171 794**	**203.5**	**117.5**
按海水、淡水分						
1. 海水产品产量	吨	7 132 915	12 414 997	14 391 297	201.8	115.9
2. 淡水产品产量	吨	5 237 288	9 016 267	10 780 497	205.8	119.6
按生产性质分						
1. 捕捞产量	吨	6 291 908	10 124 226	11 641 237	185.0	115.0
2. 养殖产量	吨	6 078 295	11 307 038	13 530 557	222.6	119.7
按品种分						
1. 鱼类	吨	9 280 816	15 066 073	17 790 359	191.7	118.1
2. 虾蟹类	吨	1 165 054	1 911 830	2 118 532	181.8	110.8
3. 贝类	吨	1 549 061	3 389 121	4 134 587	266.9	122.0
4. 藻类	吨	275 186	745 203	749 140	272.2	100.5
5. 其他类	吨	100 086	319 037	379 176	378.9	118.9
二、水产养殖面积	**千公顷**	**4 258.7**	**5 083.2**	**5 385.1**	**126.4**	**105.9**
1. 海水养殖面积	千公顷	428.9	653.5	715.8	166.9	109.5
(1) 浅海养殖	千公顷		133.3	131.7		98.8
(2) 港湾养殖	千公顷		169.5	159.4		94.0
(3) 滩涂养殖	千公顷		350.6	424.6		121.1
2. 淡水养殖面积	千公顷	3 829.8	4 429.8	4 669.3	115.7	105.4
(1) 池塘养殖	千公顷		1 738.0	1 857.8		106.9
(2) 湖泊养殖	千公顷		761.1	824.3		108.3
(3) 河沟养殖	千公顷		335.7	347.3		103.5
(4) 水库养殖	千公顷		1 477.1	1 515.7		102.6
(5) 其他养殖	千公顷		118.0	124.3		105.4
3. 稻田养殖面积	千公顷		832.8	1 029.3		123.6

6－49 海水产品和淡水产品产量

单位：吨

指　标	1990年	1994年	1995年	1995年为下列各年％	
				1990	1994
海水产品产量	**7 132 915**	**12 414 997**	**14 391 297**	**201.8**	**115.9**
一、海洋捕捞产量	**5 508 862**	**8 958 319**	**10 268 373**	**186.4**	**114.6**
1. 鱼类		6 372 608	7 436 035		116.7
2. 虾蟹类		1 617 172	1 732 115		107.1
3. 贝类		712 716	827 979		116.2
4. 藻类		15 107	10 637		70.4
5. 其他类		240 716	261 607		108.7
二、海水养殖产量	**1 624 053**	**3 456 678**	**4 122 924**	**253.9**	**119.3**
1. 鱼类		101 093	144 957		143.4
2. 虾蟹类		91 755	115 881		126.3
3. 贝类		2 523 657	3 099 099		122.8
4. 藻类		730 096	738 503		101.2
5. 其他类		10 077	24 484		243.0
淡水产品产量	**5 237 288**	**9 016 267**	**10 780 497**	**205.8**	**119.6**
一、淡水捕捞产量	**783 046**	**1 165 907**	**1 372 864**	**175.3**	**117.8**
1. 鱼类		948 560			
2. 虾蟹类		107 333			
3. 贝类		89 409			
4. 其他类		20 605			
二、淡水养殖产量	**4 454 242**	**7 850 360**	**9 407 633**	**211.2**	**119.8**
1. 鱼类		7 643 812			
2. 虾蟹类		95 570			
3. 贝类		63 339			
4. 其他类		47 639			

6－50 各地区水产品产量

(按来源分)

单位：吨

地　区	水产品总产量		1. 养殖产量		2. 捕捞产量	
	1994年	1995年	1994年	1995年	1994年	1995年
全国总计	**21 431 264**	**25 171 794**	**11 307 038**	**13 530 557**	**10 124 226**	**11 641 237**
北　京	76 335	80 523	71 475	80 523	4 860	
天　津	128 257	153 481	95 519	113 639	32 738	39 842
河　北	317 303	396 125	149 541	198 156	167 762	197 969
山　西	15 666	17 539	15 190	17 204	476	335
内 蒙 古	42 197	47 644	25 239	29 136	16 958	18 508
辽　宁	1 677 721	1 978 640	922 876	1 030 481	754 845	948 159
吉　林	104 970	110 550	73 004	78 418	31 966	32 132
黑 龙 江	208 922	252 900	157 600	200 688	51 322	52 212
上　海	270 413	290 739	117 916	123 409	152 497	167 330
江　苏	1 805 420	2 194 737	1 129 020	1 373 023	676 400	821 714
浙　江	2 580 064	3 180 742	567 490	661 176	2 012 574	2 519 566
安　徽	500 723	751 997	402 804	631 235	97 919	120 762
福　建	2 266 087	2 572 685	792 449	917 369	1 473 638	1 655 316
江　西	694 773	840 354	568 486	673 655	126 287	166 699
山　东	3 506 539	3 809 420	1 839 994	2 129 934	1 666 545	1 679 486
河　南	158 442	180 939	146 692	169 144	11 750	11 795
湖　北	1 294 132	1 509 119	1 111 998	1 316 876	182 134	192 243
湖　南	741 386	862 750	671 902	778 028	69 484	84 722
广　东	3 140 961	3 543 383	1 561 866	1 855 637	1 579 095	1 687 746
广　西	761 644	1 033 690	328 785	489 281	432 859	544 409
海　南	387 416	432 509	67 626	84 098	319 790	348 411
四　川	361 273	419 966	330 446	385 760	30 827	34 206
贵　州	28 024	32 686	24 738	28 916	3 286	3 770
云　南	68 470	84 209	50 100	66 594	18 370	17 615
西　藏	56	1 291			56	1 291
陕　西	33 548	37 655	32 705	36 785	843	870
甘　肃	6 604	7 625	6 370	7 241	234	384
青　海	3 602	2 444	675	640	2 927	1 804
宁　夏	17 019	18 420	16 766	18 170	253	250
新　疆	35 297	44 432	27 766	35 341	7 531	9 091
水产总公司	198 000	282 600			198 000	282 600

6-51 各地区水产品产量

(1995年，按类别分)

单位：吨

地区	鱼类	虾蟹类	贝类	藻类	其他类
全国总计	**17 790 359**	**2118 532**	**4134 587**	**749 140**	**379 176**
北京	80 491	32			
天津	139 246	8 608	5 525		102
河北	252 107	69 189	64 818		10 011
山西	17 533				6
内蒙古	47 541	103			
辽宁	675 378	231 336	855 394	159 711	56 821
吉林	110 270	199	81		
黑龙江	251 536	1 253	108		3
上海	257 947	22 111	7 509		3 172
江苏	1 710 104	204 638	215 499	3 980	60 516
浙江	2 016 028	672 637	466 434	13 774	11 869
安徽	683 640	36 800	22 343		9 214
福建	1 652 260	195 728	482 672	196 434	45 591
江西	793 698	16 556	21 010		9 090
山东	1 644 067	311 794	1420 741	361 558	71 260
河南	176 839	2 274	424		1 402
湖北	1 414 423	35 186	33 907		25 603
湖南	830 308	7 540	9 961		14 941
广东	2 977 937	200 648	325 066	5 746	33 986
广西	772 371	75 209	178 894	110	7 106
海南	374 886	19 004	22 032	7 827	8 760
四川	417 590	562	99		1 715
贵州	32 194	315	136		41
云南	78 261	5 203	684		61
西藏	1 291				
陕西	37 519	106			30
甘肃	7 606				19
青海	2 444				
宁夏	18 420				
新疆	44 424	1			7
水产总公司	272 000	1 500	1 250		7 850

6－52 各地区海水产品产量

(按来源分)

单位：吨

地 区	海水产品产量		1. 海洋捕捞产量		2. 海水养殖产量	
	1994年	1995年	1994年	1995年	1994年	1995年
全国总计	**12 414 997**	**14 391 297**	**8 958 319**	**10 268 373**	**3 456 678**	**4 122 924**
北 京	2	22			2	22
天 津	21 401	25 845	19 543	24 067	1 858	1 778
河 北	178 948	210 215	137 385	160 118	41 563	50 097
山 西						
内 蒙 古						
辽 宁	1 512 995	1 784 276	747 749	911 465	765 246	872 811
吉 林						
黑 龙 江						
上 海	147 825	162 135	147 238	161 790	587	345
江 苏	525 520	650 868	465 000	567 078	60 520	83 790
浙 江	2 222 852	2 787 032	1 976 035	2 470 182	246 817	316 850
安 徽						
福 建	2 004 055	2 241 947	1 443 566	1 619 996	560 489	621 951
江 西						
山 东	3 053 106	3 273 162	1 608 172	1 618 119	1 444 934	1655 043
河 南						
湖 北						
湖 南						
广 东	1 748 046	1 972 136	1 505 822	1 614 186	242 224	357 950
广 西	471 877	645 706	395 913	498 192	75 964	147 514
海 南	330 370	355 353	313 896	340 580	16 474	14 773
四 川						
贵 州						
云 南						
西 藏						
陕 西						
甘 肃						
青 海						
宁 夏						
新 疆						
水产总公司	198 000	282 600	198 000	282 600		

6－53 各地区海水产品产量

(1995年,按类别分)　　单位：吨

地区	鱼类	虾蟹类	贝类	藻类	其他类
全国总计	**7 580 992**	**1 847 996**	**3 927 078**	**749 140**	**286 091**
北京		22			
天津	14 031	7 544	4 168		102
河北	73 864	62 857	64 229		9 265
山西					
内蒙古					
辽宁	487 870	224 504	855 378	159 711	56 813
吉林					
黑龙江					
上海	133 640	18 527	6 923		3 045
江苏	332 699	107 373	162 337	3 980	44 479
浙江	1 655 678	667 066	443 338	13 774	7 176
安徽					
福建	1 343 698	191 773	471 944	196 434	38 098
江西					
山东	1 122 474	303 249	1 414 996	361 558	70 885
河南					
湖北					
湖南					
广东	1 450 209	175 454	307 322	5 746	33 405
广西	395 930	69 541	173 889	110	6 236
海南	298 899	18 586	21 304	7 827	8 737
四川					
贵州					
云南					
西藏					
陕西					
甘肃					
青海					
宁夏					
新疆					
水产总公司	272 000	1 500	1 250		7 850

6－54 各地区淡水产品产量

(按来源分)

单位：吨

地　区	淡水产品产量		1. 淡水捕捞产量		2. 淡水养殖产量	
	1994年	1995年	1994年	1995年	1994年	1995年
全国总计	**9 016 267**	**10 780 497**	**1 165 907**	**1 372 864**	**7 850 360**	**9 407 633**
北　京	76 333	80 501	4 860		71 473	80 501
天　津	106 856	127 636	13 195	15 775	93 661	111 861
河　北	138 355	185 910	30 377	37 851	107 978	148 059
山　西	15 666	17 539	476	335	15 190	17 204
内蒙古	42 197	47 644	16 958	18 508	25 239	29 136
辽　宁	164 726	194 364	7 096	36 694	157 630	157 670
吉　林	104 970	110 550	31 966	32 132	73 004	78 418
黑龙江	208 922	252 900	51 322	52 212	157 600	200 688
上　海	122 588	128 604	5 259	5 540	117 329	123 064
江　苏	1 279 900	1 543 869	211 400	254 636	1 068 500	1 289 233
浙　江	357 212	393 710	36 539	49 384	320 673	344 326
安　徽	500 723	751 997	97 919	120 762	402 804	631 235
福　建	262 032	330 738	30 072	35 320	231 960	295 418
江　西	694 773	840 354	126 287	166 699	568 486	673 655
山　东	453 433	536 258	58 373	61 367	395 060	474 891
河　南	158 442	180 939	11 750	11 795	146 692	169 144
湖　北	1 294 132	1 509 119	182 134	192 243	1 111 998	1 316 876
湖　南	741 386	862 750	69 484	84 722	671 902	778 028
广　东	1 392 915	1 571 247	73 273	73 560	1 319 642	1 497 687
广　西	289 767	387 984	36 946	46 217	252 821	341 767
海　南	57 046	77 156	5 894	7 831	51 152	69 325
四　川	361 273	419 966	30 827	34 206	330 446	385 760
贵　州	28 024	32 686	3 286	3 770	24 738	28 916
云　南	68 470	84 209	18 370	17 615	50 100	66 594
西　藏	56	1 291	56	1 291		
陕　西	33 548	37 655	843	870	32 705	36 785
甘　肃	6 604	7 625	234	384	6 370	7 241
青　海	3 602	2 444	2 927	1 804	675	640
宁　夏	17 019	18 420	253	250	16 766	18 170
新　疆	35 297	44 432	7 531	9 091	27 766	35 341

6－55 各地区淡水产品产量

（1995年，按类别分） 单位：吨

地区	鱼类	虾蟹类	贝类	其他类
全国总计	**10209 367**	**270 536**	**207 509**	**93 085**
北京	80 491	10		
天津	125 215	1 064	1 357	
河北	178 243	6 332	589	746
山西	17 533			6
内蒙古	47 541	103		
辽宁	187 508	6 832	16	8
吉林	110 270	199	81	
黑龙江	251 536	1 253	108	3
上海	124 307	3 584	586	127
江苏	1 377 405	97 265	53 162	16 037
浙江	360 350	5 571	23 096	4 693
安徽	683 640	36 800	22 343	9 214
福建	308 562	3 955	10 728	7 493
江西	793 698	16 556	21 010	9 090
山东	521 593	8 545	5 745	375
河南	176 839	2 274	424	1 402
湖北	1 414 423	35 186	33 907	25 603
湖南	830 308	7 540	9 961	14 941
广东	1 527 728	25 194	17 744	581
广西	376 441	5 668	5 005	870
海南	75 987	418	728	23
四川	417 590	562	99	1 715
贵州	32 194	315	136	41
云南	78 261	5 203	684	61
西藏	1 291			
陕西	37 519	106		30
甘肃	7 606			19
青海	2 444			
宁夏	18 420			
新疆	44 424	1		7

6-56 各地区水产养殖面积

单位：千公顷

地区	水产养殖面积		海水养殖面积		淡水养殖面积	
	1994年	1995年	1994年	1995年	1994年	1995年
全国总计	**5 083.2**	**5 385.1**	**653.5**	**715.8**	**4 429.8**	**4 669.3**
北京	23.3	22.7	0.5	0.5	22.8	22.2
天津	29.0	31.2	4.4	4.2	24.6	27.0
河北	109.3	119.4	48.7	50.9	60.6	68.6
山西	18.8	18.8			18.8	18.8
内蒙古	108.5	107.4			108.5	107.4
辽宁	236.3	255.0	125.6	141.4	110.7	113.6
吉林	202.3	212.4			202.3	212.4
黑龙江	245.0	277.7			245.0	277.7
上海	33.8	32.8	1.1	0.9	32.8	32.0
江苏	525.6	555.2	76.5	87.9	449.1	467.3
浙江	239.3	245.2	45.6	50.8	193.7	194.4
安徽	460.0	496.8			460.0	496.8
福建	148.5	158.6	78.1	83.3	70.4	75.3
江西	303.6	311.8			303.6	311.8
山东	311.0	331.6	131.6	131.9	179.5	199.7
河南	171.1	174.3			171.1	174.3
湖北	501.7	533.8			501.7	533.8
湖南	362.3	390.3			362.3	390.3
广东	416.8	445.8	105.7	116.2	311.1	329.7
广西	170.2	191.6	29.9	41.0	140.3	150.6
海南	43.2	47.8	5.8	6.9	37.4	40.9
四川	188.9	194.7			188.9	194.7
贵州	20.7	21.6			20.7	21.6
云南	69.0	72.7			69.0	72.7
西藏						
陕西	29.3	29.5			29.3	29.5
甘肃	18.9	19.1			18.9	19.1
青海	5.4	4.6			5.4	4.6
宁夏	10.5	10.1			10.5	10.1
新疆	80.9	72.5			80.9	72.5

6-56 续表

地区	海水养殖				淡水养殖				稻田养殖
	浅海养殖	港湾养殖	滩涂养殖	池塘养殖	湖泊养殖	河沟养殖	水库养殖	其它养殖	
全国总计	**131.7**	**159.4**	**424.6**	**1 857.8**	**824.3**	**347.3**	**1 515.7**	**124.3**	**1 029.3**
北京		0.5		8.1			14.0		
天津		4.2		16.4	5.0	0.7	4.8	0.1	
河北	11.4		39.4	20.7	6.4	1.1	39.9	0.5	
山西				3.8	1.9	0.2	12.9		
内蒙古				6.8	47.0	0.9	52.5	0.2	1.6
辽宁	9.8	33.4	98.2	32.4	0.1	3.7	76.1	1.3	9.5
吉林				24.1	69.5		118.7		5.0
黑龙江				89.5	90.9	9.9	83.8	3.6	105.0
上海			0.9	15.4	4.6	11.2		0.8	0.9
江苏			87.9	211.8	71.1	126.1	28.0	30.4	19.6
浙江	3.2	11.1	36.6	56.4		50.8	80.1	7.2	14.6
安徽				190.8	173.4	62.6	62.9	7.2	11.2
福建	17.6	21.1	44.6	31.5	0.6	6.4	33.8	3.0	28.9
江西				94.8	81.0	12.3	123.8		80.0
山东	72.4	20.1	39.3	86.6	24.8	5.9	79.9	2.5	0.3
河南				82.1	3.6	3.2	84.8	0.6	0.4
湖北				250.5	148.4	11.7	104.2	19.0	1.5
湖南				196.1	54.7	12.7	91.7	35.2	169.4
广东	0.5	64.1	51.6	209.3		5.9	108.2	6.3	21.1
广西	16.4	4.0	20.6	57.5		5.6	85.3	2.2	63.6
海南	0.5	1.0	5.5	11.4		1.2	28.0	0.3	
四川				106.4	3.7	10.5	72.6	1.6	362.1
贵州				3.7	0.1	0.7	16.2	0.9	105.2
云南				22.8	13.2	0.3	36.4		29.0
西藏									
陕西				9.0	7.2		13.2		0.2
甘肃				3.2		0.9	15.0		
青海				0.3	4.3				
宁夏				4.0	4.6	0.1	1.1	0.4	
新疆				12.5	8.3	2.9	47.9	0.9	

6－57　亚热带作物面积和产量

指　　标	单位	1990年	1994年	1995年	1995年为下列各年％	
					1990年	1994年
一、橡胶						
(按干胶片计算产量)						
年末实有面积	千公顷	607.1	587.1	591.8	97.5	100.8
其中:当年新植面积	千公顷		8.9	13.9		
收获面积	千公顷	318.7	370.6	395.4	124.1	106.7
总产量	吨	2 64243	374 002	424 025	160.5	113.4
二、咖啡豆						
(按干咖啡豆计算产量)						
年末实有面积	千公顷	12.1	6.3	6.0	49.6	95.8
其中:当年新植面积	千公顷		0.5	0.7		142.9
收获面积	千公顷	3.1	3.3	3.4	109.7	104.6
总产量	吨	1 831	2 634	3 196	174.5	121.3
三、椰子(按果实计算产量)						
年末实有面积	千公顷	21.3	27.6	29.3	137.6	106.1
其中:当年新植面积	千公顷		1.7	2.1		125.0
收获面积	千公顷	11.3	14.4	15.5	137.2	107.8
总产量	万个	6 892.7	10 336.0	11 697.0	169.7	113.2
四、油棕果(按籽实计算产量)						
年末实有面积	千公顷	3.0	2.8	2.7	90.0	96.4
其中:当年新植面积	千公顷					
收获面积	千公顷	0.3				
总产量	吨	80	200	1	1.3	0.5
五、腰果(按干果计算产量)						
年末实有面积	千公顷	9.8	9.6	8.8	89.8	91.3
其中:当年新植面积	千公顷		0.2	0.2		125.0
收获面积	千公顷	5.3	4.8	4.9	92.5	102.7
总产量	吨	490	920	963	196.5	104.7
六、香料作物(折香料油)						
年末实有面积	千公顷	12.7	10.9	13.5	106.3	124.3
其中:当年新植面积	千公顷		3.8	4.1		108.8
收获面积	千公顷	11.5	7.6	9.9	86.1	130.3
总产量	吨	1 423	1 067	1 568	110.2	147.0
其中:香茅草						
年末实有面积	千公顷		8.9	12.6		141.7
其中:当年新植面积	千公顷		3.5	4.0		115.3
收获面积	千公顷		6.7	9.5		142.4
总产量	吨		954	1 543		161.7
七、剑(番)麻(折纤维)						
年末实有面积	千公顷	16.2	18.2	15.5	95.7	85.1
其中:当年新植面积	千公顷		0.9	0.6		63.8
收获面积	千公顷	11.5	13.4	12.4	107.8	92.8
总产量	吨	31 844	40 854	43 442	136.4	106.3

七、农村市场和价格

7－1　批发零售贸易业农副产品购进总额

单位：亿元

地　区	总　计	国有经济	集体经济	其他经济
全国总计	**2 900.5**	**2 051.0**	**787.9**	**61.6**
北　京	24.8	18.6	6.0	0.2
天　津	14.4	10.8	3.6	0.1
河　北	134.5	97.0	37.3	0.2
山　西	35.5	25.0	10.5	0.1
内蒙古	50.9	38.0	12.4	0.5
辽　宁	113.0	97.2	14.6	1.3
吉　林	88.5	79.1	8.3	1.0
黑龙江	111.7	90.3	20.0	1.4
上　海	96.5	48.9	28.0	19.6
江　苏	270.2	132.8	130.2	7.3
浙　江	112.6	72.4	36.1	4.1
安　徽	150.7	106.3	44.4	
福　建	54.0	46.5	5.7	1.8
江　西	77.9	58.8	19.2	
山　东	189.0	139.2	47.6	2.2
河　南	185.8	116.9	65.9	3.0
湖　北	170.5	104.2	65.9	0.4
湖　南	117.9	81.0	34.1	2.8
广　东	247.7	204.8	31.9	11.0
广　西	66.4	55.4	10.6	0.4
海　南	7.5	5.6	0.5	1.4
四　川	192.5	151.0	39.8	1.7
贵　州	34.9	33.1	1.8	
云　南	88.1	79.9	8.1	0.1
西　藏	2.1	2.1		
陕　西	48.3	38.5	9.6	0.3
甘　肃	35.5	26.9	8.6	
青　海	7.0	6.2	0.8	
宁　夏	8.1	7.4	0.6	0.1
新　疆	163.8	77.2	86.0	0.6

7－2 海关出口农副产品及加工品数量

	单 位	1990年	1994年	1995年	1995年为1994年%
活猪	万头	300	270	253	93.7
活家禽	万只	4 784	5 230	5 263	100.6
鲜冻牛肉	万吨	10	2	2	100.0
鲜冻猪肉	万吨	12	10	15	150.0
冻鸡	吨	37 813	164 288	248 573	151.3
鲜、冻兔肉	吨	17 520	26 587	20 187	75.9
鲜蛋	百万个	601	486	358	73.7
水产品	万吨	36	57	61	107.0
谷物及谷物粉	万吨	583	1 104	64	5.8
其中：大米	万吨	33	152	5	3.3
玉米	万吨		874	11	1.3
棉花	吨	161 280	108 147	21 619	20.0
蔬菜	万吨	89	154	158	102.6
鲜、干水果及坚果	万吨		49	49	100.0
#橘、橙	吨		127 428	131 798	103.4
鲜苹果	吨		107 170	108 946	101.7
食糖	万吨	57	95	48	50.5
天然蜂蜜	吨	88 005	102 102	86 991	85.2
茶叶	吨	195 471	179 667	166 572	92.7
辣椒干	吨	40 722	51 389	35 706	69.5
猪肉罐头	吨	90 906	69 302	63 822	92.1
蘑菇罐头	吨		145 077	189 975	130.9
烤烟	吨	28 735	59 020	56 570	95.8
生丝	吨	7 604	13 061	12 710	97.3
山羊绒	吨	1 413	5 303	1 829	34.5
兔毛	吨	4 703	10 677	4 395	41.2
猪鬃	吨	12 105	13 043	10 511	80.6
肠衣	吨		40 326	44 971	111.5
填充用羽毛羽绒	吨	21 807	23 655	23 345	98.7
药材	吨	107 015	150 724	136 549	90.6
食用油籽	万吨	52	149	121	81.2
其中：大豆	万吨		83	38	45.8
花生和花生仁	万吨	39	48	39	81.3
食用植物油	吨	139 477	270 267	495 970	183.5
松香及树脂胶	吨	189 040	290 227	219 729	75.7

7-3 综合集贸市场及农副产品专业市场主要商品成交量

单位：亿元

品名	单位	1993年		1994年		1995年	
		批发	零售	批发	零售	批发	零售
一、谷物	万吨	296.3	1 521.3	305.6	1 930.1	334.8	2 122.1
#大米	万吨	66.0	641.4	113.8	746.0		
小麦	万吨	13.9	147.5	29.1	159.8		
玉米	万吨	52.2	219.4	73.8	275.4		
二、食用植物油	万吨	10.6	196.3	15.0	232.3	14.6	376.1
三、肉禽蛋	万吨	49.2	1 923.3	75.1	1 736.3	127.7	1 908.7
#猪肉	万吨	21.1	1 051.4	32.3	910.4		
羊肉	万吨	0.9	55.4	2.0	46.5		
牛肉	万吨	2.5	118.3	3.2	116.7		
鲜蛋	万吨	7.9	321.1	18.4	290.0		
鸡鸭鹅	万吨	8.2	199.7	12.3	197.9		
四、水产品	万吨	68.0	638.0	83.4	581.4	190.8	649.7
五、蔬菜	万吨	1 320.5	4 738.6	1 827.4	4 583.2	2 171.9	5 542.8
六、干鲜果	万吨	631.3	1 689.1	676.3	1 955.4	849.7	1 852.2

7－4　城乡集市贸易情况

	1978年	1985年	1990年	1994年	1995年
集市个数(个)	33 302	61 337	72 579	84 463	82 892
1. 城市		8 013	13 106	17 880	19 892
2. 乡村	33 302	53 324	59 473	66 583	63 000
集市贸易成交额(亿元)	125.9	632.3	2 168.2	8 981.6	11 590.1
1. 城市		120.7	837.8	4 569.1	6 176.4
2. 乡村	125.9	511.6	1 330.4	4 412.5	5 413.7
其中：粮油类	20.1	49.6	146.8	594.7	904.0
肉禽蛋类	21.2	140.1	618.8	1 626.4	2 221.3
水产品类	5.2	33.2	182.4	628.5	870.1
蔬菜类	14.3	48.8	264.2	850.0	1 202.8
干鲜果类	4.0	25.5	183.5	571.9	781.9
农业生产资料类	10.4	13.9	23.0	49.9	111.1
大牲畜类	20.9	32.6	38.3	78.8	105.5

注：1985年以前商品分类数字为乡村集市数，1990年以后各年为城乡集市数。

7－5　农村各种物价总指数

(上年＝100)

	1985年	1990年	1991年	1992年	1993年	1995年
农村商品零售价格指数	107.0	103.2	102.0	103.9	112.6	116.4
农村居民消费价格指数	107.6	104.5	102.3	104.7	113.7	117.5
农业生产资料价格指数	104.8	105.5	102.9	103.7	114.1	127.4
农副产品收购价格指数	108.6	97.4	98.0	103.4	113.4	119.9
农村工业品零售价格指数	103.2	104.6	103.0	103.1	111.8	114.7
工农业商品综合比价指数 (农副产品收购价格＝100)	95.0	107.4	105.1	99.7	98.6	95.7

7-6 各地区农村商品零售价格分类指数

(1995年,以上年价格为100)

	商品零售价格指数	一、食品类	1. 粮食	(1) 细粮	(2) 粗粮	2. 油脂类
全国平均	**116.4**	**126.4**	**136.3**	**136.9**	**132.1**	**119.2**
北　京						
天　津						
河　北	116.6	129.4	148.4	148.8	146.6	123.8
山　西	116.9	128.1	143.1	139.5	157.1	122.5
内蒙古	118.9	134.7	153.0	151.6	155.8	136.0
辽　宁	115.0	128.2	152.0	151.9	152.5	121.7
吉　林	115.4	124.7	139.6	138.4	143.7	123.5
黑龙江	115.7	124.2	145.7	151.6	119.0	116.6
上　海						
江　苏	115.6	124.5	136.9	139.1	111.4	112.0
浙　江	114.3	125.8	135.7	136.5	122.1	112.3
安　徽	112.3	119.0	123.4	124.9	109.7	112.1
福　建	114.7	122.7	130.1	132.0	110.8	110.9
江　西	116.9	124.7	128.5	129.5	116.9	116.7
山　东	116.2	125.6	143.4	142.1	149.3	113.8
河　南	116.5	126.5	145.3	147.2	133.5	114.5
湖　北	118.3	128.4	135.7	137.2	122.9	116.5
湖　南	116.8	126.4	121.5	121.7	120.3	129.7
广　东	112.7	121.6	125.8	127.5	106.3	118.3
广　西	117.7	130.0	135.1	138.4	114.3	122.3
海　南	115.5	121.6	126.3	125.4	137.5	127.4
四　川	118.2	125.7	127.0	127.3	126.0	121.1
贵　州	120.1	134.3	142.1	143.5	137.6	126.3
云　南	120.1	134.8	138.9	140.4	128.2	143.0
西　藏						
陕　西	119.4	131.5	141.5	141.7	140.1	115.2
甘　肃	118.3	135.2	142.9	141.8	151.9	121.1
青　海	116.7	130.2	134.8	135.4	123.8	118.3
宁　夏	115.9	131.3	136.0	137.2	116.8	125.1
新　疆	118.3	130.7	135.4	136.2	130.0	117.3

7-6 续表1

	3. 肉禽蛋	4. 水产品	5. 鲜 果	6. 干 菜	7. 鲜 果	8. 干 果
全国平均	**124.5**	**114.7**	**133.4**	**126.2**	**120.7**	**122.7**
北 京						
天 津						
河 北	122.2	110.9	130.1	129.8	119.8	123.9
山 西	124.3	107.3	126.4	129.0	109.1	120.2
内蒙古	131.3	111.3	129.8	137.7	124.1	124.4
辽 宁	122.3	116.4	119.9	120.9	124.6	115.9
吉 林	120.5	112.4	116.8	122.4	118.8	123.8
黑龙江	114.1	113.8	119.2	132.6	119.5	117.2
上 海						
江 苏	123.3	117.4	128.5	116.4	124.2	126.6
浙 江	123.4	116.7	138.5	117.8	124.3	129.5
安 徽	122.1	105.2	118.3	117.7	114.4	120.4
福 建	118.2	116.3	135.2	115.5	122.1	115.3
江 西	121.3	120.6	143.3	135.6	114.6	130.8
山 东	120.2	112.1	133.1	135.3	118.6	122.4
河 南	122.0	113.0	126.4	129.3	125.9	122.8
湖 北	129.7	112.8	134.8	130.0	121.1	126.5
湖 南	127.4	122.0	144.8	135.6	120.6	116.6
广 东	123.7	114.2	132.6	114.1	118.1	119.0
广 西	128.3	120.9	141.8	121.3	122.2	127.7
海 南	119.5	105.4	142.2	140.5	113.8	129.0
四 川	120.7	123.3	150.7	128.9	125.3	118.2
贵 州	135.4	119.0	153.0	139.5	119.2	119.0
云 南	139.1	112.8	146.0	136.8	115.9	129.2
西 藏						
陕 西	131.5	113.0	131.6	141.0	118.6	119.7
甘 肃	144.4	115.7	137.7	131.0	127.7	133.0
青 海	134.8	122.2	136.6	122.3	119.3	120.2
宁 夏	133.5	107.7	131.4	130.5	126.3	133.5
新 疆	131.4	114.0	135.6	125.4	130.7	133.4

	9.其他食品	(1)调味品	(2)食糖	(3)糖果	(4)糕点	(5)奶及奶制品
全国平均	**122.8**	**117.5**	**131.8**	**123.0**	**122.9**	**128.6**
北京						
天津						
河北	120.0	108.8	133.8	124.0	118.7	126.4
山西	121.9	115.3	130.6	140.0	123.8	124.5
内蒙古	122.5	111.9	138.9	132.4	126.4	129.7
辽宁	118.3	110.2	134.8	129.6	121.2	114.1
吉林	124.9	109.2	136.0	142.2	123.0	120.1
黑龙江	120.5	111.2	128.4	126.3	129.3	121.9
上海						
江苏	123.9	120.8	129.5	123.7	122.0	128.2
浙江	122.1	119.7	126.3	122.7	120.0	124.4
安徽	118.7	106.9	125.3	116.5	119.9	129.0
福建	120.7	120.4	126.5	120.7	115.5	124.4
江西	123.7	129.4	130.9	122.2	118.7	123.3
山东	126.1	121.0	133.4	129.3	126.6	128.6
河南	121.9	112.4	129.7	117.5	127.0	132.6
湖北	124.9	122.9	135.9	119.2	120.5	133.6
湖南	123.0	112.8	133.8	139.6	120.6	121.5
广东	114.2	111.0	125.0	109.5	113.8	115.8
广西	128.0	118.4	130.9	135.6	124.8	139.8
海南	118.3	124.9	131.7	102.8	113.6	112.8
四川	124.8	120.3	134.0	121.7	123.5	139.7
贵州	127.6	124.9	135.1	125.4	132.1	130.4
云南	124.4	119.2	136.9	121.6	128.0	126.2
西藏						
陕西	127.6	123.0	135.5	129.4	133.7	122.7
甘肃	127.0	126.5	139.9	111.4	133.4	134.1
青海	123.3	108.9	145.0	121.1	128.9	136.4
宁夏	133.0	121.0	138.9	134.3	138.5	136.2
新疆	126.7	111.1	138.5	123.1	132.7	132.5

7-6 续表3

	(6)罐头	10.饮食业	(1)主食	(2)炒菜	(3)地方小吃	二、饮料烟酒类
全国平均	**114.1**	**125.6**	**130.5**	**122.0**	**129.6**	**108.2**
北京						
天津						
河北	109.4	122.7	130.2	119.9	126.1	105.7
山西	112.3	130.0	130.1	129.1	132.9	111.6
内蒙古	117.6	137.8	140.1	136.7	134.7	113.2
辽宁	115.1	125.5	134.8	122.8	119.0	107.3
吉林	121.8	127.3	131.0	127.7	119.0	114.2
黑龙江	115.1	124.0	131.5	115.7	138.5	112.0
上海						
江苏	121.8	121.3	124.8	118.9	130.5	110.6
浙江	115.2	126.6	130.6	124.4	128.3	106.3
安徽	114.1	121.3	121.7	119.4	130.8	105.0
福建	107.0	126.8	126.6	120.5	138.6	100.4
江西	110.2	122.3	127.6	118.4	125.1	106.3
山东	115.4	125.1	127.8	119.1	129.9	107.6
河南	107.2	127.0	135.8	124.8	125.0	106.1
湖北	114.6	130.0	132.2	128.8	129.6	107.4
湖南	113.7	129.7	142.7	124.2	123.6	107.2
广东	108.5	118.7	125.3	114.1	124.6	108.4
广西	116.3	135.4	136.6	134.9	135.5	109.7
海南	117.9	123.5	119.4	118.9	134.1	106.3
四川	114.8	127.7	128.1	124.1	137.1	111.9
贵州	115.9	132.3	131.6	134.1	123.4	106.1
云南	117.4	126.8	136.8	120.1	134.1	109.7
西藏						
陕西	121.9	134.2	138.0	131.2	135.2	107.2
甘肃	110.6	128.7	133.3	117.4	137.0	106.5
青海	108.9	127.7	125.8	125.1	138.0	106.3
宁夏	122.9	129.9	134.8	125.1	145.3	105.3
新疆	118.6	136.1	138.9	131.9	140.4	110.6

	1. 饮 料	2. 烟 酒	三、服装鞋帽类	1. 服 装	2. 鞋	3. 其他衣着
全国平均	**110.2**	**107.7**	**117.3**	**113.5**	**118.2**	**128.9**
北 京						
天 津						
河 北	107.7	104.6	112.0	107.5	114.7	124.2
山 西	111.3	111.7	110.6	106.2	116.8	119.0
内 蒙 古	111.4	113.5	114.6	108.5	118.1	122.4
辽 宁	111.1	106.5	115.4	113.3	116.9	120.2
吉 林	113.1	114.7	111.3	107.3	118.2	118.7
黑 龙 江	109.8	112.6	113.9	109.4	118.4	119.2
上 海						
江 苏	113.0	110.1	119.2	117.1	115.8	131.6
浙 江	113.2	103.5	115.1	112.5	114.2	123.7
安 徽	107.0	104.5	113.5	109.2	114.6	126.7
福 建	104.4	99.3	116.1	114.1	111.0	135.3
江 西	104.2	106.8	115.3	111.0	116.8	125.0
山 东	108.8	107.2	117.6	116.2	118.5	122.3
河 南	107.8	105.9	118.1	115.6	116.9	129.8
湖 北	108.6	107.2	117.6	114.0	116.5	131.7
湖 南	113.3	106.7	117.9	114.3	117.9	134.2
广 东	109.3	108.0	115.0	110.6	118.5	123.9
广 西	110.4	109.6	119.7	115.3	124.6	132.8
海 南	102.5	107.9	122.1	113.4	146.9	132.4
四 川	112.0	111.9	121.0	116.5	118.5	135.2
贵 州	121.7	103.6	129.4	117.6	137.2	132.6
云 南	108.5	110.0	114.0	108.1	118.0	129.7
西 藏						
陕 西	112.3	106.0	119.1	115.2	120.7	130.8
甘 肃	108.4	106.2	114.3	109.9	118.0	128.7
青 海	106.8	106.2	114.4	113.1	109.2	124.4
宁 夏	118.6	102.2	125.5	119.6	129.1	140.1
新 疆	117.4	109.2	119.9	114.5	122.1	133.1

7－6 续表 5

	四、纺织品类	1.棉　布	2.棉花化纤混纺布	3.化纤布	4.呢　绒	5.绸　缎
全国平均	**115.5**	**131.4**	**115.7**	**112.2**	**107.1**	**110.2**
北　京						
天　津						
河　北	113.1	124.8	113.8	110.3	107.0	107.0
山　西	116.1	134.4	124.6	117.7	109.3	109.5
内蒙古	117.0	132.3	125.2	109.1	111.3	112.0
辽　宁	115.2	134.2	114.7	109.4	106.1	109.1
吉　林	111.9	135.7	120.2	101.9	103.7	109.1
黑龙江	111.5	126.5	109.1	105.2	102.4	110.6
上　海						
江　苏	116.0	125.0	109.6	124.4	111.7	109.7
浙　江	113.2	125.8	112.8	110.2	107.1	110.9
安　徽	113.3	122.8	117.6	108.9	109.2	112.6
福　建	115.0	125.5	117.6	114.4	106.7	108.7
江　西	114.3	124.0	109.4	114.3	102.6	111.7
山　东	113.9	128.2	117.3	113.8	105.7	111.5
河　南	112.5	136.3	116.5	106.2	106.5	108.1
湖　北	111.0	131.2	112.7	104.8	107.6	107.9
湖　南	115.6	124.3	119.5	108.5	104.3	105.5
广　东	114.2	130.5	114.3	108.6	105.2	110.7
广　西	119.6	134.7	119.3	110.4	103.7	112.7
海　南	134.8	126.1	153.9	125.7	134.1	130.7
四　川	119.0	136.1	112.8	115.7	105.1	113.0
贵　州	117.7	134.9	117.7	107.6	112.5	101.9
云　南	122.5	133.4	122.1	104.8	105.7	110.0
西　藏						
陕　西	116.5	131.3	122.1	109.8	110.4	115.0
甘　肃	113.2	130.5	109.0	106.3	108.1	111.6
青　海	118.0	135.0	120.5	104.8	102.5	111.3
宁　夏	115.2	149.6	114.4	104.7	107.6	114.5
新　疆	121.5	142.0	122.0	109.7	109.1	113.2

7-6 续表6

	6.其他纺织品	五、中西药品类	1.中药	2.西药	3.医疗用品	六、化妆品类
全国平均	**114.4**	**112.1**	**112.2**	**111.6**	**115.0**	**111.3**
北京						
天津						
河北	110.3	108.5	106.9	108.2	116.8	107.7
山西	112.5	107.8	105.6	109.4	107.5	112.2
内蒙古	111.9	112.7	105.8	116.0	114.6	122.3
辽宁	112.5	108.8	108.0	108.2	117.6	111.6
吉林	108.6	111.3	108.4	114.4	106.5	110.4
黑龙江	116.8	108.3	109.1	106.2	113.3	113.4
上海						
江苏	114.8	110.6	111.9	109.0	115.2	110.0
浙江	113.8	114.2	119.3	109.5	112.7	107.0
安徽	112.7	113.1	109.0	115.6	117.1	111.2
福建	115.8	108.8	107.8	109.3	111.8	104.6
江西	119.2	114.0	104.0	121.2	118.4	105.2
山东	112.7	111.0	106.5	113.2	113.9	117.0
河南	110.4	109.1	107.0	109.9	117.5	106.3
湖北	114.1	111.3	111.3	110.5	117.0	113.4
湖南	119.6	118.5	124.0	115.6	115.4	107.5
广东	114.5	113.8	117.4	110.8	108.6	109.1
广西	115.3	113.7	111.6	115.1	115.2	114.3
海南	138.3	111.9	113.8	111.2	107.4	122.9
四川	116.0	113.2	113.1	112.5	120.5	116.8
贵州	127.9	114.3	109.8	114.8	122.0	117.9
云南	122.0	113.0	114.7	111.9	115.0	112.0
西藏						
陕西	116.1	106.5	108.2	104.7	110.2	118.4
甘肃	118.1	109.4	107.5	109.5	121.1	115.7
青海	120.7	111.9	111.7	111.3	116.4	109.6
宁夏	118.0	106.7	103.3	108.7	111.5	106.0
新疆	116.8	113.6	110.4	114.0	123.6	108.0

7-6 续表7

	七、书报杂志类	八、文化体育用品	1.文化用品	2.体育用品	九、日用品类	1.一般日用品
全国平均	**116.4**	**111.5**	**111.2**	**112.2**	**109.6**	**110.5**
北京						
天津						
河北	112.7	110.0	111.1	107.2	106.5	106.4
山西	118.8	110.3	110.1	110.9	108.5	109.4
内蒙古	131.6	112.3	112.9	111.0	106.6	108.7
辽宁	108.1	113.3	114.2	109.3	107.7	109.8
吉林	116.3	109.8	111.3	106.2	109.0	110.5
黑龙江	111.7	108.7	109.2	107.6	107.0	105.9
上海						
江苏	121.5	109.4	110.5	106.2	108.6	109.5
浙江	114.9	109.5	109.5	109.6	109.0	108.9
安徽	115.8	112.0	107.0	121.6	108.4	111.0
福建	112.7	115.8	114.4	119.1	107.5	108.3
江西	118.1	112.7	113.0	111.6	109.9	110.7
山东	109.6	110.2	110.0	110.9	111.9	114.4
河南	117.8	112.4	115.1	105.8	107.6	109.4
湖北	123.5	111.3	112.0	108.6	109.5	110.4
湖南	110.1	111.2	107.8	125.4	110.1	111.6
广东	117.3	112.9	112.5	114.0	107.8	109.1
广西	112.9	112.5	111.4	114.7	108.1	110.5
海南	133.1	115.8	110.9	129.2	118.8	113.1
四川	121.3	110.4	109.8	112.5	113.4	112.4
贵州	115.4	115.0	114.5	116.3	114.4	110.3
云南	114.1	114.0	113.3	117.0	108.6	109.6
西藏						
陕西	111.0	110.9	109.5	115.5	108.9	110.6
甘肃	122.7	115.0	115.3	114.0	111.3	113.8
青海	113.0	111.3	111.7	109.4	110.5	111.3
宁夏	118.5	114.3	115.4	111.1	105.5	106.2
新疆	114.7	110.9	111.0	110.7	112.4	112.6

	2. 家具类	3. 日用杂品	十、家用电器类	十一、首饰类	十二、燃料类	十三、建筑装璜材料类	十四、机电产品类
全国平均	**105.2**	**112.9**	**102.3**	**99.9**	**108.0**	**109.4**	**99.0**
北　京							
天　津							
河　北	104.6	113.2	103.5	100.3	108.9	114.2	99.9
山　西	103.1	114.4	101.3	97.2	110.1	110.6	97.5
内蒙古	102.0	110.9	102.3	99.5	103.1	103.4	102.3
辽　宁	103.6	110.0	103.4	99.3	103.0	105.7	101.5
吉　林	106.4	109.0	105.6	100.1	106.0	110.3	102.5
黑龙江	105.8	111.9	102.4	99.9	105.5	114.1	99.4
上　海							
江　苏	108.4	106.5	102.1	99.8	107.2	111.0	98.2
浙　江	105.9	112.5	100.2	99.7	103.4	104.9	95.4
安　徽	102.3	108.8	101.3	100.0	107.5	109.4	99.6
福　建	105.0	110.3	101.8	100.0	103.9	107.5	98.7
江　西	105.5	110.8	103.1	98.6	113.2	110.4	99.8
山　东	105.8	116.8	103.2	102.8	112.5	113.7	99.6
河　南	102.7	114.1	103.5	99.7	107.8	118.9	102.4
湖　北	106.2	110.0	102.7	101.3	110.8	111.5	101.3
湖　南	104.4	109.9	101.1	99.7	127.7	110.4	97.3
广　东	105.5	108.3	100.9	99.8	102.6	98.1	95.3
广　西	102.6	112.1	100.3	99.6	105.9	104.0	98.8
海　南	125.3	117.0	103.4	96.3	90.8	95.0	109.1
四　川	105.2	120.1	103.8	103.3	104.4	110.8	101.9
贵　州	115.4	125.0	105.0	97.9	121.0	112.4	102.5
云　南	105.4	109.4	103.6	105.8	105.9	99.8	99.6
西　藏							
陕　西	105.7	111.0	103.5	100.4	102.2	111.0	102.5
甘　肃	105.0	112.7	104.6	104.7	101.4	101.0	105.0
青　海	107.9	112.7	103.9	99.2	106.6	105.4	103.7
宁　夏	100.1	113.9	102.4	95.9	101.1	108.2	102.3
新　疆	107.4	119.0	103.4	98.5	115.9	106.7	106.3

7-7 各地区农村居民消费价格分类指数

(1995年,以上年价格为100)

	总指数	一、食品类	1. 粮 食	(1) 细 粮	(2) 粗粮	2. 淀粉及薯 类
全国平均	**117.5**	**124.2**	**140.0**	**138.7**	**151.3**	**142.3**
北 京						
天 津						
河 北	114.8	123.9	149.2	148.6	154.1	147.5
山 西	117.2	124.8	141.0	136.8	167.6	155.5
内 蒙 古	118.0	128.5	153.6	152.7	156.4	153.5
辽 宁	116.0	125.5	153.3	151.1	169.9	138.3
吉 林	115.6	123.9	139.7	136.5	152.4	143.5
黑 龙 江	116.2	123.3	145.9	151.6	122.3	153.7
上 海						
江 苏	115.3	120.6	141.1	139.2	164.0	129.2
浙 江	116.4	122.1	136.2	135.9	159.0	134.4
安 徽	113.7	116.5	125.2	124.9	144.3	138.1
福 建	114.4	118.6	130.8	130.8		119.2
江 西	117.0	123.2	128.0	128.0		124.6
山 东	117.9	123.0	141.9	139.2	167.7	150.6
河 南	116.3	121.3	148.4	147.1	166.5	159.2
湖 北	119.9	125.4	136.8	136.2	149.0	149.3
湖 南	119.5	124.7	121.6	121.4	121.1	159.5
广 东	115.3	120.8	127.5	127.4	137.5	119.6
广 西	118.6	128.6	137.9	137.9		131.6
海 南	118.4	119.9	125.4	125.6	109.1	118.1
四 川	118.3	122.5	128.4	127.2	135.6	131.8
贵 州	124.7	135.0	146.7	143.8	156.7	141.2
云 南	121.8	131.9	142.6	140.7	153.7	139.4
西 藏						
陕 西	119.9	128.8	145.8	143.6	161.0	161.4
甘 肃	120.3	131.4	144.8	141.3	156.8	158.7
青 海	115.7	124.9	135.8	136.1	122.4	137.0
宁 夏	116.4	127.1	137.4	137.2	144.3	147.7
新 疆	122.5	129.2	136.9	136.3	160.1	161.2

	3. 干豆类及豆制品	4. 油脂类	5. 肉禽及其制品	6. 蛋　类	7. 水产品	8. 菜　类
全国平均	**114.3**	**119.1**	**126.4**	**114.4**	**114.4**	**130.6**
北　京						
天　津						
河　北	118.5	124.1	123.7	116.6	111.8	127.8
山　西	114.5	119.8	125.4	114.7	108.8	124.0
内蒙古	120.3	135.8	132.6	111.7	111.3	130.3
辽　宁	111.9	121.5	125.2	108.9	116.9	117.6
吉　林	118.1	124.2	123.5	109.3	112.9	116.2
黑龙江	113.3	116.7	115.2	110.3	113.6	118.7
上　海						
江　苏	109.0	112.3	124.1	119.0	117.3	126.1
浙　江	109.7	112.5	124.7	117.6	117.5	134.8
安　徽	112.1	111.4	123.3	116.2	105.6	116.6
福　建	110.9	110.2	117.8	116.0	116.9	132.1
江　西	119.9	117.2	122.8	116.6	121.2	143.5
山　东	114.9	113.6	122.5	114.0	112.5	133.6
河　南	116.2	115.2	123.0	116.3	113.0	126.6
湖　北	124.6	116.6	131.1	119.9	113.6	133.5
湖　南	127.1	129.6	128.9	117.5	123.2	141.1
广　东	108.5	118.2	125.8	111.5	114.3	128.7
广　西	113.8	121.8	129.2	109.7	121.4	140.0
海　南	137.6	125.5	119.5	130.8	104.8	141.6
四　川	114.2	121.0	121.0	120.3	131.0	147.8
贵　州	113.2	126.5	137.3	128.0	124.7	161.8
云　南	116.7	144.8	140.4	121.3	113.4	148.8
西　藏						
陕　西	117.5	115.0	134.3	118.9	113.6	131.7
甘　肃	124.5	125.1	146.9	115.7	113.1	134.5
青　海	118.2	118.3	138.5	116.6	122.8	127.7
宁　夏	117.3	125.2	135.5	116.9	108.6	130.3
新　疆	111.1	115.1	132.5	117.3	114.5	131.4

7-7 续表2

	(1) 鲜菜	(2) 干菜	(3) 菜制品	9. 调味品	10. 糖类	(1) 食糖
全国平均	**130.6**	**132.7**	**125.2**	**116.3**	**129.0**	**132.8**
北京						
天津						
河北	129.5	110.9	112.8	108.8	128.6	134.3
山西	124.1	127.2	115.0	115.8	133.0	128.7
内蒙古	129.2	138.1	133.4	112.5	136.7	140.3
辽宁	119.2	110.3	111.4	109.8	133.5	136.4
吉林	116.9	114.0	108.5	109.2	139.6	136.5
黑龙江	118.3	123.1	118.7	110.7	127.9	129.0
上海						
江苏	128.2	116.8	112.1	120.2	127.6	129.6
浙江	137.9	113.9	130.5	119.5	124.5	126.1
安徽	117.3	110.6	115.7	106.5	120.6	125.3
福建	134.9	111.9	132.0	119.9	124.4	125.7
江西	143.2	150.8	128.2	128.4	126.6	131.2
山东	132.7	153.0	125.0	120.0	131.4	133.9
河南	125.0	142.8	117.2	111.8	128.2	130.6
湖北	133.3	135.7	130.5	122.4	128.6	135.4
湖南	145.3	135.7	133.4	113.2	135.8	133.9
广东	131.9	111.7	128.2	111.1	116.9	125.2
广西	141.5	114.6	151.6	118.5	133.0	131.0
海南	142.8	135.2	132.9	121.4	120.3	131.6
四川	150.9	146.8	120.5	121.1	130.0	134.3
贵州	153.0	182.0	131.2	126.3	129.8	134.9
云南	144.9	175.3	118.9	119.2	132.0	136.9
西藏						
陕西	127.5	157.8	128.4	123.0	132.2	135.7
甘肃	133.8	148.7	108.5	125.8	129.4	140.7
青海	134.1	113.8	102.2	108.6	129.3	146.5
宁夏	130.6	129.5	112.7	121.1	137.9	139.9
新疆	131.6	133.0	123.1	112.1	129.1	138.2

	(2)糖 果	11.烟草类	(1)酒 和 饮 料	12. 干 鲜 瓜 果	(1)鲜 果	(2)干 果
全国平均	**123.5**	**103.6**	**112.4**	**121.1**	**120.5**	**123.0**
北 京						
天 津						
河 北	123.8	103.1	107.5	120.3	120.1	123.6
山 西	138.5	105.1	120.5	111.3	109.5	118.3
内 蒙 古	130.6	109.3	118.5	124.0	123.5	125.9
辽 宁	130.1	100.7	111.3	123.0	124.4	116.5
吉 林	143.0	112.9	115.4	119.2	118.7	124.1
黑 龙 江	126.4	114.4	111.8	118.5	118.8	116.5
上 海						
江 苏	123.6	103.9	117.3	125.4	124.6	128.6
浙 江	122.6	93.6	115.6	125.6	124.5	128.2
安 徽	116.4	102.8	108.1	116.1	114.5	121.5
福 建	121.1	93.1	105.7	122.4	123.2	117.1
江 西	121.2	100.6	110.8	120.1	114.7	133.4
山 东	129.0	102.0	111.3	118.9	118.3	122.5
河 南	118.1	104.6	107.0	126.6	126.9	124.6
湖 北	118.8	102.3	111.8	123.1	122.2	126.2
湖 南	139.7	106.6	111.0	119.0	120.2	114.0
广 东	109.0	106.0	109.9	118.5	118.3	118.8
广 西	135.5	110.7	109.5	123.2	122.1	130.5
海 南	102.0	104.8	112.2	114.5	112.5	129.9
四 川	120.6	105.0	117.4	124.5	127.6	118.1
贵 州	125.5	98.8	112.9	120.1	120.8	118.8
云 南	122.0	106.6	113.6	119.8	116.3	129.5
西 藏						
陕 西	128.5	100.7	111.0	118.3	118.0	119.6
甘 肃	111.4	104.4	107.8	127.4	126.8	129.8
青 海	119.8	98.6	111.0	120.8	120.2	121.6
宁 夏	134.1	100.3	111.3	126.5	123.8	138.7
新 疆	122.3	108.1	113.2	130.7	129.9	132.8

7-7 续表4

	13. 糕点	14. 奶及奶制品	15. 其他食品	16. 饮食业	(1) 主食	(2) 炒菜
全国平均	**122.9**	**126.4**	**114.6**	**126.8**	**130.6**	**122.5**
北京						
天津						
河北	118.3	126.9	109.4	125.3	129.8	119.6
山西	124.0	122.6	113.9	129.5	129.3	127.8
内蒙古	127.1	129.3	117.8	137.1	137.8	137.5
辽宁	121.5	114.1	114.9	126.9	134.6	121.9
吉林	122.5	120.0	123.3	125.6	128.2	128.0
黑龙江	129.1	121.9	115.5	125.2	131.8	115.4
上海						
江苏	122.6	128.3	120.7	122.8	125.0	119.3
浙江	120.1	125.7	116.1	126.7	130.6	124.4
安徽	120.7	130.3	113.9	122.0	123.2	120.0
福建	113.2	123.6	106.6	127.0	129.7	120.0
江西	118.2	123.8	110.0	122.9	127.1	118.7
山东	126.9	128.8	115.0	125.9	128.1	120.1
河南	126.8	132.9	107.1	128.9	134.2	124.5
湖北	120.5	133.2	114.5	129.8	130.4	129.1
湖南	119.9	121.5	113.0	133.8	142.0	125.4
广东	113.9	115.3	108.5	118.6	126.0	113.6
广西	125.4	140.2	116.7	134.9	136.1	134.3
海南	114.2	111.8	119.7	123.9	123.1	120.2
四川	123.6	140.0	114.8	128.4	128.2	124.9
贵州	132.4	129.0	116.0	132.6	132.2	133.9
云南	127.8	125.6	117.2	127.5	138.3	120.0
西藏						
陕西	132.9	120.8	121.0	135.0	139.2	130.7
甘肃	133.1	135.4	111.7	132.2	133.5	117.5
青海	130.3	136.2	108.1	129.5	127.1	125.9
宁夏	137.2	138.1	122.9	131.6	133.0	124.0
新疆	133.9	131.6	118.6	136.0	137.6	131.7

	(3) 地方小吃	二、衣着	1. 服装	2. 衣着材料	(1) 棉布	(2) 棉花化纤混纺布
全国平均	**130.0**	**114.1**	**112.8**	**113.2**	**132.2**	**115.4**
北京						
天津						
河北	127.9	110.1	107.7	109.6	124.8	113.6
山西	132.5	110.7	107.7	114.4	132.0	123.8
内蒙古	134.2	113.4	109.4	115.7	131.8	123.6
辽宁	119.8	113.6	112.2	113.1	134.0	114.8
吉林	118.1	110.3	109.4	107.7	138.7	121.7
黑龙江	137.8	111.6	109.0	108.3	127.3	109.1
上海						
江苏	130.3	117.1	116.3	117.4	126.9	109.7
浙江	128.8	112.3	112.1	111.2	126.3	112.9
安徽	129.5	111.3	109.4	112.1	123.5	116.8
福建	137.9	113.8	114.3	112.0	126.9	117.3
江西	125.1	112.9	110.9	111.7	123.5	109.6
山东	129.4	115.4	115.1	112.0	129.3	117.2
河南	124.2	114.6	115.5	112.1	136.2	117.3
湖北	129.9	114.1	113.7	110.4	131.5	112.9
湖南	126.0	115.3	114.8	112.4	124.2	116.4
广东	124.2	113.2	112.2	111.3	129.6	115.0
广西	135.5	116.9	115.4	112.9	134.8	119.5
海南	134.0	119.3	113.0	127.8	126.4	150.8
四川	137.8	117.4	116.1	117.7	136.5	113.1
贵州	122.6	117.0	115.9	110.9	135.5	117.7
云南	133.8	113.2	108.2	118.5	133.0	123.2
西藏						
陕西	135.6	116.6	115.6	113.0	132.5	122.3
甘肃	138.3	113.0	110.0	112.4	134.1	108.1
青海	138.3	111.8	112.3	112.2	137.3	120.3
宁夏	144.3	120.4	119.6	111.3	148.2	115.1
新疆	139.4	118.3	114.0	118.5	143.3	125.2

7-7 续表 6

	(3) 化纤布	(4)呢 绒	(5) 绸 缎	(6)毛 线	3. 鞋袜帽及其他	(1) 鞋 类
全国平均	**110.8**	**106.8**	**110.7**	**107.4**	**118.1**	**117.4**
北 京						
天 津						
河 北	106.8	107.0	105.3	106.5	115.1	114.1
山 西	117.9	110.6	110.9	106.9	116.1	117.4
内 蒙 古	109.9	112.0	115.1	107.1	116.6	117.2
辽 宁	111.3	106.3	110.5	104.4	116.2	117.2
吉 林	101.8	104.1	104.7	102.6	115.3	118.2
黑 龙 江	104.2	103.5	104.6	104.1	117.8	118.3
上 海						
江 苏	123.4	111.8	111.5	109.9	118.3	116.6
浙 江	110.6	107.0	112.6	108.9	113.9	113.2
安 徽	108.7	108.6	113.4	110.2	113.9	112.4
福 建	114.1	106.8	108.7	108.7	113.2	109.7
江 西	115.1	102.2	113.4	110.6	117.3	117.8
山 东	113.7	105.5	112.1	107.3	119.2	119.4
河 南	106.1	106.6	109.9	103.1	117.0	116.9
湖 北	105.8	107.6	112.4	107.9	118.1	117.2
湖 南	106.1	104.0	106.0	122.6	121.0	113.0
广 东	107.9	105.1	108.5	103.9	117.5	117.4
广 西	110.0	104.1	113.8	108.4	124.1	123.9
海 南	125.7	134.1	116.7	111.7	139.0	141.8
四 川	115.5	105.1	113.7	107.2	119.9	119.0
贵 州	108.1	112.5	102.1	110.4	129.8	129.3
云 南	104.2	105.6	109.2	107.6	119.5	117.2
西 藏						
陕 西	109.6	110.7	120.2	105.1	121.7	122.1
甘 肃	105.7	108.2	118.2	107.7	118.6	116.9
青 海	104.4	103.1	113.5	107.6	110.2	108.8
宁 夏	105.8	106.9	118.9	104.0	129.6	129.1
新 疆	112.8	108.6	112.8	105.8	123.8	124.7

	(2) 袜子	(3) 帽子	(4) 其他衣着	三、家庭设备及用品	1. 耐用消费品	(1) 家具
全国平均	**116.7**	**107.0**	**125.5**	**108.5**	**103.9**	**104.8**
北京						
天津						
河北	113.0	112.1	125.5	106.7	104.0	104.7
山西	113.3	99.3	116.1	106.9	102.6	101.8
内蒙古	106.6	111.0	126.2	108.6	103.4	102.1
辽宁	110.4	102.6	119.5	107.3	102.8	100.8
吉林	105.7	98.5	114.0	109.2	106.6	106.9
黑龙江	115.9	104.0	125.7	107.7	103.9	103.8
上海						
江苏	122.7	110.9	125.0	107.6	105.5	110.8
浙江	115.5	117.4	117.7	106.5	102.9	105.6
安徽	118.6	111.1	122.2	106.9	101.0	101.6
福建	134.4	109.5	134.4	107.9	105.1	108.1
江西	117.2	102.9	122.3	107.8	103.8	105.6
山东	110.5	105.0	123.4	109.9	104.4	103.6
河南	113.1	112.3	125.3	107.8	102.8	101.6
湖北	119.1	104.5	125.3	108.0	104.3	104.7
湖南	125.3	109.6	147.6	109.7	101.5	100.1
广东	117.7	110.1	118.1	109.3	104.0	106.9
广西	121.7	115.1	129.1	108.4	101.4	100.9
海南	101.5	147.3	148.4	115.1	110.8	121.6
四川	122.4	109.0	124.6	111.8	103.6	105.2
贵州	124.1	100.0	142.8	112.9	109.0	115.1
云南	124.8	114.3	131.4	110.4	105.1	104.3
西藏						
陕西	110.5	117.6	126.8	110.4	105.2	105.0
甘肃	123.1	105.7	132.5	112.8	107.8	105.3
青海	104.7	115.0	123.1	111.4	107.7	106.2
宁夏	125.5	99.1	141.2	108.6	103.3	100.5
新疆	111.2	102.7	138.5	110.7	104.7	104.6

7-7 续表 8

	(2) 家庭设备	2. 室内装饰品	3. 床上用品	4. 家庭日用杂品	5. 其他日用品	四、医疗保健
全国平均	**103.5**	**107.4**	**113.4**	**114.5**	**108.7**	**111.7**
北京						
天津						
河北	103.4	106.5	110.6	112.4	107.2	108.7
山西	103.0	104.9	115.7	114.4	107.7	108.8
内蒙古	104.4	111.1	112.3	113.0	110.8	112.2
辽宁	104.1	104.1	113.2	113.0	109.0	109.5
吉林	106.4	107.2	114.4	110.7	109.6	110.2
黑龙江	103.9	104.4	117.0	109.5	109.5	108.8
上海						
江苏	103.4	107.7	112.3	111.9	107.6	110.7
浙江	102.0	103.8	111.5	114.7	106.3	115.0
安徽	100.7	114.7	110.8	112.5	107.1	112.1
福建	103.7	101.7	112.8	113.7	104.7	107.5
江西	103.3	104.2	115.8	112.5	105.6	113.8
山东	104.9	111.4	111.1	120.9	111.4	111.1
河南	103.7	106.2	112.7	115.3	108.5	109.1
湖北	104.1	107.5	111.6	112.9	107.7	111.1
湖南	102.4	106.1	111.2	114.3	106.1	119.7
广东	102.3	107.1	115.9	112.5	116.8	114.2
广西	101.7	101.9	115.1	117.2	111.5	114.0
海南	105.7	130.5	121.1	121.7	107.5	113.4
四川	102.9	106.6	115.1	117.4	112.1	113.5
贵州	105.7	107.2	119.8	118.5	110.7	113.2
云南	105.6	102.4	119.7	112.3	110.7	112.6
西藏						
陕西	105.3	112.0	119.9	114.3	110.9	107.2
甘肃	110.4	110.1	116.3	117.6	109.3	108.1
青海	108.7	104.4	120.1	117.3	107.6	112.3
宁夏	105.6	105.3	118.2	116.8	106.2	107.0
新疆	104.8	104.3	122.1	118.3	108.9	114.8

7-7 续表9

	1. 医疗器具及保健用品	2. 中药材及中成药	3. 西　药	五、交通和通讯工　具	1.交　通工　具	2. 通　讯工　具
全国平均	**116.5**	**111.9**	**111.2**	**100.8**	**101.3**	**97.9**
北　京						
天　津						
河　北	117.2	107.4	108.5	101.2	101.3	100.8
山　西	105.3	107.2	110.7	103.7	103.9	102.2
内蒙古	116.9	104.7	115.8	101.6	101.4	103.3
辽　宁	123.2	108.4	108.3	101.0	101.5	98.4
吉　林	106.7	108.5	112.3	103.7	103.8	103.6
黑龙江	118.3	110.1	106.3	99.3	99.3	98.9
上　海						
江　苏	113.6	112.7	108.8	101.8	102.2	98.3
浙　江	112.3	119.6	110.6	98.7	99.6	95.8
安　徽	115.0	108.2	115.4	103.1	104.3	98.0
福　建	108.4	106.8	108.1	99.2	99.7	97.7
江　西	118.1	104.2	120.3	100.6	101.4	98.1
山　东	116.1	106.2	113.1	101.3	101.9	98.3
河　南	116.5	107.3	110.0	102.9	103.0	101.4
湖　北	119.3	111.5	110.3	102.3	102.4	101.2
湖　南	123.5	123.5	116.0	99.9	100.7	94.5
广　东	108.5	116.8	112.4	99.0	100.0	95.8
广　西	119.5	111.7	115.3	98.7	98.6	99.4
海　南	121.4	114.9	110.8	101.6	101.3	102.5
四　川	122.0	113.2	112.9	104.3	104.5	100.1
贵　州	123.6	109.9	113.4	99.8	101.0	95.6
云　南	114.9	114.4	111.7	100.5	100.4	101.2
西　藏						
陕　西	115.9	108.1	105.0	105.3	106.0	100.3
甘　肃	114.9	107.2	108.1	104.8	104.8	
青　海	125.3	112.3	111.4	100.2	99.3	117.5
宁　夏	120.2	103.6	108.1	98.5	98.3	101.2
新　疆	121.5	111.5	115.5	103.5	103.8	102.4

7-7 续表 10

	六、娱乐教育文化用品	1.文娱用耐用消费品	2.教材及参考书	3.文化娱乐用品	(1)文娱用品	(2)报纸杂志
全国平均	**108.4**	**102.2**	**121.1**	**111.7**	**110.1**	**114.2**
北京						
天津						
河北	106.8	104.2	114.1	107.1	106.7	107.8
山西	108.7	103.0	125.2	112.3	110.3	115.8
内蒙古	112.7	102.7	129.5	114.6	112.9	116.7
辽宁	105.3	102.7	113.9	105.9	106.8	104.3
吉林	108.4	107.1	117.2	105.6	103.7	109.4
黑龙江	105.0	100.9	117.8	106.8	106.5	107.4
上海						
江苏	108.6	103.7	136.4	107.0	107.2	106.7
浙江	108.4	98.7	123.1	118.6	106.2	138.9
安徽	108.2	101.4	113.3	120.0	116.3	124.6
福建	105.0	100.2	123.5	111.7	112.1	110.9
江西	111.8	102.1	130.6	109.1	109.5	108.6
山东	107.7	104.3	111.6	109.3	108.0	110.8
河南	108.7	104.2	125.1	105.7	105.0	107.5
湖北	108.0	102.2	126.6	108.8	106.3	112.6
湖南	111.0	102.4	120.0	114.0	125.7	102.2
广东	108.8	100.0	121.4	115.1	111.9	119.6
广西	106.4	100.2	120.2	105.9	110.9	100.6
海南	113.7	103.0	121.7	127.3	126.3	131.7
四川	111.4	104.6	124.8	109.2	108.7	110.4
贵州	110.6	104.0	116.4	117.5	113.3	125.3
云南	107.7	103.8	118.9	109.8	111.1	107.2
西藏						
陕西	108.5	103.4	113.0	113.4	108.9	117.9
甘肃	111.4	104.1	130.6	117.0	112.5	123.9
青海	111.2	103.9	116.9	110.1	111.1	109.4
宁夏	106.4	101.5	126.4	104.7	107.1	100.8
新疆	107.7	102.4	120.1	111.3	112.0	110.4

7-7 续表 11

	七、居住	1. 住 房	(1) 建筑材料	(2) 房 租	2. 水、电、燃 料	八、服务项目
全国平均	**108.6**	**106.3**	**102.0**	**128.3**	**111.0**	**121.3**
北　京						
天　津						
河　北	108.5	106.2	104.9	116.5	111.1	110.4
山　西	111.6	110.6	99.1	135.5	112.3	118.1
内蒙古	104.9	103.9	102.9	110.0	106.2	119.5
辽　宁	102.2	99.2	97.0	114.9	104.5	115.7
吉　林	106.3	105.6	102.1	113.4	106.8	109.4
黑龙江	104.7	100.0	98.0	108.2	109.0	116.4
上　海						
江　苏	107.4	106.2	103.0	135.9	111.9	122.1
浙　江	110.4	111.5	102.5	135.8	109.4	119.6
安　徽	111.0	112.2	100.8	136.6	109.2	120.4
福　建	112.9	110.0	102.9	123.0	115.0	116.0
江　西	109.2	101.8	99.6	108.3	116.5	117.2
山　东	118.7	124.9	105.0	159.0	113.5	120.3
河　南	118.3	119.4	119.7	114.5	114.6	117.9
湖　北	109.4	104.3	99.6	119.7	115.2	138.0
湖　南	112.4	100.1	99.6	105.5	127.8	127.2
广　东	104.1	102.0	99.1	125.1	106.1	122.3
广　西	108.7	103.4	96.5	116.8	111.4	117.1
海　南	105.5	113.5	100.5	138.4	100.1	137.9
四　川	108.0	104.8	100.4	117.3	114.2	124.2
贵　州	113.8	111.3	105.2	131.3	114.6	116.5
云　南	107.7	105.8	98.0	138.5	110.9	119.3
西　藏						
陕　西	110.0	111.7	103.3	132.7	108.3	117.6
甘　肃	108.9	112.2	108.8	127.4	106.2	115.6
青　海	108.7	103.9	102.6	108.9	111.8	115.7
宁　夏	100.4	97.8	96.8	106.7	105.0	110.3
新　疆	127.3	123.2	107.7	152.0	130.0	119.8

7-8 各地区农村服务项目价格分类指数

(1995年,以上年价格为100)

	总指数	1.电讯费	2.邮费	3.交通费	4.洗理美容费	5.文娱费	6.学杂保育费	7.修理及其他服务费	8.医疗保健服务费
全国平均	**121.3**	**107.6**	**101.5**	**110.0**	**125.5**	**122.5**	**131.2**	**117.1**	**111.5**
北京									
天津									
河北	110.4	106.7	100.8	110.1	121.8	119.4	108.8	113.3	105.6
山西	118.1	114.1	105.2	109.3	126.0	111.7	122.1	121.0	106.7
内蒙古	119.5	108.5	101.2	111.5	121.5	111.7	128.6	125.4	112.7
辽宁	115.7	105.5	101.1	108.7	122.4	128.2	127.5	113.5	102.4
吉林	109.4	102.8	100.8	109.6	126.0	123.4	104.0	116.7	110.4
黑龙江	116.4	117.2	101.8	108.3	119.9	126.6	117.9	116.3	119.1
上海									
江苏	122.1	101.4	100.1	107.0	127.6	122.3	138.5	123.2	106.1
浙江	119.6	102.6	100.1	112.4	127.2	126.7	123.7	126.3	106.6
安徽	120.4	125.3	114.5	113.3	123.2	121.7	125.5	114.3	106.5
福建	116.0	92.2	99.4	135.9	130.7	123.4	113.2	111.1	116.2
江西	117.2	121.2	100.0	113.5	126.2	124.4	122.8	112.8	103.4
山东	120.3	103.7	100.0	108.2	123.5	129.6	128.8	117.3	109.7
河南	117.9	103.4	100.0	107.8	121.4	123.1	126.1	117.5	109.4
湖北	138.0	108.9	103.0	118.3	120.7	120.4	161.7	109.8	109.3
湖南	127.2	103.1	100.0	113.4	122.3	131.5	136.3	116.1	107.2
广东	122.3	106.2	100.4	103.9	132.0	113.8	138.4	118.5	116.6
广西	117.1	102.2	100.0	114.3	130.1	128.2	118.9	113.9	104.4
海南	137.9	138.4	122.5	118.8	144.9	131.1	160.2	117.1	132.9
四川	124.2	115.7	104.0	106.2	122.3	131.2	134.2	119.5	124.9
贵州	116.5	109.7	100.0	128.8	130.6	127.8	109.0	122.0	105.7
云南	119.3	106.8	100.9	105.3	126.3	123.1	134.0	114.3	107.7
西藏									
陕西	117.6	108.4	100.0	120.0	126.1	120.9	122.0	115.1	106.3
甘肃	115.6	112.0	101.3	101.7	114.1	120.7	118.6	118.1	124.1
青海	115.7	102.0	100.0	107.4	117.3	112.5	141.3	107.7	102.7
宁夏	110.3	104.0	100.0	104.4	115.8	144.0	108.6	116.3	101.2
新疆	119.8	104.2	101.4	109.8	123.2	127.5	130.0	127.0	106.5

7－9 各地区农业生产资料价格分类指数

(1995年,以上年价格为100)

	农业生产资料价格指数	1.小农具	2.饲料	3.幼禽家畜	4.大牲畜	5.半机械化农具
全国平均	**127.4**	**120.0**	**150.3**	**130.4**	**130.5**	**111.0**
北京						
天津						
河北	120.9	115.1	144.8	123.6	114.1	108.9
山西	129.3	122.6	163.1	158.1	121.2	112.6
内蒙古	128.5	121.9	165.6	140.8	134.6	111.7
辽宁	128.7	111.7	164.2	129.8	148.7	110.9
吉林	130.2	121.5	134.3	112.4	125.2	114.2
黑龙江	123.1	118.2	148.7	128.0	128.6	109.4
上海						
江苏	126.9	113.6	146.4	124.9	109.7	107.1
浙江	129.8	115.2	137.0	133.9	140.8	112.1
安徽	128.0	122.9	137.0	126.5	115.9	110.0
福建	120.2	119.2	128.4	116.4	153.3	107.6
江西	128.7	125.6	136.1	133.9	131.7	101.1
山东	133.3	122.0	173.0	121.6	136.4	117.6
河南	125.8	112.7	163.3	124.2	131.7	110.3
湖北	129.0	120.6	142.8	126.7	133.2	108.8
湖南	129.3	117.6	144.3	126.0	139.9	108.1
广东	120.3	112.8	130.5	127.0	110.1	104.8
广西	130.1	117.7	131.5	132.2	123.9	102.9
海南	115.7	124.1	132.7	111.2	115.9	129.3
四川	130.8	124.4	145.9	134.4	126.5	116.8
贵州	135.7	152.8	126.4	125.9	164.6	111.4
云南	125.5	114.5	143.1	136.0	138.3	103.6
西藏						
陕西	126.3	117.2	154.6	150.3	148.5	106.9
甘肃	129.6	124.0	173.9	163.4	190.6	116.0
青海	123.9	118.3	159.6	153.0	123.0	111.0
宁夏	130.4	127.6	160.8	196.8	157.8	107.1
新疆	126.6	124.0	161.3	137.1	148.2	109.4

7-9 续表1

	6.机械化农具	7.化学肥料	8.农药及农药械	(1)化学农药	(2)农药械	9.农机用油	10.其他
全国平均	**116.4**	**135.4**	**117.4**	**118.6**	**108.1**	**103.0**	**136.8**
北京							
天津							
河北	115.8	129.5	119.1	120.4	111.7	103.8	119.0
山西	111.2	139.5	116.4	120.0	103.6	105.2	131.2
内蒙古	117.0	124.1	107.4	107.3	109.5	112.3	126.8
辽宁	114.8	134.8	109.4	110.0	102.1	100.6	138.4
吉林	118.3	137.5	101.9	101.9	101.4	104.7	148.8
黑龙江	113.0	127.1	108.9	109.3	105.8	109.2	144.0
上海							
江苏	113.2	134.6	117.6	118.3	108.2	99.0	133.1
浙江	111.4	140.8	122.7	123.2	116.2	102.0	135.2
安徽	119.8	138.5	112.9	113.0	111.9	107.3	142.3
福建	112.5	118.6	120.6	123.9	107.5	105.2	122.8
江西	114.5	140.8	117.3	120.1	105.3	101.6	126.5
山东	121.3	142.5	120.6	123.2	106.9	102.0	135.4
河南	123.0	131.7	125.5	127.4	106.8	101.7	128.6
湖北	114.3	137.6	112.7	113.5	102.4	101.2	133.0
湖南	115.2	135.8	118.8	119.0	115.2	89.4	162.1
广东	106.3	135.0	116.8	118.4	103.9	99.5	115.8
广西	118.5	147.1	116.6	117.6	110.7	101.4	137.9
海南	106.7	124.1	96.4	92.5	115.9	87.7	114.2
四川	113.7	131.4	114.5	114.6	113.6	98.1	159.9
贵州	118.3	148.8	110.8	113.5	103.2	100.3	130.7
云南	110.4	134.0	112.2	113.0	107.4	97.2	127.0
西藏							
陕西	110.0	136.0	105.7	105.7	105.5	106.6	130.8
甘肃	123.8	124.0	113.7	115.2	105.5	111.8	134.9
青海	118.4	130.0	121.9	125.1	104.5	107.4	127.5
宁夏	123.1	126.5	119.4	119.6	118.0	104.1	146.4
新疆	122.3	130.4	103.9	103.6	104.9	126.9	116.3

7－10　农副产品收购价格分类指数

(上年价格为100)

年　份	总指数	粮食类	小麦	稻谷	玉米	高粱	黄豆	经　济 作物类	食用植物 油及油料	棉花
1978	103.9	100.7	100.0	100.0	100.0	100.0	124.7	107.4	104.3	112.0
1979	122.1	130.5	131.1	130.2	130.0	127.9	124.0	123.4	132.7	125.3
1980	107.1	107.9	107.8	107.8	107.8	107.8	110.5	110.9	105.5	116.2
1981	105.9	109.7	105.2	105.2	105.2	105.2	157.8	106.9	104.9	104.8
1982	102.2	103.8	103.8	100.8	103.8	103.8	103.9	101.6	101.5	101.5
1983	104.4	110.3	110.2	110.2	110.2	110.2	110.2	100.3	100.6	100.2
1984	104.0	112.0	100.6	100.0	100.0	100.0	100.0	101.3	101.2	101.1
1985	108.6	101.8	100.1	102.0	101.9	104.8	102.8	101.5	104.3	97.7
1986	106.4	109.9	104.3	106.3	115.5	128.6	120.2	103.6	104.6	99.5
1987	112.0	108.0	103.4	113.2	104.1	123.4	103.4	103.3	106.0	104.7
1988	123.0	114.6	115.2	119.8	104.7	100.4	109.1	111.3	119.7	108.6
1989	115.0	126.9	121.9	130.7	131.8	120.7	122.8	116.7	119.8	122.7
1990	97.4	93.2	92.0	92.6	97.6	97.6	98.4	111.9	101.1	129.1
1991	98.0	93.8	94.2	95.9	88.2	94.1	99.8	101.6	97.9	102.1
1992	103.4	105.3	110.1	97.4	108.2	106.7	119.5	96.5	95.8	95.0
1993	113.4	116.7	105.4	124.6	119.2	119.1	122.7	112.6	120.7	111.5
1994	139.9	146.6	152.2	154.0	151.3	133.8	114.6	144.4	157.6	160.4
1995	119.9	129.0	133.1	120.8	140.9	143.2	113.1	122.5	103.1	131.5

7－10　续表 1

年　份	麻	烟叶	糖料	茶叶	竹木材类	工业用油漆类	禽　畜产品类	肉畜	肥猪	禽蛋
1978	104.4	102.6	102.4	104.6	101.0	110.1	100.5	100.3	100.3	101.7
1979	112.3	107.4	130.8	118.3	115.0	105.6	122.6	124.2	124.4	120.3
1980	112.1	109.9	108.0	105.4	115.8	112.1	103.4	102.7	102.4	100.4
1981	104.5	122.5	109.1	106.6	127.0	99.6	101.1	100.3	100.2	106.7
1982	101.0	101.3	102.6	101.9	105.9	100.7	100.3	100.3	100.1	101.6
1983	98.4	100.5	100.2	99.7	100.2	100.1	100.5	99.9	99.7	107.3
1984	103.5	100.2	103.6	100.1	103.2	101.0	104.1	103.0	102.1	103.7
1985	109.5	102.4	102.1	113.5	155.5	101.6	124.1	122.6	121.1	115.1
1986	117.8	100.2	104.8	114.3	114.9	99.8	103.0	104.5	104.4	112.1
1987	74.1	105.9	110.3	112.6	120.3	103.9	117.9	119.0	118.6	123.7
1988	77.3	107.1	116.1	130.7	136.7	126.9	140.2	149.1	150.6	118.7
1989	115.1	95.5	135.1	92.6	105.2	107.0	110.2	109.6	110.5	115.6
1990	100.2	114.9	107.2	96.1	84.5	91.1	92.3	93.1	92.6	99.9
1991	101.7	100.7	104.5	112.7	102.4	109.5	97.4	97.4	96.6	93.6
1992	110.5	101.6	90.8	111.2	107.3	112.6	106.3	107.3	106.3	100.1
1993	101.9	109.8	100.0	117.3	111.1	83.9	114.2	114.7	114.5	113.3
1994	133.8	113.8	124.6	97.5	111.8	110.5	144.6	152.4	154.6	125.4
1995	131.6	144.3	142.6	120.4	105.1	109.0	115.8	116.2	116.0	113.5

7-10 续表 2

年 份	鸡蛋	皮张	鬃毛	蚕 茧 蚕丝类	干鲜 果类	干鲜菜及 调味品类	鲜菜	药材类	土 副 产品类	水产品类
1978	100.8	101.5	102.0	100.1	110.4	103.0	100.3	102.7	105.4	102.5
1979	123.2	111.7	108.5	122.0	102.8	109.8	112.2	102.1	103.9	118.2
1980	101.0	112.7	104.7	101.8	106.5	108.5	107.3	102.7	105.2	101.8
1981	106.9	104.5	102.7	100.0	101.7	104.8	107.2	101.2	101.0	100.6
1982	100.5	99.6	99.8	100.6	102.7	100.0	99.3	102.1	101.3	101.0
1983	99.8	97.1	97.6	101.2	108.9	106.8	103.6	106.6	103.2	103.2
1984	101.6	108.0	116.4	100.0	121.0	99.9	98.7	106.3	101.7	109.8
1985	115.8	139.4	169.0	105.5	124.7	122.2	150.4	122.7	108.1	151.3
1986	110.7	117.0	82.1	107.4	108.0	104.8	101.2	77.9	112.9	110.4
1987	126.6	112.6	113.4	124.0	109.2	119.5	126.2	111.8	115.5	122.8
1988	116.5	122.5	134.6	187.8	139.6	122.2	130.9	162.1	119.1	134.3
1989	112.4	101.9	109.9	106.7	90.2	101.3	117.3	70.7	142.5	99.8
1990	102.9	80.9	74.9	96.7	97.5	94.1	96.3	95.5	92.4	98.8
1991	94.2	108.7	97.4	99.7	106.8	112.4	107.8	115.9	105.5	104.7
1992	98.8	117.6	102.8	95.7	92.8	117.3	111.4	114.8	109.9	108.1
1993	110.4	119.1	112.0	104.7	100.5	113.7	122.9	96.8	112.1	122.1
1994	116.6	133.1	132.1	155.5	119.9	124.6	135.1	99.6	120.0	122.2
1995	112.1	114.3	111.6	80.4	113.2	117.8	122.7	118.7	121.6	112.4

八、农业经济效益与农产品成本

8－1　平均每一农业劳动力生产的主要农产品

单位：公斤

年份	粮食	棉花	油料	猪牛羊肉	鲜蛋	水产品
1952	947	7.5	24.2	19.5		9.6
1955	1001	8.3	26.3			12.7
1960	862	6.4	11.7			18.3
1965	842	9.1	15.7	23.9		12.9
1970	874	8.3	13.7	21.7		11.6
1975	970	8.1	15.4	27.2		15.0
1978	1059	7.5	18.1	29.8		16.2
1979	1163	7.7	22.5	37.2		15.1
1980	1106	9.3	26.5	41.6		15.5
1981	1095	10.0	34.4	42.5		15.5
1982	1161	11.8	38.7	44.3	8.9	16.9
1983	1251	15.0	34.1	45.3	10.4	17.6
1984	1311	20.1	38.3	49.6	13.4	19.9
1985	1221	13.4	50.8	56.7	16.9	22.7
1986	1255	11.3	47.2	61.4	17.8	26.4
1987	1281	13.5	48.6	63.1	18.8	30.4
1988	1232	13.0	41.3	68.6	21.8	33.2
1989	1245	11.6	39.6	71.0	22.0	35.2
1990	1325	13.4	47.9	74.6	23.6	36.7
1991	1260	16.4	47.4	78.8	26.7	38.8
1992	1269	12.9	47.0	84.3	29.2	44.6
1993	1357	11.1	53.6	95.9		54.2
1994	1350	13.2	60.3	112.0		65.0
1995	1435	14.7	69.2	131.2		77.4

8－2 各地区每一农业劳动力生产的主要农产品

单位：公斤

地　区	粮　食	棉　花	油　料	糖　料	猪牛羊肉	水产品
全国总计	**1 435.2**	**14.7**	**69.2**	**244.2**	**131.2**	**77.4**
北　京	3 868.4	3.9	48.8		401.9	119.9
天　津	2 526.5	13.7	48.8		201.2	186.9
河　北	1 573.4	21.3	63.1	7.1	148.6	22.8
山　西	1 451.6	14.4	35.2	62.8	88.8	2.8
内蒙古	2 104.9		140.1	525.6	147.5	9.5
辽　宁	2 413.4	4.0	33.5	85.5	294.9	335.5
吉　林	3 651.9		46.8	153.3	177.2	20.3
黑龙江	5 370.8		42.3	1 053.9	224.1	53.2
上　海	3 279.8	5.6	245.8	76.4	379.5	453.2
江　苏	2 098.1	35.9	101.8	14.9	139.1	140.1
浙　江	1 226.5	5.4	42.9	56.4	88.1	272.6
安　徽	1 345.3	15.7	100.0	9.3	86.4	39.2
福　建	1 179.1		29.8	318.7	135.9	329.8
江　西	1 455.5	10.7	93.8	181.1	175.1	76.1
山　东	1 687.8	18.7	125.2	0.5	147.7	151.4
河　南	1 223.5	27.2	105.2	7.3	104.4	6.4
湖　北	1 819.2	43.3	139.9	54.3	185.1	111.4
湖　南	1 271.1	10.6	52.9	66.8	149.9	40.7
广　东	1 250.0		51.2	1 146.8	140.4	255.3
广　西	963.2		29.0	1 632.2	130.9	66.0
海　南	1 232.3		46.4	2 051.3	127.7	264.1
四　川	1 090.8	2.8	42.5	44.9	138.2	10.5
贵　州	697.3	0.1	43.2	20.0	73.9	2.4
云　南	731.7		12.1	650.1	74.1	5.2
西　藏	806.7		38.8		133.1	1.5
陕　西	870.7	3.8	36.4	1.0	68.2	3.6
甘　肃	962.9	3.4	47.4	160.0	86.3	1.1
青　海	871.7		123.8	0.3	137.7	1.9
宁　夏	1 492.6	0.1	41.1	363.4	75.4	13.5
新　疆	2 561.8	354.3	176.2	1 027.4	164.0	15.8

8－3　农产品成本、收益与劳动生产率

(1994年)　　单位：元

	六种粮食平均	稻谷	小麦	玉米	高粱	大豆
平均每亩						
主产品产量(500克)	602.46	824.24	487.96	733.53	632.61	217.07
副产品产量(500克)	736.91	694.65	520.88	1 049.11	987.54	276.72
产值合计	372.49	614.72	295.54	380.06	330.55	233.76
主产品	341.94	586.62	275.83	353.76	295.01	221.54
副产品	30.55	28.10	19.71	26.30	35.54	12.22
物质费用	108.87	160.71	126.35	109.97	87.82	58.93
用工数量(个)	13.61	18.59	11.99	14.67	11.28	11.01
用工作价	75.26	112.10	71.34	78.92	58.77	57.91
总生产成本	184.13	272.81	197.69	188.89	146.59	116.84
负担税金	8.44	14.35	8.99	6.86	7.20	5.91
净产值	263.62	454.01	169.19	270.09	242.73	174.83
减税纯收益	179.92	327.56	88.86	184.31	176.76	111.01
成本纯收益率(%)	97.71	120.07	44.95	97.58	120.58	95.01
每百元产值						
物质费用	29.23	26.14	42.75	28.93	26.57	25.21
生产成本	49.43	44.38	66.89	49.70	44.35	49.98
每50公斤主产品						
生产成本	28.06	31.59	37.81	23.97	20.68	51.01
含税生产成本	29.46	33.33	39.65	24.91	21.82	53.73
平均收购价格	56.76	71.17	56.53	48.23	46.63	102.06
每一标准劳动日						
主产品产量(500克)	44.27	44.34	40.70	50.00	56.08	19.72
净产值	19.37	24.42	14.11	18.41	21.52	15.88
附1.主产品按定购价计算						
每50公斤平均价格	50.61	63.03	54.12	43.54	40.82	96.27
每亩总产值	335.46	547.62	283.79	345.68	293.77	221.19
每亩净产值	226.59	386.91	157.44	235.71	205.95	162.26
每亩减税纯收益	142.89	260.46	77.11	149.93	139.98	98.44
每一劳动日净产值	16.65	20.81	13.13	16.07	18.26	14.74
附2.每亩成本外支出	9.03	13.80	7.71	8.08	9.29	8.91

8-3 续表1

	三种油料平均	#花生	#油菜籽	#芝麻	棉花
平均每亩					
主产品产量(500克)	212.50	333.28	199.28	104.93	120.09
副产品产量(500克)	303.38	324.91	295.22	290.01	424.19
产值合计	389.88	559.04	295.22	338.34	814.87
主产品	373.86	541.55	261.89	318.13	704.15
副产品	16.02	17.49	10.36	20.21	110.72
物质费用	90.16	140.25	84.89	45.28	196.93
用工数量(个)	15.85	20.10	16.87	10.61	43.27
用工作价	87.17	122.41	101.56	46.68	260.05
总生产成本	177.33	262.66	186.45	91.96	456.98
负担税金	7.42	7.41	8.85	5.99	14.31
净产值	299.72	418.79	187.36	293.06	617.94
减税纯收益	205.13	288.97	76.95	240.39	343.58
成本纯收益率(%)	115.68	110.02	41.27	261.41	75.18
每百元产值					
物质费用	23.13	25.09	31.18	13.38	24.17
生产成本	45.48	46.98	68.48	27.18	56.08
每50公斤主产品					
生产成本	80.01	76.34	90.00	82.40	328.83
含税生产成本	83.50	78.56	94.44	88.11	340.75
平均收购价格	175.93	162.49	131.42	303.18	586.35
每一标准劳动日					
主产品产量(500克)	13.41	16.58	11.81	9.89	2.78
净产值	18.91	20.84	11.11	27.62	14.28
附1.主产品按定购价计算					
每50公斤平均价格	197.53	166.33	131.71	294.54	578.22
每亩总产值	435.77	571.83	272.83	329.27	805.10
每亩净产值	345.61	431.58	187.94	283.99	608.17
每亩减税纯收益	251.02	301.76	77.53	231.22	333.81
每一劳动日净产值	21.81	21.47	11.14	26.77	14.06
附2.每亩成本外支出	8.37	7.45	8.35	9.32	19.58

	烤 烟	熟红麻	贮 麻	甘 蔗	甜 菜
平均每亩					
主产品产量(500克)	259.53	322.81	275.15	9 909.42	3 524.23
副产品产量(500克)	316.90	662.43	226.85	1 365.59	1 165.82
产值合计	559.03	393.49	1 701.17	1 079.52	367.98
主产品	548.13	346.78	1 676.85	1 032.61	351.25
副产品	10.90	46.71	24.32	46.91	16.73
物质费用	220.68	103.30	159.53	333.45	155.34
用工数量(个)	48.00	27.43	60.23	39.36	18.66
用工作价	272.64	176.10	320.42	262.14	98.34
总生产成本	493.32	279.40	479.95	595.59	253.68
负担税金	8.70	12.46	16.06	19.54	8.01
净产值	338.35	290.19	1 541.64	746.07	212.64
减税纯收益	57.01	101.63	1 205.16	464.39	106.29
成本纯收益率(%)	11.56	36.37	251.10	77.97	41.90
每百元产值					
物质费用	39.48	26.25	9.38	30.89	42.21
生产成本	88.25	71.01	28.21	55.17	68.94
每50公斤主产品					
生产成本	186.38	76.29	171.92	5.75	6.87
含税生产成本	189.73	80.15	177.76	5.95	7.10
平均收购价格	211.20	107.43	609.43	10.42	9.97
每一标准劳动日					
主产品产量(500克)	5.41	11.77	4.57	251.76	188.87
净产值	7.05	10.58	25.60	18.96	11.40
附1.主产品按定购价计算					
每50公斤平均价格	183.36	110.23	553.67	9.65	9.85
每亩总产值	486.77	402.54	1 547.74	1 003.17	363.87
每亩净产值	266.09	299.24	1 388.21	669.72	208.53
每亩减税纯收益	−15.25	110.68	1 051.73	388.04	102.18
每一劳动日净产值	5.54	10.91	23.05	17.02	11.18
附2.每亩成本外支出	10.44	13.08	15.29	21.07	6.29

8-3 续表 3

	桑蚕茧	红毛茶	苹果	柑橘
平均每亩				
主产品产量(500克)	197.08	157.73	2 579.19	2 838.06
副产品产量(500克)	1 156.45		144.44	235.91
产值合计	1 682.93	584.02	1 973.24	2 352.10
主产品	1 611.71	584.02	1 950.75	2 350.28
副产品	71.22		22.49	1.82
物质费用	365.08	206.10	406.74	426.35
用工数量(个)	91.76	49.13	72.17	62.08
用工作价	507.43	311.98	411.37	402.28
总生产成本	872.51	518.08	818.11	828.63
负担税金	35.48	41.62	1 566.50	54.30
净产值	1 317.85	377.92	1 566.68	1 925.75
减税纯收益	774.94	24.32	1 027.68	1 469.17
成本纯收益率(%)	88.82	4.69	125.62	177.30
每百元产值				
物质费用	21.69	35.29	20.61	18.13
生产成本	51.84	88.71	41.46	35.23
每50公斤主产品				
生产成本	423.94	328.47	31.36	29.17
含税生产成本	441.94	354.86	36.30	31.08
平均收购价格	817.79	370.27	75.63	82.81
每一标准劳动日				
主产品产量(500克)	2.15	3.21	35.74	45.72
净产值	14.36	7.69	21.71	31.02
附1.主产品按定购价计算				
每50公斤平均价格	854.37	287.11	60.82	79.23
每亩总产值	1 755.01	452.86	1 591.93	2 250.41
每亩净产值	1 389.93	246.76	1 185.19	1 824.06
每亩减税纯收益	847.02	−106.84	646.37	1 367.48
每一劳动日净产值	15.15	5.02	16.42	29.38
附2.每亩成本外支出	22.97	11.69	25.01	6.39

九、农民家庭收入与生活消费

9－1 农村调查户基本情况

项　　目	单位	1990年	1994年	1995年	1995年为下列年％	
					1990年	1994年
调查户数	户	66 960	67 420	67 340	100.6	99.9
调查户常住人口	人	321 429	306 418	301 878	93.9	98.5
平均每户常住人口	人	4.80	4.54	4.48	93.3	98.7
平均每户整半劳动力	人	2.92	2.89	2.88	98.6	99.7
平均每个整半劳动力负担人口	人	1.64	1.57	1.56	94.9	99.1
平均每人经营耕地面积	亩	2.10	2.18	2.17	103.3	99.5
＃承包地面积	亩	1.84	1.96	1.94	105.4	99.0
自留地面积	亩	0.18	0.16	0.16	88.9	100.0
平均每人经营山地面积	亩	0.42	0.43	0.44	104.8	102.3
＃承包山地面积	亩	0.22	0.27	0.28	127.3	103.7
自留山面积	亩	0.18	0.14	0.13	72.2	92.9
平均每户年末生产性固定资产原值	元	1 258.06	2 347.63	2 774.27	220.5	118.2
平均每人全年收入						
总收入	元	990.38	1 789.38	2 337.87	236.1	130.7
纯收入	元	686.31	1 220.98	1 577.74	229.9	129.2
现金收入	元	796.11	1 442.87	1 882.49	236.5	130.5
＃储蓄借贷现金收入	元	119.44	209.39	286.93	240.2	137.0
平均每人全年支出						
总支出	元	903.47	1 635.53	2 138.33	236.7	130.7
＃生产费用支出	元	261.38	504.70	690.04	264.0	136.7
＃家庭经营费用支出	元	241.09	458.57	621.71	257.9	135.6
生活消费支出	元	584.63	1 016.81	1 310.36	224.1	128.9
其他非生产性支出	元	18.80	46.23	55.28	294.0	119.6
现金支出	元	741.17	1 330.40	1 766.67	238.4	132.8
＃生产费用支出	元	183.05	373.87	517.06	282.5	138.3
＃家庭经营费用支出	元	162.90	327.82	454.74	279.2	138.7
生活消费支出	元	374.74	648.19	859.43	229.3	132.6
其他非生产性支出	元	47.59	74.78	92.36	194.1	123.5
储蓄借贷支出	元	102.11	174.40	220.86	216.3	126.6

9－2 农民家庭总收入和纯收入

(平均每人)　　单位：元

项　　目	1990年	1994年	1995年	1995年为下列年 %	
				1990年	1994年
一、总收入	**990.38**	**1 789.38**	**2 337.87**	**236.1**	**130.7**
(一) 基本收入	954.59	1 705.66	2 231.11	233.7	130.8
(二) 转移性收入	35.79	55.17	65.77	183.8	119.2
(三) 财产性收入		28.55	40.99		143.6
二、纯收入	**686.31**	**1 220.98**	**1 577.74**	**229.9**	**129.2**
按收入来源分					
(一)基本收入	657.35	1 144.83	1 479.49	225.1	129.2
1. 劳动者的报酬收入	138.80	262.98	353.70	254.8	134.5
#在乡村企业劳动得到的报酬收入	54.06	198.78	256.63	474.7	129.1
2. 家庭经营收入	518.55	881.85	1 125.79	217.1	127.7
(1) 种植业收入	330.11	590.42	775.12	234.8	131.3
(2) 林业收入	7.53	12.90	13.52	179.5	104.8
(3) 牧业收入	86.04	97.62	111.76	129.9	114.5
(4) 渔业收入	7.11	10.96	15.69	220.7	143.2
(5) 手工业收入	10.89	15.13	18.97	174.2	125.4
(6) 采集捕猎收入	14.36	19.60	21.40	149.0	109.2
(7) 工业收入	9.15	10.83	13.63	149.0	125.9
(8) 建筑业收入	12.18	25.18	34.53	283.5	137.1
(9) 运输业收入	13.45	20.84	27.76	206.4	133.2
(10) 商业收入	10.75	24.20	30.21	281.0	124.8
(11) 饮食业收入	1.94	3.30	4.05	208.8	122.7
(12) 服务业收入	6.77	14.29	17.18	253.8	120.2
(13) 其他家庭经营收入	8.27	36.58	41.97	507.5	114.7
(二) 转移性收入	28.96	47.60	57.26	197.8	120.3
(三) 财产性收入		28.55	40.99		143.5
按收入性质分					
(一)生产性收入	657.35	1 144.83	1 479.49	225.1	129.2
(1) 第一产业收入	510.86	780.91	996.51	195.1	127.6
(2) 第二产业收入	70.68	210.14	287.24	406.4	136.7
(3) 第三产业收入	75.81	153.78	195.74	258.2	127.3
(二) 非生产性收入	28.96	76.15	98.25	22.1	29.0

9-3 各地区农民家庭纯收入增长情况

（平均每人）　　　　单位：元

地　　区	1990年	1994年	1995年	1995年为下列年%	
				1990年	1994年
全国总计	**686.31**	**1 220.98**	**1 577.74**	**229.9**	**129.2**
北　京	1 297.05	2 400.69	3 223.65	248.5	134.3
天　津	1 069.04	1 835.71	2 406.38	225.1	131.1
河　北	621.67	1 107.25	1 668.73	268.4	150.7
山　西	603.51	884.20	1 208.30	200.2	136.7
内 蒙 古	607.15	969.91	1 208.38	199.0	124.6
辽　宁	836.17	1 423.45	1 756.50	210.1	123.4
吉　林	803.52	1 271.63	1 609.60	200.3	126.6
黑 龙 江	759.86	1 393.58	1 766.27	232.4	126.7
上　海	1 907.32	3 436.61	4 245.61	222.6	123.5
江　苏	959.06	1 831.53	2 456.86	256.2	134.1
浙　江	1 099.04	2 224.64	2 966.19	269.9	133.3
安　徽	539.16	973.20	1 302.82	241.6	133.9
福　建	764.41	1 577.74	2 048.59	268.0	129.8
江　西	669.90	1 218.19	1 537.36	229.5	126.2
山　东	680.18	1 319.73	1 715.09	252.2	130.0
河　南	526.95	909.81	1 231.97	233.8	135.4
湖　北	670.80	1 172.74	1 511.22	225.3	128.9
湖　南	664.24	1 155.00	1 425.16	214.6	123.4
广　东	1 043.03	2 181.52	2 699.24	258.8	123.7
广　西	639.45	1 107.02	1 446.14	226.2	130.6
海　南	696.22	1 304.52	1 519.71	218.3	116.5
四　川	557.76	946.33	1 158.29	207.7	122.4
贵　州	435.14	786.84	1 086.62	249.7	138.1
云　南	540.86	802.95	1 010.97	186.9	125.9
西　藏	649.71	975.95	1 200.31	184.7	123.0
陕　西	530.80	804.84	962.89	181.4	119.6
甘　肃	430.98	723.73	880.34	204.3	121.6
青　海	559.78	869.34	1 029.77	184.0	118.5
宁　夏	578.13	866.97	998.75	172.8	115.2
新　疆	683.47	946.82	1 136.45	166.3	120.0

9-4 各地区农民家庭纯收入

(1995年，按收入来源分)　　　　单位：元/人

地　区	纯收入	1. 基本收入	(1)劳动者的报酬收入	(2)家庭经营纯收入	2. 转移性收入	3. 财产性收入
全国总计	**1 577.74**	**1 479.49**	**353.69**	**1 125.79**	**57.27**	**40.98**
北　京	3 223.65	2 935.90	1 715.04	1 220.86	171.18	116.57
天　津	2 406.38	2 309.91	1 012.18	1 297.73	41.20	55.27
河　北	1 668.73	1 590.99	441.23	1 149.75	36.82	40.92
山　西	1 208.30	1 148.03	367.19	780.84	37.40	22.88
内蒙古	1 208.38	1 134.58	98.62	1 035.96	18.97	54.83
辽　宁	1 756.50	1 647.75	486.17	1 161.58	38.15	70.60
吉　林	1 609.60	1 443.06	165.59	1 277.47	21.17	145.36
黑龙江	1 766.27	1 664.42	130.27	1 534.14	21.40	80.45
上　海	4 245.61	3 917.34	2 733.99	1 183.35	173.44	154.82
江　苏	2 456.86	2 366.29	821.85	1 544.44	65.01	25.56
浙　江	2 966.19	2 806.37	1 109.76	1 696.61	97.37	62.46
安　徽	1 302.82	1 214.95	234.21	980.74	52.49	35.39
福　建	2 048.59	1 816.50	520.54	1 295.96	113.16	118.93
江　西	1 537.36	1 481.16	319.69	1 161.46	41.69	14.52
山　东	1 715.09	1 639.54	408.97	1 230.56	46.77	28.79
河　南	1 231.97	1 167.70	163.51	1 004.19	35.82	28.44
湖　北	1 511.22	1 430.23	192.37	1 237.87	47.51	33.47
湖　南	1 425.16	1 363.89	268.00	1 095.89	46.16	15.11
广　东	2 699.24	2 468.88	712.25	1 756.64	180.30	50.06
广　西	1 446.14	1 360.16	202.10	1 158.06	74.54	11.43
海　南	1 519.71	1 361.43	53.57	1 307.86	83.97	74.31
四　川	1 158.29	1 069.01	208.58	860.44	67.92	21.36
贵　州	1 086.62	1 017.71	146.34	871.37	52.63	16.28
云　南	1 010.97	912.88	120.84	792.04	41.09	57.01
西　藏	1 200.31	1 101.35	79.17	1 022.18	52.95	46.01
陕　西	962.89	909.19	186.04	723.16	36.41	17.28
甘　肃	880.34	825.68	91.68	734.00	36.40	18.26
青　海	1 029.77	1 004.94	96.71	908.23	21.85	2.99
宁　夏	998.75	955.99	188.78	767.21	20.23	22.53
新　疆	1 136.45	1 032.06	64.47	967.59	39.09	65.30

9－5 农民家庭生活消费支出及构成

(平均每人)

项　　　目	1990年	1994年	1995年	1995年为下列年 % 1990年	1995年为下列年 % 1994年
生活消费支出(元)	**584.63**	**1 016.81**	**1 310.36**	**224.1**	**128.9**
一、食品支出	343.76	598.47	768.19	223.5	128.4
#主食	135.47	241.44	316.72	233.8	131.2
副食	146.09	256.11	316.40	216.6	123.5
二、衣着支出	45.44	70.32	89.79	197.6	127.7
三、居住支出	101.37	142.34	182.21	179.7	128.0
#住房	69.30	78.95	110.35	159.2	139.8
燃料	26.46	45.62	48.05	181.6	105.3
四、家庭设备、用品及服务支出	30.90	55.46	68.48	221.6	123.5
五、医疗保健支出	19.02	32.07	42.48	223.3	132.5
六、交通和通讯支出	8.42	24.02	33.76	401.0	140.5
七、文化教育娱乐用品及服务支出	31.38	75.11	102.39	326.3	136.3
八、其他商品及服务支出	4.34	19.02	23.06	531.3	121.2
生活消费支出构成(%)	**100.00**	**100.00**	**100.00**		
一、食品支出	58.80	58.86	58.62		
#主食	23.17	23.74	24.17		
副食	24.99	25.19	24.15		
二、衣着支出	7.77	6.92	6.85		
三、居住支出	17.34	14.00	13.91		
#住房	11.85	7.76	8.42		
燃料	4.53	4.49	3.67		
四、家庭设备、用品及服务支出	5.29	5.45	5.23		
五、医疗保健支出	3.25	3.15	3.24		
六、交通和通讯支出	1.44	2.36	2.58		
七、文化教育娱乐用品及服务支出	5.37	7.39	7.81		
八、其他商品及服务支出	0.74	1.87	1.76		

9－6 农民家庭生活消费现金支出及构成

(平均每人)

项　　目	1990年	1994年	1995年	1995年为下列年％	
				1990年	1994年
生活消费现金支出(元)	**374.74**	**648.19**	**859.43**	**229.3**	**75.4**
一、食品支出	155.85	264.01	353.22	226.6	74.7
＃主食	17.50	29.43	45.80	261.7	64.3
副食	80.29	139.96	184.43	229.7	75.9
二、衣着支出	44.03	69.67	88.66	201.4	78.6
三、居住支出	81.15	109.24	147.86	182.2	73.9
＃住房	68.50	78.80	108.53	158.4	72.6
燃料	7.05	12.67	15.53	220.3	81.6
四、家庭设备、用品及服务支出	30.74	55.09	68.08	221.5	80.9
五、医疗保健支出	18.98	32.06	42.47	223.8	75.5
六、交通和通讯支出	8.41	24.01	33.73	401.1	71.2
七、文化教育娱乐用品及服务支出	31.33	75.09	102.35	326.7	73.4
八、其他商品及服务支出	4.25	19.02	23.06	542.6	82.5
生活消费支出现金构成(％)	**100.00**	**100.00**	**100.00**		
一、食品支出	41.59	40.73	41.10		
＃主食	4.67	4.54	5.33		
副食	21.43	21.59	21.46		
二、衣着支出	11.75	10.75	10.32		
三、居住支出	21.66	16.85	17.20		
＃住房	8.20	8.50	7.92		
燃料	5.06	4.95	4.94		
四、家庭设备、用品及服务支出	8.20	8.50	7.92		
五、医疗保健支出	5.06	4.95	4.94		
六、交通和通讯支出	2.24	3.70	3.92		
七、文化教育娱乐用品及服务支出	8.36	11.58	11.91		
八、其他商品及服务支出	1.13	2.93	2.68		

9-7 各地区农民家庭生活消费支出

(1995年)

单位：元/人

地区	生活消费支出	1. 食品支出	#主食支出	#副食支出	2. 衣着支出	3. 居住支出
全国总计	**1 310.36**	**768.19**	**316.72**	**316.40**	**89.79**	**182.21**
北京	2 335.62	1 183.39	342.85	501.29	229.50	224.96
天津	1 548.40	911.43	444.35	313.39	129.53	212.46
河北	1 104.30	627.43	327.71	200.89	89.62	165.41
山西	927.99	586.03	309.95	187.56	103.02	77.62
内蒙古	1 180.46	704.70	362.87	238.99	86.16	157.02
辽宁	1 471.93	887.11	385.50	373.87	138.38	169.88
吉林	1 494.62	841.85	372.75	332.94	134.03	189.80
黑龙江	1 479.84	813.40	382.37	294.70	139.64	228.97
上海	3 387.04	1 491.40	378.79	645.83	252.31	761.06
江苏	1 938.01	1 061.42	412.29	456.04	126.78	344.62
浙江	2 378.38	1 197.97	306.73	565.58	157.06	442.30
安徽	1 070.64	625.40	254.11	253.20	70.56	165.63
福建	1 793.68	1 093.45	373.24	527.68	99.17	212.45
江西	1 256.08	774.61	346.78	300.81	70.27	167.60
山东	1 338.46	748.68	349.67	263.27	102.03	208.63
河南	929.39	544.26	321.59	139.85	77.07	131.94
湖北	1 245.10	753.91	290.82	340.76	81.11	147.08
湖南	1 367.30	823.91	322.18	362.86	73.51	192.42
广东	2 255.01	1 228.00	328.45	684.88	91.31	345.65
广西	1 202.91	760.26	249.38	387.75	49.17	139.49
海南	1 080.46	737.21	332.56	326.53	48.06	92.23
四川	1 092.91	718.31	257.08	330.44	63.52	127.27
贵州	930.59	661.85	292.90	299.46	55.64	78.67
云南	981.10	602.92	214.89	286.98	60.77	133.94
西藏	896.80	667.08	105.81	191.18	92.72	44.98
陕西	913.73	542.02	314.88	148.32	61.82	136.91
甘肃	915.25	649.29	441.48	146.53	45.50	93.39
青海	913.84	593.90	308.62	211.55	85.49	88.76
宁夏	1 063.20	617.67	310.67	226.25	84.43	144.86
新疆	941.58	471.54	197.73	188.12	119.90	121.22

9-7 续表

地　　区	4. 家庭设备、用品及服务支　出	5. 医疗保健支　出	6. 交通及通讯支　出	7. 文化教育娱乐用品及服务支出	8. 其他商品及及服务支出
全国总计	**68.48**	**42.48**	**33.76**	**102.39**	**23.06**
北　　京	196.24	107.27	91.65	246.33	56.28
天　　津	66.45	62.10	37.29	97.84	31.30
河　　北	58.15	40.93	33.47	73.04	16.25
山　　西	42.95	31.09	14.05	62.80	10.43
内 蒙 古	50.01	48.49	22.39	97.45	14.24
辽　　宁	60.12	48.57	35.58	107.28	25.01
吉　　林	64.91	57.83	33.11	138.33	34.77
黑 龙 江	56.44	74.84	34.15	113.71	18.69
上　　海	284.37	72.56	159.03	256.04	110.27
江　　苏	132.95	49.07	52.31	139.18	31.68
浙　　江	147.83	103.20	76.50	163.91	89.61
安　　徽	57.23	34.07	21.29	79.45	17.01
福　　建	83.05	44.39	70.61	148.72	41.84
江　　西	57.87	39.48	32.30	93.48	20.47
山　　东	73.68	40.25	43.05	106.08	16.06
河　　南	43.76	34.43	17.37	63.53	17.04
湖　　北	55.29	34.90	30.54	128.28	17.76
湖　　南	68.79	35.78	26.29	128.84	54.76
广　　东	140.54	67.51	82.08	245.16	17.95
广　　西	51.98	29.04	27.33	127.69	19.71
海　　南	49.15	24.58	16.98	92.54	10.00
四　　川	50.72	29.35	18.38	75.36	10.01
贵　　州	42.61	16.28	13.97	49.27	12.29
云　　南	54.29	32.04	21.49	58.07	17.58
西　　藏	61.61	6.41	8.49	6.37	9.14
陕　　西	41.59	41.30	15.11	65.14	9.84
甘　　肃	30.90	29.18	13.54	45.92	7.53
青　　海	34.29	34.70	22.49	33.74	20.47
宁　　夏	59.76	41.50	28.39	72.44	14.15
新　　疆	56.26	47.96	35.69	64.90	24.11

9-8 农民家庭生活消费支出构成

(以生活消费支出为 100)

地区	生活消费支出	1.食品支出	2.衣着支出	3.居住支出	4.家庭设备、用品及服务支出	5.医疗保健支出	6.交通及通讯支出	7.文化教育娱乐用品及服务支出	8.其他商品及服务支出
全国总计	**100.0**	**58.6**	**6.9**	**13.9**	**5.2**	**3.2**	**2.6**	**7.8**	**1.8**
北京	100.0	50.7	9.8	9.6	8.4	4.6	3.9	10.5	2.4
天津	100.0	58.9	8.4	13.7	4.3	4.0	2.4	6.3	2.0
河北	100.0	56.8	8.1	15.0	5.3	3.7	3.0	6.6	1.5
山西	100.0	63.2	11.1	8.4	4.6	3.4	1.5	6.8	1.1
内蒙古	100.0	59.7	7.3	13.3	4.2	4.1	1.9	8.3	1.2
辽宁	100.0	60.3	9.4	11.5	4.1	3.3	2.4	7.3	1.7
吉林	100.0	56.3	9.0	12.7	4.3	3.9	2.2	9.3	2.3
黑龙江	100.0	55.0	9.4	15.5	3.8	5.1	2.3	7.7	1.3
上海	100.0	44.0	7.4	22.5	8.4	2.1	4.7	7.6	3.3
江苏	100.0	54.8	6.5	17.8	6.9	2.5	2.7	7.2	1.6
浙江	100.0	50.4	6.6	18.6	6.2	4.3	3.2	6.9	3.8
安徽	100.0	58.4	6.6	15.5	5.3	3.2	2.0	7.4	1.6
福建	100.0	61.0	5.5	11.8	4.6	2.5	3.9	8.3	2.3
江西	100.0	61.7	5.6	13.3	4.6	3.1	2.6	7.4	1.6
山东	100.0	55.9	7.6	15.6	5.5	3.0	3.2	7.9	1.2
河南	100.0	58.6	8.3	14.2	4.7	3.7	1.9	6.8	1.8
湖北	100.0	60.6	6.5	11.8	4.4	2.8	2.5	10.3	1.1
湖南	100.0	60.3	5.4	14.1	5.0	2.6	1.9	9.4	1.3
广东	100.0	54.5	4.0	15.3	6.2	3.0	3.6	10.9	2.4
广西	100.0	63.2	4.1	11.6	4.3	2.4	2.3	10.6	1.5
海南	100.0	68.2	4.4	8.5	4.5	2.3	1.6	8.6	1.8
四川	100.0	65.7	5.8	11.6	4.6	2.7	1.7	6.9	0.9
贵州	100.0	71.1	6.0	8.5	4.6	1.7	1.5	5.3	1.3
云南	100.0	61.5	6.2	13.7	5.5	3.3	2.2	5.9	1.8
西藏	100.0	74.4	10.3	5.0	6.9	0.7	0.9	0.7	1.0
陕西	100.0	59.3	6.8	15.0	4.6	4.5	1.7	7.1	1.1
甘肃	100.0	70.9	5.0	10.2	3.4	3.2	1.5	5.0	0.8
青海	100.0	65.0	9.4	9.7	3.8	3.8	2.5	3.7	2.2
宁夏	100.0	58.1	7.9	13.6	5.6	3.9	2.7	6.8	1.3
新疆	100.0	50.1	12.7	12.9	6.0	5.1	3.8	6.9	2.6

9－9 各地区农民家庭生活消费现金支出

(1995年)

单位：元/人

地 区	生活消费现金支出	1.食品支出	#主食	#副食	2.衣着支出	3.居住支出
全国总计	**859.43**	**353.22**	**45.80**	**184.43**	**88.66**	**147.86**
北 京	2 073.57	922.39	134.27	456.18	229.17	224.85
天 津	1 097.98	486.38	50.58	283.66	129.38	187.35
河 北	689.98	252.59	30.23	127.75	87.74	127.80
山 西	563.98	228.80	50.83	92.34	102.53	71.54
内 蒙 古	689.16	232.90	57.36	74.24	85.74	137.94
辽 宁	942.60	407.89	104.23	184.14	138.04	120.70
吉 林	1 092.91	482.44	150.64	198.19	134.02	147.58
黑 龙 江	1 058.01	464.25	133.77	195.90	139.64	156.30
上 海	2 933.53	1 065.06	17.10	586.84	232.88	754.06
江 苏	1 285.75	478.81	33.43	258.54	123.42	282.44
浙 江	1 986.80	821.18	43.49	460.84	156.95	427.79
安 徽	682.54	285.09	24.08	145.54	69.87	118.54
福 建	1 310.99	652.75	93.57	382.35	99.01	170.79
江 西	776.12	324.41	26.01	178.71	69.92	138.31
山 东	851.91	330.19	19.44	181.60	99.55	144.72
河 南	533.78	190.37	15.91	95.75	75.17	93.28
湖 北	700.18	258.71	26.81	113.58	79.46	99.01
湖 南	875.11	346.51	31.30	190.01	73.00	178.16
广 东	1 790.33	794.04	73.19	513.48	89.73	317.26
广 西	784.17	369.14	41.33	209.92	49.17	112.21
海 南	654.58	357.38	19.55	262.92	48.06	46.19
四 川	605.14	266.46	37.01	135.47	63.10	91.94
贵 州	656.35	198.09	48.85	87.56	255.60	68.24
云 南	630.02	271.33	46.75	134.16	59.89	115.42
西 藏	413.38	204.03	57.71	63.13	92.08	25.87
陕 西	527.65	185.45	40.03	74.77	60.97	108.25
甘 肃	355.03	129.71	27.69	47.26	45.29	53.08
青 海	458.69	173.93	56.30	60.31	84.69	54.41
宁 夏	662.21	225.27	33.42	117.00	84.32	136.36
新 疆	682.13	233.37	49.50	117.17	116.85	103.49

9-9 续表

地区	4. 家庭设备、用品及服务支出	5. 医疗保健支出	6. 交通及通讯支出	7. 文化教育娱乐用品及服务支出	8. 其他商品及服务支出
全国总计	**68.08**	**42.47**	**33.73**	**102.35**	**23.06**
北京	195.63	107.27	91.65	246.33	56.28
天津	66.34	62.10	37.29	97.84	31.30
河北	58.15	40.93	33.47	73.04	16.26
山西	42.74	31.09	14.05	62.80	10.43
内蒙古	50.01	48.49	22.39	97.45	14.24
辽宁	59.53	48.57	35.58	107.28	25.01
吉林	64.83	57.83	33.11	138.33	34.77
黑龙江	56.44	74.84	34.15	113.71	18.68
上海	283.63	72.56	159.03	256.04	110.27
江苏	128.83	49.07	52.31	139.18	31.69
浙江	147.67	103.20	76.50	163.91	89.60
安徽	57.23	34.07	21.29	79.45	17.00
福建	82.90	44.39	70.61	148.72	41.82
江西	57.76	39.48	32.30	93.48	20.46
山东	73.64	40.09	42.44	105.23	16.05
河南	42.60	34.43	17.37	63.53	17.03
湖北	55.29	34.90	30.54	128.28	13.99
湖南	68.77	35.78	26.29	128.84	17.76
广东	139.78	67.51	82.08	245.16	54.77
广西	51.65	29.04	27.33	127.69	17.94
海南	49.14	24.58	16.98	92.54	19.71
四川	50.54	29.35	18.38	75.36	10.01
贵州	42.60	16.28	13.97	49.27	12.30
云南	54.19	32.04	21.49	58.07	17.59
西藏	61.00	6.41	8.49	6.37	9.13
陕西	41.59	41.30	15.11	65.14	9.84
甘肃	30.77	29.18	13.54	45.92	7.54
青海	34.27	34.70	22.49	33.74	20.46
宁夏	59.76	41.50	28.39	72.44	14.16
新疆	55.78	47.96	35.67	64.90	24.11

9－10　农民家庭年末拥有的主要耐用消费品

（平均每百户）

项　　目	单　位	1990年	1994年	1995年	1995年为下列各年%	
					1990年	1994年
自　行　车	辆	118.33	136.50	147.02	124.2	107.7
缝　纫　机	架	55.19	62.75	65.74	119.1	104.8
收　音　机	台	45.15	31.19	31.05	68.7	99.6
钟　　表	只	221.23	239.91	237.03	107.1	98.8
#手　　表	只	172.22	174.20	169.09	98.2	97.1
黑白电视机	台	39.72	61.77	63.81	160.6	103.3
彩色电视机	台	4.72	13.52	16.92	358.5	125.1
收　录　机	台	17.83	26.08	28.25	158.4	108.3
洗　衣　机	台	9.12	15.30	16.90	185.3	110.5
照　像　机	架	0.70	1.16	1.42	202.9	122.4
电　风　扇	台	41.36	80.91	88.96	215.1	109.9
电　冰　箱	台	1.22	4.00	5.15	422.1	128.8
摩　托　车	辆	0.89	3.19	4.91	551.7	153.9
录　像　机	台		0.93	1.12		120.4
抽 油 烟 机	台		0.38	0.61		160.5
吸　尘　器	台		0.18	0.33		183.3

9－11　农民家庭建筑房屋和居住情况

项　　目	单　位	1990年	1994年	1995年	1995年为下列年%	
					1990年	1994年
一、建房情况						
平均每户年内新建房屋间数	间	0.19	0.17	0.21	110.5	123.5
平均每人年内新建房屋面积	平方米	0.82	0.73	0.78	95.1	106.8
#砖木结构	平方米	0.47	0.36	0.37	78.7	102.8
钢筋混凝土结构	平方米	0.23	0.24	0.33	143.5	137.5
新建房屋每间价值	元	1 906.72	2 976.03	3 420.19	179.4	114.9
新建房屋每平方米价值	元	92.32	152.38	200.30	217.0	131.4
二、居住情况						
平均每人年末住房面积	平方米	17.83	20.22	21.01	117.8	103.9
#砖木结构面积	平方米	9.84	11.53	11.91	121.0	103.3
钢筋混凝土结构面积	平方米	1.23	2.67	3.10	252.0	116.1
年末每间住房价值	元	803.06	1473.13	1 864.68	232.2	126.6

9－12　各地区农民家庭年末拥有的主要耐用消费品

（平均每百户）

地　区	自行车（辆）		缝纫机（架）		收音机（台）		手　表（只）	
	1994年	1995年	1994年	1995年	1994年	1995年	1994年	1995年
全国总计	**136.50**	**147.02**	**62.75**	**65.74**	**31.19**	**31.05**	**174.20**	**169.09**
北　京	259.60	261.33	67.73	67.73	41.60	46.13	239.87	224.93
天　津	242.67	233.67	91.17	91.83	61.17	63.83	229.50	225.17
河　北	191.83	192.00	85.36	85.69	46.79	47.24	169.95	190.62
山　西	129.57	130.67	80.62	81.14	26.19	27.19	188.76	186.81
内蒙古	121.76	124.40	78.57	76.10	38.52	31.43	145.55	126.59
辽　宁	162.10	164.97	73.23	73.33	35.66	41.01	180.63	182.43
吉　林	120.75	129.75	73.69	71.63	38.75	31.19	159.44	129.69
黑龙江	104.26	106.35	74.35	73.32	41.90	33.37	159.44	132.98
上　海	256.83	256.17	83.17	83.00	37.50	39.17	266.00	262.50
江　苏	179.59	183.38	67.47	63.00	39.26	42.29	195.94	202.59
浙　江	193.93	196.52	84.30	82.04	22.30	20.67	260.70	282.48
安　徽	116.71	124.35	54.55	58.84	39.23	37.06	233.23	136.87
福　建	160.77	128.41	78.46	73.90	23.19	20.38	245.38	232.25
江　西	126.24	131.92	42.29	44.82	26.16	28.73	154.29	157.18
山　东	190.19	191.90	73.40	75.17	58.12	53.69	143.21	147.62
河　南	141.95	145.19	77.74	79.36	49.17	50.26	109.60	108.31
湖　北	116.39	117.42	51.30	51.64	22.39	22.18	141.21	140.61
湖　南	96.62	103.68	40.14	40.51	11.27	11.14	134.57	134.32
广　东	217.90	216.85	73.87	74.52	31.33	36.37	241.90	244.19
广　西	156.12	159.60	74.11	74.55	14.64	16.16	151.38	152.59
海　南	104.86	102.78	67.64	66.53	32.36	35.97	129.17	127.36
四　川	59.51	60.44	25.25	23.69	13.05	14.09	185.67	188.47
贵　州	24.06	22.14	24.29	33.79	6.21	5.45	137.05	139.06
云　南	84.71	335.50	43.75	128.92	15.79	15.96	200.25	151.25
西　藏	70.63	76.88	29.17	35.00	33.96	34.38	101.46	109.58
陕　西	123.51	126.17	71.98	72.79	35.77	37.30	164.41	157.97
甘　肃	119.94	120.39	66.33	66.72	34.33	33.56	197.22	210.94
青　海	85.67	82.67	52.67	50.83	32.67	34.33	184.17	182.00
宁　夏	170.67	174.33	69.50	71.50	22.33	25.67	152.33	178.33
新　疆	143.03	151.29	64.19	64.77	22.52	23.29	126.84	131.61

9-12 续表 1

地区	黑白电视机（台）		彩色电视机（台）		收录机（台）		洗衣机（台）	
	1994年	1995年	1994年	1995年	1994年	1995年	1994年	1995年
全国总计	**61.77**	**63.81**	**13.52**	**16.92**	**26.08**	**28.25**	**15.30**	**16.90**
北京	55.73	47.87	61.47	71.07	56.00	58.27	78.80	81.47
天津	68.67	67.83	46.67	51.17	41.83	48.00	60.50	62.00
河北	76.69	76.31	18.50	22.52	26.79	29.05	33.74	36.40
山西	58.57	60.24	18.38	20.57	25.52	26.29	19.90	19.76
内蒙古	65.22	65.22	14.07	19.67	26.43	28.08	17.03	18.30
辽宁	71.22	69.21	27.94	31.64	33.54	35.03	44.29	44.97
吉林	78.63	77.00	12.81	18.63	32.69	35.44	35.75	41.25
黑龙江	73.47	72.79	14.63	23.80	25.83	30.77	28.70	37.16
上海	73.17	74.17	44.17	49.33	32.00	36.00	56.83	63.17
江苏	71.35	74.79	18.32	21.85	28.79	32.68	26.15	29.82
浙江	65.85	66.48	27.96	32.85	28.48	31.04	14.85	14.96
安徽	72.52	78.45	5.52	9.00	25.87	28.06	1.84	2.29
福建	62.86	60.77	23.13	31.48	31.10	30.66	11.65	16.92
江西	70.45	75.67	3.35	5.31	20.78	22.37	0.98	1.10
山东	71.40	74.74	14.07	18.14	23.21	25.50	9.90	11.40
河南	56.69	60.98	8.50	12.07	19.07	20.67	10.07	11.36
湖北	72.52	74.85	5.15	7.03	20.27	21.70	13.42	13.15
湖南	58.35	61.19	3.16	4.43	13.59	14.51	3.43	4.24
广东	52.30	51.85	28.83	34.35	46.01	49.44	12.58	14.88
广西	56.29	59.38	3.53	5.04	20.80	23.57	1.61	1.29
海南	16.94	16.67	11.81	13.47	35.42	36.11	2.50	2.36
四川	63.69	67.67	4.35	5.95	19.38	20.96	5.31	6.67
贵州	31.70	38.71	2.10	2.46	13.57	15.54	4.42	5.00
云南	39.83	43.17	10.08	13.17	30.96	34.17	8.54	9.33
西藏	5.00	4.79	2.29	3.75	42.50	46.67	0.63	0.83
陕西	56.22	59.46	11.35	13.78	20.00	21.40	12.48	14.37
甘肃	47.06	48.67	13.22	14.78	28.61	30.78	9.28	10.33
青海	40.67	43.17	10.00	12.67	40.67	40.17	9.17	8.83
宁夏	46.00	53.50	32.50	34.17	34.67	37.33	23.83	26.00
新疆	51.74	55.03	12.13	14.39	45.29	48.97	16.13	16.39

9-12 续表 2

地区	照像机(台)		电风扇(台)		电冰箱(台)		摩托车(辆)	
	1994年	1995年	1994年	1995年	1994年	1995年	1994年	1995年
全国总计	**1.16**	**1.42**	**80.91**	**88.96**	**4.00**	**5.15**	**3.19**	**4.91**
北京	13.33	16.40	112.67	122.13	49.33	61.60	11.07	12.93
天津	4.17	5.17	112.17	118.67	25.00	28.50	5.33	9.50
河北	1.02	1.55	86.17	94.31	3.64	6.29	4.31	6.76
山西	0.81	1.05	13.33	15.14	0.86	1.33	2.52	3.33
内蒙古	0.77	0.71	3.08	3.02	0.49	0.77	1.59	2.47
辽宁	2.28	2.65	22.28	25.40	5.87	6.83	3.97	5.08
吉林	0.81	0.94	9.31	6.69	1.44	2.25	1.31	3.38
黑龙江	0.69	1.15	1.94	2.21	1.06	1.92	1.81	2.60
上海	4.83	6.33	259.00	269.67	49.67	56.00	12.50	22.17
江苏	2.03	2.29	152.65	167.59	6.74	9.06	6.09	8.65
浙江	2.93	3.11	192.33	219.59	19.30	21.70	5.00	7.04
安徽	0.68	0.94	137.97	142.00	0.97	1.90	0.52	1.19
福建	2.14	2.42	139.89	149.29	5.99	8.79	10.44	17.97
江西	0.41	0.53	84.49	95.92	0.65	1.06	2.00	3.80
山东	1.79	2.21	103.12	112.57	5.12	6.93	5.95	9.93
河南	0.52	0.60	76.00	83.74	1.40	2.17	0.83	1.43
湖北	0.67	0.61	94.55	101.15	0.79	0.85	1.06	2.64
湖南	0.24	0.35	92.46	97.84	0.92	1.38	0.51	0.89
广东	1.41	1.98	254.27	266.69	6.73	7.90	12.34	15.73
广西	0.36	0.45	117.32	124.02	0.76	0.85	1.03	2.28
海南	0.28	0.83	57.22	61.11	0.83	1.11	9.58	9.44
四川	0.33	0.47	59.64	80.65	0.75	0.98	1.02	1.71
贵州	0.58	0.67	4.82	7.23	0.31	0.31	0.89	1.79
云南	0.58	0.71	3.83	5.13	0.88	1.08	0.54	0.96
西藏	0.21	0.21			0.21		0.42	0.21
陕西	0.27	0.45	24.82	27.97	0.27	0.50	1.71	2.48
甘肃	0.72	0.67	2.44	2.56	0.33	0.44	1.17	1.56
青海	1.33	1.67	0.17	0.17	0.33	0.83	2.17	3.33
宁夏	0.67	0.83	9.33	11.00	0.83	3.00	2.50	5.67
新疆	0.97	1.16	5.81	7.10	1.61	2.26	3.42	4.90

9-12 续表3

地区	钟（台）		录像机（台）		抽油烟机（台）		吸尘器（台）	
	1994年	1995年	1994年	1995年	1994年	1995年	1994年	1995年
全国总计	**65.71**	**67.94**	**0.93**	**1.12**	**0.38**	**0.61**	**0.18**	**0.33**
北京	108.80	103.73	5.87	9.20	4.13	7.07	0.53	2.93
天津	105.33	104.83	13.67	3.33	0.33	0.83	2.17	1.33
河北	91.00	87.98	0.55	0.86	0.07	0.19	0.10	0.26
山西	63.48	66.24	0.24	0.33	0.24	0.05		
内蒙古	71.92	76.04	0.11		0.11	0.22		0.16
辽宁	123.65	125.61	1.48	1.53	0.48	0.85	0.37	0.26
吉林	89.94	92.19	0.19	0.38	0.38	0.13	0.25	0.06
黑龙江	75.05	81.88	0.28	0.82	0.05	0.14		0.14
上海	107.00	113.83	8.33	8.50	4.00	8.67	2.17	4.50
江苏	88.56	90.38	2.06	2.50	0.79	1.62	0.97	1.41
浙江	89.15	96.70	3.22	3.93	2.56	2.70	1.11	0.96
安徽	67.84	73.42	0.13	0.23	0.03	0.26		
福建	103.08	88.46	3.46	5.05	0.38	1.04	0.05	0.05
江西	64.20	71.96	0.24	0.12			0.04	
山东	99.02	96.31	0.81	1.40	0.60	0.90	0.17	0.86
河南	63.10	62.07	0.26	0.26	0.07	0.03	0.02	0.19
湖北	40.73	44.85	0.12	0.24	0.03			
湖南	26.78	35.95	0.14	0.11	0.03	2.06		
广东	107.66	112.46	1.85	2.30	0.85	0.04		0.12
广西	45.13	48.39	0.04	0.13	0.04	0.42		0.09
海南	76.53	60.28	1.67	2.22	0.69	0.05	0.14	
四川	18.38	23.13	0.22	0.45	0.04	0.04		0.02
贵州	14.29	17.77	0.09	0.27	0.04	0.21	0.09	
云南	26.67	25.17	0.50	0.54	0.17		0.04	0.54
西藏	14.38	21.67	1.04	0.83				
陕西	50.81	55.41	0.18	0.23			0.05	
甘肃	64.83	65.61	0.06	0.06	0.06	0.06	0.06	0.11
青海	61.33	37.63		0.50				
宁夏	80.67	58.17		0.17				
新疆	52.90	66.32	0.52	0.58	0.13	0.13		0.13

9-13 各地区农民家庭建筑房屋情况

单位：间、平方米

地　　区	平均每户年内新建房屋间数		平均每人年内新建房屋面积		#砖木结构		#钢筋混凝土结构	
	1994年	1995年	1994年	1995年	1994年	1995年	1994年	1995年
全国总计	**0.17**	**0.21**	**0.73**	**0.78**	**0.36**	**0.37**	**0.24**	**0.33**
北　　京	0.17	0.18	0.70	0.69	0.49	0.59	0.18	0.08
天　　津	0.16	0.08	0.60	0.32	0.57	0.27	0.03	
河　　北	0.12	0.13	0.46	0.59	0.33	0.43	0.09	0.13
山　　西	0.08	0.05	0.29	0.18	0.18	0.14	0.07	0.03
内 蒙 古	0.18	0.24	0.73	1.04	0.63	0.93	0.01	0.01
辽　　宁	0.08	0.07	0.45	0.34	0.29	0.28	0.13	0.06
吉　　林	0.04	0.09	0.22	0.56	0.17	0.43	0.03	0.08
黑 龙 江	0.04	0.11	0.25	0.71	0.23	0.56	0.01	0.10
上　　海	0.11	0.17	0.86	1.05	0.26	0.49	0.47	0.50
江　　苏	0.28	0.21	1.72	1.29	1.03	0.76	0.53	0.53
浙　　江	0.13	0.26	0.93	1.78	0.29	0.44	0.52	1.29
安　　徽	0.17	0.19	0.68	0.79	0.36	0.37	0.29	0.38
福　　建	0.23	0.19	0.96	1.06	0.19	0.12	0.51	0.82
江　　西	0.28	0.22	0.54	0.86	0.18	0.16	0.30	0.66
山　　东	0.22	0.21	0.83	0.82	0.61	0.47	0.15	0.26
河　　南	0.18	0.19	0.75	0.71	0.46	0.31	0.24	0.36
湖　　北	0.15	0.18	0.89	1.06	0.33	0.37	0.44	0.58
湖　　南	0.17	0.18	0.86	0.94	0.57	0.74	0.25	0.18
广　　东	0.21	0.22	0.84	0.95	0.16	0.12	0.67	0.72
广　　西	0.16	0.12	0.76	0.51	0.22	0.05	0.46	0.43
海　　南	0.08	0.02	0.52	0.10	0.29	0.04	0.07	0.01
四　　川	0.12	0.37	0.66	0.89	0.36	0.54	0.16	0.23
贵　　州	0.30	0.77	0.42	0.48	0.17	0.16	0.18	0.26
云　　南	0.16	0.15	0.63	0.63	0.16	0.19	0.08	0.11
西　　藏	0.27	0.10	0.90	0.30	0.42	0.16		
陕　　西	0.16	0.18	0.72	0.88	0.33	0.32	0.29	0.38
甘　　肃	0.20	0.16	0.50	0.45	0.16	0.15	0.03	0.04
青　　海	0.20	0.11	0.55	0.38	0.16	0.10		0.06
宁　　夏	0.23	0.26	1.59	0.93	0.38	0.63		0.06
新　　疆	0.17	0.12	0.80	0.44	0.44	0.18	0.06	0.05

9－14 各地区农民家庭居住情况

单位：元、平方米

地　　区	年内新建房屋平均每间价值		平均每人年末住房面积		＃砖木结构		＃钢筋混凝土结构	
	1994年	1995年	1994年	1995年	1994年	1995年	1994年	1995年
全国总计	**2 976.03**	**3 420.19**	**20.22**	**21.01**	**11.53**	**11.91**	**2.67**	**3.10**
北　　京	3 423.62	4 754.89	24.88	25.61	21.59	21.23	2.24	3.91
天　　津	3 827.84	6 687.50	18.57	19.08	18.04	18.70	0.33	0.26
河　　北	2 690.93	3 652.47	20.51	21.53	17.21	17.71	1.07	1.37
山　　西	2 830.32	3 483.67	16.61	17.13	11.99	12.18	1.06	1.10
内 蒙 古	3 174.26	2 995.35	14.49	15.29	4.24	5.72	0.14	0.16
辽　　宁	3 997.91	3 543.65	18.65	19.07	15.56	15.64	2.09	2.44
吉　　林	3 959.06	5 738.67	18.14	16.07	10.66	9.45	0.46	0.81
黑 龙 江	4 540.22	6 571.67	14.70	16.52	5.10	7.42	0.63	1.22
上　　海	6 816.47	7 293.19	44.15	43.08	27.78	32.37	16.01	10.30
江　　苏	5 856.18	7 750.02	25.47	25.71	19.69	19.54	4.30	4.77
浙　　江	6 477.70	8 948.27	32.77	34.14	20.24	16.33	9.89	14.14
安　　徽	2 878.31	3 567.71	16.83	17.82	11.16	11.97	2.01	2.62
福　　建	4 021.11	4 876.07	24.62	24.86	7.78	8.04	6.39	7.38
江　　西	1 191.61	3 059.94	21.61	22.70	15.93	14.38	2.79	3.22
山　　东	2 078.25	2 561.65	21.15	21.56	14.68	17.09	2.40	1.95
河　　南	2 029.92	2 564.82	18.08	18.64	12.93	12.78	2.79	3.19
湖　　北	2 433.94	3 025.43	25.22	25.92	14.19	14.24	4.49	5.21
湖　　南	2 927.21	3 523.14	24.23	25.57	18.82	19.72	2.22	2.44
广　　东	6 857.93	7 286.47	20.51	20.83	10.45	10.55	8.12	8.57
广　　西	3 838.94	4 291.73	17.31	18.21	7.48	7.81	2.50	3.24
海　　南	8 160.51	4 766.15	19.90	25.83	16.97	22.47	0.89	1.12
四　　川	2 087.71	1 981.19	21.96	22.23	8.17	8.58	1.77	2.13
贵　　州	517.03	262.32	15.30	15.86	8.46	8.79	2.00	1.90
云　　南	1 928.84	2 495.60	18.68	19.78	1.92	1.99	0.91	0.95
西　　藏	1 018.48	2 099.58	11.14	13.30	5.30	4.42	0.06	0.02
陕　　西	3 070.81	3 614.92	18.04	18.42	6.35	6.59	2.29	2.94
甘　　肃	943.42	1 312.35	14.54	15.64	1.68	2.45	0.06	0.06
青　　海	1 065.16	1 276.53	16.70	14.98	1.86	1.58	0.08	0.10
宁　　夏	1 585.03	2 648.26	15.09	15.22	2.76	4.20		0.14
新　　疆	2 059.45	2 837.54	16.33	18.85	6.23	6.71	0.25	0.30

9-15 农民家庭主要实物消费品消费量

	单 位	1990年	1994年	1995年	1995年为下列年 %	
					1990年	1994年
粮食(原粮)	公斤/人	262.08	260.56	258.92	98.8	99.4
#细 粮	公斤/人	215.02	211.98	210.74	98.0	99.4
食用植物油	公斤/人	3.54	4.11	4.25	120.1	103.4
蔬菜	公斤/人	134.00	107.86	104.62	78.1	97.0
猪肉	公斤/人	10.54	10.23	10.58	100.4	103.4
牛肉	公斤/人	0.80	0.44	0.36	45.0	81.8
羊肉	公斤/人		0.33	0.35		106.1
家禽	公斤/人	1.26	1.63	1.83	145.2	112.3
鲜蛋	公斤/人	2.41	3.03	3.22	133.6	106.3
鱼虾	公斤/人	2.13	2.68	3.06	143.7	114.2
食糖	公斤/人	1.50	1.34	1.28	85.3	95.5
卷烟	盒/人	27.98	25.84	24.60	87.9	95.2
酒	公斤/人	6.14	6.03	6.53	106.4	108.3
茶叶	公斤/人	0.27	0.33	0.29	107.4	87.9
干鲜瓜果	公斤/人	5.89	12.50	13.01	220.9	104.1
鲜奶	公斤/人	1.08	0.67	0.64	59.3	95.5
棉布	米/人	0.90	0.56	0.44	48.9	78.6
化纤布	米/人	1.74	1.78	1.70	97.7	95.5
呢绒	米/人	0.08	0.08	0.06	75.0	75.0
绸缎	米/人	0.04	0.03	0.02	50.0	66.7
毛线及毛线织品	公斤/人	0.31	0.10	0.12	38.7	120.0
针织衣裤	件/人		0.23	0.22		95.7
肥皂	块/人	2.27	1.65	1.38	60.8	83.6
洗衣粉	公斤/人	0.78	0.99	1.09	139.7	110.1
化肥	公斤/户	494.08	531.86	569.50	115.3	107.1
农药	公斤/户	3.33	4.39	5.70	171.2	129.8
农用薄膜	公斤/户	1.39	2.04	2.51	180.6	123.0
生产用柴油	公斤/户	16.90	21.99	22.34	132.2	101.6

9-16 各地区农民家庭主要实物消费品消费量

单位：公斤/人

地区	粮食(原粮)		食用植物油		蔬 菜		猪 肉	
	1994年	1995年	1994年	1995年	1994年	1995年	1994年	1995年
全国总计	**260.56**	**258.92**	**4.11**	**4.25**	**107.86**	**104.62**	**10.23**	**10.58**
北 京	187.76	192.79	6.33	7.63	108.06	112.27	9.55	11.15
天 津	248.17	236.85	4.62	4.49	101.42	97.69	6.15	6.48
河 北	207.52	209.44	3.56	3.89	96.09	89.04	4.93	4.94
山 西	219.91	227.04	3.98	3.64	81.94	81.77	3.32	3.44
内蒙古	289.56	299.78	3.52	2.65	82.56	83.52	13.07	13.36
辽 宁	282.10	264.56	3.74	4.36	202.55	193.52	12.52	12.99
吉 林	339.19	324.25	4.97	5.48	168.67	159.83	7.49	10.61
黑龙江	287.76	315.09	7.06	8.20	162.24	129.18	5.54	5.88
上 海	265.02	250.69	6.49	6.26	75.09	72.77	13.35	13.26
江 苏	268.83	264.80	6.60	7.60	103.42	120.16	8.74	10.03
浙 江	257.45	264.48	22.81	2.80	56.63	84.89	11.35	12.96
安 徽	265.61	257.03	4.25	4.38	81.14	79.41	7.12	7.82
福 建	289.24	288.22	2.43	2.11	118.75	105.62	12.86	14.57
江 西	335.47	325.39	6.17	6.21	159.72	152.70	10.72	11.53
山 东	250.18	237.58	4.74	4.67	114.50	102.41	5.31	5.68
河 南	237.97	234.89	2.99	2.97	59.67	52.76	3.99	3.98
湖 北	295.05	293.17	7.16	7.42	161.64	148.64	13.36	14.25
湖 南	305.52	306.56	3.46	3.45	137.60	140.14	14.16	14.53
广 东	254.47	254.39	4.47	5.74	105.49	112.36	17.80	17.15
广 西	244.10	246.23	2.10	2.40	115.76	117.69	11.08	10.82
海 南	224.11	264.99	1.31	0.95	51.46	39.07	7.89	7.13
四 川	258.98	244.25	2.31	2.53	144.90	140.12	19.79	19.96
贵 州	229.68	234.08	2.20	3.72	156.12	123.20	17.90	17.64
云 南	263.11	255.27	0.87	0.92	122.49	126.82	19.87	20.70
西 藏	265.09	264.56	4.76	3.55	23.49	23.31	1.61	1.06
陕 西	232.91	229.12	3.49	3.54	53.69	56.07	5.11	4.57
甘 肃	253.24	244.88	4.00	3.08	32.04	32.04	6.53	5.43
青 海	250.51	241.06	7.26	8.13	37.35	34.99	8.65	7.07
宁 夏	268.03	286.88	5.93	5.99	60.62	68.59	5.77	6.27
新 疆	215.35	237.66	8.55	6.14	55.36	64.02	1.37	1.58

9-16 续表 1

地　　区	牛、羊肉		家　　禽		蛋类及蛋制品		鱼　　虾	
	1994 年	1995 年	1994 年	1995 年	1994 年	1995 年	1994 年	1995 年
全国总计	**0.77**	**0.71**	**1.63**	**1.83**	**3.03**	**3.22**	**2.68**	**3.07**
北　　京	1.19	2.34	1.03	1.40	5.30	5.92	2.87	3.48
天　　津	1.44	1.19	0.26	0.31	6.35	6.46	5.44	5.95
河　　北	0.33	0.33	0.27	0.22	3.50	3.69	1.19	1.49
山　　西	0.92	1.03	0.16	0.10	2.79	2.83	0.20	0.23
内 蒙 古	0.79	0.71	0.47	0.54	2.69	3.25	0.76	0.88
辽　　宁	0.29	0.34	1.03	1.15	6.37	6.52	3.33	3.35
吉　　林	0.67	0.49	1.31	1.97	5.14	6.90	2.27	3.54
黑 龙 江	0.28	0.25	1.05	1.83	3.61	5.29	2.18	3.49
上　　海	0.68	0.64	4.24	4.24	5.39	5.64	8.39	8.98
江　　苏	0.41	0.48	2.65	3.20	6.76	7.57	6.29	6.79
浙　　江	0.57	0.62	2.90	3.60	3.35	3.79	9.25	9.62
安　　徽	0.22	0.23	2.34	2.42	3.24	3.51	2.32	2.81
福　　建	0.28	0.32	4.16	4.97	2.81	3.05	6.97	7.58
江　　西	0.41	0.22	1.66	1.88	2.64	2.58	3.01	3.39
山　　东	0.36	0.31	0.82	0.83	6.34	6.24	2.00	2.48
河　　南	0.27	0.22	0.36	0.35	2.79	2.71	0.35	0.40
湖　　北	0.26	0.20	1.49	1.31	3.32	3.11	4.19	4.51
湖　　南	0.39	0.24	2.02	2.07	2.44	2.56	3.57	4.01
广　　东	0.58	0.48	6.56	7.38	2.69	2.98	9.93	11.69
广　　西	0.37	0.25	3.36	3.68	0.82	0.88	1.58	1.94
海　　南	1.15	0.91	3.73	4.30	0.94	0.94	8.92	9.07
四　　川	0.27	0.19	1.13	1.24	2.49	2.59	0.63	0.70
贵　　州	0.16	0.12	0.85	0.87	1.02	1.01	0.14	0.22
云　　南	0.89	0.69	1.95	2.03	1.56	1.66	0.63	0.82
西　　藏	10.47	11.07	0.02	0.01	0.72	1.05	0.02	0.01
陕　　西	0.26	0.22	0.17	0.16	1.52	1.18	0.07	0.08
甘　　肃	0.31	0.20	0.23	0.68	1.04	1.08	0.04	0.06
青　　海	7.08	4.93	0.15	0.17	0.38	0.54	0.15	0.12
宁　　夏	1.80	1.76	0.52	0.75	1.14	1.08	0.31	0.44
新　　疆	5.59	5.31	1.03	1.0	1.17	0.80	0.28	0.32

9-16 续表 2

地区	食糖		卷烟(盒)		酒		茶叶	
	1994年	1995年	1994年	1995年	1994年	1995年	1994年	1995年
全国总计	**1.34**	**1.28**	**25.84**	**24.60**	**6.03**	**6.53**	**0.33**	**0.29**
北京	1.03	1.09	35.17	34.89	16.43	16.83	0.57	0.55
天津	0.74	0.72	30.49	29.69	8.02	8.47	0.16	0.10
河北	0.69	0.68	27.67	21.81	4.51	5.20	0.10	0.15
山西	1.13	1.19	30.53	30.38	1.91	1.99	0.18	0.14
内蒙古	0.94	1.03	21.47	24.47	6.92	8.45	0.34	0.32
辽宁	0.55	0.46	21.01	21.46	9.72	9.47	0.14	0.14
吉林	0.48	0.63	15.55	21.90	8.24	13.47	0.09	0.12
黑龙江	0.83	0.78	18.36	20.66	10.07	13.74	0.06	0.11
上海	2.71	2.74	43.95	41.75	13.15	15.29	0.28	0.95
江苏	1.78	1.68	27.92	27.77	8.26	8.26	0.07	0.08
浙江	2.75	2.47	36.38	37.03	22.99	21.40	0.11	0.18
安徽	1.64	1.53	26.88	27.74	5.55	6.16	0.21	0.22
福建	2.61	2.33	26.63	29.15	10.64	13.41	0.67	0.63
江西	1.53	1.46	25.94	27.38	4.42	5.03	0.16	0.15
山东	1.03	1.11	28.71	28.26	8.05	8.28	0.48	0.41
河南	1.17	1.09	23.17	23.37	2.53	2.80	0.05	0.04
湖北	1.23	1.32	61.61	28.98	5.36	5.95	0.15	0.18
湖南	1.31	1.32	28.01	28.55	5.56	6.77	0.20	0.21
广东	2.98	2.87	21.22	21.84	3.67	3.62	0.51	0.55
广西	1.08	1.04	11.92	12.03	5.61	5.99	0.02	0.04
海南	1.34	1.24	12.31	12.35	4.24	4.40	0.35	0.13
四川	1.56	1.48	26.85	27.04	5.18	5.39	0.29	0.24
贵州	0.73	0.74	24.06	25.19	6.03	5.40	0.26	0.26
云南	1.58	1.41	30.37	30.26	4.98	5.24	0.46	0.52
西藏	2.71	2.43	9.73	10.06	0.36	0.53	1.84	0.35
陕西	0.74	0.70	25.21	26.85	1.92	1.89	1.47	0.23
甘肃	0.66	0.52	16.04	16.05	1.40	1.30	0.46	0.46
青海	0.88	0.65	13.05	12.41	1.62	1.80	1.81	1.77
宁夏	1.27	1.23	14.72	17.83	0.82	0.84	0.22	0.25
新疆	0.55	0.51	3.05	3.05	0.95	0.96	0.55	0.55

地　区	干鲜果瓜果类		奶及奶制品		毛线及毛线织品	
	1994 年	1995 年	1994 年	1995 年	1994 年	1995 年
全国总计	**12.58**	**13.01**	**0.67**	**0.64**	**0.10**	**0.12**
北　京	23.43	23.85	1.06	1.06	0.21	0.25
天　津	19.40	14.79	0.58	0.39	0.15	0.16
河　北	12.66	11.26	0.17	0.14	0.10	0.12
山　西	10.29	9.58	0.26	0.31	0.11	0.13
内蒙古	12.56	10.66	0.44	0.70	0.14	0.12
辽　宁	16.54	14.01	0.29	0.25	0.16	0.16
吉　林	11.32	19.86	0.16	0.23	0.10	0.19
黑龙江	14.13	19.32	0.27	0.28	0.10	0.19
上　海	25.18	22.32	1.28	1.50	0.21	0.30
江　苏	22.16	24.51	0.16	0.17	0.13	0.16
浙　江	23.06	26.53	0.19	0.20	0.16	0.32
安　徽	8.82	9.68	0.09	0.09	0.08	0.12
福　建	12.25	12.06	0.21	0.25	0.07	0.09
江　西	14.82	15.53	0.06	0.05	0.10	0.09
山　东	17.97	18.51	0.13	0.18	0.12	0.17
河　南	12.80	11.04	0.11	0.09	0.13	0.15
湖　北	7.33	8.18	0.03	0.03	0.10	0.10
湖　南	11.05	14.41	0.03	0.03	0.08	0.07
广　东	12.96	12.81	0.09	0.08	0.04	0.03
广　西	8.72	7.23	0.01	0.01	0.04	0.04
海　南	5.57	5.60	0.09	0.09	0.01	0.01
四　川	8.07	7.42	0.44	0.89	0.10	0.09
贵　州	5.85	6.96	0.02	0.02	0.08	0.09
云　南	10.54	12.48	0.09	0.10	0.08	0.11
西　藏	1.36	0.84	13.69	14.06	0.11	0.16
陕　西	10.95	9.81	0.48	0.49	0.10	0.11
甘　肃	7.29	7.37	0.19	0.17	0.09	0.10
青　海	2.87	2.42	16.99	12.80	0.07	0.07
宁　夏	14.33	19.63	0.21	0.20	0.12	0.13
新　疆	25.01	21.78	5.29	4.11	0.06	0.07

9-16 续表4

地　区	棉 布（米/人）		化纤布（米/人）		昵 绒（米/人）		绸 缎（米/人）	
	1994年	1995年	1994年	1995年	1994年	1995年	1994年	1995年
全国总计	**0.56**	**0.44**	**1.78**	**1.70**	**0.08**	**0.06**	**0.03**	**0.02**
北　京	1.14	1.11	1.88	1.74	0.08	0.13	0.03	0.03
天　津	1.09	0.52	1.73	1.49	0.10	0.08	0.02	0.01
河　北	0.93	0.71	2.01	2.12	0.05	0.04	0.04	0.03
山　西	0.83	0.58	2.26	2.17	0.03	0.03	0.06	0.04
内蒙古	0.80	0.59	1.83	1.86	0.06	0.06	0.02	0.02
辽　宁	0.72	0.47	2.01	1.73	0.15	0.10	0.03	0.02
吉　林	0.36	0.54	1.28	1.70	0.06	0.09	0.01	0.02
黑龙江	0.36	0.50	1.52	1.60	0.05	0.10	0.01	0.02
上　海	0.36	0.50	2.04	1.91	0.19	0.16	0.07	0.03
江　苏	0.65	0.43	2.07	2.12	0.11	0.09	0.03	0.02
浙　江	0.55	0.48	2.53	2.18	0.10	0.10	0.02	0.02
安　徽	0.42	0.36	1.59	1.62	0.04	0.04	0.02	0.01
福　建	0.22	0.40	1.35	1:20	0.09	0.08	0.01	0.01
江　西	0.35	0.22	2.22	1.87	0.07	0.04		
山　东	0.98	0.83	2.08	1.90	0.10	0.10	0.02	0.01
河　南	0.55	0.37	1.98	1.81	0.07	0.06	0.02	0.02
湖　北	0.31	0.27	1.69	1.75	0.04	0.04	0.01	0.01
湖　南	0.29	0.17	1.84	1.65	0.04	0.02		
广　东	0.14	0.11	1.32	1:22	0.07	0.04		
广　西	0.20	0.19	1.42	1.37		0.01		
海　南	0.15	0.14	1.70	0.95	0.18	0.10		
四　川	0.48	0.33	1.46	1.32	0.04	0.03	0.01	0.01
贵　州	0.55	0.44	1.34	1.29	0.03	0.03	0.02	0.03
云　南	0.49	0.35	1.61	1.51	0.03	0.03		
西　藏	1.37	1.58	0.98	0.78	0.19	0.35	0.06	0.04
陕　西	0.63	0.45	2.02	1.85	0.04	0.04	0.06	0.03
甘　肃	0.60	0.39	1.41	1.36	0.05	0.04	0.03	0.02
青　海	1.06	0.69	2.08	1.81	0.07	0.08	0.25	0.38
宁　夏	0.54	0.38	1.86	2.15	0.08	0.06	0.04	0.02
新　疆	0.96	0.69	2.13	2.24	0.53	0.27	0.29	0.18

地　　区	针织衣裤（件）		肥　皂（块）		洗衣粉(公斤)	
	1994 年	1995 年	1994 年	1995 年	1994 年	1995 年
全国总计	**0.23**	**0.22**	**1.65**	**1.38**	**0.99**	**1.09**
北　　京	0.48	0.52	1.86	1.65	0.59	0.82
天　　津	0.23	0.23	0.89	0.74	0.52	0.56
河　　北	0.21	0.20	0.65	0.58	0.78	0.81
山　　西	0.27	0.27	1.36	1.28	0.93	1.05
内 蒙 古	0.33	0.35	0.51	0.49	0.92	0.73
辽　　宁	0.44	0.38	2.47	2.07	0.90	0.99
吉　　林	0.30	0.42	2.05	2.26	0.77	1.16
黑 龙 江	0.31	0.38	2.63	1.87	0.81	0.76
上　　海	0.33	0.29	0.86	0.74	0.90	1.87
江　　苏	0.18	0.17	0.55	0.48	1.08	1.14
浙　　江	0.27	0.25	4.89	3.60	0.66	0.72
安　　徽	0.14	0.13	1.82	1.75	1.19	1.70
福　　建	0.24	0.22	4.17	3.46	0.84	1.33
江　　西	0.20	0.17	2.71	2.24	0.87	0.80
山　　东	0.29	0.32	0.96	0.82	1.20	1.17
河　　南	0.23	0.22	0.65	0.62	1.23	1.35
湖　　北	0.18	0.17	1.08	0.95	0.99	1.33
湖　　南	0.19	0.15	1.73	1.50	0.99	1.24
广　　东	0.31	0.28	2.04	1.51	1.33	1.34
广　　西	0.08	0.08	1.64	1.40	0.95	0.91
海　　南	0.15	0.12	4.30	3.35	1.52	1.34
四　　川	0.27	0.24	2.62	2.19	1.13	1.08
贵　　州	0.11	0.12	0.97	0.86	1.05	1.08
云　　南	0.11	0.13	1.48	1.39	1.09	1.17
西　　藏	0.16	0.26	1.20	0.99	0.57	0.88
陕　　西	0.26	0.22	1.22	1.07	0.85	0.86
甘　　肃	0.14	0.11	0.43	0.45	0.74	0.85
青　　海	0.18	0.15	0.22	0.21	0.81	0.81
宁　　夏	0.38	0.39	0.23	0.20	0.60	0.67
新　　疆	0.34	0.33	0.72	0.51	1.09	1.19

9－17 各地区农民家庭纯收入构成按人均纯收入分组

地区	纯收入构成（%）					
	纯收入	一、基本收入	1. 劳动者的报酬收入	2. 家庭经营纯收入	二、转移性收入	三、财产性收入
全国合计	**100.0**	**93.8**	**22.4**	**71.4**	**3.6**	**2.6**
2500元以上地区	100.0	92.7	37.3	55.4	5.0	2.3
上　海	100.0	92.3	64.4	27.9	4.1	3.6
北　京	100.0	91.1	53.2	37.9	5.3	3.6
浙　江	100.0	94.6	37.4	57.2	3.3	2.1
广　东	100.0	91.5	26.4	65.1	6.7	1.9
2000－2500元地区	100.0	93.9	31.8	62.1	3.5	2.7
江　苏	100.0	96.3	33.5	62.9	2.6	1.0
天　津	100.0	96.0	42.1	53.9	1.7	2.3
福　建	100.0	88.7	25.4	63.3	5.5	5.8
1500－2000元地区	100.0	94.4	13.4	81.0	1.9	3.8
黑龙江	100.0	94.2	7.4	86.9	1.2	4.6
辽　宁	100.0	93.8	27.7	66.1	2.2	4.0
山　东	100.0	95.6	23.8	71.7	2.7	1.7
河　北	100.0	95.3	26.4	68.9	2.2	2.5
吉　林	100.0	89.7	10.3	79.4	1.3	9.0
江　西	100.0	96.3	20.8	75.5	2.7	0.9
海　南	100.0	89.6	3.5	86.1	5.5	4.9
湖　北	100.0	94.6	12.7	81.9	3.1	2.2
1000－1500元地区	100.0	93.6	15.4	78.2	4.0	2.4
广　西	100.0	94.1	14.0	80.1	5.2	0.8
湖　南	100.0	95.7	18.8	76.9	3.2	1.1
安　徽	100.0	93.3	18.0	75.3	4.0	2.7
河　南	100.0	94.8	13.3	81.5	2.9	2.3
内蒙古	100.0	93.9	8.2	85.7	1.6	4.5
山　西	100.0	95.0	30.4	64.6	3.1	1.9
西　藏	100.0	91.8	6.6	85.2	4.4	3.8
四　川	100.0	92.3	18.0	74.3	5.9	1.8
新　疆	100.0	90.8	5.7	85.1	3.4	5.7
贵　州	100.0	93.7	13.5	80.2	4.8	1.5
青　海	100.0	97.6	9.4	88.2	2.1	0.3
云　南	100.0	90.3	12.0	78.3	4.1	5.6
1000元以下地区	100.0	94.4	15.8	78.5	3.7	2.0
宁　夏	100.0	95.7	18.9	76.8	2.0	2.3
陕　西	100.0	94.4	19.3	75.1	3.8	1.8
甘　肃	100.0	93.8	10.4	83.4	4.1	2.1

9-18 农村调查户按三个经济地带分组主要指标

(1995年)

项　　目	单　位	东　部	中　部	西　部
一、常住人口	**人/户**	**4.38**	**4.38**	**4.78**
整、半劳动力	人/户	2.85	2.83	2.99
平均每个劳动力负担人口	人	1.54	1.55	1.60
整、半劳动力占常住人口比重	%	64.95	64.69	62.55
职工人数占常住人口比重	%	2.34	1.07	0.82
乡村企业从业人员占常住人口比重	%	6.18	1.40	0.75
二、总产量				
粮食	公斤/人	560.13	795.37	461.33
猪肉	公斤/人	27.09	31.89	29.50
羊肉	公斤/人	0.74	2.29	2.38
家禽	公斤/人	5.69	2.29	2.33
牛、羊奶	公斤/人	0.83	2.00	7.30
三、年末生产性固定资产原值	**元/户**	**2 693.39**	**2 732.72**	**2 887.44**
四、年内新建房屋间数	**间/户**	**0.17**	**0.17**	**0.30**
年内新建房屋面积	平方米/人	0.87	0.79	0.66
＃砖木结构面积	平方米/人	0.35	0.43	0.30
钢筋混凝土面积	平方米/人	0.46	0.31	0.17
楼房面积	平方米/人	0.22	0.13	0.06
年末住房面积	平方米/人	23.52	20.27	18.59
＃砖木结构面积	平方米/人	15.46	12.84	5.92
钢筋混凝土面积	平方米/人	4.89	2.57	1.37
五、总收入	**元/人**	**2 944.29**	**2 182.26**	**1 719.00**
纯收入	元/人	2 127.23	1 402.69	1 060.69
现金收入	元/人	2 152.90	1 407.24	1 084.95
储蓄借贷现金收入	元/人	366.17	281.37	187.12
六、总支出	**元/人**	**2 571.25**	**2 031.68**	**1 690.83**
＃生产费用支出	元/人	737.45	683.48	612.66
1.家庭经营费用支出	元/人	677.56	618.02	551.06
2.购置生产用固定资产支出	元/人	59.89	65.46	61.60
生活消费支出	元/人	1 670.77	1 187.19	981.96
现金支出	元/人	1 969.58	1 459.76	1 084.23
储蓄借贷现金收入	元/人	330.70	175.34	131.01
七、主要食品消费量				
粮食	公斤/人	245.81	278.68	237.80
蔬菜	公斤/人	106.33	110.31	102.78
食用油	公斤/人	5.67	6.39	5.23
猪、羊、牛肉	公斤/人	10.71	9.79	14.00

十、农村教育、卫生、文化、社会福利及其他事业

10－1　农村普通中学和小学的学生与教师数

	单　位	1990年	1994年	1995年
一、高　　中				
学 校 数	所	4 822	3 358	3 112
班　　数	万　个	3.4	2.4	2.3
毕业生数	万　人	56.1	37.9	33.1
招 生 数	万　人	52.0	41.5	44.7
学 生 数	万　人	172.8	112.6	113.2
专任教师	万　人	13.3	9.9	9.4
二、初　　中				
学 校 数	所	57 321	47 779	45 626
班　　数	万　个	52.2	49.8	50.9
毕业生数	万　人	715.9	653.9	684.6
招 生 数	万　人	922.1	957.0	1 017.3
学 生 数	万　人	2 566.2	2 520.5	2 659.8
专任教师	万　人	155.0	148.4	149.9
三、小　　学				
学 校 数	万　所	69.7	57.2	55.9
班　　数	万　个	332.8	310.1	309.4
毕业生数	万　人	1 448.3	1 306.8	1 328.7
招 生 数	万　人	1 617.2	1 817.0	1 791.1
学 生 数	万　人	9 595.6	9 134.5	9 306.2
教职工数	万　人	469.1	423.6	419.9
其中：教　师	万　人	426.3	385.4	382.7
职　工	万　人	42.8	38.2	37.2

注：高中包括完全中学在内.

10－2　农民成人教育基本情况

	单　位	1990年	1994年	1995年
（一）农民高等学校				
学 校 数	所	5	4	4
毕业生数	人	384	88	203
招 生 数	人	138	468	484
学 生 数	人	353	694	966
专任教师	人	126	130	146
（二）农民中等专业学校				
学 校 数	所	340	492	453
毕业生数	人	50 419	52 615	55 670
招 生 数	人	49 078	96 659	87 020
学 生 数	人	112 574	214 452	191 769
专任教师	人	6 148	10 995	10 055
（三）农民技术培训学校				
学 校 数	所	38 225	332 452	385 497
毕业生数	万　人	1 162.0	6 032.8	7 035.4
招 生 数	万　人	1 042.0	4 977.3	5 437.3
在校学生	万　人	1 050.0	4 319.8	4 948.7
教 职 工	万　人	8.1	30.1	35.1
＃专任教师	万　人	4.3	11.0	13.6
兼任教师	万　人	17.3	74.6	81.2
（四）农民中学				
学 校 数	所	3 768	2 732	3 821
毕业生数	万　人	22.3	19.5	38.4
招 生 数	万　人	26.3	23.1	34.1
学 生 数	万　人	38.9	28.7	40.7
专任教师	万　人	0.8	0.7	0.9

10－2 续表

	单 位	1990年	1994年	1995年
（五）农民小学				
学校数	所	254 390	162 308	167 073
毕业生数	万人	2 009	776.1	754.0
招生数	万人	2 078.5	696.6	669.4
学生数	万人	2 234.9	747.0	763.7
专任教师	万人	10.3	4.9	5.6

10－3 农业职业中学基本情况

	单 位	1990年	1994年	1995年
独立设置的学校	所	4 312	3 681	3 452
高 中	所	2 615	2 059	1 911
初高中合设	所	301	258	215
初 中	所	1 396	1 364	1 326
班 数	个	27 174	27 104	27 579
高 中	个	18 472	16 303	16 095
初 中	个	8 702	10 801	11 484
毕业生	万人	36.3	32.3	35.0
高 中	万人	24.6	21.4	21.5
初 中	万人	11.7	10.9	13.5
招生数	万人	51.6	53.9	54.3
高 中	万人	34.9	30.7	30.8
初 中	万人	16.7	23.2	23.5
在校学生数	万人	117.5	120.5	126.1
高 中	万人	76.7	68.7	69.3
初 中	万人	40.8	51.8	56.8

10－4 乡卫生院、床位和卫生人员

	单 位	1990年	1994年	1995年
一、卫 生 院	**个**	**47 749**	**51 929**	**51 797**
中心卫生院	个	10 054	10 037	10 098
乡卫生院	个	37 695	41 892	41 699
二、床　　位	**张**	**722 877**	**732 390**	**733 064**
中心卫生院	张	293 963	287 210	289 581
乡卫生院	张	428 914	445 180	443 483
三、卫生机构人员	**人**	**889 219**	**1 029 478**	**1 051 752**
中心卫生院	人	337 280	362 728	373 601
乡卫生院	人	551 939	666 750	678 151
在卫生机构人员中:				
卫生技术人员	人	776 925	898 428	918 870

10－5 农村集体所有制乡卫生院、床位和人员数

	单 位	1990年	1994年	1995年
一、卫 生 院	**个**	**30 794**	**30 331**	**30 113**
中心卫生院	个	1 530	1 476	1 522
乡卫生院	个	29 264	28 855	28 591
二、床　　位	**张**	**359 250**	**329 699**	**328 841**
中心卫生院	张	53 485	43 458	44 703
乡卫生院	张	305 765	286 241	284 138
三、卫生机构人员	**人**	**465 833**	**471 092**	**482 210**
中心卫生院	人	68 363	56 246	59 938
乡卫生院	人	397 470	414 846	422 272
在卫生机构人员中:				
卫生技术人员	人	413 576	418 203	428 586

10－6　乡卫生院人员分类

单位：人

	1990年	1994年	1995年
总　　计	**889 219**	**1 029 478**	**1 051 752**
（一）卫生技术人员	776 925	898 428	918 870
1. 中医师	70 419	72 727	72 770
2. 西医师	148 088	167 416	174 748
3. 中西医结合高级医师	198	705	857
4. 护　师	31 635	46 724	51 187
5. 中药师	15 607	20 348	21 880
6. 西药师	9 804	13 892	15 173
7. 检验师	6 076	8 809	9 873
8. 其他技师	7 477	11 216	11 661
9. 中医士	33 171	30 593	29 599
10. 西医士	101 600	133 377	143 061
11. 护　士	84 249	89 816	90 767
12. 助产士	23 463	23 515	23 539
13. 中药剂士	29 413	26 283	25 272
14. 西药剂士	22 418	21 357	21 673
15. 检验士	12 671	13 391	13 893
16. 其他技士	11 138	12 969	12 799
17. 其他中医	5 294	3 910	3 580
18. 护理员	30 180	32 554	32 296
19. 中药剂员	18 562	17 618	16 342
20. 西药剂员	18 045	19 392	18 667
21. 检验员	6 819	8 789	8 229
22. 其他初级卫生技术人员	90 598	123 026	121 004
（二）其他技术人员	1 505	5 387	6 687
（三）管理人员	65 428	72 878	73 384
（四）工勤人员	45 361	52 784	52 811

10－7　农村个体开业卫生技术人员

单位：人

	1990年	1994年	1995年
总　　计	**111 462**	**96 293**	**92 356**
（一）卫生技术人员	111 459	96 251	92 167
1. 中医师	4 558	6 775	7 321
2. 西医师	4 533	9 808	10 743
3. 中西医结合高级医师	20	61	56
4. 护　师	70	190	192
5. 中药师	91	132	140
6. 西药师	57	121	148
7. 检验师	10	34	40
8. 其他技师	226	520	347
9. 中医士	17 516	13 710	12 518
10. 西医士	14 105	17 556	16 937
11. 护　士	217	489	318
12. 助产士	343	283	221
13. 中药剂士	662	474	363
14. 西药剂士	244	238	228
15. 检验士	14	52	79
16. 其他技士	4 397	1 992	1 758
17. 其他中医	20 111	10 472	9 731
18. 护理员	189	190	220
19. 中药剂员	1 631	458	432
20. 西药剂员	818	338	348
21. 检验员	14	56	55
22. 其他初级卫生技术人员	41 633	32 302	29 972
（二）其他技术人员		27	168
（三）管理人员	1	2	8
（四）工勤人员	2	13	14

10－8 各地区乡卫生院、床位数和卫生人员数

(1995年，下同)

地　　区	卫生院（个）	床　位（张）	卫生人员数(人)
全国总计	**51 797**	**733 064**	**1 051 752**
北　　京	242	3 874	7 144
天　　津	215	2 183	5 222
河　　北	3 733	36 948	44 151
山　　西	1 903	26 451	31 756
内 蒙 古	1 500	15 225	22 369
辽　　宁	1 084	23 709	28 399
吉　　林	882	14 444	25 190
黑 龙 江	1 114	13 889	24 283
上　　海	186	8 156	11 217
江　　苏	2 012	62 161	97 126
浙　　江	3 017	25 191	42 990
安　　徽	2 762	40 351	50 699
福　　建	948	19 261	25 604
江　　西	1 680	19 905	32 625
山　　东	2 198	52 426	71 293
河　　南	2 069	54 446	69 860
湖　　北	1 505	41 537	68 500
湖　　南	3 215	44 440	63 868
广　　东	1 602	38 958	73 353
广　　西	1 273	18 470	28 795
海　　南	306	4 574	7 172
四　　川	9 112	80 510	107 819
贵　　州	1 292	14 532	23 877
云　　南	1 539	21 763	23 414
西　　藏	773	1 564	1 758
陕　　西	2 659	19 661	26 356
甘　　肃	1 489	11 723	15 416
青　　海	425	2 125	2 672
宁　　夏	277	1 383	3 682
新　　疆	785	13 204	15 142

10－9 各地区农村村级医疗组织形式

单位：个

地区	村设置的医疗点					
	合计	村或群众集体办	乡村医生或卫生员联合办	卫生院设点	个体办	其他
全国总计	**804 352**	**297 462**	**90 681**	**36 388**	**354 981**	**22 876**
北京	4 499	2 299	348	192	1 552	108
天津	5 027	1 966	263	78	2 506	214
河北	64 910	15 342	3 741	1 114	42 313	2 400
山西	31 025	21 723	2 846	692	5 494	270
内蒙古	14 502	3 421	843	630	9 524	84
辽宁	18 188	7 415	1 617	690	7 486	943
吉林	10 922	2 648	1 347	660	6 204	63
黑龙江	14 299	8 948	1 925	307	3 021	98
上海	2 839	2 804		10	20	5
江苏	35 042	27 236	3 924	1 198	2 455	229
浙江	27 774	10 285	1 630	51	12 999	884
安徽	38 053	5 517	4 583	914	26 395	644
福建	20 613	4 541	3 814	1 473	9 406	1 379
江西	27 995	3 328	3 835	1 397	18 024	1 411
山东	93 122	63 964	8 310	1 627	17 705	1 516
河南	75 395	21 818	7 020	1 566	43 462	1 529
湖北	31 817	13 230	7 313	1 526	8 178	1 570
湖南	49 684	12 246	8 154	7 541	19 467	2 276
广东	30 228	7 029	3 944	2 916	14 806	1 533
广西	26 575	4 381	4 034	665	15 663	1 832
海南	2 912	326	441	122	1 956	67
四川	72 016	14 727	8 360	3 930	44 115	884
贵州	18 469	3 401	2 513	2 649	9 906	
云南	17 796	10 129	1 511	495	5 263	398
西藏	1 940	222	203	1 228	149	138
陕西	32 042	13 303	3 726	634	13 209	1 170
甘肃	23 001	10 372	1 942	596	9 893	198
青海	3 775	1 012	449	120	1 696	498
宁夏	1 979	890	231	75	770	11
新疆	7 913	2 939	1 814	1 292	1 344	524

10－10 各地区乡村医生和卫生员、接生员人数

单位：人

地 区	乡村医生	卫生员	接生员
全国总计	**955 933**	**375 084**	**359 052**
北 京	5 431	971	346
天 津	7 724	613	1 571
河 北	85 573	8 026	15 664
山 西	41 197	15 080	14 698
内蒙古	16 290	6 787	7 467
辽 宁	25 743	4 028	7 089
吉 林	16 585	6 269	5 567
黑龙江	21 793	7 219	7 708
上 海	5 630	592	50
江 苏	58 465	19 366	1 148
浙 江	25 050	9 889	7 843
安 徽	33 649	25 660	11 336
福 建	15 826	12 839	15 004
江 西	27 709	12 923	19 176
山 东	124 324	28 327	17 103
河 南	106 512	31 659	18 083
湖 北	43 288	18 036	15 747
湖 南	47 571	16 550	40 234
广 东	28 056	14 641	22 544
广 西	31 985	12 632	29 571
海 南	2 288	2 009	2 808
四 川	72 140	48 541	19 118
贵 州	15 408	14 845	16 727
云 南	21 137	15 041	18 814
西 藏	2 791	1 569	142
陕 西	35 702	21 012	16 654
甘 肃	23 001	12 507	14 395
青 海	4 889	1 505	4 190
宁 夏	2 911	1 438	4 343
新 疆	7 265	4 510	3 912

10－11　农村文化机构

	单　位	1990年	1994年	1995年
一、乡镇文化站	个	49 309	43 383	41 633
二、农村集镇文化中心	个	12 269	12 471	12 484
三、农村群众业余演出团(队)	个	54 141	36 967	35 429
四、文化专业户	万户	2 3.6	2 3.3	2 2.8
五、民间职业剧团	个	5 725	5 473	7 191

10－12　农村集体办敬老院情况

	单　位	1990年	1994年	1995年
一、敬老院个数	个	27 886	25 205	23 201
工作人员数	人	70 014	66 053	60 651
二、年末收养人数	人	331 343	345 406	316 713
# 老人	人	305 126	323 760	296 034
三、集体供给折扣金额	万元	19 108	34 735	28 177

10-13 各地区农村文化机构

地　区	乡镇文化站(个)	集镇文化中心(个)	农村文化专业户(户)
全国总计	**41 633**	**12 484**	**228 334**
北　京	247	50	297
天　津	241	38	334
河　北	2 882	513	27 710
山　西	1 614	922	16 736
内蒙古	1 493	184	6 059
辽　宁	1 486	428	14 202
吉　林	915	344	5 221
黑龙江	1 165	758	4 840
上　海	176	189	25
江　苏	2 056	1 583	16 280
浙　江	1 816	235	5 922
安　徽	1 747	446	2 901
福　建	1 017	635	4 073
江　西	1 785	421	12 565
山　东	2 188	946	21 355
河　南	2 076	643	9 070
湖　北	1 380	413	6 506
湖　南	2 502	805	19 805
广　东	1 736	992	5 471
广　西	1 356	347	17 140
海　南	299	150	663
四　川	4 499	433	21 874
贵　州	829	37	148
云　南	1 540	103	587
西　藏	39	2	2
陕　西	2 111	313	3 086
甘　肃	1 265	281	952
青　海	210	20	75
宁　夏	247	8	123
新　疆	716	245	4 312

10－14 各地区农村集体办敬老院情况

单位：人

地区	敬老院(个)	年末供养人数	分散供养人数	国家定期定量救济人数
全国总计	**23 201**	**316 713**	**2 095 293**	**253 816**
北京	149	3 124	2 719	1 106
天津	151	1 617	2 836	204
河北	2 094	20 183	60 982	4 242
山西	953	4 757	26 084	13 557
内蒙古	830	10 037	43 763	7 984
辽宁	642	14 232	35 573	6 494
吉林	460	13 401	38 188	838
黑龙江	790	16 506	36 739	120
上海	35	792	1 587	222
江苏	1 857	31 099	114 205	528
浙江	598	4 915	39 793	6 442
安徽	1 397	23 068	170 426	24 252
福建	337	3 128	44 487	7 719
江西	1 503	27 621	114 565	36 197
山东	1 756	35 103	115 296	4 431
河南	1 714	27 327	166 501	1 702
湖北	1 152	15 190	128 391	1 168
湖南	1 109	12 454	207 316	13 974
广东	44	529	124 922	20 054
广西	148	1 319	143 613	36 691
海南	51	448	16 705	4 633
四川	2 161	26 310	238 330	13 741
贵州	436	2 980	60 128	7 585
云南	503	5 114	64 097	26 124
西藏	107	743	894	4 083
陕西	944	6 811	43 011	6 437
甘肃	565	2 529	29 669	834
青海	104	761	1 850	621
宁夏	227	1 253	2 987	1 833
新疆	384	3 361	19 636	

10－15 农村有线广播普及情况

	单 位	1990年	1994年	1995年
一、农村广播机构				
1. 县(旗)广播站	个	2 035	1 943	1 930
2. 县(旗)服务部	个	1 546	1 426	1 300
3. 县属区广播站	个	1 213	938	637
4. 乡级广播放大站	个	48 547	43 407	42 350
5. 村级广播室	个	287 454	368 184	355 215
二、农村有线广播普及情况				
1. 通广播的村数	个	524 639	511 806	493 978
通广播村的比重	%	70.0	68.0	63.7
2. 已装喇叭的农户	万户	7 940.0	7 877.3	7 526.8
已装喇叭农户的比重	%	37.0	35.4	33.5
三、农村广播喇叭数	万只	8 120.0	8 088.7	7 836.1
入农户喇叭	万只	7 933.0	7 842.3	7 466.0
正常响的	万只	6 923.0	6 689.9	6 263.0
音响率	%	87.0	85.3	83.9
四、小片广播网	个	13 127	18 061	18 599
五、扩音机数	架/千瓦	277 611	320 309	293 105
		57 620.7	60 578.7	57 523.1

10－16 各地区农村有线广播普及情况

单位：个

地区	乡级广播放大站	村级广播室	通广播的村数	通广播村的比重%	已装喇叭农户(万户)	装喇叭农户比重(%)
全国总计	**42 350**	**355 215**	**493 978**	**63.70**	**7 526.84**	**33.50**
北京	249	3 806	3 281	73.50	0.81	0.64
天津	220	2 095	3 158	82.24	0.56	0.65
河北	2 941	31 884	30 826	61.32	86.19	6.25
山西	1 826	10 173	19 486	59.53	290.12	50.49
内蒙古	999	3 266	4 839	22.13	34.52	9.25
辽宁	1 195	13 356	10 683	67.77	166.88	29.52
吉林	826	8 046	7 705	78.04	148.55	47.46
黑龙江	1 140	11 393	10 880	74.70	252.72	56.63
上海	207	2 013	2 760	97.60	94.75	75.88
江苏	1 963	27 537	34 529	96.90	1 041.92	64.61
浙江	1 884	26 816	42 860	96.69	684.40	68.96
安徽	1 752	17 188	25 713	83.76	83.55	6.74
福建	1 064	10 014	12 000	79.46	144.42	24.80
江西	1 815	4 308	12 014	57.53	126.62	17.54
山东	2 155	40 560	55 857	65.01	764.96	38.29
河南	2 074	31 823	32 882	68.76	921.09	52.57
湖北	1 802	14 510	18 344	43.30	153.08	16.52
湖南	2 393	14 897	29 620	61.91	330.08	24.99
广东	1 450	6 647	17 033	37.95	68.97	6.88
广西	1 296	4 677	6 362	42.92	168.33	21.59
海南	339	1 615	6 654	77.72	40.58	46.38
四川	5 532	37 309	55 935	71.54	1 385.40	54.61
贵州	922	702	4 446	16.93	1.22	0.20
云南	1 113	3 823	3 411	25.46	11.45	1.49
西藏						
陕西	2 530	15 908	25 108	77.77	326.05	48.30
甘肃	1 427	4 763	9 167	51.83	128.58	31.04
青海	188	647	1 030	25.74	10.95	17.60
宁夏	247	347	998	38.92	18.75	15.45
新疆	801	5 092	6 397	70.11	41.34	16.68

10－17　农村社会救济费和自然灾害救济费

	单　位	1990年	1994年	1995年
一、农村社会救济费	**万　元**	**22 475**	**27 018**	**30 425**
1. 五保户救济费	万　元	5 738	7 554	8 826
2. 困难户救济费	万　元	15 554	17 533	19 340
3. 麻疯病人救济费	万　元	1 184	1 932	2 259
二、自然灾害救济费	**万　元**	**130 717**	**177 204**	**234 755**
1. 生活救济费	万　元	78 001	118 470	170 602
2. 灾民抢救转移安置费	万　元	3 848	14 015	18 504
3. 扶持灾民生产经费	万　元	11 919	18 341	22 973
4. 其他支出	万　元	36 949	26 378	22 676
＃用作扶贫	万　元	19 080	26 379	22 676
三、占民政事业费支出总额比重				
农村社会救济费	%	4.3	3.1	2.9
自然灾害救济费	%	26.3	20.4	22.7

10－18 各地区农村社会救济费和自然灾害救济费

单位：万元

地区	农村社会救济费	#五保户救济费	#困难户救济费	自然灾害救济费
全国总计	**30 425**	**8 826**	**19 340**	**234 754**
北京	526	44	481	956
天津	262	27	235	405
河北	751	208	534	11 024
山西	708	220	488	8 206
内蒙古	402	200	203	5 393
辽宁	1 401	230	1 116	17 457
吉林	622	190	424	10 617
黑龙江	816	116	697	6 276
上海	215		210	
江苏	2 942	628	2 057	8 961
浙江	2 033	540	1 393	5 023
安徽	1 114	488	482	10 592
福建	1 290	289	909	8 448
江西	1 720	660	888	9 790
山东	1 878	341	1 537	7 773
河南	931	214	713	13 978
湖北	656	113	425	6 372
湖南	628	221	312	13 030
广东	3 132	961	1 595	10 356
广西	1 514	792	599	14 295
海南	384	121	150	1 757
四川	2 161	622	1 328	14 851
贵州	697	196	380	9 634
云南	1 585	636	914	14 423
西藏	778	352	421	1 141
陕西	395	139	249	7 787
甘肃	312	110	201	10 007
青海	133	26	107	1 451
宁夏	172	69	103	1 447
新疆	268	75	193	3 304

十一、乡镇企业

11－1 乡镇企业单位数

单位：万个

年 份	合 计	农 业	工 业	建筑业	交通运输业	商业饮食业
1978	152.42	49.46	79.40	4.67	6.51	12.38
1979	148.04	44.39	76.71	4.97	8.21	13.76
1980	142.46	37.83	75.78	5.08	8.94	14.83
1981	133.75	31.90	72.54	4.83	8.89	15.59
1982	136.17	29.28	74.92	5.38	9.58	17.01
1983	134.64	26.98	74.40	5.70	9.16	18.40
1984	606.52	24.84	481.22	8.04	12.96	79.46
1985	1 222.45	22.42	493.03	8.26	10.61	688.13
1986	1 515.30	23.97	635.50	89.25	261.98	504.60
1987	1 750.24	23.12	708.28	90.25	325.24	603.35
1988	1 888.16	23.28	773.52	95.58	372.55	623.23
1989	1 868.63	22.68	736.47	92.55	379.88	637.05
1990	1 850.40	22.40	722.00	90.40	381.40	634.20
1991	1 907.88	23.09	742.57	88.81	400.34	472.61
1992	2 079.20	24.70	793.80	98.40	436.20	726.10
1993	2 452.90	27.90	918.40	121.70	486.40	898.50
1994	2 494.50	24.60	698.60	83.00	369.10	1 319.20
1995	2 202.67	27.77	718.16	106.75	495.17	697.77

11－2　各地区乡镇企业单位数

(1995年)　　单位：万个

地　区	合　计	农　业	工　业	建筑业	交通运输业	商业饮食业
全　国	**2 202.67**	**27.77**	**718.16**	**106.75**	**495.17**	**697.77**
北　京	6.28	0.11	1.63	0.20	2.01	1.89
天　津	7.61		2.76	0.14	1.74	2.51
河　北	179.25	1.08	59.95	5.61	45.70	53.65
山　西	70.93		15.15	2.27	30.36	18.94
内蒙古	58.98	1.07	10.48	2.30	19.35	20.85
辽　宁	74.02	0.67	20.37	2.33	18.99	27.91
吉　林	65.78	0.84	16.49	4.62	17.87	22.95
黑龙江	62.51	0.00	14.39	2.93	18.59	20.95
上　海	1.63		1.63			
江　苏	92.42	0.07	48.61	5.24	13.75	20.90
浙　江	90.22	0.06	58.40	0.55	12.42	16.27
安　徽	60.65	1.05	23.88	4.52	12.08	16.80
福　建	66.74	1.37	20.49	2.90	13.61	24.17
江　西	106.23	0.91	44.42	8.70	15.10	31.16
山　东	175.19	1.73	54.47	8.58	43.04	51.03
河　南	89.54	0.76	33.15	5.48	20.32	26.79
湖　北	146.75	4.73	44.11	11.30	27.29	50.87
湖　南	184.95	4.39	57.64	10.04	37.94	59.61
广　东	144.66		41.32			
广　西	26.51	0.68	7.44	0.83	5.50	10.06
海　南	9.64	0.14	2.03	0.34	2.77	3.64
四　川	252.45	2.06	79.12	12.86	41.67	94.03
贵　州	22.18	0.10	6.11	0.32	5.03	9.45
云　南	84.99	1.57	22.74	1.35	26.91	25.53
西　藏						
陕　西	72.22	0.95	17.02	4.01	20.90	21.07
甘　肃	33.95	0.33	10.53	1.22	9.01	10.83
青　海	1.44	0.02	0.43	0.02	0.33	0.55
宁　夏	0.60	0.07	0.29	0.08	0.06	0.09
新　疆	14.35	0.19	3.12	0.57	3.15	4.96

11－3 乡镇企业职工人数

单位：万人

年 份	合 计	农 业	工 业	建筑业	交通运输业	商业饮食业
1978	2 826.56	608.42	1 734.36	235.62	103.83	144.33
1979	2 909.34	533.00	1 814.38	298.45	116.90	146.61
1980	2 999.67	456.07	1 942.30	334.67	113.56	153.07
1981	2 969.56	379.94	1 980.80	348.83	107.38	152.61
1982	3 112.91	344.00	2 072.81	421.29	112.94	161.87
1983	3 234.64	309.22	2 168.14	482.72	109.71	164.85
1984	5 208.11	283.93	3 656.07	683.49	129.30	455.32
1985	6 979.03	252.38	4 136.70	789.95	114.18	1 685.82
1986	7 937.14	240.80	4 761.96	1 270.37	541.26	1 122.75
1987	8 805.18	244.18	5 266.69	1 373.98	623.14	1 297.19
1988	9 545.45	249.99	5 703.39	1 484.81	684.16	1 423.10
1989	9 366.78	239.30	5 624.10	1 403.73	699.37	1 400.28
1990	9 264.75	236.06	5 571.69	1 346.84	711.22	1 398.94
1991	9 609.11	243.08	5 813.55	1 384.33	732.31	984.10
1992	10 581.10	254.80	6 336.40	1 540.70	796.90	1 652.30
1993	12 345.30	285.40	7 259.60	1 826.90	931.40	2 042.00
1994	12 017.50	260.50	6 961.50	1 622.00	725.60	2 447.90
1995	12 862.06	313.52	7 564.72	1 932.52	952.03	2 447.87

11－4 各地区乡镇企业职工人数

(1995年)　　　　单位：万人

地　区	合　计	农　业	工　业	建筑业	交通运输业	商业饮食业
全　国	**12 862.06**	**313.52**	**7 564.72**	**1 932.52**	**952.03**	**2 447.87**
北　京	98.72	2.17	63.48	16.76	4.80	7.70
天　津	104.67	0.15	86.43	5.19	4.61	6.92
河　北	852.02	15.82	478.02	121.00	80.08	122.88
山　西	407.29	8.69	229.12	44.60	65.86	49.84
内蒙古	223.97	11.35	80.90	35.39	32.41	52.69
辽　宁	434.23	15.46	245.76	61.08	39.63	64.26
吉　林	213.78	8.41	89.63	32.28	30.67	47.53
黑龙江	209.47		101.70	25.64	30.90	40.09
上　海	139.94		139.94			
江　苏	924.71	3.39	734.66	97.35	28.66	48.27
浙　江	795.71	0.93	690.53	47.58	19.62	32.35
安　徽	595.03	15.75	342.13	112.13	44.26	69.12
福　建	471.00	21.43	278.62	53.40	32.34	70.81
江　西	440.13	8.57	263.65	57.41	26.36	69.23
山　东	1 439.77	32.21	831.29	258.92	102.42	163.42
河　南	716.05	10.31	430.87	133.38	51.76	79.81
湖　北	663.65	38.52	333.40	101.88	50.48	117.00
湖　南	722.55	44.51	350.46	131.62	54.35	111.33
广　东	1 072.11		724.02			136.91
广　西	182.84	14.78	92.27	27.89	14.44	26.51
海　南	37.89	3.71	12.05	5.53	5.06	9.73
四　川	1 150.72	18.08	542.42	267.88	69.93	194.67
贵　州	85.66	0.85	50.91	8.33	7.19	15.75
云　南	273.38	12.48	110.14	50.04	31.23	49.31
西　藏						
陕　西	328.97	6.94	147.23	68.52	37.36	49.44
甘　肃	204.26	3.05	81.41	54.60	28.97	30.31
青　海	9.31	0.16	5.67	1.73	0.49	0.95
宁　夏	14.27	0.71	7.83	4.45	0.40	0.73
新　疆	49.98	2.20	20.16	8.05	4.48	9.86

11－5 乡村工业企业基本情况

(1995年)

地　区	企业单位数 (万个)	职工平均人数 (万人)	工业总产值 (现价，亿元)	工业销售产值 (亿元)	工业增加值 (现价，亿元)
全　国	**718.16**	**7 564.72**	**51 259.17**	**32 293.25**	**10 804.04**
北　京	1.63	63.48	372.03	323.03	75.42
天　津	2.76	86.43	988.50	790.42	138.58
河　北	59.95	478.02	2 742.60	1 360.97	646.87
山　西	15.15	229.12	861.89	468.88	250.01
内蒙古	10.48	80.90	265.13	91.54	73.70
辽　宁	20.37	245.76	2 151.42	1 237.99	471.83
吉　林	16.49	89.63	342.40	160.79	92.21
黑龙江	14.39	101.70	569.28	330.06	140.33
上　海	1.63	139.94	1 520.21	1 363.25	311.03
江　苏	48.61	734.66	8 210.22	6 894.44	1 494.21
浙　江	58.40	690.53	7 004.71	3 139.41	641.16
安　徽	23.88	342.13	1 971.04	1 225.93	529.18
福　建	20.49	278.62	1 758.58	895.38	455.09
江　西	44.42	263.65	1 422.95	615.50	334.13
山　东	54.47	831.29	7 072.00	5 209.29	1 691.32
河　南	33.15	430.87	2 514.60	1 471.26	639.48
湖　北	44.11	333.40	1 943.66	1 280.99	517.14
湖　南	57.64	350.46	1 236.02	544.51	331.32
广　东	41.32	724.02	3 809.26	2 633.60	935.61
广　西	7.44	92.27	534.96	267.75	129.56
海　南	2.03	12.05	54.11	12.68	14.22
四　川	79.12	542.42	2 810.97	1 376.49	587.66
贵　州	6.11	50.91	112.83	65.95	33.82
云　南	22.74	110.14	248.24	157.67	64.68
西　藏					
陕　西	17.02	147.23	437.75	218.11	122.68
甘　肃	10.53	81.41	203.87	87.67	55.61
青　海	0.43	5.67	11.80	8.30	2.98
宁　夏	0.29	7.83	21.12	14.99	5.82
新　疆	3.12	20.16	67.02	46.41	18.41

11－6 各地区乡镇企业主要产品产量

(1995年)

地　区	原　煤 (万吨)	原　盐 (万吨)	粮食加工 (万吨)	饮料酒 (吨)	白　酒 (吨)
全　国	**31 056**	**893**	**35 261**	**6 452 309**	**2 920 959**
北　京	506		31	15 679	4 723
天　津		1	36	3 403	2 018
河　北	1 125	41	1 574	329 165	105 419
山　西	7 166		440	117 983	83 815
内蒙古	1 422	2	1 127	108 868	22 204
辽　宁	776	24	4 212	359 603	144 353
吉　林	420		814	419 084	86 139
黑龙江	770		257	197 164	135 102
上　海			526	47 970	6 985
江　苏	411	26	1 151	507 254	197 733
浙　江	20	27	258	500 902	28 127
安　徽	336	1	2 226	229 482	138 103
福　建	321	52	765	57 638	5 608
江　西	1 719	50	1 724	103 165	61 915
山　东	874	529	1 471	522 867	249 865
河　南	2 852	43	4 880	353 662	70 551
湖　北	680	2	2 410	336 126	266 250
湖　南	2 402		2 463	224 913	154 326
广　东	413	11	1 526	150 000	70 000
广　西	583	1	120	47 200	28 800
海　南		2	74	6 735	4 697
四　川	3 301	33	3 323	1 348 569	702 338
贵　州	1 940		986	214 520	205 161
云　南	746	38	1 017	118 819	117 758
西　藏					
陕　西	950	7	863	30 425	19 272
甘　肃	586	3	611	81 669	1 793
青　海	96		88	396	390
宁　夏	107		11	4 400	900
新　疆	534		277	14 648	6 614

11-6 续表1

地 区	啤 酒 (吨)	配合饲料 (万吨)	布 (万米)	服 装 (万件)	皮 鞋 (万双)	布 鞋 (万双)
全 国	**1 983 397**	**2197**	**743 934**	**581 822**	**146 959**	**114 806**
北 京	10 566	12	14 205	8 249	210	825
天 津		8	16 226	14 896	1 447	2 471
河 北	206 370	182	15 387	33 078	1 227	5 787
山 西	8 200	11	2 053	2 101	851	1 341
内蒙古	27 985	130	99	1 580	80	174
辽 宁	173 936	318	9 079	44 048	1 702	4 467
吉 林	305 824	22	455	885	74	124
黑龙江	62 062			1 200		
上 海	20 666	32	31 787	23 828	2 530	5 750
江 苏	139 729	72	120 559	58 192	6 508	5 582
浙 江	243 172	60	95 241	64 427	6 090	28 542
安 徽	25 631	194	23 957	13 372	1 289	5 468
福 建	18 760	62	45 405	76 887	38 778	15 180
江 西	8 332	89	8 502	4 588	1 732	266
山 东	172 296	149	112 401	79 060	19 446	6 194
河 南	254 083	66	33 467	37 548	9 357	17 710
湖 北	38 911	112	42 578	25 606	763	1 478
湖 南	32 428	45	6 451	5 172	2 006	672
广 东	30 000	141	109 088	44 492	40 196	7 098
广 西	4 125	18	1 038	3 566	68	191
海 南		2	3 868	1 967		3
四 川	124 213	243	36 096	22 149	11 071	3 134
贵 州	220	29	24	4 287	275	277
云 南		12	1 274	1 265	313	515
西 藏						
陕 西		96	13 977	6 198	489	1 382
甘 肃	72 026	78	243	2 425	447	141
青 海		2		6	7	
宁 夏	3 500	2			3	33
新 疆	362	10	474	750		1

11-6 续表2

地　区	机制纸及纸板（吨）	农用化肥（吨）	水　泥（万吨）	砖（万块）	房屋竣工面积（万平方米）
全　国	**581 822**	**6 866 925**	**13 015**	**75 511 512**	**166 302**
北　京	8 249	17 772	205	505 016	146
天　津	14 896	28 118	52	555 578	192
河　北	33 078	194 766	527	4 646 198	1 820
山　西	2 101	74 581	455	3 560 978	2 845
内蒙古	1 580	1 089	54	997 005	2 151
辽　宁	44 048	74 837	280	1 894 465	3 112
吉　林	885	8 655	65	1 067 837	1 071
黑龙江	1 200		20	1 361 859	163
上　海	23 828	21 625	37	265 254	
江　苏	58 192	1 214 088	981	6 481 160	5 773
浙　江	64 427	230 988	914	2 996 931	2 091
安　徽	13 372	1 097 215	758	6 208 145	8 811
福　建	76 887	25 083	770	2 092 504	6 857
江　西	4 588	212 260	264	3 082 949	9 490
山　东	79 060	470 651	1 782	9 802 575	28 565
河　南	37 548	400 921	862	8 875 542	8 839
湖　北	25 606	1169 678	656	3 876 646	6 575
湖　南	5 172	200 947	420	355 316	6 985
广　东	44 492	13 308	1 100	4 940 000	29 999
广　西	3 566	210 100	571	1 565 100	1 516
海　南	1 967		21	34 715	1 421
四　川	22 149	422 981	1 222	5 254 961	17 103
贵　州	4 287	150 410	164	504 148	12 951
云　南	1 265	250 963	314	783 417	1 063
西　藏					
陕　西	6 198	165 380	341	2 223 338	4 449
甘　肃	2 425	140 000	152	878 678	1 825
青　海	6	4 236	7	68 306	69
宁　夏		39 889		164 626	71
新　疆	750	26 384	21	468 265	349

11－7 乡镇企业出口产品交货额

单位：万元

地 区	交货总额		直接出口		间接出口	
	1994年	1995年	1994年	1995年	1994年	1995年
全 国	**33 983 080**	**53 945 472**	**22 839 161**	**34 718 539**	**7 653 979**	**11 762 680**
北 京	663 486	421 924	449 548	325 826	213 350	96 056
天 津	918 151	1 239 074	729 603	857 694	182 638	378 104
河 北	856 023	1 287 213	444 224	620 058	406 581	659 505
山 西	171 467	280 519	100 232	196 464	71 235	83 445
内蒙古	20 261	108 941	13 768	44 274	6 493	63 935
辽 宁	1 280 293	1 804 713	957 964	1 275 755	320 544	515 456
吉 林	89 829	88 540	41 353	37 838	48 467	50 481
黑龙江	51 347	175 945	23 826	118 296	27 521	57 649
上 海		3 522 619		2 815 810		706 809
江 苏	10 572 095	14 392 053	8 048 869	10 733 734	2 518 240	3 648 272
浙 江	5 035 726	7 008 340	4 190 625	5 902 449	843 794	1 100 645
安 徽	428 544	688 311	160 111	283 965	263 180	387 520
福 建	3 128 840	4 498 413	3 086 730	4 457 224		
江 西	188 400	264 315	77 662	119 724	109 266	141 869
山 东	3 961 652	4 986 463	2 376 674	3 064 244	1 547 850	1 901 412
河 南	455 030	663 299	193 358	253 574	260 957	406 252
湖 北	474 247	717 315	276 040	420 258	193 919	290 674
湖 南	357 525	538 266	205 831	281 186	149 292	254 720
广 东	4 629 471	10 317 945	1 065 727	2 410 397	188 459	580 992
广 西	218 594	325 880	143 339	195 628	74 236	128 628
海 南	5 436	9 880	4 493	4 049	863	5 831
四 川	302 747	363 547	147 875	169 792	154 487	192 768
贵 州	23 344	37 672	7 240	21 763	16 104	15 909
云 南	40 573	53 199	23 216	19 009	17 357	34 190
西 藏						
陕 西	52 319	64 787	38 472	44 473	13 847	20 314
甘 肃	21 531	29 963	15 837	15 356	5 694	14 607
青 海	15 722	21 206	6 004	9 249	9 718	11 957
宁 夏	12 502	13 852	7 238	7 992	5 264	5 860
新 疆	7 925	21 278	3 302	12 458	4 623	8 820

11－8　乡村企业股份合作制基本情况

(1995年)

地　区	企业单位数(个)	职工年末人数(人)	资本金(万元)	现价总产值(万元)	利润总额(万元)	年末固定资产总值(万元)
全　国	**182 427**	**7 910 145**	**12 498 876**	**62 637 539**	**5 441 736**	**15 323 637**
北　京	629	39 902	84 597	246 546	28 080	115 140
天　津	1 045	78 890	81 812	891 291	84 244	148 231
河　北	15 178	558 302	947 406	3 890 745	383 886	1 106 433
山　西	5 534	230 399	348 330	928 342	92 481	354 940
内蒙古	2 126	58 582	70 623	242 391	25 603	85 358
辽　宁	5 450	207 784	410 198	1 544 370	128 014	347 815
吉　林	2 044	61 684	110 504	271 881	23 331	113 882
黑龙江	10 701	219 055	306 148	1 114 580	106 941	298 952
上　海	885	86 021	165 457	982 833	99 138	229 727
江　苏	11 848	905 705	1 458 128	10 227 335	1 065 855	2 114 584
浙　江	25 143	945 332	1 680 911	9 555 275	724 719	2 186 701
安　徽	9 748	406 569	501 659	2 696 773	312 487	503 551
福　建	3 711	160 401	561 712	907 157	46 966	316 502
江　西	20 995	444 185	492 586	2 523 368	191 156	465 622
山　东	22 473	1 506 673	1 965 842	14 650 177	1 167 068	2 917 476
河　南	12 259	577 872	864 933	3 140 139	287 778	914 982
湖　北	14 351	442 029	474 349	3 160 594	227 738	561 447
湖　南	2 794	99 808	119 691	435 119	40 539	129 656
广　东	3 253	263 637	971 314	2 570 088	246 080	1 317 079
广　西	1 790	67 082	184 394	431 124	30 267	140 189
海　南	69	1 887	9 509	9 595	1 281	5 986
四　川	4 259	280 883	361 334	1 401 000	54 665	521 608
贵　州	240	19 317	22 742	62 327	6 098	35 982
云　南	426	52 155	75 306	197 853	12 679	142 281
西　藏						
陕　西	1 355	71 558	70 362	202 839	17 589	73 386
甘　肃	3 626	103 016	120 442	279 853	30 167	125 450
青　海	27	1 154	3 405	2 721	126	3 776
宁　夏	296	9 678	14 806	25 776	2 642	15 911
新　疆	172	10 585	20 376	45 447	4 118	30 990

11－9　乡村企业职工素质情况

(1995年)　　单位：人

地　区	全　部 职工人数	大专及以上	中　专	高　中	专业技术 人员数	中专职称 及以上
全国合计	**60 604 319**	**692 283**	**1 578 967**	**13 025 541**	**3 171 266**	**890 702**
北　京	854 918	15 452	34 412	172 686	58 014	24 950
天　津	813 129	9 000	25 379	167 169	52 747	19 155
河　北	2 894 210	21 538	59 770	730 511	154 504	46 523
山　西	1 622 413	9 657	29 495	353 688	65 929	20 854
内蒙古	619 287	3 461	8 049	162 230	19 296	6 040
辽　宁	2 344 927	30 139	70 065	333 376	99 177	38 992
吉　林	628 951	5 670	15 909	142 682	20 909	6 236
黑龙江	713 016	10 467	31 334	153 066	48 058	18 746
上　海	1 376 479	25 492	36 042	166 854	73 399	22 733
江　苏	6 684 390	63 534	111 870	1 312 854	280 039	79 246
浙　江	3 823 718	33 267	49 751	616 809	141 749	35 717
安　徽	3 083 563	21 705	58 966	480 334	134 411	38 320
福　建	1 979 107	31 338	46 026	433 901	61 404	19 650
江　西	1 468 262	7 483	22 519	318 950	60 613	17 814
山　东	7 541 319	128 500	367 924	1 746 705	461 831	150 417
河　南	3 309 552	45 052	91 636	854 273	310 741	79 916
湖　北	3 020 730	28 102	99 674	792 872	145 974	37 479
湖　南	2 827 937	18 036	64 729	663 581	132 457	38 848
广　东	5 695 301	85 155	143 033	1 499 061	342 811	57 869
广　西	916 232	10 324	20 573	245 916	43 450	11 258
海　南	90 428	1 127	2 064	25 710	2 008	776
四　川	4 672 747	52 160	117 127	875 539	294 723	78 089
贵　州	320 794	4 604	8 487	49 300	16 694	3 702
云　南	1 066 635	10 357	21 630	129 802	60 309	15 131
西　藏						
陕　西	1 114 121	10 296	22 579	328 711	50 455	13 747
甘　肃	714 469	5 079	9 921	173 602	22 719	4 332
青　海	67 861	253	516	12 621	2 176	521
宁　夏	108 059	880	1 995	26 591	3 232	1 082
新　疆	231 764	4 155	7 492	56 147	11 437	2 559

11－10　乡村企业固定资产投资情况

(1995年)

地　区	本年施工项目个数(个)	本年新开工项目数(个)	本年投产项目个数(个)	本年完成投资(万元)	本年新增固定资产(万元)
全　国	**266 926**	**223 112**	**234 536**	**29 367 352**	**23 220 766**
北　京	1 951	1 403	1 676	292 046	230 039
天　津	2 611	2 139	2 317	444 779	331 251
河　北	19 088	14 537	15 328	1 741 756	1 466 548
山　西	3 859	3 068	3 026	389 188	300 964
内蒙古	4 326	4 040	3 935	178 392	151 614
辽　宁	8 278	6 815	6 808	1 213 363	839 310
吉　林	4 325	3 876	3 881	326 184	237 014
黑龙江	6 996	6 176	6 123	381 568	379 593
上　海	1 836	1 226	2 597	848 643	676 121
江　苏	30 081	25 800	26 525	4 447 842	3 376 086
浙　江	13 121	10 489	11 967	2 823 095	2 183 296
安　徽	26 173	22 787	23 467	1 548 561	1 137 547
福　建	4 413	3 452	3 672	687 304	497 833
江　西	12 752	11 514	12 934	685 669	474 095
山　东	29 697	25 190	26 581	4 235 350	3 441 860
河　南	20 363	17 879	17 172	1 610 951	1 437 762
湖　北	14 120	12 174	12 778	1 013 722	815 913
湖　南	15 818	12 493	14 537	755 338	558 885
广　东	10 357	7 750	8 882	2 753 414	2 259 834
广　西	5 438	4 779	4 399	574 373	499 258
海　南	387	329	267	67 319	
四　川	20 993	17 251	17 601	1 305 502	1 094 009
贵　州	1 395	1 189	1 060	129 919	91 453
云　南	2 215	1 651	1 650	390 197	313 337
西　藏					
陕　西	3 109	2 456	2 616	220 878	191 444
甘　肃	1 806	1 485	1 551	131 990	106 032
青　海	309	294	261	43 217	38 315
宁　夏	342	308	302	37 637	31 973
新　疆	767	562	623	90 155	59 380

11－11 乡镇"三资企业"基本情况

（1995年）

地 区	本年新签协议		本年客商实际投资		年末实有企业数	客商累计投资额
	合同数（个）	客商投资额（万美元）	（万美元）	其中：现金（万美元）	（个）	（万美元）
全 国	**16 016**	**1 120 450**	**700 428**	**359 989**	**38 743**	**2 671 039**
北 京	258	7 806	6 076	3 508	818	54 034
天 津	130	8 427	5 468	3 983	459	24 509
河 北	453	30 577	14 509	9 974	1 025	45 507
山 西	27	1 505	1 539	1 199	93	6 455
内蒙古	18	541	484	388	45	14 361
辽 宁	632	58 776	37 112	16 896	1 617	102 103
吉 林	78	4 235	4 223	3 915	180	9 529
黑龙江	75	12 476	4 115	3 024	142	19 837
上 海	620	65 909	56 729	31 704	2 200	196 221
江 苏	1 861	274 693	121 755	85 387	9 392	588 811
浙 江	826	55 796	43 103	34 153	3 826	141 990
安 徽	215	13 402	6 903	4 706	310	13 391
福 建	664	80 059	56 288	35 036	3 640	228 502
江 西	156	9 195	6 062	4 588	379	16 873
山 东	1 057	89 827	47 066	28 666	3 906	172 143
河 南	158	14 749	6 700	5 215	328	25 299
湖 北	112	4 112	4 415	3 291	309	13 179
湖 南	159	5 756	5 837	4 357	154	7 531
广 东	8 055	365 978	259 515	71 888	9 169	930 628
广 西	296	1 748	1 099	903	173	7 735
海 南	17	2 884	984	614	42	10 619
四 川	93	5 122	6 627	4 012	298	20 631
贵 州	3	625	625	625	18	873
云 南	8	388	378	181	20	889
西 藏						
陕 西	26	3 687	1 211	878	144	15 239
甘 肃	13	1 327	815	224	38	2 357
青 海	1	48	48	22	4	149
宁 夏	2	150	90		5	859
新 疆	3	652	652	652	9	785

11－12 乡村企业主要财务指标

(1995年)

单位：亿元

地 区	营业收入	成本费用总额	利润总额	利税总额	工资总额	支农建农支出总额
全 国	**32 142.26**	**30 008.40**	**1 775.11**	**2 798.07**	**2 192.54**	**72.45**
北 京	477.14	447.57	25.13	38.90	38.65	0.05
天 津	628.57	563.68	61.46	75.18	28.21	0.50
河 北	1 535.40	1 379.92	144.68	170.01	102.45	2.93
山 西	499.36	462.71	25.63	45.94	44.53	0.91
内蒙古	174.35	158.67	12.17	18.97	19.17	0.15
辽 宁	1 592.49	1 453.36	117.05	174.37	81.18	0.49
吉 林	197.74	180.15	12.66	22.12	19.62	0.05
黑龙江	386.54	359.82	22.21	31.71	21.66	0.11
上 海	1 022.47	972.37	55.34	89.20	64.54	2.31
江 苏	5 237.46	5 036.68	166.78	332.42	266.83	4.18
浙 江	2 660.96	2 538.39	92.91	193.62	194.99	18.84
安 徽	1 605.12	1 456.06	131.38	180.47	108.68	1.48
福 建	1 077.15	1 010.53	49.65	80.25	90.75	2.33
江 西	627.50	574.16	44.39	62.71	46.00	0.46
山 东	4 704.60	4 312.56	328.10	497.66	237.49	24.78
河 南	1 565.48	1 420.88	132.44	159.70	100.94	2.45
湖 北	1 647.53	1 536.70	83.06	134.55	91.29	4.12
湖 南	801.81	739.67	45.24	81.16	89.64	1.06
广 东	2 691.68	2 540.62	124.39	212.55	295.44	2.73
广 西	460.07	431.46	21.09	34.69	33.59	0.18
海 南	32.60	27.81	3.43	4.89	3.59	0.01
四 川	1 673.31	1 614.58	39.19	85.39	125.10	1.51
贵 州	39.02	36.98	0.65	3.73	5.59	0.01
云 南	267.45	256.09	6.10	17.65	27.75	0.24
西 藏						
陕 西	291.73	273.11	15.25	23.84	25.51	0.35
甘 肃	143.87	130.33	9.62	16.69	17.03	0.08
青 海	11.04	10.33	0.45	1.04	1.42	0.01
宁 夏	22.40	20.74	1.23	2.30	2.59	0.01
新 疆	67.44	62.46	3.42	6.37	8.30	0.12

11－12 续表 1

地　区	资产总额	流动资产合　计	固定资产合　计	固定资产净值	无形资产
全　国	**19 887.01**	**10 966.21**	**9 122.60**	**7 139.80**	**126.39**
北　京	453.51	262.11	177.12	134.06	3.07
天　津	402.59	247.30	174.30	134.64	1.39
河　北	887.71	426.17	460.08	370.65	6.16
山　西	281.87	141.28	161.84	120.36	0.57
内蒙古	108.24	54.77	57.02	45.58	0.46
辽　宁	876.61	553.56	338.08	262.72	4.32
吉　林	156.32	82.91	78.23	64.48	0.67
黑龙江	191.80	103.91	89.02	72.60	1.26
上　海	922.77	560.86	350.40	272.47	7.89
江　苏	3 315.79	1 909.74	1 403.53	1 095.15	18.19
浙　江	2 203.31	1 270.30	872.43	696.37	13.13
安　徽	602.04	313.66	317.16	253.40	2.71
福　建	660.74	378.04	321.62	245.60	3.48
江　西	230.23	115.59	124.76	99.28	0.94
山　东	2 575.67	1 427.00	1 203.07	944.35	10.94
河　南	780.98	402.46	422.58	326.98	3.69
湖　北	579.32	308.55	301.18	229.91	3.57
湖　南	411.65	221.87	216.43	163.75	2.03
广　东	2 360.28	1 208.38	1 121.30	876.64	23.55
广　西	245.58	119.13	126.56	103.89	2.17
海　南	29.57	9.50	19.83	17.52	0.17
四　川	889.34	478.13	423.59	323.20	10.31
贵　州	53.26	28.94	24.82	19.73	0.40
云　南	247.84	127.79	115.87	93.88	2.67
西　藏					
陕　西	190.34	95.71	105.15	81.12	1.54
甘　肃	108.19	56.76	55.23	44.02	0.69
青　海	14.22	6.26	7.58	6.09	0.05
宁　夏	25.42	11.57	14.67	11.39	0.12
新　疆	81.81	43.94	39.14	29.98	0.24

11-12 续表2

地区	负债总额	流动负债		长期负债		所有者权益
			短期借款		长期借款	
全国	**12 496.70**	**10 280.30**	**4 059.17**	**2 216.40**	**1 911.07**	**7 390.31**
北京	295.04	248.67	75.74	46.32	42.62	158.48
天津	244.61	216.85	96.09	27.70	25.40	157.99
河北	539.86	409.72	179.26	129.32	106.42	347.86
山西	175.94	137.37	46.37	38.55	29.93	105.93
内蒙古	57.56	46.42	16.60	11.14	9.88	50.68
辽宁	581.69	497.57	168.59	84.05	76.78	294.92
吉林	104.24	80.11	33.02	23.41	21.31	52.08
黑龙江	116.80	91.01	35.13	25.78	22.92	75.00
上海	562.29	505.13	179.96	57.00	50.29	360.47
江苏	2 152.66	1 848.60	707.12	303.81	266.60	1 163.13
浙江	1 472.55	1 295.36	613.14	176.71	146.97	730.75
安徽	335.61	261.27	102.10	74.18	67.94	266.43
福建	298.67	265.54	89.45	33.10	28.05	362.07
江西	134.41	97.14	37.26	37.25	33.15	95.83
山东	1 556.09	1 267.33	473.32	288.71	231.00	1 019.58
河南	459.91	352.54	161.86	107.28	89.95	321.07
湖北	369.52	256.91	93.48	112.53	99.84	209.79
湖南	272.28	204.22	78.27	67.94	60.98	139.37
广东	1 507.40	1 222.08	461.69	284.99	248.64	852.89
广西	154.47	112.92	50.66	41.52	37.15	91.11
海南	17.44	9.46	2.61	7.98	6.81	12.13
四川	619.77	508.78	224.15	110.89	98.29	269.58
贵州	37.60	27.80	9.98	9.80	8.75	15.66
云南	160.93	126.40	47.28	34.51	31.09	86.91
西藏						
陕西	117.32	79.84	33.45	37.46	34.10	73.02
甘肃	65.56	50.73	18.35	14.81	12.83	42.63
青海	9.82	5.78	2.35	4.02	3.67	4.40
宁夏	18.23	11.37	5.67	6.86	6.33	7.19
新疆	58.43	43.38	16.21	15.04	13.37	23.38

11－12 续表3

地区	营业收入利润率	总资产报酬率	资本收益率	产值销售率	人均创税率	资产负债率
全国	**5.38**	**14.06**	**26.32**	**92.95**	**4760**	**62.84**
北京	4.90	10.17	17.43	89.89	4521	65.06
天津	9.61	23.66	52.31	91.53	9238	60.76
河北	9.43	23.54	53.47	94.40	6002	60.81
山西	5.29	14.48	27.65	93.69	2917	62.42
内蒙古	6.99	15.38	25.16	89.74	3174	53.17
辽宁	7.21	18.04	39.17	89.17	7543	66.36
吉林	5.18	12.88	23.41	84.08	3600	66.69
黑龙江	5.79	17.00	35.20	91.60	4482	60.90
上海	4.47	13.08	16.71	90.53	6546	60.94
江苏	3.01	9.81	14.12	92.82	5496	64.92
浙江	3.30	8.50	13.75	93.20	5135	66.83
安徽	8.20	29.05	54.79	93.42	5931	55.75
福建	4.69	11.82	14.09	91.87	4131	45.20
江西	7.08	25.91	51.51	96.64	4353	58.38
山东	6.91	17.07	39.20	95.15	6780	60.41
河南	8.42	22.68	48.55	93.89	4894	58.89
湖北	4.98	21.73	45.69	91.64	4567	63.79
湖南	5.57	16.58	32.59	88.90	2920	66.14
广东	4.10	10.06	15.76	95.50	3698	63.87
广西	4.67	12.98	25.26	94.05	3901	62.90
海南	10.58	17.36	30.94	92.13	5148	58.99
四川	2.27	9.54	14.04	89.96	1914	69.69
贵州	1.37	4.15	2.17	88.08	1256	70.60
云南	2.24	6.66	6.27	94.10	2083	64.93
西藏						
陕西	5.27	12.35	20.47	89.76	2190	61.64
甘肃	6.57	12.52	24.79	83.95	2341	60.60
青海	4.02	6.99	9.95	86.37	1555	69.05
宁夏	5.58	9.66	16.32	88.46	2152	71.71
新疆	5.02	8.31	14.00	83.74	2848	71.42

11－13　各地区乡镇企业增加值(现价)

(1995年)

单位：亿元

地　区	合　计	农　业	工　业	建筑业	交通运输业	商饮服务业
全　国	**14 595.23**	**279.82**	**10 804.04**	**1 281.35**	**804.17**	**1 265.90**
北　京	119.12	1.60	75.42	18.46	7.81	10.04
天　津	165.97	0.07	138.58	3.55	9.18	11.00
河　北	876.72	11.65	646.87	66.23	54.66	88.20
山　西	276.46		250.01	9.51	5.66	7.56
内蒙古	170.98	5.89	73.70	21.84	28.97	37.28
辽　宁	632.17	41.05	471.83	53.32	19.49	44.41
吉　林	178.64	7.20	92.21	21.68	25.24	31.44
黑龙江	244.30		140.33	31.35	31.89	35.97
上　海	311.03		311.03			
江　苏	1 650.93	4.97	1 494.21	69.06	20.28	54.56
浙　江	695.47	1.12	641.16	39.19	1.90	11.00
安　徽	813.99	18.03	529.18	95.92	69.10	94.49
福　建	709.25	30.14	455.09	47.95	56.26	102.49
江　西	495.07	4.62	334.13	40.17	45.16	68.63
山　东	1 940.46	30.30	1 691.32	138.14	25.95	49.86
河　南	873.09	10.32	639.48	85.16	59.04	74.76
湖　北	841.75	35.61	517.14	100.70	56.69	117.27
湖　南	654.57	23.71	331.32	100.14	77.96	108.97
广　东	1 066.38		935.61			40.08
广　西	246.24	11.75	129.56	29.03	28.22	41.41
海　南	32.01	2.33	14.22	3.76	3.86	6.96
四　川	1 109.66	12.47	587.66	193.09	120.87	174.32
贵　州	55.18	0.55	33.82	3.98	7.03	9.05
云　南	148.47	3.80	64.68	24.40	23.88	25.41
西　藏						
陕　西	141.60	2.43	122.68	10.48	1.17	3.54
甘　肃	107.39	1.21	55.61	19.92	14.81	15.31
青　海	4.18	0.10	2.98	0.58	0.16	0.32
宁　夏	8.87	0.24	5.82	1.73	0.35	0.55
新　疆	25.28	0.73	18.41	4.48	0.16	1.03

十二、国 营 农 场

12-1 农垦系统国营农场基本情况

指　　标	单 位	1995年	1994年	1995年比1994年增加	
				绝对数	%
一、农 场 数	**个**	**2 129**	**2 157**	**-28**	**-1.3**
职工人数	万人	502.1	517.5	-15.4	-3.0
二、耕 地 面 积	**千公顷**	**4 560.1**	**4 491.2**	**68.9**	**1.5**
其中：当年新开荒	千公顷	45.1	18.2	26.9	148.3
三、农业机械总动力	**亿瓦**	**101.6**	**97.8**	**3.8**	**3.9**
大中型农用拖拉机	台	60 853	62 730	-1 877	-3.0
小型及手扶拖拉机	台	143 403	144 966	-1 563	-1.1
农用排灌动力机械	台	93 104	99 434	-6 330	-6.4
联合收割机	台	14 584	14 652	-68	-0.5
农用载重汽车	辆	19 188	19 516	-328	-1.7
农用化肥施用量(折纯量)	万吨	112.9	96.5	16	17.0
农场用电量	亿千瓦小时	53.1	52.6	0.5	0.9
四、农业总产值					
按1990年不变价计算	亿元	318.8	284.4	34.4	12.1
按当年价格计算	亿元	583.0	441.9	141.1	31.9
粮食总产量	万吨	1 251.9	1 079.5	172.4	16.0
棉花总产量	万吨	53.8	50.0	3.8	7.5
油料总产量	万吨	47.8	43.1	4.7	11.0
肉类总产量	万吨	68.8	59.7	9.1	15.2

12-2 各地区农垦系统国营农场基本情况

地　区	农场数(个)		职工人数(万人)		耕地面积(千公顷)	
	1994年	1995年	1994年	1995年	1994年	1995年
全国总计	**2 157**	**2 129**	**517.5**	**502.1**	**4 491.2**	**4 560.1**
北　京	16	16	7.1	6.5	43.0	42.5
天　津	17	17	1.9	1.7	4.2	4.2
河　北	31	31	12.7	12.7	92.9	94.7
山　西	30	30	0.8	0.8	6.3	6.4
内蒙古	118	118	20.4	20.1	437.1	489.8
辽　宁	120	118	32.0	31.3	114.1	114.2
吉　林	144	138	9.0	8.6	65.1	64.7
黑龙江	108	108	70.9	66.5	1 933.7	1 941.8
上　海	18	18	10.1	9.9	19.4	19.7
江　苏	32	31	17.1	16.2	71.2	70.8
浙　江	75	75	4.2	4.1	8.0	8.2
安　徽	26	26	6.9	6.6	34.3	34.5
福　建	123	123	6.9	7.5	13.7	13.0
江　西	138	138	30.3	29.5	43.6	43.4
山　东	18	17	0.9	0.9	11.7	13.1
河　南	97	97	4.3	4.4	22.4	22.1
湖　北	50	50	46.7	46.2	144.1	143.0
湖　南	85	85	26.7	26.5	62.1	61.8
广　东	65	65	17.7	15.6	33.9	34.7
广　西	44	44	8.1	7.5	19.7	19.8
海　南	92	92	38.9	36.4	38.6	39.2
四　川	132	123	2.8	2.7	2.6	3.4
贵　州	44	44	1.3	1.3	1.8	1.9
云　南	46	46	14.3	14.3	11.4	11.6
陕　西	20	20	2.1	2.1	10.5	10.4
甘　肃	19	19	4.1	4.1	39.8	40.5
青　海	26	26	1.4	1.3	43.8	43.8
宁　夏	15	15	4.1	3.9	33.3	33.8
新　疆	408	399	113.6	112.9	1 129.0	1 133.5

12-2 续表 1

地区	农业机械总动力(万千瓦)		大中型拖拉机(台)		农用载重汽车(辆)	
	1994年	1995年	1994年	1995年	1994年	1995年
全国总计	**977.5**	**1 016.3**	**62 730**	**60 853**	**19 516**	**19 188**
北京	41.9	53.2	1 359	1 298	2 544	3 089
天津	2.3	2.2	112	101	62	55
河北	36.9	39.9	865	897	429	629
山西	1.6	1.4	82	75	80	26
内蒙古	61.6	65.9	4 145	3 581	816	835
辽宁	29.1	40.9	1 361	1 040	758	649
吉林	20.2	22.2	1 184	1 127	315	271
黑龙江	277.4	279.8	22 795	22 464	2 440	2 426
上海	7.0	8.9	769	838	16	22
江苏	29.6	30.9	1 518	1 617	423	365
浙江	5.1	6.1	204	186	157	118
安徽	19.9	20.0	1 073	1 159	332	232
福建	7.6	7.8	215	202	263	199
江西	14.7	15.2	389	289	494	374
山东	3.3	4.2	289	325	26	37
河南	12.7	13.9	797	773	121	140
湖北	70.8	75.0	4 769	4 067	1 107	933
湖南	38.4	42.4	1 797	1 629	694	1 019
广东	15.6	16.1	694	690	741	818
广西	17.5	16.0	758	722	540	483
海南	30.8	30.7	942	757	1 862	1 812
四川	2.8	2.5	27	18	102	72
贵州	2.1	1.3	47	32	85	53
云南	25.0	27.2	909	774	1 643	1 612
陕西	3.1	3.2	176	116		59
甘肃	8.1	8.7	414	415	114	109
青海	5.1	5.2	323	311	141	134
宁夏	7.9	7.8	489	517	99	59
新疆	179.3	167.7	14 228	14 833	3 112	2 558

12-2　续表 2

地　区	化肥施用量(万吨)		现价农业总产值(万元)	
	1994年	1995年	1994年	1995年
全国总计	**96.5**	**112.9**	**4 418 755**	**5 830 018**
北　京	2.2	2.2	170 283	181 311
天　津	…	…	19 054	21 202
河　北	2.4	2.2	111 978	159 193
山　西	0.1	0.3	7 416	7 699
内蒙古	3.2	3.9	181 014	235 428
辽　宁	4.4	3.8	287 570	400 104
吉　林	1.6	1.7	89 146	104 010
黑龙江	17.9	19.8	730 880	1 053 199
上　海	1.0	1.2	60 708	86 833
江　苏	3.6	4.3	157 328	203 212
浙　江	0.9	1.0	38 086	47 504
安　徽	1.5	1.7	50 734	74 001
福　建	2.5	4.3	93 266	97 965
江　西	3.0	2.9	123 933	141 381
山　东	0.3	0.3	10 217	16 437
河　南	1.1	1.3	32 300	43 278
湖　北	9.7	10.3	346 111	472 931
湖　南	3.6	4.2	188 761	223 366
广　东	3.4	10.3	158 060	194 446
广　西	1.9	2.2	59 550	79 926
海　南	2.8	3.4	378 080	453 597
四　川	0.1	0.1	11 069	16 935
贵　州	0.1	0.1	7 021	7 212
云　南	2.1	0.8	130 771	170 531
陕　西	0.3	0.3	11 916	15 954
甘　肃	1.3	0.9	26 593	33 398
青　海	0.5	0.5	15 243	13 032
宁　夏	1.2	1.3	26 737	38 692
新　疆	23.8	27.6	894 930	1 237 241

12－3　农垦系统国营农场种植业生产情况

指　　标	单　位	1995年	1994年	1995年比1994年增加	
				绝对数	%
农作物总播种面积	千公顷	4 472.7	4 419.8	52.8	1.2
一、粮食播种面积	千公顷	3 153.8	3 074.4	79.5	2.6
每公顷产量	公斤	3 969.0	3 511.3	457.7	13.0
总产量	万吨	1 251.9	1 079.5	172.4	16.0
1. 谷物	万吨	1 062.8			
＃稻谷	万吨	420.1	362.2	57.9	16.0
小麦	万吨	367.3	298.7	68.6	23.0
玉米	万吨	227.5	139.7	87.8	62.9
2. 豆类	万吨	177.4			
＃大豆	万吨	170.8	200.4	－29.5	－14.7
3. 薯类	万吨	11.8	8.0	3.7	46.7
二、棉花播种面积	千公顷	396.2	416.5	－20.3	－4.9
每公顷产量	公斤	1 359	1 201	158	13.1
总产量	吨	538 264	500 395	37 869	7.6
三、油料播种面积	千公顷	351.3	353.2	－1.9	－0.5
每公顷产量	公斤	1 360	1 220	140	11.5
总产量	吨	477 733	430 775	46 958	10.9
四、糖料播种面积	千公顷	163.7	161.9	1.7	1.1
每公顷产量	公斤	40 406	39 188	1 218	3.1
总产量	吨	6 613 325	6 346 061	267 264	4.2
五、麻类播种面积	千公顷	2.5	2.5		1.2
每公顷产量	公斤	3 161	2 361	800	33.9
总产量	吨	7 903	5 831	2 072	35.5

12－4 各地区农垦系统国营农场农作物主要产品产量

地　区	粮　食 (万吨)	棉　花 (吨)	油　料 (吨)	糖　料 (吨)	麻　类 (吨)
全国总计	**1 251.9**	**538 264**	**477 733**	**6 613 325**	**7 903**
北　京	29.6	1 102	1 015		
天　津	1.1		30		
河　北	41.3	2 196	4 596	506	
山　西	0.7	44	607	3 988	
内 蒙 古	90.5		51 579	64 793	
辽　宁	63.6	88	1 606	26 277	1
吉　林	35.9	1 364	2 563	8 858	
黑 龙 江	514.7	26 732	55 554	1 036 056	2 031
上　海	16.4	852	925		
江　苏	50.8	8 206	11 044	52	
浙　江	4.7		652	130	
安　徽	20.1	3 823	5 475		
福　建	9.8	1 386	3 831	106 763	47
江　西	27.3	782	19 704	5 898	84
山　东	4.4	60 289	295		
河　南	13.7	18 975	8 508		399
湖　北	65.7		66 370	124 534	1 718
湖　南	28.3		18 772	77 414	2 150
广　东	5.0		7 871	1 758 321	60
广　西	0.7		915	999 850	
海　南	13.2		4 153	470 612	58
四　川	0.1		316		
贵　州	0.5		493	415	
云　南	2.5		478	369 071	
陕　西	3.2	163	2 745		
甘　肃	9.0	378	1 396	12 790	
青　海	1.6		13 112		
宁　夏	15.5	13	5 147	53 818	
新　疆	182.3	411 871	187 981	1 493 179	1 355

12－5 农垦系统国营农场茶、蚕、果、橡胶和林业生产情况

指　　标	单 位	1995年	1994年	1995年比1994年增加	
				绝对数	%
一、年末实有茶园面积	千公顷	41.8	44.0	－2.2	－5.0
茶叶总产量	吨	39 989	43 746	－3 757	－8.6
二、年末实有桑园面积	千公顷		2.3		
桑叶总产量	吨		1 184		
三、年末实有果园面积	千公顷	168.9	161.1	7.8	4.8
水果总产量	吨	997 199	894 153	103 046	11.5
其中：苹果	吨	229 015	214 942	14 073	6.5
梨	吨	153 055	127 290	25 765	20.2
柑桔	吨	260 190	225 228	34 962	15.5
四、年末实有橡胶园面积	千公顷	377.2	383.6	－6.4	－1.7
当年橡胶平均开割面积	千公顷	288.5	287.9	0.5	0.2
每公顷产干胶	公斤	1 165	1 055	110	10.4
全年干胶总产量	吨	336 060	303 894	32166	10.6
五、当年造林面积	千公顷	44.4	52.0	－7.6	－14.6
用材林	千公顷	14.8	21.3	－6.5	－30.5
经济林	千公顷	4.3	4.7	－0.4	－7.7
防护林	千公顷	23.6	24.7	－1.1	－4.4
薪炭林	千公顷	0.7	0.1	0.6	519.5
其它林	千公顷	1.0	1.2	－0.2	－18.4

12－6 各地区农垦系统国营农场茶叶、水果、林业生产情况

地　区	茶 叶 (吨)	水 果 (吨)	#苹果	#梨	干 胶 (吨)	造林面积 (公顷)
全国总计	**39 989**	**997 199**	**229 015**	**153 055**	**336 060**	**44 409**
北　京		38 155	22 475	3 257		332
天　津		5 065	3 212	225		
河　北		11 428	6 878	1 868		1 343
山　西		6 399	5 477	346		
内蒙古		7 958	993	1 657		4 772
辽　宁		65 201	50 829	6 382		5 307
吉　林		19 968	3 150	12 932		1 533
黑龙江		2 782				11 632
上　海	6	23 516		127		112
江　苏	40	6 193	1 387	602		386
浙　江	4 395	23 949		1 065		65
安　徽	3 818	16 695	1 000	15 100		258
福　建	4 453	63 441	5	439	305	1 080
江　西	2 469	12 414	1	898		3 143
山　东		854	759			118
河　南	6	31 385	25 902	2 334		22
湖　北	441	64 861	1 995	39 811		1 711
湖　南	2 774	59 500		1 177		584
广　东	2 758	83 859			27 159	858
广　西	3 820	93 142		120	2 473	137
海　南	3 613	61 373			203 853	1 867
四　川	1 032	14 463	2 147	626		45
贵　州	3 484	3 121		47		13
云　南	6 880	34 351		82	102 270	59
陕　西		2 027	1 290	365		200
甘　肃		11 446	5 985	3 836		149
青　海		75	60			6
宁　夏		13 841	11 233	920		27
新　疆		219 737	84 237	58 839		8 650

12－7　农垦系统国营农场畜牧业、渔业生产情况

指　　标	单 位	1995年	1994年	1995年比1994年增加	
				绝对数	%
一、大牲畜年末头数	万头	235.5	228.1	7.4	3.2
其中：役　畜	万头	67.6	59.5	8.1	13.6
牛	万头	182.8	174.3	8.5	4.9
其中：良种及改良奶牛	万头	51.9	51.7	0.1	0.3
马	万匹	32.8	33.1	－0.3	－1.0
驴	万头	11.5	10.8	0.7	6.4
骡	万头	3.5	3.2	0.2	6.8
骆　驼	万头	5.0	6.7	－1.7	－25.3
二、猪年末头数	万头	450.3	406.4	43.9	10.8
三、羊年末只数	万只	926.1	876.5	49.6	5.7
山　羊	万只	165.6	149.3	16.3	10.9
棉　羊	万只	760.5	727.2	33.3	4.6
四、家禽年末只数	万只	5 813.2	5 406.5	406.7	7.5
五、兔年末只数	万只	42.6	42.8	－0.2	－0.4
六、鹿年末只数	只				
七、畜产品产量					
肉猪出栏头数	万头	525.5	450.0	75.5	16.8
猪牛羊肉产量	万吨	53.4	46.8	6.6	14.1
其中：猪肉产量	万吨	42.5	36.9	5.6	15.3
牛奶产量	万吨	102.9	102.8	0.1	0.1
禽蛋产量	万吨	24.0	23.1	0.9	4.0
鹿茸产量	公斤	41 363	40 230	1 133	2.8
羊毛产量	吨	18 499	18 566	－67	－0.4
八、水产品产量	吨	359 241	306 293	52 948	17.3

12-8 各地区农垦系统国营农场畜牧业和渔业生产情况

地区	大牲畜年末头数(万头)	猪年末头数(万头)	羊年末只数(万只)	家禽年末只数(万只)	肉猪出栏头数(万头)	肉类总产量(吨)	牛奶产量(吨)	水产品产量(吨)
全国总计	**235.5**	**449.7**	**926.0**	**5 813.2**	**525.46**	**688 209**	**1 029 098**	**359 241**
北京	5.5	18.8	5.2	374.0	24.69	24 134	155 434	9 454
天津	1.3			75.0		1 474	52 426	2 271
河北	3.6	5.9	7.5	105.7	9.79	15 898	38 772	34 867
山西	0.7	0.3	0.4	10.4	0.20	530	23 934	
内蒙古	27.3	28.9	108.4	283.8	15.10	32 082	75 954	2 021
辽宁	9.1	38.8	4.0	953.0	34.09	53 596	47 668	36 062
吉林	4.3	8.1	5.8	189.4	4.54	11 056	3 215	1 102
黑龙江	26.6	54.7	19.6	691.7	55.14	77 290	244 034	8 220
上海	2.7	8.5		81.9	15.65	15 480	95 836	9 691
江苏	0.8	5.1	3.0	376.0	8.41	41 003	6 387	14 337
浙江	0.5	8.2	…	39.9	14.02	11 414	17 619	6 423
安徽	0.6	2.2	0.4	69.3	2.58	5 148	10 361	1 917
福建	2.3	11.2	0.5	171.2	14.68	14 972	2 369	16 369
江西	4.3	33.7	0.4	199.6	42.28	39 653	6 687	14 938
山东	0.3	0.3	0.9	20.0	0.23	688	1 187	915
河南	0.6	5.9	1.2	44.9	6.79	5 549	328	1 580
湖北	9.2	48.7	4.7	458.9	64.12	65 170	10 982	114 367
湖南	2.3	39.6	0.5	152.5	76.78	52 006	2 575	39 861
广东	4.2	19.2	…	458.3	25.55	28 307	14 083	12 196
广西	0.9	14.4	…	42.1	18.11	16 464	873	2 296
海南	11.5	33.8	8.5	410.5	35.54	46 533		13 755
四川	19.5	0.4	13.2	4.7	0.39	2 792	23 263	1 685
贵州	0.6	0.8	0.2	1.0	0.61	621	11 214	362
云南	0.8	10.0	0.1	57.2	7.27	7 771	9 324	1 962
陕西	0.8	0.4	0.8	15.0	0.30	719	22 725	330
甘肃	0.7	0.1	8.3	11.9	0.49	938	624	44
青海	3.8	1.0	20.8	19.9	0.88	1 905	7 567	7
宁夏	0.8	1.9	8.4	17.6	1.88	2 204	12 216	808
新疆	89.9	49.2	703.5	478.2	45.35	112 812	131 441	11 401

十三、各地区主要农村经济指标排序

13-1 粮食总产量和人均占有量

(1995年)

地区	粮食总产量(万吨)		按总人口平均每人占有量(公斤/人)	
	指标值	位次	指标值	位次
北京	259.8	24	218.7	29
天津	207.5	26	221.1	28
河北	27 39.0	5	427.1	9
山西	9 17.1	20	299.6	19
内蒙古	10 55.4	17	464.5	5
辽宁	14 23.5	15	348.9	15
吉林	19 92.4	10	771.4	1
黑龙江	25 52.1	8	692.3	2
上海	2 10.4	25	151.9	30
江苏	32 86.3	4	466.6	4
浙江	14 30.9	14	332.3	17
安徽	25 80.7	7	431.3	7
福建	9 19.9	19	286.6	21
江西	16 07.4	12	398.0	12
山东	42 46.4	2	488.8	3
河南	34 66.5	3	382.5	14
湖北	24 63.8	9	428.8	8
湖南	26 91.6	6	422.3	10
广东	17 34.8	11	255.9	26
广西	15 08.2	13	333.8	16
海南	2 01.8	28	281.3	22
四川	43 65.0	1	387.3	13
贵州	9 48.9	18	272.4	23
云南	11 88.9	16	299.9	18
西藏	70.0	30	294.1	20
陕西	9 13.4	21	261.2	25
甘肃	6 44.2	23	267.5	24
青海	1 14.2	29	239.2	27
宁夏	2 03.2	27	399.6	11
新疆	7 18.5	22	436.4	6

13－2　棉花总产量和人均占有量

(1995年)

地　　区	棉花总产量(吨)		按总人口平均每人占有量(公斤/人)	
	指　标　值	位　　次	指　标　值	位　　次
北　　京	2 600	18	0.2	18
天　　津	11 217	16	1.2	12
河　　北	370 459	6	5.8	5
山　　西	90 817	11	3.0	9
内 蒙 古				
辽　　宁	23 666	14	0.6	16
吉　　林				
黑 龙 江				
上　　海	3 577	17	0.3	17
江　　苏	561 637	4	8.0	4
浙　　江	62 475	12	1.5	11
安　　徽	301 213	7	5.0	7
福　　建				
江　　西	118 547	9	2.9	10
山　　东	470 820	5	5.4	6
河　　南	770 000	2	8.5	3
湖　　北	586 000	3	10.2	2
湖　　南	223 528	8	3.5	8
广　　东				
广　　西	716	20		
海　　南				
四　　川	112 129	10	1.0	14
贵　　州	868	19		
云　　南	703	21		
西　　藏				
陕　　西	39 851	13	1.1	13
甘　　肃	22 894	15	1.0	15
青　　海				
宁　　夏	111	22		
新　　疆	993 693	1	60.4	1

13－3 油料总产量和人均占有量

(1995年)

地　　区	油料总产量(万吨)		按总人口平均每人占有量(公斤/人)	
	指标值	位　次	指标值	位　次
北　京	3.3	30	2.8	30
天　津	4.0	28	4.3	29
河　北	109.9	8	17.1	11
山　西	22.3	20	7.3	24
内蒙古	70.2	11	30.9	6
辽　宁	19.8	22	4.8	28
吉　林	25.6	18	9.9	23
黑龙江	20.1	21	5.4	26
上　海	15.8	25	11.4	17
江　苏	159.5	6	22.6	9
浙　江	50.0	13	11.6	16
安　徽	191.8	3	32.0	5
福　建	23.3	19	7.3	25
江　西	103.6	9	25.6	8
山　东	315.0	1	36.3	1
河　南	298.0	2	32.9	4
湖　北	189.4	4	33.0	3
湖　南	112.0	7	17.6	10
广　东	71.0	10	10.5	21
广　西	45.3	15	10.0	22
海　南	7.6	26	10.6	20
四　川	170.2	5	15.1	13
贵　州	58.8	12	16.9	12
云　南	19.6	23	4.9	27
西　藏	3.4	29	14.1	14
陕　西	38.2	16	10.9	19
甘　肃	31.7	17	13.2	15
青　海	16.2	24	34.0	2
宁　夏	5.6	27	11.0	18
新　疆	49.4	14	30.0	7

13－4 糖料总产量和人均占有量

(1995年)

地区	糖料总产量(万吨)		按总人口平均每人占有量(公斤/人)	
	指标值	位次	指标值	位次
北京				
天津				
河北	12.4	23	1.9	24
山西	39.7	18	13.0	16
内蒙古	263.5	7	116.0	7
辽宁	50.4	16	12.4	18
吉林	83.6	13	32.4	12
黑龙江	500.8	4	135.9	6
上海	4.9	24	3.5	20
江苏	23.4	20	3.3	21
浙江	65.8	15	15.3	15
安徽	17.9	22	3.0	22
福建	248.6	8	77.4	9
江西	200.0	9	49.5	10
山东	1.2	25	0.1	26
河南	20.7	21	2.3	23
湖北	73.6	14	12.8	17
湖南	141.5	11	22.2	13
广东	1591.6	2	234.8	4
广西	2555.7	1	565.7	1
海南	335.9	5	468.2	2
四川	179.6	10	15.9	14
贵州	27.2	19	7.8	19
云南	1056.3	3	266.4	3
西藏				
陕西	1.0	26	0.3	25
甘肃	107.0	12	44.4	11
青海		27	0.1	27
宁夏	49.5	17	97.3	8
新疆	288.1	6	175.0	5

13－5 肉类总产量和人均占有量

(1995年)

地　区	肉类总产量(万吨)		按总人口平均每人占有量(公斤/人)	
	指标值	位　次	指标值	位　次
北　京	37.6	25	31.7	23
天　津	21.2	27	22.6	29
河　北	310.7	5	48.5	10
山　西	61.0	22	19.9	30
内蒙古	81.9	19	36.0	19
辽　宁	222.4	10	54.5	4
吉　林	134.5	14	52.1	7
黑龙江	135.8	13	36.8	17
上　海	57.8	23	41.7	14
江　苏	305.9	6	43.4	13
浙　江	121.2	17	28.2	25
安　徽	197.3	12	33.0	20
福　建	126.6	16	39.4	15
江　西	219.4	11	54.3	5
山　东	585.9	2	67.4	1
河　南	333.0	4	36.7	18
湖　北	279.4	8	48.6	8
湖　南	345.5	3	54.2	6
广　东	305.1	7	45.0	11
广　西	250.2	9	55.4	3
海　南	31.9	26	44.5	12
四　川	625.7	1	55.5	2
贵　州	105.5	18	30.3	24
云　南	128.2	15	32.3	21
西　藏	11.6	30	48.5	9
陕　西	79.1	20	22.6	28
甘　肃	62.7	21	26.0	26
青　海	18.4	28	38.5	16
宁　夏	12.1	29	23.7	27
新　疆	52.4	24	31.8	22

13－6 水产品产量和人均占有量

(1995 年)

地　区	水产品产量(吨)		按总人口平均每人占有量(公斤/人)	
	指标值	位次	指标值	位次
北　京	80 523	21	6.8	16
天　津	153 481	18	16.4	12
河　北	396 125	14	6.2	17
山　西	17 539	27	0.6	27
内蒙古	47 644	22	2.1	23
辽　宁	1978 640	6	48.5	5
吉　林	110 550	19	4.3	18
黑龙江	252 900	16	6.9	15
上　海	290 739	15	21.0	10
江　苏	2194 737	5	31.2	7
浙　江	3180 742	3	73.9	2
安　徽	751 997	11	12.6	14
福　建	2572 685	4	80.1	1
江　西	840 354	10	20.8	11
山　东	3809 420	1	43.8	6
河　南	180 939	17	2.0	24
湖　北	1509 119	7	26.3	8
湖　南	862 750	9	13.5	13
广　东	3543 383	2	52.3	4
广　西	1033 690	8	22.9	9
海　南	432 509	12	60.3	3
四　川	419 966	13	3.7	19
贵　州	32 686	25	0.9	26
云　南	84 209	20	2.1	22
西　藏	1 291	30	0.5	28
陕　西	37 655	24	1.1	25
甘　肃	7 625	28	0.3	30
青　海	2 444	29	0.5	29
宁　夏	18 420	26	3.6	20
新　疆	44 432	23	2.7	21

13－7　水果产量和人均占有量

(1995年)

地　区	水果产量(吨)		按总人口平均每人占有量(公斤/人)	
	指 标 值	位　次	指 标 值	位　次
北　京	452 400	19	38.1	11
天　津	199 227	25	21.2	16
河　北	4 319 652	2	67.4	5
山　西	1 025 814	14	33.5	12
内蒙古	181 500	26	8.0	26
辽　宁	2 199 889	7	53.9	8
吉　林	279 717	22	10.8	23
黑龙江	127 005	27	3.4	29
上　海	217 140	23	15.7	20
江　苏	1 013 458	15	14.4	21
浙　江	2 146 168	9	49.8	10
安　徽	526 557	18	8.8	25
福　建	2 393 267	6	74.6	3
江　西	427 637	20	10.6	24
山　东	7 176 857	1	82.6	1
河　南	2 116 560	10	23.4	14
湖　北	1 146 971	12	20.0	17
湖　南	1 169 429	11	18.3	19
广　东	4 145 073	3	61.2	6
广　西	2 665 994	5	59.0	7
海　南	360 496	21	50.2	9
四　川	2 153 153	8	19.1	18
贵　州	209 708	24	6.0	27
云　南	557 139	17	14.1	22
西　藏	5 594	30	2.4	30
陕　西	2 839 552	4	81.2	2
甘　肃	803 625	16	33.4	13
青　海	26 831	29	5.6	28
宁　夏	116 424	28	22.9	15
新　疆	1 143 430	13	69.4	4

13－8　奶类总产量和人均占有量

(1995年)

地区	奶类总产量(万吨)		按总人口平均每人占有量(公斤/人)	
	指标值	位次	指标值	位次
北京	20.6	10	17.3	7
天津	11.1	16	11.9	9
河北	38.9	5	6.1	13
山西	29.3	7	9.6	10
内蒙古	51.2	3	22.5	6
辽宁	18.3	12	4.5	14
吉林	11.3	15	4.4	15
黑龙江	166.6	1	45.2	2
上海	21.8	9	15.7	8
江苏	10.4	17	1.5	21
浙江	9.2	21	2.1	19
安徽	2.5	26	0.4	26
福建	6.3	22	2.0	20
江西	3.2	25	0.8	24
山东	66.8	2	7.7	12
河南	9.7	20	1.1	22
湖北	3.8	24	0.7	25
湖南	0.8	29	0.1	29
广东	5.7	23	0.8	23
广西	0.9	28	0.2	28
海南	0.1	30	0.1	30
四川	28.1	8	2.5	18
贵州	1.4	27	0.4	27
云南	10.1	18	2.6	17
西藏	17.7	13	74.3	1
陕西	32.6	6	9.3	11
甘肃	9.9	19	4.1	16
青海	20.6	11	43.1	3
宁夏	14.0	14	27.6	5
新疆	49.7	4	30.2	4

13－9 禽蛋总产量和人均占有量

(1995年)

地区	禽蛋总产量(万吨)		按总人口平均每人占有量(公斤/人)	
	指标值	位次	指标值	位次
北京	28.5	17	24.0	6
天津	24.1	19	25.6	3
河北	205.3	2	32.0	2
山西	36.1	13	11.8	11
内蒙古	18.8	20	8.3	16
辽宁	102.8	5	25.2	4
吉林	48.9	10	18.9	8
黑龙江	79.0	8	21.4	7
上海	14.8	21	10.7	13
江苏	175.3	3	24.9	5
浙江	31.7	15	7.4	19
安徽	51.2	9	8.6	14
福建	27.0	18	8.4	15
江西	33.4	14	8.3	17
山东	317.4	1	36.5	1
河南	140.0	4	15.4	9
湖北	87.9	6	15.3	10
湖南	46.6	11	7.3	20
广东	31.1	16	4.6	24
广西	14.7	22	3.3	25
海南	2.2	28	3.1	26
四川	79.2	7	7.0	21
贵州	5.8	26	1.7	30
云南	6.9	25	1.7	29
西藏	0.7	30	3.0	27
陕西	40.1	12	11.5	12
甘肃	12.4	23	5.2	23
青海	1.2	29	2.6	28
宁夏	3.9	27	7.7	18
新疆	9.5	24	5.8	22

13－10 有效灌溉面积和农作物复种指数

(1995 年)

地　区	有效灌溉面积占耕地面积的比重(%)		农作物复种指数	
	指标值	位次	指标值	位次
北　京	80.85	8	138.46	17
天　津	83.24	5	134.41	18
河　北	61.99	15	133.80	19
山　西	32.98	25	106.87	24
内蒙古	32.35	26	92.50	30
辽　宁	35.51	22	106.90	23
吉　林	22.88	29	102.70	25
黑龙江	12.17	30	96.13	29
上　海	99.21	1	186.93	12
江　苏	86.16	4	177.80	14
浙　江	87.71	3	242.49	2
安　徽	68.37	12	194.69	11
福　建	77.78	9	235.47	4
江　西	81.43	7	257.78	1
山　东	69.63	11	161.85	16
河　南	59.42	16	178.33	13
湖　北	64.75	13	220.78	7
湖　南	82.47	6	241.27	3
广　东	64.23	14	228.90	5
广　西	56.31	17	219.79	8
海　南	42.08	20	202.71	10
四　川	46.83	18	207.43	9
贵　州	33.27	24	228.43	6
云　南	43.54	19	172.75	15
西　藏	72.99	10	98.74	26
陕　西	39.49	21	132.52	20
甘　肃	25.63	28	108.35	22
青　海	30.06	27	96.42	28
宁　夏	34.46	23	118.43	21
新　疆	88.87	2	97.50	27

13－11　农民家庭平均每人纯收入

单位：元

地　区	1990年		1994年		1995年	
	实际数	位次	实际数	位次	实际数	位次
北　京	1 297.05	2	2 400.69	2	3 223.65	2
天　津	1 069.04	4	1 835.71	5	2 406.38	6
河　北	621.67	19	1 107.25	16	1 668.73	11
山　西	603.51	21	884.20	24	1 208.30	21
内蒙古	607.15	20	969.91	20	1 208.38	20
辽　宁	836.17	7	1 423.45	8	1 756.50	9
吉　林	803.52	8	1 271.63	12	1 609.60	12
黑龙江	759.86	10	1 393.58	9	1 766.27	8
上　海	1 907.32	1	3 436.61	1	4 245.61	1
江　苏	959.06	6	1 831.53	6	2 456.86	5
浙　江	1 099.04	3	2 224.64	3	2 966.19	3
安　徽	539.16	26	973.20	19	1 302.82	18
福　建	764.41	9	1 577.74	7	2 048.59	7
江　西	669.90	15	1 218.19	13	1 537.36	13
山　东	680.18	13	1 319.73	10	1 715.09	10
河　南	526.95	28	909.81	23	1 231.97	19
湖　北	670.80	14	1 172.74	14	1 511.22	15
湖　南	664.24	16	1 155.00	15	1 425.16	17
广　东	1 043.03	5	2 181.52	4	2 699.24	4
广　西	639.45	18	1 107.02	17	1 446.14	16
海　南	696.22	11	1 304.52	11	1 519.71	14
四　川	557.76	24	946.33	22	1 158.29	23
贵　州	435.14	29	786.84	29	1 086.62	25
云　南	540.86	25	802.95	28	1 010.97	27
西　藏	649.71	17	975.95	18	1 200.31	22
陕　西	530.80	27	804.84	27	962.89	29
甘　肃	430.98	30	723.73	30	880.34	30
青　海	559.78	23	869.34	25	1 029.77	26
宁　夏	578.13	22	866.97	26	998.75	28
新　疆	683.47	12	946.82	21	1 136.45	24

十四、国外主要农业指标

14－1 总人口与农业人口

单位：万人

国别	总人口		农业人口		农业人口占总人口比重(%)	
	1993年	1994年	1993年	1994年	1993年	1994年
世界总计	554 461	563 024	242 897	244 307	43.81	43.39
亚洲①	328 049	333 319	182 650	183 625	55.68	55.09
中国②	118 517	119 850	91 334	91 526	77.06	76.37
孟加拉国	11 520	11 779	7 663	7 753	66.52	65.83
印度	90 146	91 857	55 634	56 379	61.72	61.38
印度尼西亚	19 167	19 462	8 019	7 975	41.83	40.98
伊朗	6 417	6 576	1 580	1 574	24.62	23.93
以色列	527	540	20	20	3.83	3.68
日本	12 467	12 496	653	618	5.24	4.94
马来西亚	1 925	1 970	535	531	27.79	26.97
蒙古	232	236	64	64	27.78	27.00
缅甸	4 460	4 556	2 014	2 031	45.15	44.57
朝鲜	2 305	2 348	713	707	30.95	30.12
韩国	4 413	4 456	867	838	19.65	18.81
巴基斯坦	13 294	13 665	6 837	6 957	51.43	50.92
菲律宾	6 480	6 619	2 913	2 943	44.96	44.46
新加坡	279	282	3	2	0.90	0.85
斯里兰卡	1 790	1 813	916	925	51.20	51.03
泰国	5 759	5 818	3 360	3 352	58.35	57.61
土耳其	5 960	6 077	2 468	2 464	41.41	40.54
越南	7 132	7 293	4 169	4 209	58.45	57.71
非洲	68 878	70 829	40 487	41 278	58.78	58.28
埃及	6 032	6 164	2 353	2 373	39.01	38.51
尼日利亚	10 526	10 847	6 709	6 875	63.73	63.38
南非	3 966	4 056	569	565	14.34	13.92
北美洲	44 313	44 897	5 442	5 430	12.28	12.09
加拿大	2 882	2 914	81	78	2.82	2.69
墨西哥	9 003	9 186	2 531	2 527	28.12	27.50
美国	25 826	26 063	601	583	2.33	2.24
南美洲	30 913	31 447	6 776	6 727	21.92	21.39
阿根廷	3 378	3 418	326	323	9.66	9.43
巴西	15 649	15 914	3 532	3 491	22.57	21.94
委内瑞拉	2 091	2 138	197	193	9.40	9.03
欧洲①	50 418	50 550	3 805	3 657	7.55	7.24
保加利亚	892	886	96	91	10.75	10.29
捷克共和国	1 030	1 030				
法国	5 751	5 775	244	233	4.24	4.03
德国	8 086	8 128	294	284	3.63	3.50
意大利	5 713	5 716	295	279	5.16	4.88
荷兰	1 530	1 539	50	48	3.27	3.12
波兰	3 846	3 854	635	614	16.50	15.93
罗马尼亚	2 276	2 273	356	339	15.62	14.90
俄罗斯	14 776	14 737				
西班牙	3 951	3 957	355	339	8.99	8.55
英国	5 814	5 831	106	104	1.83	1.78
南斯拉夫	1 062	1 076				
大洋洲	2 770	2 812	443	443	16.00	15.75
澳大利亚	1 761	1 785	79	78	4.51	4.37
新西兰	349	353	30	30	8.58	8.41

注：① 未包括前苏联各共和国。② 中国农业人口为乡村人口，包括脱离了农业但仍在农村居住的人口，同国外口径不一致。

14-2 谷物① 收获面积、总产量与单产

国别	收获面积（千公顷）		总产量（千吨）		每公顷产量（公斤）	
	1993年	1994年	1993年	1994年	1993年	1994年
世界总计	689 412	689 146	1 891 578	1 950 599	2 744	2 830
亚洲②	303 336	302 908	899 209	898 644	2 964	2 967
中国③	88 912	87 537	405 174	393 891	4 557	4 500
孟加拉国	10 795	10 563	28 175	28 741	2 610	2 721
印度	100 013	100 858	205 420	212 482	2 054	2 107
印度尼西亚	13 952	13 696	54 641	52 862	3 916	3 860
伊朗	9 412	9 576	16 293	17 522	1 731	1 830
以色列	106	91	229	157	2 160	1 725
日本	2 424	2 448	10 737	15 787	4 429	6 449
哈萨克斯坦	22 021	20 677	21 533	16 395	978	793
马来西亚	690	686	2 069	2 080	2 999	3 032
蒙古	568	443	492	443	866	1 000
缅甸	6 002	7 015	17 260	19 607	2 876	2 795
朝鲜	1 410	1 398	4 374	4 525	3 102	3 237
韩国	1 283	1 306	7 135	7 588	5 561	5 810
巴基斯坦	12 193	12 082	23 872	22 256	1 958	1 842
菲律宾	6 543	6 486	14 332	15 550	2 190	2 397
斯里兰卡	860	864	2 607	2 620	3 031	3 032
泰国	10 542	9 881	23 483	22 576	2 228	2 285
土耳其	14 079	13 772	31 749	27 001	2 255	1 961
越南	6 989	7 034	24 337	23 455	3 482	3 335
非洲	79 862	84 676	95 399	104 737	1 195	1 237
埃及	2 495	2 422	14 961	14 766	5 996	6 097
尼日利亚	11 031	10 843	13 919	13 517	1 262	1 247
南非	5 682	6 032	12 405	14 422	2 183	2 391
北美洲	92 777	95 629	343 052	437 420	3 698	4 574
加拿大	19 408	18 110	51 416	47 054	2 649	2 598
墨西哥	9 970	10 235	27 311	27 412	2 739	2 678
美国	60 343	64 143	258 952	357 377	4 291	5 572
南美洲	33 176	35 235	83 969	87 330	2 531	2 479
阿根廷	8 784	8 859	25 197	24 668	2 869	2 785
巴西	18 264	20 112	42 981	45 930	2 353	2 284
委内瑞拉	665	721	1 860	2 069	2 797	2 870
欧洲②	62 479	62 605	259 309	261 214	4 150	4 172
白俄罗斯	2 592	2 632	7 315	5 930	2 822	2 253
保加利亚	2 317	2 283	5 832	6 424	2 517	2 814
捷克共和国	1 610	1 654	6 477	6 777	4 023	4 097
法国	8 541	8 185	55 632	53 641	6 514	6 554
德国	6 225	6 355	35 588	36 353	5 717	5 720
意大利	4 076	4 043	19 690	18 918	4 831	4 679
荷兰	184	190	1 466	1 355	7 967	7 132
波兰	8 506	8 481	23 417	21 763	2 753	2 566
罗马尼亚	6 395	6 329	15 493	17 512	2 423	2 767
俄罗斯	58 904	54 304	96 171	78 709	1 633	1 449
西班牙	6 430	6 580	17 476	15 341	2 718	2 331
乌克兰	12 986	12 053	42 725	32 862	3 290	2 726
英国	3 031	3 049	19 464	19 670	6 422	6 451
南斯拉夫	2 471	2 504	7 411	8 910	2 999	3 558
大洋洲	14 459	11 743	28 203	15 278	1 951	1 301
澳大利亚	14 296	11 574	27 398	14 462	1 916	1 250
新西兰	149	149	778	779	5 221	5 228

注：① 不包括豆类和薯类。② 不包括前苏联各共和国。③ 中国为播种面积和按播种面积计算的单位面积产量。以下各表同。

14-3 棉花① 收获面积、总产量与单产

国别	收获面积（千公顷）		总产量（千吨）		每公顷产量（公斤）	
	1993年	1994年	1993年	1994年	1993年	1994年
世界总计	30 063	31 118	48 159	53 265	1 602	1 712
亚洲②	16 408	16 847	23 995	26 694	1 462	1 584
中国	4 985	5 528	3 739	4 341	750	785
孟加拉国	19	18	47	45	2 474	2 500
印度	7 330	7 670	5 812	6 886	793	898
印度尼西亚	20	21	24	25	1 200	1 190
伊朗	141	160	275	310	1 950	1 938
以色列	16	20	73	90	4 563	4 500
哈萨克斯坦	110	110	200	207	1 818	1 882
缅甸	158	122	68	43	430	352
朝鲜	17	17	32	34	1 882	2 000
巴基斯坦	2 805	2 822	4 104	4 050	1 463	1 435
菲律宾	10	18	12	20	1 200	1 111
泰国	16	32	18	41	1 125	1 281
土耳其	559	570	1 530	1 594	2 737	2 796
越南	28	29	17	18	607	621
非洲	3 445	3 389	3 736	3 752	1 084	1 107
埃及	372	303	1 083	830	2 911	2 739
尼日利亚	430	430	340	350	791	814
南非	54	80	43	79	796	988
北美洲	5 243	5 544	9 441	11 594	1 801	2 091
墨西哥	40	126	120	300	3 000	2 381
美国	5 173	5 394	9 266	11 252	1 791	2 086
南美洲	1 845	2 297	2 379	2 883	1 289	1 255
阿根廷	303	483	431	720	1 422	1 491
巴西	1 060	1 178	1 135	1 359	1 071	1 154
委内瑞拉	35	52	44	70	1 257	1 346
欧洲②	381	426	1 092	1 156	2 866	2 714
保加利亚	8	9	5	6	636	706
西班牙	32	38	90	112	2 813	2 947
大洋洲	287	234	1 000	794	3 484	3 393
澳大利亚	287	234	1 000	794	3 484	3 393

注：① 籽棉。② 不包括前苏联各共和国。

14－4　油菜籽①收获面积、总产量与单产

国　别	收获面积（千公顷）		总产量（千吨）		每公顷产量（公斤）	
	1993年	1994年	1993年	1994年	1993年	1994年
世界总计	20 089	22 248	26 504	29 958	1 319	1 347
亚　洲②	12 230	12 284	12 266	13 600	1 003	1 107
中　国	5 300	5 783	6 939	7 492	1 309	1 296
孟加拉国	338	337	244	239	722	709
印　度	6 305	6 036	4 872	5 700	773	944
日　本	1	0.4	1	1	1 713	2 500
哈萨克斯坦	18	20	16	22	889	1 100
韩　国	1	1	3	3	1 860	1 800
巴基斯坦	285	269	207	197	726	732
非　洲	167	167	182	180	1 090	1 078
埃塞俄比亚	151	150	82	80	543	533
北美洲	4 180	5 891	5 600	7 395	1 340	1 255
加拿大	4 104	5 753	5 480	7 187	1 335	1 249
墨西哥	0.5	0.4	5	5	11 111	11 333
美　国	76	138	115	203	1 513	1 471
南美洲	52	52	71	73	1 365	1 404
阿根廷	30	30	40	40	1 333	1 333
智　利	10	10	21	23	2 100	2 300
欧　洲②	3 068	3 350	7 796	8 214	2 541	2 452
白俄罗斯	23	25	94	100	4 087	4 000
捷克共和国	167	190	377	452	2 257	2 379
法　国	550	671	1 562	1 771	2 840	2 639
德　国	1 007	1 066	2 848	2 802	2 828	2 629
意大利	5	11	13	12	2 600	1 091
荷　兰	2	2	8	8	4 000	4 000
波　兰	348	370	594	756	1 707	2 043
罗马尼亚	1	1	1	1	900	933
俄罗斯	119	150	98	114	824	760
西班牙	13	6	17	11	1 308	1 833
乌克兰	37	21	44	18	1 189	857
英　国	421	490	1 128	1 323	2 679	2 700
南斯拉夫	1.3	1.5	2	2	1 526	1 333
大洋洲	185	278	328	231	1 773	831
澳大利亚	183	276	325	228	1 776	826
新西兰	2	2	3	3	1 500	1 500

注: ① 包括芥菜籽产量。② 不包括前苏联各共和国。

14－5　花生收获面积、总产量与单产

国　别	收获面积（千公顷）		总产量（千吨）		每公顷产量（公斤）	
	1993年	1994年	1993年	1994年	1993年	1994年
世界总计	20 958	21 781	25 706	28 493	1 227	1 308
亚　洲①	13 527	13 807	18 364	20 423	1 358	1 479
中　国	3 379	3 776	8 421	9 682	2 492	2 564
孟加拉国	36	35	40	41	1 111	1 171
印　度	8 374	8 500	7 626	8 400	911	988
印度尼西亚	665	610	1 068	1 080	1 606	1 770
伊　朗	1	1	4	4	2 667	2 733
以色列	3	3	21	21	6 508	6 563
日　本	15	14	24	35	1 600	2 500
马来西亚	1	1	4	4	3 636	3 852
缅　甸	485	466	433	431	893	925
韩　国	10	10	17	17	1 700	1 700
巴基斯坦	92	96	96	100	1 043	1 042
菲律宾	45	45	34	35	756	778
斯里兰卡	8	8	3	3	375	375
泰　国	92	92	136	136	1 478	1 478
土耳其	30	30	70	70	2 333	2 333
越　南	230	250	242	275	1 052	1 100
非　洲	6 268	6 823	4 949	5 311	790	778
埃　及	13	13	30	30	2 308	2 308
尼日利亚	1 000	1 048	1 170	1 200	1 170	1 145
塞内加尔	739	892	628	678	850	760
南　非	164	111	132	90	805	811
苏　丹	780	1 092	428	810	549	742
扎伊尔	670	660	604	550	901	833
北美洲	852	815	1 748	2 145	2 052	2 632
墨西哥	90	90	116	114	1 289	1 267
美　国	684	646	1 539	1 936	2 250	2 997
南美洲	270	300	515	548	1 907	1 827
阿根廷	110	134	333	299	3 027	2 231
巴　西	85	92	150	159	1 765	1 728
委内瑞拉	3	2	8	5	2 401	3 000
欧　洲①	15	12	20	15	1 333	1 250
保加利亚	13	10	14	9	1 077	900
意大利	1	1	4	4	3 294	3 385
大洋洲	23	23	49	49	2 130	2 130
澳大利亚	19	19	45	45	2 368	2 368

注:① 不包括前苏联各共和国。

14－6　猪的头数与胴体重

国　　别	存栏头数（千头）		屠宰头数（千头）		每头胴体重（公斤）	
	1993年	1994年	1993年	1994年	1993年	1994年
世界总计	869 537	875 407	989 841	1 013 161	76	78
亚　洲①	472 926	482 889	493 197	526 545	72	76
中　国	393 000	414 620	378 238	421 030	76	76
印　度	11 630	11 780	11 500	11 650	35	35
印度尼西亚	8 350	8 720	11 300	11 800	55	55
以色列	100	100	76	77	121	121
日　本	10 783	10 621	19 152	18 750	75	75
哈萨克斯坦	2 591	2 445	2 560	2 900	77	78
马来西亚	2 983	3 098	4 003	4 207	55	55
蒙　古	49	49	86	86	58	63
缅　甸	2 529	2 589	1 650	1 700	55	55
朝　鲜	3 300	3 368	3 000	3 026	50	50
韩　国	5 928	6 300	9 849	10 600	81	81
菲律宾	7 954	8 227	11 941	13 000	66	69
斯里兰卡	90	90	30	32	73	73
泰　国	5 435	4 931	7 021	7 114	50	50
土耳其	12	9	2	2	51	51
越　南	14 861	15 043	14 400	14 851	61	61
非　洲	20 484	21 080	15 844	15 791	47	46
喀麦隆	1 380	1 380	560	560	30	30
埃　及	27	27	65	64	43	43
尼日利亚	6 660	6 926	5 660	5 890	44	44
南　非	1 493	1 511	2 150	1 800	60	56
北美洲	91 845	93 056	125 374	128 184	80	81
加拿大	10 841	11 200	15 212	15 375	78	78
墨西哥	16 832	18 000	12 455	12 600	66	69
美　国	58 202	57 904	93 296	95 696	83	84
南美洲	49 867	49 846	34 010	35 532	65	65
阿根廷	2 200	2 200	2 341	2 341	66	66
巴　西	31 050	30 450	17 800	18 900	68	68
委内瑞拉	2 300	2 250	1 890	1 890	58	58
欧　洲①	168 847	167 983	255 642	244 937	84	85
白俄罗斯	4 308	4 175	4 190	4 250	73	73
保加利亚	2 680	2 071	3 618	3 093	73	69
捷克共和国	4 599	4 071	5 860	5 736	105	92
法　国	12 564	13 383	24 097	24 788	84	85
德　国	26 075	26 044	41 058	39 000	91	91
意大利	8 307	8 200	12 241	12 100	112	109
荷　兰	13 709	13 991	20 345	19 500	86	86
波　兰	18 860	19 466	23 530	19 050	81	84
罗马尼亚	9 852	9 262	8 500	8 300	88	89
俄罗斯	31 520	28 600	32 500	30 000	75	80
西班牙	18 234	18 188	26 934	26 350	78	81
乌克兰	16 175	15 298	12 252	11 386	83	80
英　国	7 869	7 910	14 394	14 866	70	69
南斯拉夫	4 092	4 000	7 311	6 000	48	48
大洋洲	4 794	4 910	7 232	7 409	59	59
澳大利亚	2 646	2 740	5 032	5 190	65	66
新西兰	430	430	845	845	57	57

注：① 不包括前苏联各共和国。

14－7 羊的只数与胴体重

国别	存栏只数（千只）		屠宰只数（千只）		每只胴体重（公斤）	
	1993年	1994年	1993年	1994年	1993年	1994年
世界总计	1 688 923	1 696 149	705 386	714 031	14	14
亚洲①	695 970	713 107	323 548	339 018	13	13
中国	21 731	24 053	11 163	13 089	12	12
孟加拉国	26 956	29 120	13 231	14 267	7	7
印度	162 155	163 156	60 700	61 263	10	10
印度尼西亚	18 100	18 692	9 060	9 210	10	10
伊朗	68 700	68 900	23 010	23 050	15	15
以色列	430	430	330	341	18	18
日本	61	56	17	18	29	30
哈萨克斯坦	34 420	34 208	15 340	14 700	15	15
马来西亚	660	692	66	67	11	11
蒙古	19 886	20 861	5 920	5 551	19	20
缅甸	1 397	1 417	470	476	17	17
朝鲜	690	701	200	205	20	20
韩国	504	524	151	157	13	13
巴基斯坦	67 893	70 315	33 343	34 565	18	18
菲律宾	2 592	2 830	2 409	2 609	14	14
斯里兰卡	519	519	85	85	25	25
泰国	287	234	83	87	24	23
土耳其	49 870	47 674	27 900	27 800	13	13
越南	300	300	225	233	13	13
非洲	377 253	384 934	122 479	123 138	13	13
埃及	6 754	6 592	4 555	4 510	20	20
尼日利亚	38 500	39 952	14 600	14 966	12	12
南非	35 017	35 536	11 854	11 765	14	15
北美洲	31 894	32 473	12 161	11 740	21	21
加拿大	690	719	515	512	21	21
墨西哥	17 176	16 355	4 958	4 790	14	14
美国	10 265	11 609	5 259	5 000	29	30
南美洲	115 555	116 873	25 553	26 616	14	14
阿根廷	21 838	23 408	4 988	5 375	14	14
巴西	32 180	32 700	8 170	8 300	14	14
委内瑞拉	2 275	2 400	867	933	12	12
欧洲①	148 681	145 501	107 695	101 481	13	13
白俄罗斯	381	319	270	240	15	17
保加利亚	5 425	4 439	4 867	3 635	13	15
捷克共和国	299	241	206	174	16	13
法国	11 451	11 507	9 792	9 258	16	16
德国	2 458	2 448	2 206	2 191	18	18
意大利	11 724	11 716	8 901	9 139	9	9
荷兰	2 036	2 211	840	889	23	22
波兰	1 268	870	900	400	20	20
罗马尼亚	12 884	12 275	9 071	9 185	8	8
俄罗斯	51 369	43 700	17 250	15 950	21	22
西班牙	26 819	26 577	22 491	22 141	11	11
乌克兰	7 237	6 863	2 315	3 085	13	15
英国	29 333	29 300	18 003	14 773	19	19
南斯拉夫	2 752	2 752	1 884	1 474	15	20
大洋洲	190 102	183 765	64 430	64 443	18	18
澳大利亚	138 343	132 850	33 390	33 330	20	20
新西兰	51 470	50 619	30 684	31 024	16	16

注：①不包括前苏联各共和国。

14-8 肉类产量

单位：千吨

国别	肉类合计		猪肉		牛肉	
	1993年	1994年	1993年	1994年	1993年	1994年
世界总计	188 431	194 657	75 193	78 954	50 174	50 509
亚洲①	62 774	68 083	35 753	40 041	6 407	6 619
中国	38 415	44 993	28 544	32 048	2 336	3 270
孟加拉国	342	356			144	145
印度	4 033	4 117	402	408	1 276	1 292
印度尼西亚	1 589	1 659	621	649	261	271
伊朗	1 167	1 204			275	276
以色列	273	280	9	9	37	38
日本	3 387	3 334	1 433	1 400	593	605
哈萨克斯坦	1 309	1 237	197	225	630	615
马来西亚	844	895	219	231	14	14
蒙古	205	206	5	5	48	48
缅甸	299	312	91	93	89	90
朝鲜	227	230	150	151	30	31
韩国	1 368	1 440	796	854	204	203
巴基斯坦	1 552	1 675			318	338
菲律宾	1 194	1 251	690	720	86	89
斯里兰卡	56	58	2	2	24	24
泰国	1 422	1 491	351	356	240	248
土耳其	1 025	1 025			296	286
越南	1 232	1 271	878	907	75	79
非洲	9 068	8 924	738	719	3 478	3 264
埃及	840	856	3	3	173	175
尼日利亚	911	928	249	259	219	219
南非	1 382	1 149	130	100	691	472
北美洲	38 901	41 019	10 011	10 356	13 292	14 086
加拿大	2 862	3 004	1 192	1 205	883	930
墨西哥	3 309	3 556	822	873	1 256	1 365
美国	31 277	32 965	7 751	8 027	10 584	11 199
南美洲	16 011	16 914	2 219	2 321	7 605	7 946
阿根廷	3 485	3 574	155	155	2 508	2 590
巴西	7 582	8 080	1 215	1 290	3 005	3 160
委内瑞拉	1 076	1 080	110	110	377	370
欧洲①	42 732	41 105	21 600	20 747	10 326	9 564
白俄罗斯	869	849	305	310	442	430
保加利亚	534	447	265	214	123	97
捷克共和国	1 015	875	615	530	216	174
法国	6 213	6 140	2 017	2 116	1 909	1 667
德国	6 135	5 789	3 747	3 550	1 681	1 500
意大利	4 071	4 030	1 371	1 320	1 187	1 180
荷兰	2 886	2 826	1 747	1 677	611	600
波兰	2 727	2 421	1 903	1 609	480	450
罗马尼亚	1 453	1 432	750	738	351	333
俄罗斯	7 517	7 475	2 432	2 400	3 359	3 350
西班牙	3 730	3 765	2 089	2 125	488	472
乌克兰	2 815	2 666	1 013	910	1 379	1 421
英国	3 287	3 285	1 008	1 032	859	877
南斯拉夫	583	471	350	290	145	95
大洋洲	4 596	4 651	423	440	2 400	2 414
澳大利亚	3 304	3 355	328	344	1 826	1 825
新西兰	1 190	1 191	48	48	550	565

注：① 不包括前苏联各共和国。

国别	羊肉		禽肉	
	1993年	1994年	1993年	1994年
世界总计	9798	9 943	47 063	49 125
亚洲①	4231	4 477	13 335	13 790
中国	1373	1 609	5 736	7 552
孟加拉国	93	100	94	99
印度	635	611	406	440
印度尼西亚	90	93	557	588
伊朗	354	355	510	547
以色列	6	6	221	227
日本	0.5	1	1 352	1 320
哈萨克斯坦	237	227	180	170
马来西亚	1	1	539	606
蒙古	110	109		
缅甸	8	8	90	99
朝鲜	4	4	44	45
韩国	2	2	363	377
巴基斯坦	595	637	175	218
菲律宾	33	36	330	349
斯里兰卡	2	2	14	15
泰国	2	2	772	828
土耳其	363	362	355	365
越南	3	3	168	171
非洲	1532	1 552	2 061	2 126
埃及	93	91	301	323
尼日利亚	178	182	165	168
南非	166	172	384	394
北美洲	253	248	14 973	15 968
加拿大	11	11	750	831
墨西哥	70	69	1 079	1 165
美国	153	151	12 536	13 351
南美洲	349	366	5 636	6 080
阿根廷	72	77	649	650
巴西	117	119	3 222	3 490
委内瑞拉	10	11	580	590
欧洲①	1431	1 332	8 323	8 411
白俄罗斯	4	4	113	105
保加利亚	64	55	75	74
捷克共和国	3	2	147	134
法国	155	147	1 821	1 898
德国	40	40	614	645
意大利	81	82	1 123	1 136
荷兰	19	20	509	529
波兰	18	8	305	335
罗马尼亚	75	78	263	269
俄罗斯	359	345	1 277	1 380
西班牙	240	244	787	805
乌克兰	30	45	362	264
英国	348	278	1 058	1 085
南斯拉夫	29	30	58	56
大洋洲	1164	1 146	546	586
澳大利亚	661	661	467	503
新西兰	502	484	66	69

注:① 不包括前苏联各共和国。

14－9 鸡蛋和牛奶产量

单位：千吨

国别	鸡蛋产量		国别	牛奶产量	
	1993年	1994年		1993年	1994年
世界总计	38 431	39 356	世界总计	460 655	458 645
亚洲①	17 671	18 227	亚洲①	67 012	67 129
中国②	11 798	14 790	中国	4 986	5 288
孟加拉国	73	77	孟加拉国	767	774
印度	1 342	1 446	印度	30 600	30 000
印度尼西亚	420	437	印度尼西亚	402	425
伊朗	345	350	伊朗	1 915	1 930
以色列	113	116	以色列	1 081	1 105
日本	2 595	2 562	日本	8 626	8 365
哈萨克斯坦	185	185	哈萨克斯坦	5 490	5 300
马来西亚	350	374	马来西亚	33	34
蒙古	1	1	蒙古	206	251
缅甸	39	40	缅甸	435	441
朝鲜	148	151	朝鲜	88	90
韩国	448	457	韩国	1 860	1 986
巴基斯坦	232	234	巴基斯坦	3 928	4 100
菲律宾	264	275	菲律宾	14	14
新加坡	16	16	斯里兰卡	207	227
斯里兰卡	49	51	泰国	145	265
泰国	404	403	土耳其	8 904	8 950
土耳其	500	515	越南	41	42
越南	115	119	非洲	14 849	15 197
非洲	1 599	1 647	埃及	990	995
埃及	128	130	尼日利亚	380	389
尼日利亚	310	315	南非	2 341	2 350
南非	231	231	北美洲	86 763	88 297
北美洲	6 213	6 349	加拿大	7 500	7 700
加拿大	323	320	墨西哥	7 657	7 547
墨西哥	1 234	1 246	美国	68 303	69 682
美国	4 260	4 374	南美洲	34 982	35 958
南美洲	2 485	2 581	阿根廷	7 716	7 868
阿根廷	337	345	巴西	15 671	15 774
巴西	1 334	1 400	委内瑞拉	1 451	1 611
委内瑞拉	133	139	欧洲①	154 258	152 550
欧洲①	6 586	6 892	白俄罗斯	5 564	5 300
白俄罗斯	185	186	保加利亚	1 319	1 135
保加利亚	88	84	捷克共和国	3 454	3 231
捷克共和国	155	150	法国	25 324	24 935
法国	931	982	德国	28 098	28 200
德国	826	1 100	意大利	10 300	10 300
意大利	710	721	荷兰	10 959	10 755
荷兰	600	606	波兰	12 639	12 219
波兰	312	301	罗马尼亚	3 500	3 600
罗马尼亚	266	314	俄罗斯	46 429	44 000
俄罗斯	2 240	2 184	西班牙	5 980	5 751
西班牙	669	669	乌克兰	18 199	17 933
乌克兰	663	500	英国	14 781	15 005
英国	624	626	南斯拉夫	1 768	1 500
南斯拉夫	81	60	大洋洲	15 989	16 783
大洋洲	222	223	澳大利亚	7 554	8 326
澳大利亚	162	162	新西兰	8 360	8 379
新西兰	49	49			

注：① 不包括前苏联各共和国。② 中国为禽蛋产量。

14－10　农业生产指数

(1994年，以1979－1981年三年平均为100)

国　别	农　业	种植业	畜牧业
世界总计	129.37	129.57	126.58
亚　洲	164.37	147.88	221.60
中　国①	209.94	200.15	351.86
孟加拉国	131.84	129.29	153.65
印　度	166.36	159.54	197.73
印度尼西亚	173.61	167.11	254.44
伊　朗	212.36	236.53	177.13
以色列	121.69	100.24	143.59
日　本	99.74	98.12	118.13
马来西亚	227.39	164.95	435.93
蒙　古	94.08	123.05	92.99
缅　甸	143.66	142.45	133.58
朝　鲜	110.77	106.52	135.40
韩　国	114.09	106.79	271.84
巴基斯坦	172.53	151.48	201.74
菲律宾	122.50	120.27	148.75
斯里兰卡	102.21	101.01	138.68
泰　国	133.31	134.70	159.87
土耳其	132.77	129.31	135.28
越　南	178.11	165.35	232.57
非　洲	138.77	142.83	132.49
埃　及	153.94	149.32	166.97
尼日利亚	203.52	212.81	157.71
南　非	98.69	104.49	99.88
北美洲	122.74	122.80	125.32
加拿大	128.08	136.35	118.12
墨西哥	126.39	124.21	134.22
美　国	120.52	122.95	120.65
南美洲	139.49	140.31	140.21
阿根廷	120.96	128.93	106.77
巴　西	150.44	144.07	165.09
委内瑞拉	146.78	134.09	143.25
欧　洲	102.02	102.00	99.26
保加利亚	58.69	59.84	62.98
法　国	101.35	106.51	99.19
德　国	105.01	113.35	98.95
意大利	100.81	97.12	109.73
荷　兰	125.29	134.37	118.68
波　兰	91.75	91.21	82.22
罗马尼亚	89.92	97.20	84.66
西班牙	109.31	97.20	123.86
英　国	102.71	117.56	99.50
大洋洲	112.17	112.00	114.92
澳大利亚	112.28	109.88	118.87
新西兰	108.41	139.21	105.55

注：① 中国为农业总产值指数，以1980年为基期，包括种植业、畜牧业、林业和渔业。

14-11 按人口平均的主要农产品产量

单位：公斤

国 别	谷物① 1993年	谷物① 1994年	国 别	棉花② 1993年	棉花② 1994年
世界总计	341	346	世界总计	8.7	9.5
亚 洲③	274	270	亚 洲③	7.3	8.0
中 国	342	329	中 国	3.2	3.6
孟加拉国	245	244	孟加拉国	0.4	0.4
印 度	228	231	印 度	6.4	7.5
印度尼西亚	285	272	印度尼西亚	0.1	0.1
伊 朗	254	266	伊 朗	4.3	4.7
以 色 列	43	29	以 色 列	13.8	16.7
日 本	86	126	缅 甸	1.5	0.9
马来西亚	107	106	朝 鲜	1.4	1.4
蒙 古	212	187	巴基斯坦	30.9	29.6
缅 甸	387	430	菲 律 宾	0.2	0.3
朝 鲜	190	193	泰 国	0.3	0.7
韩 国	162	170	土 耳 其	25.7	26.2
巴基斯坦	180	163	越 南	0.2	0.2
菲 律 宾	221	235	非 洲	5.4	5.3
斯里兰卡	146	145	埃 及	18.0	13.5
泰 国	408	388	尼日利亚	3.2	3.2
土 耳 其	533	444	南 非	1.1	1.9
越 南	341	322	北 美 洲	21.3	25.8
非 洲	139	148	墨 西 哥	1.3	3.3
埃 及	248	240	美 国	35.9	43.2
尼日利亚	132	125	南 美 洲	7.7	9.2
南 非	313	356	阿 根 廷	12.8	21.1
北 美 洲	774	974	巴 西	7.3	8.5
加 拿 大	1 784	1 615	委内瑞拉	2.1	3.3
墨 西 哥	303	298	欧 洲③	2.2	2.3
美 国	1 003	1 371	保加利亚	0.6	0.7
南 美 洲	272	278	西 班 牙	2.3	2.8
阿 根 廷	746	722	大 洋 洲	36.1	28.2
巴 西	275	289	澳大利亚	56.8	44.5
委内瑞拉	89	97			
欧 洲③	514	517			
保加利亚	654	725			
捷克共和国	629	658			
法 国	967	929			
德 国	440	447			
意 大 利	345	331			
荷 兰	96	88			
波 兰	609	565			
罗马尼亚	681	770			
俄 罗 斯	651	534			
西 班 牙	442	388			
英 国	335	337			
南斯拉夫	698	828			
大 洋 洲	1 018	543			
澳大利亚	1 556	810			
新 西 兰	223	221			

注：① 不包括豆类和薯类。② 籽棉。③ 不包括前苏联各共和国。

14-11　续表 1

国　别	油菜籽①		国　别	肉类合计	
	1993 年	1994 年		1993 年	1994 年
世界总计	4.8	5.3	世界总计	34.0	34.6
亚　洲②	3.7	4.1	亚　洲①	19.1	20.4
中　国	5.9	6.3	中　国	32.4	37.5
孟加拉国	2.1	2.0	孟加拉国	3.0	3.0
印　度	5.4	6.2	印　度	4.5	4.5
韩　国	0.1	0.1	印度尼西亚	8.3	8.5
巴基斯坦	1.6	1.4	伊　朗	18.2	18.3
非　洲	0.3	0.3	以色列	51.8	51.8
北美洲	12.6	16.5	日　本	27.2	26.7
加拿大	190.2	246.6	马来西亚	43.9	45.4
墨西哥	0.1	0.1	蒙　古	88.4	87.2
美　国	0.4	0.8	缅　甸	6.7	6.8
南美洲	0.2	0.2	朝　鲜	9.8	9.8
阿根廷	1.2	1.2	韩　国	31.0	32.3
智　利	1.5	1.6	巴基斯坦	11.7	12.3
欧　洲②	15.5	16.2	菲律宾	18.4	18.9
捷克共和国	36.6	43.9	斯里兰卡	3.1	3.2
法　国	27.2	30.7	泰　国	24.7	25.6
德　国	35.2	34.5	土耳其	17.2	16.9
意大利	0.2	0.2	越　南	17.3	17.4
荷　兰	0.5	0.5	非　洲	13.2	12.6
波　兰	15.4	19.6	埃　及	13.9	13.9
俄罗斯	0.7	0.8	尼日利亚	8.7	8.6
西班牙	0.4	0.3	南　非	34.8	28.3
英　国	19.4	22.7	北美洲	87.8	91.4
南斯拉夫	0.2	0.2	加拿大	99.3	103.1
大洋洲	11.8	8.2	墨西哥	36.8	38.7
澳大利亚	18.5	12.8	美　国	121.1	126.5
新西兰	0.9	0.8	南美洲	51.8	53.8
			阿根廷	103.2	104.6
			巴　西	48.5	50.8
			委内瑞拉	51.5	50.5
			欧　洲①	84.8	81.3
			保加利亚	59.9	50.5
			捷克共和国	98.6	85.0
			法　国	108.0	106.3
			德　国	75.9	71.2
			意大利	71.3	70.5
			荷　兰	188.7	183.6
			波　兰	70.9	62.8
			罗马尼亚	63.8	63.0
			俄罗斯	50.9	50.7
			西班牙	94.4	95.2
			英　国	56.5	56.3
			南斯拉夫	54.9	43.8
			大洋洲	165.9	165.4
			澳大利亚	187.6	188.0
			新西兰	341.5	337.3

注: ① 包括芥菜籽产量。② 不包括前苏联各共和国。

14－11　续表 2

国　　别	鸡　蛋		国　　别	牛　奶	
	1993 年	1994 年		1993 年	1994 年
世界总计	6.9	7.0	世界总计	83.1	81.5
亚　　洲①	5.4	5.5	亚　　洲①	20.4	20.1
中　　国②	10.0	12.3	中　　国	4.2	4.4
孟加拉国	0.6	0.7	孟加拉国	6.7	6.6
印　　度	1.5	1.6	印　　度	33.9	32.7
印度尼西亚	2.2	2.2	印度尼西亚	2.1	2.2
伊　　朗	5.4	5.3	伊　　朗	29.8	29.4
以 色 列	21.4	21.5	以 色 列	205.0	204.5
日　　本	20.8	20.5	日　　本	69.2	66.9
哈萨克斯坦	10.9	10.9	哈萨克斯坦	323.9	311.2
马来西亚	18.2	19.0	马来西亚	1.7	1.7
蒙　　古	0.4	0.4	蒙　　古	88.9	106.2
缅　　甸	0.9	0.9	缅　　甸	9.8	9.7
朝　　鲜	6.4	6.4	朝　　鲜	3.8	3.8
韩　　国	10.2	10.3	韩　　国	42.1	44.6
巴基斯坦	1.7	1.7	巴基斯坦	29.5	30.0
菲 律 宾	4.1	4.2	菲 律 宾	0.2	0.2
新 加 坡	5.7	5.7	斯里兰卡	11.6	12.5
斯里兰卡	2.7	2.8	泰　　国	2.5	4.6
泰　　国	7.0	6.9	土 耳 其	149.4	147.3
土 耳 其	8.4	8.5	越　　南	0.6	0.6
越　　南	1.6	1.6	非　　洲	21.6	21.5
非　　洲	2.3	2.3	埃　　及	16.4	16.1
埃　　及	2.1	2.1	尼日利亚	3.6	3.6
尼日利亚	2.9	2.9	南　　非	59.0	57.9
南　　非	5.8	5.7	北 美 洲	195.8	196.7
北 美 洲	14.0	14.1	加 拿 大	260.3	264.2
加 拿 大	11.2	11.0	墨 西 哥	85.1	82.2
墨 西 哥	13.7	13.6	美　　国	264.5	267.4
美　　国	16.5	16.8	南 美 洲	113.2	114.3
南 美 洲	8.0	8.2	阿 根 廷	228.4	230.2
阿 根 廷	10.0	10.1	巴　　西	100.1	99.1
巴　　西	8.5	8.8	委内瑞拉	69.4	75.4
委内瑞拉	6.4	6.5	欧　　洲①	306.0	301.8
欧　　洲①	13.1	13.6	白俄罗斯	546.0	521.7
白俄罗斯	18.2	18.3	保加利亚	147.8	128.2
保加利亚	9.9	9.5	捷克共和国	335.5	313.8
捷克共和国	15.1	14.6	法　　国	440.4	431.8
法　　国	16.2	17.0	德　　国	347.5	347.0
德　　国	10.2	13.5	意 大 利	180.3	180.2
意 大 利	12.4	12.6	荷　　兰	716.5	698.9
荷　　兰	39.2	39.4	波　　兰	328.6	317.0
波　　兰	8.1	7.8	罗马尼亚	153.8	158.4
罗马尼亚	11.7	13.8	俄 罗 斯	314.2	298.6
俄 罗 斯	15.2	14.8	西 班 牙	151.3	145.3
西 班 牙	16.9	16.9	乌 克 兰	353.0	348.4
乌 克 兰	12.9	9.7	英　　国	254.2	257.3
英　　国	10.7	10.7	南斯拉夫	166.4	139.4
南斯拉夫	7.6	5.6	大 洋 洲	577.3	596.8
大 洋 洲	8.0	7.9	澳大利亚	428.9	466.5
澳大利亚	9.2	9.1	新 西 兰	2 398.9	2 373.0
新 西 兰	14.1	13.9			

注：① 不包括前苏联各共和国。② 中国为禽蛋产量。

十五、区域农村经济

15－1 黄淮海地区农村经济情况

指　　标	单　位	1990年	1994年	1995年	1995年为1994年%
县个数				372	
总人口	万人	24 481.6	25 919.0	26 132.5	100.8
其中：乡村人口	万人	20 537.4	21 415.2	21 418.2	100.0
年末乡村劳动力	万人	9 652.7	10 512.1	10 603.7	100.9
耕地面积	公顷	20 991 859.0	21 090 127.1	21 026 509.1	99.7
年末农业机械总动力	万千瓦特	9 331.3	11 686.5	12 836.7	109.8
有效灌溉面积	公顷	13 089 751.0	14 117 743.9	14 314 484.3	101.4
化肥施用量（按折纯量）	吨	6 788 618.5	9 432 130.5	10 185 605.9	108.0
农村用电量	万千瓦小时	2 147 321.8	3 470 699.1	4 070 577.1	117.3
农作物总播种面积	公顷	33 525 860.0	34 269 148.0	34 414 196.0	100.4
粮食播种面积	公顷	26 081 533.0	25 693 792.0	25 818 236.0	100.5
粮食总产量	吨	104 113 768	117 820 000	129 739 253	110.0
棉花播种面积	公顷	3 314 402.0	2 855 153.9	2 680 774.9	93.9
棉花产量	吨	2 502 830.3	1 752 127.5	1 969 201.0	112.4
农林牧渔业增加值	万元		24 828 882	32 710 738	132.0
社会消费品零售总额	万元		25 810 453.0	32 658 760.5	126.5
集市贸易市场数	个		17 863	19 379	108.0

注：农林牧渔业增加值指数未扣降物价上涨因素(下同)。

15-2 长江中下游地区农村经济情况

指　　标	单　位	1990年	1994年	1995年	1995年为1994年%
县个数				533	
总人口	万人	30 435.5	32 356.8	32 828.5	101.5
其中：乡村人口	万人	24 861.6	25 737.0	26 047.6	101.2
年末乡村劳动力	万人	12 209.1	13 053.3	13 230.3	101.4
耕地面积	公顷	17 815 061.0	17 831 442.0	18 017 732.0	101.0
年末农业机械总动力	万千瓦特	6 898.6	8 226.1	8 649.6	105.1
有效灌溉面积	公顷	14 115 463.0	14 262 034.0	14 349 198.0	100.6
化肥施用量(按折纯量)	吨	7 558 221.0	9 463 555.0	10 417 550.0	110.1
农村用电量	万千瓦小时	2 766 444.4	5 266 065.8	6 052 126.1	114.9
农作物总播种面积	公顷	38 895 339.0	38 481 828.0	39 906 590.0	103.7
粮食播种面积	公顷	27 194 461.0	25 515 805.0	26 041 688.0	102.1
粮食总产量	吨	133 243 713	13 1812 005	138 594 540	105.1
棉花播种面积	公顷	1 305 870.0	1 614 937.0	1 682 867.0	104.2
棉花产量	吨	1 251 567.1	1 540 789.4	1 798 649.0	116.7
农林牧渔业增加值	万元		31 982 410	39 884 243	124.7
社会消费品零售总额	万元		42 741 480.0	42 258 717.1	98.9
集市贸易市场数	个		19 725	20 837	105.6

15-3 黄土高原地区农村经济情况

指　　标	单 位	1990年	1994年	1995年	1995年为1994年%
县个数				232	
总人口	万人	7 865.3	8 260.3	8 368.9	101.3
其中：乡村人口	万人	6 311.7	6 515.3	6 560.6	100.7
年末乡村劳动力	万人	2 740.3	2 958.2	3 001.9	101.5
耕地面积	公顷	9 338 929.0	9 169 887.7	9 127 072.3	99.5
年末农业机械总动力	万千瓦特	2 263.0	2 641.4	2 782.7	105.3
有效灌溉面积	公顷	2 679 411.0	2 767 007.5	2 789 751.7	100.8
化肥施用量（按折纯量）	吨	1 549 022.7	2 081 812.6	2 244 884.3	107.8
农村用电量	万千瓦小时	714 241.8	1 089 950.0	1 393 606.7	127.9
农作物总播种面积	公顷	10 984 928.0	10 991 797.0	10 598 602.0	96.4
粮食播种面积	公顷	9 113 072.0	9 049 760.0	8 703 076.0	96.2
粮食总产量	吨	25 453 632	24 312 786	22 466 952	92.4
棉花播种面积	公顷	261 405.0	243 217.0	220 946.3	90.8
棉花产量	吨	199 381.8	141 236.0	140 835.8	99.7
农林牧渔业增加值	万元		4 441 440	5131 618	115.5
社会消费品零售总额	万元		6 200 500.1	7 791 628.0	125.7
集市贸易市场数	个		3 982	4 156	104.3

15－4 民族地区农村经济情况

指　　标	单　位	1990年	1994年	1995年	1995年为1994年%
县个数				661	
总人口	万人	15 008.8	15 659.1	15 822.6	101.0
其中：乡村人口	万人	12 302.4	12 698.4	12 782.5	100.7
年末乡村劳动力	万人	5 669.1	6 140.1	6 245.9	101.7
耕地面积	公顷	16 646 201.0	17 125 587.2	17 356 338.3	101.3
年末农业机械总动力	万千瓦特	3 245.3	3 965.0	4 246.3	107.1
有效灌溉面积	公顷	6 712 994.0	7 256 609.7	7 160 630.7	98.7
化肥施用量（按折纯量）	吨	2 466 908.9	3 435 729.7	3 773 424.4	109.8
农村用电量	万千瓦小时	641 698.3	869 091.2	967 458.2	111.3
农作物总播种面积	公顷	21 918 796.0	23 090 391.0	23 793 291.0	103.0
粮食播种面积	公顷	16 749 808.0	16 773 574.0	17 116 000.0	102.0
粮食总产量	吨	52 340 246	56 751 260	58 918 534	104.0
棉花播种面积	公顷	276 004.0	496 831.7	497 083.7	100.1
棉花产量	吨	279 081.2	558 635.9	623 037.8	111.5
农林牧渔业增加值	万元		13 516 174	16 601 229	123.0
社会消费品零售总额	万元		12 181 467.5	14 965 924.1	122.9
集市贸易市场数	个		9 753	11 279	116.0

15－5 国家"八七"扶持贫困县农村经济情况

指　　标	单　位	1990年	1994年	1995年	1995年为1994年%
县个数				587	
总人口	万人	20 477.3	21 346.2	21 575.3	101.1
其中：乡村人口	万人	18 703.2	19 276.6	19 427.0	100.8
年末乡村劳动力	万人	8 427.1	9 242.2	9 401.1	101.7
耕地面积	公顷	22 286 333.0	22 321 926.9	22 302 805.2	99.9
年末农业机械总动力	万千瓦特	3 508.7	4 304.1	4 538.0	105.4
有效灌溉面积	公顷	6 460 475.0	7 225 078.9	7 199 355.8	99.6
化肥施用量（按折纯量）	吨	3 454 554.3	4 805 178.3	5 140 088.2	107.0
农村用电量	万千瓦小时	664 980.4	1 046 784.6	1 319 870.0	126.1
农作物总播种面积	公顷	31 205 208.0	31 970 786.0	32 467 716.0	101.6
粮食播种面积	公顷	24 656 547.0	24 596 537.0	24 685 401.0	100.4
粮食总产量	吨	69 521 017	74 753 089	76 262 534	102.0
棉花播种面积	公顷	601 938.0	660 367.4	661 880.4	100.2
棉花产量	吨	419 981.6	433 560.1	502 033.3	115.8
农林牧渔业增加值	万元		14 345 854	17 340 726	120.8
社会消费品零售总额	万元		8 995 166.9	11 139 340.4	123.8
集市贸易市场数	个		13 424	19 952	148.6

15－6　平原地区农村经济情况

指　　标	单　位	1990年	1994年	1995年	1995年为1994年%
县个数				798	
总人口	万人	45 134.0	47 948.2	48 918.4	102.0
其中：乡村人口	万人	34 861.2	36 259.6	36 741.9	101.3
年末乡村劳动力	万人	16 538.6	17 798.4	18 127.4	101.8
耕地面积	公顷	41 469 521.0	41 606 293.7	41 933 726.2	100.8
年末农业机械总动力	万千瓦特	14 508.2	17 527.1	19 076.7	108.8
有效灌溉面积	公顷	24 620 819.0	25 640 864.9	26 132 583.0	101.9
化肥施用量（按折纯量）	吨	12 572 428.3	16 448 584.9	18 018 299.0	109.5
农村用电量	万千瓦小时	4 602 539.2	8 474 938.9	10 035 115.5	118.4
农作物总播种面积	公顷	63 362 599.0	63 586 119.0	64 511 927.0	101.5
粮食播种面积	公顷	47 504 670.0	46 130 262.0	46 561 248.0	100.9
粮食总产量	吨	205 508 825	214 803 724	231 842 893	107.9
棉花播种面积	公顷	4 559 938.0	4 486 724.1	4 361 004.7	97.2
棉花产量	吨	3 762 921.0	3 453 434.4	3 920 765.4	113.5
农林牧渔业增加值	万元		45 647 811	58 369 194	127.9
社会消费品零售总额	万元		64 371 537.9	72 259 937.0	112.3
集市贸易市场数	个		29 635	31 091	105.0

15-7 陆地边境县农村经济情况

指　　标	单　位	1990 年	1994 年	1995 年	1995 年为 1994 年%
县个数				139	
总人口	万人	2 085.7	2 213.2	2 235.4	101.0
其中：乡村人口	万人	1 374.3	1 354.0	1 360.3	100.5
年末乡村劳动力	万人	604.7	617.6	634.0	102.7
耕地面积	公顷	4 093 067.0	4 143 871.2	4 240 313.4	102.3
年末农业机械总动力	万千瓦特	753.4	785.1	853.0	108.6
有效灌溉面积	公顷	1 250 260.0	1 334 018.7	1 327 764.3	99.5
化肥施用量（按折纯量）	吨	355 991.0	454 085.5	487 075.7	107.3
农村用电量	万千瓦小时	119 699.9	144 555.4	154 763.7	107.1
农作物总播种面积	公顷	4 121 264.0	4 153 448.0	4 282 891.0	103.1
粮食播种面积	公顷	3 449 141.0	3 324 377.0	3 420 022.0	102.9
粮食总产量	吨	9 377 016	9 873 574	10 635 230	107.7
棉花播种面积	公顷	34 202.0	67 021.0	66 543.0	99.3
棉花产量	吨	31 962.3	64 601.1	68 762.2	106.4
农林牧渔业增加值	万元		2 041 971	2 473 811	121.1
社会消费品零售总额	万元		2 068 218.2	2 428 705.2	117.4
集市贸易市场数	个		1 484	1 500	101.1

15－8　沿海开放县农村经济情况

指　　标	单　位	1990年	1994年	1995年	1995年为1994年%
县个数				277	
总人口	万人	19 799.4	20 868.3	21 225.5	101.7
其中：乡村人口	万人	15 261.3	15 399.1	15 652.8	101.6
年末乡村劳动力	万人	7 503.2	7 837.2	7 870.7	100.4
耕地面积	公顷	11 213 932.0	10 946 100.0	10 927 462.0	99.8
年末农业机械总动力	万千瓦特	6 277.4	7 374.2	7 755.9	105.2
有效灌溉面积	公顷	7 974 337.0	7 763 866.0	7 786 672.0	100.3
化肥施用量（按折纯量）	吨	5 146 746.7	6 230 878.5	6 727 967.0	108.0
农村用电量	万千瓦小时	3 077 716.8	6 351 834.5	7 597 759.7	119.6
农作物总播种面积	公顷	20 009 205.0	19 149 685.0	19 490 579.0	101.8
粮食播种面积	公顷	14 910 796.0	13 634 802.0	13 811 745.0	101.3
粮食总产量	吨	73 162 944	70 106 211	75 148 396	107.2
棉花播种面积	公顷	623 400.0	580 510.0	561 138.0	96.7
棉花产量	吨	516 703.6	446 451.5	513 958.0	115.1
农林牧渔业增加值	万元		23 380 599	29 409 526	125.8
社会消费品零售总额	万元		43 432 535.2	43 684 384.5	100.6
集市贸易市场数	个		14 279	14 636	102.5

15－9 国家商品粮基地县农村经济情况

指　　标	单　位	1990年	1994年	1995年	1995年为1994年%
县个数				482	
总人口	万人	32 845.7	33 915.4	34 421.9	101.5
其中：乡村人口	万人	28 829.1	29 142.7	29 545.3	101.4
年末乡村劳动力	万人	13 669.0	14 402.6	14 611.7	101.5
耕地面积	公顷	33 604 461.0	33 513 978.7	33 749 600.8	100.7
年末农业机械总动力	万千瓦特	9 612.6	11 434.0	12 338.2	107.9
有效灌溉面积	公顷	16 934 939.0	17 388 226.5	17 637 255.9	101.4
化肥施用量(按折纯量)	吨	10 015 078.2	12 746 252.3	13 721 781.7	107.7
农村用电量	万千瓦小时	3 042 848.6	5 226 181.4	5 995 563.1	114.7
农作物总播种面积	公顷	51 628 596.0	51 452 809.0	52 255 030.0	101.6
粮食播种面积	公顷	40 756 268.0	39 219 999.0	39 591 172.0	100.9
粮食总产量	吨	189 219 910	190 738 803	204 725 418	107.3
棉花播种面积	公顷	1 075 598.0	1 151 488.6	1 174 353.8	102.0
棉花产量	吨	822 604.2	737 720.8	913 742.0	123.9
农林牧渔业增加值	万元		36 475 676	45 974 666	126.0
社会消费品零售总额	万元		31 610 710.3	36 543 268.6	115.6
集市贸易市场数	个		20 528	23 414	114.1

十六、县(市)农村经济

16-1 农业增加值最高的100个县(市)

单位：万元

名次	县名	农业增加值	名次	县名	农业增加值	名次	县名	农业增加值
1	荣成市	370 828	35	潮阳市	200 849	69	大丰县	172 925
2	寿光市	326 185	36	公安县	200 789	70	南海市	171 195
3	襄阳县	321 334	37	藤县	200 280	71	阳春市	170 926
4	平度市	285 986	38	通州市	199 665	72	高要市	169 411
5	天门市	283 492	39	邳州市	198 090	73	苍山县	168 733
6	监利县	270 315	40	罗定市	197 596	74	合蒲县	168 343
7	高州市	266 668	41	东海县	194 559	75	邹城市	168 284
8	钟祥市	256 915	42	博白县	192 727	76	玉林市	167 749
9	农安县	254 930	43	贺县	191 549	77	吴县	167 573
10	温岭市	253 527	44	遂溪县	191 464	78	廉江市	166 787
11	文登市	250 740	45	射阳县	190 014	79	沭阳县	166 596
12	如东县	250 699	46	安丘市	188 506	80	辛集市	166 131
13	榆树市	250 463	47	潜江市	188 195	81	滦南县	165 728
14	福清市	249 072	48	洪湖市	185 808	82	昌邑市	164 066
15	东台市	248 549	49	曹县	184 842	83	丰南市	163 553
16	枣阳市	245 910	50	胶南市	183 204	84	乐亭县	163 441
17	雷州市	234 529	51	乳山市	181 537	85	番禺市	163 134
18	仙桃市	229 347	52	阜阳市	181 452	86	莆田县	162 609
19	铜山县	221 600	53	华容县	181 264	87	衡阳县	162 349
20	肇东市	215 937	54	宿州市	180 912	88	淮安市	161 820
21	启东市	214 679	55	诸城市	179 958	89	章丘市	161 360
22	北流市	212 477	56	贵港市	179 607	90	汉川县	161 293
23	电白县	211 866	57	连江县	179 490	91	定州市	161 221
24	江津市	211 608	58	即墨市	179 395	92	双城市	161 016
25	兴化市	210 028	59	岑溪县	179 337	93	海阳县	160 499
26	梨树县	209 985	60	武进县	178 627	94	南昌县	160 490
27	桂平市	207 761	61	无为县	176 942	95	五常市	158 610
28	随州市	206 753	62	公主岭市	176 904	96	高密市	158 502
29	日照市	206 103	63	涡阳县	176 756	97	海伦市	158 327
30	儋州市	204 764	64	滕州市	176 288	98	如皋市	157 555
31	化州市	204 379	65	灵璧县	174 549	99	增城市	157 433
32	太和县	201 462	66	讷河市	173 422	100	利辛县	157 303
33	莱州市	201 435	67	合川市	173 105			
34	赣榆县	201 044	68	临泉县	172 966			

注：县(市)农村经济全部为1995年资料。

16-2 粮食总产量最高的100个县(市)

单位：吨

名次	县名	粮食总产量	名次	县名	粮食总产量	名次	县名	粮食总产量
1	农安县	2024 061	35	宁乡县	813 514	69	高密市	694 094
2	榆树市	2010 117	36	怀远县	813 293	70	三台县	691 858
3	公主岭市	1830 140	37	通辽市	811 683	71	濉溪县	689 119
4	梨树县	1675 500	38	湘潭县	808 904	72	太和县	682 376
5	双城市	1410 000	39	密山市	807 812	73	阜阳市	673 119
6	昌图县	1359 286	40	滑县	772 479	74	兰西县	670 805
7	德惠市	1181 872	41	灵璧县	768 901	75	东台市	670 373
8	襄阳县	1164 905	42	淮安市	768 583	76	定州市	669 054
9	肇东市	1151 035	43	铜山县	767 454	77	泰兴市	663 783
10	海伦市	1134 683	44	滕州市	763 586	78	如皋市	661 233
11	长岭县	1125 561	45	丰城市	761 251	79	虎林县	659 292
12	巴彦县	1102 052	46	邳州市	761 010	80	衡阳县	658 581
13	平度市	1097 811	47	涡阳县	760 993	81	阜南县	650 089
14	五常市	1090 000	48	射阳县	759 972	82	天门市	649 472
15	随州市	1074 983	49	安岳县	755 772	83	拜泉县	640 273
16	监利县	1062 604	50	嫩江县	753 586	84	阜新自治县	640 238
17	讷河市	1027 537	51	太康县	750 739	85	睢宁县	636 607
18	兴化市	1015 281	52	合川市	741 198	86	宾县	635 086
19	沭阳县	957 894	53	利辛县	741 096	87	曹县	630 938
20	霍丘县	950 500	54	寿光市	741 047	88	唐河县	630 520
21	宿州市	948 893	55	如东县	740 811	89	灌云县	629 678
22	前郭尔罗斯县	935 000	56	双辽县	735 564	90	泗县	628 304
23	绥化市	906 972	57	亳州市	734 984	91	涟水县	627 587
24	九台市	905 279	58	南昌县	734 260	92	望奎县	627 238
25	枣阳市	902 690	59	中江县	715 535	93	龙江县	625 112
26	东海县	890 620	60	武进县	714 669	94	固始县	624 561
27	寿县	870 380	61	江津市	714 550	95	蓬溪县	618 343
28	富锦市	867 702	62	简阳市	711 947	96	公安县	613 917
29	呼兰县	855 337	63	临泉县	708 173	97	乾安县	610 925
30	颍上县	850 024	64	泸县	707 185	98	庐江县	609 657
31	蒙城县	846 871	65	伊通自治县	705 543	99	六安市	603 638
32	钟祥市	843 632	66	安丘市	701 060	100	科尔沁左中旗	600 617
33	仙桃市	841 266	67	泗洪县	698 674			
34	诸城市	840 096	68	仁寿县	695 029			

16－3 棉花总产量最高的100个县(市)

单位：吨

名次	县名	棉花总产量	名次	县名	棉花总产量	名次	县名	棉花总产量
1	天门市	60 358	35	尉氏县	23 661	69	邳州市	16 850
2	太康县	50 520	36	内黄县	23 405	70	濉溪县	16 774
3	射阳县	48 094	37	枝江县	23 348	71	新蔡县	16 732
4	扶沟县	46 087	38	南县	23 058	72	张家港市	16 578
5	华容县	44 882	39	黄梅县	23 028	73	柘城县	16 489
6	莎车县	43 285	40	松滋县	22 588	74	临颍县	15 872
7	大丰县	41 411	41	望江县	22 585	75	邹平县	15 865
8	公安县	40 796	42	商丘县	22 378	76	蒙城县	15 795
9	阿瓦提县	39 405	43	枣阳市	22 089	77	石首市	15 579
10	如东县	38 248	44	伽师县	22 000	78	疏附县	15 558
11	巴楚县	37 098	45	宿松县	21 948	79	铜山县	15 405
12	无为县	35 839	46	钟祥市	21 493	80	永城县	15 384
13	灌云县	35 236	47	新洲县	21 235	81	叶城县	15 189
14	沙雅县	35 163	48	乌苏县	20 655	82	丘县	15 188
15	东台市	33 047	49	沙湾县	20 454	83	九江县	15 081
16	麦盖提县	31 550	50	疏勒县	20 285	84	滨海县	15 064
17	仙桃市	31 015	51	郸城县	20 002	85	泗县	14 991
18	兴化市	31 005	52	肥乡县	19 590	86	京山县	14 825
19	阿克苏市	30 010	53	高青县	19 245	87	民权县	14 796
20	鹿邑县	29 987	54	简阳市	19 049	88	成安县	14 651
21	鄢陵县	29 937	55	启东市	18 879	89	慈溪市	14 506
22	邓州市	29 282	56	虞城县	18 775	90	精河县	14 286
23	库车县	28 550	57	夏津县	18 453	91	响水县	14 261
24	新野县	28 043	58	洪湖市	18 330	92	库尔勒市	14 241
25	安乡县	27 609	59	滑县	18 095	93	温宿县	14 238
26	杞县	27 571	60	威县	18 050	94	常熟市	14 081
27	唐河县	27 325	61	宿州市	18 038	95	惠民县	13 958
28	西华县	26 267	62	澧县	18 020	96	亳州市	13 935
29	潜江市	26 018	63	彭泽县	17 770	97	灵璧县	13 877
30	随州市	25 181	64	通州市	17 740	98	怀远县	13 843
31	襄阳县	24 982	65	曹县	17 438	99	济阳县	13 606
32	玛纳斯县	24 828	66	泽普县	17 121	100	萧县	13 382
33	汉川县	23 949	67	金乡县	17 109			
34	监利县	23 894	68	通许县	16 897			

16-4 油料总产量最高的100个县(市)

单位：吨

名次	县名	油料总产量	名次	县名	油料总产量	名次	县名	油料总产量
1	正阳县	209 058	35	鄄城县	67 849	69	兰考县	53 675
2	平度市	155 723	36	东海县	66 847	70	枣阳市	53 360
3	莒南县	133 948	37	沭阳县	66 785	71	杞县	53 261
4	固镇县	123 424	38	费县	66 458	72	延津县	53 250
5	确山县	114 126	39	遵义县	65 997	73	当阳市	52 703
6	即墨市	111 113	40	寿县	65 872	74	通州市	51 351
7	襄阳县	107 846	41	泗洪县	65 678	75	蓬莱市	51 238
8	汝南县	105 237	42	临河市	65 241	76	通榆县	51 000
9	日照市	102 366	43	盱眙县	64 433	77	天门市	50 999
10	淮阳县	101 906	44	仙桃市	63 947	78	方城县	50 921
11	莱西市	100 569	45	五原县	63 903	79	公安县	50 906
12	定远县	98 001	46	曹县	63 350	80	和县	50 895
13	胶南市	97 484	47	招远市	63 163	81	长丰县	50 881
14	文登市	93 541	48	三台县	63 121	82	凤阳县	50 776
15	临沭县	85 472	49	上蔡县	62 566	83	莒县	50 093
16	荣成市	84 344	50	东台市	62 387	84	武穴市	49 526
17	滑县	83 310	51	栖霞市	61 147	85	清丰县	49 357
18	单县	80 116	52	平舆县	60 265	86	全椒县	49 308
19	钟祥市	79 654	53	莱州市	58 779	87	霍丘县	49 133
20	莱阳市	78 907	54	宁阳县	58 746	88	宁陵县	49 045
21	肥西县	78 124	55	海门市	58 414	89	衡阳县	49 016
22	肥东县	76 205	56	潜江市	57 946	90	邓州市	48 734
23	唐河县	75 130	57	监利县	57 900	91	天长市	48 553
24	怀远县	71 998	58	长岭县	57 442	92	兖州市	48 145
25	邹城市	71 234	59	海阳县	57 041	93	桐柏县	47 994
26	开封县	70 956	60	新泰市	57 022	94	平邑县	47 925
27	东明县	70 776	61	赣榆县	56 445	95	永城县	47 796
28	桃源县	70 601	62	杭锦后旗	55 930	96	蒙城县	47 550
29	冠县	70 233	63	泗县	55 928	97	衡南县	47 544
30	泌阳县	69 990	64	宜城市	55 722	98	华容县	47 151
31	无为县	69 612	65	乌拉特前旗	54 813	99	莘县	47 047
32	灵璧县	69 502	66	启东市	54 746	100	沂南县	46 223
33	澧县	68 907	67	郓城县	54 249			
34	乳山市	68 207	68	红安县	54 018			

16－5　糖料总产量最高的100个县(市)

单位：吨

名次	县　名	糖料总产量	名次	县　名	糖料总产量	名次	县　名	糖料总产量
1	遂溪县	3 380 368	35	象州县	431 351	69	云县	236 683
2	雷州市	2 976 481	36	盈江县	423 000	70	霍城县	235 946
3	徐闻县	1 719 497	37	隆安县	422 009	71	景谷自治县	233 441
4	崇左县	1 703 219	38	潞西县	421 652	72	建水县	232 091
5	邕宁县	1 393 035	39	澜沧自治县	417 331	73	澄迈县	231 217
6	贵港市	1 308 882	40	百色市	415 004	74	克山县	229 718
7	来宾县	1 121 610	41	琼山市	408 767	75	博罗县	229 632
8	儋州市	1 105 854	42	忻城县	407 959	76	杭锦后旗	228 080
9	扶绥县	1 065 480	43	田阳县	400 215	77	贺县	227 046
10	柳城县	1 064 981	44	桂平市	370 828	78	平果县	226 758
11	斗门县	1 005 403	45	阳春市	340 217	79	玉林市	225 224
12	横县	979 652	46	英德市	340 160	80	孟连自治县	225 154
13	耿马自治县	934 158	47	田东县	337 640	81	土默特右旗	223 783
14	武鸣县	925 447	48	嫩江县	312 154	82	乌拉特前旗	213 377
15	番禺市	876 924	49	博白县	307 441	83	南康市	205 703
16	廉江市	821 332	50	临河市	304 395	84	平罗县	202 929
17	上思县	819 803	51	梁河县	302 498	85	五原县	202 239
18	宁明县	807 608	52	海伦市	300 027	86	平南县	200 073
19	柳江县	781 020	53	米易县	291 279	87	酒泉市	195 704
20	宜山县	778 790	54	白沙自治县	286 749	88	长岭县	194 904
21	武宣县	767 485	55	南县	286 464	89	仙游县	193 348
22	龙州县	756 610	56	四会市	274 374	90	龙陵县	189 315
23	合蒲县	745 578	57	宁南县	270 500	91	施甸县	189 168
24	勐海县	676 825	58	临高县	268 401	92	兴国县	187 192
25	宾阳县	630 347	59	漳浦县	268 379	93	瑞丽市	186 713
26	大新县	570 914	60	讷河市	251 697	94	伊宁县	186 508
27	元江自治县	553 969	61	甘南县	251 173	95	融水自治县	182 029
28	鹿寨县	525 632	62	永德县	249 699	96	蒙自县	182 024
29	陇川县	498 158	63	昌江自治县	247 338	97	建平县	179 461
30	弥勒县	494 416	64	南靖县	245 607	98	北安市	178 699
31	保山市	491 542	65	定安县	241 701	99	翁源县	177 993
32	新平自治县	487 200	66	五大连池市	240 864	100	长泰县	176 796
33	昌宁县	479 588	67	莆田县	239 906			
34	灵山县	454 208	68	化州市	238 210			

16－6　猪牛羊肉总产量最高的100个县(市)

单位：吨

名次	县名	猪牛羊肉产量	名次	县名	猪牛羊肉产量	名次	县名	猪牛羊肉产量
1	中江县	116161	35	随州市	76048	69	湘阴县	64339
2	安岳县	100732	36	监利县	75986	70	平邑县	64050
3	梨树县	95834	37	公主岭市	75907	71	肇东市	63886
4	曹县	95606	38	临邑县	75557	72	邹城市	63779
5	襄阳县	94967	39	湘乡市	74798	73	贵港市	63411
6	江津市	93658	40	泰兴市	74554	74	衡南县	63290
7	昌图县	93209	41	诸城市	74149	75	綦江县	63262
8	双峰县	92737	42	南昌县	74134	76	丰城市	63043
9	宁乡县	92327	43	三台县	72665	77	永城县	63040
10	天门市	89027	44	开县	72484	78	淮安市	62927
11	汨罗市	87194	45	宣威市	72268	79	海城市	62670
12	潜江市	85980	46	衡阳县	71757	80	霍丘县	62565
13	钟祥市	85355	47	高密市	71604	81	太康县	62537
14	长沙县	85210	48	顺义县	71521	82	公安县	62515
15	郓城县	85088	49	渠县	71424	83	洞口县	62507
16	平度市	84802	50	简阳市	71225	84	岳阳县	62230
17	阜宁县	84320	51	达县	71053	85	莒南县	62120
18	枣阳市	84074	52	合川市	70836	86	费县	61945
19	农安县	84052	53	辽中县	70694	87	滕州市	61901
20	榆树市	82846	54	苍溪县	70421	88	东台市	61867
21	松滋县	82291	55	阜阳市	69554	89	禹城市	61567
22	泸县	80428	56	阳信县	69066	90	肥城市	61430
23	全州县	80302	57	惠民县	68939	91	铜山县	61429
24	阜新自治县	80200	58	望城县	68708	92	廉江市	61223
25	湘潭县	80160	59	贺县	68199	93	淮阳县	61020
26	仁寿县	80028	60	利辛县	67263	94	商丘县	60907
27	安丘市	78757	61	唐河县	66371	95	遵义县	60787
28	浏阳市	78277	62	沭阳县	66366	96	化州市	60365
29	藁城市	77980	63	玉林市	66165	97	博白县	60047
30	新泰市	77779	64	南部县	65751	98	菏泽市	59629
31	仙桃市	77430	65	岑溪县	65366	99	东海县	59446
32	藤县	77141	66	宣汉县	65194	100	睢宁县	59012
33	临川市	76809	67	蒙城县	64928			
34	新民市	76206	68	蓬溪县	64692			

16－7　水产品产量最高的100个县(市)

单位：吨

名次	县　名	水产品产量	名次	县　名	水产品产量	名次	县　名	水产品产量
1	荣成市	821 249	35	龙口市	129 260	69	东台市	58 341
2	温岭市	398 528	36	即墨市	120 998	70	廉江市	58 187
3	日照市	356 551	37	龙海市	118 931	71	吴县	58 000
4	文登市	351 800	38	遂溪县	118 162	72	滦南县	57 044
5	象山县	341 745	39	晋江市	115 631	73	大丰县	56 969
6	连江县	330 238	40	儋州市	114 645	74	大洼县	56 579
7	玉环县	284 873	41	如东县	112 342	75	高要市	56 551
8	蓬莱市	264 000	42	苍南县	108 474	76	乐亭县	56 498
9	长海县	260 159	43	福清市	107 140	77	吴江市	56 314
10	岱山县	258 401	44	赣榆县	106 000	78	泗洪县	56 009
11	长岛县	250 350	45	长乐市	103 115	79	三水市	56 004
12	莱州市	237 700	46	洪湖市	102 341	80	昌邑市	55 045
13	乳山市	223 150	47	新会市	102 124	81	天门市	55 029
14	惠安县	198 826	48	临高县	101 618	82	黄梅县	54 038
15	胶南市	189 838	49	仙桃市	100 207	83	崇明县	53 764
16	嵊泗县	182 217	50	饶平县	98 448	84	汉川县	52 502
17	台山市	180 136	51	洞头县	93 031	85	潜江市	52 347
18	海阳县	176 150	52	潮阳市	91 008	86	乐清市	52 288
19	霞浦县	175 314	53	番禺市	87 265	87	公安县	51 720
20	顺德市	174 205	54	东港市	86 638	88	钟祥市	51 206
21	启东市	173 769	55	南澳县	84 373	89	黄骅市	50 614
22	阳西县	168 436	56	雷州市	80 396	90	浠水县	50 150
23	电白县	165 126	57	普兰店市	78 357	91	丰南市	48 773
24	寿光市	164 902	58	兴化市	76 548	92	武昌县	48 103
25	平潭县	155 506	59	南海市	74 295	93	沅江市	48 098
26	石狮市	150 190	60	惠来县	72 379	94	海门市	47 640
27	瓦房店市	145 250	61	三门县	70 348	95	陆丰市	47 593
28	莆田县	143 580	62	监利县	70 228	96	斗门县	47 552
29	射阳县	140 095	63	阳东县	68 819	97	东海县	47 500
30	福鼎市	136 626	64	微山县	68 251	98	波阳县	47 000
31	东山县	135 790	65	诏安县	65 014	99	都昌县	47 000
32	合蒲县	135 490	66	临海市	63 689	100	华容县	46 502
33	庄河市	134 362	67	瑞安市	61 580			
34	漳浦县	132 326	68	南昌县	59 547			

16－8 水果总产量最高的100个县(市)

单位：吨

名次	县名	水果总产量	名次	县名	水果总产量	名次	县名	水果总产量
1	栖霞市	521 133	35	廉江市	155 509	69	武鸣县	107 388
2	高州市	500 955	36	宁晋县	154 269	70	建瓯市	106 808
3	灵宝市	435 332	37	玉林市	153 983	71	怀来县	104 463
4	礼泉县	400 029	38	乐陵市	150 733	72	眉县	104 290
5	龙口市	272 730	39	淳化县	150 178	73	北镇自治县	103 949
6	砀山县	260 000	40	寿光市	145 806	74	胶南市	102 566
7	梅县	256 054	41	大荔县	145 253	75	遵化市	101 225
8	瓦房店市	250 343	42	吐鲁番市	140 918	76	昌乐县	101 075
9	普兰店市	250 141	43	永春县	140 372	77	金华县	100 872
10	乐亭县	245 012	44	蒙阴县	136 937	78	雷州市	99 774
11	文登市	244 087	45	临朐县	132 058	79	潮阳市	99 503
12	盖州市	242 082	46	莱西市	130 844	80	涿鹿县	99 212
13	漳浦县	241 012	47	普宁市	130 000	81	内黄县	98 243
14	招远市	240 122	48	周至县	128 884	82	化州市	96 816
15	衢县	236 713	49	鄯善县	128 258	83	博白县	96 812
16	莱州市	236 216	50	万荣县	127 304	84	信宜县	96 186
17	灵山县	228 576	51	宝鸡县	124 837	85	洛川县	96 033
18	白水县	224 880	52	辛集市	124 512	86	邕宁县	95 241
19	蓬莱市	211 873	53	安丘市	124 279	87	常山县	95 192
20	泊头市	210 000	54	临海市	123 465	88	建昌县	95 056
21	绥中县	209 802	55	平谷县	120 810	89	浦城县	94 903
22	乳山市	205 442	56	五莲县	120 261	90	永城县	94 360
23	临猗县	205 088	57	虞城县	119 545	91	莒县	91 090
24	荣成市	201 522	58	澄城县	116 183	92	陵县	90 179
25	晋州市	200 006	59	莒南县	116 048	93	乾县	89 746
26	赵县	193 907	60	番禺市	116 005	94	博罗县	87 493
27	南靖县	182 241	61	海阳县	115 296	95	云霄县	87 286
28	浦北县	176 056	62	抚宁县	114 798	96	费县	87 153
29	平和县	173 375	63	丽水市	111 471	97	宁海县	86 593
30	徐闻县	169 117	64	宜昌县	110 518	98	深州市	85 758
31	平邑县	165 000	65	阳信县	110 000	99	长泰县	85 152
32	莱阳市	163 607	66	平度市	109 790	100	南安市	82 742
33	丰县	160 044	67	沂水县	108 277			
34	庄河市	158 000	68	恭城自治县	108 243			

16－9 县(市)农村经济主要指标(一)

(1995年，下同)

县　　名	乡村人口 (万人)	乡村劳动力 (万人)	耕地面积 (公顷)	粮　　食 播种面积 (公顷)	粮食总产量 (吨)	棉　　花 播种面积 (公顷)
北京市辖区	111.9	49.9	89 125.5	81 541	610 124	
昌平县	25.4	10.1	31 756.3	34 935	185 600	
顺义县	44.5	18.9	56 364.1	77 512	450 935	172.4
通县	43.7	18.2	58 115.4	80 223	516 323	1 957.1
大兴县	38.1	17.6	59 640.3	57 228	347 032	713.9
平谷县	31.6	14.4	28 613.4	29 359	169 250	440.0
怀柔县	19.6	8.1	17 878.0	21 293	139 553	10.5
密云县	34.7	16.6	24 038.1	25 483	136 811	36.0
延庆县	22.1	9.7	33 857.3	26 398	147 000	
天津市辖区	121.5	54.5	91 003.0	71 942	383 796	140.0
宁河县	28.6	11.1	39 812.0	34 384	223 610	4 948.0
武清县	70.9	36.1	91 916.0	98 535	520 830	4 664.0
静海县	42.4	15.4	69 439.0	80 335	295 100	1 695.0
宝坻县	56.5	22.2	78 695.0	94 053	459 790	5 349.0
蓟县	76.2	30.6	54 656.0	62 133	365 065	425.0
石家庄市辖区	26.4	13.6	9 724.0	7 561	46 451	
井陉县	28.5	12.2	24 148.0	29 739	103 827	146.0
正定县	50.8	27.9	34 551.0	51 722	365 126	680.0
栾城县	33.0	17.5	31 309.0	43 101	301 440	567.0
行唐县	37.2	18.8	37 173.0	42 253	232 997	1 687.0
灵寿县	27.7	13.1	25 687.0	30 277	111 941	1 267.0
高邑县	15.9	8.6	16 721.0	21 035	126 235	1 660.0
深泽县	21.9	11.7	20 374.0	28 328	171 690	1 680.0
赞皇县	20.4	10.1	18 806.0	17 584	65 340	1 347.0
无极县	43.9	24.4	35 310.0	51 273	342 080	2 420.0
平山县	41.6	19.8	30 515.0	38 620	180 030	1 013.0
元氏县	34.6	17.0	35 940.0	40 016	203 252	2 313.0
赵县	49.8	26.8	51 634.0	66 600	455 253	3 620.0
辛集市	54.5	28.9	70 206.0	78 844	478 490	12 107.0
藁城市	67.9	37.7	55 294.0	73 008	553 253	4 313.0
晋州市	47.0	25.2	40 936.0	52 541	328 808	5 020.0
新乐市	37.9	19.0	28 041.0	38 539	286 138	1 300.0
鹿泉市	31.3	14.9	28 310.0	36 477	216 750	748.0
唐山市辖区	45.9	25.4	43 134.0	36 135	210 819	1 415.0
丰润县	61.9	29.8	73 831.0	81 660	454 009	800.0
滦县	47.3	24.9	55 871.0	47 691	233 211	144.0
滦南县	51.6	25.8	73 553.0	64 535	390 827	1 467.0
乐亭县	45.0	24.7	63 348.0	64 844	404 104	4 772.0
迁安县	54.9	27.5	49 837.0	42 321	185 915	734.0
迁西县	31.9	15.3	18 961.0	19 151	90 530	186.0

16－9 县(市)农村经济主要指标(二)

县　　名	棉花产量 (吨)	油　　料 播种面积 (公顷)	油料产量 (吨)	猪牛羊肉 总 产 量 (吨)	猪肉产量 (吨)	农林牧渔业 总 产 值 (万元)
北京市辖区		1 160.7	2 830.0	62 221	59 058	168 842
昌平县		72.5	100.0	16 743	15 474	44 698
顺义县	145.0	837.8	2 584.0	71 521	63 817	135 810
通县	1 398.0	377.9	1 182.0	29 056	24 145	87 269
大兴县	731.0	3 931.4	12 238.0	20 576	17 623	99 596
平谷县	421.0	426.0	1 034.0	23 859	17 625	75 970
怀柔县	8.0	895.6	3 257.0	11 462	10 257	36 143
密云县	33.0	3 973.0	9 528.0	16 756	14 739	63 663
延庆县		98.3	147.0	17 664	15 852	60 205
天津市辖区	120.0	2 733.0	3 513.0	29 798	24 514	159 646
宁河县	4 179.0	866.0	2 070.0	9 758	7 735	57 033
武清县	2 798.0	7 229.0	16 141.0	48 146	26 011	113 100
静海县	702.0	6 179.0	6 920.0	8 272	5 832	95 270
宝坻县	3 122.0	3 685.0	6 769.0	31 487	26 185	117 825
蓟县	296.0	1 893.0	4 656.0	37 673	31 264	87 263
石家庄市辖区		235.0	959.0	13 890	12 416	34 983
井陉县	66.0	1 184.0	1 052.0	12 236	7 863	21 710
正定县	503.0	5 134.0	20 015.0	58 919	43 962	117 810
栾城县	510.0	922.0	3 079.0	31 306	25 039	74 290
行唐县	1 012.0	6 715.0	17 752.0	23 586	19 894	42 593
灵寿县	536.0	2 959.0	4 910.0	20 235	15 911	24 136
高邑县	1 238.0	2 085.0	7 339.0	6 728	6 264	32 218
深泽县	756.0	1 102.0	4 062.0	5 093	4 680	34 326
赞皇县	91.0	4 004.0	6 110.0	11 838	7 913	29 637
无极县	1 271.0	2 893.0	8 463.0	44 688	25 916	74 087
平山县	573.0	3 488.0	4 608.0	35 434	22 968	53 849
元氏县	1 006.0	3 648.0	7 141.0	24 786	20 592	39 400
赵县	1 812.0	3 658.0	12 934.0	16 319	13 033	88 244
辛集市	9 163.0	7 287.0	26 905.0	31 903	25 830	166 131
藁城市	3 102.0	2 267.0	9 363.0	77 980	45 824	149 124
晋州市	3 011.0	2 952.0	8 668.0	35 925	27 361	93 268
新乐市	1 170.0	6 481.0	27 221.0	55 660	36 720	98 097
鹿泉市	467.0	1 546.0	4 460.0	32 068	30 758	71 701
唐山市辖区	1 449.0	4 675.0	11 043.0	19 070	15 506	80 943
丰润县	349.0	8 085.0	22 484.0	40 254	38 407	121 439
滦县	153.0	17 076.0	38 133.0	31 379	26 180	71 517
滦南县	1 188.0	13 084.0	28 927.0	51 091	34 425	165 728
乐亭县	3 020.0	3 912.0	19 083.0	18 422	16 200	163 441
迁安县	643.0	14 142.0	26 694.0	52 608	47 809	96 919
迁西县	154.0	798.0	1 533.0	17 190	15 607	48 144

县(市)农村经济主要指标(一)

县　　名	乡村人口(万人)	乡村劳动力(万人)	耕地面积(公顷)	粮　　食播种面积(公顷)	粮食总产量(吨)	棉　　花播种面积(公顷)
玉田县	58.1	30.4	72 756.0	83 950	438 973	2 408.0
唐海县	11.1	6.6	22 703.0	23 350	196 120	16.0
遵化市	61.9	26.3	57 859.0	57 550	300 108	151.0
丰南市	45.3	23.0	50 064.0	61 502	342 434	7 164.0
秦皇岛市辖区	18.6	9.6	14 099.0	9 823	62 716	
青龙自治县	49.6	22.7	34 511.0	33 171	139 016	60.0
昌黎县	48.2	24.8	62 764.0	60 760	321 593	67.0
抚宁县	46.3	22.5	45 777.0	35 308	199 232	348.0
卢龙县	38.2	20.6	42 391.0	41 735	256 756	335.0
邯郸市辖区	27.0	12.2	14 327.0	16 495	64 029	711.0
邯郸县	34.8	14.6	35 830.0	42 545	144 018	3 768.0
临漳县	52.4	22.7	49 960.0	66 421	372 860	13 156.0
成安县	33.3	17.3	38 025.0	37 525	189 901	17 094.0
大名县	66.6	26.5	73 346.0	88 393	339 328	15 467.0
涉县	34.3	17.1	22 061.0	31 959	106 144	351.0
磁县	55.8	27.1	46 828.0	55 657	201 994	7 168.0
肥乡县	27.5	12.6	40 301.0	36 544	200 705	19 263.0
永年县	72.7	36.0	64 062.0	69 789	403 870	9 426.0
丘县	18.3	7.2	33 155.0	27 206	124 651	16 599.0
鸡泽县	22.7	10.7	25 906.0	26 226	114 785	8 076.0
广平县	21.7	10.3	24 920.0	26 410	113 200	7 818.0
馆陶县	25.5	12.3	32 321.0	32 442	145 301	14 082.0
魏县	72.2	30.3	64 725.0	78 073	299 719	14 457.0
曲周县	35.9	15.5	49 211.0	51 458	235 496	16 338.0
武安市	61.1	30.2	60 412.0	69 141	203 212	12 179.0
邢台市辖区	10.0	5.1	4 527.0	4 460	17 507	2.0
邢台县	42.7	21.1	38 253.0	44 869	183 974	2 224.0
临城县	17.1	7.5	21 381.0	21 149	65 542	3 000.0
内丘县	23.3	10.3	27 546.0	32 819	110 718	2 696.0
柏乡县	16.3	7.5	21 036.0	24 684	140 612	3 346.0
隆尧县	43.3	16.6	54 046.0	57 609	286 130	9 430.0
任县	28.1	10.8	31 525.0	38 522	166 444	4 815.0
南和县	28.5	12.8	29 273.0	40 921	197 498	3 000.0
宁晋县	64.6	29.5	82 151.0	102 813	495 609	10 666.0
巨鹿县	32.1	16.8	46 055.0	39 106	131 390	10 610.0
新河县	14.3	5.9	25 195.0	25 081	90 305	6 733.0
广宗县	24.6	11.8	34 027.0	28 777	96 893	9 066.0
平乡县	25.2	10.6	28 621.0	34 012	119 040	3 251.0
威县	49.5	22.5	68 853.0	63 176	251 053	26 944.0
清河县	31.8	12.6	33 932.0	37 678	130 597	7 333.0

县(市)农村经济主要指标(二)

县　名	棉花产量 (吨)	油　料 播种面积 (公顷)	油料产量 (吨)	猪牛羊肉 总产量 (吨)	猪肉产量 (吨)	农林牧渔业 总产值 (万元)
玉田县	1 380.0	2 609.0	5 911.0	41 107	29 617	155 000
唐海县	111.0	28.0	31.0	6 091	5 855	46 479
遵化市	90.0	10 354.0	39 256.0	47 774	40 584	129 544
丰南市	5 097.0	4 024.0	6 413.0	25 257	22 469	163 553
秦皇岛市辖区	1.0	783.0	1 392.0	6 090	5 440	28 204
青龙自治县	35.0	467.0	761.0	28 736	25 195	46 491
昌黎县	69.0	12 636.0	39 413.0	24 123	17 690	112 451
抚宁县	219.0	5 184.0	12 706.0	24 733	21 618	65 894
卢龙县	250.0	3 068.0	10 499.0	27 413	20 065	83 101
邯郸市辖区	329.0	309.0	353.0	5 375	4 062	17 819
邯郸县	2 379.0	2 131.0	2 547.0	19 377	16 395	42 330
临漳县	9 493.0	1 320.0	2 534.0	17 223	12 483	67 733
成安县	14 651.0	1 085.0	3 200.0	13 090	9 232	45 384
大名县	7 424.0	10 835.0	20 140.0	33 664	24 562	66 768
涉县	199.0	258.0	392.0	5 675	4 140	22 434
磁县	4 836.0	1 536.0	1 620.0	14 949	11 250	40 210
肥乡县	19 590.0	897.0	1 990.0	14 585	10 427	53 797
永年县	2 545.0	2 723.0	5 289.0	29 339	17 978	117 470
丘县	15 188.0	1 623.0	4 703.0	9 755	5 346	29 099
鸡泽县	5 088.0	520.0	951.0	7 964	5 280	25 541
广平县	5 067.0	535.0	1 800.0	8 971	5 964	26 076
馆陶县	10 160.0	742.0	2 216.0	21 453	16 920	27 117
魏县	7 620.0	1 362.0	2 355.0	27 225	23 010	69 233
曲周县	10 538.0	1 419.0	1 910.0	16 479	10 447	54 998
武安市	5 724.0	1 912.0	1 863.0	8 989	5 670	32 419
邢台市辖区	1.0	315.0	449.0	1 485	1 239	10 022
邢台县	918.0	3 882.0	5 694.0	10 861	7 003	54 964
临城县	719.0	2 946.0	3 469.0	6 010	4 342	14 343
内丘县	904.0	3 853.0	4 635.0	7 897	7 114	15 072
柏乡县	1 744.0	1 178.0	4 407.0	5 146	4 877	25 907
隆尧县	4 421.0	2 736.0	5 973.0	14 645	10 779	68 520
任县	1 924.0	765.0	1 804.0	6 661	5 928	30 659
南和县	571.0	1 687.0	2 934.0	9 903	8 604	47 378
宁晋县	4 433.0	3 282.0	7 354.0	10 592	9 681	87 759
巨鹿县	3 605.0	5 227.0	8 872.0	6 939	5 012	17 107
新河县	2 678.0	1 536.0	3 368.0	3 411	2 862	19 238
广宗县	3 400.0	4 773.0	10 950.0	5 698	4 049	21 541
平乡县	604.0	1 291.0	1 497.0	3 788	2 512	21 328
威县	18 050.0	7 938.0	21 601.0	22 899	9 791	63 362
清河县	1 764.0	1 915.0	2 420.0	4 652	2 933	17 433

县(市)农村经济主要指标(一)

县　　名	乡村人口(万人)	乡村劳动力(万人)	耕地面积(公顷)	粮　　食播种面积(公顷)	粮食总产量(吨)	棉　　花播种面积(公顷)
临西县	28.1	12.1	38 109.0	38 614	170 210	13 976.0
南宫市	41.5	14.9	65 270.0	53 628	173 602	24 033.0
沙河市	36.0	15.6	29 650.0	36 890	158 765	2 000.0
保定市辖区	11.3	6.6	4 780.0	4 902	32 519	
满城县	39.5	20.2	32 597.0	41 098	196 961	692.0
清苑县	63.5	34.1	62 748.0	88 682	474 381	667.0
涞水县	30.7	15.6	22 872.0	30 091	113 461	1 040.0
阜平县	18.3	8.0	9 286.0	13 627	49 490	
徐水县	51.6	28.0	47 894.0	65 668	331 818	2 059.0
定兴县	49.9	25.1	49 360.0	60 238	347 341	4 667.0
唐县	47.4	24.1	29 791.0	38 929	170 503	1 333.0
高阳县	27.1	14.2	33 551.0	39 629	157 175	2 667.0
容城县	21.9	11.6	22 172.0	31 006	190 531	1 345.0
涞源县	22.3	11.6	23 201.0	22 319	54 093	
望都县	23.1	11.8	22 603.0	28 136	207 716	2 132.0
安新县	37.6	20.6	29 704.0	41 820	160 034	53.0
易县	48.9	22.7	42 045.0	50 390	200 300	1 651.0
曲阳县	48.0	23.4	30 917.0	40 130	131 574	144.0
蠡县	43.3	22.7	45 324.0	56 055	228 160	4 066.0
顺平县	27.0	13.8	26 531.0	28 300	126 277	2 053.0
博野县	22.9	12.1	21 918.0	24 606	146 648	2 667.0
雄县	29.6	16.0	36 878.0	47 150	228 230	1 335.0
涿州市	41.9	22.7	47 035.0	60 599	284 030	1 106.0
定州市	98.4	54.3	82 796.0	105 404	669 054	4 333.0
安国市	35.0	15.2	33 398.0	39 652	248 610	1 006.0
高碑店市	44.3	24.2	47 119.0	56 012	284 619	2 113.0
张家口市辖区	15.7	8.5	18 488.0	12 655	42 222	
宣化县	26.8	13.5	53 608.0	43 870	143 851	
张北县	34.0	17.8	142 750.0	105 259	141 627	
康保县	25.7	12.9	117 569.0	87 143	105 241	
沽源县	19.6	10.1	110 936.0	82 917	113 487	
尚义县	17.0	9.3	77 464.0	51 114	47 512	
蔚县	40.1	15.6	95 112.0	65 915	109 056	
阳原县	23.8	10.6	59 712.0	44 967	51 262	
怀安县	21.7	9.5	42 538.0	32 648	46 737	
万全县	18.8	8.8	29 877.0	22 186	76 541	
怀来县	26.8	14.0	33 209.0	28 979	91 719	
涿鹿县	28.5	13.2	43 018.0	35 268	112 523	
赤城县	25.7	10.2	51 043.0	40 993	80 552	
崇礼县	10.8	5.3	24 836.0	19 405	26 835	

县(市)农村经济主要指标(二)

县名	棉花产量(吨)	油料播种面积(公顷)	油料产量(吨)	猪牛羊肉总产量(吨)	猪肉产量(吨)	农林牧渔业总产值(万元)
临西县	7 550.0	730.0	2 057.0	12 521	7 041	34 712
南宫市	12 618.0	4 775.0	7 522.0	15 757	8 345	47 283
沙河市	614.0	3 040.0	5 720.0	10 513	7 211	56 578
保定市辖区				2 687	2 630	14 467
满城县	308.0	1 233.0	3 201.0	18 662	18 078	53 362
清苑县	160.0	7 257.0	16 603.0	13 118	11 532	90 881
涞水县	456.0	1 990.0	5 337.0	13 408	10 367	32 559
阜平县		410.0	712.0	7 210	6 637	20 837
徐水县	619.0	2 134.0	5 603.0	22 476	17 942	60 037
定兴县	1 720.0	6 071.0	17 839.0	24 150	21 150	67 555
唐县	646.0	1 194.0	1 575.0	15 384	12 400	38 621
高阳县	1 803.0	3 046.0	5 190.0	5 224	4 853	34 386
容城县	511.0	1 494.0	5 335.0	11 478	10 670	38 016
涞源县		405.0	421.0	4 668	3 764	11 457
望都县	1 263.0	1 533.0	4 039.0	15 925	14 627	39 033
安新县	29.0	362.0	583.0	2 229	1 985	37 605
易县	644.0	4 363.0	9 187.0	27 760	21 297	53 669
曲阳县	30.0	2 027.0	1 994.0	16 564	12 958	39 978
蠡县	1 959.0	3 519.0	6 420.0	9 731	9 250	44 991
顺平县	498.0	1 477.0	3 751.0	8 519	8 000	36 548
博野县	810.0	2 283.0	8 290.0	9 877	8 239	34 557
雄县	805.0	4 726.0	9 875.0	7 438	5 734	35 159
涿州市	473.0	4 702.0	8 591.0	23 036	20 974	53 541
定州市	1 555.0	14 215.0	42 160.0	57 991	47 181	161 221
安国市	600.0	4 793.0	15 501.0	18 744	16 517	53 916
高碑店市	977.0	7 846.0	24 518.0	13 662	10 395	60 718
张家口市辖区		1 600.0	1 556.0	5 794	4 978	23 573
宣化县		6 561.0	6 214.0	13 009	9 807	39 086
张北县		23 027.0	13 782.0	16 018	12 122	37 943
康保县		22 975.0	16 262.0	10 671	7 960	26 270
沽源县		16 596.0	13 002.0	7 420	4 579	26 586
尚义县		16 842.0	8 500.0	6 959	5 404	15 406
蔚县		18 117.0	4 496.0	12 957	8 370	24 595
阳原县		8 903.0	2 803.0	6 084	4 096	15 971
怀安县		7 244.0	1 754.0	6 161	4 319	13 041
万全县		4 275.0	3 564.0	5 646	4 073	18 600
怀来县		3 218.0	3 263.0	5 667	4 443	30 010
涿鹿县		5 868.0	3 990.0	14 789	12 509	52 777
赤城县		6 135.0	2 945.0	12 985	6 783	25 439
崇礼县		2 390.0	1 385.0	4 875	2 463	11 106

县(市)农村经济主要指标(一)

县名	乡村人口(万人)	乡村劳动力(万人)	耕地面积(公顷)	粮食播种面积(公顷)	粮食总产量(吨)	棉花播种面积(公顷)
承德市辖区	12.3	6.5	6 149.0	4 516	23 788	
承德县	43.3	21.2	36 151.0	34 825	200 050	
兴隆县	27.8	13.7	14 723.0	15 060	83 973	
平泉县	39.6	19.7	47 141.0	45 003	285 001	
滦平县	30.0	14.2	25 918.0	25 022	165 284	
隆化县	36.7	18.5	44 629.0	38 349	201 852	
丰宁自治县	33.0	15.2	71 818.0	61 139	145 221	
宽城自治县	20.6	9.0	12 500.0	11 626	47 934	
围场自治县	45.4	18.9	80 153.0	70 929	106 394	
沧州市辖区	11.0	5.1	8 376.0	10 511	39 080	47.0
沧县	61.8	30.1	92 336.0	116 456	359 653	4 355.0
青县	32.2	15.6	56 822.0	62 852	180 414	4 868.0
东光县	30.5	14.0	49 179.0	44 802	161 543	16 250.0
海兴县	17.0	7.9	28 966.0	34 770	80 510	1 998.0
盐山县	36.4	17.7	48 536.0	51 248	177 399	13 168.0
肃宁县	29.6	16.3	37 577.0	38 379	167 010	9 078.0
南皮县	31.3	12.9	45 262.0	48 979	175 220	15 467.0
吴桥县	24.4	13.0	39 005.0	33 247	169 972	17 636.0
献县	49.8	23.3	71 320.0	77 943	292 715	8 470.0
孟村自治县	15.6	7.3	20 815.0	25 322	75 519	3 779.0
泊头市	43.9	16.1	63 410.0	71 075	234 748	7 307.0
任丘市	55.8	28.1	61 819.0	73 321	319 312	7 327.0
黄骅市	33.7	15.2	50 215.0	68 557	182 826	5 486.0
河间市	69.0	32.5	93 861.0	103 529	342 415	16 000.0
廊坊市辖区	43.3	21.0	52 380.0	53 718	240 217	2 669.0
固安县	35.3	16.7	43 471.0	44 472	314 000	2 333.0
永清县	33.5	16.4	40 941.0	43 007	202 102	2 749.0
香河县	27.9	13.1	28 239.0	35 266	198 277	467.0
大城县	39.8	17.4	54 512.0	62 589	240 128	4 801.0
文安县	40.0	19.9	57 644.0	70 335	226 407	4 944.0
大厂自治县	9.2	4.1	11 731.0	14 447	88 283	207.0
霸州市	45.9	20.7	42 969.0	55 131	220 459	2 333.0
三河市	33.6	13.4	38 209.0	44 949	262 262	293.0
衡水市	22.3	11.4	36 648.0	35 286	156 307	6 326.0
冀州市	33.1	15.4	61 901.0	46 979	225 385	20 500.0
深州市	53.1	25.5	86 475.0	81 549	382 509	15 167.0
枣强县	33.5	14.7	62 700.0	51 529	246 636	16 267.0
武邑县	28.5	13.4	53 509.0	45 405	202 025	11 333.0
武强县	19.1	8.7	30 249.0	29 749	116 349	4 673.0
饶阳县	25.9	12.8	38 666.0	34 466	165 579	9 067.0

县(市)农村经济主要指标(二)

县　　名	棉花产量(吨)	油　料播种面积(公顷)	油料产量(吨)	猪牛羊肉总产量(吨)	猪肉产量(吨)	农林牧渔业总产值(万元)
承德市辖区		44.0	137.0	4 467	4 339	14 499
承德县		662.0	1 579.0	27 124	21 142	38 986
兴隆县		109.0	280.0	11 977	11 118	36 540
平泉县		125.0	355.0	18 027	12 337	57 406
滦平县		176.0	153.0	19 502	16 594	35 504
隆化县		580.0	578.0	23 343	16 311	52 278
丰宁自治县		7 093.0	2 798.0	34 650	15 585	47 268
宽城自治县		103.0	90.0	9 566	8 472	20 515
围场自治县		3 747.0	2 730.0	33 556	19 350	40 434
沧州市辖区	39.0	172.0	254.0	1 458	1 093	11 064
沧县	3 078.0	4 032.0	3 821.0	25 636	11 987	87 199
青县	1 861.0	4 673.0	5 085.0	7 096	2 953	49 348
东光县	7 133.0	1 059.0	1 449.0	8 039	2 909	30 602
海兴县	480.0	2 013.0	1 171.0	7 440	2 314	17 781
盐山县	6 789.0	2 262.0	2 092.0	16 528	9 946	40 650
肃宁县	2 062.0	4 337.0	7 339.0	7 534	6 270	37 048
南皮县	5 678.0	1 536.0	1 372.0	12 785	3 697	32 725
吴桥县	13 050.0	367.0	847.0	9 461	4 801	43 940
献县	3 459.0	5 165.0	8 349.0	14 851	8 216	54 100
孟村自治县	2 758.0	2 356.0	3 341.0	10 273	1 056	14 833
泊头市	1 644.0	2 751.0	3 707.0	17 018	10 000	53 170
任丘市	1 944.0	4 371.0	5 403.0	13 756	10 605	56 218
黄骅市	1 754.0	5 088.0	4 246.0	7 159	2 353	58 756
河间市	5 240.0	6 609.0	9 137.0	17 405	13 273	64 692
廊坊市辖区	1 663.0	6 139.0	9 630.0	18 075	13 654	80 580
固安县	1 330.0	4 693.0	14 100.0	35 607	15 893	104 804
永清县	985.0	6 633.0	10 239.0	11 518	8 247	63 346
香河县	241.0	969.0	1 793.0	17 738	9 764	52 499
大城县	1 339.0	4 891.0	4 353.0	8 379	5 023	52 251
文安县	751.0	5 378.0	3 785.0	12 568	4 433	52 625
大厂自治县	104.0	716.0	709.0	28 773	4 270	23 155
霸州市	925.0	4 952.0	7 185.0	17 033	10 829	56 166
三河市	132.0	440.0	741.0	56 870	26 846	99 456
衡水市	1 940.0	2 381.0	4 821.0	8 005	5 591	28 235
冀州市	12 586.0	3 614.0	10 147.0	9 520	6 875	51 928
深州市	4 875.0	9 530.0	20 027.0	23 310	19 105	66 759
枣强县	8 416.0	3 450.0	6 460.0	11 191	8 857	46 114
武邑县	4 540.0	4 434.0	9 705.0	15 488	9 750	33 524
武强县	2 104.0	1 859.0	2 070.0	4 560	3 750	15 857
饶阳县	5 194.0	6 947.0	19 792.0	11 533	10 965	35 887

县(市)农村经济主要指标(一)

县　　名	乡村人口 (万人)	乡村劳动力 (万人)	耕地面积 (公顷)	粮　食 播种面积 (公顷)	粮食总产量 (吨)	棉　花 播种面积 (公顷)
安平县	28.5	14.0	33 065.0	37 131	187 976	4 673.0
故城县	40.8	17.7	55 523.0	61 313	353 512	15 351.0
景县	44.6	20.3	79 540.0	69 615	303 055	16 110.0
阜城县	29.2	12.2	45 606.0	44 388	237 929	10 667.0
太原市辖区	44.9	22.6	31 151.0	29 020	128 202	
清徐县	25.1	10.3	28 239.0	25 350	120 818	860.0
阳曲县	12.3	4.9	33 248.0	27 020	59 193	
娄烦县	9.2	4.1	17 768.0	14 050	11 550	
古交市	9.0	3.6	15 617.0	12 030	11 988	
大同市辖区	32.1	14.1	57 821.0	44 610	32 781	
阳高县	24.2	8.8	54 401.0	43 910	69 122	
天镇县	17.3	6.3	39 719.0	35 060	32 840	
广灵县	14.3	5.2	34 124.0	24 220	33 110	
灵丘县	18.9	7.8	33 329.0	28 590	37 609	
浑源县	28.6	11.6	45 883.0	40 090	65 272	
左云县	9.6	3.9	41 233.0	28 460	8 555	
大同县	13.7	5.0	39 116.0	37 470	64 344	
阳泉市辖区	19.2	9.1	12 877.0	9 430	36 336	
平定县	28.1	10.9	28 305.0	24 030	66 203	
盂县	25.2	10.1	33 273.0	29 730	68 186	
长治市辖区	20.7	8.6	13 032.0	12 570	70 728	
长治县	28.8	13.0	24 226.0	23 410	133 514	
襄垣县	19.7	7.9	39 389.0	32 500	153 733	10.0
屯留县	21.9	8.7	36 939.0	35 290	170 860	
平顺县	15.4	6.0	12 809.0	12 970	47 156	50.0
黎城县	13.6	5.6	18 528.0	22 170	100 645	110.0
壶关县	25.0	9.8	23 475.0	20 680	76 541	
长子县	30.6	11.7	36 091.0	31 910	161 281	
武乡县	18.7	6.3	30 098.0	27 400	101 467	
沁县	14.3	4.7	25 803.0	22 390	115 214	
沁源县	14.0	4.4	18 388.0	16 840	53 592	
潞城市	16.3	6.0	23 023.0	20 610	111 518	60.0
晋城市辖区	54.8	23.5	52 380.0	71 260	220 833	1 320.0
沁水县	18.1	7.1	29 009.0	25 950	75 299	1 710.0
阳城县	34.0	14.0	41 090.0	41 900	100 920	3 120.0
陵川县	22.5	8.9	26 414.0	23 710	74 145	
高平市	40.7	19.4	39 001.0	46 660	178 106	
朔州市辖区	39.1	15.6	121 983.0	88 660	146 838	
山阴县	16.4	5.5	53 323.0	36 040	64 269	
应县	24.9	9.5	52 156.0	38 800	132 571	

县(市)农村经济主要指标(二)

县　　名	棉花产量（吨）	油料播种面积（公顷）	油料产量（吨）	猪牛羊肉总产量（吨）	猪肉产量（吨）	农林牧渔业总产值（万元）
安平县	2 238.0	4 328.0	8 802.0	9 106	8 701	24 015
故城县	9 205.0	3 353.0	10 420.0	13 153	9 620	70 464
景县	6 183.0	5 577.0	9 423.0	16 273	11 864	52 682
阜城县	4 895.0	1 288.0	1 818.0	7 219	5 528	33 858
太原市辖区	3.0	760.0	803.0	6 964	6 203	43 728
清徐县	846.0	1 240.0	1 895.0	13 035	10 811	46 932
阳曲县		5 740.0	2 113.0	4 833	4 275	15 557
娄烦县		3 150.0	576.0	1 338	908	2 805
古交市		3 000.0	1 249.0	2 375	1 927	5 145
大同市辖区		4 050.0	1 104.0	9 810	7 660	18 537
阳高县		2 660.0	1 005.0	13 530	11 867	11 780
天镇县		2 080.0	457.0	11 302	10 065	8 743
广灵县		6 950.0	1 694.0	2 839	2 044	5 940
灵丘县		4 230.0	1 223.0	2 665	1 819	5 432
浑源县		3 260.0	1 149.0	8 189	6 569	17 673
左云县		5 500.0	853.0	2 940	1 813	2 559
大同县		1 280.0	360.0	5 346	3 685	6 280
阳泉市辖区		90.0	100.0	1 506	1 402	9 820
平定县		1 630.0	1 406.0	3 931	3 760	15 249
盂县		2 780.0	1 114.0	3 496	3 306	13 879
长治市辖区		20.0	44.0	4 258	4 100	16 392
长治县		220.0	160.0	9 603	9 413	25 217
襄垣县	2.0	3 920.0	4 724.0	8 055	7 012	23 802
屯留县		590.0	932.0	11 675	10 260	30 071
平顺县	22.0	170.0	261.0	4 016	3 112	9 577
黎城县	62.0	1 190.0	1 801.0	1 727	1 391	14 785
壶关县		360.0	963.0	4 300	3 839	12 844
长子县		710.0	685.0	11 952	11 278	32 966
武乡县		2 370.0	2 828.0	6 393	4 221	16 222
沁县		880.0	1 001.0	6 088	4 451	13 883
沁源县		580.0	508.0	4 678	2 725	8 566
潞城市	34.0	500.0	589.0	2 508	2 333	15 037
晋城市辖区	542.0	3 350.0	3 569.0	9 436	8 011	38 835
沁水县	841.0	3 820.0	4 541.0	4 246	2 823	13 989
阳城县	1 264.0	4 830.0	4 276.0	5 738	3 935	22 363
陵川县		1 650.0	1 958.0	4 716	3 047	9 457
高平市		1 430.0	1 760.0	10 250	10 043	25 168
朔州市辖区		22 010.0	7 528.0	15 527	11 258	34 689
山阴县		10 540.0	2 467.0	3 339	2 348	19 669
应县		7 570.0	4 118.0	6 222	3 676	43 452

县(市)农村经济主要指标(一)

县　　名	乡村人口 (万人)	乡村劳动力 (万人)	耕地面积 (公顷)	粮　　食 播种面积 (公顷)	粮食总产量 (吨)	棉　　花 播种面积 (公顷)
右玉县	8.5	3.8	53 285.0	43 750	12 517	
怀仁县	16.8	7.0	40 110.0	29 870	52 214	
忻州市	32.5	13.6	53 685.0	44 680	168 714	10.0
原平市	35.0	12.5	61 400.0	52 040	209 368	10.0
定襄县	17.8	7.0	25 866.0	22 750	111 191	170.0
五台县	27.7	8.7	33 813.0	29 540	92 996	
代县	15.9	6.4	28 998.0	22 520	45 922	
繁峙县	20.4	7.0	41 604.0	32 410	40 695	
宁武县	10.9	4.4	26 273.0	21 190	9 491	
静乐县	13.5	5.5	32 895.0	28 030	15 124	
神池县	8.1	2.8	43 054.0	21 100	11 642	
五寨县	8.5	3.3	40 152.0	21 600	13 013	
岢岚县	6.4	2.2	26 463.0	16 730	8 477	
河曲县	10.8	3.8	24 251.0	22 230	8 522	
保德县	12.3	3.8	21 929.0	18 710	5 409	
偏关县	8.6	3.3	35 792.0	22 030	6 117	
孝义市	29.0	11.5	34 161.0	33 510	62 293	570.0
汾阳县	30.7	12.5	48 527.0	41 170	116 724	2 910.0
文水县	35.3	15.4	40 443.0	40 200	203 287	4 900.0
交城县	17.5	7.0	14 506.0	14 430	56 791	420.0
兴县	22.8	8.4	53 683.0	37 740	43 051	
临县	49.1	18.5	93 950.0	68 340	55 879	1 020.0
柳林县	23.3	7.8	36 267.0	28 390	34 467	260.0
石楼县	8.4	2.7	28 033.0	19 950	25 264	150.0
岚县	14.3	6.7	32 414.0	27 330	40 708	
方山县	11.2	3.7	16 452.0	12 950	13 260	
离石县	13.2	5.1	17 646.0	14 130	20 311	30.0
中阳县	10.0	3.3	17 528.0	14 160	19 513	10.0
交口县	8.5	3.1	16 361.0	15 420	14 495	
榆次市	26.6	12.1	45 316.0	39 380	170 030	1 770.0
介休市	27.2	11.7	27 729.0	30 570	110 284	1 110.0
榆社县	12.1	4.4	16 395.0	13 660	47 605	
左权县	14.2	6.2	16 014.0	15 170	49 000	
和顺县	11.8	4.0	16 054.0	14 600	57 300	
昔阳县	21.7	10.3	25 799.0	25 910	122 662	30.0
寿阳县	18.5	6.9	51 677.0	45 230	148 464	
太谷县	21.1	9.6	28 677.0	28 070	123 116	1 560.0
祁县	21.0	9.1	26 886.0	27 600	128 846	2 430.0
平遥县	41.4	18.3	52 518.0	45 870	177 181	8 030.0
灵石县	16.7	7.4	25 477.0	23 700	48 668	

县(市)农村经济主要指标(二)

县　名	棉花产量 (吨)	油　料 播种面积 (公顷)	油料产量 (吨)	猪牛羊肉 总产量 (吨)	猪肉产量 (吨)	农林牧渔业 总产值 (万元)
右玉县		6 830.0	1 707.0	3 813	2 474	5 395
怀仁县		1 600.0	676.0	3 540	2 746	19 408
忻州市	1.0	5 620.0	4 546.0	11 222	10 341	39 111
原平市	2.0	5 470.0	4 672.0	8 210	7 546	29 093
定襄县	206.0	2 300.0	2 863.0	3 383	2 914	15 510
五台县		3 120.0	1 796.0	4 088	2 800	15 330
代县		4 740.0	2 142.0	4 000	3 140	12 202
繁峙县		6 020.0	2 696.0	3 732	2 896	6 547
宁武县		3 700.0	1 006.0	1 785	1 045	2 969
静乐县		4 050.0	1 956.0	3 086	2 050	3 360
神池县		20 190.0	6 548.0	2 834	1 807	3 543
五寨县		16 960.0	1 321.0	2 435	1 630	1 432
岢岚县		8 220.0	1 935.0	3 889	1 985	4 949
河曲县		3 600.0	1 722.0	3 011	2 511	1 367
保德县		1 290.0	25.0	2 620	2 092	2 347
偏关县		7 100.0	1 065.0	5 489	3 740	1 625
孝义市	42.0	1 290.0	949.0	4 407	3 782	12 652
汾阳县	305.0	3 310.0	4 288.0	9 626	8 517	30 116
文水县	2 191.0	1 600.0	3 628.0	16 688	8 572	46 767
交城县	56.0	610.0	754.0	2 262	1 675	16 370
兴县		12 150.0	4 368.0	3 113	1 958	15 021
临县	8.0	16 870.0	3 366.0	4 349	3 751	20 230
柳林县	24.0	3 960.0	2 479.0	1 465	1 200	13 568
石楼县	21.0	7 420.0	4 744.0	2 268	1 433	7 396
岚县		3 780.0	889.0	1 901	1 463	5 919
方山县		4 910.0	1 697.0	2 076	1 164	4 287
离石县	3.0	2 520.0	876.0	1 557	1 155	4 363
中阳县	1.0	2 770.0	935.0	1 269	904	5 547
交口县		2 150.0	648.0	1 494	1 060	4 550
榆次市	860.0	3 010.0	3 053.0	12 416	10 979	36 599
介休市	385.0	710.0	857.0	6 400	5 755	16 096
榆社县		560.0	431.0	3 944	2 272	8 101
左权县		470.0	916.0	5 210	2 438	8 616
和顺县		690.0	1 173.0	4 221	976	8 674
昔阳县	15.0	920.0	1 118.0	3 849	2 756	14 347
寿阳县	1.0	2 640.0	3 502.0	4 594	3 112	18 790
太谷县	750.0	970.0	992.0	10 304	9 468	28 108
祁县	890.0	1 190.0	1 488.0	4 929	3 336	20 165
平遥县	4 273.0	2 760.0	4 486.0	11 117	9 388	34 259
灵石县	2.0	890.0	657.0	2 368	2 093	8 222

县(市)农村经济主要指标(一)

县名	乡村人口(万人)	乡村劳动力(万人)	耕地面积(公顷)	粮食播种面积(公顷)	粮食总产量(吨)	棉花播种面积(公顷)
临汾市	41.4	20.7	44 005.0	50 320	180 553	2 740.0
侯马市	10.4	4.9	9 669.0	11 060	51 410	1 110.0
霍州市	17.6	7.6	16 944.0	18 340	61 010	950.0
曲沃县	18.4	9.3	24 121.0	23 970	100 109	3 030.0
翼城县	24.8	9.9	34 291.0	38 430	147 828	3 570.0
襄汾县	41.5	19.8	58 231.0	59 670	216 181	6 280.0
洪洞县	58.5	26.8	58 910.0	69 540	279 775	3 040.0
古县	7.1	2.2	13 591.0	13 630	45 380	330.0
安泽县	6.6	2.3	11 527.0	13 550	74 340	
浮山县	10.9	3.6	20 573.0	21 130	52 985	1 380.0
吉县	8.4	2.9	15 245.0	14 830	55 079	280.0
乡宁县	17.5	6.0	26 443.0	27 290	100 031	
蒲县	7.2	2.6	15 922.0	14 920	44 249	
大宁县	4.6	1.6	10 059.0	9 950	36 682	1 420.0
永和县	5.3	1.6	13 089.0	9 800	24 173	1 200.0
隰县	7.8	2.7	14 625.0	13 610	55 205	10.0
汾西县	11.8	5.1	18 724.0	21 550	46 650	60.0
运城市	39.2	19.0	63 034.0	44 580	193 447	8 200.0
永济市	33.7	16.3	50 933.0	40 550	196 602	10 400.0
河津市	26.5	11.4	23 378.0	23 120	89 475	1 400.0
芮城县	32.8	16.3	49 358.0	34 840	165 129	3 840.0
临猗县	47.1	20.4	100 514.0	83 230	350 042	13 470.0
万荣县	37.1	13.6	67 402.0	43 490	122 875	4 740.0
新绛县	25.8	13.3	34 222.0	30 510	125 442	5 160.0
稷山县	28.6	13.6	38 160.0	31 320	123 994	5 230.0
闻喜县	31.5	14.8	52 588.0	45 500	150 764	3 990.0
夏县	30.3	15.8	38 981.0	30 310	124 178	6 020.0
绛县	21.5	11.2	29 264.0	29 730	115 157	2 390.0
平陆县	20.8	10.0	32 923.0	29 680	77 549	2 170.0
垣曲县	15.3	6.6	21 512.0	21 030	55 498	2 060.0
呼市市辖区	23.9	12.3	45 575.0	34 604	112 436	
土默特左旗	29.0	13.5	68 550.0	50 500	262 018	
托克托县	16.0	7.8	39 828.0	26 940	125 465	
和林格尔县	16.3	6.9	66 095.0	44 550	78 608	
清水河县	11.2	3.9	41 810.0	28 910	41 599	
包头市辖区	19.3	10.4	29 140.0	15 900	62 000	
土默特右旗	28.7	15.4	78 430.0	55 400	300 378	
固阳县	17.5	8.7	115 350.0	81 890	82 706	
赤峰市辖区	63.6	27.4	129 119.0	107 827	328 347	

县(市)农村经济主要指标(二)

县　　名	棉花产量（吨）	油料播种面积（公顷）	油料产量（吨）	猪牛羊肉总产量（吨）	猪肉产量（吨）	农林牧渔业总产值（万元）
临汾市	1623.0	1 460.0	2 391.0	5 577	4 716	31 660
侯马市	917.0	890.0	1 969.0	1 798	1 454	11 215
霍州市	501.0	370.0	508.0	2 406	2 048	10 985
曲沃县	1788.0	2 030.0	4 106.0	1 761	1 422	17 919
翼城县	1873.0	1 100.0	2 415.0	10 677	9 761	25 706
襄汾县	5903.0	1 550.0	3 255.0	4 596	2 875	37 356
洪洞县	1880.0	1 840.0	3 242.0	12 012	9 946	46 066
古县	183.0	1 080.0	1 451.0	2 137	1 555	7 528
安泽县		850.0	1 800.0	3 755	2 125	10 580
浮山县	712.0	670.0	773.0	3 099	2 604	9 280
吉县	112.0	1 690.0	1 807.0	1 565	913	8 653
乡宁县		1 110.0	2 612.0	5 917	3 712	13 845
蒲县		1 580.0	2 041.0	5 770	2 865	8 830
大宁县	520.0	880.0	1 861.0	1 051	687	5 724
永和县	202.0	4 220.0	3 925.0	1 517	908	4 785
隰县	1.0	1 470.0	1 731.0	2 692	1 456	8 808
汾西县	64.0	1 020.0	860.0	1 752	1 160	6 677
运城市	8021.0	2 320.0	1 962.0	8 351	6 000	28 442
永济市	13255.0	2 160.0	5 145.0	6 399	4 967	37 810
河津市	1192.0	2 230.0	3 893.0	2 603	2 195	10 094
芮城县	3070.0	3 780.0	5 971.0	8 394	7 009	27 850
临猗县	12021.0	3 050.0	4 971.0	6 072	4 544	67 294
万荣县	2311.0	4 890.0	8 903.0	6 823	4 464	34 449
新绛县	4063.0	610.0	657.0	3 272	2 272	20 141
稷山县	6132.0	640.0	1 146.0	2 718	1 735	19 641
闻喜县	1914.0	1 320.0	1 227.0	6 905	4 982	19 380
夏县	5043.0	620.0	668.0	4 115	2 873	15 658
绛县	1413.0	680.0	1 716.0	5 790	4 951	15 698
平陆县	1002.0	1 440.0	1 426.0	5 490	4 018	18 301
垣曲县	1449.0	790.0	1 417.0	6 666	4 585	11 207
呼市市辖区		3 827.0	3 329.0	7 783	5 757	34 353
土默特左旗		10 100.0	35 000.0	8 995	7 411	56 996
托克托县		6 868.0	11 387.0	7 554	5 246	29 977
和林格尔县		7 200.0	2 958.0	4 433	3 378	14 308
清水河县		7 510.0	2 132.0	3 585	2 829	13 545
包头市辖区		3 100.0	4 454.0	6 537	5 197	27 542
土默特右旗		26 012.0	41 935.0	11 791	9 273	61 712
固阳县		11 000.0	8 507.0	5 895	4 048	17 634
赤峰市辖区		7 710.0	4 503.0	24 440	20 438	60 254

县(市)农村经济主要指标(一)

县　　名	乡村人口 (万人)	乡村劳动力 (万人)	耕地面积 (公顷)	粮　　食 播种面积 (公顷)	粮食总产量 (吨)	棉　　花 播种面积 (公顷)
阿鲁科尔沁旗	25.8	9.9	68 407.0	65 716	49 372	
巴林左旗	30.1	13.8	94 071.0	86 200	72 947	
巴林右旗	13.5	3.7	28 814.0	28 628	45 062	
林西县	19.5	7.4	69 090.0	48 800	81 099	
克什克腾旗	19.5	9.3	63 250.0	50 000	82 302	
翁牛特旗	41.2	13.9	115 523.0	99 628	230 431	
喀喇沁旗	32.5	11.6	50 312.0	45 530	93 011	
宁城县	52.1	19.4	94 920.0	84 426	312 734	
敖汉旗	51.4	19.4	139 141.0	121 860	297 806	
海拉尔市	1.5	0.7	26 496.0	14 475	47 331	
满州里市	0.1		2 013.0	554	1 518	
扎兰屯市	24.9	6.5	129 406.0	104 255	266 610	
牙克石市	4.5	2.0	120 157.0	40 243	140 485	
根河市	0.1		2 408.0	960	2 453	
额尔古纳市	0.2	0.1	131 739.0	66 313	215 525	
阿荣旗	23.1	5.2	162 425.0	140 478	229 845	
莫力达瓦旗	21.0	4.1	253 404.0	199 812	247 463	
鄂伦春自治旗	5.8	2.4	84 221.0	71 537	103 831	
鄂温克自治旗	1.6	0.8	33 405.0	13 993	38 604	
新巴尔右旗	1.5	1.0	1 386.0	155	613	
新巴尔左旗	1.7	0.9	23 187.0	10 559	32 993	
陈巴尔旗	1.0	0.6	51 842.0	22 863	81 879	
乌兰浩特市	6.4	2.7	17 066.0	16 310	48 600	
科尔沁右冀前	31.5	10.7	121 467.0	102 018	248 963	
科尔沁右冀中	16.0	3.5	91 622.0	78 379	93 357	
扎赉特旗	31.7	8.3	119 400.0	108 000	323 178	
突泉县	23.8	8.2	88 390.0	77 105	124 750	
通辽市	42.7	15.0	120 506.0	104 981	811 683	
霍林郭勒市	1.2	0.6	14 876.0	8 447	26 280	
科尔沁左中旗	39.2	10.7	176 000.0	118 680	600 617	
科尔沁左后旗	28.9	7.4	109 920.0	108 740	429 444	
开鲁县	29.7	11.8	83 260.0	82 140	512 277	
库伦旗	13.2	4.3	91 690.0	56 100	72 589	
奈曼旗	36.0	14.0	89 210.0	83 550	250 112	
扎鲁特旗	20.0	7.0	100 000.0	87 850	54 037	
二连浩特市			30.0			
锡林浩特市	1.0	0.5	19 330.0	5 940	8 518	
阿巴嘎旗	2.3	1.4	360.0			
苏尼特左旗	1.6	0.9	80.0			
苏尼特右旗	3.2	1.8	5 230.0	2 900	2 930	

县(市)农村经济主要指标(二)

县名	棉花产量 (吨)	油料 播种面积 (公顷)	油料产量 (吨)	猪牛羊肉 总产量 (吨)	猪肉产量 (吨)	农林牧渔业 总产值 (万元)
阿鲁科尔沁旗		571.0	45.0	9 570	4 483	25 000
巴林左旗		1 210.0	443.0	11 643	9 000	25 181
巴林右旗		408.0	234.0	12 174	3 327	23 248
林西县		2 500.0	2 210.0	7 053	4 730	20 492
克什克腾旗		6 700.0	4 757.0	11 196	4 791	24 078
翁牛特旗		14 849.0	7 395.0	12 306	9 079	43 390
喀喇沁旗		1 668.0	1 259.0	8 508	7 894	17 070
宁城县		596.0	741.0	13 745	12 793	53 405
敖汉旗		9 500.0	6 407.0	18 184	17 184	56 007
海拉尔市		3 696.0	2 970.0	1 956	1 147	12 870
满州里市				1 330	821	8 007
扎兰屯市		4 774.0	5 511.0	7 595	6 246	56 706
牙克石市		14 181.0	15 906.0	3 100	2 326	30 018
根河市		76.0	41.0	1 500	1 265	2 415
额尔古纳市		8 425.0	4 097.0	2 306	1 303	33 619
阿荣旗		1 619.0	1 552.0	8 667	7 442	50 865
莫力达瓦旗		54.0	61.0	5 595	4 487	38 049
鄂伦春自治旗		7.0	4.0	2 345	1 743	18 754
鄂温克自治旗		7 440.0	6 593.0	4 515	1 059	15 131
新巴尔右旗		1.0	3.0	5 743	29	10 668
新巴尔左旗		3 334.0	3 501.0	4 804	154	15 351
陈巴尔旗		8 475.0	7 299.0	3 844	622	12 779
乌兰浩特市		1 160.0	1 349.0	3 749	3 423	12 504
科尔沁右冀前		8 600.0	7 810.0	14 365	10 244	46 017
科尔沁右冀中		5 046.0	2 553.0	9 416	5 633	17 555
扎赉特旗		3 138.0	3 755.0	10 356	7 311	34 544
突泉县		9 713.0	6 900.0	9 522	8 426	24 609
通辽市		5 276.0	6 788.0	47 122	42 990	105 298
霍林郭勒市		2 549.0	2 027.0	1 025	618	4 594
科尔沁左中旗		50 540.0	38 898.0	15 204	12 595	85 002
科尔沁左后旗		5 180.0	3 048.0	13 959	11 030	60 364
开鲁县		2 280.0	1 964.0	12 704	10 947	61 949
库伦旗		2 700.0	1 435.0	5 211	3 626	10 515
奈曼旗		3 340.0	2 046.0	15 055	13 078	39 729
扎鲁特旗		3 020.0	499.0	12 249	7 109	33 668
二连浩特市				103	36	126
锡林浩特市		1 440.0	491.0	7 476	180	15 652
阿巴嘎旗				10 209	15	13 830
苏尼特左旗				7 299	14	9 473
苏尼特右旗		820.0	591.0	5 685	235	9 679

县(市)农村经济主要指标(一)

县　　名	乡村人口 (万人)	乡村劳动力 (万人)	耕地面积 (公顷)	粮　　食 播种面积 (公顷)	粮食总产量 (吨)	棉　　花 播种面积 (公顷)
东乌珠穆沁旗	2.6	1.4	22 640.0	9 670	28 601	
西乌珠穆沁旗	3.3	1.5	2 840.0	1 180	2 516	
太仆寺旗	18.0	8.7	81 480.0	64 760	100 440	
镶黄旗	1.6	0.8	1 470.0	420	254	
正镶白旗	5.7	2.9	19 170.0	10 900	16 599	
正蓝旗	5.3	2.7	20 430.0	10 550	18 700	
多伦县	7.5	3.7	54 550.0	37 660	56 400	
集宁市	2.0	1.2	1 940.0	1 080	964	
丰镇市	24.7	11.0	90 580.0	66 620	72 593	
武川县	14.6	6.8	90 306.0	82 510	84 112	
卓资县	20.4	10.7	77 702.0	54 460	64 739	
化德县	13.8	7.9	61 300.0	50 180	36 953	
商都县	29.9	16.3	118 500.0	91 270	107 003	
兴和县	26.8	12.6	99 840.0	78 800	65 055	
凉城县	20.0	8.0	74 165.0	46 790	37 317	
察哈尔右前旗	22.5	11.3	87 550.0	59 500	71 786	
察哈尔右中旗	19.3	9.2	88 280.0	68 810	90 809	
察哈尔右后旗	17.7	8.5	74 780.0	46 660	51 654	
达尔罕联合旗	8.0	4.2	77 690.0	44 000	41 475	
四子王旗	17.3	8.3	107 360.0	84 580	80 596	
东胜市	6.2	3.6	20 900.0	16 420	26 066	
达拉特旗	26.9	14.3	86 200.0	60 200	304 973	
准格尔旗	20.2	9.5	58 540.0	38 120	74 520	
鄂托克前旗	5.4	2.1	9 340.0	7 150	40 403	
鄂托克旗	8.0	3.5	8 140.0	6 720	27 047	
杭锦旗	10.9	4.4	30 130.0	21 450	88 720	
乌审旗	7.8	3.6	15 800.0	12 660	59 705	
伊金霍洛旗	11.7	6.1	26 890.0	19 470	61 196	
临河市	26.6	14.0	75 432.0	50 940	373 677	
五原县	21.0	9.0	76 000.0	47 640	240 883	
磴口县	5.4	2.8	19 860.0	11 250	74 151	
乌拉特前旗	23.5	9.7	83 060.0	55 025	272 678	
乌拉特中旗	9.5	4.1	39 020.0	22 080	95 049	
乌拉特后旗	2.0	1.2	3 180.0	1 960	11 933	
杭锦后旗	23.2	11.8	56 458.0	37 020	276 120	
阿拉善左旗	4.6	2.6	10 822.0	7 716	36 955	
阿拉善右旗	0.9	0.4	732.0	274	1 502	
额济纳旗	0.3	0.2	1 705.0	735	2 347	3.0
沈阳市辖区	101.9	41.5	162 302.0	129 075	479 785	
辽中县	43.3	15.9	85 329.0	71 171	177 135	71.0

县(市)农村经济主要指标(二)

县　　名	棉花产量 (吨)	油　　料 播种面积 (公顷)	油料产量 (吨)	猪牛羊肉 总 产 量 (吨)	猪肉产量 (吨)	农林牧渔业 总 产 值 (万元)
东乌珠穆沁旗		2 290.0	1 485.0	16 458	270	21 691
西乌珠穆沁旗		200.0	123.0	16 050	172	31 636
太仆寺旗		12 010.0	10 269.0	4 206	2 800	19 220
镶黄旗		80.0	39.0	3 333	80	6 844
正镶白旗		2 850.0	2 747.0	5 534	798	9 645
正蓝旗		2 370.0	2 250.0	9 155	1 238	17 086
多伦县		5 920.0	4 150.0	6 436	3 550	13 114
集宁市		230.0	112.0	820	662	4 332
丰镇市		17 710.0	5 003.0	5 809	4 486	17 052
武川县		8 710.0	5 261.0	3 756	2 003	19 409
卓资县		13 770.0	5 011.0	4 860	3 523	17 688
化德县		12 840.0	7 186.0	2 164	1 664	8 982
商都县		21 630.0	13 869.0	12 671	11 263	31 420
兴和县		16 460.0	6 100.0	5 024	3 849	16 528
凉城县		7 770.0	1 945.0	3 937	2 901	10 651
察哈尔右前旗		11 920.0	6 345.0	6 724	5 961	19 257
察哈尔右中旗		8 050.0	4 173.0	6 225	4 376	23 024
察哈尔右后旗		13 680.0	7 141.0	3 682	1 988	16 537
达尔罕联合旗		7 140.0	3 183.0	6 905	2 020	18 182
四子王旗		12 130.0	6 067.0	11 218	5 582	27 423
东胜市		2 930.0	2 495.0	4 355	3 503	8 037
达拉特旗		17 020.0	26 433.0	12 672	10 290	50 777
准格尔旗		5 490.0	2 990.0	9 646	7 053	24 703
鄂托克前旗		320.0	562.0	4 678	1 879	14 096
鄂托克旗		310.0	518.0	6 872	2 154	16 027
杭锦旗		5 870.0	10 890.0	7 360	3 405	20 131
乌审旗		1 780.0	2 455.0	7 217	4 516	17 822
伊金霍洛旗		6 950.0	9 684.0	8 701	6 456	17 967
临河市		14 270.0	65 241.0	25 511	20 858	81 122
五原县		12 290.0	63 903.0	13 946	11 301	50 333
磴口县		4 060.0	10 445.0	5 185	3 983	26 275
乌拉特前旗		12 012.0	54 813.0	15 325	11 293	68 596
乌拉特中旗		5 630.0	14 086.0	9 267	3 399	35 654
乌拉特后旗		850.0	1 562.0	2 685	1 509	9 311
杭锦后旗		9 629.0	55 930.0	16 112	12 952	69 040
阿拉善左旗		909.0	1 474.4	4 961	816	16 754
阿拉善右旗		6.0	9.0	827	66	4 577
额济纳旗	4.0	57.0	125.0	339	100	3 186
沈阳市辖区		1 693.0	3 412.0	73 687	63 632	177 178
辽中县	46.0	1 646.0	2 280.0	70 694	63 453	63 273

县(市)农村经济主要指标(一)

县　　名	乡村人口 (万人)	乡村劳动力 (万人)	耕地面积 (公顷)	粮　　食 播种面积 (公顷)	粮食总产量 (吨)	棉　　花 播种面积 (公顷)
康平县	26.0	8.7	74 993.0	63 692	416 492	15.0
法库县	39.4	13.7	105 484.0	96 551	575 018	3.0
新民市	57.4	19.9	139 264.0	120 972	452 665	134.0
大连市辖区	70.2	35.1	50 002.0	42 363	207 209	
长海县	7.0	2.8	2 164.0	1 959	8 496	
瓦房店市	70.9	29.8	76 002.0	84 383	337 686	18.0
普兰店市	68.4	28.6	63 672.0	67 594	315 170	
庄河市	73.0	24.0	88 943.0	89 169	365 500	
鞍山市辖区	19.1	8.5	12 936.0	9 522	41 106	
台安县	30.2	10.9	62 820.0	62 194	226 755	
岫岩自治县	41.1	15.5	44 609.0	38 645	123 631	
海城市	85.2	24.1	98 813.0	89 472	381 411	3.0
抚顺市辖区	15.4	8.2	11 604.0	6 892	33 404	
抚顺县	18.4	9.6	23 660.0	21 920	55 000	
新宾自治县	25.0	11.3	21 908.0	24 797	62 264	
清原自治县	25.0	11.2	23 030.0	26 269	74 458	
本溪市辖区	13.6	7.1	8 604.0	4 914	17 429	
本溪自治县	19.4	7.4	17 476.0	17 621	74 048	
桓仁自治县	23.2	8.9	19 184.0	19 347	73 254	
丹东市辖区	12.6	6.1	10 162.0	6 356	13 998	
宽甸自治县	36.6	14.1	31 344.0	29 570	55 226	
东港市	55.1	24.1	79 008.0	71 431	350 011	
凤城市	44.0	17.0	53 500.0	46 651	166 026	
锦州市辖区	12.9	5.7	12 127.0	10 119	59 450	3.0
北镇自治县	44.5	13.5	74 037.0	59 913	376 721	277.0
黑山县	47.1	15.4	114 457.0	104 150	557 097	5 053.0
义县	37.7	13.9	61 298.0	55 537	273 148	117.0
凌海市	52.0	21.6	93 732.0	83 446	550 676	686.0
营口市辖区	14.3	6.1	11 071.0	10 444	82 326	
盖州市	73.0	22.0	45 959.0	43 676	245 220	134.0
大石桥市	55.0	20.0	51 113.0	47 328	282 553	120.0
阜新市辖区	14.9	4.3	12 330.0	10 386	52 126	
阜新自治县	65.9	28.4	176 376.0	153 232	640 238	264.0
彰武县	33.6	13.9	96 534.0	89 941	428 779	4.0
辽阳市辖区	12.0	5.8	11 056.0	8 969	39 311	39.0
辽阳县	50.0	17.0	68 733.0	57 677	159 404	336.0
灯塔县	42.0	16.0	62 063.0	57 734	96 559	208.0
盘锦市辖区	7.1	2.9	6 711.0	6 409	45 012	
大洼县	1.0	0.3	47 171.0	45 576	283 876	
盘山县	12.2	3.1	40 714.0	38 196	305 884	1.0

县(市)农村经济主要指标(二)

县　名	棉花产量 (吨)	油　料 播种面积 (公顷)	油料产量 (吨)	猪牛羊肉 总产量 (吨)	猪肉产量 (吨)	农林牧渔业 总产值 (万元)
康平县	14.0	4 528.0	4 470.0	27 306	20 723	63 766
法库县	2.0	2 928.0	5 978.0	28 103	22 612	57 005
新民市	305.0	3 870.0	5 303.0	76 206	70 896	144 896
大连市辖区		2 254.0	5 484.0	66 513	62 348	207 889
长海县		7.0	9.0	1 247	1 247	53 823
瓦房店市	6.0	1 053.0	1 825.0	35 205	31 551	152 491
普兰店市		3 629.0	6 612.0	43 273	41 463	114 036
庄河市		1 217.0	1 354.0	35 506	34 135	111 768
鞍山市辖区		31.0	46.0	12 581	8 629	22 844
台安县		955.0	1 330.0	34 196	28 393	69 959
岫岩自治县		334.0	493.0	23 905	19 466	29 345
海城市		543.0	856.0	62 670	47 313	103 147
抚顺市辖区		165.0	263.0	11 010	10 397	25 708
抚顺县		1 364.0	2 570.0	19 671	16 941	21 325
新宾自治县		739.0	1 186.0	19 163	10 290	31 009
清原自治县		341.0	827.0	23 724	10 507	21 988
本溪市辖区		341.0	499.0	15 574	14 450	21 692
本溪自治县		177.0	249.0	7 818	6 767	26 646
桓仁自治县		514.0	760.0	9 560	7 858	24 222
丹东市辖区		94.0	120.0	6 831	6 543	12 237
宽甸自治县		413.0	633.0	11 344	9 010	26 294
东港市		1 099.0	2 450.0	25 199	24 053	113 071
凤城市		1 018.0	1 962.0	33 858	22 576	47 015
锦州市辖区	5.0	304.0	706.0	10 777	10 604	31 686
北镇自治县	185.0	6 695.0	9 844.0	52 533	47 558	144 059
黑山县	3 564.0	10 345.0	19 313.0	51 508	46 457	125 145
义县	76.0	4 460.0	9 646.0	36 232	28 712	76 003
凌海市	347.0	5 365.0	9 388.0	45 294	43 772	121 727
营口市辖区		17.0	45.0	4 024	3 513	29 764
盖州市	75.0	404.0	986.0	28 131	24 969	89 119
大石桥市	62.0	536.0	1 362.0	21 168	19 673	58 781
阜新市辖区		166.0	342.0	13 308	10 053	15 892
阜新自治县	205.0	17 480.0	27 479.0	80 200	55 319	94 813
彰武县	4.0	3 469.0	5 996.0	34 388	26 700	54 761
辽阳市辖区	20.0	93.0	144.0	5 614	4 189	16 715
辽阳县	134.0	1 711.0	1 538.0	28 407	24 066	60 102
灯塔县	44.0	255.0	101.0	22 187	20 346	42 988
盘锦市辖区				4 387	4 261	19 828
大洼县				16 885	16 269	93 873
盘山县	1.0	47.0	50.0	17 357	15 897	118 714

县(市)农村经济主要指标(一)

县　　名	乡村人口 (万人)	乡村劳动力 (万人)	耕地面积 (公顷)	粮　　食 播种面积 (公顷)	粮食总产量 (吨)	棉　　花 播种面积 (公顷)
铁岭市辖区	7.0	2.0	8 403.0	6 715	25 296	
铁岭县	36.0	12.0	63 967.0	59 678	144 287	
西丰县	28.0	8.0	44 179.0	41 399	146 507	
昌图县	82.0	25.0	227 954.0	199 593	1359 286	7.0
铁法市	7.0	2.0	10 439.0	8 695	43 555	
开原市	48.0	16.0	68 929.0	65 861	201 777	
朝阳市辖区	15.5	7.9	13 568.0	10 453	50 182	447.0
朝阳县	59.4	28.3	85 266.0	69 293	307 643	8 168.0
建平县	46.4	22.5	116 404.0	96 496	350 607	7.0
喀喇沁左翼县	36.2	17.9	43 554.0	33 943	199 509	5 277.0
北票市	42.9	20.4	82 925.0	70 270	266 030	4 511.0
凌源市	49.3	23.9	47 237.0	46 489	225 470	26.0
葫芦岛市辖区	45.3	15.6	53 706.0	46 242	247 667	268.0
绥中县	53.6	20.4	58 570.0	57 446	241 825	378.0
建昌县	52.6	22.4	50 711.0	46 536	251 937	4 323.0
兴城市	42.4	16.5	58 535.0	44 457	231 152	130.0
长春市辖区	49.0	22.0	77 807.0	57 016	265 589	
农安县	91.0	36.0	291 020.0	266 528	2024 061	
双阳县	30.0	13.0	70 156.0	62 605	525 259	
九台市	63.0	28.0	159 698.0	142 116	905 279	
榆树市	110.0	50.0	290 748.0	255 236	2010 117	
德惠市	77.0	31.0	212 399.0	193 803	1181 872	
吉林市辖区	22.0	10.0	29 483.0	21 072	116 112	
永吉县	60.0	27.0	115 917.0	107 499	511 937	
磐石县	33.0	15.0	64 608.0	60 137	310 606	
蛟河市	26.0	13.0	49 166.0	42 143	170 097	
桦甸市	21.0	10.0	45 674.0	42 199	162 242	
舒兰市	42.0	19.0	82 741.0	77 533	465 717	
四平市辖区	8.0	4.0	12 768.0	11 375	87 807	
梨树县	63.0	28.0	185 912.0	180 085	1675 500	
伊通自治县	35.0	16.0	87 844.0	85 772	705 543	
双辽县	26.0	12.0	98 019.0	94 656	735 564	
公主岭市	72.0	29.0	219 140.0	206 147	1830 140	
辽源市辖区	6.0	3.0	5 416.0	2 532	14 218	
东丰县	29.0	13.0	74 515.0	72 419	461 500	
东辽县	31.0	15.0	68 525.0	65 064	500 134	
通化市辖区	7.0	3.0	4 869.0	2 787	5 399	
通化县	18.0	8.0	27 042.0	26 214	52 511	
辉南县	21.0	11.0	39 511.0	37 126	102 900	
柳河县	27.0	14.0	45 040.0	43 029	143 361	

县(市)农村经济主要指标(二)

县　　名	棉花产量 (吨)	油　料 播种面积 (公顷)	油料产量 (吨)	猪牛羊肉 总产量 (吨)	猪肉产量 (吨)	农林牧渔业 总产值 (万元)
铁岭市辖区		44.0	78.0	4 041	2 941	10 604
铁岭县		123.0	247.0	23 761	17 797	45 345
西丰县		276.0	863.0	43 510	15 322	34 488
昌图县	1.0	5 623.0	8 961.0	93 209	66 357	142 063
铁法市		30.0	36.0	3 898	3 259	10 665
开原市		204.0	292.0	47 433	31 738	54 532
朝阳市辖区	310.0	1 330.0	1 551.0	12 166	10 237	35 590
朝阳县	6 105.0	5 684.0	5 713.0	25 682	23 897	70 763
建平县	3.0	8 049.0	8 035.0	39 202	33 526	77 031
喀喇沁左翼县	4 028.0	3 594.0	5 060.0	19 351	13 084	53 789
北票市	2 805.0	8 008.0	8 129.0	35 231	28 733	72 364
凌源市	17.0	267.0	204.0	40 196	28 973	69 101
葫芦岛市辖区	163.0	3 457.0	4 211.0	25 614	24 078	65 007
绥中县	200.0	2 905.0	2 975.0	23 043	18 786	76 334
建昌县	4 539.0	104.0	122.0	40 976	22 496	53 614
兴城市	87.0	9 821.0	12 951.0	16 036	15 559	46 976
长春市辖区		781.0	1 666.0	22 091	19 691	78 054
农安县		10 570.0	25 052.0	84 052	74 521	254 930
双阳县		1 534.0	1 534.0	15 843	11 978	69 320
九台市		1 502.0	2 149.0	30 424	26 930	109 331
榆树市		5 888.0	9 654.0	82 846	66 311	250 463
德惠市		2 561.0	4 045.0	35 337	29 986	149 943
吉林市辖区		20.0	20.0	11 899	9 889	42 063
永吉县		1 271.0	1 170.0	24 293	19 844	78 426
磐石县		853.0	765.0	20 171	13 661	48 881
蛟河市		732.0	911.0	18 429	9 446	49 927
桦甸市		150.0	250.0	15 699	10 124	39 963
舒兰市		244.0	296.0	23 163	18 860	77 171
四平市辖区				4 078	3 391	12 370
梨树县		59.0	146.0	95 834	83 885	209 985
伊通自治县		145.0	329.0	26 214	17 592	77 582
双辽县		2 934.0	6 269.0	25 090	17 513	77 105
公主岭市		160.0	186.0	75 907	62 101	176 904
辽源市辖区		38.0	85.0	2 460	2 342	7 675
东丰县		107.0	89.0	23 364	14 820	58 273
东辽县		40.0	127.0	22 409	14 710	60 792
通化市辖区		92.0	243.0	6 770	5 774	11 775
通化县		756.0	905.0	11 981	8 884	17 720
辉南县		99.0	171.0	13 212	11 077	15 055
柳河县		201.0	327.0	15 157	11 496	27 938

县(市)农村经济主要指标(一)

县　　名	乡村人口（万人）	乡村劳动力（万人）	耕地面积（公顷）	粮　食播种面积（公顷）	粮食总产量（吨）	棉　花播种面积（公顷）
梅河口市	37.0	14.0	63 679.0	58 321	325 082	
集安市	15.0	7.0	14 961.0	14 852	54 980	
白山市辖区	13.0	5.0	14 683.0	12 693	20 428	
抚松县	10.0	4.0	14 866.0	12 477	32 432	
靖宇县	7.0	3.0	10 150.0	9 134	23 842	
长白自治县	4.0	2.0	7 137.0	6 563	13 126	
临江市	7.0	3.0	9 023.0	8 462	19 888	
松原市辖区	77.0	38.0	268 313.0	244 557	1 330 335	
前郭尔罗斯县	39.0	15.0	181 503.0	167 699	935 000	
长岭县	48.0	18.0	180 235.0	145 358	1 125 561	
乾安县	20.0	9.0	72 975.0	93 082	610 925	
白城市辖区	19.0	8.0	78 922.0	63 988	216 707	
镇赉县	17.0	7.0	102 284.0	98 400	387 323	
通榆县	21.0	9.0	147 330.0	116 457	221 000	
洮南市	28.0	12.0	114 804.0	105 788	508 000	
大安市	26.0	10.0	90 557.0	78 506	173 800	
延吉市	5.0	3.0	8 071.0	5 243	16 190	
图们市	3.0	2.0	8 589.0	6 733	17 003	
敦化市	20.0	11.0	63 211.0	53 692	112 210	
珲春市	8.0	4.0	21 818.0	19 204	73 500	
龙井市	11.0	6.0	33 438.0	27 353	87 085	
和龙市	9.0	5.0	25 163.0	20 577	52 243	
汪清县	12.0	7.0	35 767.0	29 780	50 662	
安图县	10.0	5.0	27 688.0	22 863	39 916	
哈尔滨市辖区	47.5	19.3	59 396.0	38 362	194 551	
呼兰县	50.8	18.1	151 909.0	138 278	855 337	
依兰县	23.7	5.1	121 447.0	104 304	522 006	
方正县	12.7	4.9	34 487.0	31 147	154 769	
宾县	46.8	17.3	143 047.0	126 573	635 086	
阿城市	39.7	16.3	81 868.0	78 452	502 650	
齐齐哈尔市辖	29.8	10.8	89 047.0	69 927	204 229	
龙江县	42.5	11.3	212 362.0	183 248	625 112	
依安县	38.8	12.1	210 738.0	175 291	565 227	
泰来县	23.2	5.9	98 142.0	81 401	239 265	
甘南县	24.1	8.5	181 937.0	145 278	452 956	
富裕县	19.2	7.8	93 944.0	80 052	242 716	
克山县	44.8	9.1	202 739.0	164 755	574 231	
克东县	20.5	7.0	94 341.0	79 200	310 678	
拜泉县	47.5	10.7	240 905.0	197 615	640 273	
讷河市	54.3	14.2	265 121.0	242 590	1 027 537	

县(市)农村经济主要指标(二)

县　名	棉花产量(吨)	油料播种面积(公顷)	油料产量(吨)	猪牛羊肉总产量(吨)	猪肉产量(吨)	农林牧渔业总产值(万元)
梅河口市		243.0	685.0	27 725	23 918	84 563
集安市		317.0	511.0	6 199	5 885	24 365
白山市辖区		259.0	266.0	15 247	12 026	32 845
抚松县		337.0	412.0	4 865	4 064	32 793
靖宇县		105.0	159.0	3 733	2 403	7 995
长白自治县		61.0	69.0	3 192	2 167	14 491
临江市		327.0	600.0	5 807	5 381	22 758
松原市辖区		15 482.0	35 774.0	30 932	27 484	162 671
前郭尔罗斯县		6 630.0	13 169.0	22 331	18 605	114 876
长岭县		30 569.0	57 442.0	15 350	11 976	123 864
乾安县		2 883.0	2 440.0	13 405	11 280	54 530
白城市辖区		7 129.0	7 819.0	9 626	8 926	24 614
镇赉县		4 359.0	5 172.0	12 310	10 042	48 268
通榆县		27 678.0	51 000.0	12 300	9 038	40 564
洮南市		11 639.0	12 549.0	15 208	12 834	61 906
大安市		8 224.0	7 284.0	14 207	10 550	33 191
延吉市		615.0	334.0	2 456	1 876	7 926
图们市		78.0	79.0	1 546	1 167	5 540
敦化市		962.0	1 476.0	14 666	7 900	41 063
珲春市				4 467	3 313	16 238
龙井市		576.0	415.0	7 598	5 502	24 393
和龙市		204.0	335.0	6 185	4 466	18 609
汪清县		1 020.0	244.0	5 495	3 869	19 368
安图县		644.0	903.0	4 995	3 464	20 826
哈尔滨市辖区		39.0	-50.0	14 754	12 957	128 539
呼兰县		601.0	946.0	27 260	24 063	82 637
依兰县		66.0	47.0	10 487	7 921	55 817
方正县		154.0	300.0	7 473	4 357	26 925
宾县		761.0	1 228.0	21 561	12 279	110 010
阿城市		75.0	100.0	22 058	14 685	80 674
齐齐哈尔市辖		2 345.0	2 430.0	11 172	6 770	54 155
龙江县		8 724.0	7 532.0	18 441	14 891	88 842
依安县		6 854.0	8 454.0	25 901	20 180	96 669
泰来县		8 191.0	7 290.0	6 667	5 623	36 333
甘南县		5 585.0	7 122.0	12 140	8 811	59 196
富裕县		3 227.0	5 313.0	19 097	10 239	39 082
克山县		694.0	6 043.0	20 276	16 298	86 595
克东县		1 261.0	3 373.0	11 692	9 029	45 424
拜泉县		5 354.0	6 416.0	25 155	16 518	81 638
讷河市		4 013.0	6 357.0	45 404	35 342	173 422

县(市)农村经济主要指标(一)

县　　名	乡村人口 (万人)	乡村劳动力 (万人)	耕地面积 (公顷)	粮　　食 播种面积 (公顷)	粮食总产量 (吨)	棉　　花 播种面积 (公顷)
鸡西市辖区	15.6	6.2	24 204.0	17 705	55 577	
鸡东县	19.0	7.0	84 853.0	54 063	272 707	
虎林县	8.4	4.1	242 937.0	211 578	659 292	
鹤岗市辖区	6.4	2.4	44 159.0	35 395	164 354	
萝北县	4.8	2.2	193 788.0	167 313	532 256	
绥滨县	9.1	2.6	133 262.0	114 985	327 124	
双鸭山市辖区	5.2	2.1	28 662.0	22 889	58 190	
集贤县	20.1	6.2	146 634.0	103 078	346 725	
友谊县			86 305.0	69 174	196 680	
宝清县	20.8	6.0	255 470.0	178 041	457 468	
饶河县	3.9	1.7	157 138.0	137 793	348 967	
大庆市辖区	22.8	9.3	86 883.0	69 547	171 871	
肇州县	33.1	9.3	122 204.0	97 709	516 780	
肇源县	34.5	9.8	101 120.0	79 041	390 067	
林甸县	22.6	4.8	86 090.0	71 424	223 799	
杜尔伯特县	16.3	5.0	72 590.0	61 506	94 859	
伊春市辖区	3.5	1.3	25 444.0	13 436	32 766	
嘉荫县	4.0	2.0	50 342.0	38 087	82 212	
铁力市	8.7	3.8	45 214.0	41 322	157 366	
佳木斯市辖区	20.0	5.9	64 314.0	50 414	206 171	
桦南县	28.7	7.6	129 687.0	105 685	434 539	
桦川县	14.2	4.1	101 776.0	75 358	369 617	
汤原县	15.8	5.1	83 499.0	73 924	334 700	
抚远县	2.4	1.2	96 578.0	80 610	221 525	
同江市	5.7	2.3	185 852.0	148 330	484 150	
富锦市	25.0	8.3	247 425.0	218 487	867 702	
七台河市辖区	10.9	3.4	17 558.0	14 708	38 426	
勃利县	21.8	4.9	110 370.0	90 784	378 939	
牡丹江市辖区	12.5	4.6	17 008.0	11 614	39 595	
东宁县	11.4	5.6	29 206.0	24 618	104 645	
林口县	28.0	13.5	75 537.0	66 061	265 977	
绥芬河市	0.8	0.4	1 930.0	1 744	5 460	
密山市	23.5	11.3	190 308.0	165 953	807 812	
海林市	16.6	8.1	53 605.0	46 983	211 210	
宁安市	28.1	14.7	97 161.0	81 457	313 528	
穆棱市	17.6	8.6	38 471.0	33 176	200 100	
黑河市辖区	5.1	1.7	76 102.0	53 270	101 475	
嫩江县	23.3	6.2	313 511.0	272 885	753 586	
逊克县	4.9	1.9	87 092.0	74 791	167 580	
孙吴县	4.3	1.2	55 657.0	46 707	83 549	

县(市)农村经济主要指标(二)

县　　名	棉花产量 (吨)	油　　料 播种面积 (公顷)	油料产量 (吨)	猪牛羊肉 总 产 量 (吨)	猪肉产量 (吨)	农林牧渔业 总 产 值 (万元)
鸡西市辖区		249.0	504.0	8 509	7 011	21 073
鸡东县		2 188.0	3 319.0	12 475	8 655	53 980
虎林县		5 881.0	4 232.0	11 579	9 011	70 215
鹤岗市辖区		21.0	27.0	5 330	4 635	24 363
萝北县		142.0	107.0	10 198	8 593	49 036
绥滨县		695.0	413.0	6 364	5 328	34 724
双鸭山市辖区		1 298.0	685.0	5 278	4 827	14 510
集贤县		341.0	363.0	12 463	11 057	51 396
友谊县		329.0	1 464.0	3 957	2 952	19 654
宝清县		9 643.0	6 522.0	23 295	18 925	59 244
饶河县		1 352.0	1 183.0	4 922	4 034	35 865
大庆市辖区		401.0	196.0	27 081	21 563	53 451
肇州县		2 069.0	2 197.0	18 228	15 566	56 562
肇源县		3 744.0	4 892.0	17 292	14 753	60 369
林甸县		2 853.0	2 291.0	7 733	5 907	32 681
杜尔伯特县		229.0	159.0	11 615	7 223	26 698
伊春市辖区		56.0	74.0	11 008	10 410	28 136
嘉荫县		85.0	183.0	964	889	13 776
铁力市		21.0	30.0	8 806	7 141	29 250
佳木斯市辖区		59.0	36.0	11 980	8 702	34 406
桦南县		8 585.0	5 278.0	18 392	11 488	51 708
桦川县		86.0	131.0	5 198	3 539	45 096
汤原县		88.0	152.0	12 753	10 222	45 840
抚远县		842.0	1 188.0	2 001	1 042	23 749
同江市				6 364	4 440	53 074
富锦市		632.0	996.0	17 042	12 590	97 086
七台河市辖区		169.0	254.0	3 731	3 115	10 463
勃利县		809.0	923.0	9 185	7 423	54 320
牡丹江市辖区		6.0	10.0	5 225	4 235	26 423
东宁县		566.0	792.0	5 780	4 316	32 240
林口县		202.0	417.0	9 712	6 904	47 930
绥芬河市		10.0	19.0	613	380	2 172
密山市		5 524.0	29 490.0	17 933	12 603	117 585
海林市		34.0	99.0	10 991	6 564	43 437
宁安市		77.0	108.0	16 099	11 345	65 340
穆棱市		491.0	1 056.0	15 147	9 407	42 829
黑河市辖区		2 011.0	779.0	1 397	1 223	16 417
嫩江县		2 300.0	1 384.0	13 971	10 713	93 992
逊克县		2 830.0	3 683.0	1 646	1 450	19 583
孙吴县		306.0	345.0	1 449	1 151	10 910

县(市)农村经济主要指标(一)

县　　名	乡村人口 (万人)	乡村劳动力 (万人)	耕地面积 (公顷)	粮　　食 播种面积 (公顷)	粮食总产量 (吨)	棉　　花 播种面积 (公顷)
北安市	18.1	4.5	169 195.0	137 405	433 825	
五大连池市	14.5	4.5	211 062.0	164 199	451 580	
双城市	63.1	17.0	189 578.0	178 589	1 410 000	
尚志市	36.0	10.3	60 036.0	52 366	318 274	
五常市	62.6	22.3	162 267.0	154 199	1 090 000	
巴彦县	53.5	16.2	179 623.0	159 724	1 102 052	
木兰县	20.7	5.2	65 103.0	57 853	247 819	
通河县	12.2	4.6	45 654.0	39 098	186 661	
延寿县	18.1	5.3	56 466.0	47 721	218 299	
绥化市	56.1	16.6	174 226.0	154 292	906 972	
安达市	27.9	6.8	102 364.0	79 569	273 344	
肇东市	63.8	15.8	201 609.0	178 200	1 151 035	
海伦市	62.4	22.4	266 826.0	219 526	1 134 683	
望奎县	36.9	8.2	140 721.0	118 323	627 238	
兰西县	36.8	8.1	147 073.0	105 196	670 805	
青冈县	36.1	9.2	141 787.0	114 878	590 972	
庆安县	27.4	8.1	105 222.0	90 937	545 238	
明水县	25.8	4.6	106 696.0	83 996	266 698	
绥棱县	18.7	6.8	82 457.0	72 534	339 183	
呼玛县	2.3	1.0	20 216.0	15 908	33 211	
塔河县	0.8	0.2	2 886.0	2 245	3 488	
漠河县	0.5	0.2	2 739.0	2 099	2 937	
上海市辖区	127.0	74.1	72 834.0	82 382	521 224	404.0
南汇县	58.2	34.7	29 419.0	35 279	222 346	717.0
奉贤县	41.9	23.1	31 027.0	35 350	230 307	1 252.0
松江县	37.4	22.0	32 890.0	43 795	279 631	30.0
金山县	38.7	23.1	31 295.0	36 063	250 097	286.0
青浦县	35.6	21.9	29 648.0	35 997	222 840	15.0
崇明县	53.5	31.5	46 538.0	52 108	322 657	287.0
南京市辖区	39.0	19.8	24 570.0	21 290	125 636	930.0
江宁县	63.3	36.7	53 430.0	80 090	469 039	440.0
江浦县	23.7	10.6	21 920.0	28 930	166 061	110.0
六合县	58.0	30.7	50 770.0	74 560	427 199	1 640.0
溧水县	35.8	19.6	30 920.0	40 560	242 837	450.0
高淳县	38.1	23.4	30 540.0	40 570	254 946	40.0
无锡市辖区	26.5	13.9	8 000.0	8 980	62 729	
江阴市	95.4	49.2	50 070.0	70 490	450 673	
宜兴市	86.3	47.6	72 900.0	90 800	577 958	
锡山市	85.6	49.1	47 990.0	66 640	444 044	
徐州市辖区	46.7	21.7	32 560.0	44 430	256 016	3100.0

县(市)农村经济主要指标(二)

县　名	棉花产量 (吨)	油　料 播种面积 (公顷)	油料产量 (吨)	猪牛羊肉 总产量 (吨)	猪肉产量 (吨)	农林牧渔业 总产值 (万元)
北安市		10 163.0	14 692.0	9 178	6 390	57 853
五大连池市		14 704.0	21 756.0	7 711	6 574	61 886
双城市		229.0	454.0	50 892	28 927	161 016
尚志市		328.0	836.0	18 665	8 416	96 532
五常市		1 445.0	3 958.0	44 902	36 862	158 610
巴彦县		39.0	33.0	58 115	39 536	139 049
木兰县		225.0	205.0	9 602	6 264	38 514
通河县		87.0	167.0	4 626	3 774	22 578
延寿县		183.0	189.0	8 672	5 424	24 396
绥化市		139.0	246.0	52 911	43 765	155 213
安达市		529.0	576.0	23 038	14 972	65 941
肇东市		1 797.0	3 020.0	63 886	37 844	215 937
海伦市		465.0	477.0	45 630	28 716	158 327
望奎县		696.0	806.0	37 287	34 556	95 653
兰西县		1 032.0	1 765.0	26 051	22 242	98 342
青冈县		6 522.0	8 311.0	24 028	19 965	69 559
庆安县		179.0	248.0	23 614	19 727	94 790
明水县		2 784.0	3 057.0	10 048	6 680	52 729
绥棱县		257.0	501.0	18 834	13 785	57 722
呼玛县		183.0	190.0	962	815	5 027
塔河县				302	287	1 888
漠河县				636	566	5 558
上海市辖区	385.0	9 183.0	16 667.0	109 143	108 935	129 672
南汇县	867.0	9 479.0	15 603.0	34 395	33 873	58 243
奉贤县	1 611.0	10 887.0	22 431.0	25 929	24 549	56 100
松江县	31.0	9 689.0	19 695.0	32 142	31 984	82 282
金山县	207.0	15 892.0	35 163.0	25 041	24 638	65 407
青浦县	12.0	6 366.0	12 615.0	23 292	21 222	65 768
崇明县	215.0	17 292.0	34 655.0	17 200	14 600	98 315
南京市辖区	790.0	5 820.0	11 252.0	17 475	17 306	63 344
江宁县	433.0	18 320.0	32 276.0	34 216	32 960	118 505
江浦县	64.0	6 540.0	11 933.0	10 373	10 029	43 122
六合县	1 851.0	12 100.0	24 682.0	24 077	23 451	87 185
溧水县	337.0	15 290.0	29 418.0	11 897	11 017	57 259
高淳县	45.0	16 270.0	35 311.0	13 815	13 381	69 426
无锡市辖区		1 200.0	2 618.0	11 713	11 486	26 700
江阴市		2 170.0	3 987.0	23 589	22 536	112 600
宜兴市		13 060.0	21 019.0	26 706	25 325	153 764
锡山市		5 360.0	10 886.0	27 652	26 837	110 260
徐州市辖区	2 792.0	1 270.0	2 630.0	15 260	12 336	65 060

县(市)农村经济主要指标(一)

县名	乡村人口(万人)	乡村劳动力(万人)	耕地面积(公顷)	粮食播种面积(公顷)	粮食总产量(吨)	棉花播种面积(公顷)
丰县	91.2	45.6	85 850.0	106 080	512 418	12 000.0
沛县	93.9	42.2	77 970.0	103 060	585 846	6 670.0
铜山县	114.2	52.0	115 380.0	135 160	767 454	14 280.0
睢宁县	108.4	57.4	99 920.0	125 720	636 607	11 330.0
新沂市	81.0	41.1	81 070.0	92 870	541 954	20.0
邳州市	138.7	70.7	111 880.0	135 800	761 010	14 750.0
常州市辖区	19.6	14.0	11 870.0	14 960	98 335	
武进县	109.3	62.0	82 930.0	108 410	714 669	
溧阳市	64.3	34.3	63 440.0	66 060	435 487	2 000.0
金坛市	46.0	26.0	42 640.0	49 960	347 202	210.0
苏州市辖区	36.0	17.6	18 180.0	22 920	143 494	
吴县	81.8	45.7	58 870.0	79 810	533 746	
常熟市	85.8	50.0	65 940.0	73 990	504 481	8 890.0
张家港市	68.5	33.0	47 610.0	48 940	314 631	10 260.0
昆山市	44.2	26.3	53 400.0	65 760	433 122	10.0
吴江市	62.7	37.8	46 900.0	63 500	434 916	
太仓市	34.5	20.6	41 800.0	43 810	292 304	6 240.0
南通市辖区	22.2	13.6	9 750.0	14 310	87 884	170.0
海安县	83.4	45.7	62 770.0	85 310	533 507	7 010.0
如东县	100.1	56.8	95 510.0	124 200	740 811	32 420.0
启东市	103.5	69.7	73 690.0	99 620	405 150	21 870.0
如皋市	127.9	69.8	80 990.0	128 120	661 233	9 200.0
通州市	134.0	71.2	86 130.0	101 970	591 760	19 230.0
海门市	89.5	56.6	58 470.0	65 570	279 204	13 500.0
连云港市辖区	17.2	9.1	13 070.0	16 420	106 347	4 610.0
赣榆县	88.5	42.1	57 610.0	80 540	543 944	220.0
东海县	96.2	48.0	107 870.0	151 630	890 620	1 430.0
灌云县	78.7	38.1	85 790.0	107 230	629 678	27 090.0
淮阴市辖区	20.4	11.2	14 510.0	19 250	104 839	
淮阴县	71.3	34.5	64 630.0	73 900	377 420	1 030.0
灌南县	62.6	30.7	51 210.0	72 630	397 983	9 130.0
沭阳县	146.8	69.0	134 560.0	176 480	957 894	6 710.0
泗阳县	98.0	47.2	75 400.0	90 750	476 861	13 120.0
涟水县	91.1	44.8	86 750.0	108 080	627 587	6 430.0
泗洪县	86.9	45.2	103 700.0	144 260	698 674	6 400.0
洪泽县	28.9	15.9	28 740.0	43 410	266 694	
盱眙县	59.0	31.1	74 590.0	104 150	584 121	680.0
金湖县	27.6	14.3	34 390.0	48 410	288 727	3 390.0
宿迁市	97.1	50.2	77 330.0	87 830	570 032	5 250.0
淮安市	100.8	53.1	80 750.0	120 070	768 583	1 360.0

县(市)农村经济主要指标(二)

县名	棉花产量(吨)	油料播种面积(公顷)	油料产量(吨)	猪牛羊肉总产量(吨)	猪肉产量(吨)	农林牧渔业总产值(万元)
丰县	10 080.0	2 890.0	6 279.0	43 929	33 919	128 961
沛县	5 468.0	1 970.0	5 460.0	36 801	26 438	133 797
铜山县	15 405.0	1 800.0	3 479.0	61 429	49 246	221 600
睢宁县	8 498.0	7 060.0	14 216.0	59 012	46 080	128 734
新沂市	24.0	11 150.0	39 149.0	38 603	33 485	133 148
邳州市	16 850.0	5 270.0	12 242.0	56 444	46 720	198 090
常州市辖区		700.0	1 165.0	8 063	7 850	30 866
武进县		5 750.0	10 903.0	47 329	45 032	178 627
溧阳市	1 086.0	26 700.0	41 895.0	25 424	24 101	107 691
金坛市	190.0	11 030.0	18 823.0	15 100	13 000	80 976
苏州市辖区		2 880.0	5 194.0	13 854	13 810	51 065
吴县		8 980.0	18 851.0	18 896	18 597	167 573
常熟市	14 081.0	8 390.0	18 941.0	18 090	16 440	139 532
张家港市	16 578.0	4 960.0	10 853.0	16 757	14 504	109 507
昆山市	11.0	14 990.0	30 561.0	13 587	13 000	105 258
吴江市		20 150.0	45 679.0	16 945	15 370	132 666
太仓市	9 540.0	6 820.0	15 529.0	12 896	12 600	98 108
南通市辖区	162.0	2 660.0	6 072.0	5 405	4 939	24 449
海安县	7 391.0	4 520.0	15 523.0	32 303	30 280	154 354
如东县	38 248.0	13 620.0	37 924.0	32 066	30 260	250 699
启东市	18 879.0	18 340.0	54 746.0	26 014	19 990	214 679
如皋市	9 044.0	9 540.0	24 139.0	55 608	53 550	157 555
通州市	17 740.0	21 320.0	51 351.0	31 200	28 815	199 665
海门市	11 336.0	21 890.0	58 414.0	13 150	6 912	135 687
连云港市辖区	5 913.0	70.0	115.0	6 228	5 780	45 309
赣榆县	307.0	12 250.0	56 445.0	45 860	41 297	201 044
东海县	1 409.0	18 390.0	66 847.0	59 446	51 091	194 559
灌云县	35 236.0	700.0	1 667.0	38 908	35 698	156 296
淮阴市辖区		580.0	1 256.0	8 124	7 795	22 681
淮阴县	759.0	10 660.0	24 953.0	39 428	34 308	86 903
灌南县	9 025.0	2 310.0	4 374.0	29 346	27 289	84 082
沭阳县	5 500.0	23 160.0	66 785.0	66 366	64 183	166 596
泗阳县	9 410.0	11 400.0	22 132.0	33 903	28 496	106 446
涟水县	5 368.0	14 220.0	34 868.0	45 504	40 163	109 791
泗洪县	4 898.0	22 010.0	65 678.0	36 731	31 200	145 536
洪泽县		4 430.0	8 991.0	17 791	15 735	61 722
盱眙县	435.0	32 730.0	64 433.0	27 348	24 568	91 075
金湖县	3 445.0	9 530.0	17 929.0	15 331	14 580	70 319
宿迁市	4 812.0	3 800.0	8 941.0	54 735	51 626	106 354
淮安市	1 125.0	8 370.0	14 476.0	62 927	60 675	161 820

县(市)农村经济主要指标(一)

县　名	乡村人口(万人)	乡村劳动力(万人)	耕地面积(公顷)	粮　食播种面积(公顷)	粮食总产量(吨)	棉　花播种面积(公顷)
盐城市辖区	110.8	45.4	87 170.0	104 090	641 086	23 480.0
响水县	45.0	19.9	42 780.0	58 430	309 892	14 380.0
滨海县	91.0	36.5	74 370.0	99 320	530 647	19 520.0
阜宁县	96.3	42.5	80 160.0	98 760	573 185	12 670.0
射阳县	87.6	34.1	104 450.0	126 640	759 972	45 780.0
建湖县	69.4	31.0	60 540.0	68 000	396 799	10 440.0
大丰县	61.3	31.3	94 190.0	100 430	512 619	43 300.0
东台市	101.2	45.5	107 760.0	137 910	670 373	37 180.0
扬州市辖区	13.1	6.8	5 400.0	6 560	37 000	
宝应县	78.4	43.2	57 230.0	80 740	504 309	9 270.0
邗江县	49.0	25.3	31 970.0	45 960	279 145	20.0
仪征市	46.8	23.6	36 700.0	58 260	307 208	30.0
泰州市	9.8	6.3	5 150.0	6 650	39 842	30.0
兴化市	134.8	73.1	113 290.0	158 090	1015 281	32 750.0
高邮市	67.4	36.7	62 110.0	90 430	594 700	12 260.0
泰兴市	121.9	63.1	74 230.0	117 770	663 783	
靖江市	54.3	33.8	30 760.0	45 960	276 935	5 640.0
姜堰市	92.6	52.2	63 950.0	96 010	546 300	6 040.0
江都市	89.4	48.5	69 390.0	85 820	503 920	3 120.0
镇江市辖区	10.2	5.8	5 910.0	4 620	25 799	20.0
丹徒县	39.7	22.9	34 120.0	45 230	265 240	110.0
句容县	50.8	26.1	48 410.0	56 060	349 618	4 120.0
丹阳市	66.7	38.9	60 020.0	77 180	491 570	1 120.0
扬中市	23.6	14.2	10 720.0	17 940	123 460	
杭州市辖区	21.0	15.0	7 820.0	11 140	68 227	
桐庐县	33.0	21.0	14 590.0	28 770	148 750	
临安县	45.0	28.0	19 250.0	33 090	181 379	
淳安县	40.0	25.0	12 440.0	41 870	123 859	
萧山市	99.0	67.0	55 720.0	89 700	465 613	7 300.0
建德市	41.0	24.0	17 820.0	41 420	160 295	20.0
富阳市	53.0	32.0	21 800.0	46 450	232 103	
余杭市	70.0	46.0	42 780.0	65 260	364 814	720.0
宁波市辖区	52.0	34.0	35 130.0	53 510	305 687	680.0
象山县	46.0	28.0	20 000.0	33 620	170 100	1 190.0
宁海县	52.0	31.0	23 300.0	38 100	162 234	2 990.0
鄞县	65.0	41.0	36 100.0	60 750	378 452	360.0
余姚市	70.0	42.0	39 310.0	60 020	365 457	6 020.0
慈溪市	87.0	58.0	42 930.0	35 850	164 620	16 340.0
奉化市	41.0	26.0	21 320.0	34 670	181 097	10.0
温州市辖区	67.0	42.0	17 630.0	30 150	166 106	300.0

县(市)农村经济主要指标(二)

县名	棉花产量(吨)	油料播种面积(公顷)	油料产量(吨)	猪牛羊肉总产量(吨)	猪肉产量(吨)	农林牧渔业总产值(万元)
盐城市辖区	25 011.0	6 010.0	15 285.0	71 598	65 943	182 206
响水县	14 261.0	6 090.0	11 222.0	28 804	26 642	70 247
滨海县	15 064.0	9 250.0	19 181.0	36 487	34 878	110 127
阜宁县	10 580.0	8 220.0	17 184.0	84 320	81 616	120 167
射阳县	48 094.0	6 700.0	18 503.0	37 523	35 693	190 014
建湖县	7 915.0	4 420.0	9 689.0	23 119	22 092	101 769
大丰县	41 411.0	11 460.0	31 258.0	44 792	35 843	172 925
东台市	33 047.0	20 040.0	62 387.0	61 867	46 452	248 549
扬州市辖区		770.0	1 589.0	6 264	6 232	16 370
宝应县	9 529.0	7 310.0	15 339.0	22 339	21 350	124 470
邗江县	41.0	6 370.0	12 388.0	20 197	19 746	56 652
仪征市	34.0	6 420.0	10 078.0	18 876	18 522	58 148
泰州市	30.0	1 210.0	2 510.0	1 786	1 737	11 644
兴化市	31 005.0	14 850.0	36 305.0	35 299	32 400	210 028
高邮市	13 080.0	9 650.0	20 819.0	30 915	30 100	109 446
泰兴市		7 900.0	12 934.0	74 554	70 776	155 373
靖江市	4 115.0	2 190.0	4 577.0	21 340	17 500	62 356
姜堰市	6 437.0	10 990.0	20 567.0	36 910	35 182	117 276
江都市	3 992.0	8 480.0	13 231.0	28 134	27 499	97 100
镇江市辖区	13.0	970.0	1 944.0	4 285	4 103	14 909
丹徒县	84.0	6 890.0	13 247.0	21 966	21 044	65 527
句容县	2 475.0	19 090.0	36 364.0	30 703	29 002	96 187
丹阳市	854.0	6 690.0	14 635.0	33 237	29 556	125 017
扬中市		40.0	83.0	9 763	8 987	35 691
杭州市辖区		810.0	930.0	13 805	13 532	57 784
桐庐县		6 720.0	10 763.0	13 187	12 908	49 678
临安县		4 190.0	6 461.0	17 156	16 747	82 405
淳安县		4 990.0	5 280.0	11 807	11 782	62 350
萧山市	7 445.0	9 450.0	14 465.0	38 108	37 792	152 125
建德市	18.0	3 640.0	3 994.0	15 329	15 155	74 875
富阳市		5 450.0	8 233.0	16 279	15 960	84 590
余杭市	575.0	10 380.0	15 433.0	23 987	22 883	128 703
宁波市辖区	497.0	6 090.0	10 383.0	17 385	17 149	103 705
象山县	1 078.0	1 780.0	3 838.0	8 194	7 877	142 824
宁海县	2 657.0	3 110.0	4 635.0	11 431	11 118	95 458
鄞县	293.0	4 780.0	9 168.0	19 759	19 428	118 733
余姚市	5 724.0	9 840.0	16 817.0	17 254	16 775	155 894
慈溪市	14 506.0	13 010.0	25 881.0	10 282	10 072	126 971
奉化市	9.0	1 680.0	2 709.0	5 907	5 568	72 434
温州市辖区	471.0	1 030.0	1 166.0	12 281	12 194	55 156

县(市)农村经济主要指标(一)

县　名	乡村人口（万人）	乡村劳动力（万人）	耕地面积（公顷）	粮食播种面积（公顷）	粮食总产量（吨）	棉花播种面积（公顷）
洞头县	11.0	6.0	900.0	1 350	3 151	
永嘉县	79.0	42.0	22 900.0	41 240	180 646	
平阳县	70.0	34.0	24 270.0	38 800	194 284	
苍南县	105.0	51.0	28 980.0	49 680	258 546	
文成县	35.0	17.0	9 870.0	15 220	73 102	
泰顺县	32.0	16.0	9 990.0	16 170	72 063	20.0
瑞安市	104.0	60.0	31 550.0	52 650	301 293	110.0
乐清市	100.0	50.0	25 280.0	43 290	262 428	40.0
嘉兴市辖区	53.0	31.0	53 730.0	84 310	488 811	
嘉善县	31.0	20.0	30 550.0	50 330	265 749	
海盐县	30.0	19.0	23 800.0	36 750	220 432	1 900.0
海宁市	52.0	31.0	32 530.0	47 650	245 990	490.0
平湖市	40.0	24.0	31 360.0	50 080	286 858	2 390.0
桐乡市	55.0	31.0	37 490.0	50 400	271 434	
湖州市辖区	80.0	44.0	50 020.0	86 140	539 949	
德清县	33.0	19.0	19 460.0	34 160	194 926	
长兴县	50.0	32.0	39 920.0	59 810	348 234	
安吉县	39.0	23.0	20 870.0	31 210	165 886	
绍兴市辖区	10.0	6.0	3 480.0	6 110	39 397	
绍兴县	86.0	42.0	37 450.0	76 670	465 289	130.0
嵊县	66.0	35.0	29 020.0	59 600	314 878	170.0
新昌县	38.0	24.0	15 380.0	25 290	114 636	150.0
诸暨市	94.0	58.0	43 850.0	88 000	479 244	70.0
上虞市	67.0	36.0	38 080.0	58 260	329 028	8 530.0
金华市辖区	14.0	9.0	7 400.0	10 840	54 094	40.0
金华县	52.0	32.0	31 000.0	52 180	246 330	2 120.0
武义县	29.0	18.0	15 620.0	30 260	141 794	70.0
浦江县	34.0	20.0	11 910.0	23 660	116 669	870.0
磐安县	19.0	10.0	6 670.0	11 800	38 257	10.0
兰溪市	56.0	32.0	28 110.0	49 730	218 762	2 440.0
义乌市	56.0	31.0	22 610.0	45 360	249 273	80.0
东阳市	71.0	41.0	24 870.0	48 600	233 856	70.0
永康市	47.0	27.0	17 920.0	35 690	172 430	20.0
衢州市辖区	11.0	7.0	6 650.0	10 110	50 657	20.0
衢县	49.0	25.0	20 490.0	40 580	202 763	330.0
常山县	28.0	16.0	11 300.0	23 720	119 958	90.0
开化县	32.0	18.0	12 890.0	30 910	120 044	90.0
龙游县	34.0	20.0	22 510.0	40 950	213 467	1 130.0
江山市	50.0	26.0	23 430.0	45 360	244 768	1 680.0
舟山市辖区	51.0	31.0	16 600.0	26 230	124 611	880.0

县(市)农村经济主要指标(二)

县名	棉花产量(吨)	油料播种面积(公顷)	油料产量(吨)	猪牛羊肉总产量(吨)	猪肉产量(吨)	农林牧渔业总产值(万元)
洞头县		190.0	195.0	1 066	1 038	14 596
永嘉县	7.0	730.0	1 046.0	12 890	12 606	41 828
平阳县		770.0	853.0	10 398	9 921	45 966
苍南县		1 150.0	1 153.0	12 941	12 304	60 943
文成县		200.0	233.0	5 359	5 126	22 457
泰顺县	19.0	960.0	1 595.0	7 543	7 340	26 329
瑞安市	164.0	3 290.0	3 331.0	8 466	8 152	79 282
乐清市	33.0	460.0	551.0	7 788	7 608	71 099
嘉兴市辖区	3.0	15 080.0	28 499.0	35 859	34 415	120 236
嘉善县		5 420.0	10 179.0	11 241	11 166	75 782
海盐县	1 919.0	11 080.0	26 064.0	11 109	10 264	65 665
海宁市	611.0	9 770.0	17 394.0	23 999	22 068	106 831
平湖市	2 366.0	19 110.0	40 349.0	13 919	13 620	83 390
桐乡市		7 450.0	12 998.0	16 345	14 314	113 460
湖州市辖区		18 150.0	35 876.0	25 031	23 316	176 298
德清县		5 590.0	9 440.0	12 604	11 823	67 126
长兴县		23 380.0	39 800.0	17 863	17 059	104 465
安吉县		7 190.0	10 672.0	17 294	16 952	79 711
绍兴市辖区		530.0	885.0	3 924	3 912	16 427
绍兴县	154.0	5 390.0	8 565.0	25 196	25 060	128 073
嵊县	159.0	2 750.0	3 691.0	16 733	16 247	114 087
新昌县	149.0	2 310.0	3 771.0	11 432	11 178	50 630
诸暨市	54.0	2 640.0	3 967.0	38 484	37 776	130 676
上虞市	7 805.0	11 410.0	17 131.0	20 537	20 022	129 828
金华市辖区	38.0	690.0	1 030.0	9 329	9 113	27 571
金华县	3 072.0	4 550.0	6 058.0	25 311	24 330	84 439
武义县	55.0	3 210.0	3 848.0	10 027	9 776	42 052
浦江县	647.0	1 460.0	2 008.0	8 654	8 494	31 287
磐安县	9.0	410.0	548.0	4 028	3 920	26 097
兰溪市	2 975.0	7 130.0	8 676.0	15 657	14 893	76 728
义乌市	138.0	570.0	1 000.0	17 079	16 256	90 691
东阳市	61.0	1 050.0	1 325.0	17 995	17 633	96 585
永康市	16.0	1 260.0	1 712.0	10 188	10 080	45 001
衢州市辖区	8.0	1 530.0	1 441.0	6 924	6 858	20 596
衢县	320.0	7 380.0	7 558.0	17 757	17 521	72 026
常山县	107.0	3 860.0	4 336.0	9 567	9 447	46 415
开化县	78.0	4 670.0	4 527.0	12 585	12 547	52 023
龙游县	1 562.0	8 070.0	8 860.0	25 553	25 227	43 624
江山市	1 817.0	7 150.0	8 967.0	21 891	21 659	72 068
舟山市辖区	682.0	3 540.0	5 826.0	7 255	7 119	150 597

县(市)农村经济主要指标(一)

县　　名	乡村人口 (万人)	乡村劳动力 (万人)	耕地面积 (公顷)	粮　　食 播种面积 (公顷)	粮食总产量 (吨)	棉　　花 播种面积 (公顷)
岱山县	18.0	11.0	2 460.0	4 230	20 465	
嵊泗县	7.0	4.0	90.0	40	136	
台州市辖区	119.0	73.0	36 950.0	68 470	412 029	1 030.0
玉环县	33.0	19.0	7 480.0	13 540	83 697	410.0
三门县	36.0	22.0	14 170.0	30 340	141 336	1 870.0
天台县	49.0	29.0	15 920.0	37 280	168 732	40.0
仙居县	40.0	24.0	15 120.0	35 640	160 025	20.0
温岭市	102.0	63.0	32 980.0	60 550	358 286	630.0
临海市	96.0	59.0	28 580.0	65 880	339 782	550.0
丽水市	25.0	14.0	12 310.0	22 060	95 007	20.0
龙泉市	23.0	12.0	16 740.0	23 950	112 897	
青田县	45.0	24.0	11 820.0	19 000	79 289	40.0
云和县	9.0	5.0	4 800.0	8 710	38 999	
庆元县	17.0	9.0	10 550.0	14 620	74 070	
缙云县	40.0	22.0	11 570.0	21 340	97 392	30.0
遂昌县	19.0	12.0	10 090.0	21 300	89 004	10.0
松阳县	20.0	12.0	10 620.0	21 890	98 444	10.0
景宁自治县	16.0	7.0	6 900.0	12 300	57 687	
合肥市辖区	24.0	12.6	10 805.0	11 056	72 179	192.0
长丰县	86.5	43.7	95 044.0	111 256	520 970	12 193.0
肥东县	95.1	44.6	91 911.0	97 590	390 948	6 687.0
肥西县	85.0	45.0	70 533.0	83 264	495 700	4 799.0
芜湖市辖区	13.6	7.9	5 843.0	6 264	36 662	1.0
芜湖县	46.8	27.6	32 406.0	45 708	245 888	2 010.0
繁昌县	39.7	22.9	22 291.0	24 762	150 454	3 898.0
南陵县	49.8	28.8	33 782.0	57 065	287 089	1 335.0
蚌埠市辖区	23.7	13.0	17 369.0	22 461	104 252	50.0
怀远县	107.0	52.1	129 340.0	171 057	813 293	16 579.0
五河县	57.6	31.0	70 383.0	104 916	457 533	6 981.0
固镇县	53.7	29.8	75 522.0	87 573	400 575	3 461.0
淮南市辖区	51.2	28.3	42 479.0	69 640	337 779	109.0
凤台县	56.4	29.7	56 969.0	92 327	501 769	599.0
马鞍山市辖区	10.8	6.3	5 446.0	5 782	34 424	43.0
当涂县	56.8	30.8	43 147.0	60 418	321 027	5 066.0
淮北市辖区	22.3	10.8	10 464.0	14 273	55 901	775.0
濉溪县	88.9	43.3	125 833.0	178 104	689 119	17 749.0
铜陵市辖区	3.7	2.2	5 993.0	6 926	41 018	438.0
铜陵县	31.2	16.0	18 573.0	20 374	91 714	3 904.0
安庆市辖区	18.4	11.0	11 278.0	12 818	67 504	3 531.0
桐城县	67.8	34.8	34 978.0	61 800	300 018	3 128.0

县(市)农村经济主要指标(二)

县　名	棉花产量 (吨)	油　料 播种面积 (公顷)	油料产量 (吨)	猪牛羊肉 总产量 (吨)	猪肉产量 (吨)	农林牧渔业 总产值 (万元)
岱山县	2.0	620.0	1 284.0	1 572	1 517	72 643
嵊泗县				425	410	45 658
台州市辖区	908.0	120.0	177.0	27 741	27 616	188 628
玉环县	412.0	190.0	259.0	3 386	3 294	122 327
三门县	1 782.0	500.0	756.0	10 139	9 882	76 190
天台县	29.0	430.0	459.0	12 964	12 701	56 794
仙居县	20.0	1 030.0	1 457.0	14 804	14 703	44 587
温岭市	554.0	100.0	130.0	18 816	18 773	253 527
临海市	379.0	90.0	131.0	23 714	23 391	117 915
丽水市	13.0	1 610.0	1 976.0	14 849	14 749	67 353
龙泉市		470.0	521.0	6 764	6 752	43 527
青田县	27.0	280.0	329.0	7 581	7 451	34 275
云和县		260.0	333.0	3 186	3 097	16 660
庆元县		20.0	30.0	4 455	4 400	29 824
缙云县	33.0	1 140.0	1 433.0	10 283	10 087	31 413
遂昌县	4.0	1 740.0	1 890.0	11 718	10 780	31 192
松阳县	9.0	1 970.0	2 524.0	11 059	10 990	38 866
景宁自治县	2.0	270.0	227.0	4 851	4 736	20 865
合肥市辖区	135.0	5 091.0	8 428.0	6 139	6 090	46 996
长丰县	8 737.0	36 235.0	50 881.0	29 401	28 162	79 503
肥东县	4 900.0	49 503.0	76 205.0	37 662	37 184	84 471
肥西县	4 454.0	43 453.0	78 124.0	18 770	18 245	102 252
芜湖市辖区	1.0	3 248.0	4 154.0	2 399	2 370	14 366
芜湖县	1 960.0	19 664.0	29 768.0	12 712	12 518	61 232
繁昌县	3 912.0	10 994.0	23 095.0	5 869	5 745	46 054
南陵县	1 438.0	7 557.0	8 967.0	12 366	12 075	55 421
蚌埠市辖区	32.0	3 565.0	5 751.0	3 875	3 538	22 214
怀远县	13 843.0	33 455.0	71 998.0	35 633	26 545	141 040
五河县	5 467.0	21 080.0	46 080.0	21 857	18 577	73 058
固镇县	2 681.0	34 589.0	23 424.0	19 758	12 337	81 985
淮南市辖区	92.0	4 110.0	6 954.0	9 893	7 778	38 394
凤台县	278.0	7 706.0	18 581.0	22 017	15 859	96 727
马鞍山市辖区	31.0	2 643.0	4 562.0	3 081	2 843	10 398
当涂县	3 580.0	21 256.0	28 603.0	11 823	11 395	82 570
淮北市辖区	701.0	1 044.0	2 102.0	3 831	2 938	13 323
濉溪县	16 774.0	21 334.0	33 658.0	31 624	19 925	114 126
铜陵市辖区	414.0	924.0	1 288.0	1 088	1 057	8 229
铜陵县	2 110.0	8 684.0	11 273.0	4 875	4 836	30 744
安庆市辖区	3 634.0	4 463.0	6 325.0	3 845	3 673	19 013
桐城县	1 408.0	10 856.0	14 040.0	16 998	16 916	73 994

县(市)农村经济主要指标(一)

县　　名	乡村人口(万人)	乡村劳动力(万人)	耕地面积(公顷)	粮　　食播种面积(公顷)	粮食总产量(吨)	棉　　花播种面积(公顷)
怀宁县	72.7	38.6	35 931.0	61 890	319 753	2 827.0
枞阳县	87.0	42.4	42 316.0	64 790	263 189	7 955.0
潜山县	53.4	26.8	23 597.0	40 668	234 230	936.0
太湖县	51.9	26.0	21 284.0	32 749	195 120	3 807.0
宿松县	66.7	33.4	51 664.0	52 106	235 834	18 804.0
望江县	54.2	27.8	35 682.0	35 224	211 756	16 892.0
岳西县	36.6	16.8	15 346.0	20 922	90 377	
黄山市辖区	27.8	16.0	15 143.0	22 815	111 036	11.0
歙县	46.1	28.3	10 553.0	22 448	71 054	38.0
休宁县	24.8	16.0	13 635.0	23 249	93 664	17.0
黟县	8.2	4.7	5 225.0	6 444	32 338	25.0
祁门县	15.1	8.3	8 284.0	10 261	40 017	54.0
滁州市	25.8	12.6	30 841.0	38 458	222 468	5 642.0
来安县	38.0	19.3	47 572.0	55 135	339 925	3 304.0
全椒县	31.4	16.5	42 348.0	46 273	309 447	5 515.0
定远县	74.8	37.3	101 875.0	145 041	475 436	10 000.0
凤阳县	56.9	32.0	72 137.0	103 353	564 349	5 352.0
天长市	48.4	27.8	59 787.0	79 422	545 635	2 003.0
明光市	49.1	22.6	56 870.0	85 535	350 706	3 550.0
阜阳市	135.9	74.4	105 305.0	161 056	673 119	14 639.0
亳州市	113.1	63.4	130 079.0	175 050	734 984	17 353.0
界首市	58.9	32.9	41 792.0	61 486	331 219	8 135.0
临泉县	162.8	84.5	116 444.0	163 592	708 173	12 136.0
太和县	130.3	75.8	117 862.0	166 067	682 376	14 281.0
涡阳县	115.6	59.2	131 469.0	188 347	760 993	12 193.0
蒙城县	98.9	52.1	124 246.0	189 950	846 871	16 535.0
阜南县	127.2	70.2	102 248.0	147 500	650 089	11 961.0
颍上县	128.2	69.0	107 379.0	176 871	850 024	8 151.0
利辛县	122.9	63.3	118 281.0	189 210	741 096	10 075.0
宿州市	119.5	62.3	145 837.0	200 940	948 893	20 021.0
砀山县	72.9	35.8	60 055.0	74 714	241 100	6 670.0
萧县	103.6	50.9	97 508.0	131 116	551 122	19 018.0
灵璧县	93.2	46.4	120 808.0	156 975	768 901	20 600.0
泗县	72.3	38.6	92 129.0	122 234	628 304	20 254.0
六安市	148.3	78.6	97 037.0	125 958	603 638	2 302.0
寿县	114.0	59.6	124 449.0	148 669	870 380	9 996.0
霍丘县	147.2	69.2	133 623.0	158 870	950 500	9 267.0
舒城县	86.8	44.0	44 145.0	74 381	323 109	1 176.0
金寨县	56.3	26.0	22 481.0	31 251	132 706	
霍山县	32.0	13.8	17 927.0	22 543	106 506	26.0

县(市)农村经济主要指标(二)

县　　名	棉花产量 (吨)	油　　料 播种面积 (公顷)	油料产量 (吨)	猪牛羊肉 总 产 量 (吨)	猪肉产量 (吨)	农林牧渔业 总 产 值 (万元)
怀宁县	2 200.0	9 672.0	12 633.0	22 568	21 683	85 583
枞阳县	6 882.0	12 937.0	16 863.0	13 777	13 457	78 250
潜山县	1 281.0	6 481.0	9 053.0	8 014	7 925	41 300
太湖县	4 110.0	6 099.0	6 169.0	19 155	18 635	52 800
宿松县	21 948.0	18 678.0	25 854.0	32 177	31 788	77 598
望江县	22 585.0	21 335.0	20 982.0	15 572	15 220	57 452
岳西县		1 741.0	2 397.0	8 210	8 173	25 521
黄山市辖区	8.0	6 541.0	5 807.0	9 617	9 417	43 252
歙县	28.0	6 960.0	7 999.0	13 239	13 147	33 758
休宁县	4.0	6 770.0	5 309.0	16 119	16 040	41 404
黟县	13.0	3 020.0	2 397.0	3 600	3 160	10 872
祁门县	25.0	4 356.0	2 763.0	3 656	3 589	20 289
滁州市	3 237.0	12 521.0	20 353.0	7 626	7 355	51 670
来安县	2 038.0	21 792.0	45 443.0	16 283	15 801	62 782
全椒县	4 465.0	22 962.0	49 308.0	11 561	11 330	65 871
定远县	6 501.0	55 111.0	98 001.0	52 193	49 785	99 014
凤阳县	3 554.0	30 765.0	50 776.0	23 287	17 938	80 514
天长市	1 304.0	26 155.0	48 553.0	20 932	20 615	93 545
明光市	1 842.0	27 802.0	39 818.0	15 776	15 023	68 666
阜阳市	11 728.0	7 076.0	13 208.0	69 554	46 940	181 452
亳州市	13 935.0	11 598.0	21 152.0	41 712	25 242	132 552
界首市	8 040.0	3 759.0	7 219.0	19 079	14 973	89 255
临泉县	10 220.0	22 967.0	30 226.0	56 585	37 935	172 966
太和县	10 332.0	11 111.0	23 957.0	55 006	38 829	201 462
涡阳县	10 733.0	12 039.0	19 053.0	53 716	34 989	176 756
蒙城县	15 795.0	22 002.0	47 550.0	64 928	36 326	151 194
阜南县	8 569.0	19 579.0	36 375.0	48 574	40 301	155 429
颍上县	6 237.0	11 586.0	22 589.0	50 173	38 876	137 564
利辛县	9 147.0	10 515.0	21 642.0	67 263	37 747	157 303
宿州市	18 038.0	24 688.0	39 548.0	30 880	25 462	180 912
砀山县	4 650.0	6 500.0	10 443.0	33 605	26 092	100 497
萧县	13 382.0	8 844.0	15 066.0	25 800	15 511	122 517
灵璧县	13 877.0	24 364.0	69 502.0	45 961	36 875	174 549
泗县	14 991.0	16 862.0	55 928.0	33 560	21 534	136 299
六安市	1 517.0	35 450.0	44 620.0	29 400	28 992	139 942
寿县	7 140.0	41 858.0	65 872.0	36 030	34 414	144 228
霍丘县	6 026.0	49 425.0	49 133.0	62 565	57 346	141 341
舒城县	536.0	24 606.0	24 717.0	14 475	14 408	65 580
金寨县		3 055.0	2 803.0	15 272	13 991	46 226
霍山县	20.0	2 416.0	3 362.0	6 544	6 094	33 561

县(市)农村经济主要指标(一)

县　　名	乡村人口 (万人)	乡村劳动力 (万人)	耕地面积 (公顷)	粮　　食 播种面积 (公顷)	粮食总产量 (吨)	棉　　花 播种面积 (公顷)
宣州市	66.9	36.2	55 836.0	81 755	395 811	6 888.0
郎溪县	28.8	14.5	25 011.0	34 974	167 670	345.0
广德县	45.6	24.4	28 806.0	36 212	186 521	81.0
宁国县	31.8	18.4	16 137.0	20 422	102 995	88.0
泾县	31.9	16.6	21 122.0	33 131	138 382	780.0
旌德县	13.3	6.5	11 189.0	12 783	65 170	37.0
绩溪县	15.1	8.1	6 987.0	10 622	50 627	15.0
巢湖市	63.9	35.1	50 107.0	56 760	272 194	7 830.0
庐江县	106.0	52.4	75 731.0	120 423	609 657	366.0
无为县	124.8	68.1	89 091.0	82 104	448 973	31 485.0
含山县	36.8	18.9	22 328.0	25 443	212 866	2 615.0
和县	51.6	28.3	51 299.0	54 596	335 577	4 249.0
贵池市	50.9	27.3	30 692.0	48 855	227 908	3 750.0
东至县	48.7	23.9	33 489.0	40 279	165 378	9 035.0
石台县	9.7	5.4	4 327.0	6 461	29 305	42.0
青阳县	24.7	12.9	17 383.0	28 663	118 415	69.0
福州市辖区	44.3	20.8	9 102.0	11 966	71 116	
闽侯县	54.3	24.5	23 228.0	39 892	218 102	
连江县	57.1	26.8	14 169.0	29 529	148 900	
罗源县	21.9	7.9	11 535.0	17 784	89 148	
闽清县	25.3	10.8	17 312.0	31 090	136 751	
永泰县	31.2	12.3	14 586.0	26 959	124 838	
平潭县	32.6	14.9	6 898.0	7 866	30 075	
福清市	103.6	46.4	32 392.0	69 301	357 223	
长乐市	62.8	23.9	17 522.0	29 568	174 987	
厦门市辖区	25.1	12.5	8 933.0	7 848	40 349	
同安县	54.4	26.1	20 860.0	27 100	151 327	
莆田市辖区	26.1	12.7	3 989.0	6 806	39 647	
莆田县	147.4	63.7	35 654.0	71 121	344 526	
仙游县	88.1	38.9	23 214.0	40 931	221 843	
三明市辖区	7.3	2.9	5 969.0	8 264	34 849	
明溪县	9.5	4.2	11 885.0	19 181	90 049	
清流县	11.7	4.9	10 410.0	18 369	86 016	
宁化县	29.9	11.4	28 481.0	42 737	213 005	
大田县	29.5	10.4	14 897.0	30 379	136 971	
尤溪县	36.7	14.7	22 897.0	40 012	203 079	
沙县	17.7	6.3	13 902.0	22 422	115 263	
将乐县	13.2	5.7	13 701.0	23 511	118 966	
泰宁县	10.7	4.6	10 994.0	15 962	81 080	
建宁县	12.3	5.3	15 507.0	20 548	106 502	

县(市)农村经济主要指标(二)

县名	棉花产量(吨)	油料播种面积(公顷)	油料产量(吨)	猪牛羊肉总产量(吨)	猪肉产量(吨)	农林牧渔业总产值(万元)
宣州市	7 775.0	25 900.0	34 407.0	15 699	15 068	88 951
郎溪县	211.0	14 457.0	23 781.0	8 562	8 365	58 612
广德县	42.0	10 767.0	16 278.0	11 817	11 475	47 571
宁国县	52.0	6 216.0	8 501.0	8 955	8 803	61 036
泾县	612.0	5 935.0	6 373.0	8 480	8 085	38 935
旌德县	20.0	4 124.0	3 649.0	4 504	4 177	11 449
绩溪县	11.0	3 092.0	4 655.0	8 536	8 323	22 054
巢湖市	5 040.0	25 373.0	37 505.0	12 522	12 060	75 223
庐江县	159.0	21 624.0	32 712.0	16 199	15 849	130 800
无为县	35 839.0	42 058.0	69 612.0	14 544	14 220	176 942
含山县	2 351.0	10 457.0	22 155.0	5 452	5 299	55 408
和县	2 897.0	29 408.0	50 895.0	13 279	12 957	100 828
贵池市	3 274.0	14 108.0	15 465.0	15 759	15 108	58 394
东至县	8 578.0	16 787.0	18 308.0	16 725	16 335	59 764
石台县	34.0	2 803.0	2 682.0	2 616	2 571	12 411
青阳县	56.0	6 912.0	7 514.0	4 985	4 844	28 112
福州市辖区		28.0	54.0	36 999	36 837	99 838
闽侯县		905.0	1 098.0	26 154	25 591	107 616
连江县		1 091.0	1 224.0	17 064	16 522	179 490
罗源县		68.0	107.0	7 562	7 334	55 675
闽清县		424.0	557.0	11 407	11 098	53 517
永泰县		488.0	1 167.0	11 224	10 997	72 773
平潭县		3 584.0	7 278.0	5 899	5 535	81 555
福清市		7 762.0	20 094.0	45 892	44 376	249 072
长乐市		811.0	2 045.0	14 826	13 943	116 650
厦门市辖区		1 719.0	3 890.0	16 012	15 790	63 592
同安县		8 327.0	23 852.0	18 855	18 521	93 451
莆田市辖区		457.0	1 137.0	6 056	5 997	56 185
莆田县		6 094.0	13 640.0	39 076	37 996	162 609
仙游县		2 449.0	5 409.0	30 582	29 601	115 750
三明市辖区		235.0	364.0	6 194	6 121	36 892
明溪县		1 041.0	1 781.0	5 821	5 802	28 097
清流县		842.0	1 370.0	10 253	9 927	37 673
宁化县		2 152.0	2 520.0	17 759	17 592	62 588
大田县		669.0	1 187.0	18 834	18 581	66 256
尤溪县		580.0	1 224.0	19 199	18 423	119 200
沙县		632.0	873.0	10 721	10 198	59 400
将乐县		835.0	1 363.0	8 116	8 029	40 924
泰宁县		828.0	1 393.0	7 264	7 220	42 348
建宁县		812.0	1 159.0	8 857	8 803	37 099

县(市)农村经济主要指标(一)

县　名	乡村人口(万人)	乡村劳动力(万人)	耕地面积(公顷)	粮　食播种面积(公顷)	粮食总产量(吨)	棉　花播种面积(公顷)
永安市	18.5	8.1	15 234.0	23 809	114 337	
泉州市辖区	30.7	15.8	6 136.0	11 938	63 264	
惠安县	114.3	53.1	26 006.0	48 498	180 088	
安溪县	94.0	37.0	25 518.0	43 982	184 281	
永春县	47.8	20.5	15 873.0	31 866	149 608	
德化县	26.5	11.6	12 658.0	16 775	93 540	
石狮市	25.2	9.0	3 796.0	4 969	25 861	
晋江市	87.0	43.5	23 839.0	33 758	153 747	
南安市	132.3	58.7	29 794.0	59 307	285 628	
漳州市辖区	15.5	7.4	5 285.0	5 015	20 319	
云霄县	32.7	15.1	12 279.0	22 380	127 016	
漳浦县	68.7	30.3	33 805.0	53 260	298 068	
诏安县	47.7	25.1	17 765.0	30 715	168 803	
长泰县	15.9	7.7	11 663.0	16 161	91 807	
东山县	13.6	6.8	4 855.0	2 510	12 042	
南靖县	30.4	13.2	19 984.0	27 684	138 580	
平和县	48.4	20.8	23 620.0	40 332	186 677	
华安县	13.8	5.8	9 117.0	14 125	72 394	
龙海市	77.0	37.1	27 617.0	53 367	357 419	
南平市辖区	28.3	13.7	18 354.0	32 558	127 467	
顺昌县	17.3	8.3	13 053.0	23 228	111 328	
浦城县	32.4	12.5	36 990.0	67 961	282 345	
光泽县	11.5	5.1	12 526.0	18 912	120 781	
松溪县	13.3	6.3	10 959.0	19 870	82 598	
政和县	17.5	6.2	13 576.0	22 439	91 227	
邵武市	20.4	9.4	22 615.0	40 109	220 033	
武夷山市	15.5	6.9	20 058.0	29 624	140 564	
建瓯市	41.5	15.4	33 387.0	57 390	289 430	
建阳市	24.2	9.8	30 455.0	52 420	258 886	
宁德市	32.6	12.2	15 553.0	23 619	97 351	
福安市	50.1	16.2	22 112.0	40 953	172 562	
福鼎市	46.7	20.9	19 926.0	32 995	131 270	
霞浦县	39.5	16.5	17 870.0	29 698	136 229	
古田县	38.5	16.1	30 030.0	35 874	160 027	
屏南县	16.1	5.2	13 422.0	17 601	89 319	
寿宁县	22.7	9.6	10 593.0	16 796	82 613	
周宁县	16.6	6.3	9 860.0	13 363	64 151	
柘荣县	8.4	3.6	5 268.0	8 948	36 009	
龙岩市	26.8	12.0	16 003.0	23 848	121 754	
漳平市	22.8	10.0	11 973.0	18 027	96 702	

县(市)农村经济主要指标(二)

县　　名	棉花产量 (吨)	油　　料 播种面积 (公顷)	油料产量 (吨)	猪牛羊肉 总 产 量 (吨)	猪肉产量 (吨)	农林牧渔业 总　产　值 (万元)
永安市		501.0	869.0	13 852	13 704	52 720
泉州市辖区		1 475.0	3 521.0	8 761	8 294	36 036
惠安县		9 784.0	20 775.0	30 506	28 610	155 925
安溪县		813.0	1 497.0	25 846	25 207	68 644
永春县		13.0	25.0	18 503	17 718	60 958
德化县		60.0	136.0	9 768	9 600	31 927
石狮市		1 286.0	2 332.0	3 157	3 029	33 570
晋江市		8 313.0	15 768.0	25 129	23 936	101 175
南安市		5 382.0	11 981.0	40 240	35 176	111 712
漳州市辖区		1 075.0	2 271.0	11 293	11 220	25 267
云霄县		1 867.0	4 747.0	14 311	14 085	49 231
漳浦县		7 322.0	16 367.0	31 502	30 801	120 517
诏安县		2 957.0	6 194.0	14 697	14 550	110 674
长泰县		1 424.0	3 262.0	9 239	8 706	38 935
东山县		1 518.0	3 697.0	3 729	3 701	51 358
南靖县		1 192.0	2 902.0	10 983	10 451	72 869
平和县		986.0	2 177.0	15 519	15 430	49 722
华安县		799.0	1 469.0	7 669	7 200	38 231
龙海市		2 666.0	6 243.0	27 340	27 200	130 705
南平市辖区		362.0	473.0	21 265	20 782	64 007
顺昌县		494.0	627.0	12 940	12 747	44 337
浦城县		6 256.0	5 297.0	14 420	14 144	59 951
光泽县		973.0	1 078.0	7 034	6 777	28 530
松溪县		352.0	547.0	5 477	5 391	30 715
政和县		151.0	235.0	7 239	7 209	34 252
邵武市		852.0	1 283.0	19 287	18 960	68 949
武夷山市		427.0	577.0	9 025	8 716	34 617
建瓯市		888.0	1 088.0	20 470	20 360	88 588
建阳市		1 047.0	1 153.0	13 853	13 695	79 615
宁德市		352.0	522.0	6 847	6 641	69 791
福安市		442.0	740.0	15 497	14 960	77 854
福鼎市		2 981.0	2 749.0	11 269	11 034	71 719
霞浦县		1 467.0	1 792.0	8 577	8 091	105 864
古田县		141.0	285.0	6 061	5 942	59 690
屏南县		5.0	6.0	3 721	3 619	25 366
寿宁县		20.0	22.0	7 662	7 599	56 492
周宁县		89.0	120.0	4 115	4 054	16 817
柘荣县		77.0	60.0	4 073	4 004	13 954
龙岩市		1 346.0	3 881.0	22 016	21 667	59 754
漳平市		262.0	437.0	12 784	12 489	50 174

县(市)农村经济主要指标(一)

县　名	乡村人口(万人)	乡村劳动力(万人)	耕地面积(公顷)	粮食播种面积(公顷)	粮食总产量(吨)	棉花播种面积(公顷)
长汀县	42.9	20.8	20 626.0	38 640	187 932	
永定县	41.6	19.3	22 344.0	37 706	177 925	
上杭县	43.1	20.3	25 082.0	46 353	221 069	
武平县	33.2	15.1	21 455.0	39 845	172 675	
连城县	28.3	11.7	17 023.0	28 974	144 262	
南昌市辖区	24.3	10.9	11 872.0	14 913	74 639	
南昌县	86.3	41.3	72 024.0	129 761	734 260	47.0
新建县	53.4	25.1	54 342.0	80 048	299 899	1 755.0
安义县	20.1	8.5	18 694.0	29 392	125 977	1 046.0
进贤县	58.0	29.0	56 106.0	87 383	303 095	1 557.0
景德镇市辖区	8.7	4.3	5 113.0	7 009	30 957	28.0
浮梁县	22.7	10.7	20 278.0	31 759	145 011	77.0
乐平市	62.4	29.4	38 419.0	61 744	280 034	2 325.0
萍乡市辖区	117.5	57.1	38 424.0	64 695	392 183	5.0
莲花县	20.9	9.8	14 787.0	23 364	105 380	64.0
九江市辖区	13.0	6.3	6 797.0	8 599	30 981	809.0
九江县	27.3	13.6	19 048.0	13 651	39 550	9 685.0
武宁县	31.4	14.7	20 820.0	32 254	116 923	1 769.0
修水县	67.1	30.9	37 394.0	59 836	244 537	242.0
永修县	24.7	11.6	26 989.0	31 345	126 826	10 223.0
德安县	14.2	6.7	11 417.0	11 105	43 041	3 433.0
星子县	19.4	9.4	10 279.0	13 091	48 164	2 458.0
都昌县	58.8	29.3	37 937.0	37 350	115 391	12 666.0
湖口县	22.2	11.1	16 721.0	12 649	51 654	7 711.0
彭泽县	29.5	13.8	21 738.0	8 636	38 434	13 333.0
瑞昌市	31.9	15.0	18 928.0	18 192	67 899	5 267.0
新余市辖区	50.4	24.6	45 337.0	54 981	277 865	11 477.0
分宜县	23.7	10.9	18 684.0	29 770	125 511	155.0
鹰潭市辖区	5.4	2.7	2 914.0	4 655	16 800	3.0
贵溪县	44.8	20.8	35 212.0	62 602	249 657	30.0
余江县	27.7	12.6	21 847.0	37 093	157 738	21.0
赣州市	16.7	8.9	7 822.0	10 264	48 875	2.0
瑞金市	48.2	23.2	24 096.0	38 490	167 307	29.0
南康市	66.1	31.4	30 152.0	43 324	214 148	
赣县	46.2	23.6	24 845.0	40 341	183 511	4.0
信丰县	55.7	29.2	30 553.0	49 412	248 781	
大余县	20.3	10.8	11 685.0	19 877	96 502	2.0
上犹县	24.9	16.1	11 083.0	19 799	100 926	
崇义县	16.3	7.9	9 088.0	13 223	70 241	
安远县	28.4	14.4	13 480.0	23 273	116 301	4.0

县(市)农村经济主要指标(二)

县　　名	棉花产量 (吨)	油　料 播种面积 (公顷)	油料产量 (吨)	猪牛羊肉 总 产 量 (吨)	猪肉产量 (吨)	农林牧渔业 总　产　值 (万元)
长汀县		3 730.0	3 584.0	20 129	19 673	65 362
永定县		444.0	787.0	20 953	20 429	46 169
上杭县		1 020.0	1 620.0	27 457	26 715	72 263
武平县		1 490.0	2 297.0	17 610	16 646	45 884
连城县		261.0	472.0	17 458	16 536	45 097
南昌市辖区		1 669.0	1 370.0	16 970	16 612	40 191
南昌县	39.0	29 176.0	25 117.0	74 134	73 305	160 490
新建县	1 126.0	31 330.0	34 764.0	29 271	28 916	52 009
安义县	972.0	15 265.0	18 211.0	11 702	11 564	27 567
进贤县	1 163.0	39 264.0	23 310.0	33 592	32 804	75 996
景德镇市辖区	25.0	2 492.0	2 123.0	3 930	3 914	10 028
浮梁县	41.0	9 775.0	5 337.0	9 659	9 578	24 658
乐平市	650.0	17 119.0	18 560.0	30 075	29 946	51 676
萍乡市辖区	8.0	7 537.0	6 568.0	53 689	52 172	84 690
莲花县	45.0	7 258.0	6 259.0	10 596	10 491	15 596
九江市辖区	299.0	3 733.0	3 554.0	3 573	3 572	19 444
九江县	15 081.0	10 938.0	14 581.0	9 109	9 075	39 872
武宁县	1 560.0	13 668.0	10 336.0	19 569	19 493	37 269
修水县	239.0	11 343.0	7 936.0	24 953	24 589	60 671
永修县	5 003.0	15 284.0	14 795.0	18 498	18 359	46 575
德安县	4 407.0	7 443.0	7 893.0	9 416	9 382	23 177
星子县	2 412.0	7 574.0	8 995.0	9 887	9 856	21 407
都昌县	9 203.0	25 554.0	24 261.0	19 999	19 951	46 414
湖口县	6 644.0	12 167.0	15 544.0	12 931	12 800	29 760
彭泽县	17 770.0	15 350.0	24 589.0	11 064	11 047	50 602
瑞昌市	5 496.0	10 657.0	13 122.0	14 766	14 605	32 907
新余市辖区	15 885.0	24 108.0	21 828.0	37 235	35 173	71 860
分宜县	117.0	8 197.0	6 491.0	19 682	18 720	32 136
鹰潭市辖区	2.0	638.0	965.0	2 702	2 574	4 427
贵溪县	36.0	11 023.0	11 158.0	30 460	30 017	39 011
余江县	16.0	6 111.0	7 897.0	22 644	22 523	33 647
赣州市	1.0	3 310.0	5 255.0	8 251	8 007	15 797
瑞金市	28.0	11 896.0	12 809.0	23 435	22 346	50 945
南康市		15 131.0	19 495.0	33 409	32 994	55 246
赣县	5.0	8 453.0	9 254.0	18 849	18 497	50 203
信丰县		11 500.0	17 050.0	34 186	33 269	67 263
大余县	2.0	4 609.0	7 744.0	7 984	7 946	20 289
上犹县		2 388.0	3 315.0	14 401	14 315	27 239
崇义县		974.0	1 204.0	6 492	6 206	25 888
安远县	4.0	2 861.0	1 481.0	14 901	13 818	28 383

县(市)农村经济主要指标(一)

县　　名	乡村人口(万人)	乡村劳动力(万人)	耕地面积(公顷)	粮　　食播种面积(公顷)	粮食总产量(吨)	棉　　花播种面积(公顷)
龙南县	24.8	15.0	10 516.0	16 857	82 982	
定南县	16.6	8.5	8 605.0	12 964	60 109	
全南县	13.8	7.9	9 116.0	15 939	73 306	3.0
宁都县	58.8	30.6	44 412.0	57 370	284 527	99.0
于都县	70.1	38.5	32 326.0	54 486	222 035	30.0
兴国县	58.1	32.7	31 275.0	46 116	201 384	4.0
会昌县	35.6	21.5	20 897.0	33 612	160 345	29.0
寻乌县	23.9	12.1	14 059.0	24 772	117 927	3.0
石城县	22.8	11.9	15 106.0	21 722	105 745	13.0
宜春市	74.1	36.6	38 848.0	73 195	370 504	103.0
丰城市	94.4	44.9	86 935.0	149 641	761 251	6 030.0
樟树市	40.7	22.9	41 793.0	67 505	351 038	2 358.0
高安市	62.0	29.1	67 243.0	88 224	485 059	9 331.0
奉新县	23.2	10.9	28 096.0	38 598	215 993	2 493.0
万载县	40.1	18.6	25 295.0	42 863	235 214	61.0
上高县	26.9	12.6	25 482.0	44 449	279 684	1 200.0
宜丰县	18.9	9.0	24 361.0	37 587	224 232	82.0
靖安县	9.9	4.6	9 930.0	13 900	79 015	43.0
铜鼓县	10.0	4.7	7 617.0	11 604	47 946	23.0
上饶市	16.7	7.9	6 446.0	9 710	39 032	9.0
德兴市	21.9	10.2	14 276.0	25 183	113 177	114.0
上饶县	60.5	28.4	25 355.0	42 838	195 689	298.0
广丰县	68.4	31.4	19 974.0	40 303	194 804	26.0
玉山县	47.0	21.4	22 187.0	39 238	179 443	103.0
铅山县	31.5	14.9	21 698.0	35 416	170 179	71.0
横峰县	16.2	7.6	8 919.0	17 392	74 001	41.0
弋阳县	27.8	13.6	23 156.0	42 337	168 417	51.0
余干县	73.2	35.2	46 967.0	82 339	342 505	1 315.0
波阳县	108.0	49.4	75 242.0	112 732	430 168	10 827.0
万年县	29.6	13.8	21 326.0	33 493	149 792	3 400.0
婺源县	28.8	13.4	20 314.0	32 679	128 054	143.0
吉安市	14.7	6.9	12 999.0	22 070	85 413	2.0
井冈山市	3.4	1.6	3 370.0	5 199	25 151	
吉安县	48.5	22.9	49 907.0	73 928	270 620	16.0
吉水县	42.8	19.8	43 209.0	67 904	276 102	5.0
峡江县	13.6	6.4	20 628.0	30 322	134 485	85.0
新干县	26.2	12.1	28 882.0	46 488	217 127	316.0
永丰县	33.1	15.6	34 289.0	53 537	222 301	15.0
泰和县	43.9	20.1	49 323.0	66 785	245 351	19.0
遂川县	46.7	22.2	26 197.0	39 274	179 040	1.0

县(市)农村经济主要指标(二)

县　　名	棉花产量 (吨)	油　　料 播种面积 (公顷)	油料产量 (吨)	猪牛羊肉 总 产 量 (吨)	猪肉产量 (吨)	农林牧渔业 总　产　值 (万元)
龙南县		2 196.0	4 072.0	11 419	11 220	25 667
定南县		1 621.0	1 612.0	8 384	8 203	17 895
全南县	3.0	3 409.0	4 314.0	7 730	7 525	23 873
宁都县	99.0	24 462.0	29 154.0	24 073	23 299	76 565
于都县	24.0	17 184.0	23 509.0	25 297	24 917	69 537
兴国县	5.0	11 063.0	8 229.0	25 593	25 391	56 220
会昌县	23.0	7 776.0	5 131.0	12 646	12 328	39 495
寻乌县	2.0	1 562.0	2 615.0	13 420	12 803	33 772
石城县	8.0	5 110.0	5 064.0	13 450	12 829	29 668
宜春市	70.0	13 784.0	12 072.0	51 549	50 186	74 935
丰城市	4 545.0	38 304.0	28 507.0	63 043	61 056	132 683
樟树市	1 185.0	20 735.0	26 277.0	56 577	55 497	63 060
高安市	9 261.0	38 411.0	40 265.0	52 244	46 753	79 036
奉新县	2 639.0	13 058.0	13 467.0	20 518	20 431	47 916
万载县	42.0	12 451.0	14 202.0	31 382	30 138	43 817
上高县	1 130.0	14 342.0	19 651.0	40 940	40 223	69 155
宜丰县	80.0	7 972.0	8 010.0	24 198	23 378	41 611
靖安县	53.0	4 488.0	6 355.0	7 185	7 006	18 810
铜鼓县	20.0	2 820.0	3 041.0	9 080	8 590	20 010
上饶市	13.0	2 196.0	1 794.0	3 269	3 223	20 977
德兴市	95.0	7 452.0	6 272.0	12 209	12 067	25 269
上饶县	164.0	8 421.0	7 349.0	20 881	20 625	39 628
广丰县	30.0	6 853.0	6 534.0	24 860	23 597	46 364
玉山县	141.0	8 522.0	8 976.0	29 972	29 786	37 106
铅山县	54.0	6 432.0	5 256.0	16 352	16 096	41 410
横峰县	54.0	3 735.0	5 121.0	11 823	11 731	18 688
弋阳县	58.0	9 918.0	10 176.0	19 556	18 945	45 970
余干县	423.0	21 541.0	17 855.0	43 025	41 801	66 994
波阳县	3 051.0	58 058.0	44 361.0	39 962	39 050	87 423
万年县	1 591.0	11 612.0	9 408.0	17 621	16 968	45 279
婺源县	70.0	8 188.0	6 083.0	9 338	9 313	32 239
吉安市	2.0	7 279.0	5 062.0	9 372	9 133	24 025
井冈山市		1 089.0	1 094.0	2 078	1 976	6 967
吉安县	8.0	24 811.0	18 649.0	22 192	20 823	53 657
吉水县	1.0	18 506.0	14 981.0	27 065	26 216	42 831
峡江县	95.0	9 836.0	8 119.0	11 490	10 763	20 097
新干县	241.0	15 557.0	11 019.0	16 595	16 269	36 503
永丰县	11.0	10 757.0	9 733.0	16 543	15 610	38 169
泰和县	8.0	23 505.0	20 621.0	30 879	29 189	61 142
遂川县		10 020.0	6 527.0	16 270	15 746	37 352

县(市)农村经济主要指标(一)

县名	乡村人口(万人)	乡村劳动力(万人)	耕地面积(公顷)	粮食播种面积(公顷)	粮食总产量(吨)	棉花播种面积(公顷)
万安县	24.4	11.2	21 659.0	32 149	124 707	10.0
安福县	31.1	14.2	37 451.0	57 121	233 635	65.0
永新县	39.5	18.6	26 547.0	43 324	185 300	3.0
宁冈县	7.1	3.4	6 007.0	6 378	36 670	1.0
临川市	72.1	33.2	56 195.0	82 209	435 950	3 584.0
南城县	23.5	11.1	18 971.0	30 003	199 317	27.0
黎川县	19.5	9.7	17 633.0	27 921	164 238	59.0
南丰县	21.4	10.3	19 755.0	31 015	194 129	3.0
崇仁县	24.4	11.6	22 375.0	30 876	183 745	2 749.0
乐安县	27.1	12.8	25 358.0	40 025	201 804	226.0
宜黄县	17.4	8.2	19 923.0	25 649	159 403	24.0
金溪县	22.8	10.8	24 939.0	39 703	208 766	18.0
资溪县	7.9	3.7	7 110.0	10 346	53 398	
东乡县	33.0	15.4	28 846.0	42 740	214 190	
广昌县	18.1	8.7	14 409.0	16 119	76 726	2.0
济南市辖区	99.2	51.1	61 452.0	91 715	439 849	1 333.0
长清县	44.5	22.1	41 055.0	55 617	307 638	31.0
平阴县	31.5	14.6	29 653.0	40 883	252 236	1 354.0
商河县	47.8	25.4	64 985.0	79 962	465 777	12 733.0
济阳县	52.0	27.3	66 245.0	81 519	490 793	16 873.0
章丘市	86.1	43.3	75 909.0	108 335	568 546	4 600.0
青岛市辖区	76.0	40.0	20 487.0	23 177	126 536	
胶州市	63.7	34.5	63 582.0	74 752	453 859	5.0
即墨市	96.6	49.5	88 675.0	107 869	574 239	
平度市	119.8	62.5	172 412.0	161 929	1 097 811	13 921.0
胶南市	75.8	38.1	70 236.0	86 112	507 132	
莱西市	65.0	34.3	71 114.0	83 298	532 010	
淄博市辖区	155.0	78.0	96 247.0	140 450	815 525	377.0
桓台县	41.7	22.8	31 871.0	50 687	418 785	1 267.0
高青县	30.8	16.4	43 542.0	47 550	292 951	15 659.0
沂源县	47.7	25.9	30 864.0	34 340	150 319	121.0
枣庄市辖区	148.7	73.6	112 355.0	156 779	1 006 814	8 979.0
滕州市	126.8	68.5	75 501.0	108 885	763 586	3 583.0
东营市辖区	23.7	11.2	49 127.0	53 103	194 299	7 146.0
垦利县	17.9	6.6	31 137.0	47 272	125 387	2 837.0
利津县	25.8	13.8	41 828.0	50 947	174 698	9 373.0
广饶县	41.7	22.5	52 143.0	66 887	391 171	9 938.0
烟台市辖区	90.9	39.4	64 569.0	73 356	377 956	
海阳县	63.8	33.1	60 442.0	70 180	401 188	
长岛县	3.2	1.2	298.0	478	1 715	

县(市)农村经济主要指标(二)

县名	棉花产量(吨)	油料播种面积(公顷)	油料产量(吨)	猪牛羊肉总产量(吨)	猪肉产量(吨)	农林牧渔业总产值(万元)
万安县	9.0	10 804.0	10 647.0	18 751	18 319	33 965
安福县	28.0	21 228.0	20 828.0	20 799	19 983	40 891
永新县	3.0	12 747.0	14 534.0	14 794	13 810	34 687
宁冈县	1.0	1 783.0	1 993.0	2 940	2 899	7 478
临川市	3 329.0	17 142.0	19 569.0	76 809	76 125	85 950
南城县	8.0	8 524.0	11 379.0	26 189	25 863	36 856
黎川县	80.0	5 220.0	5 951.0	18 429	18 316	21 643
南丰县	3.0	7 515.0	7 154.0	27 179	26 903	33 100
崇仁县	2 282.0	10 710.0	13 421.0	18 015	17 475	32 450
乐安县	173.0	8 062.0	8 515.0	22 190	21 482	35 701
宜黄县	29.0	6 694.0	5 551.0	14 893	14 749	22 534
金溪县	21.0	7 605.0	6 365.0	19 843	19 355	27 510
资溪县		1 564.0	605.0	5 470	5 438	11 420
东乡县		12 477.0	13 663.0	36 919	36 751	42 606
广昌县	3.0	4 087.0	1 940.0	8 467	8 385	14 473
济南市辖区	1 251.0	1 198.0	2 538.0	50 078	34 531	138 700
长清县	32.0	4 598.0	16 868.0	40 338	30 541	100 651
平阴县	622.0	1 529.0	4 303.0	34 735	23 558	77 412
商河县	9 416.0	1 179.0	3 081.0	33 555	15 400	98 031
济阳县	13 606.0	47.0	65.0	56 572	21 707	96 245
章丘市	4 129.0	2 796.0	6 430.0	44 704	32 968	161 360
青岛市辖区		2 021.0	6 333.0	12 556	12 302	169 864
胶州市	5.0	8 844.0	39 453.0	51 025	37 288	155 248
即墨市		24 823.0	111 113.0	33 031	27 183	179 395
平度市	8 172.0	30 032.0	155 723.0	84 802	48 074	285 986
胶南市		21 750.0	97 484.0	44 582	37 938	183 204
莱西市		22 057.0	100 569.0	39 647	33 189	148 633
淄博市辖区	338.0	2 225.0	4 935.0	55 433	47 202	294 530
桓台县	1 336.0	912.0	4 118.0	13 716	8 610	73 917
高青县	19 245.0	1 006.0	3 858.0	18 902	8 986	75 051
沂源县	113.0	3 152.0	8 184.0	22 043	19 800	52 201
枣庄市辖区	8 235.0	15 929.0	51 092.0	98 185	74 989	221 065
滕州市	3 179.0	9 222.0	44 207.0	61 901	39 196	176 288
东营市辖区	5 959.0	1 037.0	2 350.0	17 560	11 660	64 044
垦利县	595.0	793.0	970.0	8 853	4 151	38 826
利津县	5 985.0	2 080.0	3 448.0	13 467	7 238	71 756
广饶县	7 076.0	381.0	1 247.0	21 447	15 570	94 592
烟台市辖区		16 541.0	50 773.0	29 175	27 227	182 454
海阳县		14 728.0	57 041.0	16 721	14 778	160 499
长岛县				199	196	65 301

县(市)农村经济主要指标(一)

县　名	乡村人口 (万人)	乡村劳动力 (万人)	耕地面积 (公顷)	粮　食 播种面积 (公顷)	粮食总产量 (吨)	棉　花 播种面积 (公顷)
龙口市	51.4	25.2	30 330.0	41 199	310 369	
莱阳市	80.5	38.2	77 611.0	81 988	470 525	
莱州市	79.0	40.7	76 036.0	94 709	501 449	
蓬莱市	43.0	19.7	43 916.0	47 055	286 028	
招远市	48.6	24.7	43 454.0	48 983	330 109	
栖霞市	60.9	30.1	55 334.0	61 842	368 285	
潍坊市辖区	73.7	35.3	75 013.0	97 535	593 459	6 679.0
临朐县	81.7	40.6	52 987.0	73 726	365 207	71.0
昌乐县	50.6	23.2	56 743.0	62 609	381 554	3 342.0
青州市	73.5	33.2	62 719.0	87 243	511 696	442.0
诸城市	90.3	41.4	106 094.0	107 807	840 096	12 407.0
寿光市	92.6	39.5	91 873.0	97 732	741 047	10 667.0
安丘市	99.1	48.6	100 692.0	111 015	701 060	6 673.0
高密市	73.5	33.7	90 269.0	103 712	694 094	14 733.0
昌邑市	59.6	25.4	70 302.0	89 577	521 473	11 332.0
济宁市辖区	63.1	34.9	51 390.0	75 152	507 438	1 112.0
微山县	57.3	29.4	27 055.0	45 807	279 331	871.0
鱼台县	36.9	20.3	38 827.0	46 060	312 706	10 200.0
金乡县	53.4	29.0	56 401.0	57 504	330 675	18 269.0
嘉祥县	66.0	35.2	60 833.0	76 496	411 186	14 060.0
汶上县	63.1	31.7	55 949.0	76 305	329 765	6 217.0
泗水县	52.8	26.6	42 207.0	46 299	238 648	235.0
梁山县	60.0	28.3	55 114.0	75 085	365 117	5 400.0
曲阜市	51.7	28.1	45 067.0	61 692	399 142	2 546.0
兖州市	41.6	23.8	39 854.0	47 454	349 184	655.0
邹城市	78.7	40.5	66 054.0	77 951	519 842	2 287.0
泰安市辖区	109.0	54.4	75 947.0	80 035	637 862	906.0
宁阳县	69.3	33.1	60 776.0	67 952	446 197	4 860.0
东平县	65.6	29.3	60 993.0	73 653	404 863	5 000.0
新泰市	104.1	56.4	69 930.0	78 633	535 552	
肥城市	75.6	34.0	61 496.0	77 514	550 941	3 705.0
威海市辖区	26.6	13.0	17 138.0	18 977	104 725	
文登市	58.6	29.7	54 838.0	72 618	429 636	
荣成市	60.4	30.9	52 997.0	69 807	393 148	
乳山市	57.9	30.8	46 864.0	57 960	328 118	
日照市	93.8	48.0	62 693.0	77 459	481 109	
五莲县	44.7	25.5	41 278.0	43 137	272 872	1 161.0
莒县	100.8	56.6	71 565.0	89 915	534 202	1 515.0
莱芜市辖区	92.5	50.3	59 617.0	68 966	536 671	118.0
临沂市辖区	137.5	71.6	84 776.0	126 783	693 377	505.0

县(市)农村经济主要指标(二)

县名	棉花产量(吨)	油料播种面积(公顷)	油料产量(吨)	猪牛羊肉总产量(吨)	猪肉产量(吨)	农林牧渔业总产值(万元)
龙口市		4 177.0	13 451.0	15 722	15 231	129 644
莱阳市		20 810.0	78 907.0	29 255	22 512	149 928
莱州市		18 129.0	58 779.0	29 408	20 746	201 435
蓬莱市		15 299.0	51 238.0	9 546	8 157	137 000
招远市		15 574.0	63 163.0	25 370	20 884	112 932
栖霞市		19 269.0	61 147.0	23 668	19 108	127 521
潍坊市辖区	4 956.0	6 053.0	17 213.0	29 149	23 602	155 465
临朐县	50.0	3 704.0	10 447.0	51 396	48 984	111 492
昌乐县	890.0	4 057.0	15 225.0	26 572	24 469	107 445
青州市	185.0	163.0	341.0	24 525	20 536	148 784
诸城市	6 000.0	7 657.0	32 749.0	74 149	54 980	179 958
寿光市	4 000.0	502.0	2 181.0	37 055	32 230	326 185
安丘市	2 746.0	6 272.0	21 465.0	78 757	56 380	188 506
高密市	10 051.0	7 352.0	33 983.0	71 604	49 058	158 502
昌邑市	6 878.0	1 778.0	6 757.0	19 966	16 796	164 066
济宁市辖区	941.0	4 447.0	20 787.0	49 370	43 487	93 632
微山县	875.0	626.0	1 660.0	12 812	9 588	96 703
鱼台县	11 475.0			16 490	13 110	72 656
金乡县	17 109.0	1 181.0	3 293.0	25 001	19 628	110 319
嘉祥县	10 108.0	1 302.0	4 592.0	35 344	17 406	78 935
汶上县	4 285.0	2 805.0	8 877.0	50 975	39 185	61 169
泗水县	341.0	7 727.0	21 402.0	40 842	36 186	73 449
梁山县	4 536.0	4 544.0	21 784.0	37 954	27 065	124 128
曲阜市	1 592.0	4 275.0	13 533.0	48 706	43 440	85 703
兖州市	561.0	10 256.0	48 145.0	31 273	27 419	123 106
邹城市	2 086.0	18 024.0	71 234.0	63 779	53 859	168 284
泰安市辖区	601.0	7 697.0	25 370.0	76 984	57 494	170 119
宁阳县	2 845.0	15 547.0	58 746.0	49 653	39 829	119 470
东平县	2 875.0	10 636.0	37 903.0	28 333	18 584	92 302
新泰市		15 960.0	57 022.0	77 779	55 417	139 150
肥城市	1 680.0	3 958.0	12 542.0	61 430	44 526	125 055
威海市辖区		5 592.0	22 408.0	5 346	4 761	150 530
文登市		23 889.0	93 541.0	28 302	27 036	250 740
荣成市		22 753.0	84 344.0	17 724	17 409	370 828
乳山市		18 913.0	68 207.0	11 614	11 199	181 537
日照市		21 241.0	102 366.0	38 916	33 471	206 103
五莲县	619.0	10 900.0	43 830.0	23 970	19 965	84 812
莒县	1 171.0	12 844.0	50 093.0	50 893	40 500	123 903
莱芜市辖区	150.0	5 226.0	14 889.0	84 373	53 552	146 719
临沂市辖区	416.0	6 371.0	26 959.0	58 402	45 317	159 647

县(市)农村经济主要指标(一)

县　名	乡村人口(万人)	乡村劳动力(万人)	耕地面积(公顷)	粮　食播种面积(公顷)	粮食总产量(吨)	棉　花播种面积(公顷)
沂南县	81.9	44.5	70 392.0	84 409	429 257	573.0
郯城县	85.4	49.0	64 866.0	95 362	543 591	3 740.0
沂水县	102.0	50.7	80 116.0	91 562	514 234	2 683.0
苍山县	106.1	57.7	83 741.0	117 966	592 941	4 914.0
费县	84.8	45.7	60 493.0	79 469	435 233	65.0
平邑县	87.4	47.7	56 644.0	63 978	365 735	
莒南县	89.4	49.9	71 180.0	78 863	454 703	64.0
蒙阴县	46.0	24.2	33 845.0	39 033	245 490	367.0
临沭县	53.0	30.1	51 373.0	59 525	302 459	488.0
德州市辖区	22.5	11.6	24 039.0	25 577	152 115	2 550.0
陵县	46.9	22.3	61 719.0	72 687	433 939	20 193.0
宁津县	39.2	20.3	52 416.0	55 886	313 565	7 467.0
庆云县	25.7	13.6	29 577.0	40 043	199 298	670.0
临邑县	42.3	20.6	57 326.0	64 940	375 040	13 333.0
齐河县	51.6	26.0	70 311.0	84 604	460 829	8 673.0
平原县	37.4	20.0	50 250.0	63 287	379 036	8 240.0
夏津县	43.3	21.3	55 450.0	49 758	248 994	23 055.0
武城县	31.2	14.4	42 798.0	41 059	202 708	15 591.0
乐陵市	55.0	27.6	67 206.0	87 056	515 088	9 073.0
禹城市	43.4	20.6	53 115.0	71 040	413 597	9 933.0
滨州市	39.8	19.6	45 100.0	54 181	264 723	9 960.0
惠民县	53.6	29.3	73 403.0	77 382	418 968	18 745.0
阳信县	38.2	16.5	46 170.0	56 458	286 015	7 121.0
无棣县	38.5	16.6	55 202.0	71 799	301 145	3 805.0
沾化县	35.1	15.9	55 804.0	61 149	216 000	4 667.0
博兴县	39.7	19.7	44 910.0	63 569	335 917	8 844.0
邹平县	60.6	33.9	71 556.0	84 112	481 473	18 158.0
聊城市	65.6	27.0	82 821.0	94 320	463 290	9 541.0
临清市	57.2	28.0	65 405.0	63 378	301 882	14 700.0
阳谷县	67.5	29.1	67 367.0	94 534	475 240	7 752.0
莘县	83.0	37.7	85 971.0	109 545	524 123	9 987.0
茌平县	49.2	23.1	71 626.0	80 849	398 392	10 325.0
东阿县	38.6	19.4	48 544.0	61 411	296 741	4 928.0
冠县	68.3	32.6	74 936.0	88 206	385 423	9 851.0
高唐县	39.7	19.3	61 564.0	72 796	364 800	13 247.0
菏泽市	93.4	44.8	83 437.0	103 111	560 891	10 000.0
曹县	116.5	60.9	103 600.0	132 352	630 938	20 685.0
定陶县	50.0	25.2	50 944.0	58 518	314 952	10 636.0
成武县	55.7	27.7	49 665.0	64 279	340 021	12 300.0
单县	104.1	47.2	98 147.0	106 313	498.333	12 156.0

县(市)农村经济主要指标(二)

县名	棉花产量(吨)	油料播种面积(公顷)	油料产量(吨)	猪牛羊肉总产量(吨)	猪肉产量(吨)	农林牧渔业总产值(万元)
沂南县	545.0	12 255.0	46 223.0	39 492	27 848	94 774
郯城县	3 251.0	6 754.0	30 564.0	37 339	32 699	99 991
沂水县	2 355.0	11 899.0	42 502.0	36 251	31 184	114 358
苍山县	4 791.0	6 238.0	23 508.0	47 500	34 000	168 733
费县	98.0	14 572.0	66 458.0	61 945	55 404	106 500
平邑县		12 675.0	47 925.0	64 050	54 000	108 217
莒南县	72.0	26 063.0	133 948.0	62 120	52 200	129 653
蒙阴县	331.0	8 253.0	35 441.0	22 377	19 276	69 345
临沭县	395.0	17 750.0	85 472.0	41 443	33 705	76 283
德州市辖区	1 394.0	202.0	566.0	21 963	12 312	42 000
陵县	13 050.0	953.0	2 257.0	43 145	23 864	88 171
宁津县	5 039.0	1 140.0	3 811.0	24 382	15 135	60 354
庆云县	513.0	14.0	16.0	7 979	5 281	39 886
临邑县	6 000.0	67.0	100.0	75 557	37 853	76 000
齐河县	4 745.0	2 462.0	10 237.0	30 697	16 257	82 030
平原县	6 169.0	287.0	872.0	28 665	17 850	80 379
夏津县	18 453.0	2 202.0	5 556.0	25 706	16 871	65 552
武城县	10 126.0	1 457.0	3 308.0	20 778	13 672	66 875
乐陵市	5 793.0	786.0	1 739.0	48 960	32 200	109 741
禹城市	6 680.0	613.0	1 822.0	61 567	17 537	81 375
滨州市	6 920.0	220.0	281.0	36 963	20 295	82 720
惠民县	13 958.0	2 841.0	6 386.0	68 939	38 441	114 732
阳信县	5 747.0	78.0	69.0	69 066	29 970	64 057
无棣县	2 507.0	652.0	1 006.0	41 513	14 137	68 423
沾化县	3 750.0	538.0	1 290.0	39 245	15 228	86 380
博兴县	7 188.0	261.0	1 166.0	17 885	10 742	78 765
邹平县	15 865.0	780.0	1 713.0	29 759	18 832	107 007
聊城市	5 570.0	13 120.0	42 051.0	30 142	19 199	114 138
临清市	12 384.0	2 822.0	7 471.0	22 186	11 082	70 024
阳谷县	5 220.0	3 769.0	12 825.0	52 434	41 770	102 383
莘县	5 580.0	14 937.0	47 047.0	39 037	23 767	113 375
茌平县	4 710.0	7 786.0	23 297.0	21 230	11 532	84 313
东阿县	2 758.0	196.0	590.0	20 856	9 876	48 928
冠县	5 936.0	24 634.0	70 233.0	43 970	26 880	79 918
高唐县	7 948.0	5 738.0	22 091.0	13 456	6 768	63 340
菏泽市	5 500.0	9 876.0	34 779.0	59 629	44 242	145 805
曹县	17 438.0	18 203.0	63 350.0	95 606	57 258	184 842
定陶县	8 091.0	5 726.0	22 201.0	36 334	23 284	88 998
成武县	11 682.0	1 834.0	5 782.0	31 345	22 976	89 022
单县	10 619.0	24 198.0	80 116.0	55 889	32 688	136 500

县(市)农村经济主要指标(一)

县　名	乡村人口(万人)	乡村劳动力(万人)	耕地面积(公顷)	粮食播种面积(公顷)	粮食总产量(吨)	棉花播种面积(公顷)
巨野县	78.3	36.2	76 588.0	80 151	374 398	20 771.0
郓城县	94.0	43.8	103 624.0	138 187	597 590	16 386.0
鄄城县	64.7	31.5	64 726.0	73 917	393 439	6 700.0
东明县	58.4	25.4	68 225.0	86 900	455 480	7 667.0
郑州市辖区	56.1	27.8	39 051.0	47 716	176 754	720.0
中牟县	57.8	29.6	61 130.0	72 150	325 981	6 260.0
巩义市	68.0	29.3	34 340.0	56 184	155 106	1 050.0
新密市	63.6	28.1	43 053.0	62 870	186 967	300.0
荥阳市	57.9	24.6	45 954.0	63 400	186 264	2 150.0
新郑市	52.9	25.3	40 852.0	58 780	232 253	890.0
登封市	52.8	26.8	36 230.0	53 720	137 537	2 320.0
开封市辖区	18.0	10.0	12 952.0	13 006	58 598	1.0
杞县	89.3	46.0	83 053.0	104 503	446 187	29 026.0
通许县	51.0	23.0	47 758.0	61 247	298 884	17 512.0
尉氏县	73.0	36.0	78 804.0	94 662	372 003	23 900.0
开封县	62.0	29.0	74 825.0	87 599	412 955	8 006.0
兰考县	61.0	28.0	62 910.0	78 800	291 413	14 670.0
洛阳市辖区	44.0	24.0	18 740.0	22 250	98 080	50.0
孟津县	38.0	19.0	37 303.0	45 166	84 761	934.0
新安县	46.0	25.0	38 930.0	47 503	52 730	294.0
栾川县	27.0	14.0	11 509.0	18 177	24 163	36.0
嵩县	46.0	22.0	32 662.0	44 604	40 859	653.0
汝阳县	37.0	20.0	26 006.0	35 871	57 758	905.0
宜阳县	56.0	28.0	58 322.0	63 977	93 141	1 066.0
洛宁县	40.0	20.0	44 113.0	49 767	63 600	339.0
伊川县	65.0	28.0	54 300.0	69 794	194 240	1 226.0
偃师市	72.0	38.0	48 158.0	69 395	285 756	1 769.0
平顶山市辖区	27.0	12.0	11 610.0	17 020	65 365	10.0
宝丰县	42.0	21.0	32 100.0	48 590	157 911	450.0
叶县	75.0	39.0	66 360.0	98 570	361 952	70.0
鲁山县	75.0	36.0	35 010.0	55 120	175 112	80.0
郏县	50.0	28.0	39 980.0	53 700	249 124	410.0
襄城县	74.0	39.0	54 690.0	77 630	326 347	740.0
舞钢市	25.0	13.0	20 420.0	31 320	120 935	620.0
汝州市	82.0	40.0	62 840.0	85 780	266 942	3 480.0
安阳市辖区	21.5	10.6	11 484.0	13 090	62 753	346.0
安阳县	106.0	46.0	84 409.0	110 703	454 183	15 089.0
汤阴县	37.6	16.0	41 474.0	52 414	259 449	10 166.0
滑县	108.5	47.5	113 380.0	149 180	772 479	28 723.0
内黄县	63.1	27.0	62 523.0	61 580	282 357	28 185.0

县(市)农村经济主要指标(二)

县　名	棉花产量(吨)	油料播种面积(公顷)	油料产量(吨)	猪牛羊肉总产量(吨)	猪肉产量(吨)	农林牧渔业总产值(万元)
巨野县	11 991.0	6 469.0	22 994.0	56 504	24 095	120 602
郓城县	9 739.0	15 501.0	54 249.0	85 088	54 119	151 127
鄄城县	5 563.0	18 123.0	67 849.0	33 972	26 035	96 149
东明县	5 225.0	18 489.0	70 776.0	35 791	23 717	110 246
郑州市辖区	534.0	5 249.0	10 173.0	12 738	11 773	45 718
中牟县	6 632.0	16 690.0	43 496.0	25 733	20 245	66 214
巩义市	465.0	3 181.0	3 592.0	8 749	6 968	25 696
新密市	187.0	3 410.0	5 435.0	14 144	12 100	29 914
荥阳市	1 241.0	4 460.0	8 370.0	14 549	12 720	43 081
新郑市	591.0	10 520.0	21 785.0	16 781	14 723	43 710
登封市	1 098.0	3 730.0	4 838.0	18 844	14 912	30 767
开封市辖区	1.0	3 312.0	7 863.0	7 016	6 420	25 593
杞县	27 571.0	15 097.0	53 261.0	44 904	33 374	103 264
通许县	16 897.0	11 736.0	28 741.0	26 750	22 697	71 204
尉氏县	23 661.0	14 353.0	35 506.0	31 934	22 532	81 511
开封县	6 179.0	29 987.0	70 956.0	23 791	19 596	78 483
兰考县	10 362.0	18 144.0	53 675.0	26 062	14 851	63 596
洛阳市辖区	67.0	920.0	1 488.0	9 471	8 693	27 313
孟津县	397.0	5 182.0	5 556.0	8 258	7 143	16 052
新安县	77.0	2 011.0	1 026.0	8 493	6 967	12 453
栾川县	5.0	218.0	191.0	5 833	4 541	9 655
嵩县	171.0	2 811.0	2 068.0	18 268	10 593	19 962
汝阳县	394.0	3 366.0	4 122.0	9 567	7 808	14 527
宜阳县	334.0	6 623.0	7 481.0	13 647	9 877	21 948
洛宁县	108.0	2 184.0	1 295.0	8 697	5 808	18 345
伊川县	534.0	3 922.0	3 071.0	28 050	20 545	31 257
偃师市	947.0	4 173.0	5 929.0	14 758	13 265	54 437
平顶山市辖区	8.0	1 010.0	1 742.0	7 163	5 604	16 003
宝丰县	219.0	3 450.0	5 084.0	15 280	12 825	32 696
叶县	56.0	11 150.0	22 298.0	54 575	40 714	75 279
鲁山县	85.0	4 160.0	9 299.0	17 745	15 613	36 703
郏县	370.0	5 070.0	13 262.0	17 039	13 165	43 983
襄城县	679.0	3 710.0	8 862.0	29 242	21 602	71 064
舞钢市	459.0	2 520.0	3 513.0	10 269	6 924	21 952
汝州市	2 112.0	6 470.0	10 274.0	54 989	43 258	85 092
安阳市辖区	98.0	469.0	505.0	2 301	2 154	12 650
安阳县	7 100.0	2 073.0	2 517.0	15 538	13 811	75 503
汤阴县	6 325.0	1 933.0	3 909.0	5 166	4 149	48 580
滑县	18 095.0	23 956.0	83 310.0	33 238	12 866	119 687
内黄县	23 405.0	13 636.0	40 367.0	28 926	22 530	84 716

县(市)农村经济主要指标(一)

县　　名	乡村人口 (万人)	乡村劳动力 (万人)	耕地面积 (公顷)	粮　　食 播种面积 (公顷)	粮食总产量 (吨)	棉　　花 播种面积 (公顷)
林州市	92.2	35.8	52 878.0	77 711	277 671	3 674.0
鹤壁市辖区	18.1	7.2	11 081.0	15 830	48 473	777.0
浚县	59.9	27.3	67 962.0	96 839	504 190	12 311.0
淇县	21.1	10.1	21 309.0	33 213	163 439	3 103.0
新乡市辖区	14.0	6.0	6 949.0	8 876	52 294	27.0
新乡县	37.0	18.0	30 898.0	33 408	217 380	12 372.0
获嘉县	33.0	14.0	29 245.0	33 158	218 653	9 093.0
原阳县	49.0	23.0	52 985.0	72 021	419 066	7 901.0
延津县	39.0	15.0	41 693.0	46 388	233 251	13 533.0
封丘县	62.0	27.0	61 646.0	79 291	383 096	18 333.0
长垣县	72.0	29.0	57 945.0	81 698	332 148	5 439.0
卫辉市	37.0	17.0	38 285.0	51 772	280 290	7 807.0
辉县市	67.0	31.0	57 992.0	89 312	426 737	2 120.0
焦作市辖区	17.8	8.8	10 520.0	15 316	69 155	42.0
修武县	23.4	10.8	23 948.0	31 147	190 902	3 305.0
博爱县	34.8	15.7	22 225.0	26 820	196 863	1 755.0
武陟县	53.8	22.8	40 970.0	52 531	401 256	3 369.0
温县	34.0	15.9	23 766.0	32 995	256 159	1 573.0
孟县	28.2	13.1	23 484.0	27 911	185 273	1 929.0
济源市	52.0	23.1	40 239.0	53 194	211 230	2 050.0
沁阳市	35.7	17.9	26 856.0	42 186	292 225	2 036.0
濮阳市辖区	18.3	8.0	14 417.0	16 474	88 906	821.0
清丰县	59.0	26.0	57 272.0	70 319	406 925	12 133.0
南乐县	44.0	18.0	38 466.0	49 549	284 051	10 960.0
范县	39.4	14.0	33 832.0	46 854	182 871	2 744.0
台前县	30.0	14.0	18 038.0	26 830	98 640	200.0
濮阳县	94.0	41.0	88 006.0	119 730	548 068	17 670.0
许昌市辖区	8.3	4.7	4 110.0	5 540	29 140	20.0
许昌县	75.2	40.6	67 130.0	97 920	486 246	7 600.0
鄢陵县	56.1	29.3	61 330.0	68 940	345 629	33 420.0
禹州市	105.1	53.8	77 440.0	106 010	395 342	1 930.0
长葛市	57.0	29.4	42 600.0	59 240	363 821	4 740.0
漯河市辖区	6.0	4.0	2 490.0	4 014	20 127	
舞阳县	53.0	30.0	48 880.0	73 023	315 346	3 143.0
临颍县	60.0	33.0	49 626.0	68 038	303 850	13 917.0
郾城县	81.0	44.0	65 759.0	99 258	489 445	8 222.0
三门峡市辖区	7.7	4.0	5 016.0	5 285	14 307	156.0
渑池县	27.6	12.8	38 482.0	35 102	49 818	533.0
陕县	28.8	14.4	37 366.0	29 900	56 111	896.0
卢氏县	33.9	15.9	27 352.0	34 945	37 690	210.0

县(市)农村经济主要指标(二)

县名	棉花产量(吨)	油料播种面积(公顷)	油料产量(吨)	猪牛羊肉总产量(吨)	猪肉产量(吨)	农林牧渔业总产值(万元)
林州市	2 380.0	2 731.0	4 625.0	33 039	29 143	68 939
鹤壁市辖区	148.0	587.0	632.0	4 625	4 013	20 240
浚县	7 497.0	11 843.0	32 767.0	22 497	20 023	82 912
淇县	1 402.0	1 996.0	5 023.0	13 476	12 491	35 134
新乡市辖区	20.0	278.0	527.0	3 016	2 947	15 454
新乡县	12 022.0	2 177.0	10 245.0	9 930	8 009	68 755
获嘉县	6 548.0	1 068.0	3 340.0	11 703	10 533	43 182
原阳县	6 284.0	9 234.0	31 276.0	13 242	9 401	68 536
延津县	10 217.0	15 051.0	53 250.0	10 483	7 809	48 361
封丘县	12 254.0	9 601.0	20 888.0	13 790	9 645	78 773
长垣县	3 345.0	12 070.0	24 443.0	10 595	7 243	54 696
卫辉市	7 566.0	3 661.0	12 370.0	19 024	16 930	73 445
辉县市	1 521.0	8 463.0	19 702.0	32 762	27 507	89 202
焦作市辖区	43.0	355.0	405.0	6 015	5 830	16 521
修武县	3 108.0	1 094.0	2 677.0	14 746	12 777	46 152
博爱县	2 088.0	296.0	798.0	10 696	8 555	46 482
武陟县	3 593.0	4 742.0	20 095.0	26 171	23 231	78 916
温县	1 429.0	2 470.0	8 601.0	16 721	14 749	44 142
孟县	2 394.0	4 067.0	12 119.0	8 512	7 243	43 237
济源市	994.0	3 191.0	3 968.0	25 049	18 964	60 014
沁阳市	1 370.0	1 307.0	3 520.0	16 894	12 013	55 225
濮阳市辖区	640.0	3 254.0	10 005.0	5 167	4 637	24 269
清丰县	9 464.0	13 687.0	49 357.0	26 798	21 742	79 772
南乐县	7 921.0	4 523.0	17 543.0	15 448	9 553	48 339
范县	2 017.0	2 303.0	6 128.0	6 763	5 052	30 922
台前县	126.0	1 678.0	5 190.0	2 803	2 283	20 545
濮阳县	12 508.0	9 230.0	25 939.0	17 294	14 644	86 512
许昌市辖区	17.0	340.0	788.0	1 867	1 841	7 037
许昌县	7 974.0	8 120.0	26 433.0	33 064	31 072	74 150
鄢陵县	29 937.0	4 220.0	13 155.0	21 030	16 711	77 720
禹州市	1 701.0	6 340.0	13 638.0	36 703	31 733	82 689
长葛市	4 957.0	7 930.0	24 441.0	27 006	25 195	66 704
漯河市辖区		96.0	134.0	2 977	2 938	4 943
舞阳县	3 845.0	5 775.0	11 417.0	24 681	19 095	62 266
临颍县	15 872.0	6 005.0	15 827.0	32 763	28 512	77 074
郾城县	9 426.0	10 697.0	25 259.0	57 067	48 377	119 987
三门峡市辖区	58.0	362.0	309.0	1 568	1 324	4 433
渑池县	260.0	2 776.0	2 645.0	12 943	9 381	24 491
陕县	374.0	1 717.0	1 210.0	9 108	6 444	18 934
卢氏县	106.0	416.0	252.0	9 284	5 353	21 265

县(市)农村经济主要指标(一)

县　　名	乡村人口 (万人)	乡村劳动力 (万人)	耕地面积 (公顷)	粮　　食 播种面积 (公顷)	粮食总产量 (吨)	棉　　花 播种面积 (公顷)
义马市	4.2	1.9	2 264.0	2 485	3 244	28.0
灵宝市	60.7	29.2	61 168.0	55 431	119 256	1 535.0
南阳市辖区	118.2	58.7	111 915.0	119 899	447 408	42 824.0
桐柏县	35.3	16.1	30 128.0	42 857	165 111	1 681.0
方城县	92.1	42.7	99 656.0	129 374	408 461	9 587.0
淅川县	65.4	31.1	44 963.0	60 948	169 362	50.0
镇平县	85.5	40.9	70 398.0	94 189	271 984	9 333.0
唐河县	115.4	54.9	133 830.0	162 570	630 520	31 395.0
南召县	51.5	18.8	25 417.0	35 963	145 463	1.0
内乡县	57.6	25.4	47 332.0	57 218	201 709	4 518.0
新野县	66.6	33.6	65 045.0	71 097	294 699	28 046.0
社旗县	56.6	25.2	68 183.0	87 066	293 786	13 530.0
西峡县	40.5	16.4	18 493.0	30 072	86 948	21.0
邓州市	136.8	60.6	155 658.0	176 230	480 977	34 231.0
商丘市	8.0	5.0	3 111.0	3 141	15 764	8.0
虞城县	95.4	47.0	92 268.0	131 500	453 151	21 650.0
商丘县	101.0	49.0	99 296.0	125 430	491 369	23 310.0
民权县	70.0	34.0	66 128.0	78 100	256 205	17 850.0
宁陵县	52.0	28.0	45 569.0	53 413	194 891	12 767.0
睢县	67.5	35.5	57 210.0	76 220	316 327	13 820.0
夏邑县	96.9	50.3	86 282.0	120 140	404 985	12 900.0
柘城县	84.8	45.4	69 256.0	91 855	334 024	17 380.0
永城县	115.3	65.4	106 684.0	139 214	565 791	20 112.0
周口市	12.0	6.0	6 778.0	9 024	35 420	92.0
项城市	97.0	50.0	65 717.0	98 375	481 115	9 507.0
扶沟县	60.0	30.0	75 404.0	59 446	304 529	50 167.0
西华县	71.0	37.0	73 295.0	87 205	440 787	28 130.0
商水县	101.0	54.0	89 833.0	124 309	581 230	13 703.0
太康县	117.0	57.0	114 246.0	142 930	750 739	53 376.0
鹿邑县	101.0	50.0	82 611.0	108 559	514 694	31 515.0
郸城县	110.0	57.0	99 072.0	137 887	560 924	26 741.0
淮阳县	115.0	58.0	97 179.0	115 560	497 118	13 915.0
沈丘县	102.0	53.0	67 029.0	110 455	554 030	9 135.0
驻马店市	12.0	6.0	10 603.0	15 124	56 710	31.0
确山县	52.0	29.0	69 033.0	77 947	286 748	653.0
泌阳县	82.0	40.0	91 249.0	116 990	362 131	7 300.0
遂平县	55.0	29.0	66 318.0	91 831	386 473	5 345.0
西平县	74.0	42.0	66 290.0	99 318	408 468	666.0
上蔡县	121.0	61.0	104 649.0	135 910	457 792	6 964.0
汝南县	73.0	40.0	83 754.0	97 480	408 957	6 670.0

县(市)农村经济主要指标(二)

县　　名	棉花产量 (吨)	油　料 播种面积 (公顷)	油料产量 (吨)	猪牛羊肉 总产量 (吨)	猪肉产量 (吨)	农林牧渔业 总产值 (万元)
义马市	3.0	142.0	73.0	919	658	1 879
灵宝市	713.0	5 054.0	5 190.0	13 919	9 549	91 103
南阳市辖区	37 465.0	12 926.0	32 319.0	52 055	33 119	123 590
桐柏县	1 256.0	16 113.0	47 994.0	17 285	11 182	46 073
方城县	6 302.0	24 106.0	50 921.0	39 969	24 253	86 556
淅川县	44.0	6 720.0	7 779.0	22 139	13 953	66 021
镇平县	6 300.0	12 393.0	30 414.0	31 658	24 213	78 032
唐河县	27 325.0	31 708.0	75 130.0	66 371	36 831	137 857
南召县	1.0	6 065.0	23 642.0	20 558	15 230	38 336
内乡县	3 492.0	5 933.0	12 410.0	37 347	20 341	70 921
新野县	28 043.0	9 181.0	24 352.0	40 711	29 182	102 174
社旗县	12 070.0	11 813.0	15 001.0	27 403	15 864	69 133
西峡县	18.0	1 166.0	1 768.0	21 342	10 127	36 521
邓州市	29 282.0	28 039.0	48 734.0	47 496	30 603	133 046
商丘市	10.0	171.0	537.0	1 819	1 455	6 517
虞城县	18 775.0	10 100.0	29 036.0	30 424	16 004	102 467
商丘县	22 378.0	14 040.0	37 006.0	60 907	30 574	131 341
民权县	14 796.0	11 972.0	28 523.0	19 313	10 643	72 831
宁陵县	11 813.0	14 338.0	49 045.0	25 728	16 864	54 447
睢县	12 023.0	14 860.0	42 210.0	31 106	22 399	72 322
夏邑县	12 771.0	11 510.0	32 596.0	37 665	21 207	87 217
柘城县	16 489.0	6 550.0	18 697.0	36 717	24 338	81 062
永城县	15 384.0	18 130.0	47 796.0	63 040	31 932	142 671
周口市	86.0	1 058.0	4 404.0	2 277	1 658	11 465
项城市	8 700.0	14 263.0	22 781.0	27 673	24 000	92 526
扶沟县	46 087.0	5 086.0	14 662.0	21 610	10 103	99 579
西华县	26 267.0	12 267.0	38 424.0	33 908	26 541	110 370
商水县	10 450.0	20 285.0	41 745.0	47 485	30 996	108 712
太康县	50 520.0	8 812.0	27 096.0	62 537	33 300	142 516
鹿邑县	29 987.0	4 393.0	6 801.0	42 561	25 992	94 883
郸城县	20 002.0	8 980.0	19 765.0	27 714	13 774	110 522
淮阳县	12 843.0	32 336.0	101 906.0	61 020	26 833	127 828
沈丘县	8 058.0	7 237.0	12 941.0	35 551	17 215	96 294
驻马店市	20.0	2 483.0	3 069.0	5 097	4 363	10 102
确山县	669.0	39 809.0	114 126.0	24 893	18 692	57 742
泌阳县	6 567.0	34 220.0	69 990.0	30 117	15 179	82 059
遂平县	3 069.0	19 703.0	40 800.0	30 308	24 145	68 768
西平县	484.0	17 618.0	41 956.0	50 542	44 830	100 122
上蔡县	4 256.0	39 482.0	62 566.0	24 218	19 302	74 895
汝南县	3 921.0	43 450.0	105 237.0	31 035	22 363	83 425

县(市)农村经济主要指标(一)

县　　名	乡村人口（万人）	乡村劳动力（万人）	耕地面积（公顷）	粮　　食播种面积（公顷）	粮食总产量（吨）	棉　　花播种面积（公顷）
平舆县	84.0	41.0	76 740.0	92 100	335 973	4 026.0
新蔡县	93.0	49.0	85 254.0	107 588	419 293	21 047.0
正阳县	64.0	37.0	97 624.0	106 510	385 865	1 333.0
信阳市	7.2	3.3	2 988.0	2 635	12 788	6.0
息县	79.5	40.7	94 245.0	112 319	456 311	16 723.0
淮滨县	54.2	27.8	52 609.0	69 382	310 540	6 329.0
信阳县	91.7	47.1	66 587.0	90 337	426 511	4 107.0
潢川县	62.8	33.2	63 140.0	78 171	443 603	3 129.0
光山县	68.0	30.0	50 856.0	64 338	314 426	3 578.0
固始县	136.5	71.9	93 289.0	119 878	624 561	4 836.0
商城县	61.0	31.0	31 474.0	43 780	200 987	713.0
罗山县	62.0	32.4	55 473.0	68 784	327 377	3 697.0
新县	28.1	13.9	13 077.0	17 370	84 230	102.0
武汉市辖区	110.9	47.1	118 760.0	153 030	773 603	15 050.0
汉阳县	36.0	13.4	29 430.0	40 540	200 001	4 730.0
武昌县	43.0	15.9	48 290.0	81 400	404 589	1 470.0
黄陂县	89.5	40.7	57 040.0	98 270	527 637	4 530.0
新洲县	73.3	35.7	49 950.0	77 370	428 838	17 290.0
黄石市辖区	6.3	3.0	1 990.0	1 750	7 107	50.0
大冶县	66.0	22.9	37 710.0	73 050	301 459	780.0
十堰市辖区	8.9	3.4	3 200.0	4 120	14 298	
郧县	50.3	22.5	38 140.0	63 740	214 869	240.0
郧西县	45.3	21.0	37 010.0	68 270	137 743	70.0
竹山县	43.8	19.3	36 410.0	64 940	186 778	60.0
竹溪县	31.3	12.7	27 280.0	51 200	165 893	
房县	42.9	18.2	32 810.0	60 520	182 968	20.0
丹江口市	32.6	14.4	19 590.0	28 610	114 306	80.0
宜昌市辖区	11.0	5.2	8 040.0	5 480	26 598	3 120.0
宜昌县	49.4	21.5	35 250.0	53 720	242 238	130.0
枝江县	39.7	17.9	47 770.0	57 180	303 582	14 010.0
远安县	16.8	7.7	13 130.0	20 010	99 569	150.0
兴山县	15.7	7.4	14 870.0	25 390	70 702	
秭归县	37.8	18.9	26 540.0	42 490	151 121	
长阳自治县	37.5	19.7	35 760.0	51 890	175 611	10.0
五峰自治县	18.8	9.7	19 120.0	31 320	89 536	
枝城市	29.9	14.4	20 170.0	35 300	155 824	740.0
当阳市	32.2	14.1	44 330.0	49 250	358 558	5 430.0
襄樊市辖区	9.7	4.9	5 780.0	6 010	41 853	620.0
襄阳县	99.6	45.6	113 550.0	138 630	1164 905	24 020.0
南漳县	47.9	21.7	46 500.0	63 070	340 041	3 000.0

县(市)农村经济主要指标(二)

县　　名	棉花产量(吨)	油　料播种面积(公顷)	油料产量(吨)	猪牛羊肉总产量(吨)	猪肉产量(吨)	农林牧渔业总产值(万元)
平舆县	2 643.0	44 582.0	60 265.0	27 953	17 119	69 274
新蔡县	16 732.0	22 903.0	39 814.0	31 491	18 443	88 767
正阳县	853.0	65 550.0	209 058.0	42 509	29 888	87 059
信阳市	2.0	233.0	368.0	2 343	2 264	6 323
息县	9 938.0	18 974.0	37 999.0	25 460	19 599	82 992
淮滨县	5 586.0	10 068.0	20 103.0	33 622	21 009	61 909
信阳县	2 563.0	15 766.0	31 465.0	35 134	32 216	93 537
潢川县	1 572.0	12 071.0	14 980.0	21 930	19 720	77 653
光山县	1 902.0	14 784.0	16 169.0	23 430	21 710	65 616
固始县	2 628.0	19 636.0	22 932.0	37 083	32 101	123 574
商城县	364.0	4 418.0	4 694.0	15 184	14 262	48 284
罗山县	2 356.0	18 439.0	24 969.0	22 096	20 617	71 001
新县	71.0	3 919.0	5 931.0	8 537	7 783	30 218
武汉市辖区	18 816.0	44 110.0	50 624.0	87 912	86 123	325 410
汉阳县	6 670.0	10 960.0	12 497.0	17 844	17 441	70 812
武昌县	1 948.0	23 350.0	25 596.0	41 085	40 505	132 520
黄陂县	5 202.0	20 670.0	34 803.0	43 924	40 896	145 704
新洲县	21 235.0	13 880.0	26 184.0	33 252	32 159	136 274
黄石市辖区	51.0	470.0	656.0	4 786	4 775	15 015
大冶县	678.0	15 070.0	15 435.0	17 680	17 610	58 966
十堰市辖区		460.0	1 276.0	4 996	4 846	14 167
郧县	97.0	6 450.0	7 897.0	24 649	22 806	61 276
郧西县	36.0	6 000.0	6 206.0	14 271	13 240	33 122
竹山县	22.0	8 900.0	9 953.0	14 633	14 293	37 532
竹溪县		7 910.0	11 572.0	13 974	13 909	37 344
房县	18.0	4 080.0	4 468.0	17 593	17 227	37 256
丹江口市	31.0	5 190.0	6 254.0	28 710	25 054	66 616
宜昌市辖区	4 513.0	1 870.0	3 360.0	7 768	7 669	26 407
宜昌县	140.0	11 700.0	21 856.0	36 032	35 560	96 151
枝江县	23 348.0	14 710.0	36 404.0	29 923	29 563	107 606
远安县	188.0	4 520.0	8 622.0	14 461	13 865	29 563
兴山县		3 270.0	4 959.0	8 908	8 461	15 755
秭归县		6 990.0	11 979.0	18 570	18 432	29 250
长阳自治县	8.0	9 400.0	15 002.0	23 258	22 861	45 845
五峰自治县		3 170.0	4 830.0	9 621	9 429	22 304
枝城市	735.0	7 170.0	14 350.0	24 904	23 686	41 212
当阳市	5 380.0	22 850.0	52 703.0	37 214	36 461	117 290
襄樊市辖区	798.0	1 060.0	4 631.0	10 713	9 953	38 481
襄阳县	24 982.0	28 450.0	107 846.0	94 967	79 030	321 334
南漳县	3 692.0	7 940.0	12 670.0	31 357	29 056	60 900

县(市)农村经济主要指标(一)

县名	乡村人口 (万人)	乡村劳动力 (万人)	耕地面积 (公顷)	粮食 播种面积 (公顷)	粮食总产量 (吨)	棉花 播种面积 (公顷)
谷城县	39.6	16.0	29 560.0	37 130	234 661	1 680.0
保康县	25.3	13.1	28 120.0	43 440	136 670	40.0
随州市	112.8	49.9	98 100.0	118 270	1074 983	19 010.0
老河口市	34.0	13.7	39 620.0	35 760	270 073	7 230.0
枣阳市	84.2	35.6	101 760.0	127 960	902 690	25 200.0
宜城市	43.9	17.3	44 700.0	49 310	478 120	8 000.0
鄂州市辖区	71.0	35.3	40 900.0	61 720	357 546	9 680.0
荆门市辖区	81.2	36.0	112 000.0	142 420	1051 318	20 450.0
孝感市辖区	58.1	28.7	33 900.0	58 760	312 910	4 390.0
孝昌县	56.0	27.5	30 490.0	56 530	316 010	2 640.0
大悟县	49.5	22.4	25 500.0	34 980	247 040	340.0
云梦县	46.8	26.4	24 810.0	40 130	218 315	5 070.0
汉川县	76.9	39.3	63 400.0	65 420	414 907	20 570.0
应城市	47.6	22.2	38 540.0	66 420	392 992	4 910.0
安陆市	49.8	23.8	33 140.0	56 040	395 771	3 460.0
广水市	76.6	37.2	40 080.0	57 550	426 323	4 040.0
荆沙市辖区	112.3	46.5	136 290.0	154 630	1100 170	32 000.0
松滋县	72.3	37.0	61 620.0	95 200	460 283	14 980.0
公安县	90.5	40.3	77 070.0	92 580	613 917	22 250.0
监利县	100.7	43.6	115 610.0	154 670	1062 604	21 160.0
京山县	46.8	18.7	55 010.0	88 770	578 351	8 090.0
仙桃市	126.8	59.2	104 500.0	139 880	841 266	28 890.0
潜江市	51.4	21.0	69 020.0	76 140	527 028	19 650.0
天门市	138.4	56.0	108 500.0	137 140	649 472	40 130.0
钟祥市	77.5	32.0	82 730.0	108 130	843 632	16 670.0
石首市	49.7	26.1	40 260.0	48 960	297 530	10 220.0
洪湖市	56.0	24.9	64 220.0	68 510	511 305	13 560.0
麻城市	90.1	41.2	55 170.0	80 990	421 172	9 160.0
武穴市	58.0	20.5	34 280.0	55 530	349 335	6 450.0
黄州市	47.3	23.1	26 270.0	45 270	252 528	7 330.0
红安县	51.7	22.5	33 430.0	46 130	267 299	3 130.0
罗田县	48.5	22.3	24 450.0	42 120	200 848	60.0
英山县	33.2	16.1	11 670.0	25 540	149 494	40.0
浠水县	87.1	40.7	44 030.0	74 340	479 797	4 130.0
蕲春县	73.5	28.7	39 700.0	75 630	389 066	2 320.0
黄梅县	74.6	32.8	48 960.0	73 940	408 195	14 400.0
咸宁市	30.4	12.8	26 100.0	43 210	198 258	560.0
蒲圻市	32.4	11.7	32 380.0	45 130	228 542	1 500.0
嘉鱼县	23.4	10.8	31 670.0	35 910	207 700	3 690.0
通城县	37.1	16.8	19 260.0	33 860	176 284	110.0

县(市)农村经济主要指标(二)

县　名	棉花产量 (吨)	油　料 播种面积 (公顷)	油料产量 (吨)	猪牛羊肉 总产量 (吨)	猪肉产量 (吨)	农林牧渔业 总产值 (万元)
谷城县	1 199.0	5 880.0	11 402.0	28 749	26 919	68 303
保康县	26.0	4 140.0	5 476.0	15 535	14 391	35 352
随州市	25 181.0	14 830.0	28 625.0	76 048	68 579	206 753
老河口市	5 497.0	8 960.0	21 928.0	43 806	33 642	131 082
枣阳市	22 089.0	18 530.0	53 360.0	84 074	72 565	245 910
宜城市	12 500.0	17 410.0	55 722.0	32 133	30 630	129 419
鄂州市辖区	12 369.0	18 630.0	30 717.0	26 858	26 599	126 577
荆门市辖区	23 272.0	40 710.0	90 555.0	66 550	64 538	276 458
孝感市辖区	3 901.0	10 470.0	14 030.0	24 660	23 460	122 361
孝昌县	1 704.0	8 280.0	14 206.0	30 202	29 145	95 420
大悟县	320.0	6 730.0	18 704.0	24 055	22 551	67 970
云梦县	4 804.0	5 900.0	8 675.0	16 759	16 063	81 184
汉川县	23 949.0	15 680.0	22 041.0	22 940	22 632	161 293
应城市	6 062.0	11 980.0	14 898.0	24 939	24 520	137 468
安陆市	3 271.0	5 330.0	9 956.0	37 246	35 074	92 626
广水市	5 325.0	4 930.0	13 311.0	26 756	24 480	114 004
荆沙市辖区	41 818.0	46 320.0	87 496.0	80 352	79 479	342 826
松滋县	22 588.0	21 750.0	39 197.0	82 291	81 463	145 283
公安县	40 796.0	26 540.0	50 906.0	62 515	61 721	200 789
监利县	23 894.0	47 020.0	57 900.0	75 986	75 211	270 315
京山县	14 825.0	17 630.0	23 258.0	42 666	41 177	153 279
仙桃市	31 015.0	36 380.0	63 947.0	77 430	75 753	229 347
潜江市	26 018.0	30 360.0	57 946.0	85 980	83 808	188 195
天门市	60 358.0	31 850.0	50 999.0	89 027	85 579	283 492
钟祥市	21 493.0	22 640.0	79 654.0	85 355	81 329	256 915
石首市	15 579.0	19 780.0	33 386.0	39 358	37 754	126 004
洪湖市	18 330.0	23 360.0	35 439.0	35 321	34 606	185 808
麻城市	10 679.0	17 850.0	35 508.0	38 866	37 568	107 055
武穴市	11 340.0	17 340.0	49 526.0	26 784	26 376	106 595
黄州市	7 813.0	11 780.0	20 321.0	15 650	15 402	72 902
红安县	2 668.0	21 150.0	54 018.0	23 311	22 857	81 562
罗田县	68.0	8 690.0	13 606.0	23 673	23 226	63 669
英山县	52.0	4 200.0	8 354.0	18 460	17 848	48 101
浠水县	4 090.0	20 750.0	41 276.0	29 068	28 220	147 471
蕲春县	2 567.0	16 920.0	22 478.0	28 044	27 363	98 557
黄梅县	23 028.0	16 340.0	35 108.0	31 814	31 620	113 726
咸宁市	320.0	19 770.0	26 848.0	14 689	14 406	55 949
蒲圻市	1 200.0	11 430.0	10 982.0	15 353	15 273	71 354
嘉鱼县	3 711.0	11 780.0	13 689.0	13 086	12 967	69 184
通城县	53.0	3 980.0	3 292.0	35 604	35 590	53 830

县(市)农村经济主要指标(一)

县名	乡村人口 (万人)	乡村劳动力 (万人)	耕地面积 (公顷)	粮食播种面积 (公顷)	粮食总产量 (吨)	棉花播种面积 (公顷)
崇阳县	35.3	13.8	23 190.0	44 550	197 490	110.0
通山县	33.6	10.7	14 630.0	26 170	107 833	30.0
阳新县	65.6	20.1	41 550.0	70 120	273 435	3 530.0
恩施市	62.3	29.5	53 500.0	77 690	258 089	110.0
利川市	73.4	34.1	64 200.0	92 400	279 951	
建始县	45.7	22.0	38 100.0	57 510	193 437	10.0
巴东县	44.3	21.5	41 900.0	70 120	191 005	
宣恩县	16.1	8.3	16 100.0	24 680	67 439	
咸丰县	32.0	15.8	27 000.0	41 020	123 295	
来凤县	39.8	20.7	28 200.0	48 300	177 266	
鹤峰县	19.5	9.1	19 700.0	29 990	78 323	
神农架林区	5.4	2.0	8 200.0	13 110	22 328	
长沙市辖区	17.4	9.3	7 160.0	6 620	45 410	
长沙县	74.4	41.7	54 240.0	91 010	579 648	200.0
望城县	70.2	36.7	41 140.0	74 810	424 669	
宁乡县	125.8	71.8	77 630.0	145 390	813 514	750.0
浏阳市	128.1	66.8	65 600.0	108 990	584 787	490.0
株洲市辖区	14.4	7.5	6 980.0	11 280	85 375	
株洲县	46.1	22.0	30 690.0	47 790	355 859	250.0
攸县	68.1	38.8	43 960.0	63 500	472 152	360.0
茶陵县	50.2	23.2	28 280.0	47 160	341 001	480.0
炎陵县	15.2	8.0	12 230.0	18 550	124 132	50.0
醴陵市	90.4	45.8	37 960.0	64 090	479 345	80.0
湘潭市辖区	14.4	7.7	5 000.0	7 220	53 192	
湘潭县	107.4	58.2	68 270.0	110 180	808 904	130.0
湘乡市	79.7	45.8	43 560.0	75 060	531 374	430.0
韶山市	8.7	4.9	5 250.0	9 020	66 205	30.0
衡阳市辖区	19.9	8.6	9 130.0	12 120	76 966	
衡阳县	109.5	58.2	58 820.0	96 300	658 581	8 560.0
衡南县	99.7	44.0	60 650.0	101 080	591 253	4 060.0
衡山县	36.2	19.6	17 530.0	30 170	186 934	100.0
衡东县	59.8	30.2	33 680.0	58 690	435 554	100.0
常宁县	67.7	34.7	37 970.0	70 790	380 051	1 200.0
祁东县	83.6	42.5	38 940.0	64 890	410 345	80.0
耒阳市	100.8	51.2	49 420.0	82 060	448 927	2 200.0
邵阳市辖区	27.9	15.3	11 030.0	16 820	81 457	20.0
邵东县	102.9	49.8	46 670.0	74 480	468 837	70.0
新邵县	72.3	37.0	30 130.0	57 920	290 603	80.0
邵阳县	87.7	48.5	45 650.0	74 670	328 683	160.0
隆回县	97.6	51.3	51 000.0	77 720	377 242	80.0

县(市)农村经济主要指标(二)

县　　名	棉花产量 (吨)	油　　料 播种面积 (公顷)	油料产量 (吨)	猪牛羊肉 总 产 量 (吨)	猪肉产量 (吨)	农林牧渔业 总 产 值 (万元)
崇阳县	66.0	6 250.0	5 835.0	20 567	20 362	54 974
通山县	18.0	4 730.0	3 498.0	10 013	9 764	32 173
阳新县	2 367.0	20 770.0	19 493.0	29 012	28 702	80 266
恩施市	85.0	11 550.0	13 332.0	32 537	31 801	54 861
利川市		10 200.0	11 912.0	26 220	25 812	57 289
建始县	5.0	8 810.0	12 657.0	27 557	26 349	42 907
巴东县		9 040.0	10 787.0	23 835	23 218	42 944
宣恩县		4 510.0	4 907.0	7 167	7 068	17 938
咸丰县		8 090.0	11 711.0	16 537	16 292	31 011
来凤县		11 340.0	17 173.0	16 313	16 045	41 937
鹤峰县		4 250.0	4 334.0	9 748	9 669	19 224
神农架林区		540.0	396.0	3 160	3 037	5 300
长沙市辖区		90.0	112.0	28 713	28 525	33 637
长沙县	15.0	7 220.0	7 589.0	85 210	85 007	135 415
望城县		2 160.0	2 038.0	68 708	68 373	106 532
宁乡县	356.0	4 350.0	6 638.0	92 327	91 899	154 660
浏阳市	426.0	9 110.0	8 791.0	78 277	74 100	128 095
株洲市辖区		310.0	250.0	11 895	11 736	22 503
株洲县	214.0	1 830.0	2 518.0	26 578	26 223	68 330
攸县	486.0	11 610.0	13 152.0	49 636	48 766	112 650
茶陵县	492.0	7 230.0	7 558.0	34 931	34 413	69 227
炎陵县	44.0	2 080.0	1 867.0	8 141	7 965	25 612
醴陵市	93.0	3 130.0	2 609.0	38 796	38 284	96 535
湘潭市辖区		300.0	524.0	17 625	17 572	20 204
湘潭县	91.0	2 560.0	2 847.0	80 160	80 008	138 095
湘乡市	403.0	1 140.0	1 411.0	74 798	74 360	104 698
韶山市	21.0	250.0	335.0	6 760	6 738	12 492
衡阳市辖区	1.0	1 340.0	1 662.0	13 400	13 258	36 272
衡阳县	12 065.0	41 660.0	49 016.0	71 757	71 475	162 349
衡南县	4 141.0	32 860.0	47 544.0	63 290	61 730	127 382
衡山县	91.0	1 280.0	1 692.0	24 550	24 450	47 536
衡东县	79.0	7 690.0	7 233.0	38 533	38 245	83 386
常宁县	640.0	8 530.0	8 387.0	34 104	33 871	81 618
祁东县	73.0	3 210.0	5 475.0	42 404	41 756	94 202
耒阳市	2 112.0	11 330.0	15 804.0	53 548	52 507	97 658
邵阳市辖区	20.0	1 170.0	1 624.0	16 190	15 726	24 595
邵东县	58.0	4 420.0	6 471.0	31 451	31 327	125 658
新邵县	83.0	1 450.0	2 209.0	31 116	30 245	53 825
邵阳县	100.0	13 520.0	17 041.0	41 474	40 891	108 406
隆回县	61.0	10 550.0	15 792.0	28 090	27 427	72 487

县(市)农村经济主要指标(一)

县　　名	乡村人口 (万人)	乡村劳动力 (万人)	耕地面积 (公顷)	粮　　食 播种面积 (公顷)	粮食总产量 (吨)	棉　　花 播种面积 (公顷)
洞口县	67.8	40.0	38 200.0	69 460	424 595	140.0
绥宁县	30.9	16.9	20 150.0	22 220	146 272	30.0
新宁县	52.7	29.4	32 650.0	50 060	217 194	60.0
城步自治县	20.5	10.9	12 600.0	14 760	87 592	
武冈市	63.4	36.1	36 540.0	62 090	395 751	220.0
岳阳市辖区	21.5	9.2	15 440.0	16 060	78 601	3 280.0
岳阳县	69.4	31.8	46 840.0	78 290	450 785	4 210.0
华容县	61.8	30.7	65 630.0	59 860	417 680	29 850.0
湘阴县	59.6	31.0	38 370.0	62 480	464 888	1 130.0
平江县	94.4	44.8	48 130.0	79 640	400 985	1 330.0
汨罗市	60.8	26.1	42 270.0	66 350	375 251	2 150.0
临湘市	40.7	17.9	31 160.0	50 520	237 660	3 120.0
常德市辖区	89.4	46.9	84 750.0	122 700	678 646	11 400.0
安乡县	44.5	21.5	42 840.0	44 420	255 969	16 990.0
汉寿县	64.5	35.2	57 680.0	78 300	413 819	11 750.0
澧县	78.5	39.8	68 060.0	83 440	433 673	12 870.0
临澧县	38.1	20.3	35 780.0	54 740	299 003	7 870.0
桃源县	87.8	45.7	89 510.0	116 310	489 979	7 100.0
石门县	61.8	31.8	44 620.0	73 730	248 225	4 700.0
津市市	14.2	7.9	16 210.0	20 860	107 166	2 470.0
张家界市辖区	36.1	16.6	25 750.0	39 350	156 215	510.0
慈利县	60.6	34.6	41 550.0	66 570	250 280	6 420.0
桑植县	39.4	17.6	21 670.0	49 990	128 315	100.0
益阳市辖区	97.2	52.9	57 910.0	100 480	512 124	810.0
南县	58.4	33.1	57 370.0	63 220	373 573	20 080.0
桃江县	72.3	39.0	40 980.0	72 790	333 039	570.0
安化县	82.8	42.3	33 330.0	70 230	255 942	
沅江市	56.4	31.0	58 370.0	62 300	362 102	5 750.0
郴州市辖区	36.9	18.2	23 890.0	32 670	177 543	90.0
桂阳县	67.3	36.2	39 690.0	56 830	298 566	20.0
宜章县	47.8	24.4	23 000.0	36 100	177 903	10.0
永兴县	52.8	27.2	26 030.0	43 000	231 608	80.0
嘉禾县	29.6	16.3	14 300.0	23 790	124 871	10.0
临武县	27.0	14.4	13 970.0	20 100	110 712	10.0
汝城县	32.7	16.9	19 638.0	30 550	158 941	112.0
桂东县	15.3	8.3	9 240.0	10 390	60 210	
安仁县	38.4	19.6	20 653.0	36 420	217 397	40.0
资兴市	24.7	14.2	17 870.0	26 490	154 734	80.0
永州市辖区	79.2	40.3	57 840.0	104 650	520 415	1 550.0
祁阳县	86.8	41.3	44 220.0	82 040	443 481	510.0

县(市)农村经济主要指标(二)

县名	棉花产量(吨)	油料播种面积(公顷)	油料产量(吨)	猪牛羊肉总产量(吨)	猪肉产量(吨)	农林牧渔业总产值(万元)
洞口县	137.0	13 760.0	19 149.0	62 507	61 465	88 510
绥宁县	45.0	3 670.0	5 522.0	13 574	13 114	50 258
新宁县	32.0	6 890.0	10 869.0	24 453	20 918	60 775
城步自治县		2 860.0	3 830.0	7 749	7 139	12 737
武冈市	140.0	8 160.0	10 212.0	36 273	35 984	67 431
岳阳市辖区	4 609.0	4 710.0	5 340.0	22 895	22 789	43 585
岳阳县	5 376.0	19 410.0	19 872.0	62 230	61 305	110 777
华容县	44 882.0	32 090.0	47 151.0	48 058	47 867	181 264
湘阴县	989.0	7 060.0	7 347.0	64 339	64 259	112 444
平江县	691.0	10 310.0	8 640.0	49 968	49 536	89 414
汨罗市	2 216.0	8 250.0	8 358.0	87 194	87 053	117 016
临湘市	2 795.0	10 130.0	10 396.0	24 401	24 318	55 500
常德市辖区	14 392.0	40 440.0	47 361.0	48 398	47 494	183 071
安乡县	27 609.0	31 890.0	42 838.0	20 134	19 549	105 158
汉寿县	13 333.0	26 470.0	32 054.0	21 086	20 835	117 334
澧县	18 020.0	47 360.0	68 907.0	47 638	45 755	141 169
临澧县	8 269.0	22 960.0	31 623.0	26 499	24 404	90 938
桃源县	7 331.0	49 340.0	70 601.0	57 704	53 637	157 123
石门县	4 794.0	27 480.0	27 963.0	34 737	30 609	79 454
津市市	3 097.0	11 360.0	15 652.0	12 622	12 011	34 718
张家界市辖区	308.0	15 850.0	18 822.0	17 195	16 305	32 956
慈利县	4 257.0	19 490.0	26 392.0	22 315	21 098	48 925
桑植县	56.0	13 190.0	18 001.0	12 957	12 679	21 722
益阳市辖区	682.0	3 430.0	4 257.0	48 941	48 636	115 429
南县	23 058.0	22 790.0	26 546.0	25 742	25 404	117 081
桃江县	384.0	2 510.0	2 252.0	39 067	38 350	75 866
安化县		11 800.0	14 805.0	31 990	28 680	66 898
沅江市	7 386.0	15 060.0	17 371.0	24 599	24 418	106 569
郴州市辖区	70.0	870.0	1 744.0	23 540	22 763	36 331
桂阳县	11.0	1 930.0	3 523.0	30 832	30 581	83 227
宜章县	4.0	990.0	1 530.0	24 982	24 691	34 078
永兴县	38.0	910.0	1 064.0	26 752	26 638	38 814
嘉禾县	3.0	1 390.0	3 138.0	21 632	21 418	25 866
临武县	13.0	740.0	1 385.0	14 928	14 789	19 628
汝城县	112.0	698.0	767.0	17 051	16 921	26 540
桂东县	2.0	110.0	183.0	5 713	5 644	10 062
安仁县	65.0	6 300.0	6 552.0	34 904	34 581	42 973
资兴市	61.0	760.0	1 321.0	15 193	15 081	34 837
永州市辖区	1 019.0	4 300.0	6 119.0	60 144	59 795	119 435
祁阳县	521.0	8 880.0	12 105.0	48 443	48 255	129 739

县(市)农村经济主要指标(一)

县名	乡村人口 (万人)	乡村劳动力 (万人)	耕地面积 (公顷)	粮食播种面积 (公顷)	粮食总产量 (吨)	棉花播种面积 (公顷)
东安县	51.9	21.9	34 610.0	56 650	275 111	1 060.0
双牌县	13.9	7.2	7 070.0	13 010	54 878	60.0
道县	57.3	30.5	37 430.0	60 980	281 700	230.0
江永县	21.1	10.3	16 860.0	21 720	107 484	20.0
宁远县	70.4	41.7	33 520.0	52 150	256 989	150.0
蓝山县	33.1	16.8	16 090.0	22 470	118 447	
新田县	33.5	18.6	15 280.0	28 220	132 019	40.0
江华自治县	41.7	20.4	21 890.0	35 220	152 363	
娄底市	18.5	9.3	8 940.0	17 080	98 346	40.0
冷水江市	19.3	9.5	5 490.0	10 090	59 184	10.0
涟源市	94.1	47.3	42 900.0	89 820	443 001	110.0
双峰县	81.2	45.7	41 090.0	91 250	565 289	340.0
新化县	119.1	59.6	48 730.0	79 900	430 569	80.0
怀化市	36.8	19.1	23 210.0	29 240	171 059	520.0
洪江市	3.7	2.1	1 800.0	2 360	12 631	
黔阳县	33.8	18.8	22 310.0	30 760	153 938	10.0
沅陵县	54.9	26.4	33 440.0	58 900	202 306	110.0
辰溪县	41.9	21.1	21 560.0	29 520	137 881	330.0
溆浦县	75.2	36.7	40 910.0	65 670	313 066	1 710.0
麻阳自治县	33.8	16.0	16 280.0	24 000	84 584	140.0
新晃自治县	22.5	12.0	13 830.0	21 200	87 915	
芷江自治县	30.6	16.3	25 510.0	32 040	157 396	30.0
会同县	30.9	17.4	17 090.0	20 800	112 884	30.0
靖州自治县	21.3	11.4	15 770.0	16 810	107 049	10.0
通道自治县	21.1	10.6	13 090.0	14 710	75 456	120.0
吉首市	15.9	8.6	9 350.0	13 550	48 762	460.0
泸溪县	23.3	12.1	13 890.0	19 110	70 838	580.0
凤凰县	31.9	15.9	23 160.0	33 240	110 520	130.0
花垣县	25.1	11.9	17 400.0	25 410	92 264	80.0
保靖县	23.8	12.9	16 380.0	27 290	79 623	670.0
古丈县	11.8	6.6	7 720.0	10 700	29 892	240.0
永顺县	42.2	21.2	27 570.0	50 020	157 202	290.0
龙山县	46.5	22.8	26 260.0	59 030	167 521	290.0
广州市辖区	79.1	43.9	23 454.0	26 022	141 347	
番禺市	69.4	39.7	37 424.0	38 875	239 350	
花都市	43.6	22.5	18 675.0	33 310	188 547	
增城市	72.4	31.1	33 035.0	51 281	255 419	
从化市	47.1	20.0	19 851.0	32 302	157 430	
韶关市辖区	5.1	2.5	2 459.0	2 002	10 648	
曲江县	27.8	14.0	22 750.0	32 868	192 264	

县(市)农村经济主要指标(二)

县名	棉花产量(吨)	油料播种面积(公顷)	油料产量(吨)	猪牛羊肉总产量(吨)	猪肉产量(吨)	农林牧渔业总产值(万元)
东安县	957.0	2 460.0	3 566.0	35 507	35 012	77 627
双牌县	44.0	360.0	396.0	7 027	6 184	21 246
道县	132.0	3 370.0	5 720.0	42 686	40 958	81 882
江永县	16.0	5 440.0	6 391.0	13 382	12 740	27 546
宁远县	169.0	2 680.0	4 522.0	35 773	35 020	73 640
蓝山县		780.0	1 617.0	23 532	23 168	30 680
新田县	29.0	1 040.0	2 171.0	20 531	20 486	27 739
江华自治县		4 060.0	4 333.0	20 279	19 516	53 112
娄底市	19.0	550.0	876.0	8 274	7 779	19 606
冷水江市	10.0	270.0	362.0	7 860	7 611	12 367
涟源市	135.0	1 980.0	3 183.0	42 686	41 782	82 882
双峰县	417.0	8 730.0	12 829.0	92 737	92 352	148 051
新化县	45.0	6 300.0	7 834.0	46 245	42 579	90 589
怀化市	83.0	6 100.0	9 351.0	23 340	22 896	43 716
洪江市		390.0	324.0	3 447	3 340	5 793
黔阳县	9.0	5 210.0	4 034.0	19 856	19 463	42 394
沅陵县	45.0	15 430.0	15 269.0	20 689	19 829	65 257
辰溪县	280.0	5 270.0	7 245.0	13 118	12 941	40 789
溆浦县	1 040.0	10 430.0	13 025.0	38 779	38 394	98 797
麻阳自治县	42.0	7 810.0	9 488.0	9 392	8 893	21 393
新晃自治县		3 770.0	4 356.0	13 779	12 864	27 066
芷江自治县	18.0	6 890.0	7 344.0	18 267	17 813	34 703
会同县	33.0	3 750.0	2 955.0	13 742	12 158	47 871
靖州自治县	5.0	3 650.0	3 305.0	10 755	9 781	36 213
通道自治县	60.0	1 800.0	1 509.0	6 294	5 918	19 023
吉首市	118.0	5 210.0	5 622.0	5 465	5 009	18 603
泸溪县	242.0	7 040.0	8 592.0	6 996	6 470	19 894
凤凰县	40.0	11 930.0	13 504.0	8 085	7 333	23 461
花垣县	46.0	7 130.0	9 501.0	9 947	9 117	15 817
保靖县	204.0	9 530.0	8 668.0	7 606	6 998	14 697
古丈县	59.0	3 570.0	3 093.0	3 108	2 831	10 075
永顺县	128.0	16 030.0	19 090.0	15 438	13 778	32 546
龙山县	131.0	12 880.0	20 545.0	17 144	16 474	38 814
广州市辖区		2 090.0	5 032.0	47 052	46 843	239 449
番禺市		1 054.0	2 102.0	9 311	9 257	163 134
花都市		2 451.0	5 935.0	15 497	15 309	100 216
增城市		3 194.0	7 269.0	20 267	19 647	157 433
从化市		3 434.0	7 003.0	18 107	18 015	74 375
韶关市辖区		830.0	1 572.0	6 062	6 003	17 932
曲江县		12 006.0	28 352.0	23 564	23 033	79 330

县(市)农村经济主要指标(一)

县　　名	乡村人口 (万人)	乡村劳动力 (万人)	耕地面积 (公顷)	粮　　食 播种面积 (公顷)	粮食总产量 (吨)	棉　　花 播种面积 (公顷)
始兴县	17.3	8.2	11 904.0	18 018	107 806	
南雄县	38.8	16.9	29 305.0	38 423	227 672	
仁化县	11.5	5.9	9 465.0	13 852	86 007	
翁源县	28.3	13.1	19 498.0	22 615	141 257	
乳源自治县	16.6	7.1	10 328.0	17 459	77 992	
新丰县	17.5	8.4	9 476.0	15 811	82 141	
乐昌市	45.8	14.9	19 086.0	26 984	137 967	
深圳市辖区	36.2	14.1	4 387.0	1 133	4 890	
珠海市辖区	11.3	6.2	4 686.0	2 597	12 556	
斗门县	28.1	11.2	22 868.0	15 258	80 799	
汕头市辖区	43.3	19.5	3 954.0	6 993	47 059	
南澳县	5.7	3.4	416.0	655	6 539	
潮阳市	174.5	87.9	30 802.0	63 712	480 443	
澄海市	79.0	36.2	14 165.0	22 625	189 125	
佛山市辖区	8.7	4.3	697.0	685	4 076	
顺德市	86.5	45.5	20 018.0	6 090	33 617	
南海市	74.7	45.6	37 322.0	33 868	184 805	
三水市	35.9	13.2	17 315.0	21 624	120 059	
高明市	18.3	8.9	13 609.0	22 052	118 339	
江门市辖区	14.6	8.2	3 958.0	1 557	8 599	
台山市	88.4	47.1	54 471.0	91 009	453 777	
新会市	68.2	35.8	31 952.0	48 778	261 630	
开平市	55.7	26.9	33 552.0	59 902	308 509	
鹤山市	26.8	12.6	15 073.0	27 642	132 364	
恩平市	33.2	18.3	26 756.0	46 772	235 120	
湛江市辖区	74.0	35.9	35 595.0	35 892	133 396	
遂溪县	66.8	35.0	69 707.0	56 227	225 958	
徐闻县	49.6	21.9	57 974.0	30 003	126 636	
廉江市	111.6	55.1	57 514.0	85 266	371 022	
雷州市	100.0	47.2	100 558.0	61 659	286 893	
吴川市	74.0	39.0	24 519.0	40 538	158 505	
茂名市辖区	36.7	16.3	13 455.0	22 091	120 593	
信宜县	95.1	42.7	26 270.0	62 228	385 502	
电白县	120.7	58.7	43 994.0	73 800	331 529	
高州市	122.9	58.7	42 106.0	56 653	372 501	
化州市	114.4	45.6	44 115.0	75 780	409 251	
肇庆市辖区	14.4	8.7	9 721.0	12 709	84 635	
广宁县	41.0	26.0	16 391.0	33 625	158 966	
怀集县	68.6	35.4	27 438.0	52 672	265 528	
封开县	33.0	20.0	20 533.0	37 114	207 121	

县(市)农村经济主要指标(二)

县　名	棉花产量(吨)	油　料播种面积(公顷)	油料产量(吨)	猪牛羊肉总产量(吨)	猪肉产量(吨)	农林牧渔业总产值(万元)
始兴县		2 854.0	9 643.0	12 625	12 123	48 744
南雄县		6 028.0	15 331.0	22 627	22 160	72 415
仁化县		2 669.0	7 632.0	8 670	8 359	34 668
翁源县		5 871.0	9 499.0	14 467	13 994	60 912
乳源自治县		2 661.0	3 036.0	6 316	6 163	20 490
新丰县		2 144.0	2 617.0	5 177	4 843	24 613
乐昌市		4 076.0	7 844.0	22 526	22 027	49 955
深圳市辖区		265.0	613.0	40 749	40 375	128 870
珠海市辖区		92.0	145.0	9 665	9 612	20 439
斗门县		343.0	839.0	7 409	7 401	85 348
汕头市辖区		670.0	1 294.0	7 716	7 709	40 266
南澳县		36.0	94.0	3 938	3 841	15 314
潮阳市		1 942.0	4 319.0	26 331	25 778	200 849
澄海市		1 166.0	3 986.0	7 845	7 827	96 205
佛山市辖区		2.0	7.0	9 782	9 782	6 384
顺德市		132.0	294.0	38 918	38 918	157 031
南海市		1 329.0	3 031.0	39 148	38 951	171 195
三水市		2 508.0	4 915.0	17 378	17 279	94 271
高明市		1 902.0	5 002.0	13 184	12 945	59 557
江门市辖区		29.0	50.0	6 267	6 267	19 070
台山市		7 530.0	17 618.0	16 437	15 732	144 594
新会市		1 180.0	2 487.0	25 873	25 764	129 477
开平市		6 517.0	11 372.0	13 304	12 825	114 299
鹤山市		3 762.0	9 051.0	15 120	14 741	45 629
恩平市		3 834.0	7 966.0	9 871	9 676	74 872
湛江市辖区		5 845.0	7 911.0	21 133	17 774	118 310
遂溪县		8 501.0	18 316.0	35 355	31 721	191 464
徐闻县		2 674.0	4 022.0	16 302	14 490	108 193
廉江市		8 070.0	17 019.0	61 223	57 920	166 787
雷州市		5 826.0	9 992.0	41 006	33 075	234 529
吴川市		7 166.0	12 213.0	16 107	15 922	36 704
茂名市辖区		3 809.0	9 092.0	20 322	19 991	65 488
信宜县		3 433.0	8 491.0	30 224	29 180	154 513
电白县		14 726.0	33 592.0	38 275	37 396	211 866
高州市		6 907.0	18 063.0	55 202	53 678	266 668
化州市		7 724.0	19 852.0	60 365	59 369	204 379
肇庆市辖区		930.0	1 437.0	18 017	17 774	47 090
广宁县		2 576.0	3 778.0	20 070	14 142	77 181
怀集县		3 517.0	5 932.0	28 153	26 870	130 555
封开县		3 606.0	9 079.0	20 438	19 277	93 113

县(市)农村经济主要指标(一)

县名	乡村人口(万人)	乡村劳动力(万人)	耕地面积(公顷)	粮食播种面积(公顷)	粮食总产量(吨)	棉花播种面积(公顷)
德庆县	28.0	12.0	14 018.0	26 384	139 324	
高要市	55.0	36.4	31 387.0	53 273	331 106	
四会市	28.0	12.0	19 687.0	29 250	173 077	
惠州市辖区	15.6	5.7	4 478.0	5 612	23 983	
博罗县	65.8	32.5	47 315.0	65 179	292 643	
惠东县	48.0	30.0	33 050.0	54 626	239 735	
龙门县	21.8	12.5	17 758.0	31 277	154 568	
惠阳市	41.0	22.4	33 233.0	48 829	195 102	
梅州市辖区	16.3	4.8	2 581.0	4 823	30 553	
梅县	57.8	24.8	22 245.0	43 841	258 126	
大埔县	46.6	18.0	13 593.0	27 183	136 286	
丰顺县	56.9	24.3	18 026.0	35 555	174 533	
五华县	108.0	41.4	31 880.0	63 842	304 157	
平远县	20.1	9.7	10 538.0	19 257	109 894	
蕉岭县	18.5	8.1	7 404.0	13 525	68 239	
兴宁市	98.8	41.1	29 913.0	57 824	361 961	
汕尾市辖区	39.0	16.3	5 714.0	10 171	44 679	
海丰县	62.4	27.5	24 502.0	39 206	189 415	
陆河县	20.0	9.4	7 173.0	14 197	56 263	
陆丰市	115.0	38.7	33 699.0	64 373	272 624	
河源市辖区	17.5	6.5	3 174.0	4 576	21 205	
紫金县	50.0	25.7	27 673.0	54 273	255 131	
龙川县	76.1	30.2	29 478.0	56 942	338 222	
连平县	34.4	14.0	14 492.0	24 555	107 040	
和平县	43.0	17.7	15 048.0	30 816	132 856	
东源县	45.8	20.2	20 149.0	37 302	163 733	
阳江市辖区	14.8	7.6	5 311.0	8 036	42 043	
阳西县	34.7	23.7	22 165.0	35 835	139 268	
阳东县	42.4	22.3	30 175.0	43 113	172 074	
阳春市	91.4	45.5	46 441.0	72 244	358 076	
清远市辖区	39.9	16.3	18 947.0	28 818	147 492	
佛冈县	23.6	11.0	12 713.0	21 630	109 082	
阳山县	48.3	19.0	24 448.0	40 834	176 087	
连山自治县	8.5	4.5	7 220.0	10 982	57 051	
连南自治县	11.8	5.2	7 300.0	11 235	46 912	
清新县	64.1	29.3	30 156.0	49 762	252 057	
英德市	83.7	37.3	56 289.0	75 039	349 116	
连州市	42.4	18.9	24 275.0	34 990	203 454	
东莞市辖区	108.3	64.1	47 240.0	40 374	228 088	
中山市辖区	111.7	56.0	42 033.0	49 366	264 910	

县(市)农村经济主要指标(二)

县名	棉花产量(吨)	油料播种面积(公顷)	油料产量(吨)	猪牛羊肉总产量(吨)	猪肉产量(吨)	农林牧渔业总产值(万元)
德庆县		3 216.0	7 321.0	12 336	11 716	57 984
高要市		4 342.0	12 139.0	41 102	40 737	169 411
四会市		4 164.0	9 267.0	30 603	30 175	111 908
惠州市辖区		1 275.0	2 506.0	3 722	3 684	27 892
博罗县		10 305.0	21 517.0	27 094	26 530	117 779
惠东县		5 874.0	10 948.0	18 864	18 360	133 072
龙门县		3 221.0	6 376.0	8 778	8 592	39 911
惠阳市		6 758.0	12 325.0	17 381	16 976	84 958
梅州市辖区		409.0	862.0	3 757	3 660	14 083
梅县		2 999.0	5 536.0	24 956	24 013	96 794
大埔县		766.0	1 377.0	10 730	10 494	38 475
丰顺县		1 866.0	3 998.0	20 076	19 823	64 084
五华县		2 491.0	3 828.0	32 545	31 776	84 332
平远县		1 085.0	2 728.0	9 911	9 631	29 382
蕉岭县		1 390.0	2 313.0	8 534	8 257	23 419
兴宁市		2 385.0	3 892.0	23 544	23 377	79 566
汕尾市辖区		1 603.0	2 268.0	6 193	5 881	56 161
海丰县		2 687.0	4 290.0	15 228	14 759	94 763
陆河县		731.0	1 165.0	6 083	5 788	24 114
陆丰市		7 569.0	10 003.0	18 547	17 948	70 447
河源市辖区		1 229.0	3 384.0	3 488	3 452	12 529
紫金县		3 781.0	8 841.0	21 728	20 853	89 374
龙川县		2 041.0	3 757.0	13 974	13 512	77 637
连平县		3 342.0	6 217.0	10 977	10 747	39 078
和平县		1 609.0	2 568.0	8 878	8 463	36 155
东源县		6 123.0	10 103.0	11 357	11 082	58 019
阳江市辖区		588.0	1 037.0	8 389	5 785	39 982
阳西县		3 945.0	5 828.0	13 385	10 310	79 314
阳东县		8 424.0	16 617.0	17 359	16 379	97 184
阳春市		9 665.0	17 906.0	28 406	27 136	170 926
清远市辖区		3 733.0	8 177.0	18 628	18 409	78 242
佛冈县		1 972.0	3 519.0	6 469	6 276	27 738
阳山县		4 850.0	8 244.0	20 557	19 192	85 426
连山自治县		728.0	1 786.0	3 925	3 531	17 691
连南自治县		1 260.0	1 667.0	4 173	4 122	13 449
清新县		5 811.0	10 254.0	25 718	24 902	101 667
英德市		14 411.0	26 133.0	24 947	23 223	153 112
连州市		3 572.0	7 896.0	21 677	20 717	61 506
东莞市辖区		1 652.0	3 724.0	70 143	68 649	246 648
中山市辖区		568.0	1 467.0	27 729	27 690	201 484

县(市)农村经济主要指标(一)

县名	乡村人口(万人)	乡村劳动力(万人)	耕地面积(公顷)	粮食播种面积(公顷)	粮食总产量(吨)	棉花播种面积(公顷)
潮州市辖区	9.1	5.0	1 266.0	1 900	11 932	
潮安县	94.2	48.6	21 436.0	41 452	300 329	
饶平县	70.9	37.7	19 840.0	35 738	196 144	
揭阳市辖区	38.3	19.2	5 721.0	11 886	101 356	
揭东县	96.1	54.6	26 557.0	48 338	377 269	
揭西县	69.2	31.6	19 540.0	40 800	212 366	
惠来县	84.9	32.7	20 100.0	43 252	248 516	
普宁市	135.4	63.3	26 272.0	47 702	293 465	
云浮市辖区	30.7	23.6	16 768.0	35 386	210 673	
新兴县	35.1	20.7	18 690.0	28 443	154 127	
郁南县	40.9	20.2	15 225.0	32 104	159 104	
罗定市	69.6	37.3	33 242.0	63 696	381 106	
南宁市辖区	35.3	19.6	34 549.0	29 014	121 225	
邕宁县	79.2	42.0	75 262.0	87 143	359 277	
武鸣县	59.5	29.1	56 542.0	62 456	298 749	27.0
柳州市辖区	10.8	5.8	10 033.0	6 920	31 424	
柳江县	47.3	21.4	51 419.0	53 453	205 720	11.0
柳城县	36.5	16.6	38 946.0	42 520	170 109	30.0
桂林市辖区	14.8	7.1	8 184.0	8 758	37 851	
阳朔县	27.1	13.4	19 992.0	27 060	119 992	
临桂县	39.6	19.9	35 222.0	50 021	209 691	
梧州市辖区	7.6	4.4	1 311.0	1 395	5 564	
苍梧县	57.1	31.3	29 015.0	51 554	224 981	
北海市辖区	33.4	19.0	23 040.0	14 335	55 255	
合蒲县	75.0	43.9	56 372.0	76 025	322 986	
防城港市辖区	42.7	20.5	23 533.0	42 909	152 264	
上思县	17.0	7.3	22 393.0	20 357	82 417	
钦州市辖区	95.0	51.1	60 952.0	101 559	464 680	
浦北县	68.7	36.0	28 833.0	45 239	217 499	38.0
灵山县	113.2	54.9	53 095.0	79 541	435 308	
凭祥市	7.6	3.8	4 047.0	5 420	21 197	
横县	94.9	52.6	63 695.0	83 067	367 760	2.0
宾阳县	80.1	40.5	54 811.0	72 374	300 304	
上林县	40.8	20.3	28 062.0	41 848	134 833	
隆安县	34.7	17.0	28 449.0	35 105	118 409	4.0
马山县	45.4	22.2	23 999.0	39 865	105 648	3.0
扶绥县	33.9	19.5	47 571.0	43 107	157 106	
崇左县	28.4	15.0	42 117.0	28 160	79 354	
大新县	30.9	16.6	33 188.0	41 599	124 115	
天等县	37.5	23.4	25 789.0	42 170	115 694	10.0

县(市)农村经济主要指标(二)

县名	棉花产量（吨）	油料播种面积（公顷）	油料产量（吨）	猪牛羊肉总产量（吨）	猪肉产量（吨）	农林牧渔业总产值（万元）
潮州市辖区		50.0	116.0	2 164	2 164	11 305
潮安县		1 396.0	4 616.0	19 164	19 052	115 218
饶平县		2 524.0	4 667.0	24 028	23 346	128 401
揭阳市辖区		13.0	29.0	3 843	3 825	38 639
揭东县		1 980.0	5 240.0	19 199	19 095	146 005
揭西县		3 130.0	7 911.0	16 720	16 081	87 133
惠来县		5 753.0	12 422.0	18 797	17 515	141 416
普宁市		1 366.0	2 638.0	23 504	22 792	109 215
云浮市辖区		3 393.0	7 052.0	28 792	27 622	126 481
新兴县		2 158.0	4 296.0	26 524	25 381	85 266
郁南县		3 378.0	6 206.0	13 306	12 725	79 971
罗定市		7 029.0	15 127.0	34 610	33 785	197 596
南宁市辖区		4 643.0	8 505.0	18 092	17 722	75 261
邕宁县		8 938.0	17 959.0	26 936	26 113	130 467
武鸣县	8.0	7 821.0	13 811.0	32 746	31 360	87 969
柳州市辖区		1 930.0	4 052.0	8 376	8 054	29 576
柳江县	5.0	5 471.0	8 443.0	15 089	13 356	67 434
柳城县	15.0	7 534.0	10 628.0	17 333	16 262	43 860
桂林市辖区		552.0	836.0	9 479	9 298	21 644
阳朔县		2 032.0	2 995.0	17 250	16 475	37 702
临桂县		567.0	688.0	30 711	29 080	56 042
梧州市辖区		272.0	680.0	6 998	6 975	8 783
苍梧县		1 956.0	4 158.0	24 524	23 831	74 518
北海市辖区		3 795.0	7 614.0	18 985	17 778	109 905
合蒲县		9 642.0	18 990.0	32 762	31 133	168 343
防城港市辖区		2 622.0	3 413.0	21 154	20 638	95 639
上思县		1 776.0	3 121.0	4 251	3 911	27 087
钦州市辖区		4 657.0	9 218.0	31 994	31 128	222 442
浦北县	28.0	1 604.0	3 334.0	27 053	26 640	113 281
灵山县		2 401.0	4 457.0	47 445	45 418	131 662
凭祥市		141.0	173.0	2 181	1 917	7 781
横县	1.0	4 447.0	8 571.0	47 559	45 175	130 221
宾阳县		6 168.0	9 855.0	26 191	24 510	91 088
上林县		3 666.0	5 703.0	15 009	14 282	49 714
隆安县	1.0	1 282.0	1 913.0	12 517	12 127	41 698
马山县		1 357.0	2 121.0	12 508	11 386	25 707
扶绥县		9 246.0	15 123.0	11 259	10 730	65 881
崇左县		4 913.0	4 417.0	6 780	6 200	64 129
大新县		1 320.0	1 103.0	11 683	11 209	42 751
天等县	3.0	802.0	606.0	10 475	10 191	29 355

县(市)农村经济主要指标(一)

县　　名	乡村人口 (万人)	乡村劳动力 (万人)	耕地面积 (公顷)	粮　　食 播种面积 (公顷)	粮食总产量 (吨)	棉　　花 播种面积 (公顷)
宁明县	33.8	16.7	31 293.0	31 768	122 004	
龙州县	23.5	12.5	27 436.0	27 723	73 312	
合山市	8.0	3.9	5 764.0	8 916	31 475	
鹿寨县	37.7	19.7	47 095.0	49 583	195 745	4.0
象州县	32.4	15.6	32 805.0	43 553	198 666	
武宣县	34.4	18.9	34 446.0	38 558	153 063	15.0
来宾县	81.9	36.1	91 221.0	103 436	315 782	
融安县	26.4	13.7	27 832.0	28 659	121 575	2.0
三江自治县	31.5	17.7	14 387.0	15 882	75 457	83.0
融水自治县	41.8	21.1	30 562.0	27 044	125 740	21.0
金秀自治县	13.5	6.5	13 960.0	13 795	57 182	6.0
忻城县	37.5	19.0	30 438.0	51 473	129 432	43.0
灵川县	30.3	16.2	23 679.0	35 788	161 612	2.0
全州县	71.3	37.7	48 561.0	77 735	404 552	129.0
兴安县	32.8	18.5	23 501.0	41 010	211 871	11.0
永福县	24.0	12.1	22 271.0	31 820	135 176	9.0
灌阳县	25.1	13.4	16 156.0	27 644	142 337	6.0
龙胜自治县	14.9	8.0	12 923.0	12 083	57 658	20.0
资源县	15.0	7.9	8 165.0	10 731	61 985	
平乐县	37.5	19.1	22 288.0	30 943	169 840	16.0
荔浦县	34.9	19.4	20 550.0	33 571	175 570	6.0
恭城自治县	24.7	12.5	18 841.0	27 296	120 386	9.0
岑溪县	65.4	34.8	21 962.0	49 901	294 981	
藤县	78.7	39.2	33 187.0	55 901	322 615	32.0
昭平县	35.1	17.9	14 650.0	28 676	145 054	2.0
蒙山县	18.0	9.1	9 269.0	17 084	90 867	
贺县	77.4	36.7	40 916.0	63 615	330 456	9.0
钟山县	37.9	16.9	24 717.0	36 406	178 306	
富川自治县	25.7	13.5	18 120.0	28 054	112 583	24.0
玉林市	129.0	68.4	56 582.0	97 273	549 505	18.0
贵港市	143.2	65.5	79 187.0	111 254	525 865	
北流市	97.8	52.9	36 181.0	72 305	488 604	14.0
桂平市	142.2	72.3	70 298.0	108 192	529 448	
平南县	106.7	50.8	46 621.0	80 740	439 657	2.0
容县	63.8	34.0	22 875.0	39 927	229 248	
陆川县	72.4	39.4	27 174.0	54 246	305 848	
博白县	126.7	59.6	53 225.0	103 745	519 142	
百色市	21.2	10.7	21 583.0	20 189	84 836	2.0
田阳县	29.5	15.6	22 471.0	31 186	134 152	
田东县	34.9	17.9	24 212.0	32 860	139 006	14.0

县(市)农村经济主要指标(二)

县名	棉花产量(吨)	油料播种面积(公顷)	油料产量(吨)	猪牛羊肉总产量(吨)	猪肉产量(吨)	农林牧渔业总产值(万元)
宁明县		1 813.0	2 738.0	12 376	11 688	42 231
龙州县		2 686.0	2 987.0	7 050	6 401	40 079
合山市		712.0	1 575.0	2 922	2 745	9 323
鹿寨县	2.0	9 592.0	9 147.0	22 385	20 980	57 916
象州县		7 199.0	9 124.0	23 958	22 175	53 302
武宣县	2.0	6 087.0	11 442.0	20 273	19 122	79 445
来宾县		17 004.0	25 778.0	40 003	37 061	103 021
融安县	1.0	2 567.0	3 099.0	9 736	9 172	30 137
三江自治县	22.0	764.0	550.0	6 797	5 603	21 324
融水自治县	7.0	3 689.0	4 921.0	10 916	9 542	47 390
金秀自治县	2.0	1 664.0	2 294.0	7 152	6 963	18 397
忻城县	7.0	2 257.0	3 160.0	8 464	7 158	30 723
灵川县	1.0	1 060.0	1 660.0	32 497	31 554	63 302
全州县	96.0	9 819.0	14 911.0	80 302	78 060	127 963
兴安县	8.0	1 534.0	2 890.0	54 161	52 607	72 452
永福县	5.0	2 577.0	2 514.0	23 597	22 880	42 237
灌阳县	6.0	1 037.0	1 885.0	20 581	20 287	43 933
龙胜自治县	10.0	211.0	256.0	10 048	9 004	21 572
资源县		390.0	451.0	6 915	6 751	17 402
平乐县	9.0	4 435.0	7 131.0	33 548	31 184	76 683
荔浦县	4.0	1 332.0	3 146.0	58 533	57 778	93 668
恭城自治县	8.0	3 559.0	9 601.0	35 098	34 355	50 019
岑溪县		5 321.0	10 790.0	65 366	63 050	179 337
藤县	30.0	3 494.0	7 222.0	77 141	76 064	200 280
昭平县	2.0	2 199.0	2 552.0	37 613	36 593	77 846
蒙山县		632.0	891.0	20 512	20 034	26 718
贺县	8.0	6 186.0	14 108.0	68 199	65 430	191 549
钟山县		6 729.0	6 910.0	42 433	38 778	80 837
富川自治县	16.0	10 060.0	12 289.0	27 680	25 568	44 200
玉林市	12.0	4 592.0	11 903.0	66 165	64 633	167 749
贵港市		10 648.0	24 634.0	63 411	61 273	179 607
北流市	18.0	1 836.0	7 129.0	37 535	37 030	212 477
桂平市		10 451.0	20 291.0	49 489	48 167	207 761
平南县	1.0	4 323.0	9 509.0	42 440	41 144	145 361
容县		1 331.0	2 681.0	21 547	21 249	92 674
陆川县		914.0	1 704.0	41 090	40 386	91 100
博白县		4 007.0	7 966.0	60 047	58 860	192 727
百色市	2.0	361.0	399.0	7 733	6 943	34 881
田阳县		508.0	842.0	15 238	14 321	57 859
田东县	3.0	245.0	239.0	15 558	14 303	42 659

县(市)农村经济主要指标(一)

县　　名	乡村人口 (万人)	乡村劳动力 (万人)	耕地面积 (公顷)	粮　　食 播种面积 (公顷)	粮食总产量 (吨)	棉　　花 播种面积 (公顷)
平果县	41.1	19.7	20 881.0	34 048	126 150	24.0
德保县	31.7	15.8	23 466.0	39 689	99 248	
靖西县	52.6	27.4	35 830.0	72 507	192 066	
那坡县	17.5	8.7	12 710.0	19 673	48 645	47.0
凌云县	16.9	7.6	10 999.0	18 373	39 340	
乐业县	12.9	5.7	11 502.0	11 171	39 649	64.0
田林县	21.1	10.1	22 395.0	23 041	82 891	20.0
隆林自治县	32.5	16.1	26 481.0	26 753	87 622	34.0
西林县	11.2	6.4	19 618.0	14 562	46 948	18.0
河池市	20.4	10.2	15 745.0	25 678	84 659	1.0
宜山县	51.6	26.2	46 196.0	76 797	269 680	97.0
罗城自治县	31.5	15.4	22 008.0	36 200	125 590	36.0
环江自治县	30.7	12.3	23 188.0	30 469	120 592	46.0
南丹县	22.0	9.1	16 675.0	21 499	81 090	221.0
天峨县	12.4	5.1	14 892.0	18 181	44 578	232.0
凤山县	16.1	7.1	9 740.0	21 177	41 723	41.0
东兰县	25.6	11.0	12 180.0	21 630	52 900	13.0
巴马自治县	21.5	9.2	10 191.0	21 335	56 148	6.0
都安自治县	59.7	28.8	35 517.0	65 955	131 329	89.0
大化自治县	37.5	17.1	16 177.0	30 402	62 239	217.0
海口市辖区	10.3	4.4	3 227.0	2 958	11 264	
三亚市辖区	23.6	10.1	15 110.0	20 635	75 653	
通什市	5.5	2.3	3 389.0	7 401	31 796	
琼海市	32.3	14.3	28 279.0	42 720	198 732	
儋州市	53.3	23.0	49 368.0	49 804	235 002	
琼山市	47.8	20.6	54 729.0	53 803	200 892	
文昌市	42.4	18.1	41 179.0	59 038	172 380	
万宁县	37.0	14.0	19 054.0	30 627	128 317	
定安县	22.1	8.6	24 213.0	28 820	98 720	
屯昌县	18.2	5.9	14 220.0	20 412	77 102	
澄迈县	28.2	12.0	30 658.0	37 842	171 421	
临高县	27.5	12.9	33 876.0	39 476	159 197	
白沙自治县	9.2	4.4	9 628.0	16 667	63 311	
昌江自治县	14.0	5.8	14 768.0	18 408	70 333	
东方自治县	26.5	11.6	23 556.0	31 042	107 618	
乐东自治县	35.1	15.0	31 160.0	47 058	166 143	
陵水自治县	24.2	11.4	17 781.0	28 541	97 597	
保亭自治县	7.9	3.6	6 134.0	11 915	35 722	
琼中自治县	9.3	3.9	8 929.0	12 930	52 057	

县(市)农村经济主要指标(二)

县　名	棉花产量 (吨)	油　料 播种面积 (公顷)	油料产量 (吨)	猪牛羊肉 总产量 (吨)	猪肉产量 (吨)	农林牧渔业 总产值 (万元)
平果县	9.0	280.0	325.0	17 302	16 356	43 611
德保县		74.0	45.0	9 393	8 149	33 258
靖西县		827.0	939.0	13 926	12 545	43 701
那坡县	12.0	81.0	49.0	3 872	3 473	14 565
凌云县		621.0	320.0	4 771	4 421	17 234
乐业县	29.0	505.0	205.0	4 381	4 108	10 278
田林县	9.0	19.0	12.0	4 627	4 181	20 497
隆林自治县	6.0	706.0	388.0	6 392	5 491	20 136
西林县	7.0	442.0	232.0	3 194	2 727	11 164
河池市		1 273.0	599.0	10 998	10 511	25 459
宜山县	60.0	7 886.0	6 811.0	29 277	26 847	69 702
罗城自治县	10.0	6 200.0	4 234.0	13 808	13 138	32 235
环江自治县	27.0	1 585.0	877.0	14 823	12 987	31 104
南丹县	66.0	1 541.0	1 025.0	8 770	7 961	31 318
天峨县	85.0	457.0	253.0	4 662	4 167	11 648
凤山县	6.0	737.0	175.0	4 541	4 255	11 825
东兰县	4.0	554.0	206.0	9 254	8 668	20 821
巴马自治县	1.0	1 004.0	387.0	8 889	7 618	23 811
都安自治县	16.0	1 083.0	344.0	29 756	27 722	31 204
大化自治县	26.0	835.0	240.0	12 887	11 850	16 681
海口市辖区		762.0	562.0	7 677	5 201	19 264
三亚市辖区		35.0	419.0	9 703	8 714	67 355
通什市		404.0	609.0	2 220	1 818	12 742
琼海市		2 003.0	2 005.0	58 286	22 267	126 413
儋州市		5 722.0	13 532.0	24 316	21 536	204 764
琼山市		5 451.0	4 616.0	21 979	19 267	94 907
文昌市		8 132.0	6 978.0	14 125	11 873	89 024
万宁县		1 310.0	1 900.0	14 199	12 702	83 368
定安县		4 101.0	5 571.0	8 555	7 455	40 367
屯昌县		2 361.0	3 048.0	10 674	8 742	55 865
澄迈县		2 378.0	2 398.0	11 135	9 194	79 489
临高县		1 887.0	2 238.0	16 401	11 788	97 248
白沙自治县		383.0	803.0	7 048	6 126	45 944
昌江自治县		1 078.0	1 793.0	5 154	4 426	39 896
东方自治县		5 873.0	10 394.4	8 968	7 729	43 393
乐东自治县		5 732.0	14 248.0	12 272	11 112	81 046
陵水自治县		1 702.0	2 771.0	5 013	4 578	44 040
保亭自治县		261.0	303.0	3 035	2 661	24 133
琼中自治县		1 079.0	1 855.0	6 973	6 060	57 572

县(市)农村经济主要指标(一)

县　　名	乡村人口 (万人)	乡村劳动力 (万人)	耕地面积 (公顷)	粮　　食 播种面积 (公顷)	粮食总产量 (吨)	棉　　花 播种面积 (公顷)
成都市辖区	114.8	64.8	52 557.0	75 437	442 856	
金堂县	75.5	47.9	53 010.0	95 558	365 046	2918.0
双流县	76.3	47.3	52 972.0	69 861	453 569	
温江县	22.2	13.8	15 951.0	23 604	168 309	
郫县	39.4	25.4	27 499.0	44 879	292 139	
新都县	47.5	29.2	28 874.0	42 898	283 686	
大邑县	42.1	25.9	28 836.0	50 829	262 324	
蒲江县	23.7	13.1	18 664.0	27 824	154 798	
新津县	24.2	15.8	17 056.0	23 158	147 235	
都江堰市	41.9	27.2	29 714.0	45 205	266 579	
彭州市	67.6	42.9	43 920.0	71 387	408 556	
邛崃市	56.0	30.4	40 345.0	67 304	365 198	
崇州市	56.2	37.2	39 606.0	60 979	379 393	
重庆市辖区	270.0	154.9	169 593.0	300 850	1425 038	
长寿县	73.1	40.2	46 981.0	91 943	445 112	2.0
綦江县	75.6	38.9	56 866.0	104 010	430 898	
潼南县	82.6	44.2	52 064.0	80 723	451 003	
铜梁县	72.9	40.0	47 750.0	73 188	395 380	
大足县	82.6	41.9	44 553.0	62 121	473 375	
荣昌县	65.3	33.6	41 089.0	60 050	355 687	
璧山县	53.0	30.0	31 508.0	49 238	252 815	
永川市	85.4	43.7	53 669.0	85 778	514 418	
江津市	126.9	74.4	73 579.0	126 229	714 550	
合川市	135.2	77.2	80 915.0	141 519	741 198	
自贡市辖区	58.6	32.5	28 609.0	44 441	232 371	
荣县	82.0	46.3	60 266.0	98 983	478 511	11.0
富顺县	108.6	59.8	56 183.0	84 277	497 432	
攀枝花市辖区	15.3	8.3	8 735.0	12 074	60 329	
米易县	16.8	8.6	11 212.0	12 114	69 540	
盐边县	15.9	9.1	11 317.0	16 250	73 629	
泸州市辖区	13.1	8.2	5 799.0	8 071	50 992	
泸县	143.0	82.2	69 717.0	112 116	707 185	
合江县	78.3	45.2	39 697.0	78 056	427 457	
纳溪县	48.8	28.8	29 128.0	42 344	238 932	
叙永县	56.9	30.3	43 150.0	65 622	229 535	
古蔺县	65.6	35.1	47 170.0	72 645	214 811	
德阳市辖区	62.4	37.6	48 403.0	65 855	451 027	
绵竹县	42.7	27.3	33 687.0	49 443	315 520	
中江县	126.3	80.5	75 038.0	111 183	715 535	7251.0
什邡县	35.0	23.8	24 803.0	34 367	225 091	

县(市)农村经济主要指标(二)

县　名	棉花产量 (吨)	油　料 播种面积 (公顷)	油料产量 (吨)	猪牛羊肉 总产量 (吨)	猪肉产量 (吨)	农林牧渔业 总产值 (万元)
成都市辖区		7 768.0	17 094.0	71 305	70 105	172 828
金堂县	2097.0	10 911.0	20 179.0	44 405	42 439	77 535
双流县		12 461.0	27 167.0	39 732	39 094	94 720
温江县		2 912.0	6 708.0	17 775	17 762	36 760
郫县		5 704.0	12 646.0	27 094	27 087	64 616
新都县		8 105.0	18 120.0	27 136	27 071	68 887
大邑县		6 173.0	12 289.0	20 906	20 200	59 197
蒲江县		5 239.0	9 466.0	15 552	15 350	34 841
新津县		3 848.0	7 296.0	15 752	15 670	32 469
都江堰市		5 421.0	10 695.0	25 262	25 179	73 509
彭州市		9 756.0	20 003.0	36 797	36 585	95 080
邛崃市		11 250.0	21 924.0	44 806	37 633	79 467
崇州市		7 030.0	13 947.0	44 404	43 938	72 999
重庆市辖区		9 293.0	12 175.0	190 923	190 318	437 134
长寿县	1.0	5 309.0	7 271.0	44 589	44 104	90 016
綦江县		4 903.0	5 791.0	63 262	55 923	134 481
潼南县		8 119.0	11 922.0	45 900	45 816	89 758
铜梁县		2 366.0	2 536.0	48 032	47 755	99 728
大足县		3 702.0	4 604.0	45 884	45 619	107 933
荣昌县		4 906.0	7 972.0	25 777	25 618	96 705
璧山县		1 958.0	2 836.0	19 703	19 505	63 637
永川市		3 288.0	5 305.0	45 133	44 953	102 184
江津市		5 691.0	6 632.0	93 658	93 445	211 608
合川市		7 944.0	7 928.0	70 836	70 442	173 105
自贡市辖区		3 489.0	6 548.0	25 558	24 933	50 490
荣县	11.0	9 705.0	15 351.0	48 135	47 275	79 554
富顺县		6 495.0	10 702.0	56 391	52 713	102 063
攀枝花市辖区		233.0	264.0	13 151	11 455	15 664
米易县		97.0	91.0	9 366	8 783	24 297
盐边县		338.0	396.0	9 332	8 298	23 655
泸州市辖区		158.0	244.0	8 967	8 836	12 698
泸县		4 245.0	7 407.0	80 428	79 743	125 504
合江县		2 460.0	2 607.0	53 547	52 515	55 910
纳溪县		1 347.0	1 795.0	27 142	27 050	49 264
叙永县		1 285.0	1 052.0	19 503	15 995	41 484
古蔺县		6 514.0	5 225.0	25 718	22 853	40 572
德阳市辖区		15 815.0	37 658.0	57 790	57 465	115 839
绵竹县		10 295.0	24 170.0	46 633	46 459	83 292
中江县	6210.0	18 110.0	43 078.0	116 161	112 801	148 072
什邡县		6 426.0	15 517.0	33 207	33 115	61 488

县(市)农村经济主要指标(一)

县　　名	乡村人口(万人)	乡村劳动力(万人)	耕地面积(公顷)	粮　食播种面积(公顷)	粮食总产量(吨)	棉　花播种面积(公顷)
广汉市	45.5	28.5	31 655.0	50 602	323 811	
绵阳市辖区	63.2	37.4	50 592.0	62 274	396 778	233.0
三台县	133.1	77.3	85 453.0	124 652	691 858	10 070.0
盐亭县	54.5	28.8	39 493.0	60 810	275 589	4 418.0
安县	43.5	23.6	38 205.0	51 654	271 560	
梓潼县	36.0	19.9	34 421.0	41 663	197 658	3 198.0
北川县	15.8	7.8	15 765.0	28 559	52 810	
平武县	16.4	9.3	27 803.0	44 245	67 840	
江油市	64.3	39.0	44 321.0	61 849	386 209	2.0
广元市辖区	62.5	33.8	45 805.0	67 398	266 955	5.0
旺苍县	34.3	19.7	19 188.0	33 377	165 841	
青川县	22.2	11.8	28 258.0	43 313	105 663	
剑阁县	61.1	29.7	54 074.0	68 463	332 233	3 359.0
苍溪县	68.6	39.9	37 538.0	57 779	345 013	
遂宁市辖区	117.3	60.1	71 492.0	109 492	565 448	10 162.0
蓬溪县	116.3	61.5	64 779.0	100 428	618 343	9 595.0
射洪县	86.0	46.9	44 993.0	80 184	391 292	9 790.0
内江市辖区	103.1	59.1	57 806.0	88 097	455 345	
乐至县	83.0	44.2	56 155.0	93 100	400 326	8 472.0
安岳县	143.1	79.9	88 360.0	131 585	755 772	5 781.0
威远县	62.6	33.2	37 012.0	74 249	340 040	
资中县	114.4	58.6	71 178.0	124 193	521 691	
隆昌县	68.8	39.5	30 689.0	45 280	239 261	
资阳市	90.1	45.9	75 773.0	129 988	480 552	2 005.0
简阳市	125.1	64.7	101 431.0	163 921	711 947	21 537.0
乐山市辖区	76.0	43.6	47 295.0	77 617	323 122	
仁寿县	138.9	68.0	90 903.0	143 280	695 029	14 926.0
眉山县	68.6	40.7	51 199.0	73 369	418 932	
犍为县	50.1	25.3	32 532.0	53 620	233 630	
井研县	39.1	22.9	31 809.0	44 458	193 970	825.0
夹江县	30.3	16.5	18 374.0	27998	132 793	
洪雅县	30.3	18.3	17 814.0	29 008	171 874	
彭山县	26.8	16.0	18 731.0	31 077	164 461	
沐川县	24.8	12.9	16 334.0	27 330	93 109	
青神县	17.9	12.2	11 285.0	18 861	88 297	
丹棱县	15.2	8.3	12 491.0	15 646	97 259	
峨边自治县	11.1	6.3	10 458.0	21 916	46 183	
马边自治县	15.5	8.7	17 002.0	30 391	66 413	
峨眉山市	30.2	16.7	19 572.0	31 697	135 861	
万县市辖区	134.3	78.9	69 333.0	130 962	500 733	

县(市)农村经济主要指标(二)

县　名	棉花产量(吨)	油料播种面积(公顷)	油料产量(吨)	猪牛羊肉总产量(吨)	猪肉产量(吨)	农林牧渔业总产值(万元)
广汉市		11 946.0	29 290.0	38 050	37 939	76 503
绵阳市辖区	166.0	16 005.0	39 910.0	41 875	41 710	98 383
三台县	6 904.0	29 502.0	63 121.0	72 665	71 544	146 563
盐亭县	3 405.0	8 725.0	16 128.0	40 221	37 788	71 485
安县		11 235.0	23 307.0	30 475	30 312	68 641
梓潼县	2 045.0	11 896.0	25 779.0	21 969	21 133	49 500
北川县		1 501.0	1 774.0	8 883	8 394	12 108
平武县		4 361.0	3 793.0	8 165	7 852	19 076
江油市	2.0	11 544.0	28 207.0	38 820	38 317	87 291
广元市辖区	7.0	9 966.0	11 509.0	45 073	42 599	51 329
旺苍县		3 062.0	4 224.0	26 834	25 289	37 218
青川县		4 757.0	4 039.0	14 794	13 695	26 452
剑阁县	2 019.0	20 679.0	33 686.0	51 594	49 165	71 760
苍溪县		7 955.0	13 880.0	70 421	67 112	82 058
遂宁市辖区	7 512.0	17 639.0	30 336.0	63 363	62 409	133 478
蓬溪县	8 698.0	23 939.0	39 054.0	64 692	63 677	138 039
射洪县	6 250.0	8 861.0	18 755.0	45 875	44 884	89 153
内江市辖区		12 789.0	22 484.0	43 753	42 562	104 393
乐至县	7 642.0	12 780.0	24 050.0	49 101	47 228	97 642
安岳县	5 760.0	11 642.0	18 822.0	100 732	97 399	125 132
威远县		5 553.0	8 833.0	31 091	30 271	55 307
资中县		16 757.0	27 382.0	58 885	58 474	72 476
隆昌县		3 852.0	6 229.0	20 902	20 663	41 265
资阳市	1 203.0	22 946.0	34 892.0	47 971	46 800	99 619
简阳市	19 049.0	22 064.0	38 561.0	71 225	68 597	135 467
乐山市辖区		7 870.0	11 586.0	49 044	48 318	82 273
仁寿县	12 823.0	16 190.0	23 454.0	80 028	78 333	156 401
眉山县		15 114.0	23 412.0	41 080	40 140	73 976
犍为县		3 358.0	4 883.0	33 870	31 067	45 543
井研县	605.0	2 014.0	2 179.0	26 140	25 331	39 865
夹江县		6 382.0	10 029.0	15 740	15 640	34 632
洪雅县		4 520.0	6 844.0	19 197	18 900	29 403
彭山县		3 472.0	6 331.0	15 447	15 214	34 419
沐川县		3 132.0	2 802.0	11 412	11 011	20 190
青神县		3 809.0	5 985.0	11 195	11 140	19 752
丹棱县		3 651.0	5 263.0	12 857	12 377	21 545
峨边自治县		906.0	625.0	7 765	6 858	9 650
马边自治县		2 101.0	1 314.0	8 345	6 644	15 805
峨眉山市		3 971.0	5 455.0	18 226	17 054	34 024
万县市辖区		6 325.0	7 419.0	67 590	65 437	100 752

县(市)农村经济主要指标(一)

县　　名	乡村人口 (万人)	乡村劳动力 (万人)	耕地面积 (公顷)	粮　　食 播种面积 (公顷)	粮食总产量 (吨)	棉　　花 播种面积 (公顷)
开县	133.4	68.2	75 297.0	152 304	538 955	16.0
忠县	89.0	47.2	54 453.0	93 720	384 084	
梁平县	77.6	45.5	50 052.0	83 091	343 132	12.0
云阳县	114.8	60.8	64 495.0	128 444	409 321	47.0
奉节县	88.6	46.3	57 821.0	111 924	352 530	43.0
巫山县	53.8	27.1	42 347.0	82 768	214 006	717.0
巫溪县	45.4	24.8	41 548.0	76 874	211 585	
城口县	20.0	11.3	25 154.0	41 203	101 006	
南充市辖区	143.7	79.2	82 272.0	139 921	596 260	8.0
南部县	119.8	79.7	62 801.0	103 954	441 781	10 000.0
营山县	81.7	42.3	41 935.0	63 299	360 885	
蓬安县	61.8	31.3	36 494.0	59 194	272 919	
仪陇县	93.4	46.7	43 855.0	69 131	331 685	3 133.0
西充县	62.9	37.0	35 626.0	60 997	263 527	5 200.0
阆中市	79.0	46.9	40 957.0	66 749	298 868	2 669.0
涪陵市	87.1	49.1	70 195.0	123 856	424 196	
南川市	56.7	27.4	42 423.0	67 195	300 281	
垫江县	76.5	43.3	45 413.0	68 149	357 747	
丰都县	67.6	39.9	52 227.0	99 542	308 730	28.0
武隆县	35.3	20.5	33 072.0	55 567	137 269	
宜宾市	47.1	28.4	24 064.0	35 185	189 329	
宜宾县	91.0	45.0	57 168.0	97 159	380 978	
南溪县	33.8	19.9	20 479.0	30 078	145 125	
江安县	45.6	24.6	26 455.0	33 904	192 197	
长宁县	38.4	22.8	23 695.0	37 806	181 480	
高县	45.5	25.8	28 755.0	42 423	174 833	
筠连县	33.3	17.1	21 427.0	29 296	125 141	
珙县	30.5	16.0	18 040.0	32 086	119 276	
兴文县	38.2	21.7	23 622.0	36 046	143 350	
屏山县	22.7	13.0	16 659.0	23 187	77 919	
达川市	16.2	9.1	7 933.0	14 409	64 290	
万源市	46.1	21.8	29 091.0	57 839	239 826	
达县	109.8	60.2	67 655.0	117 345	569 000	
宣汉县	102.5	49.5	58 997.0	113 972	458 180	1 371.0
开江县	46.2	23.6	25 160.0	46 080	227 608	
大竹县	92.6	43.3	62 728.0	104 045	473 485	
渠县	115.3	54.0	64 119.0	107 432	515 227	
雅安市	20.2	12.2	13 675.0	21 816	117 250	
名山县	23.5	13.9	16 335.0	25 938	147 599	
荥经县	11.6	5.8	10 286.0	18 317	81 139	

县(市)农村经济主要指标(二)

县名	棉花产量 (吨)	油料 播种面积 (公顷)	油料产量 (吨)	猪牛羊肉 总产量 (吨)	猪肉产量 (吨)	农林牧渔业 总产值 (万元)
开县	7.0	15 695.0	19 535.0	72 484	69 307	119 743
忠县		10 152.0	13 150.0	42 428	40 764	73 548
梁平县	6.0	5 313.0	8 072.0	40 362	39 207	59 348
云阳县	17.0	9 078.0	9 901.0	55 787	51 467	78 894
奉节县	17.0	8 315.0	9 398.0	46 642	44 149	73 059
巫山县	158.0	9 338.0	7 337.0	23 407	22 518	36 667
巫溪县		1 894.0	2 227.0	22 168	20 416	28 777
城口县		1 291.0	1 242.0	11 243	9 711	15 902
南充市辖区	6.0	13 524.0	19 638.0	74 346	72 759	90 054
南部县	8 500.0	14 039.0	23 411.0	65 751	64 889	83 913
营山县		7 664.0	12 093.0	42 388	41 676	56 259
蓬安县		11 744.0	15 273.0	32 837	32 169	37 952
仪陇县	2 557.0	9 256.0	13 664.0	51 635	50 476	70 748
西充县	3 750.0	6 160.0	10 365.0	35 098	35 013	43 061
阆中市	2 378.0	8 381.0	12 438.0	44 928	43 892	49 787
涪陵市		9 225.0	8 509.0	52 055	50 700	75 858
南川市		6 115.0	8 794.0	32 893	31 555	52 545
垫江县		5 976.0	6 820.0	42 794	42 175	62 176
丰都县	15.0	7 703.0	8 278.0	38 085	34 998	59 311
武隆县		3 054.0	2 822.0	18 558	16 129	30 634
宜宾市		2 225.0	4 665.0	25 311	25 076	44 455
宜宾县		12 591.0	20 030.0	50 721	48 803	69 946
南溪县		1 907.0	3 676.0	14 130	13 710	25 371
江安县		1 473.0	2 106.0	15 348	15 269	35 850
长宁县		809.0	1 453.0	17 456	17 196	32 709
高县		3 696.0	4 988.0	21 312	21 001	33 847
筠连县		1 072.0	1 128.0	14 519	13 370	25 123
珙县		2 258.0	2 499.0	15 958	15 216	22 656
兴文县		889.0	730.0	16 075	14 990	25 369
屏山县		1 353.0	1 189.0	11 680	10 843	16 448
达川市		1 543.0	2 509.0	15 840	15 130	22 412
万源市		9 236.0	11 870.0	29 793	28 021	49 693
达县		14 873.0	22 680.0	71 053	67 163	128 185
宣汉县	679.0	15 837.0	26 804.0	65 194	56 571	91 504
开江县		8 806.0	14 462.0	24 712	24 034	48 424
大竹县		10 749.0	16 116.0	49 435	47 945	104 894
渠县		9 733.0	14 620.0	71 424	70 058	83 435
雅安市		3 948.0	4 482.0	15 811	15 415	20 328
名山县		6 066.0	7 488.0	17 515	17 367	24 519
荥经县		2 397.0	2 584.0	7 131	6 929	15 251

县(市)农村经济主要指标(一)

县　　名	乡村人口 (万人)	乡村劳动力 (万人)	耕地面积 (公顷)	粮　　食 播种面积 (公顷)	粮食总产量 (吨)	棉　　花 播种面积 (公顷)
汉源县	32.2	17.8	24 570.0	42 052	147 693	
石棉县	8.2	4.8	6 382.0	13 226	47 193	
天全县	12.6	6.2	12 160.0	19 308	91 860	
芦山县	9.8	4.4	7 456.0	12 328	68 801	
宝兴县	4.7	2.5	4 893.0	9 441	27 872	
汶川县	7.0	3.5	6 879.0	9 062	28 964	
理县	3.6	2.0	3 163.0	3 204	14 984	
茂县	8.6	4.3	8 287.0	10 598	31 633	
松潘县	5.6	2.9	10 682.0	9 624	27 341	
南坪县	4.5	2.4	5 843.0	6 661	17 151	
金川县	5.8	3.0	5 752.0	6 948	24 875	
小金县	6.5	3.7	9 694.0	8 803	23 533	
黑水县	4.8	2.7	7 069.0	7 378	24 152	
马尔康县	3.2	1.6	5 044.0	4 960	15 199	
壤塘县	2.5	1.4	2 902.0	2 624	4 253	
阿坝县	4.4	2.3	10 028.0	6 546	12 603	
若尔盖县	4.7	2.5	5 152.0	4 190	7 317	
红原县	2.2	1.2	550.0			
康定县	6.3	3.2	9 855.0	8 648	19 869	
泸定县	6.1	2.9	7 574.0	10 914	28 650	13.0
丹巴县	4.7	2.4	5 199.0	6 618	20 102	
九龙县	4.2	2.7	3 728.0	4 497	14 960	
雅江县	3.3	1.9	3 278.0	3 287	7 774	
道孚县	3.6	1.9	6 007.0	5 453	11 045	
炉霍县	3.2	1.8	6 521.0	5 036	10 665	
甘孜县	4.9	2.3	12 934.0	8 796	20 273	
新龙县	3.5	1.5	3 635.0	3 493	7 199	
德格县	5.7	2.9	5 836.0	4 310	7 668	
白玉县	3.7	1.9	4 691.0	3 881	5 574	
石渠县	5.7	2.7	3 170.0	1 817	4 911	
色达县	3.1	1.7	793.0	748	1 920	
理塘县	4.0	2.2	4 243.0	4 022	8 712	
巴塘县	3.8	2.3	3 789.0	4 416	11 140	
乡城县	2.2	1.1	2 327.0	2 941	9 408	
稻城县	2.4	1.5	3 108.0	3 243	10 008	
得荣县	2.0	1.2	1 846.0	2 620	7 230	
西昌市	35.2	20.4	26 096.0	38 159	201 758	
木里自治县	10.2	5.6	12 452.0	14 858	36 244	
盐源县	26.5	14.5	37 200.0	37 758	109 094	
德昌县	15.6	9.5	12 112.0	15 262	66 761	

县(市)农村经济主要指标(二)

县　　名	棉花产量 (吨)	油　料 播种面积 (公顷)	油料产量 (吨)	猪牛羊肉 总产量 (吨)	猪肉产量 (吨)	农林牧渔业 总产值 (万元)
汉源县		156.0	250.0	16 905	15 736	21 122
石棉县		368.0	447.0	5 733	5 251	8 269
天全县		3 150.0	2 660.0	9 861	9 687	15 155
芦山县		1 302.0	1 908.0	7 638	7 524	10 087
宝兴县		263.0	147.0	4 594	4 078	7 686
汶川县		516.0	579.0	4 145	3 993	7 749
理县		93.0	165.0	1 628	1 343	4 069
茂县		240.0	227.0	3 223	3 080	7 321
松潘县		301.0	426.0	3 195	1 399	6 717
南坪县		361.0	341.0	2 125	1 585	4 541
金川县		60.0	73.0	2 652	1 786	5 259
小金县		757.0	923.0	2 955	2 104	3 523
黑水县		6.0	7.0	1 866	1 449	2 627
马尔康县		13.0	10.0	1 969	921	3 207
壤塘县		7.0	5.0	1 238	100	2 971
阿坝县		67.0	90.0	3 826	32	7 872
若尔盖县		768.0	498.0	6 925	308	11 189
红原县		183.0	205.0	3 972	15	6 307
康定县		12.0	9.0	5 728	1 431	7 026
泸定县	7.0	302.0	296.0	3 347	3 134	4 175
丹巴县		69.0	73.0	2 483	1 626	4 295
九龙县				2 509	1 459	3 806
雅江县				1 639	400	3 289
道孚县				2 998	422	4 826
炉霍县		5.0	3.0	3 420	269	4 474
甘孜县				3 703	149	5 072
新龙县		13.0	15.0	3 132	29	5 272
德格县				3 801	8	5 999
白玉县		1.0	1.0	3 529	10	3 607
石渠县		41.0	35.0	5 658	47	6 128
色达县				4 580		7 181
理塘县				4 570	81	5 292
巴塘县				1 233	226	3 236
乡城县				826	387	2 569
稻城县				1 879	435	3 473
得荣县				687	290	2 207
西昌市		1115.0	1955.0	24 665	23 217	55 924
木里自治县		9.0	115.0	3 887	2 660	6 998
盐源县		79.0	381.0	6 435	5 041	23 869
德昌县		212.0	353.0	10 838	9 803	18 019

县(市)农村经济主要指标(一)

县　　名	乡村人口 (万人)	乡村劳动力 (万人)	耕地面积 (公顷)	粮　食 播种面积 (公顷)	粮食总产量 (吨)	棉　花 播种面积 (公顷)
会理县	36.4	21.1	30 499.0	45 159	179 706	
会东县	32.2	17.8	23 546.0	33 924	130 357	
宁南县	15.9	7.8	11 920.0	11 751	60 287	
普格县	11.5	6.3	12 740.0	15 783	64 538	
布拖县	12.2	6.4	15 205.0	17 673	53 505	
金阳县	12.4	6.9	13 400.0	19 443	54 547	
昭觉县	18.5	10.6	23 013.0	22 989	79 612	
喜德县	11.1	6.6	14 118.0	14 954	57 064	
冕宁县	26.4	15.4	20 112.0	28 410	124 014	
越西县	20.1	11.7	15 525.0	18 600	90 119	
甘洛县	15.3	8.4	12 630.0	18 862	57 860	
美姑县	15.3	8.2	16 233.0	19 151	64 324	
雷波县	19.7	10.1	15 850.0	24 787	70 318	
石柱自治县	43.5	25.8	30 024.0	62 723	251 192	29.0
秀山自治县	51.9	27.7	35 998.0	66 927	307 544	27.0
黔江自治县	41.9	24.4	33 570.0	65 800	259 737	101.0
酉阳自治县	64.6	35.5	54 416.0	108 374	328 420	
彭水自治县	53.4	28.0	52 763.0	83 799	264 824	3.0
华蓥市	25.6	13.5	11 835.0	22 117	97 307	
岳池县	101.0	54.6	53 411.0	81 140	500 500	
广安县	103.2	51.5	53 332.0	87 342	470 027	
武胜县	72.8	37.5	34 985.0	59 199	372 210	
邻水县	80.0	38.3	48 049.0	95 274	386 578	
巴中市	101.0	52.5	56 126.0	92 836	525 519	604.0
通江县	63.7	32.7	38 185.0	66 969	286 895	815.0
南江县	51.7	26.8	31 244.0	55 834	222 611	374.0
平昌县	76.7	32.8	45 301.0	77 140	380 935	931.0
贵阳市辖区	58.9	30.1	27 589.0	35 746	161 287	
六盘水市辖区	14.1	7.1	4 570.0	9 970	25 473	
盘县特区	91.6	45.5	42 888.0	66 524	218 036	
六枝特区	46.4	23.6	23 321.0	38 620	128 987	
水城县	63.9	30.2	33 868.0	55 491	141 087	5.0
遵义市	13.0	7.0	4 986.0	6 175	30 442	
赤水市	22.5	12.2	15 034.0	26 175	102 233	
仁怀市	49.2	27.2	28 107.0	60 007	217 536	
遵义县	124.4	68.1	83 534.0	129 035	562 604	
桐梓县	54.2	28.2	39 056.0	76 134	232 687	32.0
绥阳县	43.6	23.0	27 584.0	52 595	208 910	
正安县	51.9	28.8	30 607.0	66 500	201 246	5.0
道真自治县	28.6	13.6	23 574.0	40 294	114 494	

县(市)农村经济主要指标(二)

县　　名	棉花产量 (吨)	油　　料 播种面积 (公顷)	油料产量 (吨)	猪牛羊肉 总产量 (吨)	猪肉产量 (吨)	农林牧渔业 总产值 (万元)
会理县		1 517.0	1 116.0	28 792	26 578	52 197
会东县		638.0	558.0	18 911	16 815	45 385
宁南县		256.0	296.0	7 391	6 662	16 518
普格县		322.0	272.0	5 215	4 029	12 341
布拖县		67.0	88.0	2 857	2 178	8 289
金阳县		239.0	192.0	3 727	2 637	10 095
昭觉县		131.0	107.0	6 184	3 847	14 108
喜德县		42.0	72.0	4 782	3 569	9 977
冕宁县		1 319.0	2 268.0	13 938	12 084	22 913
越西县		478.0	721.0	11 111	9 518	15 219
甘洛县		563.0	570.0	7 421	6 138	11 239
美姑县		83.0	50.0	7 559	5 346	10 932
雷波县		667.0	643.0	8 220	7 526	14 029
石柱自治县	15.0	5 894.0	8 220.0	12 546	10 851	34 865
秀山自治县	5.0	12 123.0	17 045.0	32 329	31 109	43 059
黔江自治县	96.0	8 925.0	12 997.0	28 845	26 830	37 040
酉阳自治县		11 602.0	15 440.0	33 148	26 654	35 550
彭水自治县	2.0	7 411.0	8 895.0	29 151	26 708	47 998
华蓥市		1 040.0	1 214.0	14 426	14 365	19 028
岳池县		10 362.0	12 370.0	52 253	52 070	75 076
广安县		11 021.0	13 449.0	47 522	47 255	60 775
武胜县		7 236.0	10 423.0	56 465	56 422	70 569
邻水县		10 842.0	17 219.0	48 658	48 166	62 638
巴中市	511.0	9 491.0	16 615.0	56 600	533 011	20 108
通江县	235.0	8 222.0	14 184.0	37 298	33 384	50 933
南江县	286.0	6 147.0	9 393.0	33 165	30 559	46 305
平昌县	473.0	10 586.0	15 759.0	41 185	37 518	72 042
贵阳市辖区		8 765.0	8 779.0	28 223	27 344	75 966
六盘水市辖区				5 588	5 516	6 845
盘县特区		1 560.0	714.0	19 567	18 288	31 401
六枝特区		4 192.0	6 136.0	9 263	8 712	22 631
水城县	3.0	344.0	394.0	11 136	10 428	27 131
遵义市		1 443.0	3 246.0	6 673	6 545	14 272
赤水市		1 706.0	1 207.0	17 415	17 316	25 483
仁怀市		3 262.0	6 359.0	21 806	20 564	38 558
遵义县		34 151.0	65 997.0	60 787	57 141	140 351
桐梓县	6.0	7 904.0	10 180.0	19 121	17 120	54 068
绥阳县		11 960.0	25 366.0	26 207	24 557	47 444
正安县	2.0	6 996.0	11 635.0	18 523	17 365	37 102
道真自治县		5 432.0	7 312.0	15 495	14 682	15 260

县(市)农村经济主要指标(一)

县　名	乡村人口 (万人)	乡村劳动力 (万人)	耕地面积 (公顷)	粮　食 播种面积 (公顷)	粮食总产量 (吨)	棉　花 播种面积 (公顷)
务川自治县	35.0	19.7	28 588.0	50 607	117 506	44.0
凤冈县	35.6	19.5	26 474.0	43 478	164 733	
湄潭县	38.6	21.8	31 196.0	44 945	200 579	
余庆县	24.0	15.0	19 375.0	28 553	125 741	5.0
习水县	58.1	29.5	42 663.0	71 259	212 655	32.0
铜仁市	22.2	14.0	12 220.0	24 539	97 899	7.0
江口县	18.8	10.9	11 280.0	17 895	71 614	2.0
玉屏自治县	10.6	6.2	5 784.0	9 565	40 981	
石阡县	32.0	18.7	20 642.0	35 208	130 419	60.0
思南县	53.0	31.9	28 860.0	58 297	237 440	10.0
印江自治县	34.6	18.0	18 534.0	33 695	111 395	8.0
德江县	37.3	21.4	23 167.0	47 082	141 804	
沿河自治县	46.5	26.5	26 641.0	45 094	109 853	3.0
松桃自治县	54.7	32.2	27 011.0	44 753	204 840	19.0
万山特区	4.6	2.4	2 466.0	3 423	14 992	2.0
兴义市	56.2	30.6	30 668.0	48 609	205 052	
兴仁县	38.1	19.0	22 867.0	36 114	121 874	
普安县	24.2	11.8	16 287.0	22 737	53 074	
晴隆县	23.4	11.9	14 766.0	22 163	51 911	
贞丰县	29.0	15.3	17 341.0	21 488	71 500	
望谟县	23.9	12.0	26 320.0	25 239	60 766	79.0
册亨县	18.3	9.1	14 349.0	14 696	45 200	90.0
安龙县	35.6	18.9	20 354.0	30 709	120 030	
毕节市	86.8	51.0	65 085.0	108 661	293 510	35.0
大方县	81.3	44.2	53 850.0	84 571	227 560	
黔西县	67.9	34.7	48 040.0	85 870	173 604	
金沙县	50.0	26.8	35 973.0	57 597	213 788	3.0
织金县	77.7	40.4	46 172.0	92 157	206 875	
纳雍县	62.0	31.6	34 806.0	62 382	135 065	
威宁自治县	86.0	48.9	73 911.0	66 351	192 300	
赫章县	51.5	25.3	39 844.0	50 825	129 772	
安顺市	52.0	30.0	29 720.0	42 188	183 934	
清镇市	36.5	20.2	19 577.0	26 718	107 014	
开阳县	35.7	19.0	26 290.0	29 808	102 475	4.0
息烽县	20.1	10.4	16 864.0	22 145	48 079	
修文县	25.2	12.6	17 978.0	26 000	67 600	
平坝县	25.3	14.3	18 443.0	26 317	87 428	
普定县	34.4	17.9	17 422.0	27 691	94 872	
关岭自治县	27.4	15.5	15 068.0	24 363	88 165	
镇宁自治县	29.2	16.3	16 065.0	25 580	102 824	3.0

县(市)农村经济主要指标(二)

县名	棉花产量(吨)	油料播种面积(公顷)	油料产量(吨)	猪牛羊肉总产量(吨)	猪肉产量(吨)	农林牧渔业总产值(万元)
务川自治县	11.0	8 813.0	10 479.0	11 537	9 956	17 834
凤冈县		10 173.0	16 252.0	14 592	13 727	30 185
湄潭县		13 643.0	21 518.0	19 387	18 778	46 162
余庆县	4.0	7 880.0	14 627.0	13 917	13 050	31 709
习水县	23.0	4 328.0	3 863.0	18 865	17 463	34 688
铜仁市	5.0	8 054.0	10 710.0	11 325	10 004	20 672
江口县	2.0	5 014.0	5 121.0	8 162	7 557	15 480
玉屏自治县		3 312.0	3 520.0	3 833	3 682	14 941
石阡县	87.0	5 393.0	7 103.0	17 967	16 253	25 306
思南县	6.0	10 172.0	14 076.0	28 126	26 267	59 352
印江自治县	8.0	5 224.0	6 391.0	10 917	10 165	20 803
德江县		6 989.0	9 746.0	15 145	11 433	46 172
沿河自治县	1.0	4 127.0	5 389.0	13 134	10 404	21 436
松桃自治县	25.0	9 389.0	13 765.0	13 817	12 609	47 702
万山特区		929.0	866.0	2 130	2 058	3 791
兴义市		6 708.0	7 193.0	27 686	25 499	38 809
兴仁县		6 269.0	3 328.0	7 505	6 422	21 234
普安县		1 878.0	1 699.0	4 369	4 233	8 230
晴隆县		1 519.0	1 394.0	4 484	4 190	8 758
贞丰县		3 427.0	2 650.0	4 769	4 409	12 420
望谟县	15.0	2 180.0	1 996.0	4 786	4 070	11 965
册亨县	15.0	1 021.0	570.0	3 380	2 805	9 819
安龙县		2 192.0	1 273.0	12 414	11 759	23 860
毕节市	9.0	6 433.0	6 157.0	34 801	33 817	77 754
大方县		4 792.0	4 787.0	17 223	16 088	46 841
黔西县		15 440.0	16 362.0	26 624	25 064	39 682
金沙县	1.0	12 834.0	24 894.0	21 997	20 890	41 864
织金县		6 903.0	5 955.0	20 906	19 705	44 252
纳雍县		1 581.0	1 637.0	17 685	16 677	33 098
威宁自治县		1 826.0	1 439.0	29 676	25 722	48 534
赫章县		333.0	205.0	15 914	15 030	29 406
安顺市		10 443.0	24 674.0	13 679	12 952	50 827
清镇市		6 596.0	8 985.0	10 461	10 140	35 380
开阳县		12 228.0	18 369.0	12 747	12 382	29 031
息烽县		6 253.0	8 334.0	4 811	4 555	13 321
修文县		5 013.0	4 177.0	8 316	7 833	19 490
平坝县		6 723.0	7 160.0	6 208	5 898	17 307
普定县		5 547.0	10 741.0	8 125	7 091	21 563
关岭自治县		4 068.0	3 267.0	6 021	5 495	25 972
镇宁自治县	2.0	4 026.0	6 828.0	5 985	5 396	20 914

县(市)农村经济主要指标(一)

县　　名	乡村人口 (万人)	乡村劳动力 (万人)	耕地面积 (公顷)	粮　　食 播种面积 (公顷)	粮食总产量 (吨)	棉　　花 播种面积 (公顷)
紫云自治县	28.9	16.3	19 853.0	28 063	96 835	
凯里市	27.0	15.2	13 531.0	20 036	82 743	
黄平县	29.7	14.9	16 947.0	22 721	93 223	17.0
施秉县	12.9	7.2	7 955.0	11 374	46 982	22.0
三穗县	18.0	9.3	7 801.0	12 663	46 815	11.0
镇远县	20.6	10.6	12 479.0	18 926	63 934	14.0
岑巩县	18.6	9.3	11 831.0	15 294	66 733	18.0
天柱县	35.2	20.3	16 197.0	24 019	108 052	52.0
锦屏县	18.6	9.4	8 526.0	11 998	53 534	150.0
剑河县	18.1	9.6	8 297.0	18 293	49 419	276.0
台江县	13.6	6.8	7 167.0	8 992	37 871	14.0
黎平县	42.3	21.8	21 301.0	26 201	133 957	397.0
榕江县	26.9	14.7	12 424.0	15 936	81 662	139.0
从江县	26.9	15.1	14 355.0	17 734	81 189	502.0
雷山县	12.4	7.0	6 843.0	10 180	31 028	
麻江县	18.5	10.0	11 829.0	16 005	59 072	
丹寨县	13.6	7.8	6 910.0	10 728	34 850	5.0
都匀市	29.0	16.2	14 211.0	22 969	87 026	
荔波县	13.9	7.6	8 589.0	10 131	44 401	164.0
贵定县	21.7	11.3	13 194.0	20 349	73 258	
福泉县	24.5	13.9	16 812.0	20 607	89 844	
瓮安县	37.5	19.1	27 082.0	36 048	132 335	4.0
独山县	27.4	15.3	16 923.0	24 765	101 439	21.0
平塘县	26.0	14.1	16 654.0	24 704	85 554	8.0
罗甸县	27.4	14.6	17 557.0	23 600	80 243	178.0
长顺县	20.5	10.9	13 037.0	19 391	76 332	
龙里县	17.0	9.4	12 054.0	17 230	64 007	
惠水县	35.0	17.9	19 869.0	34 148	130 927	15.0
三都自治县	26.9	12.6	12 130.0	18 717	68 962	134.0
昆明市辖区	38.3	25.0	21 949.0	31 711	163 162	
呈贡县	11.7	8.0	6 999.0	9 354	47 418	
晋宁县	20.9	14.1	14 738.0	21 198	95 173	
富民县	11.9	7.8	7 052.0	10 926	55 433	
宜良县	34.0	22.0	19 287.0	31 446	165 394	
路南自治县	19.4	11.5	17 631.0	20 885	97 539	
嵩明县	28.8	17.2	22 175.0	31 065	132 903	
禄劝自治县	42.2	24.3	26 631.0	36 902	125 330	
安宁市	11.7	7.9	9 445.0	14 015	60 621	
东川市辖区	22.3	13.2	13 922.0	17 761	60 458	
昭通市	58.5	31.3	36 461.0	39 208	193 824	

县(市)农村经济主要指标(二)

县名	棉花产量(吨)	油料播种面积(公顷)	油料产量(吨)	猪牛羊肉总产量(吨)	猪肉产量(吨)	农林牧渔业总产值(万元)
紫云自治县		6 007.0	4 909.0	8151	7 482	30 257
凯里市		3 129.0	3 737.0	1 0374	9 689	21 860
黄平县	6.0	6 225.0	6 036.0	6011	5 563	12 764
施秉县	7.0	2 668.0	3 468.0	3700	3 306	7 317
三穗县	1.0	2 405.0	2 264.0	5894	5 445	13 496
镇远县	7.0	3 821.0	4 477.0	6375	5 689	17 220
岑巩县	3.0	3 740.0	4 508.0	6337	5 866	13 885
天柱县	9.0	3 348.0	3 369.0	1 1935	11 740	36 364
锦屏县	35.0	2 731.0	2 380.0	5011	4 626	12 470
剑河县	38.0	2 073.0	2 459.0	4900	4 014	13 286
台江县	2.0	1 756.0	1 299.0	2923	2 763	9 319
黎平县	94.0	7 191.0	6 313.0	1 1743	10 166	32 327
榕江县	49.0	4 620.0	3 485.0	5627	4 176	23 362
从江县	138.0	3 755.0	3 564.0	6162	4 826	14 237
雷山县		686.0	685.0	2372	2 163	5 331
麻江县		3 617.0	3 209.0	4082	3 615	10 806
丹寨县	1.0	929.0	1 533.0	2598	2 462	6 491
都匀市		5 616.0	5 959.0	1 0642	9 881	26 932
荔波县	86.0	2 703.0	2 368.0	4197	3 624	9 780
贵定县		5 470.0	6 990.0	7232	6 809	22 396
福泉县		5 842.0	5 770.0	8466	7 896	35 752
瓮安县	10.0	9 704.0	15 953.0	1 6220	15 662	44 017
独山县	6.0	6 018.0	5 952.0	9869	8 938	21 431
平塘县	2.0	6 169.0	5 907.0	1 0028	9 497	22 305
罗甸县	76.0	2 884.0	1 788.0	1 3074	12 035	29 670
长顺县		4 186.0	3 966.0	4658	4 378	9 722
龙里县		4 187.0	4 746.0	4532	4 249	12 646
惠水县	5.0	2 803.0	1 899.0	1 3044	11 968	37 288
三都自治县	68.0	4 563.0	4 525.0	6778	6 189	18 117
昆明市辖区		331.0	678.0	2 0410	19 467	85 503
呈贡县		312.0	403.0	5064	4 891	17 725
晋宁县		891.0	1 891.0	1 1772	11 386	38 435
富民县		117.0	386.0	8616	8 135	16 154
宜良县		923.0	1 673.0	2 0701	20 016	63 426
路南自治县		609.0	1 173.0	8220	7 689	26 091
嵩明县		525.0	707.0	1 6199	15 419	34 846
禄劝自治县		375.0	438.0	2 1413	18 875	35 442
安宁市		436.0	525.0	8432	7 949	21 341
东川市辖区		840.0	781.3	6160	5 935	13 257
昭通市		822.0	746.7	2 7207	25 570	37 766

县(市)农村经济主要指标(一)

县　　名	乡村人口 (万人)	乡村劳动力 (万人)	耕地面积 (公顷)	粮　　食 播种面积 (公顷)	粮食总产量 (吨)	棉　　花 播种面积 (公顷)
鲁甸县	31.9	16.3	22 475.0	25 830	81 222	
巧家县	46.3	23.1	32 561.0	37 702	91 998	
盐津县	31.7	14.4	23 915.0	35 095	79 347	
大关县	23.0	10.0	18 442.0	23 721	54 124	
永善县	36.2	18.6	32 693.0	44 606	92 410	
绥江县	13.0	5.9	10 602.0	16 091	42 089	
镇雄县	107.3	49.3	63 375.0	104 410	218 789	
彝良县	44.5	22.3	35 699.0	43 945	96 223	
威信县	31.2	15.4	21 323.0	40 655	100 531	
水富县	7.0	2.9	4 595.0	8 003	21 266	
曲靖市	68.9	39.8	47 660.0	74 115	351 793	
宣威市	113.6	63.2	70 530.0	112 828	414 000	
马龙县	15.7	9.6	14 977.0	23 680	70 057	
富源县	56.0	28.7	32 876.0	52 777	190 750	
罗平县	45.1	25.4	31 173.0	38 314	153 177	
师宗县	29.8	16.4	22 878.0	30 107	113 000	
陆良县	48.9	26.6	28 240.0	41 074	208 186	
寻甸自治县	43.9	25.9	36 742.0	47 416	150 530	
会泽县	78.3	44.5	46 432.0	63 978	219 624	
楚雄市	34.4	20.6	25 579.0	37 674	166 258	
双柏县	13.9	8.4	12 948.0	17 897	50 785	
牟定县	18.2	10.9	13 441.0	17 311	66 182	
南华县	20.6	11.1	14 045.0	22 845	72 610	
姚安县	18.1	10.7	12 142.0	17 447	82 662	
大姚县	25.6	15.2	17 084.0	24 162	90 261	
永仁县	9.3	5.3	9 022.0	12 638	39 979	
元谋县	17.7	10.6	14 565.0	16 390	71 708	
武定县	23.7	14.2	18 110.0	27 268	86 042	
禄丰县	33.2	18.8	24 029.0	34 088	150 292	
玉溪市	27.2	17.0	12 454.0	16 116	115 557	
江川县	22.2	14.2	9 575.0	11 958	75 187	
澄江县	12.5	8.2	7 744.0	9 824	49 821	
通海县	22.5	13.5	12 575.0	15 076	88 466	
华宁县	17.3	10.5	12 108.0	14 963	68 446	
易门县	13.2	8.5	12 297.0	14 643	61 732	
峨山自治县	11.5	7.3	11 570.0	11 909	59 115	
新平自治县	22.9	12.7	21 519.0	20 643	95 906	
元江自治县	15.4	8.3	15 078.0	14 826	72 565	28.0
个旧市	16.2	9.1	12 459.0	13 864	57 542	11.0
开远市	15.0	9.2	13 728.0	15 004	65 728	

县(市)农村经济主要指标(二)

县　　名	棉花产量 (吨)	油　　料 播种面积 (公顷)	油料产量 (吨)	猪牛羊肉 总 产 量 (吨)	猪肉产量 (吨)	农林牧渔业 总　产　值 (万元)
鲁甸县		636.0	852.7	6 331	5 693	15 944
巧家县		472.0	369.9	9 058	8 615	22 360
盐津县		2 655.0	2 167.2	9 990	9 869	17 113
大关县		318.0	227.0	10 167	9 799	14 974
永善县		1 827.0	934.5	10 443	10 025	19 065
绥江县		724.0	573.9	6 092	5 879	6 020
镇雄县		1 452.0	1 218.3	27 562	24 409	46 291
彝良县		633.0	449.8	9 662	9 287	20 541
威信县		2 597.0	2 708.0	8 335	7 871	15 801
水富县		621.0	373.3	4 391	4 352	6 692
曲靖市		584.0	1 373.4	41 101	40 549	101 976
宣威市		385.0	273.7	72 268	71 120	75 602
马龙县		1 073.0	747.6	6 202	5 817	14 685
富源县		1 990.0	1 980.9	25 199	24 334	52 072
罗平县		7 548.0	26 374.0	14 929	14 598	36 563
师宗县		1 470.0	1 827.7	8 970	8 451	29 157
陆良县		1 290.0	2 241.9	30 527	29 903	83 772
寻甸自治县		3 502.0	2 620.7	19 631	16 551	35 768
会泽县		1 522.0	945.0	32 939	31 065	31 156
楚雄市		2 012.0	3 924.5	13 110	11 139	
双柏县		300.0	481.9	5 406	4 593	
牟定县		1 529.0	1 819.1	6 552	5 995	
南华县		777.0	1 051.0	7 554	6 994	
姚安县		823.0	1 743.1	7 506	6 908	
大姚县		524.0	673.6	10 796	9 287	
永仁县		228.0	203.8	4 585	3 894	
元谋县		938.0	1 743.9	9 520	8 525	
武定县		375.0	526.7	9 478	7 806	
禄丰县		1 723.0	3 320.9	16 472	15 079	
玉溪市		2 159.0	6 230.7	18 321	17 995	30 560
江川县		817.0	2 295.3	8 235	8 020	30 070
澄江县		248.0	536.1	6 593	5 993	13 889
通海县		831.0	2 340.6	11 112	10 200	35 654
华宁县		245.0	409.2	5 750	5 414	24 062
易门县		442.0	879.9	9 402	8 785	17 355
峨山自治县	0.6	1 719.0	3 838.9	7 580	6 295	16 509
新平自治县		454.0	546.1	9 238	7 989	22 800
元江自治县	13.6	339.0	427.6	6 308	5 341	24 671
个旧市	5.7	659.0	787.9	11 365	10 525	19 074
开远市		371.0	674.8	7 256	6 991	26 934

县(市)农村经济主要指标(一)

县　　名	乡村人口 (万人)	乡村劳动力 (万人)	耕地面积 (公顷)	粮　食 播种面积 (公顷)	粮食总产量 (吨)	棉　花 播种面积 (公顷)
蒙自县	24.2	14.7	26 993.0	23 337	86 967	
屏边自治县	12.8	6.7	13 459.0	15 009	47 130	4.0
建水县	41.0	25.7	29 644.0	29 457	146 327	2.0
石屏县	25.0	15.3	17 191.0	18 000	68 613	2.0
弥勒县	41.5	25.2	35 057.0	35 646	133 883	
泸西县	32.1	18.9	22 157.0	26 297	98 905	
元阳县	32.9	18.1	19 423.0	26 649	87 995	112.0
红河县	24.4	12.3	11 537.0	15 888	59 134	128.0
金平自治县	28.7	15.0	26 689.0	30 742	84 747	308.0
绿春县	18.0	9.5	12 733.0	19 067	51 750	76.0
河口自治县	4.2	1.9	4 243.0	4 569	13 933	18.0
文山县	32.9	17.9	27 602.0	36 894	97 860	
砚山县	37.4	20.7	32 155.0	41 917	107 358	
西畴县	22.6	12.2	13 505.0	23 775	59 025	
麻栗坡县	24.2	13.6	19 476.0	31 827	62 263	15.0
马关县	31.2	17.3	30 377.0	47 322	88 704	8.0
丘北县	38.2	19.0	38 685.0	47 205	123 517	
广南县	66.9	36.7	41 547.0	67 770	173 450	48.0
富宁县	34.7	19.6	25 205.0	33 633	86 791	98.0
思茅市	9.0	4.8	14 072.0	14 740	43 587	
普洱自治县	15.8	9.0	24 525.0	26 710	65 269	
墨江自治县	33.2	17.3	48 679.0	42 973	90 401	63.0
景东自治县	32.1	17.8	32 884.0	46 412	127 907	
景谷自治县	26.1	15.0	35 468.0	35 758	109 090	18.0
镇沅自治县	18.8	9.3	25 478.0	31 620	66 100	4.0
江城自治县	7.8	4.1	13 382.0	8 755	28 270	14.0
孟连自治县	9.4	4.5	26 657.0	16 914	42 288	100.0
澜沧自治县	42.0	20.1	87 158.0	67 258	127 595	14.0
西盟自治县	7.1	3.6	17 632.0	19 442	27 800	
景洪市	20.9	10.9	36 177.0	36 960	131 472	316.0
勐海县	24.6	12.7	43 575.0	31 853	124 356	233.0
勐腊县	11.4	5.3	27 350.0	20 902	77 374	144.0
大理市	30.6	17.7	13 068.0	23 869	149 908	
漾濞自治县	8.9	4.7	7 923.0	12 033	30 187	
祥云县	39.1	24.0	22 232.0	28 471	120 645	
宾川县	30.4	16.1	24 151.0	26 271	126 523	110.0
弥渡县	27.6	16.5	14 118.0	21 130	103 075	
南涧自治县	19.5	11.1	13 561.0	21 272	68 412	
巍山自治县	26.8	15.1	18 424.0	25 279	93 244	
永平县	15.5	7.9	14 967.0	21 210	62 550	

县(市)农村经济主要指标(二)

县　名	棉花产量 (吨)	油　料 播种面积 (公顷)	油料产量 (吨)	猪牛羊肉 总产量 (吨)	猪肉产量 (吨)	农林牧渔业 总产值 (万元)
蒙自县		831.0	1 223.4	7 117	7 015	33 065
屏边自治县	1.2	248.0	153.7	3 258	3 225	9 900
建水县	1.1	1 675.0	3 007.4	19 340	18 947	41 287
石屏县	1.9	1 001.0	1 373.3	7 934	7 673	21 280
弥勒县		3 106.0	4 428.3	17 280	16 212	40 917
泸西县		2 153.0	2 574.5	9 740	9 180	22 369
元阳县	30.0	1 273.0	1 244.4	2 675	2 428	17 063
红河县	36.3	449.0	473.8	2 709	2 302	15 917
金平自治县	109.0	1 054.0	553.4	3 975	3 719	13 511
绿春县	9.9	535.0	256.5	1 751	1 563	6 409
河口自治县	6.6	137.0	117.7	996	996	9 910
文山县		4 566.0	3 986.6	7 777	7 402	18 610
砚山县		4 710.0	3 311.9	4 756	4 519	18 115
西畴县		667.0	461.4	5 945	5 847	12 920
麻栗坡县	3.4	716.0	401.7	6 743	6 699	17 910
马关县	1.0	2 796.0	1 703.1	7 273	7 172	16 069
丘北县		3 869.0	2 746.8	12 877	11 602	20 714
广南县	14.3	4 678.0	3 768.4	11 208	10 445	42 737
富宁县	29.4	1 127.0	838.3	6 346	5 067	23 718
思茅市		800.0	1 298.0	3 711	3 166	11 453
普洱自治县		1 012.0	1 106.6	7 802	7 229	15 695
墨江自治县	14.0	1 949.0	2 706.5	4 833	4 484	13 605
景东自治县		617.0	809.2	8 249	7 385	29 935
景谷自治县	6.4	2 166.0	2 056.8	6 404	6 020	15 341
镇沅自治县	1.3	638.0	609.5	3 941	3 650	13 965
江城自治县	1.1	280.0	130.3	1 403	1 196	7 161
孟连自治县	35.6	643.0	661.6	1 167	980	6 595
澜沧自治县	7.2	1 564.0	1 035.9	5 498	4 414	22 117
西盟自治县		264.0	146.4	805	655	2 365
景洪市	78.5	850.0	645.6	8 501	7 181	72 778
勐海县	67.5	903.0	721.3	4 195	3 148	35 330
勐腊县	37.6	498.0	421.3	4 670	3 765	49 298
大理市		448.0	907.4	15 647	15 087	27 916
漾濞自治县		225.0	219.0	2 820	2 414	5 846
祥云县		838.0	1 608.0	13 582	13 266	44 316
宾川县	160.3	1 807.0	3 147.8	14 792	14 356	43 362
弥渡县		535.0	1 276.8	11 541	10 885	26 687
南涧自治县		87.0	162.7	10 700	7 919	14 580
巍山自治县		1 390.0	3 927.1	13 820	10 653	26 924
永平县		396.0	704.3	5 604	4 661	21 010

县(市)农村经济主要指标(一)

县　　名	乡村人口 (万人)	乡村劳动力 (万人)	耕地面积 (公顷)	粮　　食 播种面积 (公顷)	粮食总产量 (吨)	棉　　花 播种面积 (公顷)
云龙县	17.9	8.7	16 109.0	26 953	55 346	
洱源县	29.4	15.5	21 733.0	30 294	120 002	
剑川县	14.6	7.4	13 518.0	18 348	53 914	
鹤庆县	23.4	12.4	17 303.0	24 110	92 973	
保山市	70.3	39.8	44 545.0	60 145	291 597	
施甸县	29.5	16.5	20 272.0	29 352	115 500	
滕冲县	51.9	27.7	41 468.0	55 623	178 463	
龙陵县	23.9	14.0	25 026.0	36 342	71 620	
昌宁县	29.7	16.9	28 379.0	41 331	122 472	
畹町市	0.5	0.3	968.0	1 009	5 265	
瑞丽市	6.2	3.7	11 910.0	10 815	52 239	
潞西县	26.0	13.7	34 802.0	38 148	150 167	1.0
梁河县	14.0	6.9	13 854.0	12 965	43 485	
盈江县	21.7	10.6	29 907.0	30 795	122 015	
陇川县	12.6	6.4	23 241.0	17 451	71 180	
丽江自治县	27.3	16.0	36 772.0	49 087	128 682	2.0
永胜县	34.6	20.1	27 272.0	36 149	137 587	26.0
华坪县	12.9	6.7	11 047.0	18 752	62 145	
宁蒗自治县	19.9	10.1	28 735.0	30 656	54 251	
泸水县	12.3	6.5	13 686.0	22 452	45 318	
福贡县	8.0	4.4	6 611.0	9 244	21 328	
贡山自治县	2.8	1.5	4 468.0	7 344	9 104	
兰坪自治县	16.9	8.9	22 534.0	32 069	56 918	2.0
中甸县	10.5	5.4	14 806.0	18 289	53 587	
德钦县	5.2	2.8	5 460.0	7 977	20 161	
维西自治县	13.0	6.9	17 651.0	26 028	45 842	5.0
临沧县	22.4	11.9	20 680.0	26 426	75 696	
凤庆县	39.1	18.9	32 878.0	53 714	133 838	1.0
云县	36.7	18.8	35 107.0	45 658	108 510	
永德县	29.1	15.3	34 457.0	51 895	114 720	7.0
镇康县	14.0	7.2	22 730.0	26 487	53 427	1.0
双江自治县	14.1	5.4	16 879.0	18 147	50 198	1.0
耿马自治县	19.3	9.5	39 594.0	31 590	78 944	19.0
沧源自治县	13.4	5.9	31 516.0	26 874	55 480	8.0
拉萨市辖区	1.4	0.7	2 172.4	1 596	7 579	
林周县	5.0	2.4	11 991.5	10 507	38 040	
当雄县	3.4	1.4	1 787.0		6 644	
尼木县	2.7	1.3	2 872.6	2 775	11 572	
曲水县	2.7	1.4	4 254.5	3 530	21 620	
堆龙德庆县	3.5	1.9	6 380.5	5 224	25 189	

县(市)农村经济主要指标(二)

县名	棉花产量(吨)	油料播种面积(公顷)	油料产量(吨)	猪牛羊肉总产量(吨)	猪肉产量(吨)	农林牧渔业总产值(万元)
云龙县		330.0	391.0	7 543	6 101	9 462
洱源县		1 014.0	1 782.0	8 566	7 492	29 147
剑川县		436.0	498.8	4 654	4 387	9 214
鹤庆县		129.0	161.3	9 610	9 227	14 930
保山市		593.0	1 136.1	29 014	28 455	75 972
施甸县		949.0	1 562.9	10 075	9 710	30 010
滕冲县		7 510.0	9 810.0	12 019	10 770	46 426
龙陵县		1 445.0	750.0	6 167	5 244	18 282
昌宁县		1 829.0	1 838.9	8 421	7 535	28 655
畹町市		3.0	4.2	504	480	
瑞丽市		51.0	63.5	2 670	2 475	
潞西县		698.0	627.8	7 492	7 108	
梁河县		2 384.0	2 843.5	1 828	1 739	
盈江县		2 864.0	1 889.7	4 613	4 062	
陇川县		3 690.0	4 189.3	3 816	3 409	
丽江自治县	0.4	1 690.0	3 534.6	14 298	13 268	26 085
永胜县	20.5	707.0	1 398.8	11 082	9 654	27 064
华坪县		614.0	611.6	7 693	6 752	9 541
宁蒗自治县		887.0	542.5	7 124	5 956	10 788
泸水县		421.0	290.0	4 345	3 652	8 227
福贡县		518.0	278.6	1 520	1 140	5 077
贡山自治县		209.0	59.7	753	626	2 368
兰坪自治县	0.6	50.0	168.2	4 871	4 410	9 020
中甸县	0.2	313.0	591.2	5 303	4 518	7 991
德钦县		1.0	9.0	1 003	863	3 816
维西自治县	0.6	12.0	51.5	2 192	1 957	12 711
临沧县		2 867.0	6 883.6	4 314	3 897	17 492
凤庆县	0.3	1 471.0	1 532.0	10 128	9 306	34 184
云县		397.0	644.2	6 091	5 330	29 928
永德县	2.0	606.0	827.4	6 682	5 350	24 777
镇康县	0.2	62.0	48.8	2 703	2 456	11 199
双江自治县	0.2	243.0	349.7	1 583	1 441	11 568
耿马自治县	1.4	770.0	489.9	3 638	2 952	31 393
沧源自治县	2.8	1 103.0	942.7	2 657	2 198	11 768
拉萨市辖区		4.3	28.1	229	41	1 586
林周县		1 281.5	2 417.8	2 512	377	
当雄县				2 494		4 356
尼木县		97.4	381.1	587		
曲水县		540.2	1 800.0	686	261	
堆龙德庆县		881.8	1 500.0	934	40	5 102

县(市)农村经济主要指标(一)

县　名	乡村人口 (万人)	乡村劳动力 (万人)	耕地面积 (公顷)	粮　食 播种面积 (公顷)	粮食总产量 (吨)	棉　花 播种面积 (公顷)
达孜县	2.3	1.1	4 568.4	4 033	17 507	
墨竹工卡县	3.9	1.4	5 743.1	3 956	13 657	
昌都县	6.7	2.2	5 372.8	4 808	9 204	
江达县	6.3	2.6	5 139.2	4 034	5 951	
贡觉县	4.1	1.7	3 347.1	3 688	8 274	
类乌齐县	3.6	1.3	3 265.2	2 146	1 036	
丁青县	5.5	2.3	8 485.5	6 353	13 885	
察雅县	5.0	2.2	3 096.3	2 930	10 064	
八宿县	3.4	1.3	2 623.8	2 686	6 985	
左贡县	3.8	1.8	3 101.7	3 448	10 659	
芒康县	6.9	3.2	5 594.7	5 882	15 866	
洛隆县	3.6	1.4	5 666.7	4 840	10 334	
边坝县	2.8	1.4	3 405.4	2 965	4 942	
乃东县	3.5	1.8	4 261.0	3 600	25 000	
扎囊县	3.4	1.7	4 368.0	3 801	12 851	
贡嘎县	4.3	1.9	5 209.0	4 505	22 714	
桑日县	1.4	0.7	1 511.0	1 227	6 426	
琼结县	1.6	0.8	1 851.0	1 489	9 116	
曲松县	1.4	0.7	1 661.0	1 288	4 441	
措美县	1.2	0.7	1 021.0	871	3 327	
洛扎县	1.7	0.8	1 978.0	1 723	8 481	
加查县	1.6	0.6	1 574.0	1 468	7 140	
隆子县	2.9	1.3	2 928.0	2 510	14 438	
错那县	1.4	0.7	1 496.0	1 224	4 499	
浪卡子县	3.1	1.4	2 422.0	2 033	6 884	
日喀则市	5.9	3.0	11 567.0	8 761	54 500	
南木林县	6.7	3.3	7 076.0	6 203	26 324	
江孜县	5.3	2.3	9 953.0	8 428	51 056	
定日县	4.2	2.2	6 100.0	5 400	18 861	
萨迦县	4.1	2.0	7 549.0	5 784	17 975	
拉孜县	4.3	2.2	7 667.0	6 239	25 355	
昂仁县	4.1	1.9	4 607.0	4 181	12 285	
谢通门县	3.8	1.8	4 371.0	3 921	12 344	
白朗县	3.9	1.9	5 991.0	4 714	29 617	
仁布县	2.9	1.4	3 488.0	2 850	10 843	
康马县	1.8	0.8	2 870.0	2 464	9 232	
定结县	1.6	0.8	2 681.0	2 274	5 339	
仲巴县	1.5	0.7				
亚东县	0.9	0.5	746.0	475	1 390	
吉隆县	1.0	0.5	897.0	804	3 337	

县(市)农村经济主要指标(二)

县　　名	棉花产量(吨)	油　料播种面积(公顷)	油料产量(吨)	猪牛羊肉总产量(吨)	猪肉产量(吨)	农林牧渔业总产值(万元)
达孜县		492.8	892.1	889	203	4 439
墨竹工卡县		1 689.0	2 562.1	2 312	80	3 478
昌都县		10.0	4.3	5 336	10	7 163
江达县		23.0	15.1	6 488	6	7 409
贡觉县		175.0	152.5	1 958		4 320
类乌齐县				2 155		5 139
丁青县		63.0	7.0	3 305		9 274
察雅县		52.3	103.7	2 975	4	5 398
八宿县		34.9	21.9	1 709	109	4 284
左贡县		3.3	3.8	1 753	193	6 768
芒康县		57.3	38.6	4 276	984	11 132
洛隆县		196.3	130.0	1 723	6	5 365
边坝县		85.4	26.2	1 233	1	3 184
乃东县		372.0	961.5	1 443	357	2 859
扎囊县		231.1	310.9	1 143	88	2 717
贡嘎县		303.2	525.0	1 533	197	3 891
桑日县		216.5	441.5	1 003	36	1 061
琼结县		190.9	399.2	492	101	1 976
曲松县		266.8	363.5	958	1	955
措美县		80.5	115.9	958	1	965
洛扎县		209.8	515.0	812	90	1 358
加查县		417.5	130.7	1 260	146	1 976
隆子县		339.9	636.2	1 486	84	2 414
错那县		170.2	259.1	728	23	1 366
浪卡子县		127.6	215.2	1 529		2 764
日喀则市		692.0	2 500.0	1 192	42	10 750
南木林县		639.0	1 196.9	1 289		11 806
江孜县		1420.0	4 459.0	1 466		10 877
定日县		170.3	245.5	1 125		5 733
萨迦县		1102.6	1 477.0	1 198		3 592
拉孜县		966.9	2 168.3	921		5 252
昂仁县		176.5	326.0	2 339		4 221
谢通门县		356.0	548.0	1 224		5 092
白朗县		725.0	1 626.3	592	12	4 188
仁布县		506.4	862.3	451		4 351
康马县		210.6	488.3	954		3 176
定结县		126.5	216.5	833		2 405
仲巴县				1 610		3 744
亚东县		3.9	6.8	616	51	1 427
吉隆县		52.6	165.6	390		1 717

县(市)农村经济主要指标(一)

县名	乡村人口(万人)	乡村劳动力(万人)	耕地面积(公顷)	粮食播种面积(公顷)	粮食总产量(吨)	棉花播种面积(公顷)
聂拉木县	1.1	0.6	1 185.0	950	3 588	
萨嘎县	0.8	0.4	440.0	313	907	
岗巴县	0.8	0.5	1 380.0	950	2 427	
那曲县	5.4	2.4				
嘉黎县	2.1	0.8	310.0	250	338	
比如县	4.0	1.6	2 134.0	1122	857	
聂荣县	2.6	1.1				
安多县	2.7	1.1				
申扎县	1.4	0.6				
索县	3.1	1.2	2 730.0		1 370	
班戈县	2.8	1.4				
巴青县	3.1	1.6	248.9	86	84	
尼玛县	2.1	1.0	88.0	57	104	
普兰县	0.7	0.5	726.0	714	2 799	
札达县	0.5	0.3	698.0	496	1 006	
噶尔县	0.5	0.3	701.0	433	668	
日土县	0.6	0.4	458.0	301	687	
革吉县	1.1	0.8	34.0	29	20	
改则县	1.5	0.8				
措勤县	1.0	0.5				
林芝县	1.3	0.5	2 515.0	2 128	8 700	
工布江达县	2.0	0.9	3 467.9	2 592	7 252	
米林县	1.2	0.6	2 931.0	2 329	9 303	
墨脱县	0.9	0.4	1 512.2	1 307	4 925	
波密县	1.9	0.8	3 515.5	3 218	15 419	
察隅县	2.2	1.2	2 860.2	3 786	14 012	
朗县	1.2	0.5	1 190.3	1 031	5 160	
西安市辖区	82.1	45.7	53 301.0	61 805	268 597	3 231.0
长安县	77.6	42.3	55 778.0	89 938	259 600	96.0
蓝田县	55.7	28.9	48 799.0	71 759	172 684	293.0
临潼县	54.1	28.2	53 478.0	73 153	300 732	3 471.0
周至县	58.0	29.9	43 322.0	68 345	243 284	68.0
户县	47.7	26.1	36 336.0	65 553	296 345	113.0
高陵县	20.5	11.4	16 934.0	29 093	207 873	98.0
铜川市辖区	13.8	6.5	18 042.0	15 694	29 529	
耀县	23.0	11.4	38 289.0	35 237	77 964	27.0
宜君县	8.2	3.7	19 470.0	19 840	42 092	
宝鸡市辖区	10.5	5.9	7 668.0	8 812	17 545	
宝鸡县	61.4	31.0	69 702.0	81 855	185 979	30.0
凤翔县	46.0	23.0	50 968.0	59 872	176 795	
岐山县	37.8	16.9	37 584.0	45 902	157 666	

县(市)农村经济主要指标(二)

县　　名	棉花产量(吨)	油料播种面积(公顷)	油料产量(吨)	猪牛羊肉总产量(吨)	猪肉产量(吨)	农林牧渔业总产值(万元)
聂拉木县		53.1	112.1	853		1 732
萨嘎县		14.0	21.1	1 298		1 389
岗巴县		197.1	108.3	920		1 328
那曲县				4 427		3 705
嘉黎县		13.8	12.4	1 078	12	917
比如县				1 916		2 325
聂荣县				3 123		3 576
安多县				6 506		4 402
申扎县				1 479		1 784
索县				858		1 892
班戈县				3 856		4 835
巴青县				1 772		2 318
尼玛县				2 539		4 133
普兰县		12.8	16.1	386		1 206
札达县		0.4	0.4	375		1 130
噶尔县				447		2 641
日土县				1 001		4 058
革吉县				1 139		3 744
改则县				1 248		3 427
措勤县				951		2 883
林芝县		299.8	528.7	537	324	3 162
工布江达县		331.6	249.7	1 019	212	2 601
米林县		368.4	489.0	604	364	2 841
墨脱县		65.3	10.0	108	93	726
波密县		220.3	500.0	923	320	2 843
察隅县		173.1	119.5	843	607	3 110
朗县		99.4	166.7	644	169	1 663
西安市辖区	1 238.0	1 373.0	2 687.0	11 128	9 812	97 681
长安县	30.0	3 355.0	7 198.0	22 060	18 954	54 744
蓝田县	167.0	1 248.0	1 726.0	9 711	6 456	32 339
临潼县	1 337.0	3 593.0	4 579.0	15 667	12 929	68 353
周至县	15.0	1 360.0	2 424.0	20 623	18 163	67 315
户县	99.0	657.0	1 231.0	16 238	15 705	56 660
高陵县	39.0	691.0	1 677.0	6 406	5 194	35 204
铜川市辖区		962.0	360.0	1 340	885	9 148
耀县	24.0	3 379.0	3 522.0	3 665	1 790	16 655
宜君县		2 072.0	1 556.0	1 618	655	8 041
宝鸡市辖区		476.0	581.0	1 261	1 120	8 210
宝鸡县	12.0	4 271.0	5 772.0	18 311	12 410	36 058
凤翔县		5 038.0	10 313.0	9 643	7 222	38 868
岐山县		5 073.0	11 011.0	9 345	7 812	27 433

县(市)农村经济主要指标(一)

县　　名	乡村人口(万人)	乡村劳动力(万人)	耕地面积(公顷)	粮　　食播种面积(公顷)	粮食总产量(吨)	棉　　花播种面积(公顷)
扶风县	41.2	21.3	43 744.0	48 932	220 586	359.0
眉县	26.5	14.1	26 167.0	36 651	131 916	109.0
陇县	21.4	10.8	47 649.0	43 392	59 315	
千阳县	11.1	3.9	24 011.0	20 259	26 760	
麟游县	7.4	3.3	26 066.0	23 884	37 194	
凤县	7.8	4.0	12 471.0	15 974	32 008	
太白县	4.0	2.0	6 445.0	8 062	16 136	
咸阳市辖区	41.4	23.9	38 088.0	46 019	201 186	2 633.0
三原县	32.0	18.4	34 874.0	42 981	130 868	385.0
泾阳县	47.0	23.7	45 697.0	46 314	166 921	4 933.0
乾县	49.0	21.4	61 192.0	59 802	216 320	2 592.0
礼泉县	40.1	19.8	52 553.0	46 378	141 878	1 466.0
永寿县	16.2	7.6	30 106.0	23 243	33 164	
彬县	28.2	11.6	41 710.0	29 402	55 293	
长武县	15.3	8.0	20 305.0	16 556	22 592	
旬邑县	25.0	9.6	31 195.0	25 554	70 258	
淳化县	16.4	7.6	35 240.0	31 463	52 819	2.0
武功县	36.0	18.4	27 902.0	40 600	168 616	150.0
兴平市	43.2	23.1	34 441.0	45 926	188 232	115.0
渭南市辖区	65.7	36.7	77 198.0	86 020	359 987	12 938.0
华县	27.7	14.5	27 035.0	29 038	110 431	980.0
潼关县	11.4	6.0	11 918.0	10 914	19 856	733.0
大荔县	62.2	32.0	75 190.0	58 397	223 168	12 704.0
合阳县	38.9	20.9	65 285.0	48 684	124 721	6 883.0
澄城县	30.4	15.1	53 129.0	48 767	95 819	2 502.0
浦城县	63.7	35.3	106 621.0	85 677	254 704	6 204.0
白水县	22.6	10.8	30 640.0	29 116	53 003	125.0
富平县	66.8	36.4	75 018.0	71 946	282 278	3 467.0
韩城市	27.8	13.4	30 679.0	31 470	70 669	2 213.0
华阴市	17.6	8.9	14 828.0	17 684	51 777	760.0
汉中市	27.6	14.7	18 174.0	23 985	134 190	
南郑县	47.3	25.7	32 739.0	46 239	188 428	9.0
城固县	42.8	20.3	31 942.0	44 156	197 267	10.0
洋县	37.3	16.2	29 435.0	35 032	94 957	108.0
西乡县	35.8	15.7	30 897.0	41 780	88 778	8.0
勉县	34.3	17.7	29 312.0	41 254	130 604	8.0
宁强县	30.6	13.9	29 122.0	46 404	93 806	
略阳县	15.3	6.5	20 645.0	30 946	40 015	
镇巴县	25.8	10.9	29 005.0	52 432	77 369	
留坝县	3.9	2.0	3 732.0	5 941	14 208	

县(市)农村经济主要指标(二)

县名	棉花产量(吨)	油料播种面积(公顷)	油料产量(吨)	猪牛羊肉总产量(吨)	猪肉产量(吨)	农林牧渔业总产值(万元)
扶风县	206.0	3 926.0	8 371.0	11 585	10 937	26 425
眉县	92.0	2 578.0	4 011.0	9 124	8 452	27 267
陇县		2 612.0	1 690.0	4 802	3 393	21 078
千阳县		2 127.0	1 441.0	2 194	1 016	10 253
麟游县		3 375.0	1 066.0	1 534	502	5 943
凤县		578.0	349.0	2 362	1 869	8 845
太白县		166.0	182.0	1 508	1 201	4 885
咸阳市辖区	811.0	3 274.0	7 153.0	11 817	10 636	68 396
三原县	289.0	1 280.0	2 592.0	7 258	5 657	53 570
泾阳县	3 108.0	1 603.0	3 383.0	9 378	7 361	57 643
乾县	1 361.0	4 230.0	9 590.0	7 826	6 039	58 297
礼泉县	440.0	2 791.0	4 083.0	2 500	1 828	73 726
永寿县		1 134.0	966.0	2 735	1 410	10 046
彬县		3 337.0	3 957.0	3 232	1 158	18 324
长武县		571.0	484.0	1 527	879	7 899
旬邑县		1 068.0	1 452.0	3 351	2 071	26 215
淳化县		2 907.0	2 318.0	2 211	1 422	18 294
武功县	165.0	2 192.0	5 882.0	10 383	9 902	29 307
兴平市	23.0	620.0	1 371.0	13 985	13 200	38 755
渭南市辖区	7 832.0	6 469.0	11 187.0	12 406	8 491	41 025
华县	818.0	1 568.0	2 761.0	3 843	3 134	18 573
潼关县	187.0	1 017.0	1 064.0	1 202	938	6 460
大荔县	9 505.0	13 765.0	32 945.0	9 503	6 682	53 682
合阳县	2 975.0	5 188.0	8 552.0	6 375	4 519	26 076
澄城县	797.0	2 287.0	2 174.0	5 850	4 660	30 304
浦城县	3 722.0	4 742.0	6 460.0	13 248	6 588	56 172
白水县	36.0	2 286.0	1 905.0	4 477	3 659	28 734
富平县	1 889.0	2 457.0	3 919.0	10 259	6 787	29 117
韩城市	804.0	854.0	930.0	5 205	4 037	23 736
华阴市	422.0	1 494.0	2 337.0	1 839	1 319	7 282
汉中市		4 122.0	7 604.0	10 049	10 002	28 791
南郑县	4.0	8 948.0	16 434.0	29 091	28 416	48 810
城固县	7.0	7 653.0	14 280.0	17 543	17 029	62 367
洋县	53.0	5 093.0	6 711.0	13 187	12 656	25 078
西乡县	2.0	8 862.0	15 465.0	14 877	13 993	26 958
勉县	3.0	4 846.0	8 738.0	17 951	17 726	39 812
宁强县		3 637.0	4 614.0	16 246	15 422	28 068
略阳县		997.0	1 019.0	3 560	3 424	8 915
镇巴县		1 994.0	2 113.0	6 674	6 000	19 301
留坝县		460.0	787.0	1 070	1 010	3 891

县(市)农村经济主要指标(一)

县　　名	乡村人口(万人)	乡村劳动力(万人)	耕地面积(公顷)	粮　　食播种面积(公顷)	粮食总产量(吨)	棉　　花播种面积(公顷)
佛坪县	2.8	0.8	2 747.0	4 118	8 774	
安康市	75.2	36.6	52 615.0	87 657	212 147	14.0
汉阴县	25.9	12.4	20 574.0	29 396	64 923	5.0
石泉县	15.9	6.0	18 470.0	27 075	48 025	8.0
宁陕县	6.2	2.9	8 636.0	14 710	23 577	
紫阳县	31.1	15.2	35 415.0	66 190	119 480	
岚皋县	15.7	7.1	24 304.0	36 781	71 401	
平利县	21.1	8.1	24 125.0	40 747	94 574	1.0
镇坪县	5.1	2.3	7 260.0	13 336	25 824	
旬阳县	42.2	18.8	50 692.0	88 985	158 513	77.0
白河县	19.2	9.0	19 841.0	34 088	64 945	
商州市	46.4	19.8	26 226.0	45 405	74 413	
洛南县	40.0	17.6	32 515.0	59 918	72 035	
丹凤县	26.9	11.2	15 283.0	29 351	47 741	
商南县	21.8	10.5	13 549.0	22 634	41 068	4.0
山阳县	39.4	17.4	27 637.0	51 485	76 706	15.0
镇安县	27.5	12.9	24 078.0	51 710	75 666	3.0
柞水县	14.2	5.9	8 050.0	15 174	20 720	
延安市	19.3	8.9	32 021.0	37 191	101 203	
延长县	12.0	4.0	25 041.0	26 436	51 901	1 593.0
延川县	13.4	4.0	31 406.0	34 198	58 393	357.0
子长县	18.6	6.3	33 126.0	39 142	49 959	
安塞县	13.8	5.1	29 364.0	31 008	40 216	
志丹县	10.1	4.2	24 680.0	20 840	40 361	
吴旗县	10.3	4.0	32 425.0	27 465	29 391	
甘泉县	5.3	2.0	10 401.0	12 251	17 501	
富县	11.4	5.4	18 313.0	16 325	61 015	
洛川县	15.9	6.5	30 528.0	27 640	92 505	
宜川县	9.9	3.7	21 783.0	19 741	45 279	200.0
黄龙县	3.3	1.0	9 680.0	8 814	20 903	
黄陵县	8.0	3.6	14 454.0	11 718	42 986	3.0
榆林市	29.0	13.4	66 548.0	52 901	121 819	
神木县	29.1	13.2	67 681.0	45 685	49 354	
府谷县	19.5	8.3	50 013.0	31 909	23 776	
横山县	29.3	13.1	61 124.0	67 424	76 789	
靖边县	23.4	9.4	59 741.0	46 825	44 239	
定边县	27.8	11.4	112 614.0	77 585	97 893	
绥德县	29.5	11.0	52 972.0	31 181	36 684	77.0
米脂县	18.9	6.6	33 421.0	26 214	38 904	
佳县	22.1	8.0	41 928.0	36 289	32 531	

县(市)农村经济主要指标(二)

县　名	棉花产量 (吨)	油　料 播种面积 (公顷)	油料产量 (吨)	猪牛羊肉 总产量 (吨)	猪肉产量 (吨)	农林牧渔业 总产值 (万元)
佛坪县		227.0	297.0	740	704	2 331
安康市	7.0	6 859.0	9 358.0	23 648	22 984	51 723
汉阴县	3.0	4 553.0	7 826.0	5 913	5 749	17 836
石泉县	4.0	3 035.0	4 235.0	5 831	5 608	12 674
宁陕县		631.0	434.0	1 683	1 568	8 037
紫阳县		4 495.0	3 707.0	8 555	8 184	27 117
岚皋县		1 786.0	1 726.0	4 806	4 681	14 606
平利县	1.0	5 028.0	5 623.0	7 905	7 614	29 887
镇坪县		667.0	479.0	1 885	1 840	4 917
旬阳县	38.0	5 127.0	4 335.0	13 355	12 438	37 477
白河县		3 001.0	2 405.0	5 492	4 983	17 597
商州市		716.0	509.0	7 808	7 170	10 528
洛南县		2 896.0	925.0	14 134	12 102	18 385
丹凤县		514.0	460.0	8 932	8 118	16 971
商南县	3.0	2 874.0	3 093.0	7 520	6 910	13 467
山阳县	5.0	1 929.0	1 046.0	10 128	8 995	24 172
镇安县	1.0	3 866.0	875.0	12 431	10 379	17 531
柞水县		2 455.0	262.0	4 304	4 132	7 882
延安市		1 500.0	1 591.0	7 390	5 957	21 475
延长县	805.0	1 584.0	1 889.0	2 694	1 950	15 333
延川县	155.0	2 141.0	2 436.0	2 575	1 973	16 679
子长县		1 534.0	1 028.0	4 052	3 436	13 800
安塞县		2 620.0	1 509.0	4 565	3 705	13 934
志丹县		3 050.0	1 125.0	3 475	2 180	12 099
吴旗县		3 733.0	1 486.0	4 055	3 054	12 072
甘泉县		478.0	555.0	1 607	847	5 942
富县		1 434.0	1 784.0	2 955	2 342	14 940
洛川县		2 739.0	4 185.0	3 637	2 137	26 892
宜川县	149.0	1 356.0	1 752.0	1 504	1 036	13 210
黄龙县		733.0	674.0	1 311	753	6 060
黄陵县		1 468.0	2 386.0	2 135	1 257	11 909
榆林市		3 757.0	5 427.0	14 989	13 473	24 139
神木县		1 932.0	1 832.0	9 318	7 045	15 532
府谷县		1 193.0	827.0	5 926	4 378	7 181
横山县		723.0	590.0	9 022	5 371	15 545
靖边县		5 000.0	1 847.0	6 372	5 280	13 916
定边县		26 100.0	13 040.0	5 729	4 095	20 413
绥德县	8.0	12 660.0	8 511.0	3 362	2 459	14 108
米脂县		2 211.0	2 735.0	2 580	1 951	10 332
佳县		2 073.0	703.0	4 281	3 218	10 434

县(市)农村经济主要指标(一)

县　名	乡村人口 (万人)	乡村劳动力 (万人)	耕地面积 (公顷)	粮食播种面积 (公顷)	粮食总产量 (吨)	棉花播种面积 (公顷)
吴堡县	6.8	1.9	11 307.0	9 921	14 022	27.0
清涧县	19.3	7.2	42 881.0	40 875	39 033	226.0
子洲县	26.6	11.2	45 871.0	36 488	41 579	
兰州市辖区	32.2	17.3	23 133.3	14 047	41 308	
永登县	42.9	22.1	92 320.0	73 453	103 164	
皋兰县	14.9	6.8	29 013.3	20 747	61 081	
榆中县	38.7	19.8	74 440.0	62 613	90 180	
金昌市辖区	4.6	2.7	7 520.0	4 680	25 566	
永昌县	18.2	9.7	38 686.7	26 453	141 952	
白银市辖区	16.7	7.1	27 833.3	22 093	51 013	13.3
靖远县	40.0	16.4	75 753.3	56 727	140 595	
会宁县	51.4	24.7	152 366.7	111 673	96 071	
景泰县	18.0	8.8	46 080.0	32 847	115 750	
天水市辖区	82.5	33.3	114 733.3	108 100	242 637	
清水县	26.7	9.9	64 473.3	51 907	80 201	
秦安县	50.5	21.3	70 613.3	66 187	101 042	
甘谷县	50.3	19.6	59 833.3	56 013	92 619	
武山县	36.9	16.8	43 426.7	39 347	56 003	
张家川自治县	26.4	10.3	38 126.7	36 080	60 840	
玉门市	6.7	3.5	18 273.3	13 060	98 057	146.7
酒泉市	21.9	10.6	41 753.3	30 660	234 423	26.7
敦煌市	8.9	3.3	17 506.7	10 493	77 707	6 813.3
金塔县	10.4	5.4	18 840.0	11 740	103 136	3 833.3
肃北自治县	0.6	0.3	646.7	500	3 503	
阿克塞自治县	0.4	0.2	266.7	93	537	
安西县	5.2	2.6	14 720.0	9 120	69 053	3 280.0
张掖市	34.2	19.6	45 746.7	38 167	300 552	
肃南自治县	2.5	1.1	3 033.3	2 113	6 146	
民乐县	21.5	11.9	61 553.3	40 940	159 381	
临泽县	12.1	5.6	15 786.7	13 167	127 798	560.0
高台县	13.3	6.9	21 266.7	16 107	156 940	366.7
山丹县	14.6	7.2	39 953.3	20 193	84 723	
武威市	75.6	39.0	97 300.0	78 667	375 000	
民勤县	25.5	9.8	62 440.0	26 487	136 272	2 200.0
古浪县	34.5	17.4	74 440.0	50 540	109 018	
天祝自治县	19.0	10.1	24 506.7	16 887	26 452	
定西县	38.3	19.1	118 473.3	89 747	70 109	
通渭县	41.2	18.4	123 546.7	88 447	59 644	
陇西县	40.8	19.5	81 073.3	62 720	61 242	
渭源县	31.6	14.8	53 433.3	42 913	61 116	

县(市)农村经济主要指标(二)

县　　名	棉花产量 (吨)	油　　料 播种面积 (公顷)	油料产量 (吨)	猪牛羊肉 总产量 (吨)	猪肉产量 (吨)	农林牧渔业 总产值 (万元)
吴堡县	5.0	1 598.0	1 284.0	529	359	5 014
清涧县	21.0	2 756.0	2 844.0	2 554	2 090	11 846
子洲县		3 576.0	2 677.0	3 227	2 676	9 526
兰州市辖区		1 013.3	1 342.9	8 820	7 927	51 442
永登县		5 533.3	2 654.8	10 460	8 382	26 476
皋兰县		2 293.3	4 016.8	3 729	3 215	20 316
榆中县		6 266.7	3 998.9	14 931	13 388	20 063
金昌市辖区		800.0	1 871.4	2 484	1 446	10 732
永昌县		5 153.3	10 840.4	8 179	5 767	24 029
白银市辖区	7.5	2 220.0	2 131.7	6 472	5 876	22 789
靖远县		3 673.3	4 360.6	9 415	8 665	38 516
会宁县		8 600.0	2 541.4	13 804	10 527	27 938
景泰县		4 533.3	6 412.3	4 043	3 212	27 676
天水市辖区	0.3	11 386.7	11 730.6	12 438	11 699	56 779
清水县		6 800.0	6 828.0	6 594	5 546	15 935
秦安县		4 826.7	3 021.5	8 835	8 742	25 814
甘谷县		4 286.7	4 020.8	7 182	7 010	27 056
武山县		4 933.3	4 199.6	5 526	5 124	18 054
张家川自治县		2 933.3	2 461.1	2 382	993	11 390
玉门市	135.2	2 340.0	4 023.5	3 338	2 840	13 900
酒泉市	36.0	2 046.7	4 170.5	11 588	9 611	38 389
敦煌市	9 179.2	60.0	276.1	4 964	3 996	20 104
金塔县	5 400.0	966.7	2 486.1	4 921	4 179	21 632
肃北自治县		126.7	303.1	1 187	75	922
阿克塞自治县		6.7	9.6	556	5	885
安西县	4 368.0	633.3	9 643.2	3 862	3 323	13 280
张掖市		5 153.3	9 698.1	20 846	17 463	63 316
肃南自治县		433.3	469.3	2 369	179	10 029
民乐县		10 633.3	22 326.4	8 706	7 323	39 018
临泽县	687.1	733.3	2 121.0	9 596	8 257	29 379
高台县	346.9	580.0	2 413.6	7 480	6 328	39 668
山丹县		8 093.3	17 112.3	3 678	2 583	25 254
武威市		11 733.3	21 880.0	38 621	31 740	93 459
民勤县	2 336.0	353.3	7 768.6	8 217	6 771	43 541
古浪县		4 626.7	5 816.0	5 309	4 638	22 981
天祝自治县		3 406.7	3 084.8	6 549	2 965	9 804
定西县		12 120.0	3 373.2	13 986	11 723	22 770
通渭县		14 453.3	4 350.7	11 682	10 730	19 690
陇西县		11 933.3	4 206.5	10 546	9 682	18 527
渭源县		5 900.0	2 092.0	9 865	8 610	16 165

县(市)农村经济主要指标(一)

县　　名	乡村人口 (万人)	乡村劳动力 (万人)	耕地面积 (公顷)	粮　　食 播种面积 (公顷)	粮食总产量 (吨)	棉　　花 播种面积 (公顷)
临洮县	47.6	21.5	74 206.7	57 333	115 132	
漳县	16.6	7.7	31 726.7	25 733	42 281	
岷县	39.0	18.2	41 780.0	33 133	59 647	
武都县	46.0	22.2	47 666.7	53 527	85 930	40.0
宕昌县	26.1	13.0	29 800.0	26 060	40 085	
成县	21.3	8.8	27 766.7	35 827	100 050	
康县	18.7	8.5	23 106.7	30 973	51 766	
文县	20.9	9.2	22 500.0	26 707	47 491	6.7
西和县	32.9	14.4	40 160.0	37 293	107 770	
礼县	45.4	19.8	71 026.7	60 273	91 488	
两当县	4.0	1.7	8 146.7	9 533	25 522	
徽县	18.5	8.0	29 013.3	38 413	130 500	
平凉市	30.0	12.5	69 800.0	65 447	101 530	
泾川县	29.4	10.4	58 580.0	56 620	62 072	
灵台县	20.3	5.9	60 100.0	54 447	65 357	
崇信县	8.0	3.6	24 993.3	23 313	28 738	
华亭县	12.6	4.9	29 026.7	30 667	50 671	
庄浪县	37.9	18.7	62 640.0	56 167	82 446	
静宁县	42.6	20.3	102 180.0	86 247	104 245	
西峰市	23.0	9.3	39 953.3	44 773	85 964	
庆阳县	22.4	7.4	55 146.7	67 313	63 359	
环县	29.6	11.8	90 520.0	80 180	99 941	
华池县	10.5	4.2	26 926.7	26 467	55 441	
合水县	13.7	4.4	25 600.0	25 527	55 128	
正宁县	20.3	8.0	29 120.0	28 713	70 101	
宁县	45.5	17.3	64 766.7	67 047	111 939	
镇原县	45.3	15.6	112 646.7	110 200	115 147	
临夏市	9.0	4.4	3 280.0	3 147	22 575	
临夏县	34.0	17.3	25 920.0	25 653	72 559	
康乐县	20.8	8.4	23 146.7	20 080	39 786	
永靖县	16.5	7.2	23 393.3	22 240	42 319	
广河县	17.3	7.3	13 733.3	12 920	31 246	
和政县	17.2	7.2	15 846.7	14 020	29 114	
东乡族自治县	23.2	8.8	25 100.0	29 707	32 212	
积石山自治县	20.3	8.8	18 466.7	16 907	27 178	
临潭县	13.1	6.6	17 746.7	13 340	24 740	
卓尼县	8.4	4.1	10 880.0	7 093	15 839	
舟曲县	11.3	6.0	10 720.0	12 033	25 832	6.7
迭部县	3.7	1.9	5 406.7	5 267	13 259	
玛曲县	2.8	1.4				

县(市)农村经济主要指标(二)

县名	棉花产量(吨)	油料播种面积(公顷)	油料产量(吨)	猪牛羊肉总产量(吨)	猪肉产量(吨)	农林牧渔业总产值(万元)
临洮县		7 673.3	3 076.0	13 715	12 581	30 357
漳县		4 413.3	2 719.0	8 201	6 613	13 598
岷县		4 140.0	2 899.1	8 290	6 409	18 459
武都县	13.2	1 560.0	1 225.5	10 739	10 366	19 455
宕昌县		1 526.7	1 213.0	4 391	3 864	8 662
成县		1 693.3	2 326.6	8 184	7 847	16 443
康县		333.3	159.0	3 647	3 509	9 097
文县	2.2	466.7	611.5	5 758	5 561	12 179
西和县		1 586.7	1 246.0	6 372	6 284	18 473
礼县		4 706.7	4 077.1	6 414	5 711	21 903
两当县		446.7	413.7	1 436	1 350	2 346
徽县	1.3	3 806.7	6 380.4	7 616	6 601	18 016
平凉市		8 313.3	2 783.9	6 595	3 048	30 134
泾川县		4 480.0	763.2	9 923	3 173	15 843
灵台县		6 206.7	2 280.6	6 103	2 030	19 822
崇信县		2 780.0	1 032.4	1 914	913	9 018
华亭县		2 213.3	1 702.3	4 609	2 750	13 757
庄浪县		7 546.7	3 916.0	7 326	7 292	21 126
静宁县		10 806.7	2 356.1	13 575	13 291	27 259
西峰市		3 140.0	2 660.2	6 427	5 047	11 780
庆阳县		4 333.3	2 793.7	7 050	4 591	9 592
环县		13 693.3	8 310.7	7 156	4 594	21 328
华池县		3 953.3	3 074.5	4 846	3 217	7 229
合水县		2 860.0	2 925.8	6 292	4 099	10 476
正宁县		3 166.7	3 605.8	6 023	3 827	13 199
宁县		7 360.0	4 678.5	13 353	9 868	22 764
镇原县		6 640.0	2 720.0	16 717	12 306	32 150
临夏市		13.3	32.2	4 257	1 984	14 536
临夏县		1 526.7	1 512.2	7 380	4 855	22 179
康乐县		2 253.3	2 053.6	3 870	2 145	10 767
永靖县		1 726.7	1 279.7	3 761	3 141	9 507
广河县		1 226.7	778.3	3 671	32	8 780
和政县		1 133.3	1 234.2	2 381	1 552	6 500
东乡族自治县		1 053.3	1 522.0	3 767	656	6 375
积石山自治县		2 920.0	3 638.0	2 998	1 655	8 540
临潭县		2 626.7	2 210.0	3 253	2 412	6 310
卓尼县		1 633.3	1 786.6	4 400	2 151	6 379
舟曲县	3.1	266.7	411.3	2 666	2 177	6 147
迭部县		366.7	330.3	1 692	692	3 951
玛曲县				5 618		8 541

县(市)农村经济主要指标(一)

县　　名	乡村人口 (万人)	乡村劳动力 (万人)	耕地面积 (公顷)	粮　　食 播种面积 (公顷)	粮食总产量 (吨)	棉　　花 播种面积 (公顷)
碌曲县	2.2	1.2	2 766.7	1 153	1 932	
夏河县	9.3	4.8	21 920.0	8 360	17 054	
西宁市辖区	10.0	6.0	6 179.0	3 891	20 766	
大通自治县	32.0	17.0	53 283.0	43 049	140 638	
平安县	8.0	4.0	14 353.0	10 640	32 190	
民和自治县	32.0	14.0	45 084.0	42 328	80 690	
乐都县	25.0	12.0	41 793.0	34 045	85 526	
湟中县	42.0	20.0	64 778.0	54 180	173 880	
湟源县	11.0	5.0	19 813.0	13 363	41 070	
互助自治县	34.0	17.0	70 244.0	56 670	186 440	
化隆自治县	19.0	8.0	35 213.0	25 032	67 874	
循化自治县	10.0	4.0	9 255.0	8 123	27 884	
门源自治县	11.0	5.0	32 367.0	10 715	37 581	
祁连县	3.0	1.0	2 868.0	1 806	4 737	
海晏县	2.0	1.0	3 035.0	1 485	3 440	
刚察县	2.0	1.0	14 422.0	1 524	1 288	
同仁县	5.0	3.0	8 343.0	6 308	13 870	
尖扎县	4.0	2.0	5 286.0	4 654	12 842	
泽库县	4.0	2.0	6 518.0	192	216	
河南自治县	2.0	1.0				
共和县	7.0	3.0	29 125.0	12 291	22 894	
同德县	4.0	2.0	15 093.0	4 237	10 315	
贵德县	8.0	4.0	11 498.0	8 400	38 315	
兴海县	5.0	2.0	6 431.0	2 506	8 188	
贵南县	5.0	2.0	38 285.0	7 795	12 403	
玛沁县	2.0	1.0	140.0	61	185	
班玛县	2.0	1.0	1 172.0	1 046	2 180	
甘德县	2.0	1.0				
达日县	2.0	1.0				
久治县	2.0	1.0				
玛多县	1.0					
玉树县	5.1	2.0	4 860.0	2 963	4 542	
杂多县	3.0	1.0				
称多县	3.0	2.0	3 736.0	2 431	3 571	
治多县	2.0	1.0				
囊谦县	5.0	3.0	9 239.0	5 411	6 888	
曲麻莱县	2.0	1.0				
格尔木市	1.0	1.0	5 345.0	1 733	8 993	
德令哈市	1.0	1.0	9 894.0	4 843	13 505	
乌兰县	2.0	1.0	5 179.0	3 135	6 606	

县(市)农村经济主要指标(二)

县　　名	棉花产量 (吨)	油　　料 播种面积 (公顷)	油料产量 (吨)	猪牛羊肉 总 产 量 (吨)	猪肉产量 (吨)	农林牧渔业 总　产　值 (万元)
碌曲县		420.0	230.2	2 330	60	3 574
夏河县		3 953.3	2 846.4	6 563	502	11 960
西宁市辖区		700.0	2 141.0	4 715	4 484	12 760
大通自治县		8 506.0	14 725.0	9 616	5 615	24 066
平安县		2 010.0	2 830.0	3 753	2 675	6 024
民和自治县		4 278.0	3 317.0	4 758	3 583	20 183
乐都县		4 009.0	5 103.0	9 047	7 830	20 504
湟中县		9 960.0	15 730.0	11 761	10 073	28 094
湟源县		5 343.0	7 450.0	4 448	2 927	10 412
互助自治县		12 680.0	20 720.0	13 958	10 421	51 652
化隆自治县		6 078.0	6 318.0	3 795	1 609	16 020
循化自治县		1 529.0	1 722.0	2 995	518	6 264
门源自治县		18 836.0	30 744.0	5 233	1 035	21 960
祁连县		789.0	616.0	6 762	414	11 079
海晏县		855.0	874.0	2 686	157	5 357
刚察县		6 708.0	5 349.0	5 547	110	9 591
同仁县		640.0	503.0	1 597	168	8 299
尖扎县		493.0	589.0	1 147	476	4 415
泽库县		3 670.0	2 202.0	6 059		10 638
河南自治县				6 630		9 627
共和县		11 190.0	7 166.0	9 596	787	15 040
同德县		7 754.0	4 432.0	6 251	294	9 188
贵德县		2 170.0	1 773.0	2 116	611	7 673
兴海县		2 889.0	1 656.0	11 258	153	8 397
贵南县		27 448.0	12 828.0	5 612	745	11 777
玛沁县		18.0	16.0	4 338	6	5 085
班玛县		30.0	44.0	2 104		2 828
甘德县				2 615		2 977
达日县				2 325		2 637
久治县				3 190		2 196
玛多县				2 372		2 590
玉树县		770.0	283.0	3 688		3 421
杂多县				3 867		2 265
称多县		177.0	62.0	3 773		1 988
治多县				3 695		1 955
囊谦县		118.0	95.0	3 201		2 481
曲麻莱县				3 923		2 201
格尔木市		735.0	1 686.0	1 382	275	3 301
德令哈市		2 381.0	3 104.0	1 421	404	5 828
乌兰县		968.0	952.0	1 271	189	3 530

县(市)农村经济主要指标(一)

县　　名	乡村人口 (万人)	乡村劳动力 (万人)	耕地面积 (公顷)	粮　　食 播种面积 (公顷)	粮食总产量 (吨)	棉　　花 播种面积 (公顷)
都兰县	3.0	2.0	17 054.0	9 397	28 823	
天峻县	1.0	1.0				
银川市辖区	10.4	5.3	24 134.0	21 941	131 713	17.0
永宁县	14.5	7.9	21 772.0	31 816	201 149	
贺兰县	14.0	7.1	25 401.0	37 137	207 228	
石嘴山市辖区	0.4	0.2	1 727.0	1 177	5 226	
平罗县	19.4	10.2	30 993.0	46 571	192 553	
陶乐县	1.5	0.5	4 990.0	5 486	21 058	
惠农县	5.7	2.9	11 353.0	14 554	63 162	
吴忠市	18.0	6.5	17 608.0	28 621	151 127	
青铜峡市	16.0	7.2	23 500.0	36 083	207 283	
中卫县	25.1	12.2	23 007.0	28 490	152 852	
中宁县	17.6	6.8	16 385.0	22 846	153 974	1.0
灵武县	15.3	5.2	21 558.0	26 903	145 438	
盐池县	12.2	5.1	59 726.0	50 737	29 918	
同心县	28.0	13.2	98 779.0	73 771	70 814	
固原县	42.3	18.5	118 608.0	92 441	92 674	
海原县	31.7	12.9	85 190.0	64 332	42 014	
西吉县	40.3	17.3	72 955.0	68 621	45 194	
隆德县	19.5	8.7	42 879.0	34 519	38 292	
泾源县	9.4	5.0	18 923.0	14 890	20 390	250.0
彭阳县	22.5	10.0	87 695.0	61 321	57 409	
乌鲁木齐市辖	1.0	0.5	2 450.0	700	2 862	
乌鲁木齐县	11.7	6.3	27 840.0	13 380	55 158	
克拉玛依市辖	0.2	0.1	2 730.0	670	3 093	290.0
吐鲁番市	16.6	7.2	16 000.0	8 350	32 573	6 570.0
鄯善县	13.5	5.9	14 310.0	7 960	29 204	5 490.0
托克逊县	8.1	4.2	12 310.0	7 870	34 057	7 600.0
哈密市	9.4	4.4	14 300.0	9 970	45 849	4 740.0
巴里坤自治县	6.7	2.8	28 610.0	12 030	41 000	
伊吾县	0.7	0.3	3 610.0	840	3 200	430.0
昌吉市	8.6	4.4	43 460.0	18 610	108 040	1 540.0
阜康市	5.3	2.6	19 390.0	10 940	71 902	270.0
米泉县	9.6	5.4	13 430.0	8 970	70 976	40.0
呼图壁县	6.5	2.9	36 690.0	15 200	91 142	6 510.0
玛纳斯县	7.9	4.0	41 600.0	15 250	96 175	19 340.0
奇台县	14.0	6.7	68 480.0	46 590	213 832	
吉木萨尔县	8.8	4.3	32 840.0	19 250	92 851	40.0
木垒自治县	6.4	2.7	31 020.0	26 900	39 368	
博乐市	7.3	2.7	23 680.0	10 390	65 524	8 100.0

县(市)农村经济主要指标(二)

县　　名	棉花产量 (吨)	油　　料 播种面积 (公顷)	油料产量 (吨)	猪牛羊肉 总 产 量 (吨)	猪肉产量 (吨)	农林牧渔业 总 产 值 (万元)
都兰县		6 040.0	7 103.0	2 655	573	7 496
天峻县				4 374		5 734
银川市辖区	13.0	780.0	1 428.0	5 620	3 133	30 160
永宁县		1 177.0	1 163.0	6 799	4 622	31 176
贺兰县		808.0	2 138.0	5 775	3 877	32 836
石嘴山市辖区		173.0	320.0	318	244	2 298
平罗县		5 718.0	5 904.0	10 758	4 822	31 049
陶乐县		561.0	684.0	842	591	4 399
惠农县		1 535.0	2 856.0	3 485	2 580	12 138
吴忠市		3 255.0	1 402.0	4 539	1 536	28 741
青铜峡市		5 731.0	3 328.0	6 553	4 916	30 173
中卫县		6 444.0	3 772.0	11 818	10 286	29 748
中宁县		7 467.0	5 603.0	9 865	8 922	26 546
灵武县		2 415.0	1 657.0	5 102	3 035	26 112
盐池县		5 316.0	1 174.0	4 671	2 505	9 458
同心县		8 819.0	2 867.0	4 696	479	11 910
固原县		18 004.0	11 547.0	4 412	1 856	17 902
海原县		6 087.0	2 157.0	1 922	695	6 283
西吉县		8 809.0	1 542.0	4 656	2 593	4 416
隆德县		4 915.0	3 120.0	4 738	3 655	6 385
泾源县	98.0	1 829.0	1 255.0	1 846	11	2 551
彭阳县		11 050.0	1 989.0	4 257	2 711	10 590
乌鲁木齐市辖		120.0	274.0	323	37	1 250
乌鲁木齐县		1 780.0	2 907.0	6 062	1 719	25 530
克拉玛依市辖	322.0	90.0	130.0	1 360	1 074	7 936
吐鲁番市	8 956.0	30.0	18.0	3 217	83	31 554
鄯善县	7 227.0			2 973	90	25 527
托克逊县	12 076.0	80.0	124.0	2 828	30	13 971
哈密市	6 340.0	1 260.0	2 450.0	4 352	1 302	19 941
巴里坤自治县		770.0	570.0	4 933	1 024	10 955
伊吾县	429.0	220.0	371.0	631	8	2 843
昌吉市	1 636.0	6 570.0	15 003.0	8 757	3 407	46 110
阜康市	227.0	3 540.0	6 994.0	3 533	1 776	16 508
米泉县	35.0	1 950.0	3 739.0	3 410	2 087	20 897
呼图壁县	6 350.0	2 690.0	5 098.0	5 249	1 306	29 298
玛纳斯县	24 828.0	2 630.0	5 790.0	5 091	1 828	49 789
奇台县		7 320.0	13 937.0	9 897	4 838	32 410
吉木萨尔县	63.0	5 170.0	7 814.0	5 436	1 159	20 609
木垒自治县		1 970.0	1 338.0	5 778	2 333	12 897
博乐市	10 239.0	2 790.0	5 851.0	3 741	494	24 193

县(市)农村经济主要指标(一)

县名	乡村人口(万人)	乡村劳动力(万人)	耕地面积(公顷)	粮食播种面积(公顷)	粮食总产量(吨)	棉花播种面积(公顷)
精河县	6.3	3.0	21 420.0	5 650	40 135	11 720.0
温泉县	4.3	1.7	18 740.0	9 370	37 046	
库尔勒市	6.3	2.4	19 040.0	10 290	46 274	10 240.0
轮台县	6.1	1.7	11 820.0	9 500	43 000	4 210.0
尉犁县	3.0	1.1	15 550.0	5 010	20 297	8 830.0
若羌县	1.3	0.5	2 230.0	2 070	10 704	670.0
且末县	3.3	0.9	8 400.0	5 390	23 380	2 680.0
焉耆自治县	6.0	1.9	17 620.0	9 670	46 890	90.0
和静县	6.5	2.4	16 020.0	10 500	64 163	300.0
和硕县	2.1	0.8	10 000.0	5 390	36 345	1 910.0
博湖县	3.3	1.3	8 960.0	5 310	26 082	470.0
阿克苏市	12.2	3.6	38 430.0	21 610	101 056	19 440.0
温宿县	10.1	2.8	37 560.0	21 900	110 219	12 560.0
库车县	25.4	10.5	52 200.0	35 330	154 327	22 670.0
沙雅县	13.6	3.9	42 580.0	19 460	69 852	20 000.0
新和县	10.0	3.8	32 230.0	14 840	71 700	12 330.0
拜城县	12.5	4.7	49 210.0	29 660	127 330	20.0
乌什县	13.6	4.4	30 770.0	22 260	90 020	4 330.0
阿瓦提县	12.4	4.1	36 890.0	20 560	94 684	22 000.0
柯坪县	3.0	1.3	6 510.0	2 150	10 482	840.0
阿图什市	13.3	4.2	13 050.0	10 800	47 095	1 790.0
阿克陶县	12.9	3.4	18 930.0	15 440	70 688	5 740.0
阿合奇县	2.2	0.4	4 270.0	2 570	6 600	
乌恰县	2.3	0.7	3 710.0	2 200	5 801	
喀什市	4.4	1.7	2 830.0	3 230	16 590	180.0
疏附县	34.9	11.9	42 520.0	37 190	154 495	15 560.0
疏勒县	22.2	6.4	35 140.0	24 450	112 287	15 510.0
英吉沙县	16.1	6.0	24 720.0	19 790	88 143	9 330.0
泽普县	9.5	2.9	24 160.0	16 670	95 250	12 830.0
莎车县	44.8	15.4	78 350.0	56 870	311 600	40 730.0
叶城县	25.3	6.4	47 800.0	31 150	168 585	16 130.0
麦盖提县	11.4	3.6	33 570.0	17 720	84 522	18 670.0
岳普湖县	9.9	3.8	18 820.0	11 140	45 475	8 000.0
伽师县	25.4	7.4	40 920.0	26 080	136 000	16 000.0
巴楚县	17.3	4.3	40 910.0	22 850	100 983	23 850.0
塔什库尔干县	2.0	0.6	3 780.0	2 710	4 535	
和田市	6.3	2.1	4 530.0	4 310	29 129	660.0
和田县	21.9	7.2	20 620.0	20 110	121 057	5 550.0
墨玉县	34.8	11.6	33 530.0	34 140	158 790	10 580.0
皮山县	15.3	5.2	29 190.0	17 160	78 815	5 530.0

县(市)农村经济主要指标(二)

县名	棉花产量(吨)	油料播种面积(公顷)	油料产量(吨)	猪牛羊肉总产量(吨)	猪肉产量(吨)	农林牧渔业总产值(万元)
精河县	14 286.0	350.0	467.0	2 102	343	22 698
温泉县		6 820.0	14 574.0	3 653	1 168	13 248
库尔勒市	14 241.0			4 974	2 168	33 514
轮台县	4 443.0	370.0	224.0	3 168	113	17 344
尉犁县	13 313.0			1 762	91	12 376
若羌县	959.0	50.0	74.0	897	210	3 537
且末县	3 150.0	490.0	761.0	2 568	375	7 818
焉耆自治县	107.0	2 340.0	3 741.0	2 723	429	14 545
和静县	316.0	2 470.0	3 796.0	9 943	2 985	21 209
和硕县	2 168.0	690.0	1 626.0	1 127	199	6 874
博湖县	490.0	1 630.0	3 290.0	1 332	687	8 914
阿克苏市	30 010.0	1 030.0	1 747.0	4 987	289	48 047
温宿县	14 238.0	1 000.0	1 453.0	3 763	63	33 587
库车县	28 550.0	930.0	1 328.0	6 317	88	58 149
沙雅县	35 163.0	520.0	1 500.0	4 727	48	60 581
新和县	12 503.0	390.0	1 060.0	1 745	15	30 088
拜城县	8.0	10 510.0	22 508.0	3 333	135	16 155
乌什县	4 803.0	3 820.0	3 528.0	3 439	112	21 685
阿瓦提县	39 405.0	50.0	59.0	4 738	158	56 494
柯坪县	510.0	30.0	425.0	887		1 962
阿图什市	2 237.0	430.0	791.0	3 968	10	10 870
阿克陶县	4 826.0	630.0	2 565.0	5 428	10	17 517
阿合奇县		670.0	911.0	1 872		3 225
乌恰县		160.0	238.0	2 586	4	2 960
喀什市	257.0		30.0	1 378	10	5 802
疏附县	15 558.0	370.0	4 075.0	6 997	60	40 367
疏勒县	20 285.0	20.0	1 428.0	5 036	15	38 398
英吉沙县	10 662.0	20.0	3 423.0	3 795	8	23 557
泽普县	17 121.0	200.0	247.0	2 784	336	22 136
莎车县	43 285.0	660.0	2 318.0	9 284	135	70 622
叶城县	15 189.0	1 210.0	2 298.0	8 111	80	42 160
麦盖提县	31 550.0	10.0	34.0	4 940	143	33 472
岳普湖县	12 250.0	30.0	1 130.0	1 785	20	12 493
伽师县	22 000.0	100.0	2 150.0	5 194	52	38 013
巴楚县	37 098.0			3 171	75	50 473
塔什库尔干县		40.0	21.0	1 331		1 999
和田市	838.0			6 351	145	5 642
和田县	5 599.0	20.0	642.0	9 282	60	34 243
墨玉县	8 848.0	140.0	2 052.0	7 729	162	40 105
皮山县	4 259.0	160.0	757.0	3 775	34	19 702

县(市)农村经济主要指标(一)

县　名	乡村人口 (万人)	乡村劳动力 (万人)	耕地面积 (公顷)	粮　食 播种面积 (公顷)	粮食总产量 (吨)	棉　花 播种面积 (公顷)
洛浦县	19.7	6.4	23 960.0	21 140	94 620	8 000.0
策勒县	10.8	3.2	18 410.0	11 520	61 582	4 140.0
于田县	16.9	4.7	23 830.0	17 790	91 226	7 060.0
民丰县	2.0	0.6	3 570.0	2 330	13 084	730.0
伊宁市	7.3	2.6	10 320.0	7 790	45 028	
伊宁县	28.4	10.7	67 590.0	49 270	289 000	10.0
察布查尔县	8.8	3.1	30 910.0	17 770	75 208	130.0
霍城县	16.9	8.8	35 440.0	23 850	158 723	90.0
巩留县	9.9	3.0	24 960.0	21 570	103 878	
新源县	16.4	4.2	38 300.0	24 280	118 188	
昭苏县	6.7	2.1	40 010.0	21 070	64 002	
特克斯县	8.0	2.6	18 930.0	13 080	52 037	
尼勒克县	8.3	2.4	20 420.0	15 910	49 032	
塔城市	5.7	2.8	68 900.0	26 240	84 768	
额敏县	7.3	2.6	57 030.0	25 150	70 847	
乌苏县	9.5	4.7	43 030.0	20 250	124 000	17 000.0
沙湾县	13.2	7.0	56 990.0	26 320	154 715	16 800.0
托里县	3.9	1.3	15 470.0	7 240	14 804	
裕民县	2.6	1.2	23 130.0	10 290	20 132	
和布克赛尔县	2.1	0.7	6 630.0	3 480	9 391	
阿勒泰县	5.5	1.4	20 180.0	11 000	35 507	
布尔津县	3.8	1.3	17 940.0	8 340	22 126	
富蕴县	3.4	1.2	13 630.0	8 570	20 282	
福海县	3.3	1.1	25 900.0	3 860	15 635	
哈巴河县	4.0	1.1	18 570.0	10 410	33 759	
青河县	3.5	1.1	8 510.0	5 520	24 091	
吉木乃县	1.3	0.5	13 300.0	3 580	11 272	

县(市)农村经济主要指标(二)

县 名	棉花产量(吨)	油料播种面积(公顷)	油料产量(吨)	猪牛羊肉总产量(吨)	猪肉产量(吨)	农林牧渔业总产值(万元)
洛浦县	8 901.0	40.0	1658.0	6 126	85	25 054
策勒县	4 121.0	590.0	1125.0	6 567	43	15 427
于田县	7 187.0	80.0	440.0	7 077	26	24 805
民丰县	1 038.0	40.0	220.0	2 519	43	5 233
伊宁市		1 650.0	3293.0	3 982	80	19 055
伊宁县	7.0	10 640.0	15863.0	12 637	517	50 565
察布查尔县	98.0	4 030.0	2365.0	3 949	667	13 008
霍城县	98.0	5 820.0	10722.0	8 045	1 128	40 392
巩留县		3 440.0	5187.0	5 690	605	21 396
新源县		7 440.0	14864.0	10 821	1 905	41 454
昭苏县		15 890.0	14037.0	6 350	245	16 804
特克斯县		4 040.0	6765.0	6 690	813	17 657
尼勒克县		3 370.0	5502.0	6 376	142	12 393
塔城市		22 450.0	33032.0	5 135	878	24 329
额敏县		16 350.0	24646.0	7 086	578	27 818
乌苏县	20 655.0	3 830.0	8061.0	5 124	1 687	42 664
沙湾县	20 454.0	5 000.0	11080.0	5 929	2 258	49 837
托里县		2 100.0	2469.0	4 782	72	5 452
裕民县		7 830.0	4788.0	2 934	639	7 975
和布克赛尔县		660.0	1282.0	3 726	125	5 554
阿勒泰县		3 340.0	6549.0	9 777	292	20 135
布尔津县		1 130.0	1725.0	4 818	150	9 352
富蕴县		110.0	141.0	6 127	185	13 975
福海县		1 290.0	1947.0	4 449	789	11 653
哈巴河县		1 810.0	4316.0	7 441	1000	8 887
青河县		450.0	709.0	4 985	248	9 841
吉木乃县		440.0	998.0	2 383	105	5 511

附录：主要指标解释

乡（镇） 是指农村体制改革后设立的我国基层政府组织。根据宪法规定，它除实行本级人民代表大会的决议和上级国家行政机关的决定和命令外，管理本行政区域内的行政工作。

乡村人口 是指乡村户数中的常住人口。包括常住人口中外出的民工、工厂合同工及户口在家的在外学生，但不包括户口在家领取工资的国家职工。

乡村劳动力 指乡村人口中经常参加合作经济组织（包括乡村办企业事业单位）和从事家庭经营生产劳动的整、半劳动力。其行业的划分是按从事的主业划分的，如以农为主、兼营商业的，仍作为农业劳动力。

乡村户数 指户口在农村的常住户数，包括参加乡村各级举办的各种行业的合作经济组织，并从中取得实物或货币收入的家庭户数。但不包括在乡村地区内的国有经济的机关、团体、学校、企业、事业单位的集体户。在统计乡村户数时按公安部门的常住户进行统计，凡符合 1993 年 6 月关于统计上城乡划分标准规定的乡村地区范围内上述条件的居民户均包括在内。集体户口无论其人数多少，都以一户进行统计。

耕地面积 指种植农作物，经常进行耕锄的田地。包括熟地，当年新开荒地，连续撩荒未满三年的耕地和当年的休闲地（轮歇地）。以种植农作物为主附带种植桑树、茶树、果树和其他林木的土地以及沿海、沿湖地区已围垦利用的“海涂”、“湖田”等也应包括在内。但专业性的桑园、茶园、果园、果木苗圃、林地、芦苇地、天然草原等不应包括在内。

灌溉面积 指有效灌溉面积，即具有一定的水源，地块比较平整，灌溉工程或设备已经配套，在一般年景下当年能够进行正常灌溉的耕地面积。

农业机械总动力 指主要用于农、林、牧、副、渔业的各种动力机械的动力总和。包括耕作机械、排灌机械、收获机械、农产品加工机械、运输机械、植物保护机械、牧业机械、林业机械、渔业机械和其他农业机械（内燃机按引擎马力折成瓦特计算）。不包括专业用于乡办工业、基本建设、非农业运输、科学试验和教学等非农业生产方面的动力机械与作业机械。

农作物播种面积 指实际种植或移植有农作物的面积。凡是实际种植有农作物的面积，无论种植在耕地上还是种植在非耕地上，均包括在农作物种植面积中，同时还包括因遭灾而重新改种和补种的农作物面积，种一亩算一亩。

农用化肥施用量 指实际用于农业生产的化肥数量。包括氮肥、磷肥、钾肥和复合肥。化肥施用量分别按实物量和折纯量两种方法计算。折纯法化肥施用量是把氮肥、磷肥和钾肥分别按含氮、含五氧化二磷、含氧化钾的百分之一百成份折算后的数量。复合肥按其所含主要成份折算。

农村用电量 指本年度内，扣除在农村中的国有经济工业交通、基建等单位的用电量以后的农村生产和生活的全年用电总量（计量单位千瓦小时，按全年累计数统计）即包括国家的网供电，也包括农村自办电站供电量。

生产性固定资产 是指用于物质生产的固定资产。运输业、商业等流通过程用的固定资产，也做为生产性固定资产。

农林牧渔业总产值 指以货币表现的农林牧渔业全部产品的总量，它反映一定时期内农林牧渔业生产的总规模和总成果。

农、林、牧、渔四业的统计范围是:

(1) 农业，包括种植业和其他农业的主产品和副产品。其中，农作物种植业，包括粮、棉、油料、麻类、烟叶、蔬菜、药材、瓜类和其他农作物的种植，以及茶园、桑园、果园的生产经营。其他农业包括采集野生植物和农民家庭兼营的商品性工业。

(2) 林业，包括林木的栽培（不包括茶园、桑园和果园的栽培、管理和收获等活动)、林产品的采集和村及村以下（即原生产大队、生产队和社员）和竹木采伐。

(3) 牧业，包括除渔业养殖以外的一切动物饲养和放牧。

(4) 渔业，包括水生动物和海藻类植物的养殖和捕捞。

从所有制看，包括全民所有制的各种专业农（林、牧、渔）场和农业试验场、所；集体所有制的农村各种经济组织经营的农林牧渔业；农民自营的农作物栽培和动物饲养等。

农林牧渔业总产值的计算方法通常是以农林牧渔业产品及其副产品的产量乘以该项产品的单位价格而得到该项产品的产值，少数生产周期较长当年没有产品或产品产量不易统计的，则采用间接方法匡算产值。四业产品产值之和即为农林牧渔业总产值。

1957年以前的农林牧渔业总产值中包括厩肥和农民自给性手工业，（如农民自制衣服、鞋、袜，自己从事粮食初步加工等）。1985年以后农林牧渔业总产值，林业中增加了村及村以下竹木采伐产值；牧业中取消了厩肥产值；副业中取消了农村自给性手工业产值，增加了村及村以下办的工业产值；渔业中增加了机械化捕鱼产值。1980年及以后的农业总产值，在副业中增加了农民商品性家庭手工业的产值。从1984年起村及村以下办工业产值划归工业。从1993年起副业中采集、农民家庭兼营工业划入农业，捕猎划入牧业。

农林牧渔业增加值 是指农林牧渔业各单位生产经营或劳务活动的最终成果，即本单位或本行业对社会所作的贡献。

农林牧渔业中间消耗 是指在农林牧渔业生产过程中所消耗的物质产品和劳务价值。

农村工业总产值 指以货币表现的乡办工业（即原社办工业)、村办工业（即原大队办工业）和村以下工业（即原生产队办工业、农民联办工业和个体办工业）企业生产的产品总量。包括成品价值和对外承做的工业性作业价值两部分。出售的半成品的价值也计入总产值。

农村工业总产值按“工厂法”计算，即按每个企业工业生产活动的最终成果计算，在企业内部不允许重复计算，即不能将企业内部各个车间生产的成果相加。计算工业总产值的工业产品必须符合国务院和各省、自治区、直辖市主管部门规定的质量标准和订货合同规定的技术条件。凡不符合产品质量标准的不合格品一律不准计算产量、产值。工业性作业只恢复或提高原来产品使用价值或只完成成品生产中的个别工序，应按加工费计算总产值，不包括原材料的价值。

农村建筑业总产值 指以货币表现的农村各种合作经济组织的建筑队（组）和个体的专业人员从事建筑生产活动的总成果。建筑生产活动包括各种建筑物的建筑工程、各种机械设备的安装工程（不包括被安装的机械设备本身的价值)、建筑物和房屋修理产值以及与工程项目有关的勘察设计和地质勘探活动。

农村建筑业总产值主要包括兴建房屋、农田水利建设（包括安装工程和地质勘探的产值）及开垦荒地的产值。其产值按兴工动料的全部投资额（但不包括被安装设备本身的价值）计算。

农村运输业总产值 指农村各级合作经济组织和农户从事货物运输活动的产值，包括水运（装卸驳运和堆存活动）、汽车运输、拖拉机运输、兽力车运输、人力车运输和装卸搬运等货物运输活动。其产值按这些农村运输单位的全部货运收入计算。

农村邮电业总产值数量很少，暂时没有计算。

农村商业总产值 指农村供销合作社及其他各种合作经济组织和农户从事商业活动的产值。其产值按这些农村商业单位的商品附加费（已销售产品购销差价减托运费和装卸搬运费）计算。在搜集资料比较困难的情况下，也可根据这些农村商业单位的零售额乘以毛利率（购销差价率）再减去托运费和装卸搬运费来估算。

农村饮食业总产值 指农村各种合作经济组织和农户从事饮食业活动的产值。其产值按饮食业的营业额计算。

粮食总产量 指全社会的产量。包括国营农场等全民所有制经济的、集体统一经营的和农民家庭经营的产量，还包括工矿企业家属办的农场和其他生产单位的产量。粮食除包括稻谷、小麦、玉米、高粱、谷子、其他杂粮外，还包括薯类和大豆。其产量计算方法，豆类按去豆荚后的干豆计算；薯类（包括甘薯和马铃薯，不包括芋头和木薯）1963年以前按每4公斤鲜薯折1公斤粮食计算，从1964年以后按5公斤鲜薯折1公斤粮食计算。其他粮食一律按脱粒后的原粮计算。

水产品产量 指人工养殖的水产品和天然生长的水产品捕捞量。包括海水的鱼类、虾蟹类、贝类和藻类以及淡水的鱼类、虾蟹类和贝类，不包括淡水水生植物。

猪、牛、羊肉产量 指当年出栏并已屠宰的猪、牛、羊的肉产量。即屠宰后除去头蹄下水后带骨肉（即胴体重）的重量。

役畜年底头数 指专门从事农田生产活动，如耕翻、播种、中耕、浇水、施肥、送粪、拉运农作物等农事劳役的牲畜，到年底实际存活的头数。包括有时或附带参加碾米、磨面、运输等副业劳役，但主要或经常参加农田劳役的牲畜头数。不包括由于年岁太小或已经衰老不能经常参加农事劳役的牲畜，也不包括专门用于副业生产和专业性运输的牲畜头数。

农民家庭纯收入 指农民全年总收入扣除费用性支出后可以直接用于进行生产和非生产性建设投资、改善生活的那部分收入，是反映农民实际收入水平和经济效益的主要指标。全年纯收入的计算公式是：

全年纯收入＝全年总收入－家庭经营费用支出－缴纳税款－生产性固定资产折旧－上交集体承包任务－调查补贴

农民家庭总支出 指农民家庭全年用于生产、生活和再分配等方面的全部实际支出。包括家庭经营支出、缴纳税款、购买生产性固定资产支出、上交集体的承包任务。生活消费支出和其他非借贷性支出。储蓄借贷性支出不包括在内。

乡镇企业 原来仅指农村人民公社和生产大队两级集体经济举办的社队企业。在农村政社组织管理体制分设以后，除了包括乡、村合作经济组织办企业外，还包括组办、联户办和个体办的企业。1984年3月确定将这类企业统称“乡镇企业”。

乡镇企业单位一般应拥有固定的组织、生产场所、生产设备和人员；有核算制度，承担经济责任和纳税义务；是一个比较稳定的经济实体。

农村居民消费价格指数 是反映农村居民及其家庭所购买的生活消费品和服务项目价格变动趋势及其程度的相对数。

农副产品收购价格指数 是反映国营商业、集体商业、个体商业、外贸部门、国家机关、社会团体等各种经济类型的商业企业和有关部门收购农副产品价格的变动趋势和程度的相对数。农副产品收购价格指数可以观察和研究农副产品收购价格总水平的变化情况，以及对农民货币收入的影响，作为制订和检查农副产品价格政策的依据。1990 年计算指数所选的商品有 11 大类、包括 276 种农副土特产品。采用加权倒数平均公式（即按报告期实际收购金额加权综合法）计算。

三大经济地带 本年鉴中的三大经济地带是根据“七五”计划要求，按照经济社会发展水平并参考地理位置划分的。具体划分是：东部经济地带包括辽宁省、北京市、天津市、上海市、河北省、山东省、江苏省、浙江省、福建省、广东省、广西壮族自治区、海南省；中部地带包括黑龙江省、吉林省、山西省、内蒙古自治区、安徽省、江西省、河南省、湖北省和湖南省；西部地带包括四川省、云南省、贵州省、西藏自治区、陕西省、甘肃省、青海省、宁夏回族自治区、新疆维吾尔自治区。